HELMUT RITTSTIEG
EIGENTUM ALS VERFASSUNGSPROBLEM

HELMUT RITTSTIEG

EIGENTUM ALS VERFASSUNGSPROBLEM

ZU GESCHICHTE UND GEGENWART
DES BÜRGERLICHEN VERFASSUNGSSTAATES

1975
WISSENSCHAFTLICHE BUCHGESELLSCHAFT
DARMSTADT

Bestellnummer: 6514

© 1975 by Wissenschaftliche Buchgesellschaft, Darmstadt
Satz: Maschinensatz Gutowski, Weiterstadt
Druck: Wissenschaftliche Buchgesellschaft, Darmstadt
Einband: C. Fikentscher, Darmstadt
Printed in Germany
Schrift: Linotype Garamond, 9/11

ISBN 3-534-06514-X

WALTER GRAB
ZUGEEIGNET

INHALT

Vorwort XIII

Abkürzungen XVII

1. Eigentum und öffentliche Ordnung im Mittelalter

Die mittelalterliche Verfassung als Grundlage und Gegenbild neuzeitlichen Verfassungsdenkens 1

Die Einheit von Dominium und Imperium im Feudalismus 2

Die Legende vom Patrimonialstaat 5

Rechtsbewahrstaat des Mittelalters? 7

Mittelalterliche Herrschaftsverträge 10
Gesamterscheinung 10 – Besonderheiten der englischen Entwicklung 11 – Feudalbeziehungen in der Magna Carta 14 – Rechte anderer Bevölkerungsschichten 15 – Feudale Herrschaft und Eigentum 17

2. Die Entwicklung zur Marktgesellschaft und die englischen Verfassungskämpfe des 17. Jahrhunderts

Das Entstehen der Marktgesellschaft 21
Kommerzielle Landwirtschaft 21 – Handel und Gewerbe 23 – Generelle Charakterisierung 24

Entwicklung zum Privateigentum 25

Der Kampf um die Verfassung 29
Politische und religiöse Fragen im 17. Jahrhundert 29 – Eigentum in der politischen Diskussion 31 – Das Parlament als Vertretung des Eigentums 33 – Der Dualismus der alten Verfassung und die Probleme der Marktgesellschaft 36 – Fundamental Law und Souveränität: Die Rolle des Rechts und der Gerichte 40 – Niederlage der Krone 49 – Aufstieg und Niedergang des Commonwealth 51

Der Staat der Besitzenden 54

3. Die Grundlegung des bürgerlichen Verfassungsdenkens

Historische Bedingtheit 60

Unbeschränkte Appropriation und absoluter Staat: Thomas Hobbes 62

Paternalismus und Patrimonialismus: Sir Robert Filmer . 67

Eigentum als Aufgabe und Schranke der Staatsgewalt: John Locke 72

Der Staat als Überbau der Eigentumsverhältnisse: James Harrington 86

4. Eigentum und Gesetzgebung im Verfassungsrecht der Vereinigten Staaten

Die englischen Institutionen in der Neuen Welt 93
Faktoren der Gleichheit 93 – Faktoren der Ungleichheit 97 – Die amerikanische Revolution 100

Die „läuternde" Wirkung der Repräsentation 102

Gesetzgebungskompetenzen und Grundrechte 106
Politische Entwicklung 106 – Die Ambivalenz der limitierenden Verfassung 110 – Judicial Review 114

Inhalt IX

Contract Clause 118
    Vested Rights 119 – Grenzen der Vested-Rights-Doktrin 121
    – Privatverträge 122 – Vested Right und erworbenes Recht 124

Eigentum als Verfassungsrecht 125
    Rechtliche Zuordnung körperlicher Gegenstände 126 – Freiheit
    der Nutzung 127 – Ökonomische Macht als Eigentum 129 –
    Von Freiheit und Eigentum zur Freiheit des Eigentums 131 –
    Das Unternehmen als Schutzobjekt 134 – Staatsfunktionen als
    Gegenstand des Eigentums 138 – Versorgungsansprüche 140

Grenzen des Eigentums im Common Law 142
    Die „Sic-utere"-Maxime 143 – Die Wendung gegen Monopole 144 – Gemeinwohlbindung? 145

Entwicklung der öffentlichen Regulierungsbefugnis . . . 147
    Bedeutung der Bundesstaatlichkeit 148 – Police Power 149 –
    Due Process 151 – Unternehmen im öffentlichen Interesse 154
    – Due Process nach 1937 156 – Haus- und Grundeigentum 159

Regulierung und Enteignung 160
    Preisregulierung und Konfiskation 160 – Öffentliche Indienstnahme von Grundstücken 161 – Zerstörung sonstiger Rechte
    164 – Abgrenzung 165 – Mißbilligtes Eigentum 165

Eigentum und Steuern 168

Förmliche Enteignung 171

Eigentum im Industriesystem 174
    Entwicklung der Legalstruktur 174 – Konzentration und „Enteignung" der Produktionsmittel 175 – Großunternehmen und
    Staat 179 – Das Neue Eigentum 181 – Menschenrecht und industrielle Macht 182

5. Vom landesherrlichen Absolutismus zur Weimarer Republik

Vollendung der Marktgesellschaft im 19. Jahrhundert . . 191
    Entwicklungsrückstand 191 – Bodenordnung 192 – Gewerbereform 202 – Entstehen von Binnenmärkten 204 – Bürgerliches
    Eigentum als Rechtsinstitut 205

Erworbene Rechte 207
Erworbenes Recht und moderner Staat 207 – Rückwirkung 208 – Erworbenes Recht und Eigentum 209 – Zeitgenössische Umschreibungen 210 – Verhältnis zur Gesetzgebung 211 – Erworbenes Recht und Enteignung 219

Bürgerliches Eigentum und politische Emanzipation . . . 222
Bürgerliche Gesellschaft, Industrialisierung und soziale Bewegung 222 – Politische Ausgangslage 224 – Gesellschaftliche Prägung der vormärzlichen Verfassungsbewegung 227 – Eigentum als Voraussetzung politischer Rechte 233 – Allgemeines Wahlrecht und Kaiserreich 247

Die Eigentumsgewährleistung zwischen 1871 und 1918 . . 249

Weimarer Republik 252
Die neue politische Konstellation 252 – Normative Vorgabe 254 – Richterliche Distanzierung vom Gesetz 255 – Erste Entscheidungen des Reichsgerichts 256 – Der Beitrag Martin Wolffs 258 – Weitere Entscheidungen des Reichsgerichts 259 – Der Aufwertungsstreit 262 – Bodennutzung 266 – Gewerbebetrieb 268 – Einschätzung in der staatsrechtlichen Literatur 269

Nachspiel: Der Nationalsozialismus 272

6. Eigentum unter dem Grundgesetz der Bundesrepublik Deutschland

Nachkriegssituation und Grundgesetz 275

Rahmenbedingungen der judiziellen Entwicklung unter dem Grundgesetz 286

Naturrecht und Weimarer Vorbild 289

Die Eigentumsgewährleistung als Grundnorm der bürgerlichen Marktgesellschaft in der Rechtsprechung des Bundesgerichtshofs 291
Die Grundsatzentscheidung BGHZ 6, 270 S. 291 – Situationsgebundenheit als Korrektiv 303

Inhalt XI

Agnostizismus des Bundesverfassungsgerichts 308

Gegenstand der grundrechtlichen Gewährleistung. . . . 313
Geltungsbereich und Gewährleistungsintensität 313 – Persönliches Eigentum 315 – Die Wohnung 324 – Haus- und Grundeigentum 334 – Produktionsmittel und Unternehmen 343 – Die Ergebnisse geistiger Arbeit 363 – Vermögenswerte öffentliche Rechte und Neues Eigentum 369 – Eigentum und Vermögen 377

Eigentum als Rechtsinstitut 383

Eigentum und Gesetzgebung 387
Eigentumsgewährleistung und Kompetenzordnung 387 – „Sozialbindung" oder gesetzliche Bestimmung von Inhalt und Schranken? 388 – Die Bedeutung des Art. 14 Abs. 2 GG 392 – Gesetzgebung, erworbene Rechte und Vertrauensschutz 393 – Dynamische Implikationen der menschenrechtlichen Auffassung 395 – Gesetzgebung und erweiterter Enteignungsbegriff 396 – Emanzipierende Inhaltsbestimmung und Sozialisierung 399 – Wesensgehaltgarantie 402

Eigentumsgewährleistung und öffentliche Abgaben . . . 403

Enteignung 411
Güterbeschaffung oder Rechtsentzug? 411 – Enteignungszweck 415 – Entschädigung 421

Namen- und Sachregister 427

VORWORT

> *„For while the study of the past in itself is not sufficient to determine desirable policies for today, it is necessary to view reigning ideas in their perspective and past careers if we are to separate them from their obsolete elements."*
> *Morris R. Cohen*

Die Gewährleistung des Eigentums in Art. 14 des Bonner Grundgesetzes fand alsbald nach Inkrafttreten dieser Verfassung die besondere und anhaltende Aufmerksamkeit der juristischen Fachwelt. Für die juristische Ausbildung und Praxis ist sie nach wie vor eine der wichtigsten Verfassungsbestimmungen. Diese Vorliebe für die Eigentumsgewährleistung entwickelte sich nicht, wie es der Lehre von der limitierenden Verfassung entspräche, in der Auseinandersetzung mit einer vorherrschenden politischen Richtung, die in ihre verfassungsmäßigen Schranken zurückverwiesen werden mußte. Art. 14 wurde überwiegend im Sinne einer privatwirtschaftlichen Eigentumsordnung interpretiert; insoweit bestand volle Übereinstimmung mit einer auf Wiederherstellung des bürgerlichen Status quo ante gerichteten Politik, die sich bereits im Wirtschaftsrat durchgesetzt hatte und die Jahre des Wiederaufbaus bestimmte. Die verfassungsjuristischen Überlegungen zur Eigentumsgewährleistung bestätigten und bekräftigten diese Politik. Ergebnis der juristischen Exegese war zunächst die Forderung, die bürgerlichen Eigentumsverhältnisse zu restaurieren; später trat die verfassungsrechtliche Absicherung des jeweiligen Status quo der Vermögensrechte in den Vordergrund. Die Absicherung des Erworbenen präjudiziert allerdings nach diesem Verfassungsverständnis gleichzeitig die Verteilung des zukünftigen Sozialproduktes, weil Wertsteigerungen des Bodens und der Produktionsmittel, die mit dem wirtschaftlichen Wachstum verbunden sind, sowie ein Anteil am laufenden Sozialprodukt als Bestandteile des von der Verfassung gewährleisteten Eigentums angesehen werden.

Verschwiegen wurde, daß der Parlamentarische Rat mit der Gewährleistung des Eigentums keineswegs die Entscheidung für eine der damals diskutierten Eigentumsordnungen treffen wollte. Wenig Beachtung fanden auch die normativen Zusammenhänge und Vorbehalte, unter denen Art. 14 das Eigentum gewährleistet. Das gilt insbesondere für den Sozialisierungsartikel und die Kompetenznormen des Grundgesetzes; aber auch die inhaltliche Rückbindung der Eigentumsgewährleistung an die Verfassungsprinzipien der sozialstaatlichen Demokratie wurde vernachlässigt. Die juristische Literatur folgt mit wenigen Ausnahmen dem Bundesgerichtshof, der seine Zuständigkeit für die Bemessung der Enteignungsentschädigung zu einer umfassenden Exegese des Art. 14 nutzte. Mit wenig Rücksicht auf den Verfassungstext wird allgemein von einer „Garantie" des „Privat"eigentums gesprochen. Nahezu unbemerkt blieb, daß das Bundesverfassungsgericht, dem als vornehmste Aufgabe die Interpretation und Aktualisierung der Verfassung zugewiesen ist und das die Respektierung anderer Grundrechte vielfach gegen eine widerstrebende Juristenwelt durchsetzte, bei der Auslegung und Anwendung der Eigentumsgewährleistung eine im Vergleich zu ihrem allgemeinen Verständnis bemerkenswerte Zurückhaltung übt.

In der juristischen Argumentation zur Eigentumsgewährleistung klingen die alten Formeln bürgerlicher Rechtslehre an, wie sie in England zur Zeit der bürgerlichen Revolution des 17. Jahrhunderts insbesondere von John Locke geprägt wurden. Andere Wendungen lassen sich auf Hegels Eigentumslehre zurückführen, in der sich die besonderen Bedingungen der bürgerlichen Emanzipation im Deutschland des 19. Jahrhunderts niederschlagen. Freilich sind diese Anleihen bei frühbürgerlichen Denkern meist unbewußt. Die in vorindustrieller Zeit geprägten Formeln über den Zusammenhang von Eigentum, Freiheit und menschlicher Persönlichkeit werden in immer neuen Variationen gleichsam axiomatisch verwendet, ohne daß ihre Tragfähigkeit unter den Bedingungen der Industriegesellschaft überprüft wird. Ungeprüft bleibt auch ihr Bestand vor den erst später akzeptierten Postulaten der politischen Demokratie und der Sozialstaatlichkeit.

Eine Auseinandersetzung mit dem juristischen Verständnis der Eigentumsgewährleistung unter dem Bonner Grundgesetz weist daher zurück auf die Geschichte bürgerlichen Rechtsdenkens. Die Entwicklung der bürgerlichen Eigentumslehre und der Rechtsordnung darf indessen nicht isoliert gesehen werden. Ebenso wie die Normierungen des Grundgesetzes auf eine sich wandelnde gesellschaftliche und politische Realität bezogen sind, können die frühbürgerlichen Vorstellungen vom Eigentum und seinem Verhältnis zur öffentlichen Ordnung nur in bezug auf die Gesamtsituation ihrer Entstehungszeit verstanden werden. Erst vor diesem Hintergrund gewinnt die normative Entwicklung Perspektive und entwächst der Beliebigkeit.

Voraussetzung für das Entstehen des bürgerlichen Verfassungsstaates war die Ausbildung der Marktgesellschaft, die mit der Auflösung der mittelalterlichen Einheit von Eigentum und öffentlicher Gewalt einherging. Gleichzeitig mit dem bürgerlichen Eigentum und der Freisetzung privaten Erwerbsstrebens entstand als notwendige Ergänzung ein besonderes System der öffentlichen Gewalt. Historischer Ausgangspunkt und Gegenbild des bürgerlichen Verständnisses von Eigentum und Verfassung ist daher der vorbürgerliche Zustand, der sich allerdings in Deutschland bis weit in das 19. Jahrhundert hinein erhielt. Wird heute der bürgerliche Status quo mit Hilfe der Eigentumsgewährleistung juristisch verteidigt, so wurde damals die Lehre von den erworbenen Rechten der Entfaltung der bürgerlichen Gesellschaft entgegengestellt. Auch die Lehre von den erworbenen Rechten ist daher zur Kenntnis zu nehmen, wenn man das gegenwärtige Verständnis der Eigentumsgewährleistung in seiner historischen Relation sehen will.

Einzubeziehen ist die Entwicklung des amerikanischen Verfassungsdenkens. Die Vereinigten Staaten sind das erste Land, in dem die Eigentumsmarktgesellschaft mit der politischen Demokratie verbunden wurde. Ergebnis des Kompromisses zwischen der traditionellen politischen Führungsschicht und den neuen populären Bewegungen war die Ratifizierung der um die ersten zehn Amendments ergänzten US-Verfassung, die einerseits die Befugnisse der Mehrheit gegenüber der besitzenden Minderheit beschränkte, gleichzeitig aber mittels der politischen Grundrechte die Voraussetzungen für die Ausübung des Wahlrechts auch durch die Mittel- und Unterschicht schützen sollte.

Die deutsche Verfassungsjurisprudenz nahm den Gedanken der limitierenden Verfassung nach dem Zusammenbruch des Kaiserreichs in einseitiger Weise auf: Der demokratisierten Legislative stellte man die Eigentumsgewährleistung der Weimarer Verfassung entgegen, um der besitzenden Minderheit ihre teils noch aus feudaler Zeit stammenden Rechte zu erhalten. Erst das Bundesverfassungsgericht griff mit Nachdruck den zweiten Aspekt der limitierenden Verfassung auf, indem es den politischen Grundrechten Geltung verschaffte. Manche Vorstellungen, die noch heute in der Bundesrepublik das Verständnis der Eigentumsgewährleistung bestimmen, wurden in der amerikanischen Verfassungsdiskussion bereits anläßlich der Auseinandersetzung mit Roosevelts New Deal in den 30er Jahren verworfen.

Literarische Äußerungen der neuesten Zeit deuten darauf hin, daß sich auch hierzulande ein offeneres Verständnis der Eigentumsgewährleistung anbahnt. Zunehmend wird die in der gesellschaftspolitischen Konfrontation der Weimarer Jahre und der Nachkriegszeit begründete Fixierung auf einen starren Status quo als Gefahr für die Fortentwicklung der freiheitlichen Verfassung gesehen.

Dieses Buch entstand am Seminar für Öffentliches Recht und Staatslehre der Universität Hamburg. Hier fand ich die Voraussetzungen wissenschaftlicher Arbeit, für die ich den Direktoren und Angehörigen dieses Seminars, darüber hinaus aber meinen Hamburger Mitbürgern als Trägern der Universität an dieser Stelle danken möchte.

Gewidmet ist das Buch dem Freund, der in gemeinsamer Studienzeit den Anstoß gab.

Hamburg, im Juni 1974   Helmut Rittstieg

ABKÜRZUNGEN

ALR	Allgemeines Landrecht für die preußischen Staaten vom 5. 2. 1794
AöR	Archiv des öffentlichen Rechts
BFHE	Entscheidungen des Bundesfinanzhofs
BGB	Bürgerliches Gesetzbuch vom 18. 8. 1896
BGBl	Bundesgesetzblatt
BGHZ	Entscheidungen des Bundesgerichtshofs in Zivilsachen
BSGE	Entscheidungen des Bundessozialgerichts
BVerfGE	Entscheidungen des Bundesverfassungsgerichts
BVerwGE	Entscheidungen des Bundesverwaltungsgerichts
DÖV	Die öffentliche Verwaltung
DVBl	Deutsches Verwaltungsblatt
GG	Grundgesetz für die Bundesrepublik Deutschland vom 23. 5. 1949
GS	Gesetzessammlung
GVBl	Gesetz- und Verordnungsblatt
NJW	Neue Juristische Wochenschrift
RGZ	Entscheidungen des Reichsgerichts in Zivilsachen
US	United States Supreme Court Reports (bis 1874 nach dem Namen des Herausgebers zitiert)
VVDStRL	Veröffentlichungen der Vereinigung der Deutschen Staatsrechtslehrer
WV	Verfassung des Deutschen Reichs vom 11. 8. 1919 (Weimarer Verfassung)

Erstes Kapitel

EIGENTUM UND ÖFFENTLICHE ORDNUNG IM MITTELALTER

I. Die mittelalterliche Verfassung als Grundlage und Gegenbild neuzeitlichen Verfassungsdenkens

Für den kontinentaleuropäischen Juristen gibt es Verfassungen in einem seinem Verständnis in etwa nahestehendem Sinn eigentlich erst seit dem ausgehenden 18. Jahrhundert, als die amerikanische und später die Französische Revolution in geschriebenen Verfassungsdokumenten zu kulminieren schienen. Es würde jedoch die Perspektive der „rückwärts aufklärenden Untersuchung" (Landshut) entschieden einengen, wenn sie erst an dieser Stelle einsetzte. Denn in ihrer gleichsam negativen Behandlung der Eigentumsfrage im Bereich der Grundrechte sind die Verfassungen aus dem Beginn des bürgerlichen Zeitalters schon die unmittelbaren Vorbilder der heutigen bürgerlich-rechtsstaatlichen Verfassungen. Auch in die gegenwärtige Auslegung des speziell auf das Eigentum bezogenen Grundrechts fließen noch die damals entwickelten Gesichtspunkte ein, mag sich auch die Funktion dieser Verfassungsnormen erheblich gewandelt haben. Es genügt daher nicht, nur bis zum Beginn des Konstitutionalismus zurückzugehen. Um das Bestehende in seiner historischen Relation zu sehen, bedarf es des Rückgriffs auf einen früheren Rechtszustand.

Das gesuchte Gegenbild bietet nicht so sehr das Zeitalter des Absolutismus, da hier die bürgerliche Gesellschaft und der ihr zugehörende moderne Staat mit Eingriffsbefugnissen und zentraler Gesetzgebung schon im Werden sind. Bereits Tocqueville hat die Französische Revolution auch als Vollendung der Bemühungen des Ancien Régime um Staatlichkeit verstanden [1]. Es ist vielmehr auf

---

[1] Das ist die Grundthese seines 1856 erschienenen Werkes ›L'ancien régime et la révolution‹.

das mittelalterliche Verfassungsdenken zurückzugreifen; hier finden sich Grundlage und gleichzeitig Gegenbild des modernen Verfassungsstaates. Besonders deutlich ist das für die Ansätze des Grundrechtsdenkens.

Der hellenischen Antike ist dieser Gedanke fremd, da für alle rechtlich relevanten Bevölkerungsschichten die politische Mitwirkung im Vordergrund stand und daher eine grundrechtliche Abschirmung nicht in Frage kam. Das römische Staatsrecht kannte zwar in der jeweiligen lex regia des Prinzipates eine Begrenzung der öffentlichen Gewalt von der anderen Seite her, indem die dem Kaiser übertragenen Befugnisse wenigstens ansatzweise inhaltlich umschrieben wurden. Die Vorstellung einer dem Herrschaftsanspruch standhaltenden eigenen Rechtssphäre des Herrschaftsadressaten ist hingegen mittelalterlichen Ursprungs.

Diese Herkunft der Grundrechte ist der ungebrochenen Tradition angloamerikanischen Verfassungsdenkens eine Selbstverständlichkeit [2]. Im kontinentaleuropäischen Bereich ist der Zusammenhang durch den Absolutismus teilweise zerrissen.

Selbstverständlich stehen die Freiheit des Mittelalters vor einem anderen gedanklichen und gesellschaftlichen Hintergrund als moderne Grundrechte. Das verbietet nicht, die Entwicklungslinien zu sehen und zu respektieren [3].

II. Die Einheit von Dominium und Imperium im Feudalismus

Im Mittelalter war das, was man heute Eigentumsordnung nennen würde, auch rechtlich gesehen identisch mit der politischen

---

[2] Vgl. als eine von vielen die kurze Schrift von *Roscoe Pound*, The Development of Constitutional Garanties of Liberty, New Haven 1957.

[3] *Herbert Krüger*, Allgemeine Staatslehre, 2. Aufl., Stuttgart usw. 1966, S. 529, meint allerdings, daß im Hinblick auf das gewandelte Staatsdenken der Ursprung der Grundrechte nicht im Mittelalter, sondern in der Neuzeit zu suchen sei. Den gedanklichen Zusammenhang betont hingegen unter Bezugnahme auf angelsächsische Literatur *Niklas Luhmann*, Politische Verfassungen im Kontext des Gesellschaftssystems, in: Der Staat 1973 S. 1 ff. 3.

Struktur. Wesentliche Ansatzpunkte der Herrschaft waren Rechte am Boden, der neben der menschlichen Arbeit bis in das 19. Jahrhundert hinein im größeren Teil Europas der entscheidende Produktionsfaktor war. Es gab kein Bodeneigentum im Sinne des modernen Eigentumbegriffes, d. h. einer zum Ausschluß Dritter berechtigenden willkürlichen Verfügungsgewalt. Für das mittelalterliche Rechtsdenken standen vielmehr konkrete, gewachsene Rechte im Vordergrund, die vielfach gleichzeitig mit der Verfügung über den Bodenertrag die Herrschaft über seine Bewohner zur Folge hatten, aber durch Pflichten gegenüber dem Lehnsgeber einerseits und gegenüber den Bewohnern andererseits begrenzt waren.

Bezeichnend für diesen Rechtszustand ist die *Grundherrschaft*[4], die im Laufe des Mittelalters weitgehend frühere genossenschaftliche Agrarverfassungen verdrängt hatte und in Deutschland bis in das 19. Jahrhundert fortbestand. Die Rechte des Grundherrn am Boden und seinen Bewohnern waren von Fall zu Fall und Landschaft zu Landschaft höchst unterschiedlich. Hier genügt es, das Grundprinzip herauszustellen.

Wirtschaftlich beruht die Grundherrschaft auf der Zuordnung landwirtschaftlich genutzter Grundflächen, die zusammen einen mehr oder weniger geschlossenen Bezirk bilden, zu einem Grundherrn. Dieser bewirtschaftet meist nur einen Teil auf eigene Rechnung. Der übrige Teil wird von Bauern aufgrund eines abhängigen Rechts genutzt, die dafür dem Grundherrn eine jährliche Abgabe und vielfach auch Gefolgschaft und später Arbeitsleistung (Fronde) schulden. Das Recht des Bauern an dem von ihm bebauten Boden kann eigentumsähnlich sein und ist in der Regel erblich. Das hat in späterer Zeit zur Konstruktion eines Obereigentums (des Grundherrn) und eines abgabepflichtigen Untereigentums des Nutzungsberechtigten geführt. Es gab aber auch prekäre Nutzungsrechte, die an den Grundherrn zurückfallen konnten.

---

[4] Vgl. dazu *Friedrich Luetge*, Deutsche Sozial- und Wirtschaftsgeschichte, 3. Aufl., Berlin 1966, S. 55 ff., 115 ff.; *Otto Brunner*, Land und Herrschaft, 6. Aufl., Darmstadt 1970, S. 240 ff.

Der Anspruch auf den wirtschaftlichen Überschuß der zugehörigen Grundflächen macht jedoch nicht das Wesen der Grundherrschaft aus. Ihr entscheidendes Kennzeichen ist die Verbindung wirtschaftlicher Privilegierung mit der Herrschaft über die Grundsassen. Diese sind Zubehör der Herrschaft, die sie ohne Erlaubnis des Herrn in der Regel nicht verlassen dürfen. Der Grundsasse ist weitgehend den Weisungen des Herrn unterworfen, der meistens auch die Gerichtsherrschaft ausübt und damit bestimmt, was im Herrschaftsbereich Rechtens ist. Nicht der Grundsasse beherrscht den von ihm bearbeiteten Boden; der Boden beherrscht ihn.

Den Rechten des Grundherrn am Boden und den ihn bebauenden Menschen entsprechen ursprünglich seine Funktionen gegenüber den Grundsassen. Dazu gehört in erster Linie der Schutz vor Angriffen von außen. Der Wunsch, des grundherrlichen Schutzes teilhaftig zu werden, war für viele Bauern das Motiv, sich freiwillig einer Grundherrschaft einzuordnen. Die untrennbare Verbindung der grundherrlichen Stellung mit der Erfüllung der Schutzpflicht kommt mit aller Deutlichkeit im *Schwabenspiegel* zum Ausdruck, wo es heißt: „wir sullen den herrn darumb dienen, daz sie uns beschirmen. Beschirmen sie uns nit, so sind wir ihnen nichts dienstes schuldig nach rechts." Ebenso gehört zur Grundherrschaft die Sicherung des inneren Rechtsfriedens durch Bereitstellung einer Gerichtsbarkeit und die Vollstreckung ihrer Urteile, soweit sie nicht als Hochgerichtsbarkeit (Blutgerichtsbarkeit) höheren Machthabern vorbehalten war. Polizeiliche Aufgaben und die Armenpflege konnten hinzukommen. Damit ist der Kreis der öffentlichen Funktionen des Grundherrn im wesentlichen umrissen.

Die Erfüllung der inhaltlich nicht präzis umschriebenen Pflicht des Grundherrn, für das Wohl seiner Grundsassen zu sorgen, war allerdings kaum einer Sanktion unterworfen. Innerhalb dieses breiten rechtlichen Rahmens konnte das grundherrliche Verhältnis inhaltlich auf der Skala zwischen patriarchalischem Wohlwollen oder Tyrannis und Ausbeutung liegen.

Als später in den kontinentaleuropäischen Staaten die monarchische Verwaltung die bisher von den Grundherren wahrgenommenen lokalen Aufgaben übernahm, wurden die fortbestehenden grundherrlichen Rechte zum ungerechten Privileg. Sie waren ein wesentliches Angriffsziel der Französischen Revolution. Die Abschaffung der Privilegien überführte dann die Grundherrschaft in den Großgrundbesitz, bei dem anstelle der persönlichen Herrschaftsbeziehung die ökonomische tritt, die im Dienst- oder Pachtvertrag ihren juristischen Ausdruck findet.

Die Grundherrschaft als Gesamtheit von Rechten und Pflichten konnte dem Inhaber aus eigenem Recht als Eigen oder Allod [5] zustehen oder aus fremdem Recht als Lehen abgeleitet sein. War sie ein Lehen, so war das zugrunde liegende Lehensverhältnis maßgebend für ihre Einbindung in den größeren politischen Verband. Die politischen und finanziellen Pflichten des Lehnsträgers gegenüber dem Lehnsherrn erschienen wiederum als Gegenleistung für die Übertragung der im Lehen einbegriffenen Rechtsgesamtheit und begrenzten deren Inhalt. Der Herrschaftsanspruch auch des Lehnsherrn beruhte daher wenigstens zum Teil auf seinen am Herrschaftsgebiet haftenden Rechten.

Nach der Formulierung *Maitlands* ist bei voller Verwirklichung des Feudalismus das gesamte Regierungssystem einschließlich der Finanzen, des Heerwesens und der Justiz, Teil der Eigentumsordnung [6]. Es muß allerdings hinzugefügt werden, daß die mittelalterliche Eigentumsordnung nichts mit dem modernen Marktkalkül zu tun hatte, das sich für den heutigen Leser nur allzu leicht mit dem Begriff des Eigentums verbindet. Mit der Besitzrelation verband sich ein persönliches Treueverhältnis zwischen Lehnsherrn und Lehnsmann, das auf der einen Seite zu Schutz und Schirm, auf der anderen Seite zu Gefolgschaft und Waffendienst verpflichtete.

III. Die Legende vom Patrimonialstaat

Das Feudalsystem war nirgends in Europa ausschließliches Strukturprinzip der politischen Organisation. Insbesondere die königlichen oder kaiserlichen Rechte gingen erheblich über den

---

[5] Vgl. dazu *Herwig Ebner*, Das freie Eigen, Klagenfurt 1969.

[6] *F. W. Maitland*, Constitutional History of England, Cambridge 1908, Nachdruck 1963, S. 24, vgl. auch S. 143.

Anspruch auf Lehnsgefolgschaft hinaus und hatten eine breitere Grundlage als das Obereigentum am beherrschten Gebiet. Es wäre daher verfehlt, die über die Grundherrschaft hinausgehende politische Organisation des Mittelalters im Sinne etwa eines *Carl Ludwig von Haller* [7] unter dem Stichwort des Patrimonialstaates zu beschreiben. *Otto Brunner* [8] hat gezeigt, daß die Patrimonialtheorie dieser Prägung eine neuzeitliche Zweckkonstruktion zur Begründung fürstlicher Herrschaftsrechte war. Mit ihrer Hilfe sollte einerseits vermieden werden, daß die Fürstengewalt auf dem Boden des römischen Rechts als vom Kaiser abgeleitete Magistratur erschien, andererseits hoffte man durch die Herleitung der Staatsgewalt aus Eigentum der Lehre von der Volkssouveränität auszuweichen. Die Lehre Carl Ludwig von Hallers kennzeichnet daher eher die Nöte der deutschen Staatslehre des 18. und des beginnenden 19. Jahrhunderts, als die Struktur der mittelalterlichen Verfassung.

Dem Mittelalter war bereits die Unterscheidung zwischen Eigenrechten des Herrschers und den aus seiner herrscherlichen Funktion erwachsenen Rechten geläufig, wenn sie auch in der politischen Entwicklung gelegentlich verwischt wurde. So hielt man im deutschen Reich seit dem 12. Jahrhundert Reichsgut und Hausgut des Kaisers deutlich auseinander [9]. Vor allem aber hatte königliche Gewalt ihre Grundlage und Rechtfertigung nicht einfach im erworbenen Recht und Herkommen. Über die schlichte Rechtsstellung eines lehnsrechtlichen Obereigentümers wies die religiöse Einbindung der königlichen Befugnisse hinaus, wie sie etwa in der Krönungszeremonie und dem besonderen Charisma der königlichen Person zum Ausdruck kommt. Daneben gibt es aber im Hochmittelalter Ansätze, die königliche Stellung mit Vorstellungen einer öffentlichen Gewalt im Sinne der griechisch-römischen Tradition in Verbindung zu bringen [10]. Es blieb den Apologeten

---

[7] Restauration der Staatswissenschaft, 6 Bde., 2. Aufl., Winterthur ab 1820, Neudruck Aalen 1964, Bd. 2.

[8] A. a. O. (Fn. 4), S. 146 ff.

[9] Vgl. *Herwig Ebner* a. a. O. (Fn. 5) S. 35 ff.

[10] So *Jacques Le Goffe,* Das Hochmittelalter, Fischers Weltgeschichte Bd. 11, Frankfurt/M., 1965, S. 85, 220 f.; auch *Otto v. Gierke,* Johannes

landesherrlicher Ansprüche auf absolute Herrschaft vorbehalten, das beherrschte Land als Eigentum des Fürsten zu bezeichnen.

IV. Rechtsbewahrstaat des Mittelalters?

Von ihrer Idee her war die Rechtsordnung des Mittelalters statisch, rückwärts gewandt. Für alle Auseinandersetzungen, in denen das Recht überhaupt eine Rolle spielte, galt es, eine Lösung im guten alten Recht aufzufinden. Neues Recht zu schaffen war nach dieser Vorstellung niemand befugt: der Herrscher stand ebenso wie alle anderen Stände und das ganze Gemeinwesen unter dem Recht. Wesentliche Aufgabe des Herrschers war es, das alte Recht zu wahren. Im Anschluß an *Fritz Kern* wird daher vielfach diese Verfassungslage als „Rechtsbewahrstaat" gekennzeichnet und dem „Gesetzgebungsstaat" der Neuzeit gegenübergestellt [11].

Nach dieser Vorstellung entspricht der Unwandelbarkeit der mittelalterlichen Rechtsordnung die völlige Unantastbarkeit aller subjektiven Rechte. Da das Mittelalter nicht die Unterscheidung von Rechtsnorm und Einzelrecht gekannt habe, umkleide es „auch den geringsten Rechtsanspruch eines Einzelnen mit der ganzen Heiligkeit der unverbrüchlichen Gesamtrechtsordnung" [12]. Jedes Vermögensrecht habe somit gleichsam Verfassungscharakter gehabt, ohne daß es einer Eigentumsgarantie bedurft hätte.

Dieses im wesentlichen von der Idee her gezeichnete Bild des Beharrens bedarf freilich einer erheblichen Korrektur aus der Rechtspraxis des Mittelalters.

Althusius und die Entwicklung der naturrechtlichen Staatstheorien (1880), 5. Aufl. 1958 S. 266 f. Vgl. auch die kaiserliche Erklärung auf dem Reichstag zu Roncaglia 1158: „Imperialem decet sollertiam ita rei publicae curam gerere et subiectorum commoda investigare, ut regni utilitas incorrupta persistat et singolorum status iugiter servetur illesus" MGH Const. I 247 ed. L. Weiland, Hannover 1893.

[11] Recht und Verfassung im Mittelalter, in: Historische Zeitschrift Bd. 120, 1919, S. 1–79, Nachdruck Tübingen 1952; vgl. auch *Herbert Krüger*, Allgemeine Staatslehre, S. 66.

[12] *Fritz Kern* a. a. O. S. 48; vgl. auch *Brunner* a. a. O. (Fn. 4) S. 137.

Im Mittelalter war das Recht nur ausnahmsweise schriftlich niedergelegt. Die vorhandenen Urkunden hatten meist nur geringe Verbreitung und waren überdies in ihrer Authentizität oft zweifelhaft. Entscheidend für die Kenntnis des Rechts waren daher mündliche Überlieferungen und Rechtsgewohnheit, beides sehr schwankende und leicht dem Streit ausgesetzte Quellen, die kaum geeignet sind, ältere Ordnungen vor dem Ansturm neuer gesellschaftlicher und politischer Kräfte zu schützen.

Hinzu kommt, daß das Mittelalter nur das als Recht ansah, was gleichzeitig auch gut und vernünftig erschien [13]. Nicht das alte Recht schlechthin war gefragt, sondern das „gute" alte Recht. Was den jeweiligen Vorstellungen vom „guten" Recht nicht entsprach, konnte daher als unrechte Gewohnheit beiseite geschoben werden, soweit die konkrete gesellschaftliche Situation dies erlaubte. Wie *Kern* beschreibt, wurde dieses Beiseiteschieben alten Rechts sogar durch das Auffinden einer unbestritten echten Urkunde nicht verhindert, da deren Urheber ja seinerseits über das wirkliche Recht im Irrtum gewesen sein konnte [14].

Das unmittelbare Einfließen sozial-ethischer Erwägungen bewirkte im Verein mit der Unsicherheit der Überlieferung die Weiterentwicklung einer Rechtsordnung, die ihrer Theorie nach darauf abstellte, am alten festzuhalten. In der Praxis war mittelalterliches Recht wandlungsfähiger als das kodifizierte Recht des neuzeitlichen Staates, das zwar zentral geändert werden kann, jedoch bis zu einer ausdrücklichen Änderung der Rechtsentwicklung gewisse Grenzen setzt. Die Klage, daß sich Gesetz und Sitte wie eine ew'ge Krankheit forterben, ist neuzeitlich; mittelalterlichem Denken konnte ein als Krankheit erkanntes Gesetz nicht Recht sein.

Überdies gab es entgegen der Formel vom „Rechtsbewahrstaat" im Mittelalter neben der fließenden gewohnheitsrechtlichen Entwicklung auch förmliche Rechtsetzungsverfahren. Einmal konnte neues Recht im Einvernehmen aller Beteiligten geschaffen werden. Eine typische Form einer solchen einvernehmlichen Recht-

---

[13] *Fritz Kern* a. a. O. S. 15 ff.; *Otto Brunner* a. a. O. S. 139.

[14] *Fritz Kern* a. a. O. S. 32 f.; zu dem Gesamtvorgang auch *Otto Brunner* a. a. O. S. 139 Fn. 4 mit zahlreichen Nachw.

setzung ist der Vertrag. Schon daß auch nach mittelalterlichem Rechtsdenken die Rechtsbeziehungen zweier Privatpersonen im gegenseitigen Einvernehmen neu gestaltet werden konnten, enthält die Möglichkeit der Setzung neuen Rechts, wenn auch nur zwischen den Beteiligten. Auch Rechtsbeziehungen von weittragender Bedeutung – etwa im Lehnsverhältnis – waren der einvernehmlichen Gestaltung zugänglich. So konnten wichtige lehnsrechtliche Fragen durch gemeinsamen Beschluß des Lehnsherrn und seiner Vasallen neu geregelt werden, wenn auch dieses Verfahren wegen des prinzipiell notwendigen Konsenses aller Beteiligten recht schwerfällig war. Entsprechend konnten die Bürger einer Stadt ihre internen Angelegenheiten durch Satzung regeln [15]. Dabei konnte unter Umständen auch die Zustimmung aller Bürger durch die Einigung ihrer Repräsentanten ersetzt werden [16]. *Ebel* weist ferner darauf hin, daß bereits seit dem Beginn des 13. Jahrhunderts in Deutschland Anfänge des Mehrheitsprinzips festzustellen sind [17]. Es mag sein, daß diesem Rechtsetzungsverfahren nicht der Gedanke zugrunde lag, neues Recht zu schaffen, sondern man eher an die Wiederherstellung alten Rechtes, seine *Re*formatio oder an die Klärung strittiger Fragen dachte. Nichtsdestoweniger enthalten diese Vorgänge nach ihrer objektiven Bedeutung die Setzung neuen Rechts.

Überdies sind zahlreiche Fälle der einseitigen Setzung neuen Rechts bekannt. *Ebel* bringt dafür eine Fülle von Beispielen. Hier sollen nur zwei wichtige und für die Zeit typische Arten einseitiger Gesetzgebung erwähnt werden: Das ist einmal die Gewährung städtischer Privilegien von seiten des Stadt- oder Landesherrn, wodurch dem Leben einer schon bestehenden oder einer neu zu gründenden Stadt der rechtliche Rahmen gegeben wurde. Allerdings bedurfte ein solcher Gesetzgebungsakt zu seinem Inkrafttreten meist noch der Mitwirkung der Betroffenen [18] und war in

[15] *Wilhelm Ebel*, Geschichte der Gesetzgebung in Deutschland, 2. Aufl., Göttingen 1956, S. 21.
[16] *Ebel* S. 22.
[17] A. a. O. S. 22 ff. mit Nachw.
[18] *Ebel* a. a. O. S. 39 f. wendet sich daher dagegen, in diesem Zusammenhang überhaupt von Gesetzgebung zu sprechen.

der Regel nur dort möglich, wo nicht Rechte Dritter entgegenstanden. Es ist jedoch bekannt – und damit sei das zweite Beispiel einseitiger Gesetzgebung angesprochen –, daß einzelne Herrscher die Befugnis für sich in Anspruch nahmen, unter bestimmten Voraussetzungen einseitig zusätzliche Vermögensabgaben auszuschreiben. Auch hierin liegt ein Gesetzgebungsakt, der diesmal vor den Rechten Dritter nicht Halt macht. Dieser Vorgang kann natürlich auch als das Gebrauchmachen von einem schon bestehenden herrscherlichen Gestaltungsrecht verstanden werden. Nichtsdestoweniger schafft er neues Recht, indem er anstelle der vorher vorhandenen abstrakten Befugnis inhaltlich umschriebene Abgabenpflichten setzt. Der Herrscher muß sich allerdings formal auf eine schon vorhandene Befugnis stützen. Das hinderte ihn nicht, gegebenenfalls auch neu auftauchende Fragen, auf die das hergebrachte Recht keine Antwort geben konnte, einseitig aus der königlichen Machtvollkommenheit zu regeln [19].

V. Mittelalterliche Herrschaftsverträge

1. Gesamterscheinung

Vor dem Hintergrund einer von der Idee her statischen, in der Realität aber höchst wandlungsfähigen Rechtsordnung sind die zahlreichen Urkunden zu sehen, in denen die Herrscher des Mittelalters ihren Herrschaftsunterworfenen Rechte und Freiheiten verbürgten [20]. Mit dem Wandel der Rechtsordnung waren gleichzeitig auch bestehende Rechte einer ständigen Erosion ausgesetzt. Die Abfassung von Herrschaftsverträgen war ein Versuch, bestehende Rechte wenigstens vor der Dynamik königlicher Politik zu sichern. In diesen Herrschaftsverträgen liegen nach der angelsächsischen Tradition die Grundlagen und Vorbilder moderner Grundrechte und Eigentumsgewährleistungen.

[19] *Ebel* a. a. O. S. 33.
[20] Vgl. die Sammlung von *Werner Näf*, Herrschaftsverträge des späten Mittelalters, Bern 1951.

Es ist das Verdienst *Robert von Kellers*, erstmals den älteren Freiheitserklärungen eine umfassende Untersuchung gewidmet und ihre gesamteuropäische Bedeutung nachgewiesen zu haben [21]. Nach seinen Feststellungen begann diese Entwicklung mit dem Entstehen des Stadtbürgertums, das für Handel und Gewerbe einer gesicherten Rechtssphäre bedurfte. Einen wesentlichen Impuls erhielt die Entwicklung städtischer Freiheiten durch die mittelalterliche Kolonisation; bei der Neugründung von Städten waren die den zukünftigen Bürgern gewährten Rechte mit ausschlaggebend für den Erfolg der Gründung.

Gegen Ende des Mittelalters schloß sich der Adel dieser Bewegung an, um von seinen Lehnsherren, die nunmehr vielfach zu Territorialfürsten erstarkten, eine kollektive Bestätigung seiner Rechte zu erhalten. Seiner Idee nach war das Lehnsverhältnis des Hochmittelalters ein streng zweiseitiges Rechtsverhältnis zwischen Lehnsherrn und Lehnsmann, das durch das Recht beider zur Gewaltanwendung sanktioniert wurde. Die Aussichtslosigkeit der Einzelfehde gegen einen zum Territorialfürsten erstarkenden Lehnsherrn zwang den Adel jedoch zum Zusammenschluß und zur gemeinsamen Verteidigung seiner Rechte. Das bewirkte mit der Zeit eine Generalisierung dieser Rechte, die sich allmählich aus persönlichen Rechten zu Standesrechten entwickelten. Berühmtestes Ergebnis einer derartigen Entwicklung ist die Magna Carta Libertatum, die im Jahre 1215 dem englischen König Johann II. auf der Wiese Runnymede von seinen Baronen abgerungen wurde.

2. Besonderheiten der englischen Entwicklung

England hatte seit dem Jahre 1066 eine Sonderentwicklung durchgemacht. Die Eroberung hatte dem Herzog der Normandie die Neuverteilung des Landes in die Hand gegeben. Das Recht des Sieges machte ihn und seinen jeweiligen Nachfolger zum "ulti-

---

[21] Freiheitsgarantien für Person und Eigentum im Mittelalter, in: Deutschrechtliche Beiträge Bd. 14 H. I, Heidelberg 1933.

mate landlord"; wenigstens juristisch war die Krone zur Quelle allen Grundbesitzes geworden [22].

Wilhelm der Eroberer nützte die Chance, indem er sich von der oberen Schicht des angelsächsischen Adels befreite und seine Gefolgsleute an die Stelle setzte [23]. Damit wurde das ganze Land dem Lehnssystem unterworfen, einen Allodialbesitz, wie auf dem Kontinent, gab es nicht. Die Rechtsstellung der englischen Barone war, anders als die des kontinentalen Adels, allein vom König abgeleitet. Vor allem waren sie zunächst Landfremde und konnten schon deswegen keine vom König unabhängige Politik führen. Wilhelm hatte im übrigen Sorge getragen, die einzelnen Lehen in einer Größenordnung zu halten, die keine dem König gefährliche Machtentfaltung erlaubte [24]. Es gab kaum geschlossene Lehnsterritorien; überall war Kronland eingesprengt. Der König behielt auch die Kontrolle über die Aftervasallen, die unmittelbar ihm den Lehnseid leisten mußten. Der Eid gegenüber dem dazwischenstehenden Lehnsgeber nahm ausdrücklich den Gehorsam gegenüber dem König aus [25]. Waffendienst war in England nur dem König geschuldet [26]. Einen großen Teil des Grundbesitzes hatte sich die Krone im übrigen selbst vorbehalten.

Neben dem Lehnssystem gab es eine königliche Verwaltung mit eigenem Unterbau in Gestalt der Sheriffs und königlicher Gerichte. Im englischen Feudalsystem war so von vornherein die zukünftige Abspaltung eines hoheitlichen Bereichs und die Entwicklung zu einem rein ökonomischen System der Bodennutzung angelegt.

---

[22] Vgl. dazu *F. W. Maitland*, The Constitutional History of England, Cambridge 1908, Nachdruck 1963, S. 38. Noch heute ist übrigens die englische Krone der Legaltheorie nach Obereigentümerin allen Grundbesitzes; vgl. etwa The Lord Advocate v. Aberdeen University, 1962 Scots Law Times 413.

[23] *Jacques Le Goffe*, Das Hochmittelalter, Fischer-Weltgeschichte Bd. 11, Frankfurt a. M. 1965, S. 115 ff.

[24] *J. C. Holt*, Magna Charta, Cambridge 1965, S. 23.

[25] *Rudolf Gneist*, Englische Verfassungsgeschichte, Berlin 1882, S. 101, 110.

[26] *Maitland* a. a. O. (Fn. 22) S. 32.

Die Kronvasallen, die zunächst nur Gehilfen des Eroberers waren, entwickelten sich allerdings bis zum Beginn des 13. Jahrhunderts zu einem landsässigen Adel, der eigene Interessen gegenüber der Krone entfaltete. Die Zahl der direkten Lehnsnehmer der Krone wird für diese Zeit auf etwa achthundert geschätzt [27]. Sie waren eine verhältnismäßig geschlossene Gruppe mit gleichartiger Interessenlage. Während im deutschen Reich einzelne Stammesherzöge infolge ihrer großen und lokal verwurzelten Macht allein dem König gegenübertreten konnten und die Rolle des Königs der Hausmachtpolitik der großen Adelsgeschlechter eher untergeordnet war, herrschte in England eine ganz anders geartete Konstellation vor, in der die Zentralgewalt des Königs sich der vergleichsweise homogenen Gruppe der Barone konfrontiert sah. Dieses Bild ist zu ergänzen durch die variable Rolle der Städte, insbesondere Londons, und der Kirche.

Die große Zahl der unmittelbaren Kronvasallen und ihre Homogenität waren zugleich Voraussetzung und Antrieb für die rechtliche Stabilisierung und Generalisierung der Beziehungen zur Krone. Ein Meilenstein auf diesem Wege ist die Magna Carta von 1215. Der spätere Ruhm dieses Dokuments war allerdings kaum vorhersehbar. Die Waffenruhe zwischen den streitenden Parteien konnte es nur für etwa drei Monate sichern [28].

Nach dem Tode Johanns wurde die Magna Carta indessen in einer leicht geänderten Fassung Ende des Jahres 1216 von dessen Nachfolger neu gewährt. Dieser Vorgang wiederholte sich 1217 und 1225. Erst in dieser letzten Fassung überdauerte sie die Zeiten durch zahlreiche Bestätigungen. Im 14. Jahrhundert begann ihr Ausbau durch die Tätigkeit des Parlaments. Darauf stützte sich *Coke*, als er im 17. Jahrhundert die Magna Carta zur Grundlage rechtsstaatlicher Forderungen machte.

---

[27] *Holt* a. a. O. (Fn. 24) S. 222.
[28] Vgl. hierzu und zum folgenden den Kommentar von *McKechnie*, Magna Charta, 2. Aufl. New York 1914, Neudruck 1958.

3. Feudalbeziehungen in der Magna Carta

Von den insgesamt 63, teilweise recht umfangreichen Kapiteln der Magna Carta ist ein erheblicher Teil den Beziehungen zwischen dem König und seinen Baronen sowie den übrigen „tenentes de nobis" (direkten Lehnsträgern, tenents in chief) gewidmet. Ganz im Sinne der Rechtsreformation geht es hier darum, die streitig gewordene Übung auf inhaltlich präzisierte Grundlagen zu stellen.

So wird etwa in Kap. 2 der von den Erben eines Lehens an den König zu zahlende Betrag der Höhe nach begrenzt. Es werden Fragen geregelt, die auftreten, wenn der Erbe eines Lehens minderjährig ist und eine Vormundschaft eingerichtet werden muß (Kap. 3 bis 5). Kap. 12 legt fest, daß der König ohne „commune consilium regni nostri" feudale Hilfsgelder nur in drei Fällen fordern kann: um sich selbst aus Gefangenschaft zu lösen, beim Ritterschlag seines ältesten Sohnes und der ersten Heirat seiner ältesten Tochter. Der Höhe nach werden die geschuldeten Zahlungen auf das „vernünftige Maß" (racionabile auxilium) begrenzt. –

Im Rahmen der vorliegenden Untersuchung verdienen diese Bestimmungen besonderes Interesse, weil bei dieser Abgrenzung der Rechtssphäre zwischen dem König und seinen Vasallen die verfassungs- und vermögensrechtlichen Aspekte mit aller Deutlichkeit zusammenfallen. Es ging um die Verteilung der noch nicht nach ihrem privaten oder öffentlichen Ursprung geschiedenen Macht, die für beide Teile mit ihren Rechten am Boden verbunden war. Mit den finanziellen Interessen der Beteiligten war gleichzeitig der politische Zusammenhalt des Königreiches im Spiel. Die materielle Verfassungsqualität dieser Bestimmungen ist nicht zu verkennen.

Sie zeigt sich besonders deutlich in der Einrichtung des „commune consilium regni", das nach Kap. 12 und 14 eingeholt werden mußte, wenn der König in anderen als den drei ausdrücklich benannten Fällen Gelder von seinen Vasallen erheben wollte. Diese Bestimmungen dürfen nicht dazu verleiten, schon in die Magna Carta den Schlachtruf der amerikanischen Unabhängigkeitsbewegung "No taxation without representation" hineinzulesen. Denn es ging hier nicht um allgemeine Steuern, sondern um die Bemessung der dem König für das Lehen geschuldeten Leistungen. Nicht die Gesamtheit der Bevölkerung, an anderer Stelle bereits als „Anglici" vorgestellt (Kap. 49), wird angesprochen, sondern nur die unmittelbaren Lehensträger des Königs, die ihm für die Übertragung des Lehens in ganz privatrechtlicher Denkweise Gegenleistungen schulden. Gleichzeitig ist aber eine Andeutung späterer parlamentarischer Entwicklung zu erkennen. Ob in dieser Versammlung schon eine dissentierende Minderheit durch die Entscheidung der Mehrheit gebunden wurde, ist zweifelhaft [29]. Immerhin legt aber Kap. 14 ausdrücklich fest, daß derjenige, der ordnungsgemäß geladen war, sich gegenüber Beschlüssen des Rates nicht auf seine Abwesenheit berufen konnte; ein politischer Gedanke, der über privatrechtliches Vertragsdenken hinausführt. Mit dem „commune consilium" enthält die Magna Carta ein dynamisches Element, das in gewisser Weise ein Gegengewicht darstellt zu dem an anderen Stellen vorherrschenden Bestreben, Rechtspositionen zu präzisieren und festzuschreiben. Die Herrschaft des Königs war schon zu stark geworden, als daß sie mit Aussicht auf Erfolg auf einen herkömmlichen Zustand hätte fixiert werden können. Durch die Einrichtung des commune consilium tritt neben die Abgrenzung der königlichen Herrschaft der zukunftweisende Gedanke der Mitwirkung bei ihrer Ausübung.

4. Rechte anderer Bevölkerungsschichten

Neben den Bestimmungen der Magna Carta, die den Besitz der führenden Feudalschicht vor dem königlichen Zugriff schützen, stehen andere, deren Adressatenkreis weitergezogen ist. So heißt es in Kap. 1 ganz generell, daß die nachfolgenden Freiheiten „omnibus liberis hominibus regni nostri" gewährt werden. Frei in diesem Sinne war nach der Begriffsbildung der Magna Carta nicht nur ein unmittelbarer Lehnsträger, sondern auch ein Unter-

---

[29] Vgl. dazu *McKechnie* S. 254 f. Für das Komitee der 25 Barone sah Kap. 61 das Mehrheitsprinzip vor.

vasall, soweit er Träger eines ritterlichen Lehens war [30]. Die genaue Abgrenzung dieser Gruppe ist hier ohne Bedeutung; jedenfalls fiel nicht darunter der in Kapitel 20 neben dem Freien und dem Kaufmann angesprochene „villanus", der unfreie Bauer.

Zugunsten der zweiten Schicht der Lehnspyramide verpflichtet sich der König in Kap. 15, niemandem das Recht zu gewähren, höhere Abgaben, als die herkömmlichen zu erheben. Nach Kap. 28 und 30 dürfen Korn und andere Verbrauchsgüter nur gegen sofortige Bezahlung von königlichen Beamten in Anspruch genommen werden; Wagen und Pferde von Freien hingegen nur mit Zustimmung des Eigentümers.

In diesen Zusammenhang gehört auch die berühmte Generalklausel des Kap. 39, wonach kein freier Mann verhaftet, gefangen, gehalten, enteignet, geächtet, verbannt oder auf irgendeine Art zugrunde gerichtet werden darf, es sei denn aufgrund gesetzlichen Urteilsspruchs von seinesgleichen und des Landesrechts [31]. Wegen ihrer Anklänge an rechtsstaatliche Forderungen ist diese Bestimmung wohl die berühmteste der Magna Carta. Demgegenüber muß erinnert werden, daß insbesondere das judicium parium eine typisch mittelalterliche Forderung ist. *McKechnie* [32] betont ihren reaktionären Aspekt: Sie habe insbesondere darauf abgezielt, die direkten Kronvasallen den sich entwickelnden Königsgerichten, die bereits mit Berufsrichtern besetzt waren, zu entziehen, und ihnen die in vielfacher Hinsicht zu erwartende Nachsicht ihrer Standesgenossen zu sichern.

---

[30] *McKechnie* a. a. O. S. 114 ff.; *Holt* a. a. O. S. 185.

[31] Nullus liber homo capiatur, vel imprisonetur, aut disseisiatur, aut utlagetur, aut exuletur, aut aliquo modo destruatur, nec super eum ibimus, nec super eum mittemus, nisi per legale judicium parium suorum vel per legem terrae. – Es besteht eine gewisse Unsicherheit darüber, ob das am Ende auftauchende „vel" konjunktiv oder alternativ gebraucht ist. Nach der Ansicht von *Holt*, a. a. O. (Fn. 24) S. 227, bezieht sich auch das „per legem terrae" mehr auf ein hergebrachtes Verfahren als auf materielles Recht. Die Forderung nach Gerechtigkeit war weitgehend identisch mit der Forderung eines Urteilsspruches.

[32] A. a. O. S. 386 f.

In Kap. 20 verpflichtet sich der König, Bauern nur verhältnismäßig und unter Schonung ihrer Lebensgrundlage (waynagium) mit Geldstrafen zu belegen. Dieser Bestimmung wurde in einer Neufassung der Magna Carta von 1217 die Klarstellung hinzugefügt, daß sie nicht für die eigenen Bauern des Königs, vielmehr nur für den „villanus alterius quam noster" gelte [33]. Hieraus folgt mit aller Deutlichkeit, daß nicht die Bauern, sondern ihre Grundherren geschützt werden sollten, für deren Grundbesitz die Bauern den wichtigsten Zubehör darstellten. Nur als Besitztum des Grundherrn sind die Bauern vor dem Zugriff des Königs gesichert; mit seinen eigenen Bauern mochte der König ebenso wie andere Grundherren nach Belieben verfahren. So wurde für die Masse der Bauern erst im 15. Jahrhundert anerkannt, daß sie von ihren Grundherren nur ex justa causa aus ihrem Besitz entfernt werden durften [34].

Für die Verfasser der Magna Carta herrscht noch die Vorstellung, daß der Bauer als Zubehör des Grundbesitzes eher Objekt als Subjekt von Rechten ist. Die größte Bevölkerungsgruppe, von der die damals noch wichtigste ökonomische Leistung erbracht wurde, stand außerhalb des von den Bestimmungen der Magna Carta regulierten Gemeinwesens. Das ist bei der Würdigung von scheinbar umfassenden Bestimmungen, wie der Zusicherung stehender Gerichte (Kap. 17) oder dem Versprechen, Recht und Gerechtigkeit niemandem zu verkaufen und niemandem zu verweigern oder zu verzögern (Kap. 40), zu berücksichtigen. Für die untere Bevölkerungsschicht, die der Gerichtsbarkeit ihres Grundherrn unterlag, waren diese Bestimmungen ohne Bedeutung.

5. Feudale Herrschaft und Eigentum

In ihrem Wortlaut bedient sich die Magna Carta der Formeln einer Landvergabe [35]. Das bedeutet jedoch nicht, daß sie inhaltlich diesem Feudalakt gleichzusetzen wäre.

[33] *McKechnie* a. a. O. S. 292.
[34] *Gneist* a. a. O. (Fn. 25), S. 445.
[35] Kap. 1: „Concessimus etiam omnis liberis hominibus regni nostri, pro nobis et heredibus nostris in perpetuam, omnes libertates subscriptas,

Ihrem Zustandekommen und ihrem primären Zweck nach ist die Magna Carta Grundlage eines Waffenstillstands zwischen dem König und seinen Baronen, mit dessen Hilfe die gegenseitigen Beziehungen auf eine friedlichere und stabilere Basis gestellt werden sollten. Das wird besonders deutlich in Kap. 61, wo als Zweck dieser Urkunde die Beseitigung des entstandenen Unfriedens angegeben wird und den Baronen als Sicherheit für die Einhaltung dieses Paktes ausdrücklich zugestanden wird, daß sie zur Überwachung ein Komitee von 25 Baronen einsetzen dürfen, das nach vergeblicher Abmahnung eines königlichen Übergriffes Repressalien gegen königliche Güter und Besitzungen ergreifen und dabei die Gemeinschaft des ganzen Landes zu Hilfe rufen darf.

Die Bedeutung der Magna Carta ist jedoch durch eine Kennzeichnung als Privilegienbrief und Teil eines Waffenstillstandsvertrages nicht erschöpft. In vielen Beziehungen ist sie modernen Verfassungsurkunden vergleichbar.

Das gilt einmal für die in ihr niedergelegten allgemeinen Rechts-Prinzipien. Sie hatten zwar einerseits Privilegiencharakter, da die unteren Bevölkerungsschichten sich nicht darauf berufen konnten. Sie waren aber gleichzeitig grundlegende Prinzipien des Gemeinwesens, von dem die unfreien Bevölkerungsschichten ausgeschlossen waren. Sie wurden auch nicht etwa als bloße Deklamation verstanden. Kap. 62 ermächtigt die anwesenden Prälaten, Abschriften zu erteilen, die an alle Sheriffs mit der Aufforderung gesandt wurden, die Bestimmungen der Magna Carta zu publizieren und gemäß ihrem Inhalt zu verfahren [36]. Die judizielle Bedeutung der Magna Carta wird besonders deutlich in der Bestätigung Edwards I. von 1297, in der die Magna Carta dem Common Law gleichgestellt wird und insbesondere die Richter nochmals angewiesen werden, sie in allen Verfahren zu beachten [37].

---

habendas et tenendas eis et heredibus suis, de nobis et heredibus nostris." Dazu *McKechnie* a. a. O. S. 107.

[36] Text eines solchen writ bei *McKechnie* a. a. O. S. 494.

[37] Abgedruckt bei *Roscoe Pound*, The Development of Constitutional Guarantees of Liberty, New Haven/London 1957, S. 129 f.

Die Magna Carta setzt das Bestehen einer übergeordneten politischen Gewalt in der Hand des Königs voraus. Vorschriften über die Konstituierung und das Verfahren der politischen Gewalt, die als Hauptstück in modernen Verfassungsurkunden erscheinen, sind daher nur ansatzweise in den Bestimmungen über das commune consilium (Kap. 14) und das Komitee der 25 Barone (Kap. 61) zu finden. Den wesentlichen Inhalt der Magna Carta machen indessen Begrenzungen der königlichen Gewalt aus, und damit Vorschriften, die unmittelbar an modernes Grundrechtsdenken erinnern.

Freilich ist der gegenständliche Bereich dieser Ausgrenzungen enger als bei modernen Grundrechtskatalogen. Er umfaßt die Freiheit der Kirche (Kap. 1), in zahlreichen Vorschriften die Vermögens- und Herrschaftsrechte unterhalb der königlichen Gewalt, und schließlich ansatzweise in Kap. 39 die Freiheit vor willkürlicher Verhaftung und Gefangennahme. Auch Vorläufer der Freizügigkeit sind zu erkennen, wenn in Kap. 13 den Handelsstädten und damit auch den ihnen angehörenden Kaufleuten die alten Freiheiten und Rechte zu Wasser und zu Lande als kollektives Privileg zugesichert werden und darüber hinaus Kap. 41 ausländischen Kaufleuten die freie Ein- und Ausreise und die Bewegungsfreiheit in England verspricht. Für die ökonomischen und politischen Freiheiten, die in modernen Verfassungen breiten Raum einnehmen, fehlten die gesellschaftlichen und politischen Voraussetzungen.

Hier interessiert insbesondere das Verhältnis der vor dem königlichen Zugriff geschützten Feudalrechte zu modernen Eigentumsgarantien. Die zugrunde liegenden theoretischen Konzeptionen sind diametral entgegengesetzt. Die modernen Verfassungen verstehen die politische Gewalt als einheitlich und souverän; die Vorstellung ihrer Überlegenheit gegenüber allen gesellschaftlichen Kräften ist soweit gesteigert, daß die Gleichbehandlung gesellschaftlicher Kräfte, mächtig oder schwach, im Verhältnis zur politischen Gewalt allgemein zum Verfassungsprinzip erhoben wurde. Ganz anders das mittelalterliche Rechtsdenken, das private und öffentliche Herrschaft weitgehend identifiziert und daher eindeutig Herrschaftsrechte voneinander abgrenzt, wo moderne Verfassungen in Gestalt der Eigentumsgarantien persönliche Freiheit im

Bereich der Sachgüternutzung zu gewährleisten scheinen. Die Magna Carta benennt konkret die neben dem König wesentlichen Machtfaktoren der Zeit: Kirche, Städte und Feudaladel, und beschränkt den königlichen Zugriff auf ihre Rechte, die zugleich mit dem vermögensrechtlichen Aspekt den hoheitlichen Herrschaftsanspruch enthielten. In den modernen Verfassungen bleiben hingegen die Beziehungen der zentralen politischen Gewalt zu den großen gesellschaftlichen Machtfaktoren im Dunkel, weil sich die politische Gewalt als absolut und einzig versteht und damit rechtlich nur eine dem Souveränitätsakt ausgesetzte und damit nicht wirklich endgültige Selbstbeschränkung in Gestalt der Grundrechte verträgt.

Durchdringt man allerdings die Abstraktion, in der moderne Eigentumsgarantien formuliert sind, so vermehren sich die Analogien zu den Ausgrenzungen der Magna Carta. Begrenzt werden soll heute zwar nicht einer neben anderen Herrschaftsträgern, sondern der demokratische Souverän begrenzt sich selbst, wobei seine Suprematie theoretisch unbestritten bleibt. Die Funktion der modernen Eigentumsgarantie kann natürlich darin liegen, die Beauftragten der Allgemeinheit am willkürlichen Zugriff auf den Privatbereich ihrer Glieder zu hindern. Soweit allerdings die auf Eigentum begründeten Machtstellungen der modernen Gesellschaft in den Gewährleistungsbereich einbezogen werden, liegt die Funktion der in der Magna Carta vorgefundenen Abgrenzungen davon gar nicht so weit entfernt. In der Magna Carta sind die geschützten Machtstellungen nach dem Stand ihrer Träger in der feudalen Gesellschaft deutlich bezeichnet, während sie in den modernen Verfassungen von der Abstraktion des Eigentums verdeckt werden.

Zweites Kapitel

DIE ENTWICKLUNG ZUR MARKTGESELLSCHAFT UND DIE ENGLISCHEN VERFASSUNGSKÄMPFE DES 17. JAHRHUNDERTS

I. Das Entstehen der Marktgesellschaft

Zwischen dem 13. und dem 17. Jahrhundert hatte die englische Gesellschaft sich grundlegend gewandelt: anstelle des Feudalismus war eine Gesellschaft getreten, in der die Marktbeziehung im Vordergrund stand. Diese, in neuerer Zeit insbesondere von *Barrington Moore* [1] und *C. B. Macpherson* [2] hervorgehobene Kennzeichnung bedarf der näheren Erläuterung.

1. Kommerzielle Landwirtschaft

In erster Linie ist das Entstehen einer kommerziellen Landwirtschaft zu erwähnen. Dieser Übergang wird durch mehrere Faktoren gekennzeichnet:

a) Aus der Grundherrschaft ist der Großgrundbesitz geworden. Anstelle der personalen Beziehungen zwischen Grundherrn und Grundsassen stehen mehr und mehr die vom ökonomischen Kalkül bestimmten Rechtsbeziehungen des Dienst- oder Pachtvertrages. Die Funktionen der lokalen Verwaltung werden nun nicht mehr von den Grundherren, sondern von Kirchspiel und Grafschaft wahrgenommen, in denen allerdings die früheren Grundherren

---

[1] Soziale Ursprünge von Diktatur und Demokratie. Die Rolle der Grundbesitzer und Bauern bei der Entstehung der modernen Welt, aus dem Amerikanischen von *Gert Müller*, Frankfurt/M. 1969.

[2] Die politische Theorie des Besitzindividualismus. Von Hobbes bis Locke, aus dem Englischen von *Arno Wittekind*, Frankfurt/M. 1967.

weiterhin eine entscheidende Rolle spielen [3]. Die rechtliche Unfreiheit ist selten geworden [4]: die Mehrzahl der dem Grundherrn untertänigen Villains ist zu Lohnarbeitern oder Kleingewerbetreibenden geworden, anderen ist es gelungen, zu einem bäuerlichen Mittelstand auf eigenem oder gepachtetem Land aufzusteigen [5].

b) Die landwirtschaftlichen Produkte dienen nur zum Teil der Selbstversorgung. Im übrigen finden sie Absatz auf den Agrarmärkten der Städte. Das gilt vor allem und fast ausschließlich für Schafwolle, die auf den Gütern der landbesitzenden Oberschicht, aber auch von den größeren Bauern produziert wird und als Rohstoff oder verarbeitet den wichtigsten Exportartikel des vorrevolutionären Englands darstellt.

c) Die entscheidende Rolle auf dem Lande spielt jetzt nicht mehr der Hochadel. An seine Stelle hat die "Gentry" die Führung übernommen, deren Mitglieder der früheren Ritterschaft entstammen oder aus unteren Bevölkerungsschichten aufgestiegen sind. Der Niedergang des Hochadels begann mit den Rosenkriegen, in denen sich die großen Familien des Landes gegenseitig dezimierten. Dieser Vorgang hatte zusammen mit der wirtschaftlichen Entwicklung zum Aufstieg einer neuen grundbesitzenden Oberschicht geführt, der, wie bereits *Harrington* hervorhebt, durch die Gesetzgebung der Tudorzeit und insbesondere durch die Aufteilung der Klöster begünstigt worden war [6].

---

[3] *Julius Hatschek*, Englische Verfassungsgeschichte bis zum Regierungsantritt der Königin Viktoria, 1913, § 20; *Rudolf Gneist*, Englische Verfassungsgeschichte, Berlin 1882, § 32 a.

[4] *F. W. Maitland*, Constitutional History of England, Cambridge 1908, Nachdruck 1963, S. 204.

[5] *E. Lipson*, The Economic History of England, Vol. II: The Age of Mercantilism, 6. Aufl., London 1956, S. 378 ff.

[6] The Commonwealth of Oceana, in: Works, ed. John Toland, London 1771, Neudruck Aalen 1963, S. 64 f.

2. Handel und Gewerbe

Gleichzeitig mit der Kommerzialisierung der Landwirtschaft hatten sich Handel und Gewerbe entwickelt [7]. Wichtigster Gewerbezweig war die Produktion von Textilien. Anstelle der handwerklichen Fertigung war schon Ende des 16. Jahrhunderts überwiegend die Lohnarbeit getreten [8], die auch schon in Fabriken unter Zusammenfassung der bisher auf verschiedene Handwerke verteilten Arbeitsgänge stattfand [9]. Verbreitet war das System der Heimarbeit, bei der zwar das Arbeitsgerät dem Arbeiter gehört, der Rohstoff und das Produkt indessen Eigentum des Unternehmers sind, der einen Stücklohn gewährt. – Aber auch andere Industriezweige hatten bereits erhebliche Ausmaße erreicht. Im Jahre 1640 produzierte England 1 500 000 t Kohle, dreimal soviel, wie das übrige Europa zusammengenommen [10]. Die Errichtung der Schachtanlagen erforderte erhebliche Investitionen, die zu kapitalistischen Organisationsformen führten; die ehemals genossenschaftlich organisierten Bergleute wurden Lohnempfänger. Entsprechend hatte sich die Eisen- und Stahlproduktion entwickelt; *Hill* berichtet von einem Eisenwerk, das bereits 4000 Arbeiter beschäftigte.

Da der Transport auf dem Wasserwege zur damaligen Zeit weitaus am billigsten war, erwies sich auch unter diesem Gesichtspunkt die geographische Lage Englands als unschätzbarer Vorteil. Seine Produkte konnten weitgehend auf dem Wasserweg befördert werden; ein Umstand, der insbesondere die Ausfuhr erheblich erleichterte. So war nach dem Urteil *Lipsons* England schon zu Ende des 16. Jahrhunderts die Werkstatt der Welt [11].

Außenhandel und Schiffahrt hatten für England überragende Bedeutung. Zu den traditionellen Handelsbeziehungen mit dem Kontinent und den Mittelmeerländern waren die Handelsinteressen

---

[7] Vgl. dazu vor allem *Lipson*, a. a. O., und *Christopher Hill*, The Century of Revolution, 1603–1714, London 1961, S. 20 ff.

[8] *Lipson* a. a. O. Einleitung, S. XXVII.

[9] *Lipson* a. a. O. Einleitung, S. X.

[10] *Hill* a. a. O. S. 20; vgl. auch *Maurice Ashley*, England in the Seventeenth Century, 3. Aufl. 1961, Neudruck 1970, S. 14 f.

[11] A. a. O. Einleitung, S. XLII.

in Indien, Afrika und Nordamerika hinzugekommen [12]. Im Jahre 1599 wurde die East India Company gegründet [13]. Bereits aus dem Jahre 1584 datieren die ersten, noch tastenden Versuche der kolonialen Niederlassung an der Ostküste Nordamerikas. Seit der Gründung der Virginia Gesellschaften durch Kaufleute aus London und Plymouth im Jahre 1606 wurden diese Unternehmungen in großem Stil weitergeführt [14].

Bemerkenswert ist, daß sich die geschilderten gewerblichen und kaufmännischen Aktivitäten in England nicht auf das städtische Bürgertum beschränkten. Die Gentry und der Adel beteiligten sich nicht nur finanziell. Für die jüngeren Söhne dieser Gesellschaftsschichten war es vielmehr im Gegensatz zum Kontinent üblich und ehrenhaft, eine kaufmännische Tätigkeit aufzunehmen [15]. Hierin liegt eine der wesentlichen Ursachen für den unterschiedlichen Verlauf der englischen und der Französischen Revolution. Während 1789 Hauptangriffsziel des dritten Standes die Privilegien des Adels waren, standen in der englischen Revolution Adel und Bürgertum zunächst einmütig der Krone gegenüber.

3. Generelle Charakterisierung

Dieser kurze Überblick mag hinreichen, um aufzuzeigen, daß in England schon vor dem Maschinenzeitalter wesentliche Strukturen der modernen Gesellschaftsordnung vorhanden waren. Die feudalen Rechte und Verpflichtungen waren in den Hintergrund getreten: Standesprivilegien waren insbesondere in steuerlicher Hinsicht unbekannt. Interne Zölle und Abgaben, mittelalterliche Relikte, die im übrigen Europa die wirtschaftliche Entwicklung empfindlich beeinträchtigten, waren mit unbedeutenden Ausnahmen schon seit

---

[12] Vgl. *Lipson* a. a. O. Einleitung XV.
[13] *Lipson* a. a. O. Einleitung S. LX.
[14] *R. B. Nye* und *J. E. Morpurgo,* A History of the United States, 3. Aufl. 1970, Bd. 1, S. 17, 23.
[15] *Lipson* a. a. O. Einleitung S. LX; vgl. auch *Hill* a. a. O. (Fn. 7), S. 102.

der Reformation aufgehoben. Königliche Handelsmonopole stießen auf entschiedenen Widerstand und befanden sich auf dem Rückzug vor dem Common Law [16].

Gesellschaftspolitisch stand einer weitgehend homogenen besitzenden Schicht, die sich ohne scharfe Abgrenzung aus Bürgertum, Gentry und Adel zusammensetzte, die Gruppe der Lohnabhängigen gegenüber, die zusammen mit Almosenempfängern und Bettlern nach *Macphersons* Schätzung etwa 2/3 der Bevölkerung ausmachten [17]. Nach *Lipsons* Urteil hatte daher England schon zur Zeit der Revolution eine kapitalistische Gesellschaftsordnung [18]. Macpherson beschreibt sie als Eigentumsmarktgesellschaft (possessive market society), die sich dadurch auszeichnet, daß es neben einem Markt für Erzeugnisse einen Markt für Arbeit gibt, auf dem der Arbeiter seine Arbeitskraft wie eine Ware veräußert [19].

II. Entwicklung zum Privateigentum

Parallel mit der gesellschaftlichen und wirtschaftlichen Entwicklung entfalteten sich die für die Marktgesellschaft entscheidenden Institute des Privatrechts: das Eigentum und der Vertrag. Nach *Schlatters* Feststellung triumphierte im England des 17. Jahrhunderts die moderne Auffassung vom Eigentum als ein nach Belieben

---

[16] So erklärte die Kings Bench in der Entscheidung Darcy v. Allen (1603) ein von Elisabeth gewährtes Monopol der Herstellung und Einfuhr von Spielkarten für nichtig. Coke meinte in seinem Kommentar zu Kap. 29 (39) der Magna Carta, ein solches Privileg sei „gegen das Recht und die Freiheit des Untertan, der vorher diesen Handel ausübte oder dazu rechtlich befugt war" und widerspreche daher dieser großen Charter. Das berühmte Statute of Monopolies von 1624 verbot derartige Privilegien, sah aber gleichzeitig die Möglichkeit vor, neue Erfindungen durch Ausschließlichkeitsrechte zu monopolisieren und begründete damit das moderne Patentrecht.

[17] A. a. O. (Fn. 2), S. 6.

[18] A. a. O. Einleitung.

[19] A. a. O. S. 62 f.

auszuübendes Recht endgültig über das mittelalterliche Gemeinwohldenken [20].

Dieser Prozeß ist zunächst ein negativer, in dem gewisse, mit dem feudalen Eigentum verbundene Rechte und Pflichten abgestoßen und von öffentlichen Körperschaften übernommen werden. So traten anstelle der feudalherrlichen Verwaltung und Gerichtsbarkeit Kirchspiel und Grafschaft. Seit dem 17. Jahrhundert war die Zuständigkeit der Königsgerichte für alle Streitigkeiten aus Grundbesitz, auch des aus dem früheren villenagium hervorgegangenen Copyhold, unstreitig; sie war schon seit der Mitte des 15. Jahrhunderts in der Praxis etabliert [21]. Nur die Friedensrichter der Grafschaften behielten daneben eine nennenswerte Gerichtsbarkeit [22]. Anstelle des feudalen Wehraufgebotes traten schon im 12. Jahrhundert Söldnerheere und bald auch das nie ganz in Vergessenheit geratene nationale Aufgebot [23]. Der Grundbesitz hatte im 17. Jahrhundert jede unmittelbare militärische Bedeutung verloren [24].

Die inhaltliche Wandlung der Eigentumsrechte vollzog sich im formalen Rahmen des überkommenen Common Law. Anders als im kontinentalen Bereich fand keine Rezeption des römischen Rechtes statt, obwohl enge Kontakte zur kontinentalen Entwicklung bestanden. Der Anstoß zum neuen Verständnis der überkommenen Rechtsinstitute ist jedoch in England sehr deutlich außerhalb der Rechtsordnung selbst zu lokalisieren.

Das englische Privatrecht bildete keinen dem § 903 BGB vergleichbaren abstrakten Eigentumsbegriff; es behielt vielmehr die aus der Feudalzeit überkommenen Bezeichnungen für die recht-

---

[20] *Richard Schlatter*, Private Property. The History of an Idea, London 1951, S. 72. *Hill,* a. a. O. (Fn. 7) S. 67, stellt fest, daß die Common Law Gerichte das absolute Eigentümerbelieben mehr und mehr verteidigten.

[21] *Edward Jenks*, A Short History of English Law, 6. Aufl. 1949, S. 72 f.; vgl. auch *Maitland*, a. a. O. (Fn. 4), S. 204 ff.

[22] *Jenks* a. a. O. S. 73 f.

[23] *Maitland* a. a. O. S. 275 ff.

[24] *Hill* a. a. O. S. 49.

liche Zuordnung von Sachen im wesentlichen bei [25]. Insbesondere bleiben die abgestuften Rechte am Boden erhalten. Sie machen noch heute das englische Bodenrecht zu einem für den kontinentalen Juristen nur schwer zu entschlüsselnden Labyrinth. Die allmähliche inhaltliche Umgestaltung dieser Rechtsinstitute in Richtung auf ein modernes Eigentum läßt sich daher vor allem an der Entstehung gewisser Konnexinstitute nachweisen; in dieser Weise findet sie in den Darstellungen der Geschichte des englischen Zivilrechts ihren Niederchlag. Als selbständiges Rechtsinstitut taucht das Eigentum (property) in der Darstellung der zivilrechtlichen Entwicklung nicht auf.

Als erstes Anzeichen für die Wandlung feudaler Lehen zu modernem Eigentum kann bereits das Statut quia Emtores von 1290 [26] gewertet werden. Es verbot die Unterverleihung von Lehen, erlaubte aber statt dessen ihre Veräußerung mit allen Rechten und Pflichten ohne Zustimmung des Lehnsherrn. Hier zeigt sich deutlich, wie die personale Bindung des Lehnsverhältnisses zerfällt und eine pekuniäre Beziehung an ihre Stelle tritt. Ein weiteres Zeichen der Kommerzialisierung ist die Entwicklung eines Grundpfandrechtes (mortgage) [27]. Wichtiger für die inhaltliche Wandlung des Grundeigentums ist aber die in der zivilrechtlichen Dogmatik nicht festgehaltene Entwicklung der Nutzung [28]. Im mittelalterlichen England war ein gemeinschaftlicher Ackerbau mit gemeinschaftlicher Fruchtfolge im Rahmen der Dreifelderwirtschaft üblich; dazu gehörte auch die gemeinschaftliche Weide nach der Ernte und auf dem Gemeindeland. Seit dem 16. Jahrhundert begannen sich Bestrebungen zugunsten einer individuelleren Nutzung durchzusetzen. Die bisher offene Flur wurde zunehmend durch Einhegungen (enclosures) aufgeteilt. Damit verbunden war teilweise eine Besitzumlegung und die Privatisierung des Gemeindelandes. Diese Maßnahmen dienten einerseits der Intensivierung des Ackerbaus. Andererseits aber, und das war eine wesentliche Triebkraft der

---

[25] *Jenks* a. a. O. S. 83.
[26] Ergänzt und erweitert 1327; vgl. *Jenks* a. a. O. S. 102 f.
[27] *Jenks* a. a. O. S. 124 f.
[28] Hierzu *Lipson* a. a. O. S. 395 ff.

enclosure-Bewegung, wurden dabei Äcker in Schafweide umgewandelt, die dem Besitzer einen höheren Ertrag versprach, gleichzeitig aber Arbeitskräfte freisetzte und damit zu schwerwiegenden sozialen Problemen führte. Die Gesetzgebung der Tudor-Zeit versuchte sich dieser Bewegung vergeblich entgegenzustellen [29]. Es ist bezeichnend, daß nach dem Sieg des Parlaments die Umwandlung von Ackerland in Weide von der Gesetzgebung geradezu gefördert wurde [30]. Der Eigentümer eines derart eingehegten Grundbesitzes konnte in der Tat prinzipiell nach Belieben damit verfahren, wie es der moderne Eigentumsbegriff voraussetzt.

Durch Parlamentsgesetz von 1656, bestätigt 1660, wurden schließlich alle Kronlehen zu freiem Eigentum erklärt, wodurch das Recht der Krone auf Erbfallgebühren und Einsetzung von Vormündern bei Minderjährigkeit des Erben entfiel [31]. Ausgenommen war ausdrücklich die sogenannte Copyhold, d. h. das alte Villenagium, das daher auch weiterhin nur gegen Erbfallgebühr vererbt werden konnte. Das Parlament lehnte 1656 ausdrücklich ab, diese Erbfallgebühr der Höhe nach zu begrenzen und ermöglichte es dadurch den Obereigentümern, diejenigen Bauern zu vertreiben, die die mehr oder weniger willkürlich festgesetzten Erbschaftsgebühren nicht zu zahlen vermochten.

Bewegliches Eigentum hatte schon immer geringeren Bindungen unterlegen. Sein Inhalt wird vom englischen Zivilrecht nach wie vor nur negativ umschrieben, und zwar durch die Klagen, die es bei einer Eigentumsverletzung gewährt [32]. Wichtig war seine Aus-

---

[29] *Lipson* a. a. O. S. 398 ff.
[30] *Lipson* a. a. O. S. 146 ff. Zunächst beruhten die enclosures weitgehend auf der Initiative einzelner Grundherren oder Bauern. Es kam auch vor, daß sie von ganzen Dorfgemeinschaften beschlossen wurden und dann Umlegungen und die Aufteilung des Gemeindelandes umfaßten. Im 18. Jahrhundert wurden zahlreiche enclosures auf Antrag einzelner Grundbesitzer durch private bill des Parlaments angeordnet.
[31] Hierzu und zum folgenden *Hill* a. a. O. S. 148 f.
[32] Law of Tort; z. B. writ of Trespass und seine spätere Erweiterung; vgl. *Jenks*, a. a. O. (Fn. 21), S. 137 f.

dehnung auf unkörperliche Gegenstände, wie Wechsel [33], Patente [34] und Urheberrechte [35].

Den Schlußstein in der Entwicklung des individualistischen Vermögensrechtes bildete die Einklagbarkeit des privaten vermögensrechtlichen Vertrages beliebigen Inhalts, die zwischen dem Beginn des 15. und dem Ende des 16. Jahrhunderts anerkannt wurde [36].

III. Der Kampf um die Verfassung

1. Politische und religiöse Fragen im 17. Jahrhundert

Die Entkleidung des Eigentums von seinen feudalen Befugnissen, die mit seiner Befreiung von gesellschaftlicher Verantwortung einherging, hatte nicht zur Folge, daß es aus dem Verfassungsrecht ausschied oder gar für die Verfassungswirklichkeit irrelevant wurde. In den englischen Verfassungskämpfen des 17. Jahrhunderts war vielmehr das Verhältnis des Eigentums (property) zum politischen Bereich die entscheidende Frage. Vorgegeben war bereits durch die frühere Entwicklung die Differenzierung zwischen hoheitlichem Handeln und der Ausübung privater Rechte; zu lösen war die Frage der Beziehungen beider Systeme.

Es wäre indessen fehlerhaft, die Bedeutung der religiösen und kirchlichen Streitfragen für die Verfassungsentwicklung zu übersehen. England war im 17. Jahrhundert erfüllt von den Auseinandersetzungen zwischen den Anhängern der anglikanischen Staatskirche, Presbyterianern, Independenten und Sektierern um das richtige Glaubensbekenntnis und die richtige Kirchenverfassung. Alle diese dem Protestantismus in seiner calvinistischen Form mehr oder weniger nahestehenden Richtungen waren sich einig in der Ablehnung des „Papismus". Ausschlaggebend für die Abwendung

---

[33] Dazu *Jenks* a. a. O. S. 128 f.
[34] Seit dem Statute of Monopolies von 1623 geschützt; *Jenks* a. a. O. S. 130.
[35] *Jenks* a. a. O. S. 130 f.
[36] *Jenks* a. a. O. S. 139 ff.

des Landes von Karl II. und für die Glorious Revolution war es, daß diesem katholischen Monarchen ein Sohn geboren wurde und damit die dauernde Vorherrschaft des katholischen Glaubens bei Hofe zu befürchten war.

Es spricht jedoch manches dafür, daß die religiösen und kirchlichen Fragen letztlich doch sekundärer Natur waren, obwohl sie manchmal gleich einem Nebel über die grundlegenden Auseinandersetzungen um die Beziehungen des politischen und des wirtschaftlichen Systems gebreitet sind. Die Religion hatte auf die führende Schicht im 17. Jahrhundert nicht mehr den Einfluß, den sie zu anderen Zeiten gehabt haben mag. Wenn Hobbes oder Locke die Heilige Schrift zitieren, dann ist das schmückendes Beiwerk oder Rückversicherung; getragen werden ihre Gedankengänge von Erfahrung und rationaler Argumentation. – Die Kirche war seit ihrer Abtrennung von Rom durch Heinrich VIII. dem politischen System untergeordnet; über die Einsetzung der Pfarrer entschieden die Grundbesitzer kraft ihrer Patronatsrechte, die Bischöfe wurden vom König berufen. Karl I. erklärte seinem Sohn, die wichtigste Stütze der königlichen Autorität sei die Abhängigkeit der Kirche von der Krone [37]. Der politische Streit um die Kirchenverfassung betraf daher vor allem die Frage, wer die kirchlichen Würdenträger einsetzen durfte und dadurch mit ihrer politischen Unterstützung rechnen konnte. Besonders in den ländlichen Gegenden war die Kirche immer noch das Zentrum des öffentlichen Lebens; der Weg über die Pfarrer war daher als Verbindung zu den unteren Bevölkerungsschichten kaum zu ersetzen.

Von Parlament und Krone wurde die Religion in erster Linie als Machtmittel angesehen, oder wie *Hill* schreibt, als „nützlicher Schlachtruf" [38]. Der Jurist und Politiker *John Selden* (1584–1654) bemerkte, der wirkliche Grund für das Vorschieben der Religion in allen kriegerischen Auseinandersetzungen liege darin, daß an diesem Gegenstand alle gleiches Interesse hätten, der Stallbursche ebenso wie der Lord [39].

[37] Vgl. *Hill* a. a. O. S. 80.
[38] A. a. O. S. 106.
[39] Vgl. *Hill* a. a. O. S. 106.

Die religiösen Auseinandersetzungen waren auch nicht, das läßt sich hier schon feststellen, unmittelbarer Antrieb für die Entwicklung der bürgerlichen Freiheiten [40]. Religionsfreiheit oder Toleranz tauchen in der Petition of Right (1628) und in der Bill of Rights (1688) nicht auf. Das Parlament, das sich unter dem Schlachtruf "life, liberty and property" einig wußte, hatte in der Restaurationszeit und vorher durch zahlreiche Gesetze alle Nichtanglikaner diskriminiert [41]. Im Jahre 1689 kam man nicht umhin, die Unterstützung der Dissenter bei der Vertreibung des letzten Stuart durch ein Toleranzgesetz zu honorieren. Sie erhielten jedoch keineswegs gleiche politische Rechte; es wurde ihnen lediglich ein Minimum an Freiheit für den Gottesdienst zugestanden. Katholiken, Unitarier und Quäker, abgesehen von Nichtchristen, blieben weiter ausgeschlossen.

Als Gesamtbewegung hängen die Reformation und damit auch die verschiedenen Spielarten der reformierten Religiosität mit dem neuzeitlichen Individualismus, der Abkehr von den Autoritäten zugunsten der individuellen Überzeugung zusammen. Juristischer Ausdruck eben dieses Ausbruchs aus den traditionellen Bezügen waren im privatrechtlichen Bereich das Entstehen des neuen Eigentumsbegriffes und im politischen Bereich die Ausbildung der civil liberties. Die Religionsfreiheit stand dabei, das ist auch für die nordamerikanische Entwicklung nachgewiesen [42], zurück.

2. Eigentum in der politischen Diskussion

In der politischen Diskussion war der Begriff des Eigentums (property oder propriety) schon vor dem 17. Jahrhundert als

---

[40] So *Georg Jellineks* berühmte These; vgl.: Die Erklärung der Menschen- und Bürgerrechte, in: Zur Erklärung der Menschenrechte, hrsg. *Roman Schnur*, Darmstadt, 1964. Dagegen die ebenfalls in diesem Sammelband enthaltenen Stellungnahmen insbes. von *Boutmy*, *Hashagen*, *Vossler* und *Bohatec*.

[41] Vgl. *Hill* a. a. O. S. 194. Am bekanntesten ist wohl die Testakte von 1673, die nur kommunizierende Anglikaner zu öffentlichen Funktionen zuließ.

[42] Vgl. dazu *Hashagen* und *Bohatec* a. a. O. (Fn. 40).

Oberbegriff für alle vermögenswerten Rechte üblich geworden. So rühmt *Fortescue* in seiner zwischen 1467 und 1471 erschienenen Schrift ›De laudibus legum Angliae‹ die Sicherheit, mit der das englische Volk sein Eigentum genieße, weil es nur mit seiner Zustimmung mit Steuern belegt oder sonst in seinem Besitz gestört werden dürfe [43].

Es ist jedoch zu beachten, daß der Gegenstand des Eigentums in der politischen Diskussion des 17. Jahrhunderts oft erheblich weiter gefaßt wird, als es dem heutigen Verständnis entspricht. Für *Hobbes* sind auch menschliche Arbeit und Kenntnisse Waren, die austausch- und eigentumsfähig sind [44]. Auch *Locke* geht unzweifelhaft von der für seine Zeit geläufigen Vorstellung aus, daß Arbeit eine veräußerliche Ware ist [45]. Selbst das Leben erscheint als Gegenstand des Eigentums, wenn er „Leben, Freiheit und Besitz" unter dem „allgemeinen Namen Eigentum" zusammenfaßt [46].

Ebenso häufig ist es jedoch im 17. Jahrhundert, daß "property" neben den Rechtsgütern "life" und "liberty" als Bestandteil der bekannten säkularen Dreifaltigkeit erscheint [47] oder auch mit nur einem dieser beiden Güter kombiniert wird. In diesem Zusammenhang ist property eindeutig Inbegriff aller vermögenswerten Rechte. In diesem, auf das für die Marktgesellschaft wesentliche Kriterium abstellenden Sinn wird property heute allgemein in der englischen und amerikanischen Diskussion gebraucht. *Wolfgang Friedmann* hebt die praktische Qualität dieses Verständnisses ausdrücklich gegenüber dem „gekünstelten", nur auf körperliche Gegenstände bezogenen Eigentumsbegriff des kontinentalen Zivilrechts hervor [48].

---

[43] Kapitel IX, abgedruckt bei *Roscoe Pound*, The Development of Constitutional Guarantees of Liberty, New Haven/London 1957, S. 137.

[44] Leviathan, Kap. 24.

[45] Siehe dazu *Macpherson*, a. a. O. (Fn. 2), S. 248 f.

[46] Second Treatise of Government § 123.

[47] Beispiele etwa bei *John W. Gough*, Fundamental Law in English Constitutional History, 2. Aufl. Oxford 1961, S. 140; *J. P. Kenyon*, The Stuart Constitution: Documents and Commentary, 1966, S. 21.

[48] Recht und sozialer Wandel, Frankfurt/M. 1966, S. 77 f.

3. Das Parlament als Vertretung des Eigentums

Politischen Ausdruck finden die Eigentumsinteressen vor allem im Parlament. Bis in das 20. Jahrhundert hinein ist das englische Parlament nicht demokratische Institution, sondern Organ der besitzenden Klassen. Das gilt sowohl für das Oberhaus als auch für das Unterhaus.

Da der Adel in England keinen abgeschlossenen Stand darstellte, war das wesentliche Kennzeichen für die Inhaber der erblichen Sitze im Oberhaus nicht ihr Adelstitel, sondern ihre Eigenschaft als Großgrundbesitzer [49]. Agrarische Interessen standen daher im Oberhaus im Vordergrund, allerdings ohne kommerzielle und gewerbliche Interessen auszuschließen, da die Beteiligung an Handel und Gewerbe für den englischen Adel nichts Außergewöhnliches war.

Das Unterhaus erhob zwar im 17. Jahrhundert bereits den Anspruch, die Gesamtheit des Landes oder die Nation zu vertreten. Aktiv wahlberechtigt war indessen nur ein kleiner Teil der Bevölkerung [50]. Nach der bereits im Jahre 1430 geschaffenen und bis in das 19. Jahrhundert fortbestehenden Regelung mußte in den Grafschaften für die Teilnahme an der Wahl ein freehold mit einer Jahresrente von 40 s nachgewiesen werden, ein Zensus, der 80 bis 90 % der ländlichen Bevölkerung ausschloß [51]. Er bewirkte zusammen mit der Wahl durch offenes Handaufheben – ein Modus, der privaten Abhängigkeiten ausschlaggebende Bedeutung verlieh –, daß in der Regel nur führende Grundbesitzer gewählt wurden. In den Städten variierte das Wahlrecht nach den Stadtverfassungen, die aber in der Regel so angelegt waren, daß nur die Interessen der vermögenden Bürger zum Ausdruck kamen.

Daß nur sehr vermögende Grundbesitzer oder deren Protégés Unterhausmitglieder werden konnten, wurde im Jahre 1710 zusätzlich durch eine Beschränkung der Wählbarkeit gesetzlich fest-

---

[49] *Hill*, a. a. O. S. 43; nach *Gneist* a. a. O. (Fn. 3) S. 618 war der Adelstitel nur eine erbliche Ehrenauszeichnung.
[50] Vgl. zur Entwicklung des aktiven Wahlrechts *Hatschek* a. a. O. (Fn. 3) S. 626 ff.
[51] *Hill* a. a. O. S. 43.

gelegt. Danach konnte als Grafschaftsvertreter nur derjenige ins Unterhaus einziehen, der eine Jahresrente von 6000 £ aus Grundbesitz bezog; der Vertreter einer Stadt mußte 300 £ Jahreseinkommen aus Landbesitz nachweisen. Es läßt sich vorstellen, daß diese Einschränkung des passiven Wahlrechts zu allerlei Hilfsgeschäften führte, die den politischen Ehrgeiz vollends von der besitzenden Oberschicht abhängig machten [52].

Hinzu kommt die außerordentlich ungleiche Verteilung der Wahlberechtigten auf die Wahlbezirke. Bekannt ist die sich schon im 17. Jahrhundert abzeichnende Erscheinung der "rotten boroughs", in denen nur wenige Personen über den Sitz im Unterhaus bestimmten. Die Folge war, daß Unterhaussitze käuflich wurden; der Erwerb eines Sitzes war geradezu eine Investition, die sich durch die Tätigkeit des Abgeordneten rentieren mußte [53]. Der mit dem Sitz im Unterhaus verbundene politische Einfluß folgte so dem Meistbietenden; damit war ein wichtiger Teil des politischen Systems unmittelbar an die Marktgesetze gekoppelt.

Dieses System geriet während des Bürgerkrieges von seiten der Leveller und Teilen der Armee unter Beschuß. Diese Kräfte brachten ihre Forderungen vor allem während der Beratung des Generalrates der Armee über das erste Agreement of the People im Oktober 1647 in *Putney* zum Ausdruck. Sie forderten die Ausdehnung des Wahlrechtes auf alle „freien" Engländer. *Macpherson* hat nachgewiesen, daß damit entgegen einer verbreiteten Ansicht keineswegs das allgemeine Männerwahlrecht gefordert war [54]. Denn nach der damals allgemeinen, auch von den Levellers geteilten Auffassung, waren Lohnabhängige und Almosenempfänger in politischer Hinsicht unfrei; durch die Abhängigkeit vom Wollen anderer hatte dieser Personenkreis nach den damaligen Vorstellungen die angeborene Freiheit des Engländers verloren [55].

---

[52] Vgl. dazu *Hatschek* a. a. O. S. 632.
[53] Vgl. dazu sehr plastisch *Hatschek* a. a. O. S. 579 und 621 ff.
[54] A. a. O. (Fn. 2), S. 126 ff.
[55] Vgl. auch *Schlatter* a. a. O. (Fn. 20), S. 133 Fn. 1.

Die Vorschläge der Leveller wurden von *Cromwell* und seinem Schwiegersohn *Ireton* heftig bekämpft. Interessant ist die Begründung, die auch bei späteren kontinentalen und amerikanischen Diskussionen um das Wahlrecht eine Rolle spielte: die Erweiterung des Wahlrechts werde zur Zerstörung der Eigentumsrechte und damit zur Anarchie führen [56], weil die Mehrheit der Nichtbesitzenden dann die Besitzenden überstimmen könne. Die Bedeutung dieser Argumentation für die Putney-Debatten ist nicht ganz eindeutig, da ja auch die Leveller nicht das allgemeine Männerwahlrecht befürworteten und sich unter den vom bisherigen Wahlrecht Ausgeschlossenen auch recht wohlhabende Leute befanden, die nur nicht den geforderten "freehold" nachweisen konnten [57]. Man wird jedoch annehmen müssen, daß die Mehrzahl der vom bisherigen Wahlrecht ausgeschlossenen kleinen Bauern, Händler und Gewerbetreibenden in drückender Armut lebten [58]. Wenn sie auch nach den Vorstellungen der damaligen Zeit „frei" waren und zumindest über einiges Arbeitskapital verfügen mußten, hatten sie doch ganz andere Interessen als die vom bisherigen Wahlrecht begünstigte Schicht und konnten von daher als Gefahr für die Besitzinteressen verstanden werden. Für Ireton waren sie wie die Besitzer von beweglichem Kapital "without permanent interest in the kingdom" und daher wie Ausländer zu behandeln, die man als Gäste empfange und dafür Unterwerfung unter die Gesetze erwarte, ohne ein politisches Mitspracherecht zu gewähren. Jedermann ohne "landed interest" könne ja jederzeit das Königreich verlassen, wenn er mit den Gesetzen unzufrieden sei. Sein Geld sei anderswo so gut wie hier [59].

Die Bestrebungen der Leveller setzten sich nicht durch; in ihrer Ablehnung waren sich die Armeeführung und das Parlament einig. Nach 1688 verstärkte sich noch bei gleichzeitigem Abklingen der religiösen Auseinandersetzungen die Affinität des Parlamentes zu

[56] Vgl. den Wortlaut ihrer Äußerungen bei *Kenyon* a. a. O. (Fn. 47) S. 314.
[57] So *Petty* in der Putney-Debatte, *Kenyon* a. a. O. S. 315.
[58] *Macpherson* a. a. O., S. 155.
[59] Vgl. die Wiedergabe seiner Äußerungen bei *Kenyon* a. a. O. S. 314, 316.

den Interessen des Großeigentums. Nicht zu Unrecht hat man das Parlament, dessen Sitze wenigstens teilweise dem Meistbietenden zugängliche Vermögensobjekte darstellten, mit der Hauptversammlung einer Aktiengesellschaft verglichen. Die Mitbestimmung der Nichteigentümer wurde hier allerdings schon im Laufe des 19. Jahrhunderts errungen.

4. Der Dualismus der alten Verfassung und die Probleme der Marktgesellschaft

Aus dem Zeitalter der Tudors war dem 17. Jahrhundert der Dualismus von Krone und Parlament überkommen, ohne daß die Bereiche der königlichen Prärogative und der parlamentarischen Rechte klar voneinander abgegrenzt waren. Sicher war vor allem, daß direkte Besteuerung parlamentarischer Zustimmung bedurfte und daß andererseits Exekutive, Außenpolitik und Militär in die Zuständigkeit des Königs fielen. Im übrigen waren finanzielle und gesetzgeberische Befugnisse des Königs weitgehend unbestimmt. In der Zeit der Tudors war die Gesetzgebung durch königliche Proklamation noch einmal erheblich ausgedehnt worden.

Die Abgrenzungen des alten Verfassungsmodells entsprachen nicht den Bedürfnissen des 17. Jahrhunderts. Die Krone hatte bis dahin die Verwaltungsausgaben aus ihren traditionellen Einnahmen bestritten, die ihr im wesentlichen aus eigenen Ländereien, feudalen Abgaben, Gebühren und Zöllen zuflossen. Eine Steuer war nur bei außergewöhnlichem Bedarf, insbesondere im Kriegsfall erhoben worden. Diese Einnahmen blieben hinter den Ausgaben zurück, die durch wachsende Verwaltungsaufgaben verursacht wurden. James I. (1603–1625) hatte schon von Elisabeth erhebliche Schulden übernommen. Durch extravaganten Aufwand und Zuwendungen an Günstlinge verschärfte sich die Situation. Hinzu kam eine nicht unerhebliche Geldentwertung. Der Verkauf von Ländereien, den Elisabeth und James als letzten Ausweg wählten, schmälerte die laufenden Einnahmen und untergrub die dauernde Machtbasis der Krone.

Das Unterhaus, das in Finanzangelegenheiten bereits die Beratung vor dem Oberhaus erkämpft hatte [60], war seinerseits nicht mehr bereit, die geforderten Subsidien stillschweigend zu bewilligen. Es beanspruchte Einfluß auf die inhaltliche Gestaltung der nationalen Politik, indem es die Bewilligung von Steuern von Zugeständnissen der Krone abhängig machte. Auch dabei spielten religiöse Fragen eine Rolle, da die Stuarts mit dem Katholizismus sympathisierten, während im Parlament starke Neigung vorhanden war, zugunsten der Protestanten in die konfessionellen Auseinandersetzungen auf dem Kontinent einzugreifen. Den eigentlichen Grund für das immer mächtiger werdende Bestreben des Parlamentes, Einfluß auf alle Bereiche der Politik zu gewinnen, wird man allerdings in den Bedürfnissen der Marktgesellschaft sehen müssen. Die im Parlament vertretenen Landbesitzer, Kaufleute und Gewerbetreibenden hatten in ihrem wirtschaftlichen Gebaren die Schranken der Tradition durchbrochen. Das Streben nach mehr Reichtum, nach Vergrößerung ihres Besitzes war das anerkannte und ehrenhafte Motiv wirtschaftlichen Handelns geworden. Dieses neue Einverständnis des Erwerbsstrebens mit sich selbst bringt *Hobbes* mit erfrischender Direktheit zum Ausdruck, wenn er schlicht die Habsucht nach großen Reichtümern und das Streben nach großen Ehren (im Unterschied zu bescheidenem Gewinnstreben und Ehrgeiz) für ehrenhaft erklärt [61]. Bemerkenswert und bezeichnend für die damalige englische Gesellschaft ist auch, wie in diesen Worten die Ehre den Reichtümern nachfolgt; hatte doch Charles I. den Titel des Baronet erfunden, um ihn reich gewordenen Bürgern zu verkaufen und dadurch seine Finanzlage aufzubessern.

Der Erfolg des wirtschaftlichen Elans war wesentlich von der politischen Entwicklung abhängig. Das gilt insbesondere für die Außen- und Kolonialpolitik, da England im besonderen Maße vom Außenhandel abhängig war. Die führende Schicht der bereits

[60] Bestätigt vom Oberhaus durch Botschaft an das Unterhaus während des kurzen Parlaments von 1640. Vgl. *Taswell-Langmead/Plucknett*, English Constitutional History, 11. Aufl. von *Theodore Plucknett*, London 1960, S. 391.
[61] Leviathan Kap. 10.

ausgebildeten Marktwirtschaft mußte daher gerade im Interesse ihres Erwerbes danach streben, auch das politische System ihren Bedürfnissen zu unterwerfen.

Die Initiative des Unterhauses war allerdings zu Beginn dieser Periode noch völlig vom König abhängig, da er das Parlament nach Belieben einberufen und wieder auflösen konnte. Mangels einer regelmäßigen Sitzungsperiode war es an sich als institutioneller Rahmen für die politischen Bestrebungen der neuen Führungsschicht schlecht geeignet. Man darf jedoch nicht vergessen, daß das Unterhaus nur die gelegentlich auftauchende Spitze einer politischen Aktivität war, deren eigentliches Gewicht in den Kirchspielen, Grafschaften und Städten lag. Nach dem Niedergang des Sheriffsamtes ruhte der wesentliche Teil der Lokalverwaltung auf der ehrenamtlichen Aktivität der im Unterhaus vertretenen Schicht [62]; hier fanden ihre Angehörigen den institutionellen Rahmen für eine kontinuierliche politische Wirksamkeit. In der Lokalverwaltung wurden die notwendigen Voraussetzungen geschaffen, damit das Unterhaus in seinen kurzen und unregelmäßigen Sitzungsperioden die von ihm gezeigte politische Durchschlagskraft entwickeln konnte und zum ebenbürtigen und dann zum stärkeren Widerpart des Hofes wurde.

Die politische Bedeutung des Oberhauses, das ja ursprünglich die führende Kammer gewesen war, hatte mit dem Unterhaus nicht Schritt halten können. Zwar saßen dort die größten Landbesitzer, aber ihr gesamter Reichtum wurde bereits mehrfach durch die persönlichen Vermögen der Unterhausmitglieder überboten [63] und war nur ein Bruchteil des von diesen vertretenen Reichtums der Grafschaften und Städte. Seitdem das Unterhaus in Finanzangelegenheiten das erste Wort erkämpft hatte, war es politisch tonangebend, und die Lords folgten regelmäßig seiner Führung. Einer ernstlichen Auseinandersetzung waren sie nicht mehr gewachsen, wie die Entwicklung nach 1640 zeigte. Auch nach 1688 blieben

[62] Vgl. dazu *Hatschek* a. a. O. § 35; *Gneist* a. a. O. §§ 28, 32 a; *Kenyon* a. a. O. S. 492 f.

[63] Im Jahre 1628 bemerkte ein Lord in zeitkritischer Stimmung, das Unterhaus könne das Oberhaus dreifach aufkaufen. Vgl. *Hill* a. a. O. (Fn. 7) S. 17.

sie zwar in den Gesetzgebungsprozeß eingeschaltet. Sie hatten jedoch während der Restaurationszeit das Recht verloren, Gesetzesbeschlüsse des Unterhauses, die Staatseinnahmen berührten, zu ändern oder zu ergänzen [64]. Ihnen blieb daher praktisch in allen wichtigen Angelegenheiten nur ein Vetorecht, das vorwiegend theoretischer Natur war, da die Lords kaum wagen konnten, den Fortgang der Staatsgeschäfte zu hemmen. Ihre Bereitschaft zur Opposition wurde auch dadurch geschwächt, daß die Krone das Recht zur Ernennung neuer Peers in der Hand behielt [65].

Die politischen Forderungen des Unterhauses waren vor Ausbruch des Bürgerkrieges noch einmal mit Zustimmung der Lords in den Nineteen Propositions vom 1. Juni 1642 [66] zusammengefaßt worden. Nach Nr. 1 und 3 dieser Vorschläge sollten in Zukunft die wichtigsten Exekutiv- und Beraterfunktionen nur mit Zustimmung beider Häuser besetzt werden. Die großen Angelegenheiten des Reiches und alles, was die Allgemeinheit betrifft, sollte im Parlament oder in einem von ihm ausgewählten Gremium beraten und beschlossen werden (Nr. 2).

Bemerkenswert ist die Antwort des Königs [67]. Wenn ihm das Recht genommen werde, die Räte und Beamten nach eigenem Ermessen einzusetzen, werde die alte Gewaltenteilung dahin sein und seine völlige Unterordnung unter das Parlament ihn daheim und im Ausland verächtlich machen. Seinem Fall werde der des zweiten Standes (Oberhaus) bald nachfolgen und alle Macht im Unterhaus vereint sein. Dann werde es nicht lange dauern, bis die Unterschichten des Volkes „dieses arcanum imperii entdecken, daß alles durch sie, aber nicht für sie getan wurde. Sie werden der Tagelöhnerarbeit müde werden, selbst die Initiative ergreifen, Gleichheit und Unabhängigkeit als Freiheit verstehen, den Stand verschlingen, der die übrigen verschlang, alle Rechte und Besitztümer, alle Unterschiede von Familie und Verdienst zerstören, und so wird diese glänzende und hervorragende Regierungsform in einem

---

[64] *Taswell-Langmead/Plucknett* a. a. O. (Fn. 60) S. 547.
[65] *Taswell-Langmead/Plucknett* a. a. O. S. 545 f.
[66] Wortlaut bei *Kenyon* a. a. O. (Fn. 47) S. 247 ff.
[67] Wortlaut bei *Kenyon* a. a. O. S. 21 ff.

finsteren, gleichen Chaos der Vermischung enden, die lange Linie unserer vielen edlen Vorfahren durch einen Jack Cade oder einen Wat Tyler abgelöst werden".

5. Fundamental Law und Souveränität: Die Rolle des Rechts und der Gerichte

Der wesentliche juristische Hebel der Parlamentspartei in ihren Auseinandersetzungen mit der Krone war in der mit der Thronbesteigung James I. (1603) beginnenden und mit dem Ausbruch des Bürgerkrieges (1642) endenden Periode ihr Steuerbewilligungsrecht. Wann immer der König in finanziellen Nöten das Parlament einberief, standen nicht die Fragen des ob und wie der Steuer, sondern die Probleme der nationalen Politik im Vordergrund der Debatten.

Jede Steuer wurde als Eingriff in die "property" der Untertanen angesehen und war daher nur mit ihrer Zustimmung zulässig, die durch die Repräsentanten im Unterhaus erklärt wurde. Das Eigentum, nach damaligen Vorstellungen die Gesamtheit der Untertanenrechte umfassend, war dem Zugriff der Krone aus eigener Machtvollkommenheit entzogen, soweit nicht ihre Rechte hineinragten. Man dachte die Rechte der Krone und der Untertanen inhaltlich fixiert und prinzipiell gleichrangig. Sie bestanden nebeneinander; ihr qualitativer Unterschied – auf der einen Seite hoheitlich, auf der anderen Seite privatrechtlich – hatte sich bereits praktisch ausgebildet, war aber begrifflich noch nicht erfaßt [68]. Dieses noch mittelalterliche Verständnis der schon zu Beginn des Jahrhunderts inhaltlich gewandelten Verfassungslage kommt in den Worten James II. bei seinem Regierungsantritt (1685) zum Ausdruck, wenn er sagt: "I shall never depart from the just rights and prerogatives of the Crown, so I shall never invade any man's property." [69] Es ist daher nicht ganz richtig, wenn gesagt wird, die

---

[68] Anders schon *John Locke* in seiner Auseinandersetzung mit *Filmer*; First Treatise §§ 92, 93.
[69] Zitiert nach *Gough* a. a. O. (Fn. 47) S. 158.

Sphäre des Eigentums habe die Sphäre der königlichen Regierung und damit ihre Prärogative begrenzt [70]. Dem liegt die Vorstellung zugrunde, der König habe alles für die Prärogative in Anspruch nehmen können, was nicht durch Rechte der Untertanen abgedeckt war. Eine derartige Dynamik lag dem Rechtsdenken der Zeit fern, für die noch das gute alte Recht eine wesentliche Vorstellung war und jede "alteration of government" zunächst einmal schädlich schien. Es liegt zwar für den heutigen Interpreten nahe, die Vorstellung des modernen Verfassungsrechts, das eine rechtlich durchstrukturierte Regierungssphäre einer inhaltlich unbestimmten personalen Freiheit gegenüberstellt, umzukehren und den Rechtsbereich des Untertanen als durch die erworbenen Rechte und Freiheiten umschrieben anzusehen, während die Prärogative die nicht besetzten Räume auffüllte. Das ist jedoch nicht die Vorstellung der damaligen Zeit vom Verhältnis der Untertanenrechte zur Prärogative. Sie läßt sich eher durch zwei nebeneinanderliegende geschlossene Kreise verbildlichen, die sich allerdings auch überschneiden konnten. Ein freigebliebener oder neu entstehender Raum war nicht von vornherein einer der beiden Seiten zugewiesen. Die Vermittlung geschah im Parlament, dessen Unterhaus nach dieser Denkweise noch nicht so sehr Staatsorgan war, als vielmehr die Untertanen in einem zivilrechtlichen Sinn vertrat. Durch Einigung des Königs mit beiden Häusern des Parlaments konnten die Grenzen der beiderseitigen Befugnisse verschoben werden. Ein Ausfluß dieses noch mittelalterlichen Bestehens auf dem Konsens ist der gescheiterte Versuch, die bestehenden Differenzen durch einen "Great Contract" zu bereinigen (1610) [71]. Der König sollte auf gewisse noch aus feudaler Zeit überkommene Lehnsabgaben und Versorgungsrechte verzichten, dafür wollte ihm das Unterhaus ein zusätzliches aus Steuern zu bestreitendes jährliches Einkommen von 200 000 £ bewilligen.

---

[70] *Gerhard A. Ritter*, Historische Zeitschrift 1963, S. 600 f.; ders., Politische Vierteljahresschrift 1964 S. 21; zustimmend *Helmut Quaritsch*, Staat und Souveränität Bd. 1, Frankfurt/M. 1970, S. 424.

[71] Dazu *Taswell-Langmead/Plucknett* a. a. O. S. 343 f.; *Kenyon* a. a. O. S. 56.

Während inhaltlich um die Anpassung der Verfassung an die neuen gesellschaftlichen Bedürfnisse gekämpft wurde, bewegten sich beide Seiten in der Selbstdarstellung ihrer rechtlichen Position verbal noch völlig auf dem Boden der alten Verfassung. Hier mögen einige Beispiele vorwiegend vom Anfang und vom Ende dieser Periode genügen. In der Common's Petition of Grievances vom 7. Juli 1610 [72] berufen sich diese auf ihre "common and ancient right and liberty". Sie räumen ein, daß weniger schwerwiegende Mißbräuche auch schon zu Elisabeths Zeiten eingerissen waren, erinnern aber den Monarchen, daß mißbräuchliche Übung nicht Recht schaffen könne und daß gerade die Reform derartiger Mißbräuche seine Aufgabe sei. Das Recht des Eigentums sei durch das Common Law geschützt, das so alt wie das Königreich selbst sei; zusätzlich sei dieses alte grundlegende Recht (old fundamental right) durch verschiedene Parlamentsbeschlüsse garantiert worden. In der Petition of Right (1628) [73] war die Argumentation sehr viel spezifischer. Hier wurde im einzelnen dargelegt, gegen welche Vorschriften des Statute Law die Versuche des Königs zur Durchsetzung seiner eigenmächtigen finanziellen Forderungen verstießen; hier kommt auch der von Coke aufpolierte Artikel 39 der Magna Carta zu Ehren. In der Protestation of the Commons vom 2. März 1629 [74] wird dann sehr viel kürzer jeder, der die Zollerhebung ohne parlamentarische Zustimmung empfiehlt, als "innovater in the Government" und Hochverräter bedroht. Noch in der Grand Remonstrance vom 1. Dezember 1641 [75] werden als Wurzel allen Übels Absichten, die grundlegenden Gesetze und Prinzipien der Regierung umzustürzen (a design of subverting the fundamental laws and principles of government) oder Bestrebungen zur Änderung der Regierung (alteration of government) gebrandmarkt, in gleichem Atemzug aber die Besetzung der öffentlichen Ämter im Einvernehmen mit dem Parlament gefordert.

[72] Wortlaut bei *Kenyon* a. a. O. S. 71 ff.
[73] Wortlaut bei *Kenyon* S. 82 ff.
[74] Wortlaut bei *Kenyon* S. 85.
[75] Wortlaut bei *Kenyon* S. 228 ff.

Die gleichen Vorstellungen gebrauchte die Krone in ihren öffentlichen Erklärungen. In seiner Rede vom 21. März 1610 an das Parlament erklärte James I.[76], nachdem er zunächst die königliche Stellung von Gottes Gnaden sehr großzügig umschrieben hatte, er habe sich als König eines gemäßigten Reiches eidlich an die grundlegenden Gesetze (fundamental laws) gebunden. Schon fast am Ende dieser Periode legte Charles I. in seiner Rede vor dem Parlament vom 25. Januar 1641 [77] noch einmal besonderen Wert auf die mittelalterliche Unterscheidung zwischen Reformation und Neuerung der Regierung ("I make a great difference between reformation and alteration of government"). Er verspricht daher, mit Unterstützung des Parlaments alle Neuerungen in Kirche und Gemeinwesen aufzuspüren und zu reformieren (to find out and reform all innovations in Church and Commonwealth) und alle Probleme der Religion und Regierung auf ihren Stand in den reinsten Zeiten der Regierung Elisabeths zurückzuführen.

Der Begriff der Grundgesetze des Reiches, für den sich in der politischen und rechtlichen Diskussion des 17. Jahrhunderts noch zahlreiche weitere Nachweise finden ließen, hat in der neueren Literatur [78] besonderes Interesse vor allem deshalb gefunden, weil sich darin Verbindungslinien zum amerikanischen Verfassungsdenken anzudeuten scheinen. In England wurde diese Vorstellung nach 1688 sehr schnell ungebräuchlich; die Souveränität des Parlaments beherrschte das Feld.

Man darf nicht erwarten, das 17. Jahrhundert habe, wenn es von Fundamental Law sprach, damit die eindeutige Vorstellung eines ranghöheren Rechtes verbunden, etwa wie die Verfassungen der USA oder der Bundesrepublik der Theorie nach den Maßstab des einfachen Gesetzes darstellen. Die Verwendung des Begriffes im politischen Kampf war in erster Linie polemisch, ohne daß eine allzu präzise Vorstellung damit verbunden wurde. Als im Unter-

---

[76] Wortlaut bei *Kenyon* S. 12 ff.

[77] Wortlaut bei *Kenyon* S. 19 f.

[78] Vgl. dazu die bereits erwähnte Monographie von *Gough*, Fundamental Law in English Constitutional History, 2. Aufl. Oxford 1961; auch *Roscoe Pound*, The Development of Constitutional Guarantees of Liberty, New Haven/London 1957.

haus die Anklage gegen Strafford wegen Hochverrats vorbereitet wurde, fragte Waller, welches denn die "fundamental laws" seien, deren Gefährdung man Strafford vorwerfe. Nach einiger Verlegenheit antwortete man schließlich, wenn er es nicht selbst wisse, habe er nichts im Hause verloren [79].

Im allgemeinen Denken des 17. Jahrhunderts spielten, wenn von Fundamental Law gesprochen wurde, noch Vorstellungen vom guten alten Recht und das mittelalterliche Zusammenfließen von Ethik und Recht eine Rolle, das es erlaubte, aus Offenbarung und Vernunft unmittelbar einen rechtlichen Maßstab höchsten Geltungsanspruchs herzuleiten. Die Rechtsordnung war jedoch über diesen Zustand hinaus; er ist notwendig mit einer Rechtsunsicherheit verbunden, die mit den Bedürfnissen einer rational planenden Marktwirtschaft nicht zu vereinbaren ist. Die Kenntnis der Rechtsordnung war bereits Aufgabe eines spezialisierten Juristenstandes, der allerdings anders als auf dem Kontinent nicht auf Universitäten anhand des römischen Rechts ausgebildet wurde; auch in England hatten zwar die Universitäten das Studium des römischen Rechts aufgenommen, die entscheidende berufliche Prägung des Juristenstandes lag jedoch nach wie vor bei den Inns of Court und wurde durch die Präjudizien des Common Law und das überlieferte Parlamentsrecht bestimmt [80]. Auch für die englischen Juristen des 17. Jahrhunderts war daher die mittelalterliche Überlieferung von der Begrenztheit öffentlicher Befugnisse lebendig; allerdings war die Kontrollinstanz objektiviert: Anstelle der unmittelbaren Berufung auf das bessere Recht waren die in der Überlieferung verankerten Fundamentalnormen getreten. Das wird in den Worten Cokes deutlich, mit denen er bei einer Konferenz der höchsten Richter mit dem König dessen Anspruch auf Entscheidung von Rechtsfällen in eigener Person zurückwies [81]. Nachdem er dar-

---

[79] Vgl. *Hill* a. a. O. (Fn. 7) S. 66.

[80] Vgl. zum Obsiegen des Common Law und zur Ausbildung der Juristen *Edward Jenks,* A Short History of English Law, 6. Aufl. 1949, S. 200 ff.; auch *Roscoe Pound,* The Development of Constitutional Guarantees of Liberty, New Haven/London 1957, S. 27 f.

[81] Case of Prohibitions del Roy, 1612, abgedruckt bei *Roscoe Pound* a. a. O. S. 163.

gelegt hatte, daß nach Common Law nur der Richter zur Entscheidung von Rechtsstreitigkeiten berufen sei und der Anspruch auf Due Process zu den alten Freiheiten gehöre, warf der König ein, das Recht sei auf Vernunft gegründet, und er und andere hätten doch Vernunft ebenso wie die Richter. Der Bericht fährt fort, Coke habe geantwortet, „seine Majestät ist aber nicht in den Gesetzen seines Königreichs von England ausgebildet, und Angelegenheiten, die das Leben, das Erbe, die Güter und Vermögen seiner Untertanen betreffen, sind nicht nach natürlicher Vernunft, sondern nach der künstlichen Vernunft und dem Urteil des Rechtes zu entscheiden; das Recht ist eine Kunst, die langes Studium und Erfahrung erfordert, bevor ein Mensch seine Kenntnis erwirbt". Der König reagierte darauf ärgerlich und sagte, er sei dann unter dem Recht und diese Behauptung sei Hochverrat. Darauf habe Coke mit Bracton geantwortet: „quod Rex non debet esse sub homine, sed sub Deo et lege" [82].

Sir Edward Coke (1552–1634) war der führende Jurist seiner Zeit [83]; auch heute noch gelten seine Reports und seine Institutes in England und den USA schlechthin als Autorität des Common Law. Nachdem er zunächst als Anwalt tätig gewesen war, wurde er 1594 Attorney General und 1606 Chief Justice of Common Pleas. Als solcher geriet er sehr bald in Auseinandersetzungen mit der Krone, die ihre Prärogative entsprechend den neuen Bedürfnissen auszudehnen bestrebt war. Nachdem er 1616 aus seinem richterlichen Amt entlassen war, weil er sich weigerte, ein Verfahren auf Befehl des Königs auszusetzen [84], wurde er einer der Führer der parlamentarischen Opposition. Wesentliches Ergebnis dieser Wirksamkeit ist die Petition of Right von 1628. Erst nach seinem Tode wurde 1642 sein ›Second Institute‹, das im Kommen-

---

[82] Aus dessen Werk De Legibus et consuetudines Angliae, 1240.

[83] Vgl. zu seiner Person und Wirksamkeit *Roscoe Pound* a. a. O. S. 42 ff.; *Kenyon* a. a. O. (Fn. 47) S. 90 ff.; ausführlich auch *Christopher Hill*, Intellectual Origins of the English Revolution, Oxford 1965, S. 225 ff.

[84] Case of Commendams, vgl. *J. R. Tanner*, English Constitutional Conflicts of the Seventeenth Century. 1603–1689, Cambridge 1928, Neudruck 1962, S. 39 f.; *Taswell-Langmead/Plucknett* a. a. O. (Fn. 60) S. 350 f.

tar zur Magna Carta seine wesentlichen Aussagen zur Verfassung enthält, auf Weisung des Unterhauses publiziert.

In der Einleitung zur Kommentierung der Magna Carta heißt es, die höchsten und verbindlichsten Gesetze seien die vom Parlament verabschiedeten Statutes [85]. Die von ihm zu erläuternden Statutes hätten aber nur zum Teil neues Recht eingeführt, im übrigen hätten sie das überkommene Common Law nur deklaratorisch aufgezeichnet. Die Magna Carta, die Coke ebenfalls als Statute ansieht, habe überwiegend in deklaratorischer Weise die wesentlichen Gesichtspunkte der grundlegenden Gesetze Englands aufgenommen, im übrigen sei sie ein Zusatz, um einige Mängel des Common Law zu verbessern [86]. Daß Coke hier den Geltungsanspruch der Magna Carta nicht höher als anderes Statute Law einstuft, wird recht deutlich in seinen Bemerkungen zu Kap. 39 [87]. Er zitiert dort ein „gegen dieses alte und grundlegende Gesetz" erlassenes Statute aus der Regierungszeit Heinrich VII., wonach Strafurteile ohne Jury und Beweiserhebung allein aufgrund einer Information seitens der Krone gesprochen werden durften. Das Gesetz habe durch die Erschütterung dieser grundlegenden Rechte schreckliche Unterdrückung und Herausforderung zur Folge gehabt. Es sei daher durch ein Parlament Heinrichs VIII. annulliert und aufgehoben worden. Coke geht deutlich von der zwischenzeitlichen Rechtswirksamkeit des Statute aus.

In der von Coke berichteten Entscheidung zu Dr. Bonhams Case (1610) [88], an der er selbst als Chief Justice teilgenommen hatte, wird allerdings auch ein Parlamentsbeschluß der richterlichen Kontrolle unterzogen. Dem Londoner College of Physicians war das Recht gewährt worden, Verstöße gegen seine Regeln mit Geld-

---

[85] "The highest and most binding Laws are the Statutes which are established by Parliament." Hier und im folgenden wird die 6. Aufl., London 1681, verwendet.

[86] "It was for the most part declaratory of the principal grounds of the fundamental Laws of England, and for the Residue it is additional to supply some defects of the Common Law."

[87] In der von ihm benutzten späteren Fassung Kapitel 29.

[88] Abgedruckt bei *Roscoe Pound* a. a. O. (Fn. 78) S. 171 ff., vgl. auch ebenda S. 51 und *Gough* a. a. O. (Fn. 47) S. 31 ff.

Fundamental Law und Souveränität

strafen zu belegen, die zum Teil ihm selbst zuflossen. Im Urteil heißt es dazu, daß nach Common Law niemand Richter und Partei zugleich sein dürfe. Weiter heißt es: „Es ergibt sich aus unseren Büchern, daß in vielen Fällen das Common Law Parlamentsbeschlüsse kontrolliert und sie gelegentlich für nichtig befindet: Denn wenn ein Parlamentsbeschluß gegen gewöhnliches Recht und Vernunft verstößt, widerwärtig ist oder unmöglich ausgeführt werden kann, ist er der Kontrolle des Common Law unterworfen, das ihn für nichtig erkennt." *Roscoe Pound* zitiert zwei weitere Entscheidungen, von denen die zweite nach 1688 erging, in denen Obergerichte gegenüber dem Parlament die Rechtskontrolle in Anspruch nahmen [89]; er neigt dazu, hier Vorläufer des Judicial Review zu sehen, während englische Autoren diese Entscheidungen eher für Abirrungen und die zitierten Worte Cokes für "lose talk" halten [90].

Wie dem auch sei: Jedenfalls stehen im Vordergrund der juristischen Erwägungen der Zeit nicht die Schranken der Rechtssetzungsgewalt des Parlamentes, sondern die Grenzen der königlichen Prärogative. Hier ist Coke eindeutig: Die gesamte Kommentierung des Artikels 39 der Magna Carta bringt zum Ausdruck, daß der König und seine Verwaltung in Freiheit und Eigentum der Bürger nur aufgrund und in den Formen des Common Law und der Parlamentsgesetze eingreifen dürfen. Auch hierin ging er allerdings erheblich weiter, als seine richterlichen Standesgenossen ihm folgen mochten. Wie *Kenyon* schreibt, zogen sie auch weiterhin die berufliche Mystik des Case-law, verworren aber sicher, den nebelhaften Tiefen und unbestimmten Allgemeinheiten des Fundamental Law vor [91].

Hinzu kam, daß das Verbleiben der Richter im Amt weitgehend von der Erhaltung des königlichen Wohlwollens abhängig war, mochten sie quamdiu se bene gesserint oder durante bene placito bestellt worden sein [92]. Sie fühlten sich in starkem Maße als Diener

---

[89] Day v. Savadge, 1615, a. a. O. S. 175; King v. Earl of Banbury, a. a. O. S. 176.

[90] Vgl. zu der ganzen Frage *Gough* a. a. O. S. 31 ff.

[91] A. a. O. (Fn. 47) S. 103.

[92] *Kenyon* a. a. O. S. 90; auch in der Restaurationszeit wurden Richter wieder durante bene placito berufen. So *Kenyon* a. a. O. S. 420; vgl. auch *Taswell-Langmead/Pucknett* a. a. O. S. 465 f.

der Krone, die über ihren weiteren Aufstieg bestimmte, und lehnten die gefährliche Rolle eines Schiedsrichters zwischen ihr und dem Parlament weitgehend ab. Nach 1628 folgten daher die Gerichte immer weniger Cokes Beispiel, und ihr öffentliches Ansehen sank rapide bis zur völligen Desillusionierung [93].

Roscoe Pound berichtet allerdings einige Beispiele für richterliche Standhaftigkeit auch nach 1628 und verweist auf die wachsende Zahl der Amtsenthebungen [94]. Das alles hinderte aber nicht, daß im Endergebnis die Krone Urteile bekam, die sie haben wollte, wenngleich sie natürlich auch ihrerseits die schon recht sichere Verankerung einiger Rechtsprinzipien des Common Law im Bewußtsein der führenden Schicht berücksichtigen mußte. Willfährige Richter nützten ihr nur, wenn deren Urteile nicht zum öffentlichen Aufschrei führten.

Die Erfahrung der richterlichen Abhängigkeit spielte in den Debatten über die politische Neuordnung seit 1640 eine Rolle. 1688 schlug der die Bill of Rights vorbereitende Ausschuß des Unterhauses vor, die Berufung der Richter auf Lebenszeit zu beschließen [95]; das unterblieb jedoch aus unbekannten Gründen. Erst der Act of Settlement (1701) schuf eine Neuregelung [96]. Danach wurden Richter nur noch quamdiu se bene gesserint berufen; ihre Amtsbezüge sollten im voraus feststehen; eine Abberufung war nur durch Beschluß beider Häuser des Parlamentes möglich.

Die juristischen Auseinandersetzungen jener Jahre verschleiern jedoch die wirklichen Bedingungen des politischen Kampfes. Beiden Seiten ging es im Grunde nicht darum, Übergriffe der anderen Seite abzuwehren. Es ging auch nicht schlechthin um die Begründung einer souveränen Gewalt, die in der Lage gewesen wäre, die Struktur und Ordnung des Gemeinwesens der Entwicklung der gesellschaftlichen Bedürfnisse anzupassen. Denn in der Institution "King in Parliament" hatte England in jeder relevanten Hinsicht eine souveräne Gewalt, und diese war auch in der Vergangenheit,

[93] *Kenyon* a. a. O. S. 105.
[94] A. a. O. S. 38 ff.
[95] *Taswell-Langmead/Plucknett* a. a. O. S. 447.
[96] Ziffer 7, abgedruckt bei *Taswell-Langmead/Plucknett* a. a. O. S. 461 ff.

etwa beim Abfall von Rom, deutlich genug ausgeübt worden. Soweit eine Bindung an gewisse „fundamentals" bestand, war sie jedenfalls bei Einigkeit zwischen König und Parlament für die Probleme der Zeit ohne Bedeutung. Zwar war Coke der Ansicht, "Magna Carta is such a fellow that will have no sovereign", und es mag sein, daß im Parlament allgemein eine Vorstellung der Souveränität fehlte [97]. Das ist jedoch in der Sache ohne Bedeutung, da die Souveränität faktisch etabliert war. Cokes Dictum ist nur ein Beispiel für die Beobachtung, daß die begriffliche Einordnung in der Regel der historischen Entwicklung nachläuft und das Neue zunächst im Gewand des Alten auftritt.

Entscheidend ist, daß die inzwischen unter der alten Verfassung gewachsene neue Gesellschaft ungleich stärker als der von traditionellen Verhaltensweisen bestimmte mittelalterliche Verband auf eine handelnde politische Spitze angewiesen war und daher eine alles beim alten lassende Uneinigkeit zwischen König und Parlament ungleich unerträglicher als früher erschien; andererseits aber dieser notwendige Konsens kaum noch herzustellen war. Dabei mag der neuzeitliche Individualismus und das mit dem neuen Eigentumsverständnis zusammenhängende unbegrenzte Erwerbsstreben eine Rolle gespielt haben, indem diese Faktoren die Einzel- und Gruppeninteressen bei Hof und im Parlament verschärften und eine Einigung auf die salus publica erschwerten. Das wirkliche Problem dieser Jahre war die eindeutige Lokalisierung der letzten Entscheidung; das ist nur dadurch verschleiert worden, daß nach 1688 scheinbar die alte Kompromißformel vom King in Parliament fortgeführt wurde. Darauf wird am Ende dieses Kapitels noch einzugehen sein.

6. Niederlage der Krone

Unter Charles I. (1625–1649) spitzte sich die politische Situation zu. Es schien sich noch eine Verständigung anzubahnen, als er

[97] *Christopher Hill*, The Century of Revolution, S. 62 f. Vgl. aber Whitlockes Rede im Unterhaus vom 26. 6. 1610, *Kenyon* a. a. O. S. 70 f., in der eindeutig von der "Sovereign and supreme power" des King in Parliament gesprochen wird.

1627 der Petition of Right zustimmte und damit das Einverständnis über die Verfassung wieder hergestellt schien. Die in der Petition of Right niedergelegte Einigung auf den bisherigen Rechtszustand war jedoch in Anbetracht der neuen Probleme unzureichend. In erster Linie bedeutet dieses Dokument die Anerkennung der parlamentarischen Steuerbewilligung. Andere Beschwerdepunkte, wie ungesetzliche Verhaftungen und Zwangseinquartierungen, standen mit den Maßnahmen des Königs im Zusammenhang, die er zur Umgehung des Steuerbewilligungsrechtes ergriffen hatte.

Ungeklärt blieb jedoch der Anspruch des Unterhauses auf politische Mitgestaltung. Das Parlament machte, auch nachdem die Petition of Right bewilligt worden war, die Bewilligung von Steuern von der Entfernung des damals im Vordergrund stehenden königlichen Ratgebers abhängig. Hinzu kamen religiöse Streitfragen. Das veranlaßte den König, das Parlament erneut aufzulösen.

In den folgenden elf Jahren (bis 1640) regierte er ohne Parlament, der letzte Versuch dieser Art in der englischen Geschichte, der an der geschlossenen Ablehnung seitens der englischen Oberschicht scheiterte. Hier wirkte sich aus, daß anders als auf dem Kontinent keine Standesschranken zwischen Adel, Gentry und Bürgertum bestanden. Die prärogative Zollerhebung stieß auf allgemeinen, wenn auch passiven Widerstand [98]. Da ihr Steuern nicht zur Verfügung standen, grub nun die Krone ihrerseits im alten Recht und förderte obsolete Ansprüche zutage, die sie mit äußerster Härte durchsetzte. Die wichtigste Maßnahme war die Ausdehnung des Schiffsgeldes, das bisher nur im Kriegsfall von einigen Häfen anstelle der Bereitstellung von Schiffen erhoben worden war, auf das ganze Land. Diese Forderung traf auf allgemeine Entrüstung und Ablehnung. Trotz erheblichen Drucks von seiten der Krone entschied das Schatzkammergericht im Jahre 1637 nur mit der knappen Mehrheit von 7:5 Richtern zugunsten des Königs. Der Mut der Steuerzahler zur Verweigerung der königlichen Forderungen wuchs, als bewaffnete Auseinandersetzungen mit den Schotten wegen der Kirchenpolitik des Königs drohten. Die Ein-

---

[98] Vgl. dazu und zum folgenden *Tanner* a. a. O. (Fn. 84) S. 73 ff.

künfte der Krone schmolzen dahin. Der König war faktisch außerstande, ein schlagkräftiges Heer um sich zu versammeln. Schließlich mußte er der Forderung der Opposition nachgeben und ein Parlament einberufen (1640). Mit der Einberufung des „Langen Parlamentes" in demselben Jahr (bis 1660) hatte der monarchische Absolutismus seine für die englische Geschichte endgültige Niederlage erlitten. Es hatte sich gezeigt, daß in England eine Regierung ohne und gegen die im Parlament vertretene besitzende Schicht nicht möglich war.

7. Aufstieg und Niedergang des Commonwealth

Der König war nunmehr bereit, das ausschließliche Recht des Parlamentes auf Bewilligung von Steuern und Zöllen anzuerkennen. Er akzeptierte die regelmäßige Einberufung des Parlamentes und die Abschaffung der Sondergerichte. Damit waren die Forderungen einer Minderheit im Parlament erfüllt. Sozial war das vor allem die Gentry aus wirtschaftlich zurückgebliebenen Gebieten. Ihnen stand eine Mehrheit gegenüber, die sich vor allem auf die im Handel und Gewerbe aufstrebende bürgerliche Schicht und die obere Schicht der Landbevölkerung aus den wirtschaftlich fortgeschrittenen Gebieten stützte. Die Geister schieden sich am Oberbefehl der zur Niederschlagung eines irischen Aufstandes einzusetzenden Armee. Eine Mehrheit von etwa ³/₅ des Unterhauses und die in London verbliebene Minderheit des Oberhauses [99] mißtrauten dem König und fürchteten, die Armee werde gegen das Parlament eingesetzt werden. Sie waren daher nur dann zur Bewilligung der notwendigen Gelder bereit, wenn der König einen vom Parlament zu bestimmenden Oberbefehlshaber akzeptierte. Charles I. war zu weiterem Nachgeben nicht bereit. Er fand nunmehr die Unterstützung eines konservativen Teiles der Oberschicht und rüstete zum Bürgerkrieg gegen das Parlament. Die bewaffnete Auseinandersetzung begann im Oktober 1642.

[99] Vgl. *G. E. Aylmer*, The Struggle for the Constitution, England in the Seventeenth Century, London 1963, S. 114.

Der siegreiche Verlauf des Bürgerkrieges, der 1646 mit der Flucht des Königs zu den Schotten endete, führte zu einer weiteren Spaltung in der Oberschicht. Seit der Einberufung des langen Parlamentes waren auch die unteren Volksschichten in Bewegung geraten. Dem Zusammenbruch der königlichen Zensur war eine Springflut politischer und religiöser Pamphlete und Flugblätter gefolgt. Die Londoner Volksmassen waren mehrfach in Erscheinung getreten [100], wenn sie auch nicht die Durchschlagskraft und Bedeutung der Pariser Journéen gut hundert Jahre später erreichten. Auch auf dem Lande kam es zu Tumulten gegen die Einhegungen; Pachtgelder wurden verweigert [101]. Eine politische Führung hatten die Volksmassen in der Londoner Gruppe der Levellers gefunden, die vor allem die Beteiligung auch des Kleinbürgertums an den Wahlen zum Unterhaus forderten.

Mit der wachsenden Politisierung der Massen wuchs die Neigung im Parlament, eine Verständigung mit dem König zu suchen. Für die Verständigung trat vor allem die Gruppe der Presbyterianer ein, während die Independenten, zu denen auch Cromwell gehörte, eine entschlossene Kriegführung befürworteten. Die Verständigungsversuche scheiterten indessen an der Halsstarrigkeit des Königs.

Inzwischen hatten die Erfordernisse der Kriegführung die Armee den Händen des Parlamentes entgleiten lassen. Beide Seiten hatten im Bürgerkrieg zum Mittel der Konskription gegriffen; Cromwell erfocht indessen seine Siege gegen die Kavaliere mit einer Truppe von Freiwilligen, den berühmten Ironsides, in der das kleinbürgerliche und bäuerliche Element dominierte [102]. Für die Bewegung der Levellers bestanden in der Armee erhebliche Sympathien, die durch personelle Verbindungen verstärkt wurde.

Als die Parlamentsmehrheit nach Abschluß des Bürgerkrieges die Armee auflösen wollte, kam es zum Bruch. Die Armee bildete einen Generalrat, dem unter Führung Cromwells die übrigen Ge-

[100] Vgl. *Aylmer,* a. a. O. S. 112; auch *Barrington Moore,* Soziale Ursprünge von Diktatur und Demokratie, S. 36.
[101] *Hill,* The Century of Revolution, S. 125.
[102] *Hill* a. a. O. S. 123; *Aylmer* a. a. O. S. 129; *Tanner* S. 135; **zwei**felnd: *Barrington Moore* a. a. O. S. 35.

neräle, sowie Repräsentanten der Offiziere und Mannschaften angehörten. London wurde besetzt und die Führer der Presbyterianer gezwungen, sich aus dem Parlament zurückzuziehen.

Bald brachen jedoch innerhalb der Armee Gegensätze aus. Im Oktober 1647 hatten die Levellers einen Verfassungsentwurf vorgelegt, das berühmte Agreement of the People, das vor allem ihre Wahlrechtsvorschläge enthielt [103]. Cromwell, von Hause aus ein vermögender Gutsbesitzer, und die Generalität hatten keine Neigung, sich auf diese Forderungen einzulassen, die sie, wie bereits berichtet, als eine Gefährdung des Eigentums ansahen. Als eine Einigung nicht zu erzielen war, lösten sie den Armeerat auf und unterdrückten aufflackernde Meutereien mit Gewalt.

Trotz der entschiedenen Abgrenzung gegenüber radikalen Forderungen und seiner Außenpolitik zugunsten der englischen Handelsinteressen (Navigationsakte von 1651), gelang es Cromwell nicht, die innenpolitische Unterstützung der besitzenden Schicht zu finden. Diese war mehr und mehr auf einen royalistischen Kurs eingeschwenkt; eine königliche Regierung schien den sichersten Schutz vor dem weiteren Anschwellen der populären Bewegung zu bieten. Der Versuch, Cromwell zum König zu machen, scheiterte am Widerstand der Armeeführung, die sich weitgehend mit dem Commonwealth identifizierte. In religiöser Hinsicht war die Armee independistisch eingestellt, d. h. sie befürwortete die freie Entscheidung jedes einzelnen in religiösen Fragen. Die besitzenden Schichten, ob sie nun der presbyterianischen oder der episkopalen Richtung anhingen, waren einig jedenfalls darin, an der religiösen Bevormundung der Massen festzuhalten. Cromwell hatte seine Siege mit wesentlicher Unterstützung der kleinbürgerlichen Schicht erfochten und eindeutig für den Independentismus entschieden; beides kompromittierte ihn und machte letztlich eine Einigung mit der besitzenden Schicht unmöglich, obwohl er dieser selbst entstammte und angehörte.

Cromwell wurde so auf den Weg des Militärregimes gezwungen. Mangels einer parlamentarischen Steuerbewilligung stand er bald vor ähnlichen finanziellen Problemen wie Charles I. während der

---

[103] Text bei *Kenyon* a. a. O. S. 308 ff.

elf Jahre seiner Alleinregierung. Nach Cromwells vorzeitigem Tod im September 1658 kam es zu einer Spaltung in der Armeeführung. General Monk trat mit seinen zunächst in Schottland stationierten Truppen auf die Seite der Parlamentspartei. Das im Jahre 1660 nach altem Verfahren gewählte Convention-Parliament eröffnete mit Monks Unterstützung Verhandlungen mit dem Sohn des 1649 hingerichteten Charles I. Als Charles II. kehrte er bald darauf nach England zurück.

IV. Der Staat der Besitzenden

Wie Charles II. durch ein Parlament berufen wurde, endete die Herrschaft seines Bruders James II. durch einen parlamentarischen Vorgang. Er hatte seine katholische und restaurative Politik zu weit getrieben. Als ihm ein Thronfolger geboren wurde und damit die Perpetuierung dieser Politik zu befürchten war, vereinigten sich die in der Auseinandersetzung mit dem König entstandenen Gruppierungen der Whigs und Tories und riefen Wilhelm von Oranien auf den Thron. James II. vermochte der Landung des Oraniers in England keinen Widerstand entgegenzusetzen und entwich nach Frankreich. Durch Parlamentsbeschluß wurde die Vakanz der Krone festgestellt [104] und diese Wilhelm von Oranien und seiner Frau Maria [105] übertragen, nachdem diese sich feierlich auf die Declaration of Rights verpflichtet hatten, in der die Beschwerden gegen die letzten Stuarts noch einmal zusammengefaßt waren [106]. Die Niederlage der während des Commonwealth hervorgetretenen populären und kleinbürgerlichen Bestrebungen blieb von dieser Episode unberührt.

Für den Außenstehenden konnte es den Anschein haben, daß die alte Verfassung mit der Suprematie des King in Parliament die

---

[104] Text bei *Tanner* a. a. O. (Fn. 84) S. 265.

[105] Maria war die Tochter James II. aus erster Ehe; durch ihre Berufung gemeinsam mit Wilhelm wurde daher der Schein des dynastischen Prinzips aufrechterhalten.

[106] Text bei *Roscoe Pound* a. a. O. (Fn. 78) S. 179 ff.

Wirren der Verfassungskämpfe überstanden und sich nur geringfügig geändert hatte. Daran ist soviel richtig, daß die im Unterhaus vertretene Schicht es nach der Erfahrung des Commonwealth für sicherer gehalten hatte, mit den alten Mächten einen Kompromiß einzugehen, um mit Hilfe des königlichen Charisma ihrer Herrschaft eine zusätzliche Legitimation bei den Volksmassen zu verleihen, die der Reichtum allein nicht geben konnte. Aber gerade die Glorious Revolution und die nüchterne Verabschiedung James II. hatten gezeigt, daß die Krone dem Herrschaftsanspruch des Unterhauses untergeordnet war. Nur innerhalb der vom Parlament gesetzten Grenzen hatte die Krone auch weiterhin Einfluß auf die politische Entwicklung. Wie *Quaritsch* dargelegt hat, beruhte die königliche Politik nach 1688 vor allem auf geschickter Ausnützung parlamentarischer Möglichkeiten und nicht auf der Geltendmachung eigener Herrschaftsrechte [107]. Das letzte Wort, und damit die Souveränität, lag beim Parlament und in diesem wiederum beim Unterhaus. Von nun an blieb die Herrschaft des Großeigentums auch über den staatlichen Bereich bis in die zweite Hälfte des 19. Jahrhunderts unerschüttert.

Die Feudalordnung hatte die Ausübung hoheitlicher Funktionen unmittelbar mit dem Grundbesitz verknüpft; in England allerdings von jeher ergänzt durch zentrale Institutionen und eine königliche Verwaltung, deren Legitimation wesentlich nicht im Besitztitel lag. Ökonomisch entsprach dieser Herrschaftsstruktur das Vorherrschen einer der Selbstversorgung dienenden Landwirtschaft.

Mit der vorindustriellen Marktwirtschaft des 17. Jahrhunderts war die alte hoheitsrechtliche Bedeutung des Grundbesitzes nicht mehr vereinbar. Nach der Logik des Marktes war der Boden nur ein Produktionsmittel neben anderen, er mußte von der politischen Verantwortlichkeit für das Wohl der Grundsassen freigestellt und veräußerlich werden. Die personalen Bindungen und Verantwortlichkeiten der Feudalgesellschaft waren ökonomisch dem Marktkalkül unterlegen. Die Bindung der Herrschaft an den

---

[107] *Helmut Quaritsch*, Staat und Souveränität, Frankfurt/M. 1970 S. 458 ff.

Grundbesitz wäre gegenüber den Inhabern anderer Produktionsmittel willkürlich erschienen.

Die nunmehr ausdifferenzierten Systeme des Wirtschaftens und des hoheitlichen Entscheidens blieben durch die personelle Besetzung der hoheitlichen Institutionen verbunden. Der Wahlzensus sorgte dafür, daß das Unterhaus die Wünsche der ökonomisch führenden Schicht zum Ausdruck brachte. Die Käuflichkeit der Sitze ließ die Verteilung der politischen Macht geradezu als Anwendungsfall der Marktrationalität erscheinen, die ein Gut dem meistbietenden Nachfrager zufallen läßt, weil er im Zweifel den größten Nutzen daraus ziehen kann.

Der gleiche Personenkreis bestimmte über die Geschicke der Lokalverwaltung; der Bürgerkrieg hatte den Einfluß der lokalen Oligarchien noch verstärkt [108]. Auch Armee und Miliz waren fest in der Hand der Besitzenden, da für Offizierspatente sehr erhebliche, nach dem Rang gestaffelte Kaufpreise aufgebracht bzw. in der Miliz entsprechende Einkünfte nachgewiesen werden mußten [109].

Die von Charles I. vorhergesehene Machtübernahme der besitzenden Schicht war nun durchgefochten [110]. Der Verlauf des Bürgerkrieges und das Commonwealth hatten sie allerdings gelehrt, wie gefährlich es sein konnte, die arcana imperii preiszugeben. Oberhaus und Krone waren hervorragend geeignet, der Herrschaft des Eigentums historische Würde und transzendentale Weihe zu verleihen. Um die wahre Natur der neuen Verfassung zu verschleiern, wurden sie beibehalten. Das verlieh der neuen Verfassung allerdings einen Kompromißcharakter, der bei allen an ihr Beteiligten ein gehöriges Maß politischer Einsicht voraussetzte. Ihre Zusammenarbeit wurde erleichtert durch weitgehend identische Interessen und die bitteren Lehren des Bürgerkrieges.

Vor diesem Hintergrund ist es zu sehen, daß seit 1688 die Vorstellung von über der Gesetzgebung stehenden Grundrechten oder Fundamentalnormen im englischen Verfassungsdenken praktisch beendet war. Waren noch die finanziellen Forderungen Charles I.

---

[108] *Kenyon* a. a. O. (Fn. 47) S. 494; vgl. auch *Rudolf Gneist*, Englische und Verfassungsgeschichte, Berlin 1882, §§ 42, 44.

[109] *Gneist* a. a. O. S. 635.

[110] Siehe oben S. 39.

Der Staat der Besitzenden 57

und seine damit zusammenhängenden Eingriffe in die persönliche Freiheit unter Hinweis auf die Magna Carta bekämpft worden, so wird nach 1688 die Vorstellung der parlamentarischen Souveränität bestimmend. Sie gipfelt in dem bekannten, De Lolme (1770) zugeschriebenen Satz "Parliament can do everything but make a woman a man, and a man a woman" [111]. Der Überantwortung des Eigentums an das Belieben seines Inhabers entspricht so die Überantwortung der politischen Gewalt an das Belieben der besitzenden Schicht. Diese und die ihr nach Herkunft, Aufgabenstellung und Organisation verbundene Justiz hatten nach 1688 keinen Widerpart mehr, demgegenüber sie sich auf Fundamentalnormen hätten berufen müssen. Insbesondere das Eigentum konnte des verfassungsrechtlichen Schutzes entbehren, da es zur Grundlage der politischen Verfassung geworden war.

Charles I. wurde auch in seiner weiteren Warnung bestätigt, als er die „Frechheit und Ungerechtigkeit" der neuen Herrscher „gegenüber unserem Volk" befürchtete. Die folgenden Jahrhunderte der nationalen Ausdehnung und des wirtschaftlichen Wachstums sahen gleichzeitig ein Massenelend bisher unbekannten Ausmaßes. Mit dem Erwerb jeder Kolonie wurden die Herrschenden von den heimischen Massen unabhängiger, deren Situation sich entsprechend verschärfte. So ging die Bewegung der enclosures, die bis 1642 von der Krone, wenn auch aus finanziellen Motiven, gebremst worden war, nach 1688 mit bisher unbekanntem Tempo voran. Wie die Entwicklung zum Privateigentum das Eigentum seiner alten Verantwortung für die Abhängigen entkleidet und es auf den Vorteil seines Inhabers ausgerichtet hatte, so stieß der neue Eigentümerstaat die Verantwortung für die Wohlfahrt der Massen von sich, an der die Krone in Fortsetzung feudaler Tradition festgehalten hatte. Anstelle der alten Formel salus populi suprema lex trat später das Schlagwort des Laissez-faire, das allerdings in der Realität die ständige Intervention zugunsten der gemeinsamen Eigentümerinteressen bedeutete.

---

[111] Vgl. die Darstellung der parlamentarischen Souveränität bei *A. V. Dicey*, Introduction to the Study of the Law of the Constitution, 8. Aufl. 1915, Nachdruck London 1924.

War für die besitzende Schicht nach ihrer Machtübernahme der Anlaß für die Diskussion von Fundamentalnormen entfallen, so war dieser Anlaß für die Unterschichten um so stärker geworden, da sie nunmehr auch politisch der Willkür der Besitzenden ausgesetzt waren [112]. Schon unter den Stuarts hatten willkürliche Verhaftungen und unmenschliche Strafen nur bei Anwendung auf die Oberschicht zu parlamentarischen Protesten geführt [113]. Gegenüber den unteren Klassen war z. B. die Prügelstrafe üblich und selbstverständlich.

Das englische Arbeitsrecht diente nicht dem Schutz des Arbeiters, sondern im Gegenteil seiner zusätzlichen Bedrückung und Knebelung [114]. Erst im Laufe des 19. Jahrhunderts gelang es der Arbeiterschaft, diese Fesseln nach und nach zu lösen. Bis 1813 begrenzten Maximallohngesetze ihren Broterwerb. Der gewerkschaftliche Zusammenschluß galt bis zum Jahre 1824 als Verschwörung und strafwürdiges Verbrechen, und die Streikdrohung wurde erst 1871, jedenfalls in strafrechtlicher Hinsicht, legalisiert. 1875 wurde zwar die Koalitionsfreiheit durch Parlamentsgesetz im wesentlichen anerkannt, aber bis in das 20. Jahrhundert hinein konnte die Vorbereitung und Durchführung eines Streikes Schadenersatzansprüche wegen des Bruches der Arbeitsverträge nach sich ziehen.

Armengesetze beschränkten zusätzlich die Freiheiten der Unterklassen. So ermächtigte im Jahre 1662 ein derartiges Gesetz die Behörden, Personen ohne Grundbesitz, auch wenn sie Arbeit hatten, zur Rückkehr an ihren Geburtsort zu zwingen [115]. Der Game Act von 1771 [116] behielt den Besitz von Jagdgeräten aller Art den

---

[112] Vgl. die Bemerkung bei *Gough* a. a. O. (Fn. 47) S. 175. Vgl. auch die Darstellung von *Gerhard A. Ritter*, Das britische Parlament im 18. Jahrhundert, in: ders., Parlament und Demokratie in Großbritannien, Göttingen 1972, S. 98, 117 f.

[113] *Christopher Hill*, The Century of Revolution, S. 45.

[114] Vgl. zum folgenden die Ausführungen des Richters Brandeis am US Supreme Court in Truax v. Corrigan 257 US 157 ff.; Beispiele zur negativen Arbeitsgesetzgebung auch bei *E. Lipson*, The Economic History of England, Bd. 2 S. 391.

[115] *Kenyon* a. a. O. (Fn. 47) S. 494.

[116] Auszugsweise wiedergegeben bei *Kenyon* a. a. O. S. 503 f.

größeren Grundbesitzern vor und ermächtigte ihre Jagdhüter zur Beschlagnahme derartiger Gegenstände und zur Durchsuchung von Häusern zu diesem Zweck. Nach einem Gesetz aus dem Jahre 1708 konnten nur Männer ohne Wahlrecht zum Wehrdienst gezwungen werden [117]. Presse-, Vereins- und Versammlungsfreiheit mußten seit dem Ende des 18. Jahrhunderts gegen den Widerstand der parlamentarischen Schicht und der Justiz in der politischen Auseinandersetzung erkämpft werden [118].

Im ersten Agreement of the People vom 28. Oktober 1647 [119] war noch der Versuch gemacht worden, die Allmacht des Parlamentes einzuschränken. Das Mandat der Abgeordneten sollte sich nach diesem Entwurf nicht erstrecken auf Fragen der Religion, die Einführung einer Wehrpflicht und die gesetzliche Privilegierung von Bevölkerungsgruppen. Dieser Versuch, die parlamentarischen Befugnisse zugunsten der unteren Bevölkerungsschichten zu begrenzen, mißlang. Die Alternative zur juristischen Abgrenzung nach dem Typ einer rigiden Verfassung war der Kampf um die politische Beteiligung. Er dauerte bis in das 20. Jahrhundert an und endete schließlich mit der Einführung des allgemeinen und gleichen Wahlrechts [120], auch ohne daß die wichtigsten politischen Freiheiten jemals eine Verfassungsgarantie erhalten hätten.

---

[117] *Christopher Hill*, The Century of Revolution, S. 310.
[118] Vgl. *Julius Hatschek*, Englische Verfassungsgeschichte, § 40 II.
[119] Abgedruckt bei *Kenyon* a. a. O. S. 308 ff.; vgl. dazu oben S. 34.
[120] Gesetze von 1918, 1928, 1948. Vgl. dazu Sir *Ivor Jennings* und *Gerhard A. Ritter*, Das britische Regierungssystem. Leitfaden und Quellenbuch, 2. Aufl., Köln und Opladen 1970, S. 347 f.

Drittes Kapitel

DIE GRUNDLEGUNG DES BÜRGERLICHEN VERFASSUNGSDENKENS

I. Historische Bedingtheit

Der moderne Staat entstand mit dem Zerbrechen der mittelalterlichen Einheit von dominium und imperium. Die Entwicklung der Marktgesellschaft, deren vom ökonomischen Kalkül bestimmte Austauschbeziehungen die Rechtsgleichheit aller voraussetzt, und die Überantwortung des Bodens als des wichtigsten Produktionsmittels der vorindustriellen Zeit an das Belieben der Eigentümer waren verbunden mit der durchgehenden Absonderung der politischen Gewalt, die zugleich notwendige Ergänzung und Gegenbild der Eigentumsordnung wurde. Die englischen Verfassungskämpfe des 17. Jahrhunderts zeigen, daß der Aufstieg der Marktgesellschaft die entscheidende Bedingung für die Ausbildung des modernen Staates war; die religiösen Auseinandersetzungen waren ein Aspekt, nicht die Grundlage dieses Vorganges [1].

Dieser Tatbestand hat sich mit aller Deutlichkeit in der während der Verfassungskämpfe entstandenen politischen Philosophie niedergeschlagen. Als die Verfassungsjuristen beider Parteien ihre Forderungen noch in die mittelalterlichen Begriffe kleideten und sich gegenseitig eine "alteration of government" vorwarfen, wurden in der politischen Philosophie die Grundlagen bürgerlichen Verfassungsdenkens geschaffen.

Daß sie die Marktgesellschaft zum Ausgangspunkt nimmt, begründet die Modernität dieser politischen Philosophie gegenüber früherem Denken. *Jean Bodin* nimmt eine Zwischenstellung ein; seine Republik ist teils noch von einer feudalen Umwelt, gleichzeitig aber von der in den Städten erstarkenden bürgerlichen

[1] Siehe oben S. 29 ff.

Gesellschaft geprägt [2]. *Thomas Hobbes* ist demgegenüber radikal modern: sein Ausgangspunkt ist eine Gesellschaft existentiell gleicher, von ihren Privategoismen beherrschter Individuen, deren Bändigung nur durch einen absoluten Staat gewährleistet ist, gegenüber dessen leviathanischer Gewalt auch nicht der Schatten eines Rechtes möglich ist (unten II). *Sir Robert Filmers* Versuch, den Machtanspruch der Krone patrimonial zu begründen, interessiert vor allem wegen seines gründlichen Mißlingens; die Rollen des Eigentümers und des Inhabers öffentlicher Gewalt hatten sich bereits unwiderruflich getrennt (unten III). Indem *John Locke* das neue Eigentum und seine ungleiche Verteilung bei Anerkennung der prinzipiellen Gleichheit aller Menschen naturrechtlich absicherte und es zugleich als Grundlage und Schranke der als Gegenprinzip konzipierten Staatsgewalt herausstellte, wurde er zum Begründer der Verfassungslehre des bürgerlichen Rechtsstaates (unten IV). *James Harrington* schließlich unternahm den Versuch, die jenseits der formalen Trennung von Eigentum und öffentlicher Gewalt liegende Machtfrage zu ergründen; seine Sicht, in der der Staat als Überbau der Eigentumsverhältnisse erscheint, weist bereits über das bürgerliche Verfassungsdenken hinaus (unten V).

Neben den institutionellen Wandlungen fanden selbstverständlich auch die Zufälligkeiten der Verfassungskämpfe in dieser Literatur ihren Niederschlag. Um das Prinzipielle herauszuarbeiten, muß daher die konkrete politische Situation und die Stellung des Autors berücksichtigt werden. Die grundsätzlichen Aussagen sind aber ihrerseits vor dem Hintergrund der historischen Gesamtsituation zu sehen; es sind die Bedingungen der *vorindustriellen* Marktgesellschaft, von denen die englischen Autoren des 17. Jahrhunderts ausgingen. Nur allzuoft wird insbesondere John Locke in der Verfassungsdiskussion der Gegenwart wie ein Zeitgenosse zitiert; öfter noch fließen seine Gedankengänge in die Verfassungsdiskussion der Juristen ein, ohne daß man sich ihres Ursprungs bewußt ist. Der historische Zusammenhang der Frühzeit bürger-

---

[2] *Walter Euchner*, Eigentum und Herrschaft bei Bodin, in: Jean Bodin. Verhandlungen der internationalen Bodin-Tagung in München, München 1973, S. 261 ff., 269, 272 ff.

lichen Verfassungsdenkens muß hergestellt werden, um das ideengeschichtliche Fortwirken der damals entwickelten Vorstellungen und ihre Tragfähigkeit unter den veränderten Verhältnissen des industriellen Zeitalters beurteilen zu können.

II. Unbeschränkte Appropriation und absoluter Staat: Thomas Hobbes

Hobbes zentrales Problem ist die Gewährleistung des inneren Friedens; seine Frage ist, wie der Staat beschaffen sein muß, um seine Bürger zuverlässig vor inneren und äußeren Feinden zu schützen. Ohne eine staatliche Gewalt, die jeden in die Schranken seines Rechtes verweist und die Einhaltung von Verträgen sichert, wäre jeder Mensch mit jedem anderen im Kriege; ein Zustand, der alle Annehmlichkeiten des Lebens ausschließen würde und mit ständiger Furcht und Gefahr eines gewaltsamen Todes verbunden wäre; das Leben des Menschen wäre „einsam, arm, häßlich, primitiv und kurz"[3]. Hobbes nennt das „den natürlichen Zustand der Menschheit", aber schon aus der Beschreibung wird deutlich, daß er keineswegs von „natürlichen" Menschen handelt, die ohnehin außer dem Leben nichts zu verlieren hätten. Er spricht vielmehr von den Menschen und der Gesellschaft seiner Zeit und beschreibt den hypothetischen Zustand, in den sie nach ihren bekannten Veranlagungen und Verhaltensweisen gelangen müßten, wenn Sanktionen einer öffentlichen Gewalt nicht zu befürchten wären. *Macpherson* hat gezeigt, daß er dabei von den typischen Verhaltensweisen der Erwerbsgesellschaft ausgeht[4]. Sicherlich hat das Erleb-

---

[3] Leviathan Kapitel 13 S. 96 f. Hobbes politische Philosophie hat ihre endgültige Ausformung im Leviathan, 1651, erhalten. Im folgenden wird die Oxford-Ausgabe 1962 benutzt. The Elements of Law, 1640 und die erweiterte lateinische Fassung De Cive, 1642, sind Vorstufen und Modelle des Leviathan. Der Behemoth ist eine kurze Geschichte des Bürgerkrieges.

[4] *C. B. Macpherson*, Die politische Theorie des Besitzindividualismus, Frankfurt/M. 1967, S. 76 ff.; vgl. auch schon *Christopher Hill,* Puritanism and Revolution, London 1958 S. 279. Ähnlich *Iring Fetscher,* Politikwissenschaft, Frankfurt/M. 1968, S. 31 f., 43, 57.

nis des Bürgerkrieges für das Entstehen seiner Philosophie eine wesentliche Rolle gespielt. Ihrer eigenen Aussage nach ist es jedoch der ökonomische Wettbewerb, der, verabsolutiert und von staatlicher Aufsicht befreit, in den Kampf aller gegen alle umschlägt [5].
Für Hobbes steht die gegenseitige Gefährdung der menschlichen Existenz derart im Vordergrund, daß er die zu konstituierende Staatsgewalt völlig absolut konzipiert und von allen Verfassungsschranken freispricht [6]. Ihre Handhabung ist, nachdem sie einmal konstituiert ist, dem Belieben ihres Inhabers überlassen [7]. Er allein beurteilt, welche Maßnahmen für die Erhaltung von Frieden und Sicherheit erforderlich sind, denn jede inhaltliche Beschränkung der souveränen Macht könnte den inneren Frieden gefährden und zum erneuten Ausbruch der gewaltsamen Auseinandersetzung führen. Hobbes sieht, daß angesichts einer derart unbeschränkten Macht und der „Lüste und unregelmäßigen Leidenschaften" derer, die sie ausüben, die Stellung der Untertanen als sehr elend angesehen werden könnte [8]. Er meint aber, das Schlimmste, was unter irgendeiner Verfassung der großen Masse widerfahren könne, sei kaum spürbar im Vergleich zu dem Elend und den entsetzlichen Ereignissen eines Bürgerkrieges.
Für Hobbes stellt daher auch das Eigentum, das ein Privatmann an seinen Gütern hat, keine Schranke der souveränen Gewalt dar [9]. Für ihn ist das Eigentumsrecht überhaupt erst eine Schöpfung der souveränen Gewalt, die durch ihre Gesetzgebung die Regeln des meum und tuum schafft, „denn vor der Konstituierung eines Souveräns hat ein jeder ein Anrecht auf alle Gegenstände" [10]. Eigentum schließt daher nur das Recht jedes anderen Untertanen aus, nicht aber den Zugriff der souveränen Gewalt.

---

[5] "... in the nature of man, we find three principall causes of quarell: First, Competition; Secondly, Diffidence; Thirdly, Glory." Leviathan Kapitel 13 S. 96.
[6] Leviathan Kapitel 18.
[7] Leviathan Kapitel 18 S. 136.
[8] Leviathan Kapitel 18 S. 141.
[9] Leviathan Kapitel 29 S. 250 f.
[10] Leviathan Kapitel 18 S. 137.

Es versteht sich, daß diese Lehre für keine Partei des Bürgerkrieges akzeptabel war. Ihr radikaler Rationalismus verprellte alle Seiten. Die Monarchisten hatten keine Neigung, von der transzendentalen Rechtfertigung monarchischer Rechte auf eine Vertragslehre überzugehen, sei der ursprüngliche Vertrag auch noch so unwiderruflich gestaltet [11]. Die im Parlament vertretenen Kreise, seien sie Presbyterianer oder Independente, hatten angesichts der besitzlosen Massen der Bevölkerung allen Grund, die kompromißlose Überantwortung der Eigentumsordnung an die souveräne Gewalt abzulehnen, von wem auch immer diese Gewalt ausgeübt werden mochte. Das Recht des Eigentums hatte ja gerade ihren Widerstand gegen den König vor Ausbruch des Bürgerkrieges und ihren Anspruch auf Herrschaft begründet. Inakzeptabel war auch Hobbes Lehre von der fundamentalen Gleichheit aller Menschen angesichts der Bedrohtheit ihrer Existenz [12]. Die Leveller schließlich verteidigten die Rechte der Kleinunternehmer; ihre Haltung war zu sehr von dem Bestreben geprägt, diesen gegenüber dem Großeigentum die Existenz zu sichern, als daß sie eine derart radikale Lösung akzeptieren konnten. Sie wurden daher vor Locke zu den Propheten des natürlichen Rechts auf Eigentum [13].

Vielleicht hätte in Hobbes Lehre ein Nutzen für die Rechtfertigung des Cromwellschen Protektorates entdeckt werden können, wenn dieses lange genug angedauert hätte. Hobbes setzte die Legitimität und die Rechte des Souveräns durch Eroberung ausdrücklich den vertraglich erworbenen gleich [14]. Er kehrte schließlich auch im Winter 1651/1652, als sich Cromwells Herrschaft einigermaßen stabilisiert hatte, aus seinem Pariser Exil, wo er am improvisierten Hof des Prinzen von Wales Erzieher gewesen war, nach England zurück [15]. Aber auch Cromwell hätte angesichts der politischen und religiösen Ausrichtung der Armee, auf die sich seine Herrschaft

---

[11] Vgl. Leviathan Kapitel 8 S. 133 f.
[12] Leviathan Anfang des 13. Kapitels, S. 94 f.
[13] *Macpherson* a. a. O. (Fn. 4) S. 76 ff.
[14] Leviathan Kapitel 20.
[15] Vgl. *Hans Maier*, in: Klassiker des politischen Denkens, Bd. 1, München 1968, S. 356 f.

stützte, nur Bruchstücke der Hobbesschen Lehre zur Rechtfertigung heranziehen können, abgesehen davon, daß sein eigenes politisches Denken an politische Werte oberhalb der Perpetuierung seiner Herrschaft gebunden war.

Hobbes hatte den Eindruck des Bürgerkrieges auf seine Zeitgenossen überschätzt. Seine Mitbürger des 17. Jahrhunderts waren keineswegs bereit, jeder politischen Lösung zuzustimmen, die nur innere Sicherheit versprach. Die existentielle Gefährdung war zu keiner Zeit so groß und so allgemein, daß sie die besitzende Schicht zur Gleichstellung mit der besitzlosen Mehrheit und zum Verzicht auf ihre Vorrechte veranlassen konnte. Ungeachtet der Verfassungskämpfe und des Bürgerkrieges ging die wirtschaftliche Entwicklung während des 17. Jahrhunderts voran; der nationale Wohlstand wuchs.

Nach der von *Macpherson* entwickelten Ansicht [16] ist der entscheidende Fehler in Hobbes Argumentation darin zu sehen, daß er die solidarisierende Wirkung der Eigentumslage vernachlässigte. Angesichts der Bedrohung durch die besitzlosen Massen war die besitzende Schicht, wie die Geschichte des Bürgerkrieges und des Protektorates zeigte, in der Lage, die Konkurrenzsituation zu überwinden und aus sich heraus politische Lösungen zu finden.

Hobbes traf indessen die Bedürfnisse der neuen Gesellschaft, insoweit er die Konstituierung einer souveränen Gewalt und ihre eindeutige Zuordnung forderte. Das neue Eigentum, das dem Inhaber die gewinnbringendste Nutzung ohne Rücksicht auf die Belange Abhängiger erlaubte, bedurfte in der Tat einer souveränen Gewalt zu seiner Durchsetzung. Der einzelne Eigentümer konnte das nicht mehr leisten, ganz abgesehen davon, daß Gesichtspunkte der Arbeitsteilung und Rationalisierung seine Freisetzung von polizeilichen Aufgaben forderten. Hinzu kam die Notwendigkeit einer ständigen Anpassung der Rechtsordnung, um die maximale Nutzung des Eigentums zu sichern und Hindernisse aus dem Wege zu räumen.

Die neue Gesellschaft bedurfte allerdings eines Souveräns, der für ihre Bedürfnisse empfänglich war [17]. Eine sich selbst perpetu-

---

[16] A. a. O. S. 108 ff.
[17] Vgl. *Macpherson* a. a. O. S. 113 ff.

ierende Versammlung, die Hobbes als Alternative neben den Monarchen stellte [18], wäre eben durch die Mitgliedschaft auf Lebenszeit und das Recht, die Nachfolger verstorbener Mitglieder selbst zu bestimmen, von den Bedürfnissen der Marktgesellschaft nicht anders als ein souveräner Monarch abgeschnitten gewesen. Die Wählbarkeit des Unterhauses, verbunden mit der weitgehenden finanziellen Beeinflußbarkeit der Wahl, bot demgegenüber den Vorteil, das politische System den mit der inneren Entwicklung der ökonomischen Kräfte und der außenpolitischen Konstellation wechselnden Interessen des Eigentums zugänglich zu machen und der jeweils den größten Gewinn versprechenden Politik die Priorität zu verschaffen. Der von Hobbes befürchtete Aufbruch des offenen Kampfes bei jeder Neuschaffung des Souveräns durch den Wahlakt trat nicht ein, weil die gemeinsamen Interessen der besitzenden Schicht stärker waren als ihre inneren Gegensätze. Der Verfassungsvertrag wurde, um in Hobbes Terminologie zu bleiben, anders als Hobbes es vorgezeichnet hatte, nur von einem Teil der Bevölkerung, nämlich den Besitzenden geschlossen.

Fügt man diese Korrektur der Geschichte in Hobbes System ein, so folgte die weitere Entwicklung durchaus der Bahn seines Entwurfes. Die Versammlung der Besitzenden, das Parlament, gewann die Souveränität und beanspruchte diese in der Tat ohne verfassungsmäßige Einschränkungen. Die von Hobbes vorausgesehenen Nachteile der unbeschränkten Souveränität trafen die nichtparlamentarischen Schichten der Bevölkerung [19]. Ebenso traten die von Hobbes erwarteten Nachteile oligarchischer Herrschaft ein [20]. Die von Hobbes für schädlich gehaltene Teilung der Gesetzgebungsbefugnisse zwischen den beiden Häusern und dem König [21] funktionierte, weil alle Beteiligten analoge Besitzinteressen hatten und zudem die Kammern die Person des Königs als zusätzliche Legitimationsbasis benötigten.

---

[18] Leviathan Kapitel 19 S. 149.
[19] Siehe oben S. 57 ff.
[20] Vgl. dazu Leviathan Kapitel 19 S. 143 ff.
[21] Leviathan Kapitel 29 S. 254 f.

III. Paternalismus und Patrimonialismus: Sir Robert Filmer

Die Absichten und die geistige Reichweite der Schriften *Sir Robert Filmers* (ca. 1588–1653) waren ungleich enger als die seiner großen Zeitgenossen Hobbes und Locke. Um so stärker war indessen die – etwas verschobene – zeitgenössische Wirkung der politischen Schriften des Gutsbesitzers aus Kent. Bald nach dem Tode des Autors wurden sie in der Restaurationszeit zur quasi offiziellen Rechtfertigung der von den Stuarts geführten Politik und erlebten mehrere Auflagen [22]. Vor allem deshalb mußten sich alle Theoretiker der entstehenden liberalen (Whig-)Partei in erster Linie mit Filmer auseinandersetzen. Dieser Aufgabe ist daher der ganze erste Treatise of Government gewidmet; in Lockes Widerlegung seiner Gedanken, nicht aus ihrer eigenen Kraft, ist Filmer ein Denkmal „Aere perennius" entstanden, das allerdings kaum seinen Wünschen entsprochen haben dürfte.

Die Hauptschrift Filmers ist die zwischen 1635 und 1640 entstandene Patriarcha, mit dem bezeichnenden Untertitel: "A defence of the Natural Power of Kings against the Unnatural Liberty of the People." Die späteren von *Laslett* erfaßten Schriften sind weitgehend Paraphrasen der hier entwickelten Vorstellungen. Insgesamt gehören die Schriften Filmers nach Niveau und Umfang in das im 17. Jahrhundert blühende Genre des politischen Pamphlets. Sie fordern jedoch hier Berücksichtigung, weil sie den restaurativen Standpunkt im Ringen um die neue Verfassung am deutlichsten zum Ausdruck bringen.

In erster Linie geht es Filmer darum, die Stellung des Monarchen aus göttlicher Autorität herzuleiten, um damit die „modernen", von ihm nicht zu Unrecht als für die Monarchie gefährlich angesehenen Konsenstheorien jeder Provenienz zu widerlegen [23]. Derartige Bemühungen um eine transzendentale Legitimation monarchischer Autorität sind allerdings bis in die jüngste Vergan-

---

[22] Vgl. die ausführliche Einleitung von *Peter Laslett* zu der von ihm herausgegebenen, im folgenden verwendeten Ausgabe der Patriarcha und anderer politischer Werke von Sir Robert Filmer, Oxford 1949. Siehe auch Lockes Vorwort zu den beiden Treatises of Government.

[23] Vgl. Patriarcha Teil I S. 53 ff.

genheit hinein nichts Besonderes; Filmer hätte sich, wie es so oft geschah, damit begnügen können, sein Ergebnis unmittelbar aus einigen Zitaten der Heiligen Schrift herzuleiten. Er schrieb indessen für ein rationalistisch gesonnenes Zeitalter und wollte daher mehr: Ihm ging es darum, den Inhalt der monarchischen Gewalt und die Bestimmung ihres Trägers auf ein allgemein anerkanntes und zugleich auf göttlichen Ursprung zurückzuführendes Prinzip zu begründen. Dieses sieht er in der hausväterlichen Gewalt, die von Gott als erstem Adam übertragen worden sei und sich von ihm jeweils auf den "eldest parent" vererbt habe [24]. Nach mancherlei Teilungen dieser hausväterlichen und zugleich königlichen Gewalt seien ihre heutigen Inhaber jeweils die nächsten Erben des Stammvaters der Menschheit [25].

Neben die blutsmäßige Bindung an den Stammvater und die daraus folgende „natürliche" Untertänigkeit gegenüber dem jeweiligen "eldest parent" tritt indessen bei Filmer ein zweiter Gesichtspunkt zur Begründung der Herrschaft: Es ist das ursprüngliche Eigentum des Herrschers am Herrschaftsgebiet und wohl auch an dessen Bewohnern, das seinen Herrschaftsanspruch zu einem „natürlichen" macht und vom Konsensus der Beherrschten freistellt. Filmer setzt damit neben den paternalistischen den patrimonialen Gesichtspunkt. Schon aus diesem Nebeneinander ergeben sich gewisse logische Unzuträglichkeiten seiner Theorie. Darauf soll nicht weiter eingegangen werden. Hier interessieren Filmers patrimonialstaatliche Gedankengänge vor dem Hintergrund der gesellschaftlichen Entwicklung im 17. Jahrhundert und der besonderen Aufmerksamkeit, die Locke ihnen widmet.

Filmers Ausgangspunkt ist auch hier die Schöpfungsgeschichte. Aus Gen. 1.28 [26], der Übertragung der Herrschaft über alle Lebewesen, entnimmt Filmer, daß Adam Monarch der ganzen Welt wurde; „nur aufgrund seiner Verleihung, Erlaubnis oder Erbnach-

[24] Patriarcha S. 57.
[25] Patriarcha Teil IV S. 58, 60 f.
[26] „Und Gott segnete sie und sprach zu ihnen: Seid fruchtbar und mehret euch, und füllet die Erde, und machet sie euch untertan, und herrschet über die Fische im Meer und über die Vögel unter dem Himmel und über alles Getier, das auf Erden kriecht."

folge hatten seine Nachkommen das Recht, irgend etwas zu besitzen" [27]. Eigentümerstellung und monarchische Funktion werden hier unmittelbar verbunden. Das ist noch deutlicher an einer anderen Stelle, wo er Aristoteles' Unkenntnis der „ersten Grundlagen und Prinzipien der Regierung (die notwendig von dem Urbild des Eigentums abhängen)" damit entschuldigt, er habe ja als Heide nicht wissen können, „daß bei der Schöpfung nur ein Mann allein gemacht und ihm die Herrschaft über alle Dinge gegeben wurde, alle Menschen daher nur von ihm ihren Titel ableiten" [28]. An anderer Stelle scheint Filmer zwischen der Begründung königlicher Gewalt und des Eigentums zu unterscheiden, wenn er in seiner Patriarcha in Auseinandersetzung mit Grotius daran festhält, „die natürliche und private Herrschaft Adams" als „die Quelle aller Regierung und allen Eigentums" anzusehen [29].

Es ist müßig, dem genaueren Sinn dieser Worte nachzuforschen. Offenbar ging es Filmer nur darum, seinen im Unterhaus vertretenen Standesgenossen die Unangreifbarkeit und Unbeschränktbarkeit der königlichen Befugnisse durch Analogie aus der Rechtssphäre des Grundbesitzers plausibel zu machen. Das ist besonders deutlich in Teil XXV der Patriarcha, wo er das Verbot, königliche Befehle auf ihre Rechtmäßigkeit zu prüfen, aus der unverbrüchlichen Geltung der Weisung des Herrn gegenüber einem Bediensteten herleitet [30]. Für Filmer waren in der Regierung die Befugnisse eines Gutsbesitzers auf einen vergrößerten Maßstab gebracht. Da die Befugnisse des Gutsbesitzers sich beim besten Willen nicht allein aus seiner Stellung als Familienvater herleiten ließen, mußte er notwendig auch das Eigentum in seine Analogie einbeziehen.

Es ist dieser Aspekt seiner Überlegungen, in dem er am radikalsten anachronistisch war und der am entschiedensten den Bedürfnissen der sich entwickelnden und im 17. Jahrhundert bereits herrschenden Gesellschaftsordnung widersprach. Die extreme Privatnutzigkeit des modernen Eigentums hatte sich auch beim Grund-

---

[27] Observations upon Aristoteles Politiques, Lasletts Ausgabe S. 187 f.
[28] A. a. O. S. 203 f.
[29] A. a. O. S. 71.
[30] A. a. O. S. 105.

besitz weitgehend durchgesetzt [31], wenn es auch noch gut hundert Jahre dauern sollte, bis Adam Smith ihr auch nationalökonomisch das Recht auf ein gutes Gewissen nachwies.

Dieses Privat-Eigentum konnte nun allerdings keinesfalls als Muster der Regierung dienen, deren Rechte Filmer zwar absolut wissen wollte [32], gleichzeitig aber an sittliche Verpflichtungen gegenüber einer Art Gemeinwohl band [33]. Eine Staatsgewalt frei von sittlichen Verpflichtungen lag nicht in Filmers Absicht; diese Konzeption blieb modernen Autoren vorbehalten, die sich insoweit zu Unrecht auf Hobbes berufen.

Wie wenig das von sittlichen Bindungen sich freikämpfende Eigentum geeignet war, als Vorbild der Staatsgewalt zu gelten, hat Locke in unübertroffener Prägnanz in seiner Kritik an Filmers Thesen zum Ausdruck gebracht. Es heißt dazu in seinem First Treatise [34]:

Das Eigentum, dessen Ursprung im Recht des Menschen liegt, jedes untergeordnete Geschöpf für den Unterhalt und die Annehmlichkeiten des eigenen Lebens zu nutzen, dient allein dem Wohl und dem Vorteil des Eigentümers, so daß er sogar den Gegenstand zerstören kann, an dem er Eigentum durch sein Gebrauchen hat, wenn es die Notwendigkeit erfordert. Die Regierung indessen dient der Erhaltung von Recht und Eigentum eines jeden, indem sie ihn vor der Gewalt und dem Unrecht anderer schützt. Ihre Aufgabe ist das Wohl der Regierten. Das Schwert des Magistrates soll ein Schrecken für Übeltäter sein und durch diesen Schrecken die Menschen zur Einhaltung der positiven Gesetze der Gesellschaft zwingen. Die Gesetze sind entsprechend dem Naturrecht für das öffentliche Wohl geschaffen, d. h. für das Wohl jedes einzelnen Mitgliedes dieser Gesellschaft, soweit dafür durch allgemeine Regeln gesorgt

---

[31] Siehe dazu oben S. 21 ff., 25 ff.

[32] Patriarcha Teil XXII S. 95 f.; Teil XXIV S. 102 f., 105 f. In der Einleitung seiner späteren Schrift zu Hobbes De Cive und Leviathan stimmt Filmer ausdrücklich der von Hobbes postulierten absoluten Regierungsgewalt zu, nicht aber ihrer Ableitung aus dem Konsens der Regierten. Ausgabe Laslett S. 239.

[33] Patriarcha Teil XXII S. 96, Teil XXIV S. 103.

[34] First Treatise § 92. Im folgenden wird teilweise die Übersetzung von *Walter Euchner*, Frankfurt 1967 benutzt.

werden kann. Das Schwert ist daher dem Magistrat nicht allein für sein eigenes Wohl in die Hand gegeben.

Diese Unterscheidung wird noch einmal im folgenden Paragraphen 93 verdeutlicht. Locke erläutert hier Grundlage und Umfang des Erbrechtes. Es heißt dort:

Da die Regierung für das Wohl der Regierten und nicht für den alleinigen Vorteil der Regierenden sorgen soll (sondern für das ihre nur in Verbindung mit dem Gesamtwohl, weil sie Teil des politischen Körpers sind, dessen Teile und Glieder durch die Gesetze der Gesellschaft gepflegt und in ihren besonderen Funktionen auf das Wohl des Ganzen gerichtet werden), kann sie auch nicht aufgrund desselben Anrechtes geerbt werden, das Kinder an den Gütern ihres Vaters haben. Das Recht eines Sohnes, aus dem Vermögen seines Vaters erhalten und mit den Annehmlichkeiten des Lebens versorgt zu werden, gibt ihm ein Anrecht, zu seinem eigenen Wohl in seines Vaters *Eigentum* nachzufolgen. Es kann ihm aber kein Anrecht auf die Nachfolge der *Herrschaft* geben, die sein Vater über andere Menschen ausübte (...). Diese war dem Vater (wenn er sie überhaupt innehatte) für das Wohl und den Vorteil anderer übertragen worden; der Sohn kann sie daher nicht beanspruchen oder erben aufgrund eines Titels, der allein auf seinem eigenen Wohl und Vorteil gegründet ist.

Filmers Lehre war bereits zu ihrer Entstehungszeit anachronistisch, weil die Rollen des Eigentümers und des Inhabers öffentlicher Gewalt unwiderruflich getrennt waren. Das war ihm natürlich aus seiner Erfahrung als Gutsbesitzer und in der Lokalverwaltung von der Praxis her bestens vertraut und kommt in seinen Schriften unter anderem dadurch zum Ausdruck, daß er immer wieder von private dominion oder property in Gegenüberstellung zur öffentlichen Gewalt spricht. Dennoch geht er prinzipiell von der mittelalterlichen Einheit der Herrschaft aus. Es verwundert daher nicht, daß sein Name in England über Jahrhunderte sprichwörtlich für Obskurität war [35].

---

[35] So Laslett in seiner Einführung a. a. O. S. 1.

IV. Eigentum als Aufgabe und Schranke der Staatsgewalt: John Locke

John Lockes (1632–1704) Two Treatises of Government erschienen 1690 nach Abschluß der Glorious Revolution. Manches in dieser für die bürgerlich-rechtsstaatliche Verfassungsentwicklung grundlegenden Schrift erinnert an die enge persönliche Verbindung des Autors mit dem Führer der liberalen Partei, dem Earl of Shaftesbury, und der von ihm geführten Opposition gegen die letzten Stuarts. Im Vorwort gibt Locke der Hoffnung Ausdruck, daß seine Schrift geeignet sein möge, in der Zustimmung der Nation den Thronanspruch des gegenwärtigen Königs Wilhelm zu begründen und vor den Augen der Welt zu rechtfertigen. *Lasletts* Untersuchungen haben indessen gezeigt, daß wahrscheinlich wesentliche Teile des Buches bereits in den Jahren 1679–80 entstanden[36], als die Auseinandersetzungen um den gesetzlichen Ausschluß eines katholischen Thronfolgers auf dem Höhepunkt waren. Im übrigen geht aber der gedankliche Zuschnitt der Treatises bei weitem über die Rechtfertigung der Ereignisse der Jahre 1688/89 hinaus. Wie noch zu zeigen sein wird, lassen sich Lockes Gedanken keinesfalls in der 1689 sanktionierten englischen Verfassung einfangen; ihre eigentliche Bedeutung haben sie in der amerikanischen und Französischen Revolution sowie im national-ökonomischen Denken gewonnen, das allerdings später mit ihren ökonomischen Prämissen auch ihre verfassungsrechtlichen Folgerungen in Frage stellen sollte.

Nachdem Locke im ersten Treatise die paternalistischen und patrimonialen Thesen Filmers widerlegt hat, stellt er im zweiten Treatise die Ausgangsfrage nach der legitimen Grundlage politischer Gewalt. Da Filmers Thesen auch nicht den Schatten einer Autorität verleihen könnten, müsse jeder diese Frage stellen, der nicht annehmen wolle, „daß alle Regierung in der Welt ausschließlich das Produkt von Macht und Gewalt sei, und so die Menschen

---

[36] Vgl. Die Einführung zu seiner im folgenden benutzten Ausgabe, Cambridge 1964, S. 35.

nach keiner anderen Regel zusammenleben, als die Tiere, bei denen der Stärkste gewinnt"[37].

Um diese Frage zu beantworten, verwendet auch Locke das seiner Zeit geläufige Gedankenexperiment des Naturzustandes. Er fragt, wie die Menschen ohne politische Gewalt zusammenleben würden und zieht daraus Folgerungen für die Legitimität und Grenzen der Staatsmacht. Seine grundlegende Annahme ist die natürliche Gleichheit aller Menschen, aber nicht, wie bei Hobbes, weil alle der gleichen existentiellen Gefährdung ausgeliefert sind, sondern weil alle an der Vernunft teilhaben, die er dem Naturrecht gleichsetzt[38]. Von Natur haben daher auch alle den gleichen Rechtsstatus, ohne Unterordnung und Unterwerfung[39]. Auch Gott habe niemand durch ausdrückliche Offenbarung über den anderen gesetzt. Die einzige Grundlage legitimer Herrschaft könne daher nur der ursprüngliche Konsens aller Beherrschten sein, alles andere sei Raub und Gewalt[40].

Ist einmal das politische Gemeinwesen etabliert, so genügt für alle weiteren Entscheidungen die Zustimmung der Mehrheit seiner Mitglieder, der sich alle durch ihren ursprünglichen Konsens unterworfen haben[41]. Damit ist noch nichts über die Form der Regierung gesagt, da die Mehrheit sich sehr wohl entschließen kann, die Regierungsgewalt einer Person zu übertragen und so eine Monarchie zu errichten[42]. Auf diese Weise können auch erbliche Herrschaftsrechte entstehen, wie Locke für die Oligarchie und die Monarchie ausdrücklich anerkennt[43]. Man muß hier allerdings berücksichtigen, daß Locke bereits im ersten Treatise einen naturrechtlichen Anspruch auf Erbfolge in Herrschaftsrechte ausdrücklich ausgeschlossen hat[44]. Es kann daher nur einen vom ursprünglichen Konsens abhängigen verfassungsmäßigen Anspruch auf

[37] Second Treatise § 1.
[38] Second Treatise §§ 4–6.
[39] Second Treatise § 4.
[40] Second Treatise Kap. VIII, insbesondere § 95.
[41] Second Treatise §§ 96–99.
[42] Second Treatise §§ 106, 132.
[43] Second Treatise § 132.
[44] § 93, vgl. oben S. 71.

Nachfolge in die Regierungsgewalt geben [45]. Die Frage ist, ob durch späteren Mehrheitsbeschluß eine abweichende Regelung getroffen werden kann, mit anderen Worten, ob für die Legitimität der Regierung der ursprüngliche Konsens bei Beendigung des Naturzustandes hinreicht oder ob auch der aktuelle Konsens der jeweiligen konkreten Bevölkerung erforderlich ist. Locke stellte diese Frage nicht ausdrücklich, gleichwohl mußte sie von ihm beantwortet werden, da einerseits die Demokratisierungsforderungen der Leveller den Zeitgenossen noch in Erinnerung waren, andererseits die Politik des Ausschlusses katholischer Thronfolger und die Vertreibung James II. der Rechtfertigung bedurfte.

Locke entscheidet sich für die Perpetuierung des ursprünglichen Konsenses. Er hält zwar daran fest, daß jeder Mensch von Natur aus frei und nicht durch die Zustimmung seiner Vorfahren gebunden sei [46]. Die Ausübung irgendwelcher Besitzrechte, ja sogar schon die Benutzung der Landstraßen und die bloße Anwesenheit im Hoheitsgebiet bedeute jedoch eine stillschweigende Unterwerfung unter die bestehende Regierung [47]; um allerdings Mitglied des politischen Gemeinwesens zu werden, müsse ein ausdrücklicher Vertrag abgeschlossen werden [48]. Im Kapitel über die Reichweite der legislativen Gewalt findet sich dann etwas versteckt und außerhalb des Zusammenhanges die Bemerkung, daß die Legislative nicht allein die höchste Gewalt des Gemeinwesens sei, sondern auch „geheiligt und unabänderlich in den Händen liegt, in die sie die Gemeinschaft einst gelegt hat" [49]. Sie befindet sich dort jedoch nicht wie ein nach Belieben zu verwendendes Eigentum, sondern als treuhänderische Gewalt (trust), die nur zum Wohl der Unterworfenen gebraucht werden darf [50]. Salus populi suprema lex [51] –

---

[45] First Treatise § 94.
[46] Second Treatise §§ 73, 116 ff.
[47] Second Treatise § 119.
[48] Second Treatise § 122.
[49] Second Treatise § 134, vgl. auch § 243.
[50] Vgl. etwa First Treatise § 93, Second Treatise §§ 22, 134, 135, 158, 159–161.
[51] Second Treatise § 158.

die legislative Gewalt ist daher in ihrer äußersten Ausdehnung durch das öffentliche Wohl der Gesellschaft begrenzt [52]. Jeder Mißbrauch entkleidet den Träger der öffentlichen Gewalt seiner Befugnisse und enthebt die Mitglieder der Gesellschaft ihrer Unterwerfung [53], sofern ein Rechtsweg nicht gegeben ist [54]. Der schwerwiegende Mißbrauch der legislativen Gewalt bedeutet die Auflösung der Regierung (nicht des Gemeinwesens) [55]. Die legislative Gewalt ist dann „verwirkt ... und kehrt zum Volk zurück, das ein Recht darauf hat, seine ursprüngliche Freiheit wieder anzunehmen und durch die Errichtung einer neuen Legislative (in der für geeignet gehaltenen Form) für seine eigene Sicherheit und Wohlfahrt zu sorgen" [56]. Mit Hilfe dieser Lehre von der Auflösung der Regierung gelang es Locke, einerseits die Revolution von 1688 zu rechtfertigen, ohne andererseits den aktuellen Konsens der Mehrheit fordern zu müssen.

Mit der Übernahme einer, wenn auch eingeschränkten Konsenslehre ergab sich das weitere Problem, ob dadurch nicht das Eigentum gefährdet würde. Den Zeitgenossen war wohl bewußt, daß die Mehrheit der Bevölkerung nicht über nennenswerten Besitz verfügte [57]. Forderungen auf gleichmäßigere Verteilung oder Einführung von Gemeinbesitz waren seit Ende des Mittelalters immer wieder bei Bauernrevolten und Unruhen der städtischen Unterschicht aufgetaucht. Es braucht hier nur an die Bewegung der Wiedertäufer erinnert zu werden, deren Vorstellungen über die gerechtere Eigentumsverteilung in den englischen Verfassungskämpfen auf dem linken Flügel der Leveller und bei den sog. Dig-

---

[52] Second Treatise § 135.
[53] Second Treatise §§ 199, 202. Locke kann sich hier auf die klassische ultra vires Lehre des Common Law stützen, vgl. § 202.
[54] Second Treatise § 207.
[55] Second Treatise §§ 211, 221.
[56] Second Treatise § 222. Diese Thesen sind am Schluß des Second Treatise in § 243 nochmals zusammengefaßt.
[57] Vgl. die Angaben bei *Macpherson* a. a. O. (Fn. 4) S. 311 ff. Zur Vertrautheit Lockes mit diesem statistischen Faktum vgl. *Macpherson* a. a. O. S. 253 und 283 f.

gers Propagandisten gefunden hatten[58]. Auch Locke mußte sich daher der in den Putney-Debatten[59] aufgeworfenen Fragen stellen, ob nicht das Eigentum der Minderheit in Gefahr gerate, wenn man allen Menschen prinzipiell gleiche politische Rechte einräume. Filmer hatte diese Problematik ausdrücklich als besondere Schwäche der Konsenstheorien konstatiert. Zur Lehre von der natürlichen Gleichheit aller Menschen, die allen Konsenslehren zugrunde liege, gehöre auch die Annahme eines ursprünglichen gleichen Anrechts auf die nützlichen und angenehmen Dinge dieser Welt. Dieses Anrecht bleibe erhalten, auch wenn durch Konsens das ursprüngliche Gemeineigentum in Privateigentum überführt werde. Auch der Schlechteste und Geringste könne dann jederzeit sein Naturrecht auf Gemeineigentum geltend machen, da insoweit die Zustimmung der Väter die Nachkommen nicht binde[60].

In seiner Antwort auf diese Frage liegt Lockes originelle, für die zukünftige Entwicklung der bürgerlichen Verfassungstheorie grundlegende Leistung. Es gelang ihm, die naturrechtliche Konstruktion nicht nur auf gleiches, sondern unter bestimmten Voraussetzungen auch auf ungleich verteiltes Eigentum auszudehnen. Damit rechtfertigte er zugleich die zeitgenössische Eigentumsverteilung und entzog sie, als naturrechtlich vorgegeben, dem politischen Zugriff der Mehrheit. Locke ist damit Begründer der für das gegenwärtige Verfassungsdenken typischen, lediglich ausgrenzenden Behandlung der Eigentumsfrage.

Lockes Ausgangspunkt ist hier der Naturzustand in einem mehr entwicklungsgeschichtlichen Sinn: eine nur mit wenigen Menschen bevölkerte Erde, deren Bewohner sich auf der Entwicklungsstufe der Sammler und Jäger befinden. Häufig zieht Locke den in den unermeßlichen Weiten des inneren Amerika lebenden Indianer zum Vergleich heran[61]. In diesem Zustand habe niemand ein privates Eigentum an den Dingen der Natur, oder, was gleichbedeu-

---

[58] Vgl. *Richard Schlatter*, Private Property. The History of an Idea, London 1951 S. 133 f.

[59] Siehe oben S. 34 f.

[60] Observations concerning the original of Government, Ausgabe Laslett S. 274; auch Patriarcha Teil VIII, Ausgabe Laslett S. 65 unten.

[61] Etwa Second Treatise § 26 a. E.

tend sei, sie befänden sich im Gemeineigentum [62]. Aber da jeder von Natur das Recht auf Selbsterhaltung habe, habe auch jeder das Recht auf *Aneignung* der für die Erhaltung seines Lebens notwendigen Dinge [63]. Wodurch geschieht aber die Aneignung? Die alte Okkupationstheorie, die auch Locke für den Regelfall anwenden möchte [64], trägt keine Rechtfertigung und keinen Gerechtigkeitsmaßstab in sich. Für Locke ist die entscheidende Grundlage für die Entstehung von Eigentum die menschliche *Arbeit*. Erst durch die zu ihrer Erlangung aufgewendete Arbeit erhalten die Dinge der Natur einen Wert für die menschliche Subsistenz – Arbeit in diesem Sinne sind auch das Sammeln und das Jagen –, und da unter der ursprünglichen Bedingung der Freiheit und der Gleichheit jeder nur sich selbst gehört, wird der durch Arbeit geschaffene Wert zum Sondereigentum des Arbeiters. Er hat mit dem ursprünglichen Naturgegenstand seine Arbeit vermischt und ihm dadurch etwas hinzugefügt, das ihn allen anderen entzieht und zu seinem Eigentum macht [65]. Die gleiche Überlegung rechtfertigt die Aneignung von Grundbesitz: Unter der Annahme, daß noch reichlich bebaubarer Boden vorhanden ist, hängt der Wert eines Stückes Boden für die menschliche Subsistenz fast völlig von der damit vermischten Arbeit ab; auch am Boden wird daher durch die ursprünglich darauf verwendete Arbeit Eigentum begründet [66].

Das Ausmaß dieses naturrechtlichen Eigentums ist in doppelter Weise begrenzt: Niemand kann mehr erwerben, als er sich durch eigene Arbeit anzueignen vermag, und niemand darf mehr erwerben, als er selbst sinnvollerweise verwenden kann [67]. Verschaffte er sich durch übermäßige Arbeitsanstrengung mehr, als er zum Leben benötigt und setzte es damit dem Verderb aus, würde er die Grenzen seines Aneignungsrechts überschreiten, die in seinem Naturrecht auf Selbsterhaltung liegen. Gegenüber dem sinnlosen

---

[62] Second Treatise § 26.
[63] Second Treatise § 26.
[64] Second Treatise § 28.
[65] Second Treatise §§ 27–30, 40.
[66] Second Treatise §§ 32–34, 38, 40.
[67] Second Treatise § 36.

Verderb schafft das gleiche Naturrecht auf Selbsterhaltung allen anderen das stärkere Anrecht [68].

Diese zweite Begrenzung versagt aber im Augenblick der Einführung des Geldes [69]. Ebensowenig wie derjenige Unrecht tue, der einen Überschuß an kurzfristig verderblichen Pflaumen gegen einen Vorrat länger haltbarer Nüsse eintauscht, verstoße derjenige gegen die Naturgesetze, der seinen Überschuß an den kurzfristig verderblichen Dingen des Lebensunterhaltes gegen irgendeine Form von Geld veräußert, dessen wesentliche Eigenschaft die Unverderblichkeit ist [70]. Mit Einführung des Geldes beginnt daher das natürliche Recht auf unbegrenzte Appropriation und unbegrenztes Eigentum. Gott gab die Welt den Fleißigen und Vernünftigen zum Gebrauch [71]; die Erfindung des Geldes gab diesen die Möglichkeit, ihr Eigentum nach dem Grad ihres Fleißes über das hinaus zu vergrößern, was sie selbst benutzen können [72]. Indem die Menschen Gold und Silber mit einem Wert belegten und damit stillschweigend dem Gebrauch des Geldes zustimmten, haben sie die Voraussetzungen dafür geschaffen, daß ein Mensch in redlicher Weise mehr Land besitzen als er selbst nutzen kann, und haben dadurch dem unverhältnismäßigen und ungleichen Grundbesitz zugestimmt [73].

Entscheidend ist, daß diese Wandlung zur Ungleichheit nach Lockes Konstruktion nicht das Bestehen einer politischen Gemeinschaft voraussetzt und daher noch dem Naturzustand angehört. So kann die ungleiche Eigentumsverteilung zur naturrechtlichen Voraussetzung und Grundlage des politischen Zusammenschlusses werden.

Zunächst schafft die ungleiche Eigentumsverteilung das *Motiv* für den politischen Zusammenschluß. In der ersten Phase des Naturzustandes, vor Einführung des Geldes und der unbegrenzten Appropriation, würde gar kein Anlaß für ein voll ausgebildetes

[68] Second Treatise §§ 31, 38.
[69] Second Treatise § 36.
[70] Second Treatise §§ 46, 47.
[71] Second Treatise § 34.
[72] Second Treatise § 48.
[73] Second Treatise § 50.

politisches Gemeinwesen bestehen, weil „angesichts der geringen Anzahl von Menschen und der Unbekanntheit des Geldes die Menschen nicht in Versuchung gerieten, ihren Landbesitz zu vergrößern oder um eine weitere Ausdehnung ihres Gebietes zu kämpfen" [74]. Der ursprüngliche Naturzustand ist bei Locke geradezu eine Idylle. Er ist vom Kriegszustand ebensoweit entfernt, „wie ein Zustand des Friedens, des Wohlwollens, der gegenseitigen Hilfe und Erhaltung von einem Zustand der Feindschaft, der Bosheit, der Gewalt und gegenseitigen Vernichtung" [75]. Die zweite Phase des Naturzustandes, nach Einführung des Geldes, entspricht hingegen weitgehend Hobbes Bild des bellum omnium contra omnes. Die Ausübung der natürlichen Rechte „ist sehr ungewiß und ständig den Übergriffen anderer ausgesetzt. Da jedermann in gleicher Weise König ist und alle Menschen gleich sind, da aber der größere Teil nicht zu den strengen Befolgern von Billigkeit und Gerechtigkeit gezählt werden kann, ist die Nutzung des Eigentums in diesem Zustand sehr ungewiß und unsicher." [76] Das macht die Menschen willens, die ursprünglich vollständige Freiheit aufzugeben und in ein politisches Gemeinwesen einzutreten, „zum gegenseitigen Schutz ihres Lebens, ihrer Freiheit und ihres Vermögens, die ich unter der generellen Bezeichnung Eigentum zusammenfasse" [77].

In diesem Sinne ist der Schutz des Eigentums Hauptzweck des politischen Gemeinwesens [78] und wird mit dem Gemeinwohl gleichgesetzt [79]. Zugleich ist das naturrechtliche Eigentum *Grenze* der politischen Gewalt. Aufgrund des ursprünglichen Konsensus hat die politische Gewalt lediglich die Befugnis, Regeln für die Ausübung und Abgrenzung des Eigentums aufzustellen, nicht aber Eigentum wegzunehmen, es sei denn mit Zustimmung der Eigentümer oder der Mehrheit ihrer Repräsentanten [80]. Folgerichtig

---

[74] Second Treatise § 108, vgl. auch § 107.
[75] Second Treatise § 19.
[76] Second Treatise § 123.
[77] Ebendort.
[78] Second Treatise § 124.
[79] Second Treatise § 131.
[80] Second Treatise §§ 129, 135, 138, 139; Zur Zustimmung durch Repräsentanten §§ 140, 142.

führt es daher zur Auflösung der Regierungsgewalt und zu ihrer Verwirkung, wenn sie versucht, in das Eigentum der Bürger einzudringen [81].

Locke selbst hat die Frage „Quis judicabit" gestellt [82], und es könnte überraschen, daß er die Einsetzung einer richterlichen Instanz nicht erörtert. Es mag dabei eine Rolle gespielt haben, daß sich in den Verfassungskämpfen die Gerichte schließlich ernsthaften politischen Pressionen nicht gewachsen gezeigt hatten, nachdem sie ursprünglich den Forderungen der Krone unter Cokes Führung widerstanden hatten. Im übrigen waren Eingriffe in das Eigentum von seiten der aufgrund des Besitzzensus gewählten Legislative im nachrevolutionären England so wenig wahrscheinlich, daß Locke diese Frage füglich vernachlässigen konnte. Ein Recht auf Änderung des Wahlkörpers hat Locke der nach dem geltenden Wahlrecht ausgeschlossenen, besitzlosen Mehrheit gerade verwehrt [83].

Es sei darauf hingewiesen, daß Locke, anders als es etwa Ireton bei den Putney-Debatten getan hatte und wie es wohl dem damals in England vorherrschenden Verständnis entsprach, den Nicht-Besitzenden nicht prinzipiell von der politischen Teilnahme ausschloß. Das wäre nicht mit der formalen Rechtsgleichheit zu vereinbaren gewesen, die von der Marktgesellschaft vorausgesetzt wird. Die politische Teilnahme der Besitzlosen ist zwar nach Lockes System nicht ständig erforderlich, da nur die Besitzenden direkte Steuern zahlen und daher nur für diese nach der Regel: „Keine Eingriffe in das Eigentum ohne Zustimmung wenigstens der Repräsentanten der betroffenen Eigentümer" [84] eine politische Vertretung erforderlich ist. Die politische Teilnahme der gesamten Bevölkerung bleibt jedoch nach Lockes System möglich, gerade weil er das Eigentum als Naturrecht konzipiert und damit außerhalb der Verfassung stellt. Die Frage ist allerdings, ob diese konstruktiv-konstitutionelle Lösung Realisten vom Schlage eines Ireton hätte befriedigen können. Sicherer war es jedenfalls, die Nicht-Besitzenden gar nicht erst zu beteiligen, wie es die Realität der

---

[81] Second Treatise §§ 221, 222.
[82] Second Treatise §§ 240, 168.
[83] Second Treatise §§ 134, 243.
[84] Second Treatise §§ 140, 142.

englischen Verfassung vorzeichnete. Lockes Konstruktion läßt diese Lösung zu, sie gehört jedoch nicht zu ihren Grundlagen.

Im Gegensatz hierzu meint allerdings Macpherson, daß Lockes System eine fundamentale Unterscheidung zwischen Besitzenden und Nicht-Besitzenden hinsichtlich ihrer Fähigkeit zu vernünftigem Handeln und infolgedessen auch des Anspruchs auf politische Beteiligung zugrunde liegt [85]. Nur von dieser Annahme her ließen sich gewisse logische Probleme und Schwächen in Lockes Lehre hinreichend erklären. Diese These findet in den ›Two Treatises‹ nur wenig Nahrung. Macpherson zieht daher als Beleg einige Äußerungen Lockes über die Arbeiterklassen in seinen ökonomischen und philosophischen Schriften heran [86], die zwar alle den niedrigen Bildungsstand der unteren Schichten feststellen, aber nicht besagen, daß diese zu vernünftigem Handeln nicht fähig sind. Im Gegenteil: die ›Two Treatises‹ gehen überall von der fundamentalen Gleichheit aller Menschen aus [87]. Diese bleibt auch in der zweiten Phase des Naturzustandes erhalten; die Ungleichheit des Besitzes hat nicht notwendig die Ungleichheit der politischen und gesellschaftlichen Rechte zur Folge. Anders als selbst noch die Leveller annahmen, läßt auch ein Dienstverhältnis die politische Freiheit und Gleichheit unberührt, weil es dem Dienstherrn nur die im Arbeitsvertrag vereinbarten begrenzten Rechte einräume [88]; eine weitergehende freiwillige Unterwerfung hält Locke ausdrücklich für unmöglich [89]. Es ist daher wenigstens die stillschweigende Zustimmung aller, auch der Nicht-Besitzenden, erforderlich, um ihre Unterwerfung unter ein zu gründendes oder bereits bestehendes Gemeinwesen zu rechtfertigen [90].

Die volle Mitgliedschaft setzt allerdings eine ausdrückliche Verpflichtung voraus [91]; im Gegensatz zu Macphersons Darstellung [92]

[85] Die politische Theorie des Besitzindividualismus S. 250 ff.
[86] A. a. O. S. 252 ff.
[87] First Treatise § 67; Second Treatise §§ 4, 5, 54.
[88] Second Treatise § 85.
[89] Second Treatise § 23.
[90] Second Treatise § 119.
[91] Second Treatise § 122.
[92] A. a. O. S. 280 f.

gilt das jedoch auch für Besitzende [93]. Locke hält auch daran fest, daß überall dort, wo man die Gesetzgebung einer Kollektivkörperschaft anvertraut hat, jeder einzelne, auch der geringste Mann, als Träger dieser Legislative anzusehen ist [94]. Das ist zwar bei einem Zensuswahlrecht, wie es damals in England praktiziert wurde, eine Fiktion; sie ist aber immer noch demokratischer als die platte Verneinung der Rechte des Besitzlosen, da sie immerhin seinen Anspruch auf Vertretung nicht prinzipiell ausschließt. Entschiedenen Wert legt Locke auf die Gleichheit aller vor dem Gesetz. So schreibt er der Legislative vor: „Sie muß durch öffentlich bekanntgemachte und feststehende Gesetze regieren, die nicht für besondere Fälle geändert werden dürfen, sondern nur eine Regel für reich und arm kennen, für den Günstling bei Hof ebenso wie für den Landmann am Pflug." [95] Das öffentliche Wohl ist für John Locke „das Wohl jedes einzelnen Mitgliedes des Gemeinwesens" [96], und nach dem vorstehenden besteht kein Zweifel, daß damit reich und arm in gleicher Weise gemeint ist. Allerdings folgt dieser Definition des Gemeinwohls die wichtige Einschränkung: „... soweit dafür durch allgemeine Regeln gesorgt werden kann." Nimmt man hinzu, daß an anderer Stelle der Staatszweck (= das öffentliche Wohl) auf die Erhaltung des aus dem Naturzustand Eingebrachten begrenzt wird, so bleibt vom öffentlichen Wohl für die Nicht-Besitzenden im optimalen Fall, daß sie ihren kontraktuellen Anspruch auf Arbeitsentgelt durchsetzen können und vor Mißhandlungen geschützt werden. Für diejenigen, die auf vertraglicher Basis keinen hinreichenden Arbeitslohn erreichen können oder die keine Arbeit finden, ist nicht einmal der durch den Eintritt in das Gemeinwesen erworbene Anspruch auf Schutz ihres Lebens etwas wert, da er nach der negativen Bestimmung des Gemeinwohles nur auf Abwehr von Angriffen anderer, nicht aber auf Förderung geht. Locke ist sich wohl bewußt, daß der Zugang zu Produktionsmitteln Voraussetzung für den eigenen Erwerb des

[93] Second Treatise § 121.
[94] Second Treatise § 94.
[95] Second Treatise § 142.
[96] First Treatise § 92.

Lebensunterhaltes ist [97]; indem er den Zweck des Gemeinwesens auf den Schutz des Eigentums begrenzt, liegt die ökonomische Konsequenz seiner Lehre in der faktischen Auslieferung der Mehrheit der Bevölkerung an die Willkür der Besitzenden, während es seine Prämisse gerade ist, daß alle wesentlich gleich sind und niemand sich der Willkür eines anderen überantworten könne und dürfe. Gerade auf dieser Prämisse basiert auch seine Ablehnung des Absolutismus.

Es läßt sich somit feststellen, daß zwar Lockes Grundlage durchweg die von der Marktgesellschaft geforderte fundamentale Gleichheit aller Menschen bleibt; der Versuch, auf dieser Annahme ein politisches Gemeinwesen zu konstruieren, das lediglich den Polizisten der Marktgesellschaft abgibt, zwang ihn jedoch, seiner Prämisse untreu zu werden. Sein Motiv für die Unterwerfung der Besitzlosen, der erwartete polizeiliche Schutz von Leben und Freiheit, von Locke mit dem Vermögen unter dem Generalnenner Eigentum zusammengefaßt, war wenig überzeugend, da für die Besitzlosen angesichts eines absoluten Eigentums die Lebensmöglichkeit zweifelhaft und Freiheit ohnehin nicht zu erwarten war. Aus demselben Grund mußte sein Bestehen auf der salus populi als Staatszweck die herrschenden Kreise beunruhigen, da ihre Gleichsetzung mit dem Schutz des Eigentums auf einer für den realistischen Betrachter eher gekünstelten Ausweitung dieses Begriffs beruht. Das gilt insbesondere im Zusammenhang mit dem Widerstandsrecht und der Auflösung der Regierung bei deren Abweichen vom Gemeinwohl, wo Locke ausdrücklich auf die Entscheidung der Mehrheit abstellt [98], die hier, wie an anderer Stelle, als Mehrheit des Volkes zu verstehen ist [99].

Es verwundert daher nicht, daß Lockes politische Philosophie, trotz der darin enthaltenen Rechtfertigung des Thronwechsels, im nachrevolutionären England vergleichsweise wenig Anklang fand [100]. Für die herrschenden Kreise war es sicherer, an der

---

[97] First Treatise § 43.
[98] Second Treatise §§ 223, 225, 242.
[99] Second Treatise §§ 222, 243.
[100] *Schlatter* a. a. O. (Fn. 58) S. 162 f.

von ihnen erkämpften Verfassung festzuhalten, ohne allzu viel über Gleichheit nachzudenken. Die von Macpherson bei Locke vermutete Prämisse der geringeren Fähigkeit von Besitzlosen zu vernünftigem Handeln, war Gemeingut der englischen Führungsschicht des ausgehenden 17. und 18. Jahrhunderts, ist aber nicht Grundlage des Lockeschen Systems. Auch Lockes Rechtfertigung des Eigentums durch Arbeit dürfte dem herrschenden Großeigentum eher suspekt vorgekommen sein. Zwar ist nach Lockes Konstruktion die Arbeit veräußerlich und gehört daher im Falle der Lohnarbeit ebenso wie das Arbeitsprodukt dem Unternehmer [101]; aber auch hier macht die grundlegende Aussage, daß das Arbeitsprodukt dem Arbeiter gehört, zweifellos den stärkeren Eindruck als ihre Qualifizierung in der weiteren Konstruktion.

Lockes Synthese von Leben, Freiheit und Eigentum fand jenseits des Ozeans in den amerikanischen Kolonien erheblich mehr Anklang [102]. Die Lockesche These vom Eigentum durch Arbeit war hervorragend geeignet, die Zurückdrängung der indianischen Ureinwohner durch die Siedler und deren Eigentumserwerb zu rechtfertigen. Angesichts der Weite des Kontinentes schien hier für den Fleißigen tatsächlich die Möglichkeit gegeben, Eigentum zu erwerben und damit auch im Staat der Eigentümer seine Gleichheit zu bewahren. Locke lieferte schließlich auch, wenn nicht schon ganz den Wortlaut [103], so doch jedenfalls die Rechtfertigung für den Schlachtruf der amerikanischen Revolution: "No taxation without representation."

Auch für das kontinentale Bürgertum war Lockes Lehre attraktiver als für das englische. Hier waren Freiheit und Gleichheit erst noch zu erkämpfen; die Lehre vom Eigentum durch Arbeit bot eine Spitze gegen die Privilegien des Adels. Noch in

---

[101] Second Treatise § 27. In § 28 a. E. wird als Beispiel angeführt, daß der vom Knecht auf dem Gemeindeland gestochene Torf seinem Herrn gehöre, weil dieser Eigentümer der aufgewendeten Arbeit gewesen sei. Vgl. § 950 BGB.

[102] *Schlatter* a. a. O. S. 151.

[103] Er kam dem aber nahe. Vgl. Second Treatise § 142.

der französischen Erklärung der Menschenrechte vom 26. August 1789 erscheint daher die Dreiheit Freiheit, Eigentum und Sicherheit (Art. 2), und in Art. 17 wird das Eigentum noch besonders als unverletzliches und heiliges Recht hervorgehoben. Das letzte Adjektiv läßt allerdings vermuten, daß man, anders als Locke, schon nicht mehr völlig guten Glaubens war. Die populäre Losung war jedenfalls bezeichnenderweise: Freiheit, Gleichheit, Brüderlichkeit (nicht Eigentum). Spätestens aber mit Robespierres großer Rede vom 24. 4. 1793 über das Eigentum, in der er vor der Nationalversammlung den Verteidigern des Eigentums zurief: «Demandez à ce marchand de chair humaine ce que c'est la propriété...»[104], hätte allerdings auch in Kontinentaleuropa der Zweifel an Lockes Thesen beginnen müssen.

In ihrer Konsequenz führt die Lockesche Lehre zur Souveränität des Eigentums. Sie liefert damit die Mehrheit der Nichtbesitzenden einem unpersönlichen und je nach Konjunktur unmenschlicheren Souverän aus, als ihn Hobbes mit seinem großen Leviathan konstruiert hatte. Der von Locke geforderten Begrenzung und inhaltlichen Bindung der Staatsgewalt entspricht die absolute und nach Belieben auszuübende Eigentümerherrschaft im gesellschaftlichen Bereich. Von seinem Ausgangspunkt der Freiheit und Gleichheit aller Menschen konstruiert Locke eine politische Philosophie, die in den kommenden Jahrhunderten zur Rechtfertigung des Elends und der Knechtschaft von Millionen beitragen sollte. Insofern war Hobbes realistischer, indem er das durch die ökonomische Entwicklung entfesselte Eigentum ebenso wie seine Herren einem absoluten Souverän unterordnete und diesem ausdrücklich die Armenfürsorge und Arbeitsbeschaffung zur Aufgabe machte[105]. Fast möchte man meinen, Hobbes Entwurf wäre deshalb im Ergebnis auch menschlicher, wenn nicht das von ihm gezeichnete Bild des absoluten und nach seiner Konstituierung nicht mehr in Frage zu stellenden Leviathan gar zu abschreckend wirkte.

---

[104] Fragt jenen Händler in Menschenfleisch, was das Eigentum ist...
[105] Leviathan Kapitel 30, Oxford Ausgabe S. 267.

V. Der Staat als Überbau der Eigentumsverhältnisse: James Harrington

James Harrington (1611–1677), Sprößling des jüngeren Zweiges einer dem Adel zugehörigen Familie, unterscheidet sich durch seine Methode erheblich von den bisher vorgestellten politischen Denkern. Als einziger konstruiert er nicht ein Modell einer aus Individuen zusammengesetzten Gesellschaft, um daraus Schlüsse für die politische Form zu ziehen. Er versucht vielmehr, die konkreten gesellschaftlichen Bewegungen zu erfassen, die zur Krise der alten Verfassung führten, und macht die historische Analyse zum Ausgangspunkt seiner Vorschläge für die stabile Gestaltung einer neuen Verfassung. Sein Hauptwerk ›The Commonwealth of Oceana‹, erschienen 1656, ist Oliver Cromwell gewidmet. In seinen kleineren Schriften aus späterer Zeit werden die darin angesprochenen Gedanken wieder aufgenommen [106].

Für Harrington waren die englischen Verfassungskämpfe Folge einer einschneidenden Verschiebung der Eigentumsverhältnisse und der Unfähigkeit der Nachfolger der großen Elisabeth, die Veränderungen zu erkennen und ihre Politik dementsprechend einzurichten [107]. Ausgangspunkt der Entwicklung war die "Gothic Balance" [108], in der nach Harringtons Schätzung das Grundeigentum des Adels und der kirchlichen Würdenträger das des Volkes um mehr als vier zu eins überwog [109]. In diesem, schon vor der normannischen Eroberung begründeten Verfassungssystem lag die Macht beim König und den weltlichen und geistlichen Baronen, die kraft der Eigentumsverhältnisse dafür prädestiniert waren. Da von ihnen gleichzeitig die militärische Macht ausgeübt wurde, befand sich das System im Gleichgewicht. Nachdem jedoch die normannischen Barone aus Fremdlingen zu einem landsässigen Adel geworden waren, entwickelten sie eigene Interessen und traten dem

---

[106] Hier wird der 1963 im Scientia-Verlag erschienene Nachdruck der 1771 von John Toland veranstalteten Ausgabe benutzt.
[107] Oceana S. 63 ff.; The Art of Lawgiving Kapitel II S. 364.
[108] Oceana S. 37, 59, 62. The Art of Lawgiving Kapitel II S. 364.
[109] Oceana S. 60.

König gegenüber [110]. In den daraus resultierenden ständigen Auseinandersetzungen entwickelte sich der Dualismus von König und Parlament. Anders als in Spanien und Frankreich gelang es dem König nicht, den Adel auf Kosten des Volkes an sich zu binden. Die Krone wurde schließlich in den Rosenkriegen zum Spielball der Adelsparteien, bis mit Heinrich VII., dem ersten Tudorherrscher, die entscheidenden Veränderungen in der Eigentumsbalance zugunsten des Volkes einsetzten. Dieser König habe mit Machiavell erkannt, daß „ein vom Adel getragener Thron leichter zu ersteigen als warmzuhalten sei" und begann daher eine volksfreundliche Politik, die in ihrer Konsequenz schließlich zum Commonwealth geführt habe: „Denn während der Adel nicht den Thron angreift – ohne den er nicht bestehen kann –, sondern den König, der ihm nicht paßt, greift die Volksmacht nach dem Throne selbst, als das, was unvereinbar mit ihr ist." [111]

Drei Gesetze Heinrichs VII. waren für diese Entwicklung besonders wichtig: Das Bevölkerungsgesetz, das es verbot, Bauernwirtschaften mit mehr als 20 acres einzuziehen; ein Gesetz, das dem Adel verbot, bewaffnetes Gefolge zu halten; und schließlich ein Gesetz, das die Veräußerung der Lehensgüter zusätzlich erleichterte [112]. Die Auflösung der Klöster unter Heinrich VIII. und die Veräußerung ihrer Ländereien vor allem an den aufsteigenden Mittelstand beschleunigte die Bewegung [113]. Der Wandel der innenpolitischen Gewichte sei bereits von Elisabeth deutlich erkannt worden, „die ihre Regierungszeit durch die ständigen Liebeleien mit dem Volke zu einer Art Romanze machte und den Adel völlig vernachlässigte" [114]. Aus dem Zusammenhang wird allerdings deutlich, daß nach Harringtons Ansicht diese politischen Entscheidungen die Verschiebung der Eigentumsbalance lediglich begünstigten, daß ausschlaggebend jedoch eigengesetzliche gesellschaftliche Vorgänge waren. Um Harringtons Gedankengang zu vervollständigen,

---

[110] Oceana S. 63.
[111] Oceana S. 64.
[112] Oceana S. 64, The Art of Lawgiving Kapitel II S. 364 f.; vgl. dazu oben S. 27 f.
[113] Oceana S. 65.
[114] Oceana S. 65.

kann auf die oben geschilderte Entwicklung von der auf Selbstversorgung gerichteten Agrarwirtschaft zur vorindustriellen Marktwirtschaft verwiesen werden [115]. Die Auflösung der mittelalterlichen Einheit von imperium und dominium wird nur gelegentlich in einzelnen Aspekten gestreift; sie ist aber durchgehend vorausgesetzt. Der Boden wird als das entscheidende Eigentumsobjekt gesehen; die mit seiner Zurechnung verbundene Macht ist unabhängig vom Stand des Inhabers.

Nach Harringtons Schätzung verhielt sich am Ende dieser Entwicklung der Grundbesitz des Volkes zu dem des Adels wenigstens wie neun zu eins [116]. Damit ist aber die Wandlung der Eigentumsverhältnisse nur zum Teil gekennzeichnet, da nach Harrington Geldkapital [117] und, wie man hinzufügen darf, Gewerbekapital berücksichtigt werden können. Politisches Resultat der Eigentumsverschiebung war der Aufstieg des Unterhauses und der entsprechende Machtverlust des Oberhauses [118]. „Aber eine Monarchie, ihres Adels entkleidet, hat keine Zuflucht unter dem Himmel als eine Armee. Die Auflösung der Verfassung verursachte daher den Bürgerkrieg, nicht der Bürgerkrieg die Auflösung der Verfassung." [119] Auch die Errichtung einer königlichen Militärherrschaft hätte keine dauernde Lösung geboten, wäre sie nicht mit Konfiskationen allergrößten Ausmaßes einhergegangen, die das Gleichgewicht der Monarchie wiederhergestellt hätten [120]. Nachdem Charles Stuart mit den Waffen keinen Erfolg hatte, blieb für England nur das Commonwealth, und es galt, seine Verfassung zu stabilisieren. Harrington kam es dabei durchaus nicht auf Äußerlichkeiten an: so hielt er auch ein Commonwealth mit erblicher, d. h. monarchischer Spitze der Exekutive für möglich [121].

[115] Siehe oben S. 21 ff.
[116] Art of Lawgiving Kapitel II S. 364.
[117] Art of Lawgiving Kapitel I S. 363. Harrington hält jedoch Landbesitz für ausschlaggebend. Vgl. insbesondere The Prerogative of Popular Government Kapitel III S. 227 f.
[118] Oceana S. 65.
[119] Ebendort.
[120] Oceana S. 65 f.
[121] Art of Lawgiving Kapitel IV S. 369.

Harrington hat seine Lehre auch in generelleren Wendungen zum Ausdruck gebracht, die gelegentlich auffallend modern anmuten. Danach bilden die Eigentumsverhältnisse die Grundlage (foundation) und die politische Gestaltung den Überbau (superstructure) des Gemeinwesens [122]. In drei Fällen entsprechen sich Basis und Überbau und befinden sich dadurch im Gleichgewicht: Wenn jemand der einzige Eigentümer eines Territoriums ist oder wenigstens dreiviertel als Eigentum innehat, so entspricht dem als Staatsform die absolute Monarchie; wenn in demselben Verhältnis der Grundbesitz des Adels und der Geistlichkeit vorherrscht (Gothic balance), sind die Grundlagen für eine gemischte Monarchie vorhanden; und wenn schließlich das Eigentum des Volkes das des Adels überwiegt, ist das Commonwealth die gegebene Herrschaftsform [123].

An anderer Stelle werden diese Vorstellungen noch präzisiert: „In einem Land, dessen Einkünfte nicht über die Englands hinausgehen, schwindet die Grundlage der Monarchie, wenn das Übergewicht des Eigentums in mehr als 300 Händen ist; wenn es bei weniger als 5000 liegt, entfernt sich das Land vom Commonwealth." [124] Eine nicht dem Übergewicht des Eigentums entsprechende Regierungsform sei unnatürlich und daher notwendig gewaltsam; das sei mit den drei Begriffen der Tyrannis, der Oligarchie und der Anarchie gemeint [125]. Sofern es diesen gewaltsamen Regierungsformen nicht gelinge, sich das entsprechende Eigentumsübergewicht (durch Konfiskation) zu verschaffen, könnten sie nur von kurzer Dauer sein. Ebenso erschüttert notwendig eine Veränderung der Eigentumsverhältnisse die Vorbedingungen einer zunächst stabilen Regierungsform. Um das zu verhindern, muß das ursprüngliche Eigentumsübergewicht gesetzlich fixiert werden. Und da Harrington das Grundeigentum für entscheidend ansieht, kommen von daher seine Vorschläge einer Agrargesetzgebung, die für

---

[122] Oceana S. 51; Prerogative of Popular Government Kapitel III S. 226 ff.; Art of Lawgiving Kapitel IV S. 268 f.
[123] Oceana S. 37.
[124] Art of Lawgiving Kapitel III S. 367.
[125] Oceana S. 37.

England den Grundbesitz auf maximal 2000 Pfund Jahreseinkünfte zu begrenzen hätte [126].

Die von Harrington entworfene Verfassungsordnung des Commonwealth braucht hier nicht im einzelnen nachgezeichnet zu werden. Sie sieht drei Verfassungsorgane vor: einen kooptierten oder aus Angehörigen der hervorragendsten Familien gewählten Senat, mit der Befugnis der Gesetzesinitiative und -beratung; ein sehr viel größeres Repräsentantenhaus, das ohne Beratung über Gesetzesvorschläge des Senats zu beschließen hat; und schließlich besondere Exekutivorgane, denen lediglich die Aufgabe der Gesetzesausführung zukommt [127]. Wichtig ist, daß Harrington alle Lohnabhängigen von vornherein vom Wahlrecht ausschließt. Das bedürfe „keiner Begründung angesichts der Natur des Dienstverhältnisses, das unvereinbar mit Freiheit und Teilnahme an der Regierung in einem Gemeinwesen ist" [128]. Hier folgt Harrington anders als Locke der traditionellen englischen Auffassung. Das Volk in Harringtons Sprachgebrauch (the people) sind daher nur die Besitzenden, alle Lohnabhängigen und damit der größere Teil der Bevölkerung, stehen außerhalb des Gemeinwesens [129].

Hier zeigt sich, daß Harrington von allen erörterten Autoren der englischen Verfassungslage nach 1688 am nächsten kommt. Seine Vorstellungen kommen ihr vor allem deshalb näher als Lockes Thesen, weil er das Eigentum nicht ausklammert, sondern zur Grundlage des politischen Überbaus und der politischen Rechte macht. Daß das Unterhaus den Anspruch erhob, das ganze Volk und nicht nur seine begüterte Wählerschaft zu vertreten und daß man dem ganzen System durch die Beibehaltung der Monarchie und anderer alter Zöpfe eine transzendentale und historische Weihe zu verleihen suchte –, das alles sind erbauliche Äußerlichkeiten, die der außenstehenden Mehrheit der Bevölkerung die wahren Mechanismen verschleiern mochten, aber an der Sache

---

[126] Prerogative of Popular Government Kapitel XI S. 271, 280; vgl. auch Oceana S. 51, 100; Art of Lawgiving Kapitel III S. 367.

[127] Art of Lawgiving Kapitel IV S. 369 f. Teilweise abweichende Angaben bei *Macpherson* a. a. O. (Fn. 4) S. 409.

[128] Oceana S. 77; Art of Lawgiving Kapitel I S. 409.

[129] Oceana S. 138.

nichts änderten. Harrington wäre der letzte gewesen, seiner Republik in ihrer Selbstdarstellung nach außen die nackte Deutlichkeit anzuraten, mit der er ihre Bewegungsmechanismen analysiert.

Man wird sich allerdings fragen müssen, inwieweit seine Lehre ihrem eigenen Anspruch genügte, eine stabile Verfassung zu gewährleisten. Unter diesem Gesichtspunkt fällt zunächst sein Abstellen auf den Grundbesitz ins Auge, obwohl er davon ausging, daß die gewerblichen Einkünfte in England damals die Grundrente um 3 oder 4 zu 1 überwogen[130]. Im gewerblichen und kommerziellen Sektor waren Machtfaktoren entstanden – man denke an die East India Company und andere Kolonialgesellschaften –, die gegenüber der politischen Gewalt selbständig auftraten und sie zu Verhandlungen zwingen konnten, ganz wie es Harrington unter dem Stichwort der Gothic Balance für das Verhältnis der Feudalherren zur Krone schilderte. Eine Republik der wesentlich gleichen Eigentümer war somit auch damals nicht nach Harringtons Vorstellungen zu gestalten.

Seine auf die Eigentumsverteilung gegründete Stabilitätsvorstellung schloß die besitzlosen Massen der Bevölkerung als eigenwertigen Machtfaktor aus. Dazu berechtigten ihn keineswegs die Erfahrungen seiner Zeit, in der das Londoner Volk mehrfach auf der politischen Bühne erschienen war; auch Unruhen der ländlichen Bevölkerung waren nicht unbekannt. Für Harrington sind das militärische Probleme. In seinem Oceana darf nur die Jugend der besitzenden Schicht zur Armee gehören[131], besondere Sorgfalt verwendet er auf die Darstellung der Waffenübungen[132]. „Ein Commonwealth, das seinen Bediensteten Waffen gibt, sollte zweckmäßig außerhalb ihrer Reichweite liegen, wie es Contarini in eleganter Wendung von Venedig sagt"[133]; gemeint ist ganz offenbar, daß die Kolonialarmee aus den nichtbesitzenden Schichten rekrutiert werden könne, dann aber von England fernzuhalten sei. Es ergibt sich daraus die Feststellung, daß gerade die Regierungsform,

---

[130] Oceana S. 154.
[131] Oceana S. 77.
[132] Oceana S. 161 f.
[133] Oceana S. 77.

die Harrington wegen ihrer Anpassung an die Eigentumsverhältnisse als die natürliche lobt und den gewaltsamen gegenüberstellt [134], auf der Gewaltandrohung gegenüber dem größeren, ausgeschlossenen Teil der Bevölkerung beruht.

---

[134] Oceana S. 37.

Viertes Kapitel

EIGENTUM UND GESETZGEBUNG IM VERFASSUNGSRECHT DER VEREINIGTEN STAATEN

I. Die englischen Institutionen in der Neuen Welt

In den englischen Kolonien auf dem amerikanischen Kontinent trafen die aus dem Mutterland mitgeführten Institutionen auf eine wesentlich andere Realität und veränderten dementsprechend ihren Sinn. Nach der Lösung vom Mutterland in der amerikanischen Revolution (1775–1783) galt es daher, für das Verhältnis von Eigentum und Verfassung neue Lösungen zu finden, die schließlich in der Verfassung der Vereinigten Staaten vom 17. September 1787, den später angefügten Ergänzungen, in Gesetzgebung und judizieller Ausformung ihren Niederschlag fanden. In der amerikanischen Verfassung traten Eigentumsordnung und öffentliche Gewalt in eine neue Beziehung, die als Muster für den europäischen Kontinent wirkte und noch heute den Typus der bürgerlich-rechtsstaatlichen Verfassungen kennzeichnet.

1. Faktoren der Gleichheit

Das wesentlich andere in der Neuen Welt war der Überfluß fruchtbaren Bodens und der Mangel an Menschen und Arbeitskräften. Die Ansprüche der indianischen Ureinwohner konnten angesichts der überlegenen Machtmittel der europäischen Kolonisten vernachlässigt werden. Zur Rechtfertigung verwies man auf die höhere Zivilisation und intensivere Bodennutzung seitens der europäischen Kolonisten [1], oder man ließ schlicht die Tatsache der Eroberung für Recht gelten.

---

[1] Vgl. zur juristischen Theorie der Kolonisierung *Joseph Story*, Commentaries on the Constitution of the United States, 3 Bde., Boston 1833,

Für die untere Schicht des englischen Mutterlandes hatte die Entwicklung zum Privateigentum vor allem bedeutet, daß sie vom Zugang zum Boden abgeschnitten und dadurch von Lohn oder Armenunterstützung abhängig wurde. Anders in Nordamerika: Dort war der Aufbau einer bäuerlichen Existenz auf eigenem Boden für den Arbeitsfähigen, der bereit war, die Härte des Siedlerlebens auf sich zu nehmen, bis gegen Ende des vorigen Jahrhunderts praktisch frei. Fruchtbares Land war an der nach Westen vorrückenden Besiedlungsgrenze umsonst oder gegen minimale Rente zu haben; das Startkapital für die notwendigste Ausrüstung konnte ein Arbeiter in Anbetracht der hohen Löhne in relativ kurzer Zeit ersparen [2]. Es war daher keine leere Versprechung, wenn die Menschenrechtserklärung Virginias vom 29. 6. 1776 neben Life und Liberty nicht den Schutz bestehender Eigentumsrechte als Hauptzweck des politischen Gemeinwesens bezeichnet, sondern anstelle dessen die Möglichkeit des Erwerbes und Besitzes von Eigentum. Ähnlich wurden auch in der Unabhängigkeitserklärung vom 4. 7. 1776 "Life, Liberty and the Pursuit of Happiness" als die wichtigsten Menschenrechte bezeichnet. Freilich kehrte die US-Verfassung zum Schutz bestehender Rechte zurück; sie wurde verabschiedet, als die revolutionäre Bewegung bereits abgeklungen war.

Die aktive Siedlungspolitik wurde indessen fortgesetzt. Anstelle des englischen Königs vergaben nunmehr die Vereinigten Staaten das Neuland. Die Land Ordinance von 1785 hatte zwar die Interessen der großen Käufer begünstigt, indem sie den Ankauf von wenigstens 640 Morgen zum Mindestpreis von 1 $ vorschrieb.

Bd. I Kap. 1 und *William Blackstone,* Commentaries on the Laws of England, 2 Bde., 7. Aufl., Oxford 1765 Bd. I § 4 S. 106 ff.

[2] Die Bedeutung des ständigen Vorrückens der Besiedlungsgrenze nach Westen, das 1890 seinen Abschluß fand, ist der amerikanischen Verfassungstheorie geläufig. Es wurde bereits 1893, kurz nach seiner Beendigung, von *Frederik Jackson Turner* herausgestellt. Vgl. die Sammlung seiner Aufsätze zu diesem Thema in: The Frontier in American History, New York 1920. Zu den ökonomischen Bedingungen der Besiedlung Nordamerikas vor allem *Harold Underwood Faulkner,* American Economic History, New York/London 1943, Kap. 4, 10, 11, 18, 19.

Dieser Mindestpreis wurde 1796 auf 2 $ erhöht und damit trotz der nunmehr eingeräumten Kreditierung für die meisten Siedler unerschwinglich. Ihre Interessen waren indessen in dem noch zu kultivierenden Gebiet stärker als ein Gesetz, das sich erst seine Exekutive schaffen mußte: Die Siedler drangen ohne Rücksicht auf den Titelerwerb weiter nach Westen vor und nahmen das ihnen geeignet erscheinende Land in Besitz; den Ansprüchen ortsfremder Aufkäufer setzten sie organisierten Widerstand entgegen. 1841 erreichten sie die bundesgesetzliche Sicherung eines Vorkaufsrechtes zum Mindestpreis, und 1862 erging schließlich der Homestead Act, wonach jeder Bürger der Vereinigten Staaten kostenlos 160 Morgen zur Besiedlung erhalten konnte [3].

Bis in die achtziger Jahre des vorigen Jahrhunderts waren die Vereinigten Staaten überwiegend ein Agrarland [4]; der landwirtschaftlich nutzbare Boden war daher das wichtigste Produktionsmittel. Dasselbe Privateigentum, dessen Entwicklung in England zur Entvölkerung des Landes geführt hatte, erwies sich in Nordamerika als wesentliches Stimulanz der Besiedlung und Entwicklung, da hier der Erwerb einer Landwirtschaft und damit die wirtschaftliche Selbständigkeit bis in das 20. Jahrhundert der Bevölkerung offenstand. Von beiden im modernen Eigentum eingeschlossenen Rechten, mit der Sache nach Belieben zu verfahren und andere von der Einwirkung auszuschließen, gewann somit in Nordamerika zunächst das erstere die größere Bedeutung. Frei von zahlreichen legalen und emotionalen Hemmungen der alten Welt und getragen von einer hohen Bewertung äußeren Erfolges, konkretisierte sich das im modernen Eigentum eingeschlossene Belieben recht eindeutig in der privatwirtschaftlich optimalen Nutzung und wirkte so als Antrieb wirtschaftlichen Fortschritts. Sicherlich war die Chance des Eigentumserwerbs und der wirtschaftlichen Selbständigkeit ein Hauptmotiv der europäischen Einwanderung; "the bold independence that labour shall buy" war nicht nur eine Gaukelei der Einwanderungswerbung, sondern für einen beträchtlichen Teil der Einwanderer realisierbar.

---

[3] Vgl. zu alldem *Faulkner*, a. a. O. S. 178 ff., 366 ff.
[4] *Faulkner* a. a. O. S. 401.

Der für den englischen Verfassungskompromiß des 17. Jahrhunderts ausschlaggebenden gesellschaftlichen Situation, in der die besitzende Minderheit sich einer lohnabhängigen Mehrheit konfrontiert sah, stand in den Kolonien die breitere Streuung des Besitzes gegenüber. Man nimmt an, daß zur Zeit der amerikanischen Revolution nur ca. ¹/₅ der weißen Bevölkerung in den 13 Kolonien lohnabhängig war, von denen wiederum ³/₄ damit rechnen konnten, die wirtschaftliche Selbständigkeit zu erreichen [5]. Den Anteil der reichsten 10 % der Bevölkerung am Nationalvermögen schätzt man auf 45 % [6], während man für 1953 diesen Anteil auf 60 % ansetzt [7]. War deshalb das revolutionäre Amerika der ideale Ort für die Gründung einer agrarischen Republik, das Land ohne Klassengegensätze, das die europäische Staatsphilosophie als Voraussetzung der demokratischen Regierungsform erträumt hatte?

Für *Tocqueville*, der 50 Jahre später die Vereinigten Staaten bereiste, war das Auffallendste unter allem Ungewohnten die allgemeine Gleichheit der Lebensumstände in der weißen Bevölkerung [8]. Und wenn man sich vor Augen hält, daß auf dem europäischen Kontinent äußerste Armut und unvorstellbarer Luxus unmittelbar konfrontiert waren und gleichzeitig die Stände in der sozialen Einschätzung durch Welten getrennt wurden, wird man sein Erstaunen über die amerikanische Gesellschaft verstehen.

---

[5] Vgl. *Jackson Turner Main*, The Social Structure of Revolutionary America, Princeton 1965, S. 271. Im Jahre 1870 betrug demgegenüber der Anteil der Selbständigen 40 % und im Jahre 1954 12,3 %, vgl. *Ralph Miliband*, Der Staat in der kapitalistischen Gesellschaft, original englisch 1969, deutsch Frankfurt a. M. 1972 S. 30.

[6] *Jackson Turner Main* a. a. O. S. 276 Fn. 2.

[7] So *Robert E. Lampman*, Art. National Wealth: Distribution. In: International Encyclopedia of the Social Sciences, Bd. 11, 1968, S. 62. Vgl. auch die Angaben bei *Gabriel Kolko*, Besitz und Macht. Sozialstruktur und Einkommensverteilung in den USA, original amerikanisch 1962, deutsch Frankfurt a. M. 1967 und *Paul A. Samuelson*, Economics, 7. Aufl. New York usw. 1967, S. 105 ff.

[8] Vgl. die ersten Sätze der Einleitung zu: De la Démocratie en Amérique, hier zitiert nach der 14. Aufl. Paris 1864.

Tocqueville selbst relativiert seine Beobachtung: «Les hommes s'y montrent plus égaux par leur fortune et par leur intelligence ... qu'ils ne le sont dans aucun pays du monde ...» [9] Verglichen mit dem damaligen Europa war Nordamerika sicherlich ein Refugium der Gleichheit. Dennoch gab es, schon durch die Statistik angedeutet, für die Verfassungsentwicklung wesentliche Unterschiede des Besitzes.

2. Faktoren der Ungleichheit

Bei der Kolonisierung und Besiedlung Nordamerikas hatte sich der Wunsch nach einem neuen Leben fern der Enge und Bedrükkung Europas von vornherein geschäftlichen Erwägungen und Spekulationen neben- oder unterordnen müssen. Besonders in der Anfangszeit der Besiedlung war die Gründung einer Kolonie ein kostspieliges Unternehmen, das die meisten Siedlungswilligen von fremder Finanzierung abhängig machte. Denn die Mehrzahl der Siedler war mehr oder weniger mittellos. Wer schon in der Heimat erträgliche materielle Lebensumstände hatte, war selten bereit, die Härten der Auswanderung auf sich zu nehmen, es sei denn, er war religiöser oder politischer Verfolgungen ausgesetzt.

Die Kolonisierung wurde daher zunächst von den großen englischen Kolonialgesellschaften organisiert, an denen finanziell die gesamte englische Führungsschicht vom Kaufmann bis zum Herzog beteiligt war [10]; die Siedler waren meist Bedienstete der Gesellschaft, die einen zukünftigen Grunderwerb erst erarbeiten mußten. In den Kolonialcharters des 17. Jahrhunderts, die sich in der Form an das mittelalterliche, in England bereits überwundene Lehenswesen anlehnten, gewährte der König gegen die Zusicherung gewisser Abgaben den Finanzierungsgesellschaften Eigentum und Verwaltung der Kolonie [11]. Die Kolonisten, die ihr persön-

[9] De la Démocratie en Amérique, Bd. I, Kap. III, 2. Abschn. a. E.
[10] Vgl. die Angabe der Beteiligten in der New England Charter von 1620, The Federal and State Constitutions Bd. 3 S. 1830.
[11] Vgl. etwa die Charter für Virginia vom 10. April 1606, The Federal and State Constitutions, Bd. 7 S. 3783 ff.

liches Schicksal mit der Kolonie verknüpfen sollten, sind in erster Linie Objekte der Transaktion; ihre Rolle war es, der Investition an Ort und Stelle zum Erfolg zu verhelfen.

Als später das finanzielle Risiko der Kolonisierung geringer geworden war, wurden auch ganze Gebiete, wie etwa Pennsylvania, an einen einzelnen als Feudalherrn vergeben, mit allen zur Feudalherrschaft gehörenden hoheitlichen Rechten der Gerichtsbarkeit, Regierung und Gesetzgebung, einschließlich der Unterverleihung von Grundherrschaften [12]. Am Beginn der Kolonisierung stand so jedenfalls rechtlich in der Regel entschiedene Ungleichheit und Unterwerfung, die allerdings alsbald dadurch gemindert wurde, daß sich die Durchsetzung drückender Pflichten in den entfernten Kolonien als unmöglich erwies.

Die Mayflower-Unternehmung (1620), die der Staatslehre das seltene Beispiel der Gründung eines Gemeinwesens durch Verfassungsvertrag einer Gruppe von Gleichgestellten bescherte [13], war eine Ausnahmeerscheinung. Die Pilgerväter waren Angehörige einer puritanischen Sekte, die selbst wohlhabend genug waren, um die Überfahrt und die notwendigen Vorräte und Ausrüstungen zu bezahlen. Schon bald sahen sie sich gezwungen, sich der Oberhoheit der im englischen Plymouth residierenden Massachusetts-Gesellschaft zu unterwerfen [14].

Der Versuch, den in England schon überwundenen mittelalterlichen Spuk von Feudalbeziehungen auf dem amerikanischen Kontinent neu zu beginnen, mißlang. Diese Bindung der politischen Verfassung an das Eigentum gehörte im angelsächsischen Bereich endgültig der Vergangenheit an. Man benutzte lediglich die Begriffe der Feudalzeit, weil andere Rechtsformen nicht zur Hand

---

[12] Vgl. die 1681 William Penn gewährte Charter von Pennsylvania, The Federal and State Constitutions, Bd. 5 S. 3035 ff.

[13] Vgl. ihre am 11. November 1620 auf Cape-Cod aufgesetzte Akte, in der es u. a. heißt: "We ... do by these Presents, solemly and mutually, in the Presence of God and one another, convenant and combine ourselves together into a civil Body Politic ..." The Federal and State Constitutions, Bd. 3 S. 1841.

[14] Vgl. die Unterwerfungscharter von 1629, The Federal and State Constitutions, Bd. 3 S. 1841 ff.

waren, ohne eigentlich deren Inhalt zu meinen. Daß nicht wirklich an die Errichtung eines Feudalsystems gedacht war, zeigt sich auch daran, daß man William Penn, den Lehensträger für Pennsylvania, schlicht als "Proprietary" bezeichnete [15]; es wird gar nicht erst der Versuch gemacht, ihn in die traditionelle feudale Rangordnung einzustufen.

Was den Teilhabern der Kolonialgesellschaften und den Trägern königlicher Lehen in Nordamerika und ihren Rechtsnachfolgern schließlich blieb, war der Großgrundbesitz und eine traditionelle Nähe zur politischen Gewalt, auch als sie diese nicht mehr in eigenem Namen ausüben konnten. Bei der Landaufteilung hatten sie sich große und günstig gelegene Ländereien gesichert; wichtig war vor allem die Lage an Flußläufen, den hauptsächlichen Verkehrsadern. Im Süden, wo die natürlichen Voraussetzungen für eine Plantagenwirtschaft großen Stils gegeben waren, entwickelte sich so eine Pflanzeraristokratie, die mit der englischen Oberschicht in enger Verbindung stand. Auch im Norden, insbesondere im Staate New York, gab es Großgrundbesitz. Die Führungsschicht bestand hier jedoch in stärkerem Maße aus Kaufleuten und Gewerbetreibenden.

Diese Führungsschichten hatten sich dank ihrer Nähe zur von England herüberwirkenden politischen Gewalt etablieren können; sie behielten diese Nähe, als die Kolonien eigene politische Schwerkraft entfalteten. Es deutet manches darauf hin, daß sich die Selbstverwaltung der Kolonien in dem Maße entwickelte, in dem mit fortschreitender Verbesserung der Lebensumstände die Eigentümer kolonialer Besitzungen ihren Wohnsitz in die Kolonien verlegten. Bezeichnend dafür ist das Beispiel von Massachusetts, obwohl hier vor allem religiöse Motive maßgeblich waren: Nach der Charter von 1629 war in England die Massachusetts-Bay Gesellschaft zur Verwaltung der Kolonie unter führender Beteiligung puritanischer Kaufleute gegründet worden; als sich nach 1629 die politische Situation in England verschärfte, kauften sie mit Gleichgesinnten sämtliche Anteile der Gesellschaft auf und

---

[15] Vgl. die Charter von 1681, The Federal and State Constitutions, Bd. 5 S. 3035 ff.

verlegten ihren Sitz in die Kolonie, in die sie gleichzeitig selbst auswanderten [16]; damit begann die Selbstverwaltung der Kolonie.

In den königlichen Charters, die bis zur Revolution die Grundgesetze der Kolonien darstellten, waren zwar überall Vertretungen der "freemen" der Kolonie vorgesehen. Indessen hatte die koloniale Oberschicht auch in diesen Gremien unangefochten die Führung, obwohl der für die Wahlen vorgesehene Besitzzensus in den Kolonien viel weniger einschneidend wirkte als im Mutterland.

3. Die amerikanische Revolution

Ein gewisser Wandel trat im Zuge der amerikanischen Revolution ein. Die meisten ihrer Führer entstammten zwar der kolonialen Oberschicht, aber seinen hauptsächlichen Rückhalt hatte der Unabhängigkeitskampf in den mittleren und unteren Volksschichten, die von den Folgen der merkantilistischen Kolonialpolitik am schwersten getroffen wurden. Ein wichtiger Teil der alten kolonialen Oberschicht stand zunächst auf der Seite Englands, mit dessen Interessen sie eng verbunden war [17].

Eine Folge der siegreichen Auseinandersetzung mit England war die verstärkte politische Anteilnahme der Bevölkerung und ein neues Selbstbewußtsein gegenüber der alten Oberschicht [18]. Die Teilnehmer des Bürgerkriegs forderten das Wahlrecht unabhängig von den alten Besitzqualifikationen, die allenthalben herabgesetzt oder durch leichter zu erfüllende Voraussetzungen ersetzt wurden. In Pennsylvania stieg die Zahl der Wahlberechtigten auf ca. 90 % aller volljährigen Männer, in New York auf etwa 65 bis 70 % [19].

---

[16] Vgl. dazu *Faulkner*, a. a. O. (Fn. 2) S. 51 f. und ausführlich *Joseph Story*, a. a. O. (Fn. 1) Bd. 1 S. 46 ff.
[17] Zu den sozialen und ökonomischen Aspekten der amerikanischen Revolution vgl. *Faulkner* a. a. O. S. 132 ff.
[18] Vgl. *Chilton Williamson*, American Suffrage from Property to Democracy, Princeton 1960, S. 78 f.
[19] *Williamson* a. a. O. S. 111 f.

Die politische Demokratisierung im Gefolge der Revolution griff alsbald auf den gesellschaftlichen Bereich über. Güter der Loyalisten wurden aufgeteilt und verkauft oder Soldaten anstelle eines Soldes übertragen; das englische Erbrecht, das die großen Güter ungeteilt in den Händen der führenden Familien erhalten hatte, wurde geändert [20]. Wichtiger noch für die Masse der kleinen Farmer waren in Anbetracht ihrer Verschuldung die großzügige Ausgabe von Papiergeld und die in einigen Staaten erlassenen Moratoriumsgesetze.

Wo sich die Bedürfnisse der Unterschichten politisch nicht durchzusetzen vermochten, kam es zu lokalen Unruhen. Bekannt ist die von Daniel Shays angeführte Rebellion in Massachusetts (1786), die zwar bald durch Militäreinsatz niedergeschlagen wurde, nichtsdestoweniger aber ein wichtiges Argument der Föderalisten für eine starke Zentralregierung war [21].

Sozial und politisch waren im Gefolge der amerikanischen Revolution die lohnabhängige Schicht und das bäuerliche Eigentum mit dem Großeigentum der Grundbesitzer, Kaufleute und Unternehmer in Konflikt geraten, und die Oberschicht mußte nach Auswegen suchen, um die populären Kräfte, die sich im Kampf gegen England emanzipiert hatten, zu bändigen. In abgewandelter Form stellte sich daher den Vätern der amerikanischen Verfassung wiederum die von Ireton in den Putney-Debatten aufgeworfene Frage [22], wie das (Groß-)Eigentum der wenigen mit der politischen Teilnahme der vielen zu vereinbaren war [23]. Ihre Antwort

---

[20] Dazu *Faulkner* a. a. O. S. 134 f.
[21] S. dazu *R. B. Nye* und *J. E. Morpurgo*, A History of the United States, 2 Bde., 3. Aufl. 1970 (Penguin), Bd. 1 S. 155 f.; *Faulkner*, S. 149; auch schon *Story* a. a. O. (Fn. 1) Bd. 1 S. 262.
[22] Siehe oben S. 34 f.
[23] Vgl. die diesbezüglichen Äußerungen auf dem Verfassungskonvent von 1887 in: Democracy, Liberty and Property. Readings in the American Political Tradition. Hrsg. *Francis W. Coker*, New York 1942, S. 66 ff.; auch *Williamson* a. a. O. (Fn. 18) S. 124 ff. S. auch *Madisons* Ausführungen im 10. Brief des Federalist, die allerdings im Hinblick auf den Zweck dieser Briefe im Rahmen der Ratifizierungsdebatte weniger deutlich sind. Seit *J. Allen Smith* bahnbrechender Schrift ›The Spirit of

mußte jedoch vor allem aufgrund zweier Faktoren anders ausfallen, als die in den englischen Verfassungskämpfen gefundene: Sie mußten einerseits die ungleich stärkere Bedeutung des demokratischen Gedankens berücksichtigen und durften andererseits in Rechnung stellen, daß in der Neuen Welt angesichts der Weite des Landes und des von den meisten gehegten amerikanischen Traums die sozialen Gegensätze sich wieder auf ein kleineres Maß reduzieren und nicht als Hauptproblem das politische System bestimmen würden.

II. Die „läuternde" Wirkung der Repräsentation

Die Ablehnung an eine traditionell und religiös begründete monarchische Autorität nach englischem Vorbild war der amerikanischen Führungsschicht verschlossen. Die Brücken zur britischen Monarchie waren abgebrochen; da diese in ihrem inneren Gefüge durch die Kämpfe in den entfernten und für das Mutterland vergleichsweise unbedeutenden Kolonien unberührt geblieben war, wäre eine Wiederanknüpfung nur durch Unterwerfung möglich gewesen.

Standen in der englischen Revolution die politischen Ansprüche des neuen Eigentums im Vordergrund, so war es nunmehr der demokratische Gedanke. Anders als gut hundert Jahre früher in England beschränkte er sich nicht mehr auf kleine Gruppen und politische Traktate, sondern gehörte zur zentralen Rechtfertigung des Strebens nach Selbstbestimmung. So heißt es in der Unabhängigkeitserklärung von 1776: "We hold these truths to be self-evident that all men are created equal ...", und als Legitimation

American Government‹ (1909) und *Charles A. Beards* ›An Economic Interpretation of the Constitution of the United Staates‹ (1913), ist es in der amerikanischen Verfassungsdiskussion ein Gemeinplatz, daß die Verfassungsväter und die späteren Ausgestalter der Verfassung nicht von demokratischem Missionseifer erfüllt waren. Umstritten ist allerdings der Rang, den die Besitzinteressen im Gesamtrahmen der Verfassungsgebung einnahmen, vgl. *John H. Ferguson* und *Dean E. McHenry*, The American System of Government, 11. Aufl., New York usw. 1971, S. 60.

der Regierung wird der Konsensus der Regierten, "the People at large", gefordert.

Der Verfassungskonvent von Philadelphia enthielt sich einer eigenen Stellungnahme in der Wahlrechtsfrage, indem er die Festlegung der Qualifikation weitgehend den Mitgliedstaaten überließ [24]. Nach der Entwicklung des Wahlrechts in den Mitgliedstaaten während der dem Verfassungskonvent vorangehenden Periode muß es jedoch den Verfassungsvätern klar gewesen sein, daß sich das Besitzwahlrecht auf dem Rückzug befand. So bezeichnet auch *Madison* im 57. Brief des Federalist "the great body of the people" als Wähler der Repräsentation auf Bundesebene.

Eine bahnbrechende Rolle beim Niedergang des Besitzzensus spielten die nach Gründung der Union im Westen neu entstehenden Staaten; sie setzten das allgemeine Männerwahlrecht ganz bewußt als zusätzliches Argument für die Werbung von Siedlern ein [25]. In den Küstenstaaten verlief diese Entwicklung allerdings nicht ohne heftige Rückzugsgefechte seitens der vom bisherigen Wahlrecht begünstigten Gruppen [26]. Eine Station auf dem Weg zum allgemeinen Wahlrecht war die Aufspaltung der Wahlberechtigung in eine allgemeine, für Wahlen zum Repräsentantenhaus, und eine vom Besitz abhängige Wahlberechtigung für die zweite Kammer. Im Zusammenhang damit entstanden Theorien über eine besondere Repräsentation des Eigentums, die sich jedoch auf längere Sicht und in nationalem Rahmen nicht durchzusetzen vermochten [27].

Anstelle der Eigentumsqualifikationen wurde teilweise auch das Wahlrecht des Steuerzahlers gesetzt, das die Teilnahme an der Wahl indirekt mit dem Eigentum verband. Aber bis zum Bürger-

---

[24] Art. 1 Sect. 2 § 1, Sect. 3 § 1, Art. 2 Sect. 1 § 2 der US-Verfassung.
[25] Vgl. dazu *Chilton Williamson* a. a. O. (Fn. 18) S. 208 ff., trotz seiner Kritik an den weitergehenden Thesen *Frederick Jackson Turners*.
[26] Vgl. die Rede von *James Kent* auf dem New Yorker Verfassungskonvent von 1821, abgedruckt in dem Sammelband Democracy, Liberty und Property, a. a. O. (Fn. 22) S. 191 ff.
[27] Dazu *J. R. Pole*, Political Representation in England and the Origins of the American Republic, London usw. 1966. Auch *Madison* spricht im 54. Brief des Federalist von einer Repräsentation des Eigentums.

krieg waren diese direkten und indirekten Verknüpfungen des Wahlrechts mit dem Eigentum fast gänzlich aus den amerikanischen Verfassungen verschwunden [28]. Es wurden allerdings andere Auswege gefunden, um die Wahlbeteiligung der unteren Bevölkerungsschichten gesetzlich zu behindern; dazu gehören Bildungstests, ungünstige Festlegung von Zeit und Ort der Stimmabgabe sowie das lästige Registrierungsverfahren [29].

Wichtiger für den fortdauernden politischen Einfluß der besitzenden Oberschicht blieben aber von der Rechtsordnung nicht erfaßte Wege, auf denen sich in und neben den Wahlen private Macht in öffentliche Entscheidungen einbringen läßt [30]. Sie waren den Verfassungsvätern durchaus geläufig. Im 54. Brief des Federalist spricht *Madison* von den Möglichkeiten des opulenten Bürgers, die Stimmen anderer zu beeinflussen: „Durch diesen unmerklichen Kanal werden die Eigentumsrechte in der öffentlichen Vertretung wirksam." Im 10. Brief entgegnet er den Bedenken, die der Mehrheitsherrschaft von der besitzenden Oberschicht entgegengebracht wurden, daß die Mehrheitsherrschaft nach der zu ratifizierenden Verfassung ja nicht unmittelbar, wie vielfach in den Kommunen Neuenglands, sondern mittelbar durch Repräsentation ausgeübt werde. Darin liege die Chance einer Läuterung, insbesondere wenn die Wahlkreise so groß seien, wie es notwendig bei der Union der Fall sein werde, weil dann „nur Männer großen Verdienstes und verbreiteten und gesicherten Ansehens" eine Wahlchance hätten. Madison dachte dabei ganz offenbar an Mitglieder der begüterten Schicht. Das klingt auch bei *Hamilton* an, der im 35. Brief des Federalist ausführt, daß die unteren Schichten dazu neigen würden, gebildeten Vertretern der Oberschicht ihre

---

[28] Vgl. *Williamson* a. a. O. (Fn. 18) S. 260 ff. Erst das 24. Amendment (1964) brachte allerdings das Verbot, die Beteiligung an Bundeswahlen von einer Wahlsteuer oder sonstigen Steuern abhängig zu machen.

[29] Vgl. zu diesen Ersatzlösungen *Williamson* a. a. O. S. 272 ff.; auch *Ferguson/McHenry* a. a. O. (Fn. 23) S. 182, 214 ff.

[30] Vgl. zur Struktur der politischen Willensbildung in den USA *C. Wright Mills*, The Power Elite, New York 1959; *Arnold M. Rose*, The Power structure: Political Progress in American Society, New York 1967.

Stimme zu geben: „Sie wissen, daß ihre Lebensgewohnheiten ihnen nicht die Eigenschaften ausbilden konnten, ohne die in einem Beratungsgremium die größten natürlichen Fähigkeiten nutzlos sind." Dieses Vertrauen in die „läuternde" Wirkung des Repräsentativsystems ist bei beiden eine Umschreibung der Annahme, auch bei allgemeinem Wahlrecht werde der politische Einfluß der Besitzenden erhalten bleiben.

Als zusätzliche Sicherung schalteten die Verfassungsväter Senat und Präsidenten in den Gesetzgebungsprozeß ein [31].

Der Senat wurde zwar einerseits als typisch föderalistische Einrichtung konzipiert, da die Mitgliedstaaten unabhängig von ihrer Bevölkerungszahl je zwei von ihren Gesetzgebungskörperschaften gewählte Personen entsandten [32]. Die Vermittlung zwischen Union und Gliedstaaten umschreibt indessen die Funktionen des Senates nur teilweise. Die Stellung der auf sechs Jahre gewählten und nicht an Weisungen gebundenen Senatoren geht über die von Beauftragten ihrer Staaten hinaus. Ihre ursprünglich mittelbare Wahl durch die Legislativen der Staaten, die ihrerseits meist eine zweite Kammer umfaßten, bedeutete größere Einwirkungsmöglichkeiten für private Mächte. Im Senat konnten daher verstärkt Besitzinteressen zum Ausdruck kommen, entsprechend den Versuchen einiger Staaten, die zweite Kammer als Repräsentation des Eigentums neben die Volksrepräsentation der ersten Kammer zu stellen [33]. Erst mit dem 17. Amendment des Jahres 1913 wurde die Wahl der Senatoren den Urwählern in den Staaten übertragen.

Entsprechende Überlegungen gab es auch hinsichtlich des Präsidenten. Seine mittelbare Wahl unter Einschaltung von Wahlmännern sollte ermöglichen, seine Stellung einerseits vom Volkswillen herzuleiten und eine Abhängigkeit vom Kongreß zu vermeiden, andererseits aber eine Filterung und Läuterung des Volkswillens zu sichern [34].

---

[31] Vgl. zum Gedanken der "Checks and Balances" als besonderen Schutz der Minorität *Madison* im 51. Brief des Federalist.
[32] Art. 1 Sect. 3 Abs. 1 US-Verfassung.
[33] Vgl. *J. R. Pole* a. a. O. (Fn. 27) S. 172 ff. und 520 f.
[34] Vgl. *Hamilton* im 68. Brief des Federalist.

Diese Vorstellungen wurden durch die Entwicklung der Parteien in andere Bahnen gelenkt. Die Abhängigkeit der Parteien von finanziellen Zuwendungen hat allerdings die politische Willensbildung nicht unabhängiger von den Wünschen der besitzenden Oberschicht gemacht [35].

III. Gesetzgebungskompetenzen und Grundrechte

1. Politische Entwicklung

Der Entwurf der US-Verfassung war den Staaten zur Ratifizierung ohne den Katalog von Grundrechten vorgelegt worden, der seit der Verfassung von Virginia (1776) einen Hauptteil der meisten Verfassungsurkunden ausmacht. Die in der amerikanischen Verfassungspraxis so wichtigen Klauseln zum Schutz des Eigentums wurden daher erst später in die Verfassung aufgenommen; es sind die Due Process- und Entschädigungsklauseln des 5. und 14. Amendments [36].

In der Rückschau überrascht das Fehlen dieser und anderer Grundrechte im ursprünglichen Verfassungstext. Da sich die Mitglieder des Verfassungskonventes besonders intensiv mit der Frage beschäftigt hatten, wie Minderheiten und insbesondere die besitzende Oberschicht vor dem Zugriff der Mehrheit geschützt werden könnten, hätte es nach heutigem Verfassungsdenken immerhin nahegelegen, gewissen Grundrechten eine zentrale Stellung einzuräumen.

In der Ratifizierungsdiskussion mußte der Verfassungsentwurf alsbald wegen des Fehlens einer Bill of Rights verteidigt werden. *Hamilton* rechtfertigt das im 84. Brief des Federalist vor allem mit zwei Argumenten, die indessen nicht sehr überzeugend klingen. Zum einen meint er, daß Grundrechte ihren ursprünglichen Sinn nur in der Monarchie entfalten könnten und dort die Rechte bezeichneten, die nicht dem Monarchen überantwortet seien. Zum

---

[35] Vgl. *Ferguson/McHenry* a. a. O. (Fn. 23) S. 249 ff.
[36] Von 1791 und 1868. Wortlaut s. u.

anderen verweist er auf die nach dem Verfassungsentwurf ohnehin begrenzte Zuständigkeit des Bundesstaates, die gar nicht zu Beeinträchtigungen persönlicher Rechte benutzt werden könne. Die vorgeschlagene Verfassung ermächtigte nur zur Regelung genereller politischer Interessen der Nation und sei daher anders zu beurteilen als eine Verfassung, die eine Regelung jeder persönlichen und privaten Angelegenheit erlaube.

Das zweite Argument, das neuerdings in der Diskussion um das Grundrechtsdefizit im europäischen Integrationsrecht wieder angeklungen ist, widerspricht in gewissem Umfang dem ersten, da es ja gerade die Limitierung der Befugnisse auch einer auf der Volkssouveränität beruhenden Repräsentation als wesentlich herausstellt. In diesem Punkt berühren sich Kompetenzzuweisungen und Grundrechte, soweit sie ihren Geltungsanspruch auf die Gesetzgebung erstrecken, da sie in positiver oder negativer Formulierung deren Grenzen markieren. Wie die spätere Entwicklung der bundesstaatlichen Kompetenzen in den USA gezeigt hat, waren sie auch durchaus hinreichende Grundlage für das Vordringen in den Schutzbereich einzelner Grundrechte, nachdem sich diese wiederum zu Garanten gesellschaftlicher Verhaltensweisen und Machtpositionen fortentwickelt hatten. Beide Entwicklungen konnten allerdings die Verfassungsväter dieser werdenden Nation, deren ca. 4 Millionen Bürger noch fast ausschließlich von der Landwirtschaft lebten, kaum vorausahnen [37].

Mit Recht wies im übrigen *Hamilton* darauf hin, daß auch der ursprüngliche Verfassungstext schon wichtige Elemente eines Grundrechtskataloges in Sect. 9 des ersten Artikels enthielt, der unter anderen, vor allem bundesstaatlichen Beschränkungen, dem Kongreß die Suspension des Habeas-Corpus-Verfahrens und den Erlaß rückwirkender Gesetze und eigener Strafmaßnahmen ver-

---

[37] Die rasche Industrialisierung und das Entstehen lohnabhängiger Massen wurde allerdings auf dem Verfassungskonvent als Zukunftsprognose diskutiert und als Argument gegen das allgemeine Wahlrecht verwendet. Grundlage dieser Überlegungen war die Kenntnis der englischen und französischen Verhältnisse. Vgl. insbes. die Äußerungen von Gouv. *Morris* und *Madison*, wiedergegeben in dem Sammelband Democracy, Liberty and Property a. a. O. (Fn. 23) S. 74 ff. u. 76 f.

bietet. Für die Mitglieder des Verfassungskonventes lag es im übrigen näher, die Gesetzgebung der Einzelstaaten einer bundesstaatlichen Grundrechtskontrolle zu unterwerfen, weil nach den gegebenen politischen Bedingungen in einzelnen Staaten viel leichter populäre Mehrheiten in den Gesetzgebungsgremien auftreten und die Stellung der besitzenden Oberschicht gefährden konnten, als das auf bundesstaatlicher Ebene möglich war. Eine voll ausgestaltete Regelung diesen Inhalts wäre damals am Widerstand der Staaten gescheitert. Immerhin enthält aber der ursprüngliche Verfassungstext Ansätze dazu, und zwar etwas versteckt in Sect. 10 des Art. 1, die eigentlich der bundesstaatlich notwendigen negativen Abgrenzung der prinzipiellen Allzuständigkeit der Staaten dient. Die US-Verfassung benennt keinen Katalog ausschließlicher Bundeszuständigkeiten, sondern umschreibt in der genannten Sect. 10 negativ, was die Staaten nicht tun dürfen: Auswärtige Verträge schließen, Zölle erheben, Banknoten emittieren usw. Unter diesen dem Bund zugewiesenen Materien, in denen den Staaten sinnvollerweise keine konkurrierende Zuständigkeit verbleiben konnte, erscheint dann auch das Verbot, die verpflichtende Wirkung von Verträgen zu beeinträchtigen, die berühmt gewordene Contract-Clause [38]. Von der Materie her hat sie mit der Zuständigkeitsverteilung zwischen den Staaten und der Union nichts zu tun. Sie zielte ganz konkret gegen die im Gefolge der amerikanischen Revolution in einigen Staaten zum Schutze der Farmer ergangenen Moratoriumsgesetze [39]; *Madison* bezeichnete sie im 44. Brief des Federalist etwas irreführend als generellen Schutz vor den politischen Machenschaften von Spekulanten.

Im Gegensatz zu ihrer späteren Bedeutung blieb die Contract-Clause am Rande der Ratifizierungsdebatte. In umgekehrtem Verhältnis stehen die politische Bewertung und die spätere juristische

---

[38] No State shall ... pass any ... law impairing the obligation of contracts.
[39] Vgl. *Horst Ehmke*, Wirtschaft und Verfassung. Die Verfassungsrechtsprechung des Supreme Court zur Wirtschaftsregulierung, Karlsruhe 1961, S. 200, 219 f.

Ausschöpfung der in den ersten zehn Amendments enthaltenen Freiheitsrechte: Die Ergänzung des ursprünglichen Textes um die ›Federal Bill of Rights‹ wurde zur wesentlichen Bedingung der Ratifizierung [40], während die judizielle Bedeutung dieser Freiheitsrechte jedenfalls bis zum Bürgerkrieg minimal blieb [41]. Gehörten die allgemein als "Federalists" bezeichneten Förderer der neuen Verfassung ebenso wie die Verfassungsväter selbst vor allem der besitzenden Oberschicht mit kommerziellen Interessen an, so rekrutierten sich die "Antifederalists" vorwiegend aus den mittleren und unteren Schichten [42]. Die Antifederalists legten Wert auf eine bundesstaatliche Bill of Rights, weil sie befürchteten, daß sich ebenso wie im Verfassungskonvent auch in der neuen Bundeslegislative ein vorherrschender Einfluß der Oberschicht ergeben und diese dazu neigen werde, die Freiheit der Massen zu beschneiden. Insofern teilten sie durchaus die Prognose der Federalists über die „läuternde" Wirkung des vorgeschlagenen Repräsentativsystems [43]. In Anbetracht dieser Einschätzung des Repräsentativsystems erscheint es trotz *Madisons* eindrucksvoller Beredsamkeit nicht sehr überzeugend, wenn er im 57. Brief des Federalist der Befürchtung, das Repräsentantenhaus werde die Interessen der Vielen zugunsten der Bereicherung der Wenigen opfern, die weite Ausdehnung des aktiven Wahlrechts und den Verzicht auf Vermögensqualifikationen der Abgeordneten entgegenhält [44].

Entsprechend der gesellschaftlichen Konstellation während der Ratifizierungsdebatte standen in den ersten zehn Amendments die demokratischen Freiheiten im Vordergrund, als da sind: Freiheit

---

[40] Vgl. *Ferguson/McHenry* a. a. O. (Fn. 23) S. 71.

[41] Vgl. *Ehmke* a. a. O. (Fn. 39) S. 220.

[42] Vgl. die Zusammenfassung der von *Charles A. Beard* ausgelösten Debatte um die sozialen Implikationen der Ratifizierungskampagne bei *Ferguson/McHenry* a. a. O. S. 68 ff.

[43] Vgl. etwa den 10. und 35. Brief des Federalist. Dazu s. oben S. 104 f.

[44] "Who are to be the electors of the federal representatives? Not the rich, more than the poor; not the learned, more than the ignorant; not the haughty heirs of distinguished names, more than the humble sons of obscurity and unpropritious fortune." Zum passiven Wahlrecht vgl. den folgenden Absatz dieses Textes.

von einer Staatskirche, Rede- und Pressefreiheit, Versammlungsfreiheit, Petitionsfreiheit (1. Amendment), das Recht Waffen zu tragen (2. Amendment), die Freiheit vor Einquartierungen (3. Amendment) und das Recht auf die "grand jury" (5. Amendment). War der Verfassungskonvent bedacht gewesen, die Minderheit vor dem Zugriff der Mehrheit zu schützen, so hatte sich während der Ratifizierungsdebatte der Akzent auf den Schutz der Mehrheit vor der Macht der Wenigen verschoben.

2. Die Ambivalenz der limitierenden Verfassung

Die Kompetenz- und Grundrechtsbestimmungen der amerikanischen Verfassungen haben gemeinsam, die Befugnisse der öffentlichen Gewalt zu umschreiben und zu begrenzen. Es läuft im Ergebnis auf dasselbe hinaus, ob ein bundesstaatlicher Legislativakt für verfassungswidrig gehalten wird, weil er über die Commerce Power des Bundes hinausgeht oder einen unzulässigen Eingriff in privates Eigentum darstellt. Im ersten Fall bleibt zwar theoretisch die Möglichkeit, daß die Regelung von den Gliedstaaten aufgegriffen wird; das ist jedoch in Anbetracht ihrer widerstreitenden Interessen und der Notwendigkeit, in einer die Staatengrenzen übergreifenden Volkswirtschaft ökonomisch relevante Fragen bundeseinheitlich zu regeln, eine meist nur schwer zu realisierende Hypothese.

Es hat allerdings im amerikanischen Verfassungsdenken Ansätze dafür gegeben, auch dem Bund und Gliedstaaten umfassenden politischen Gesamtsystem nur beschränkte Aufgaben zuzuschreiben. Hier zeigen sich deutliche Verbindungen zu Lockes Lehre vom begrenzten Staatszweck, der nur den Schutz von Life, Liberty und Property umfaßt [45]. Bis in das 20. Jahrhundert hinein bestand eine starke Tendenz, die als "Police Power" bezeichneten Gesetzgebungsbefugnisse der Gliedstaaten nicht einfach als das nach Ab-

---

[45] S. oben S. 79. Vgl. aber die Präambel der US-Verfassung, wo ausdrücklich als Verfassungszweck genannt wird, "to promote the general welfare".

zug der dem Bund zugewiesenen Befugnisse von staatlicher Allzuständigkeit verbleibende Residuum zu verstehen, sondern sie inhaltlich auf den Schutz der öffentlichen Gesundheit, Sicherheit und Moral zu begrenzen [46]. In der Folgezeit wurden dann allerdings diese Begrenzungen fallengelassen und alle Zwecke der öffentlichen Wohlfahrt, Bequemlichkeit usw. in die Police Power einbezogen. Von der Aufgabenseite her sind daher dem politischen Gesamtsystem gegenwärtig keine Schranken gesetzt.

Ist die Zuständigkeitsverteilung zwischen Bund und Gliedstaaten von den politischen Gemeinwesen her gedacht, so ist für die in den Bills of Right formulierten Rechte individualistisches Gedankengut bestimmend; das hindert aber nicht, daß hier von vornherein neben subjektiven Rechten Prinzipien für die Ausübung der öffentlichen Befugnisse niedergelegt wurden.

Einerseits wirkten die Lehren vom Sozialvertrag unmittelbar in die amerikanischen Verfassungsurkunden hinein: Jeder überträgt dem Gemeinwesen nur begrenzte Befugnisse; der durch Life, Liberty und Property umschriebene Kern des Lebensbereiches bleibt vorbehalten [47]. Noch enger sind die dem "Government" von der Gesamtheit delegierten Befugnisse umgrenzt. Es hat auch die durch die Bill of Right umschriebenen weiteren privaten und gesellschaftlichen Bereiche zu respektieren; hier können allerdings die Grenzen durch das Gemeinwesen selbst im Wege der Verfassungsänderung verschoben werden [48].

---

[46] Vgl. *Ehmke* a.a.O. (Fn. 39) S. 128 ff., 260; *Bernhard Schwartz*, A Commentary on the Constitution of the United States. Part II. The Rights of Property, New York 1965, Nr. 272, 273, S. 37 ff. S. auch unten S. 149 ff.

[47] Vgl. die Menschenrechtserklärung von Virginia Sect. 1: "... all men are by nature equally free and independent and have certain inherent rights, of which, when they enter into a state of society, they cannot by any compact, deprive or divest their posterity; namely the enjoyment of life and liberty, with the means of acquiring and possessing property ...".

[48] Vgl. die Menschenrechtserklärung von Virginia Sect. 2: "... all power is vested in, and consequently derived from, the people; ... magistrates are their trustees and servants, and at all times amenable to

Neben der naturrechtlichen Konstruktion bleibt aber das Common Law-Gedankengut von Bedeutung. Wenn etwa willkürliche Verhaftungen oder Eingriffe in das Eigentum verboten oder das Trial by Jury garantiert werden, ist die Verknüpfung mit der Common-Law-Tradition eindeutig. Hier werden keine imaginären „staatsfreien Räume" konstruiert, sondern bewährte Prinzipien der Ausübung öffentlicher Gewalt in den Verfassungsrang erhoben. Sie hatten in den der Unabhängigkeit vorausgehenden Auseinandersetzungen mit dem Mutterland augenfällige Bedeutung gewonnen. Als Geburtsrechte der englischen Untertanen waren sie von den Kolonisten gegen die Politik des Mutterlandes ins Feld geführt worden; in der Unabhängigkeitserklärung wurde ihre Verletzung seitens der englischen Kolonialbehörden zur wesentlichen Rechtfertigung des Abfalls von der englischen Krone. Ihre Ausweitung zu Menschenrechten und das Nachschieben einer naturrechtlichen Begründung war eine notwendige Folgerung aus der Entscheidung für die Unabhängigkeit.

Eine Abweichung vom englischen Vorbild bzw. eine Anknüpfung an dessen ältere Entwicklungsstufen lag indessen in der entschiedenen Adressierung dieser Freiheiten gerade an die Legislative [49]. Den englischen Juristen des 17. Jahrhunderts war der Gedanke noch vertraut, daß das Parlament an gewisse fundamentale Rechtsnormen gebunden sei, von denen es auch durch Gesetzgebungsakt nicht abweichen könne [50]. Diese Vorstellung war im Laufe des 18. Jahrhunderts abhanden gekommen: Nachdem das Besitzbürgertum politisch die Führung übernommen hatte, war für den mit ihm aufgestiegenen Juristenstand und die Gerichte der Anlaß entfallen, Grenzen der Parlamentsbefugnisse zu diskutieren.

In der juristischen Literatur wird die Begrenzung der Legislativbefugnisse in den amerikanischen Verfassungen meist mit Gewohn-

---

them." S. auch das 10. Amendment zur US-Verfassung: "The powers not delegated to the United States by the constitution, nor prohibited by it to the States, are reserved to the States respectively, or to the people."

[49] Vgl. das 1. Amendment zur US-Verfassung: "Congress shall make no law . . ."

[50] S. oben S. 43 ff.

heiten aus der Kolonialzeit in Verbindung gebracht, in der die Befugnisse der kolonialen Gesetzgebungsorgane durch die Charter der Kolonie und das Common Law begrenzt waren und die Gerichte der Kolonie, sowie das Londoner Privy Council die Einhaltung dieser Grenzen überwachten [51]. Diese Verknüpfung ist sicherlich von Bedeutung, da sie belegt, daß den amerikanischen Juristen der damaligen Zeit der Rechtsgedanke der begrenzten Gesetzgebungsbefugnis vertraut war. Sie ist jedoch formaler Natur und besagt nichts über die politische Funktion der jeweiligen Begrenzung.

Das englische Besitzbürgertum hatte mit Hilfe der Fundamentalnormen zunächst die Beteiligung an der politischen Gewalt und dann deren Übernahme erkämpft. Sobald und solange es selbst herrschte, konnte es auf Fundamentalnormen verzichten. In der amerikanischen Revolution war die Führungsrolle der besitzenden Oberschicht bereits problematisch geworden. Ihre wesentliche Rechtfertigung bezogen die neuen Verfassungen aus demokratischen Gedanken; Träger der Souveränität war nunmehr "the people at large". In diesem Zeitpunkt wurde wieder interessant, was in den Verfassungskämpfen des 17. Jahrhunderts über die "property" als Grenze der Regierungsgewalt gesagt worden war, nunmehr allerdings nicht gegenüber dem Monarchen, sondern angesichts des demokratischen Herrschaftsanspruches. Was ursprünglich eine Waffe des aufsteigenden Bürgertums im Kampf gegen die alten Mächte gewesen war, wurde nun zur Verteidigungsstellung gegenüber den populären Kräften [52].

Andererseits stand den Führern der Mittel- und Unterschicht die Gefahr vor Augen, daß trotz des breiten Wahlrechts die besitzende Oberschicht das politische System erobern und die in den demokratischen Freiheiten liegenden Grundlagen für eine politische Aktivierung der Massen angreifen könne. Sie brauchten

---

[51] In diesem Sinne etwa die Schrift von *Roscoe Pound*, The Development of Constitutional Guarantees of Liberty, NewHaven/London 1957. Vgl. auch *Ehmke* a. a. O. (Fn. 39) S. 201 ff.

[52] Vgl. *Max Lerner*, Minority Rule and the Constitutional Tradition, in: The Constitution Reconsidered, rev. ed. by Richard B. Morris, New York 1968, S. 198.

nicht Harrington zu lesen, um zu sehen, wie private Macht in politische Macht umgemünzt wird. Das abschreckende Beispiel Englands stand ihnen vor Augen, wo die wichtigsten demokratischen Freiheiten durch Parlamentsgesetzgebung ausgeschlossen oder beschnitten waren. Für sie war daher die Anerkennung von Rede-, Versammlungs-, Vereins- und Pressefreiheit Vorbedingung für die Zustimmung zur US-Verfassung.

Die in den amerikanischen Verfassungen enthaltenen Begrenzungen der Legislativbefugnisse waren daher ihrer Anlage nach doppeldeutig: Einmal begrenzten sie die Demokratie, indem sie Besitzrechte der Minderheit vor dem Zugriff der Mehrheit zu sichern suchten und auch anderen Minderheiten jedenfalls potentiell gewisse Garantien boten, zum anderen schützten sie die Mehrheit, indem sie jeder herrschenden Minderheit verboten, die politischen Rechte der Massen aufzuheben.

3. Judicial Review

Zum wesentlichen Instrument der im Gedanken der limitierten Verfassung eingeschlossenen Möglichkeiten entwickelten sich die Gerichte, allen voran der US Supreme Court, indem sie die Kontrolle von gesetzgeberischen und administrativen Maßnahmen anhand der von ihnen inhaltlich ausgefüllten Generalklauseln der Verfassung auszuüben begannen. In der Verfassung ist diese als "Judicial Review" bezeichnete Funktion den Gerichten nicht ausdrücklich zugewiesen. Es war daher eine beliebte juristische Streitfrage, ob die Judicial Review in der Verfassung vorausgesetzt sei oder die Gerichte diese Machtposition usurpiert hätten [53]. Heute hat sich allerdings dieser Streit beruhigt, weil man ihn nicht zu Unrecht für verspätet hält, nachdem die Judicial Review seit Beginn des vorigen Jahrhunderts zu einer zentralen Einrichtung der amerikanischen Verfassung wurde.

Immerhin verdient es angesichts der Gewöhnung an die judizielle Kontrolle des Gesetzgebers festgehalten zu werden, daß sie

---

[53] Dazu *Max Lerner* a. a. O. S. 191 f.

keineswegs eine Selbstverständlichkeit der limitierenden Verfassung ist. In der Rechtsgeschichte des englischen Mutterlandes und besonders der Kolonien gab es zwar Präzedenzien für die Überprüfung von Gesetzgebungsakten anhand von Prinzipien des Common Law oder der Kolonialcharter [54]. Es besteht indessen Anlaß zur Annahme, daß diese Präzedenzien die Begründer der amerikanischen Gemeinwesen keineswegs ungeteilt zugunsten des Judicial Review einnahmen, weil sie jedenfalls auch ein Produkt kolonialer Abhängigkeit waren. Für die Protagonisten der Revolutionszeit lag es näher, dem Volk die letzte Kontrolle über die Repräsentanten zuzuschreiben, und zwar nicht nur hinsichtlich der richtigen Erfüllung ihres Auftrages, sondern auch für die Beachtung der verfassungsrechtlichen Grenzen. Das klingt etwa in Sect. 2 der Menschenrechtserklärung von Virginia an, wenn es dort heißt: "magistrates are their (des Volkes) trustees and servants, and at all times amenable to them." [55] Nach der US-Verfassung hat auch der auf Bewahrung und Schutz der Verfassung vereidigte Präsident die Möglichkeit, Verfassungsbedenken gegen Gesetzesbeschlüsse geltend zu machen: Sein Veto kann nur durch Zweidrittelmehrheiten in beiden Häusern überstimmt werden [56]. Es ist vor allem nicht selbstverständlich, daß gerade Juristen und Richter zur letztgültigen Aussage über den Inhalt

---

[54] Diese betont insbesondere *Roscoe Pound*, a. a. O. (Fn. 51); vgl. auch *Mauro Cappelletti* und *Theodor Ritterspach*, Die gerichtliche Kontrolle der Verfassungsmäßigkeit der Gesetze in rechtsvergleichender Betrachtung, in: Jahrbuch des öffentlichen Rechts der Gegenwart, NF Bd. 20, Tübingen 1971, S. 80.

[55] Vgl. auch *Hamilton* im 33. Brief des Federalist: "The national government like every other, must judge, in the first instance, of the proper exercise of its powers, and its constituents in the last." Vgl. aber den 78. Brief des Federalist, in dem Hamilton die Judicial Review begründet.

[56] Von der Möglichkeit des Vetos wird häufig Gebrauch gemacht: So von Roosevelt in zwei Amtsperioden insgesamt in 505 Fällen; in 5 Fällen wurde sein Veto überstimmt. Vgl. das Schaubild bei *Ferguson/McHenry* a. a. O. (Fn. 23) S. 386. Der Präsident kann allerdings nur das ganze Gesetz, nicht einzelne Vorschriften ablehnen.

der in den Verfassungen niedergelegten Generalklauseln berufen sind.

Auch Kompetenzkonflikte, die aus der bundesstaatlichen Struktur entstehen, müssen nicht unbedingt vor einem Gerichtshof entschieden werden. Das letzte Wort kann hier ebenso bei einem politischen Organ des Bundesstaates liegen, insbesondere wenn die Gliedstaaten, etwa in der Form des US-Senates, an ihm beteiligt sind. In der Praxis ist allerdings die föderale Struktur der Vereinigten Staaten für die Entwicklung ihrer Verfassungsrechtsprechung entscheidend gewesen: von 1790–1970 wurden nur in 98 Fällen Bundesgesetze für verfassungswidrig erklärt, dagegen in einigen hundert Fällen Gesetze der Gliedstaaten [57]. Das mag zum Teil damit zusammenhängen, daß bis zum Ende des vorigen Jahrhunderts die Gesetzgebungsaktivität überwiegend bei den Gliedstaaten lag. Wichtiger ist jedoch, daß die Autorität des Bundes dahintersteht, wenn der Supreme Court einem Gliedstaat vorschreibt, was er für den verfassungsrechtlichen Pfad der Tugend hält, während bei Auseinandersetzungen mit dem Bundesgesetzgeber diese Autorität gerade gespalten ist. Vor allem aber hat sich die Vermutung der Federalists im ganzen bestätigt, daß in einzelnen Gliedstaaten heftigere Ausschläge des politischen Barometers eintreten als im Bund. Insofern ist es Funktion des Supreme Court, ein gewisses Maß bundesstaatlicher Homogenität zu wahren [58].

Die Auseinandersetzung des Supreme Court mit F. D. Roosevelts New Deal hat die Grenzen seiner Macht in gesellschaftspolitisch relevanten Fragen gezeigt: Nachdem Roosevelt 1936 mit überwältigender Mehrheit wiedergewählt worden war, trat eine in der amerikanischen Literatur viel diskutierte Schwenkung in der Rechtsprechung des Supreme Court ein. Obwohl der Plan Roosevelts, die Zahl der Richter von neun auf bis zu fünfzehn zu erhöhen und dadurch die Mehrheitsverhältnisse im Gericht zugunsten des New Deal zu verändern, im Kongreß gescheitert war ("court packing plan"), hielt der Supreme Court nach 1937 zu-

---

[57] *Ferguson/McHenry* a. a. O. (Fn. 23) S. 436 f.
[58] Vgl. *Louis Henkin*, Some Reflections on Current Constitutional Controversies, in: The Constitution Reconsidered, S. 362 f.

nächst auch ohne personelle Änderung Wirtschaftslenkungsmaßnahmen mit knapper Mehrheit für zulässig, die er vorher mit ebenso knapper Mehrheit blockiert hatte [59].

A. T. Hadly beschrieb im Jahre 1908 die Rolle des Supreme Court als die eines Schiedsrichters zwischen Wählern und Eigentümern [60]. Dieses Bild ist unzutreffend, da es dem Supreme Court eine Stellung außerhalb der gesellschaftlichen und politischen Auseinandersetzungen seiner Zeit einräumt und ihm die Möglichkeit zuspricht, gewissermaßen von außen her einzugreifen. Vor allem die Wendung in seiner Rechtsprechung zum New Deal hat allen Beobachtern deutlich gemacht, daß er starken politischen Strömungen auf Bundesebene nur begrenzte Zeit entgegensteuern kann [61].

Nachdem der Glaube an die normative Determination der Verfassungsrechtsprechung ins Wanken geraten war, sind mancherlei Versuche unternommen worden, andere Determinanten vor allem in den persönlichen und sozialen Bezügen der Richter aufzudecken [62]. Es ist indessen zu bedenken, daß derartige Versuche wohl geeignet sein mögen, nachträglich das Verhalten dieses oder jenes Richters in einer konkreten Entscheidungssituation zu erklären oder statistische Aussagen über die Richterschaft als Ganzes zu begründen. Angesichts der geringen Zahl der am Supreme Court Entscheidenden sind jedoch die gesellschaftlichen Implikationen seiner Verfassungsrechtsprechung von dieser Seite her nicht zu erfassen.

---

[59] Vgl. dazu *Manfred Weiss*, Die Theorie der richterlichen Entscheidungstätigkeit in den Vereinigten Staaten von Amerika, Frankfurt a. M. 1971, S. 83 ff; *Ferguson/McHenry* a. a. O. (Fn. 23) S. 439 f.

[60] "The fundamental division of powers in the Constitution of the United States is between the voters on the one hand and the property owners on the other ... with the judiciary as arbiter between them." Independent Bd. 64 (1908) S. 834, 837.

[61] Vgl. auch *Arthur Selwyn Miller*, The Supreme Court and American Capitalism, New York 1968, S. 220.

[62] Vgl. die Zusammenfassung und Kritik der amerikanischen Diskussion bei *Manfred Weiss*, a. a. O. (Fn. 59); A Symposium: Social Science Approaches to the Judicial Process, 79 Harv. L. Rev. 1551 (1966); auch Malcolm R. Wilkey in DRiZ 1973, 293.

Die Rolle der Verfassungsrechtsprechung in den gesellschaftlichen Auseinandersetzungen bleibt letztlich offen: Sie kann ebenso als letzte Verteidigungslinie von Machtpositionen dienen, die im politischen Prozeß zu unterliegen drohen, wie sie andererseits dazu beitragen kann, den politischen Prozeß und damit die Möglichkeit von Veränderungen offenzuhalten. Unter dem 1952 ernannten Chief Justice *Earl Warren* lag das Schwergewicht der Verfassungsrechtsprechung des Supreme Court eindeutig in der Verstärkung des Schutzes rassischer und politischer Minoritäten und bei den Freiheiten politischer Meinungsbildung und Kritik [63]. Die bis 1937 dominierende Förderung von Besitzinteressen trat demgegenüber zurück. Es sind im Gegenteil Ansätze zu verzeichnen, auch die ökonomische Macht an Prinzipien zu binden, deren Einhaltung traditionell nur von der öffentlichen Gewalt gefordert wurde [64]. Es bleibt abzuwarten, welche Tendenz sich aufgrund der von Präsident Nixon vorgenommenen Neubesetzungen abzeichnet.

IV. *Contract Clause*

Art. 1 Sect. 10 § 1 der US-Verfassung bestimmt:

No State shall ... pass any ... law impairing the obligation of contracts.

Bis zum Bürgerkrieg, in dessen Folge das 13. und 14. Amendment geschaffen wurden, gelang es vor allem mit Hilfe dieser Bestimmung, Vermögensinteressen in die Verfassungsrechtsprechung einzubringen. Nachdem mit der Entscheidung *Marbury v. Madison* (1803) [65] die Judicial Review in das amerikanische Verfassungsrecht eingeführt worden war, wurde dieses Rechtsinstitut

---

[63] Vgl. *Ferguson/McHenry* a. a. O. (Fn. 23) S. 440.

[64] Vgl. dazu *Adolf A. Berle* im Vorwort zur Neuauflage von: Adolf A. Berle und Gardiner C. *Means*, The Modern Corporation and Private Property, New York 1932, rev. Aufl. 1967, S. XVI ff.; auch *Jost Delbrück*, Die Rassenfrage als Problem des Völkerrechts und nationaler Rechtsordnung, Frankfurt a. M. 1971, S. 173 ff.

[65] 1 Cranch 137.

in den folgenden Jahren vor allem anhand der Contract Clause ausgebaut [66].

1. Vested Rights

Anlaß für die Anwendung der Contract Clause waren zunächst nicht Gesetze zugunsten von Schuldnerinteressen, gegen die diese Vorschrift gemünzt worden war. Im Vordergrund der Anwendung standen vielmehr erworbene Vermögensrechte, deren Verbindung zur Contract Clause darin bestand, daß sie aufgrund eines Vertrages oder eines vertragsähnlichen Vorganges erworben worden waren.

Hierher gehört die Entscheidung *Fletcher v. Peck* [67], mit der die Rechtsprechung zur Contract Clause einsetzte. Der Entscheidung liegen die "Yazoo Land Frauds" zugrunde, die in den Zusammenhang der während der ganzen Zeit der Westwärtsbewegung blühenden Bodenspekulation gehören. Hier ging es darum, daß der Staat Georgia privaten Landgesellschaften riesige Ländereien durch Gesetz übertragen hatte und sich die am Gesetzgebungsverfahren Beteiligten dabei in großem Stil bereicherten. Neuwahlen brachten eine andere Mehrheit. Die auf offener Korruption beruhenden Übertragungen wurden durch neuen Gesetzgebungsakt aufgehoben. Teile des Landes waren indessen von den ursprünglich begünstigten Landgesellschaften schon weiterveräußert worden. Als ein Käufer im Einverständnis mit der Gesellschaft gegen diese wegen Ungültigkeit des Titels auf Schadenersatz klagte, entschied der Supreme Court unter Führung von *Marshall*, das den "grant" rückgängig machende Gesetz sei wegen Verletzung der Contract Clause ungültig. Ausgangspunkt in Marshalls Urteilsbegründung ist der Satz, ein Gesetzgeber könne niemals seinen Nachfolger binden oder dessen Befugnisse einschränken. Anders sei es allerdings, wenn aufgrund eines Gesetzgebungsaktes Rechte und insbesondere individualisierte Vermögensrechte (vested legal estates) begründet wurden. Der ursprüngliche "grant" sei keine allgemeine Gesetzgebung, sondern eher ein Vertrag im Sinne der Contract Clause

---

[66] So *Ehmke* a. a. O. (Fn. 39) S. 220.
[67] 6 Cranch 87; 3 L. Ed. 162 (1810).

gewesen. Da diese auch bereits erfüllte Verträge schütze, sei hier durch die spätere Gesetzgebung gegen die Verfassung verstoßen worden. Die spätere Gesetzgebung sei daher ungültig. – Die Contract Clause wurde so zum verfassungsrechtlichen Angelpunkt aller Rechte, deren Erwerbsgrund in irgendeiner Weise einem Vertrag nahestand.

In der Entscheidung (Trustees of) *Dartmouth College v. Woodward* (1819) [68] wurde die Anwendung der Contract Clause auf Korporationssatzungen erweitert. Hier ging es um die Gültigkeit von Gesetzen des Staates New Hampshire, die zur Ergänzung der 1769 von der englischen Krone gewährten Charter des Dartmouth College ergangen waren und dieses weitgehend staatlicher Kontrolle unterstellten. Marshall nimmt auch hier einen Vertrag an, unter dem die Krone die Charter gewährt habe und die Stifter dem College die vereinbarten Zuwendungen zum vorausbestimmten Zweck machten: "A contract for the security and disposition of property." Durch die Verlagerung der Leitung dieses College von den mit Kooptationsrecht ausgestatteten Trustees auf ein staatliches Aufsichtsgremium werde der von den Stiftern diesem College zugewiesene Zweck verändert; das sei eine verfassungswidrige Beeinträchtigung des Stiftungsvertrages, in den New Hampshire als Rechtsnachfolger der Krone eingetreten sei.

Indem der Supreme Court hier ein Vertragsverhältnis zwischen dem Staat und den Stiftern des College konstruierte, schrieb er nicht nur den Bestand, sondern auch die Ausübung der übertragenen Vermögensrechte in einer Weise fest, die zu einer bedenklichen Einschränkung des Gesetzgebers und einem geradezu mittelalterlichen Immobilismus hätte führen können [69]. Diese Gefahr schien nahe, als der Supreme Court in der Folgezeit auch den durch Gesetzgebungsakt festgestellten Satzungen privater Erwerbsgesellschaften die gleiche Unverletzlichkeit zuerkannte [70].

[68] 4 Wheat. 518; 4 L. Ed. 629.
[69] Im Gegensatz dazu interpretiert die französische Auffassung in jeden Vertrag öffentlicher Gemeinwesen mit Privaten die sog. «clause exorbitante» hinein, die bei veränderten Verhältnissen dem Gemeinwesen die Lösung vom Vertrag gegen Entschädigung gestattet.
[70] *Providence Bank v. Billings*, 4 Pet. 514 (1830).

2. Grenzen der Vested-Rights-Doktrin

Die Gesetzgebung behalf sich indessen alsbald dadurch, daß sie in Einzelsatzungen und allgemeine Inkorporierungsgesetze Widerrufs- und Änderungsklauseln aufnahm. Ab 1830 wurden entsprechende Bestimmungen auch in einzelstaatlichen Verfassungen verankert [71].

Unter dem von Präsident Jackson eingesetzten Chief Justice *Taney* begann dann auch der Supreme Court, die weitgehende Bindung der Gesetzgeber durch die Corporate Charters wieder zurückzunehmen. Der erste Schritt war die enge Auslegung derartiger Gewährungen: Was die Öffentlichkeit nicht ausdrücklich gewähre, habe sie sich vorbehalten, da nach Taneys Worten beim Schutz privaten Eigentums nicht vergessen werden dürfe, „daß das Gemeinwesen ebenfalls Rechte hat, von deren treuer Bewachung das Glück und Wohlergehen jeden Bürgers abhängt" [72].

In einem nächsten Schritt wurde dann der Kern staatlicher Gesetzgebungsbefugnis für unveräußerlich erklärt. Spätere Gesetzgebung auf dem Gebiet der öffentlichen Gesundheit und Moral könne durch Verträge mit Privaten nicht präkludiert werden. Das gesetzliche Verbot der Ausübung eines auf 25 Jahre gegen erhebliche Zahlungen gewährten Lotterie-Monopols [73] und die Aufhebung eines ebenfalls auf 25 Jahre gewährten Schlachthausmonopols [74], zu dessen Ausübung erhebliche Investitionen gemacht worden waren, jeweils nach drei bzw. nach einem Jahr, wurden unter diesem Gesichtspunkt für zulässig erachtet.

Auf dieser Linie liegt auch die 1878 ergangene Entscheidung *Fertilizing Corporation v. Hyde Park* [75]. Einer Düngemittelfabrik war in ihrer auf 50 Jahre gewährten Satzung die Niederlassung innerhalb der Grenzen des Dorfes Hyde Park gestattet worden. Als das Dorf in der Folgezeit rasch wuchs, wurde die Fabrik zu

---

[71] *Ehmke* a. a. O. (Fn. 39) S. 232.
[72] *Charles River Bridge v. Warren Bridge*, 11 Pet. 420 (1837).
[73] *Stone v. Mississippi*, 101 US 814 (1879).
[74] *Butchers Union Co. v. Crescent City Co.*, 111 US 746 (1883).
[75] 97 US 659.

einer Belästigung des neu entstandenen Wohngebietes und ihr Betrieb wurde alsbald verboten. Der Supreme Court lehnte die Anwendung der Contract Clause mit der auf der Linie der strict construction liegenden Erwägung ab, daß die Charter nicht ausdrücklich die hoheitliche Befugnis ausgeschlossen habe, gegen die Fabrik als öffentliches Ärgernis einzuschreiten. Wichtiger erscheint allerdings die beiläufige Erwähnung des Prinzips, daß die Nutzung von Eigentum andere nicht schädigen dürfe [76].

3. Privatverträge

Eine ähnliche Entwicklung nahm die Rechtsprechung zu gesetzlichen Eingriffen in Privatverträge. Sie begann mit *Sturges v. Crowninshield* [77] zunächst auf einer strikten Linie. Ein Konkursgesetz des Staates New York hatte die Schuldhaft aufgehoben und Schuldner, die ihr Vermögen dem Konkursverfahren unterwarfen, von der weiteren Haftung befreit. Marshall ließ das Argument nicht gelten, daß die Staaten schon immer derartige Konkursgesetze verabschiedet hätten. Die Verfassung habe gerade der „laxen Gesetzgebung", die der Revolution folgte, ein Ende machen wollen. Soweit dieses Gesetz Verpflichtungen aufhebe, die vor seinem Erlaß begründet wurden, verstoße es gegen die Contract Clause. Die Schuldhaft habe es allerdings aufheben können, da sie nur ein gesetzliches Hilfsmittel (remedy) des Gläubigers, nicht aber Bestandteil des Vertrages sei.

In *Odgen v. Saunders* [78] wurde klargestellt, daß die Contract Clause nicht entgegenstehe, wenn eine Schuldbefreiungsvorschrift nur auf nach ihrem Erlaß eingegangene Verbindlichkeiten Anwendung finde. Die Entscheidung erging mit 4 : 3 Stimmen gegen den Widerstand Marshalls, der hier in 34jähriger Amtszeit seine einzige dissenting opinion abgab. Er vertrat die Ansicht, die Vertragsverbindlichkeit beruhe auf Naturrecht und könne daher sehr

---

[76] Sic utere tuo ut alienum non laedas.
[77] 4 Wheat. 122.
[78] 12 Wheat. 213.

wohl auch durch ein vor ihrer Begründung erlassenes Gesetz im Sinne der Verfassung beeinträchtigt werden.

Die im Sturges-Fall herausgestellte Unterscheidung zwischen obligation und remedy wurde problematisch, als der Supreme Court über Beeinträchtigungen von Grundpfandrechten zu entscheiden hatte. In *Bronson v. Kinzie* [79] hielt er Gesetze für unzulässig, die anläßlich der Wirtschaftskrise der 1830er Jahre den Eigentümer eines von Grundpfandgläubigern zum Verkauf gebrachten Grundstücks zum Rückkauf binnen eines Jahres berechtigten und den Mindestverkaufspreis auf ²/₃ des Schätzwertes festlegten. Auch Heimstätten durften nach seiner Ansicht nicht nach Begründung der Verbindlichkeiten von der Zwangsversteigerung ausgenommen werden [80].

Fast 100 Jahre später bewirkte derselbe Supreme Court, der sich unter der Due-Process-Formel in heftigem Kampf gegen die New-Deal-Gesetzgebung befand, eine wesentliche Abschwächung der Contract Clause auch im Hinblick auf Privatverträge. Er hatte bereits angesichts eines Notstandes Mieterschutzgesetze für zulässig erachtet, die eine Verlängerung auslaufender Mietverhältnisse und die Beschränkung der Mieten auf die "fair and reasonable rent" vorsahen [81]. Nun erklärte er auch das Minnesota Mortgage Moratorium Law für verfassungsmäßig [82], das dem Schuldner bestehender Grundpfandrechte Mittel in die Hand gab, anstehende Zwangsversteigerungen hinauszuschieben oder die Rückkauffrist zu verlängern. Tragende Erwägung war, daß auch die Erfüllung von Privatverträgen öffentliche Interessen berühren könne und daher eine Änderung der Legalordnung, unter der ein Vertrag stehe, zum Schutz wesentlicher öffentlicher Interessen vorbehalten sei. Auf diese Weise erhielt ein Kern der gliedstaatlichen Police Power Vorrang auch gegenüber Privatverträgen.

---

[79] 1 How. 311 (1843).
[80] *Edwards v. Kearzey*, 96 US 595 (1877); *Gunn v. Barry*, 15 Wall. 610 (1872).
[81] *Block v. Hirsh*, 256 US 135 (1921).
[82] In *Home Building & Loan Ass. v. Baisdell*, 290 US 398 (1934).

Das bedeutete zwar nicht das Ende der Rechtsprechung zur Contract Clause [83], hat ihr jedoch die Schärfe genommen und ihre Anwendung in künftigen Fällen dem Ermessen des Gerichtshofes überantwortet. Mit dem Minnesota Mortgage-Fall begann eine Entwicklung, in deren Verlauf die Contract Clause allmählich in den verfassungsrechtlichen Ruhestand versetzt wurde. Ihre Anwendung wurde vom Supreme Court unter die Vorzeichen der Due-Process-Bestimmung gestellt; die Contract Clause ist daher hinter diesem noch zu erörternden Rechtsinstitut zurückgetreten [84].

4. Vested Right und erworbenes Recht

Die Vested-Rights-Doktrin wird gelegentlich mit der kontinentaleuropäischen Lehre von den erworbenen Rechten (droits acquis) in Verbindung gebracht [85], die insbesondere in Deutschland bis zum Ende des 19. Jahrhunderts erhebliche Bedeutung hatte. Ob hier in der Doktrin ein Zusammenhang bestand, kann offenbleiben; denn jedenfalls beschränkt sich die Übereinstimmung auf das Formale. Inhaltlich ging es bei den erworbenen Rechten um die legislative Aufhebung oder Umgestaltung feudaler oder ständischer Privilegien, die der bürgerlichen Gesellschaft entgegenstanden [86], während unter dem Stichwort der Vested Rights gerade die Rechte der bürgerlichen Gesellschaft geschützt wurden, die später nahtlos im 14. Amendment aufgingen. "Vested" mußten sie sein, um überhaupt unter die Contract Clause gebracht zu werden, wobei allerdings der Vertragsbegriff recht großzügig gehandhabt

---

[83] Vgl. zur weiteren Etwicklung *Ehmke* a. a. O. (Fn. 39) S. 391 ff.
[84] Vgl. etwa *Bernard Schwartz*, A Commentary on the Constitution of the United Staates, Part II, The Rights of Property, New York 1965, Nr. 301 S. 165, der die Due-Process-Klausel als wesentliche Schranke der Schuldnerschutzgesetzgebung bezeichnet. Unter Nr. 302 werden allerdings Moratoriumsgesetze unter den Vorzeichen der Contract Clause abgehandelt.
[85] Vgl. Gunter Kisker, Die Rückwirkung von Gesetzen, Tübingen 1963 S. 41 ff.
[86] Dazu s. unten S. 207 ff.

wurde. Ausnahmsweise konnte diese Doktrin, wie der Dartmouth-College-Fall zeigt, auch auf vorrevolutionäre königliche Verleihungen angewendet werden; aber gerade in dieser Entscheidung wurde die Schutzbedürftigkeit vor allem damit begründet, daß im Vertrauen auf die Charter über bürgerliches Eigentum verfügt worden war. Eine selbständige Bedeutung hat die Frage der Vested Rights für das amerikanische Verfassungsrecht nie erreicht [87]; das Stichwort ersetzt, wo es verwendet wurde und gelegentlich verwendet wird, gedankliche Schärfe durch emotionalen Appell.

V. Eigentum als Verfassungsrecht

Das 5. Amendment zur Bundesverfassung bestimmte seit 1791:

> No person shall ... be deprived of life, liberty, or property, without due process of law; nor shall private property be taken for public use, without just compensation.

Da sich diese Bestimmung nach allgemeinem Verständnis nur an den Kongreß der Vereinigten Staaten richtet, dessen sehr beschränkte Gesetzgebungstätigkeit vor dem Bürgerkrieg kaum für die Ausgestaltung von Eigentumsrechten Bedeutung erlangte, blieb diese später so wichtige Vorschrift in den ersten einhundert Jahren ihrer Geltung fast ohne Anwendung [88]. Erst als das nach dem Bürgerkrieg eingeführte 14. Amendment auch die Gliedstaaten von Bundes wegen an die Due-Process-Formel band, erwachte diese zu verfassungsrechtlichem Leben. In Anlehnung an das 5. Amendment heißt es in dem an die Gliedstaaten gerichteten 14. Amendment:

> Nor shall any State deprive any person of life, liberty, or property, without due process of law.

---

[87] Vgl. *Smith*, Retroactive Legislation and Vested Rights, 5 Tex. Law Rev. 231 ff. (1927) u. 6 Tex. Law Rev. 419 ff. (1928).

[88] Der einzige Anwendungsfall in der Rechtsprechung des Supreme Court ist *Den ex Dem. Murray v. Hoboken*, 18 How. 272 (1855). Hier wurde die Vollstreckung einer hoheitlichen Forderung in Grundbesitz auch ohne richterliche Mitwirkung als Due Process angesehen.

Diese Formel wurde alsbald zum wichtigsten Verfassungsmaßstab einzelstaatlicher Wirtschaftsgesetzgebung. Als gegen Ende des Jahrhunderts auch die Vereinigten Staaten Neigung zeigten, ihre Gesetzgebungszuständigkeiten auf diesem Gebiet zu aktivieren, wurden die in Anwendung des 14. Amendments entwickelten Gesichtspunkte bei der Auslegung des 5. Amendments aufgenommen. Bund und Gliedstaaten sahen ihre Gesetzgebung in gleicher Weise unter dem Gesichtspunkt des Due Process der verfassungsrechtlichen Kritik des Supreme Court unterworfen.

1. Rechtliche Zuordnung körperlicher Gegenstände

Die Rechtsprechung zum 14. Amendment begann unter der vorkommerziellen Vorstellung, als Eigentum sei nur die rechtliche Zuordnung körperlicher Gegenstände geschützt [89]. In den *Slaughter House Cases* [90] wies die Mehrheit des Gerichtes mit dürren Worten die Argumentation der Kläger zurück, ein neu eingeführtes Schlachthausmonopol verstoße gegen das 14. Amendment, weil es den nicht zur Monopolgesellschaft gehörenden Schlachtern verbiete, ihre eigenen Schlachthäuser weiter zu benutzen, und sie auf die gebührenpflichtige Benutzung der von der Monopolgesellschaft zu errichtenden Schlachthäuser verweise. Diese Beschränkung in der Ausübung des Schlachtergewerbes könnte unter keiner möglichen Auslegung eine "deprivation of property" im Sinne des 14. Amendments sein [91].

Wichtiger für die weitere Entwicklung waren indessen hier, wie auch öfter in der amerikanischen Verfassungsrechtsprechung, die dissenting opinions, denen Chief Justice *Chase* beitrat. Richter *Field* zitierte wörtlich *Adam Smith* [92], um zu belegen, daß unzu-

---

[89] Vgl. *J. R. Commons,* The Legal Foundations of Capitalism, 1924, S. 11 ff.

[90] 16 Wall. 36. (1873).

[91] 16 Wall. 81.

[92] "The property which every man has in his own labor, as it is the original foundation of all other property, so it is the most sacred and inviolabel. The patrimony of a poor man lies in the strength and dex-

lässig in liberty und property eingegriffen wurde. Richter *Bradley* führte den Gedanken weiter. Er sieht im Eigentum nicht in erster Linie das statische Innehaben einer Sache, sondern deren ökonomischen Nutzen. Unter Hinweis auf die Unabhängigkeitserklärung, die statt Eigentum "pursuit of happiness" herausgestellt habe, erklärt er den unbehinderten Erwerb zur faktischen Voraussetzung und zum Gegenstand von Freiheit und Eigentum. Ein wesentlicher Teil der geschützten Freiheit sei das Recht zur Wahl der Erwerbstätigkeit; und wenn diese einmal gewählt sei, sei sie als Eigentum und Recht anzusehen [93]. Die Ausübung dieser Rechte dürfe zwar zum gegenseitigen Wohl aller gesetzlich reguliert werden. Das angegriffene Schlachthausmonopol habe indessen mit der Förderung öffentlicher Zwecke nichts zu tun; es sei vielmehr zur Bereicherung der an den Monopolgesellschaften beteiligten Personen errichtet worden. Fast noch schärfer stellte Richter *Swayne* den ökonomischen Aspekt des Eigentums heraus. Nach seiner knappen Formulierung ist Eigentum alles, „was einen austauschbaren Wert hat, und das Recht des Eigentums schließt die Befugnis ein, darüber nach dem Willen des Eigentümers zu verfügen".

2. Freiheit der Nutzung

Wenige Jahre später, in *Munn v. Illinois* [94] war auch die Mehrheit des Gerichtes der Ansicht, daß die bloße Nutzung des Eigentums durch das 14. Amendment geschützt sei. In Illinois war der Betrieb von Lagerhäusern für Getreide einer Regulierung unterworfen worden; das Gesetz hatte insbesondere Höchsttarife festgelegt. Der Supreme Court von Illinois hatte angenommen, daß die Due-Process-Klausel nicht berührt sei, solange dem Eigentümer nicht Titel oder Besitz genommen werde. Die Mehrheit des US

terity of his hands; and to hinder him from employing his strength and dexterity in what manner he thinks proper without injury to his neighbour is a plain violation of this most sacred property." The Wealth of Nations, Bd. 1, Kap. 10, Teil 2.
[93] 16 Wall. 116.
[94] 94 US 113 (1877).

Supreme Court ging indessen ohne weiteres davon aus, daß die Regelung des Eigentumsgebrauches oder des für den Gebrauch zu erhebenden Entgeltes eine unzulässige deprivation of property sein könne. Das hauptsächliche Gewicht der Erörterung liegt bei der Frage, ob die vorliegende Regulierung gerechtfertigt war. Der Supreme Court findet diese Rechtfertigung in der öffentlichen Funktion der Getreidespeicher. Er knüpft dabei an eine Common-Law-Tradition an, die von jeher bestimmte im öffentlichen Interesse stehende Gewerbe oder Eigentumsnutzungen [95], wie etwa öffentliche Beförderungsunternehmen, besonderen Bindungen unterwarf. Die besondere Beziehung zu öffentlichen Interessen fand er auch bei dem neuen Gewerbe des Getreidelagerns. Er stellte fest, daß die Getreidespeicher von Chicago das „Nadelöhr" seien, durch das die Getreideproduktion von sieben oder acht großen Staaten des Westens passieren mußte, um die Märkte an der Ostküste und in Übersee zu erreichen. Indem die Lagerhausbesitzer ihr Eigentum dieser öffentlichen Umschlagsfunktion widmeten, hätten sie es gleichzeitig der zukünftigen Regulierung seitens des Gemeinwesens unterworfen. Nur ergänzend weist der Supreme Court darauf hin, daß sämtliche Lagerhäuser in Chicago von neun Firmen kontrolliert wurden, unter denen ein Preiswettbewerb nicht stattfinde [96].

Für den dissentierenden Richter *Field* war diese Entscheidung schlicht "subversive to the rights of private property" [97]. Die Öffentlichkeit sei auch interessiert „an der Herstellung von Tuchen aus Baumwolle, Wolle oder Seide, am Maschinenbau, dem Druck und der Veröffentlichung von Büchern und Zeitschriften sowie der Herstellung von anderen nützlichen oder auch nur ornamentalen Gegenständen aller Art". In der Tat gebe es kaum ein Unternehmen oder Geschäft, das die Aufmerksamkeit oder Arbeit eines nennenswerten Teils des Gemeinwesens auf sich ziehe, ohne daß daran ein öffentliches Interesse im Sinne der Mehrheitsent-

---

[95] Business oder property affected with a public interest; siehe dazu unten S. 154.
[96] 94 US 131.
[97] 94 US 136.

scheidung bestehe. Field wirft demnach der Mehrheitsentscheidung vor, daß sie den überwiegenden Teil des modernen Wirtschaftslebens der öffentlichen Regulierung zugänglich gemacht habe. Das entsprach allerdings kaum den Intentionen der Mehrheit; es sollten noch 50 Jahre vergehen, bis sich das Gericht auf diesen Standpunkte stellte. In der Zwischenzeit hatte es mit dem von Richter Field herausgearbeiteten Widerspruch zu leben.

3. Ökonomische Macht als Eigentum

Mit Munn v. Illinois war die Frage angesprochen, die die Rechtsprechung zum 14. Amendment in der Folgezeit beherrschen sollte: das Verhältnis der öffentlichen Gewalt zu privater ökonomischer Macht. Durch die seit dem Bürgerkrieg einsetzende rapide Entwicklung zur großräumigen Organisation des Wirtschaftsgeschehens war diese Frage für die Vereinigten Staaten neu gestellt. Es war das Zeitalter des Eisenbahnbaues; finanzielle und industrielle Großorganisationen gewannen mit hemdsärmeligen Methoden Einfluß auf das Wirtschaftsleben des Landes. Dazu gehörte selbstverständlich auch die Ausnützung aller finanziellen und sonstigen Möglichkeiten, staatliche Entscheidungen, soweit sie für das jeweilige Unternehmen von Bedeutung waren, im erwünschten Sinn zu beeinflussen; das Eisenbahnzeitalter ist daher auch das Zeitalter der großen und kleinen politischen Skandale [98]. Gleichzeitig hielt aber das allgemeine Wahlrecht die Möglichkeit offen, jedenfalls auf lokaler und einzelstaatlicher Ebene Gegenkräfte zu organisieren. Bekanntes Beispiel ist die Grangerbewegung, in der sich die Getreidefarmer der Agrarstaaten des mittleren Westens gegen die Ausbeutung durch Eisenbahngesellschaften, Lagerhäuser und Kreditgeber organisierten. Diese Bewegung gewann auch Einfluß auf die Legislativen einzelner Staaten. Darauf geht u. a. das Regulierungsgesetz zurück, mit dem sich der Supreme Court in Munn v.

---

[98] Vgl. dazu *Nye* und *Morpurgo*, A History of the United States, S. 547 ff.

Illinois auseinandersetzte. Erlangten derartige Bestrebungen in der politischen Auseinandersetzung das Übergewicht, so ließ sich mit Hilfe der Verfassungsrechtsprechung eine zweite Verteidigungslinie aufbauen.

Ging es in Munn v. Illinois um das Lagerhaus einer Personengesellschaft und konnte man angesichts dieser Rechtsform zur Not noch einen Bezug zum ursprünglichen menschenrechtlichen Gehalt des Grundrechtsdenkens finden, so fand kurz darauf eine inkorporierte Eisenbahngesellschaft vor dem Supreme Court Gehör, die das Due-Process-Argument gegen die gesetzliche Regulierung ihrer Tarife ins Feld führte [99]. Damit war diese Verfassungsklausel eindeutig aus ihrem menschenrechtlichen Zusammenhang gelöst und zu einem Schlüsselbegriff für das Verhältnis des politischen Gemeinwesens zu ökonomischen Mächten geworden. Das Gericht erklärte, die Eisenbahngesellschaft habe als Korporation bei ihren geschäftlichen Transaktionen die gleichen Rechte und sei der gleichen Kontrolle unterworfen wie private Individuen unter gleichen Umständen. Im Ergebnis blieb dem Due-Process-Argument in dieser Entscheidung der Erfolg versagt.

In den folgenden Jahren hatte der Supreme Court wiederholt Anlaß, die Geltung des 14. Amendments für Korporationen zu betonen. Unter Hinweis auf die Übereinstimmung aller Richter in dieser Frage vermied er allerdings eine Diskussion des Für und Wider [100]. Im Jahre 1898 betonte das Gericht, daß Korporationen sich auf den Schutz der Verfassung und von Gesetzen berufen können, die Personen die Nutzung von Eigentum garantieren, ihnen Mittel zu seinem Schutz gewähren oder nachteilige Gesetzgebung ausschließen [101].

Der Supreme Court hat sich nie zu der absurden Frage verstiegen, ob das „Leben" einer Korporation unter dem Due Process

---

[99] *Chicago, Burlington* and *Quincy Railroad Co. v. Iowa*, 94 US 155 (1876).
[100] *Santa Clara Council v. Southern Pacific Railroad Co.*, 118 US 394 (1886); auch *Pembia Mining Co. v. Pennsylvania*, 125 US 181 (1888).
[101] *Minneapolis* and *St. Louis Railway Co. v. Beckwith*, 129 US 26, 28.

geschützt sein könne [102]. Auch die Liberty-Komponente der Due-Process-Formel ist nach seiner Rechtsprechung immer natürlichen Personen vorbehalten geblieben [103]. In einer dieser Entscheidungen heißt es ausdrücklich, daß Korporationen zwar für einige Zwecke als Rechtspersonen angesehen würden, sie aber nicht mit den unveräußerlichen Rechten der natürlichen Person versehen seien [104]. Als Richter *Black* im Jahre 1938 [105] und noch einmal im Jahre 1949 Richter *Douglas* [106] in eindringlichen dissenting opinions vortrugen, daß auch der Eigentumsschutz der Due-Process-Klausel diesen menschenrechtlichen Ausgangspunkt gehabt habe, konnte das die Mehrheit des Gerichtshofs nicht mehr beeindrucken. Richter *Jackson,* der die Ansicht des Gerichts bei der zweiten dieser Entscheidungen begründete, begnügte sich in einer separate opinion mit dem Hinweis auf die lange Tradition der entgegenstehenden Rechtsprechung des Supreme Court [107].

4. Von Freiheit und Eigentum zur Freiheit des Eigentums

Im Hinblick auf die Weigerung des Supreme Court, Korporationen als Adressaten der Liberty unter dem 14. Amendment anzusehen, ist freilich zu berücksichtigen, daß alle relevanten Aspekte korporativer Willensbetätigung unter dem Property-Aspekt geschützt wurden. Für natürliche und juristische Personen als Eigentümer standen eigentlich schon seit Munn v. Illinois nicht nur Titel

---

[102] *Schwartz* meint dazu, eine hoheitliche Beeinträchtigung der „korporativen Existenz" könne allerdings im Hinblick auf das Eigentum der Anteilseigner zum verfassungsrechtlichen Problem werden, a. a. O. (Fn. 84) Nr. 267 S. 13.

[103] *Northwestern Nat. Life Ins. Co. v. Riggs,* 203 US 243, 255; *Western Turf Ass. v. Greenberg,* 204 US 359, 363; *Pierce v. Society of Sisters,* 268 US 510, 535. Dazu *Schwartz* a. a. O. Nr. 267 S. 12 ff.

[104] So Richter *Brewers* Concurring Opinion in *Northern Securities v. U.S.,* 193 US 197, 362.

[105] *Connecticut Gen. L. Ins. Co. v. Johnson,* 303 US 77, 87.

[106] *Wheeling Steel Co. v. Glander,* 337 US 562, 567.

[107] 337 US 374.

und Besitz des Eigentums unter Verfassungsschutz, sondern auch dessen Nutzung, und zwar wie es dem modernen Eigentum entspricht, die Nutzung nach Belieben, soweit nicht zulässigerweise hoheitliche Regulierungen eingreifen. Die persönliche Freiheit wurde in dieser Rechtsprechung weitgehend zu einem untergeordneten Attribut des Eigentums. Das zeigt sich besonders deutlich bei den Entscheidungen zum verfassungsrechtlichen Rang der Vertragsfreiheit.

In *Allgeyer v. Louisiana* [108] ging es um ein Gesetz des Staates Louisiana, das den Abschluß von Versicherungen bei auswärtigen Versicherern nur zuließ, wenn diese eine Lizenz des Staates Louisiana erwarben und dort einen Agenten bevollmächtigten. Der Supreme Court führte aus, die im 14. Amendment erwähnte Freiheit sei nicht allein die physische Bewegungsfreiheit, sondern umfasse das Recht des Bürgers, „in dem Genuß aller seiner Fähigkeiten frei zu sein; sie auf jede rechtmäßige Weise zu nutzen; zu leben und zu arbeiten, wo er will; einen Lebensunterhalt in jedem rechtmäßigen Beruf zu verdienen; jedem Lebensunterhalt oder Verdienst nachzugehen und zu diesem Zweck alle geeigneten und notwendigen Verträge abzuschließen...". Auch dieses Recht zum Vertragsschluß sei zwar in bezug auf Personen, Eigentum oder geschäftliche Tätigkeit der staatlichen Regulierung unterworfen; hier sei indessen diese Regulierungsbefugnis vom Staate Louisiana im Hinblick auf bundesstaatliche Rücksichten überschritten worden.

Mit dieser Entscheidung wurde die Vertragsfreiheit in der Verfassung verankert, allerdings als Ausfluß der Liberty. Diese Ableitung war unbrauchbar für Korporationen, die sich als solche nicht auf die Liberty berufen konnten. Die Vertragsfreiheit wurde daher alsbald auch aus der Eigentumsgarantie hergeleitet, deren Schutz man auch den Korporationen zugestanden hatte. In *Adair v. United States* [109] ging es um ein Bundesgesetz aus dem Jahre 1898, das den im zwischenstaatlichen Verkehr tätigen Eisenbahngesellschaften verbot, einzelne Arbeitnehmer wegen der Mitgliedschaft bei Gewerkschaften zu benachteiligen. In dieser etwas un-

---

[108] 165 US 578 (1897).
[109] 208 US 161 (1908).

klar begründeten Entscheidung stellte der Supreme Court einen unzulässigen Eingriff in die persönliche Freiheit und das Eigentumsrecht und damit eine Verletzung des (den Bund betreffenden) 5. Amendments fest. Freiheit und Eigentum umfaßten auch das Recht, vertraglich fremde Arbeit zu kaufen oder die eigene Arbeit zu verkaufen. Dann verschiebt sich allerdings die Argumentation auf den als Kläger auftretenden Angestellten der Eisenbahngesellschaft, der wegen gesetzwidriger Diskriminierung eines Gewerkschaftsmitgliedes verurteilt worden war. Das seinem Rechtsmittel stattgebende Urteil wird letztlich auf die Erwägung gestützt, dieser Angestellte sei in seinem aus der Garantie von Freiheit und Eigentum fließenden Recht, seinem Arbeitgeber nach bestem Vermögen zu dienen, verletzt worden.

In *Coppage v. Kansas* [110] war über ein analoges Gesetz des Staates Kansas zu entscheiden, das gegen die Diskriminierung von Gewerkschaftsmitgliedern gerichtet war. Hier hat sich die Vertragsfreiheit weitgehend vom Verfassungstext emanzipiert und ist zum selbständigen Recht geworden. Gebeten, die Entscheidung Adair v. United States noch einmal zu überdenken, erklärt das Gericht ergänzend, eingeschlossen im Recht der persönlichen Freiheit und des privaten Eigentums – und an der Natur beider Rechte teilhabend – sei das Recht, zum Erwerb von Eigentum Verträge zu schließen. Unter diesen Verträgen stehe der Arbeitsvertrag im Vordergrund, durch den Arbeit und andere Dienste gegen Geld oder andere Arten des Eigentums ausgetauscht würden. Beim Abschluß dieses Vertrages träten sich Unternehmer und Arbeiter als Gleiche gegenüber; beide hätten daher gleichen Anspruch auf Vertragsfreiheit. Der Supreme Court von Kansas hatte zur Rechtfertigung des Gesetzes ausgeführt, Arbeitnehmer seien in der Regel finanziell nicht so unabhängig beim Verkauf ihrer Arbeit wie Arbeitgeber bei deren Ankauf. Dazu meinte das Bundesgericht, es sei unmöglich, die Vertragsfreiheit und das Recht des privaten Eigentums zu schützen, ohne gleichzeitig die Ungleichheit der Vermögen als legitim zu akzeptieren, die notwendiges Resultat der Ausübung jener Rechte sei. Dieser Ungleichheit und ihrer Ausnüt-

---

[110] 236 US 1 (1915).

zung entgegenzuwirken und den Großeigentümer seiner „finanziellen Unabhängigkeit" zu berauben, sei kein legitimes Ziel der Police Power [111].

Im Ergebnis wurde damit das Belieben des Produktionsmitteleigentümers der Freiheit des auf den Broterwerb angewiesenen Menschen vorgezogen; aus Freiheit und Eigentum wurde die Freiheit des Eigentums. Die Formel Life, Liberty und Property war in ihrem menschenrechtlichen Ursprung von den konkreten Lebensbedingungen des Menschen in der vorindustriellen Umwelt ausgegangen und hatte diese auch gegenüber der öffentlichen Gewalt sichern wollen. Sie hat die Funktion, den Menschen vor ungerechtfertigten hoheitlichen Zugriffen zu schützen, in der amerikanischen Verfassungsrechtsprechung nie verloren; insbesondere nach 1937 ist ihre Bedeutung für den Schutz individueller und politischer Freiheiten wieder hervorgetreten. Ebenso hat die Property-Komponente niemals die Funktion verloren, einen persönlichen Lebensbereich zu schützen. Im Vordergrund ihrer Anwendung stand jedoch seit Munn v. Illinois das Großeigentum und die wirtschaftliche Macht. Sie wurden nicht nur in ihrem jeweiligen Status quo vor dem Zugriff der politischen Gemeinwesen geschützt; unter dem Gesichtspunkt der Nutzungs- und Vertragsfreiheit wurde vielmehr auch die weitere Akkumulation zum Verfassungsrecht. Durch diese Rechtsprechung verstärkte Supreme Court die in der Industriegesellschaft wirksame Tendenz, die wirtschaftliche Unabhängigkeit und das Eigentum der vielen durch die Macht weniger Großorganisationen zu ersetzen. Es liegt eine gewisse Ironie darin, daß die verfassungsrechtliche Ausmünzung des bürgerlichen Naturrechts so dazu beitrug, seine gesellschaftlichen Grundlagen zu untergraben.

5. Das Unternehmen als Schutzobjekt

Nachdem man einzelne Aspekte erwerbswirtschaftlicher Betätigung – soweit sie auf Eigentum an Produktionsmitteln beruhten – unter den Eigentumsschutz der Verfassung gestellt hatte, wurde

---

[111] 236 US 17 f.

schließlich auch das Unternehmen als solches in diesen Schutz einbezogen.

John Locke hatte nach der Anschauung seiner Zeit menschliche Arbeit als ein veräußerliches Eigentum angesehen, das im Falle der Lohnarbeit dem Unternehmer gehört [112]. Adam Smith hatte das Eigentum eines jeden an seiner eigenen Arbeit als das heiligste und unverletzlichste aller Rechte bezeichnet [113], damit indessen keinesfalls die Unveräußerlichkeit behaupten wollen, da ja die freie Verfügung und der Marktwert nach seinem Verständnis zu den wichtigsten Attributen des Eigentums gehörten. Unter dieser Betrachtungsweise lag es nahe, die in einem Unternehmen organisatorisch verbundenen Sachmittel, technischen Kenntnisse und menschlichen Leistungen, die zivilrechtlich alle an die Person des Unternehmers gebunden und seinen Anordnungen unterworfen waren, zusammen mit den eingespielten Geschäftsbeziehungen nicht nur organisatorisch, sondern auch rechtlich als eine Einheit und als Gegenstand des Eigentums anzusehen. Diese Auffassung scheint sich zuerst bei der Geschäftsveräußerung durchgesetzt zu haben. Im englischen Common Law war es schon seit dem Ende des 17. Jahrhunderts eine feststehende Regel, eine mit einer Geschäftsveräußerung verbundene Wettbewerbsklausel im Gegensatz zu generellen Wettbewerbsbeschränkungen als wirksam und einklagbar anzusehen [114]. Auch im Schadensersatzrecht wurde das Business früh als einheitliches Recht angesehen und so gegen Beeinträchtigungen des Geschäftswertes und des zukünftigen Gewinnes geschützt [115]. Dabei galt es allerdings, schadensersatzpflichtige Eingriffe von sonstigen Beeinträchtigungen etwa im „normalen" Wettbewerb zu unterscheiden (damnum absque iniuria). Diese Grenzlinie war insbesondere für die kollektive Interessenwahrnehmung der Arbeitnehmer von Bedeutung. Das Common Law

---

[112] Second Treatise §§ 27, 28. Dazu oben S. 84.

[113] Siehe oben S. 126.

[114] Vgl. *J. D. Heydon*, The Restraint of Trade Doctrine, London 1971, dort insbes. S. 14 ff. zur Entscheidung Mitchel v. Reynolds (1711).

[115] Vgl. Corpus Juris Sec., Bd. 86, Brooklyn 1954, Art. Torts, S. 955, und Cyclopedia of Law and Procedure, Bd. 38, New York 1911, Art. Torts S. 501 ff.

sah hier ursprünglich nur zu Schadensersatz verpflichtende Verschwörungen gegen das Unternehmenseigentum; die gewerkschaftliche Betätigung wurde erst nach und nach durch die Gesetzgebung legalisiert [116].

Richter *Bradley* befand sich daher innerhalb einer gesicherten Common-Law-Tradition, wenn er in den Slaughter House Cases mit den Worten "a calling, when chosen, is a man's property and right" [117] in das Verfassungsrecht den Gedanken einführte, ein bestehendes Geschäft als Eigentum unter dem 14. Amendment zu schützen. Es dauerte aber noch nahezu 50 Jahre, bis dieser Gedanke auch in den Begründungen der Mehrheitsentscheidung auftauchte. Das geschah dann allerdings ganz unauffällig und wie selbstverständlich, nachdem man im Laufe der Zeit eine breite Palette geschäftlicher Interessen unter Eigentumsaspekten geschützt hatte.

In *Duplex Co. v. Deering* [118] ging es um ein gerichtliches Verbot bestimmter gewerkschaftlicher Arbeitskampfmaßnahmen im Wege der Injunction (einstweilige Verfügung). Die Anwendung dieses Verfahrens zu Lasten der organisierten Arbeiterschaft war durch den Clayton-Act von 1914 wesentlich eingeschränkt worden. Der Supreme Court hatte hier zu entscheiden, ob auch ein sekundärer Boykott bei Kunden der eigentlich bestreikten Firma unter den Clayton-Act fiel und damit das Injunction-Verfahren ausgeschlossen war. Der Supreme Court entschied gegen die Gewerkschaft, und in diesem Zusammenhang erscheint die Bemerkung, das Unternehmen des Antragstellers sei ein Eigentumsrecht und daher – hier zivilrechtlich – gegen ungerechtfertigte Eingriffe Dritter geschützt [119].

---

[116] Vgl. zur englischen und amerikanischen Entwicklung Richter *Brandeis* in *Truax v. Corrigan*, 257 US 357 ff. Zur engl. Entwicklung auch oben S. 58.

[117] 16 Wall. 116, dazu oben S. 127.

[118] 254 US 443 (1921).

[119] 254 US 465: "complainant's business of manufactoring printing presses and disposing of them in commerce is a property right, entitled to protection against unlawful injury or interferences."

In dem wenig später entschiedenen Fall *Truax v. Corringan* [120] ging dieser Gedanke dann in das Verfassungsrecht über. Hier hatte der Supreme Court von Arizona aufgrund eines dem Clayton Act analogen Gesetzes dieses Staates, dessen Auslegung dem Bundesgericht verwehrt war, eine Injunction gegen gewerkschaftliche Boykottmaßnahmen verweigert. Dem trat das Oberste Gericht der Vereinigten Staaten mit der Argumentation entgegen, das betroffene Unternehmen sei Eigentum im Sinne des 14. Amendments und der Entzug des Rechtes auf Injunction verletze diese Verfassungsvorschrift [121]. Der Supreme Court hält zwar an der Regel fest, daß niemand ein Recht auf Bestand einer bestimmten Vorschrift des Common Law habe; der Gesetzgeber müsse indessen gewisse Fundamentalprinzipien achten und dürfe den Eigentümer nicht ohne wirksames Rechtsmittel gegen private Übergriffe lassen [122]. Die vier dissentierenden Richter, unter ihnen *Holmes* und *Brandeis,* betonten demgegenüber, es sei eine politische Entscheidung im Rahmen der Police Power, Boykottmaßnahmen im Arbeitskampf zuzulassen oder zu verbieten und für gerichtliche Anordnungen im Rahmen von Arbeitskämpfen besondere Vorkehrungen zu treffen. Wenn durch die Zulassung des Boykotts und den Ausschluß der Injunction die Position des Inhabers eines Unternehmens gegenüber seinen Arbeitnehmern und im Einzelfall vielleicht auch die Gewinnerwartung verschlechtert würden, so liege darin kein Verstoß gegen den Due Process.

[120] 257 US 312 (1921).

[121] "A law which operates to make lawfull such a wrong as is described in plaintiffs complaint deprives the owner of the business and the premises of his property without due process, and can not be held valid unter the Fourteenth Amendment."

[122] 257 US 329: "It is true that no one has a vested right in any particular rule of the common law, but it is also true that the legislative power of a State can only be exerted in subordination to the fundamental principles of right and justice which the guaranty of due process in the Fourteenth Amendment is intended to preserve, and that a purely arbitrary or capricious exercise of that power whereby a wrongful and highly injurious invasion of property rights, as here, is practically sanctioned and the owner stripped of all real remedy, is wholly at variance with those principles."

Schützte das Common Law das Unternehmen als Eigentumsrecht in der Hand des Inhabers gegen die kollektive Geltendmachung von Forderungen der in diesem Unternehmen beschäftigten Personen, so schützte die Entscheidung Truax v. Corrigan den Unternehmensinhaber darüber hinaus durch die verfassungsrechtliche Verankerung seiner Positionen gegen in der Legislative zum Ausdruck kommende Mehrheitsentscheidungen. In der auch von den dissentierenden Richtern geteilten rechtlichen Abstraktion, die das Unternehmen allein auf den Inhaber bezieht, erscheinen die streikenden Arbeitnehmer und ihre Gewerkschaft als Dritte, die gleichsam von außen in das bestehende Recht eingreifen. Daß die Arbeitnehmer dem Unternehmen und seinem geschäftlichen Erfolg u. U. erheblich näherstehen als der Inhaber, dessen Rolle sich auf die Verfügung über den Gewinn beschränken kann, bleibt unbeachtet; nicht die Realität des Unternehmens als Organisation, sondern die Zuordnung des vorhandenen Kapitals entscheidet auch über die verfassungsrechtliche Einordnung. Damit hatte sich die Tradition des Common Law auch über die ausdrückliche Erklärung des Clayton-Acts hinweggesetzt, wonach die Arbeit eines Menschen nicht als Ware oder Handelsartikel anzusehen sei [123]. Für den Supreme Court war Arbeit nach wie vor als Ware veräußerlich und gehörte nach Abschluß des Arbeitsvertrages dem Unternehmer.

6. Staatsfunktionen als Gegenstand des Eigentums

Nachdem das Unternehmen und sein Geschäftswert unter der Due-Process-Klausel geschützt wurden, lag es nahe, in diesen Schutz auch Unternehmen, die aufgrund hoheitlicher Sonderrechte betrieben wurden, einzubeziehen. Die Frage war aber dann, ob auch das hoheitliche Privileg zum geschützten Eigentum gehörte; sie war vom Supreme Court unter anderem hinsichtlich der ausschließlichen Lieferung von Gas in einem Stadtgebiet [124], der Entwick-

---

[123] Sect. 6. Abgedruckt 254 US 468 Fn. 1.
[124] *New Orleans Gas Co. v. Louisianna Light Co.*, 115 US 650 (1885).

lung und des Betriebes von Schleusen an einem Binnenschiffahrtsweg [125] oder der Bahnverbindung zwischen zwei benachbarten Städten [126] zu entscheiden. In dieser Frage liegt eine besondere Problematik, weil ein derartiges ausschließliches Gewerberecht gerade eine Ausnahme von der Regel des modernen Eigentums darstellt, wonach jeder sein Eigentum nach Belieben nutzen kann. Da hier gesetzliche Angebotsmonopole vorliegen, kann der Markt keinen gerechten Maßstab für die Bewertung dieses Rechtes hergeben; der Nachfrager der betreffenden Leistung hat nur die Möglichkeit, sie so zu akzeptieren, wie sie geboten wird oder darauf zu verzichten; auf andere Angebote auszuweichen, ist ihm verschlossen. Der Veräußerungswert des Rechtes ist daher allein von der rechtlich zulässigen Höhe der Tarife und der rechtlich geforderten Leistungsqualität abhängig. Werden die Tarife nach dem investierten Kapital samt Verzinsung und den laufenden Kosten der Leistungsdarbietung berechnet, ist der Wert des Monopolrechts gleich Null.

Im bereits erwähnten Fall des Schleusenbetriebsrechtes stellte indessen der Supreme Court allein auf die gegenwärtige Ertragskraft des Rechtes ab und erklärte, diese bestimme seinen Wert ebenso wie bei anderen Eigentumsrechten [127]. Nicht die Baukosten, sondern der Ertrag für den gegenwärtigen Eigentümer sei ausschlaggebend für den Wert. Der private Vorteil zu Lasten der Öffentlichkeit ist danach Eigentum unabhängig von seiner Rechtfertigung, wenn er sich nur einmal zum Vested Right verdichtet hat.

In Truax v. Corrigan [128] wurde dann schließlich auch die Funktion der Gerichte und Exekutivorgane zum Gegenstand der Eigentumsgarantie. Ihr Einschreiten zugunsten der Eigentümerinteressen gegenüber bestimmten gewerkschaftlichen Arbeitskampfmaßnahmen wurde vom Gericht zu den "fundamental principles of right

---

[125] *Monogahela Navigation Co. v. United States*, 148 US 312 (1893).
[126] *Northern Ohio Traction Co. v. Ohio*, 245 US 574 (1918).
[127] 148 US 328: "The value of property, generally speaking, is determined by its productiveness – the profits which the use brings to its owner."
[128] 257 US 312.

and justice" erklärt, "which the guarantee of due process in the Fourteenth Amendment is intended to preserve"[129]. Hier zeigt sich mit aller Deutlichkeit, daß die Eigentumsgarantie in dieser Auslegung nicht einen privaten Bereich vor hoheitlichen Eingriffen schützt. Vielmehr zwingt sie die hoheitlichen Organe, in der gesellschaftlichen Auseinandersetzung zwischen Eigentümerinteressen und den Interessen der Lohnabhängigen zugunsten des Eigentums zu intervenieren. Das Eigentum hat sich einen wichtigen Teil der Staatsfunktionen einverleibt.

7. Versorgungsansprüche

Zurückhaltender war der Supreme Court gegenüber dem Ansinnen anderer Bevölkerungsschichten, ihre Ansprüche an das Gemeinwesen in den Verfassungsschutz einzubeziehen. Im Jahre 1882 entschied er, daß eine gesetzliche Veteranenpension kein "vested legal right", sondern vielmehr eine Freigebigkeit (bounty) des Staates sei, die der Kongreß nach Ermessen bewilligen, zurückhalten, verteilen und widerrufen könne [130].

Für die Teilnehmer des Ersten Weltkrieges hatten die Vereinigten Staaten aufgrund des ›War Risk Insurance Act‹ vom 6. Oktober 1917 Versicherungspolicen ausgegeben, deren Prämien aufgrund der normalen Mortalitäts- und Erwerbsunfähigkeitsrate kalkuliert waren. Die kriegsbedingte Risikoerhöhung und die Verwaltungskosten wurden aus allgemeinen Steuermitteln abgedeckt. Versicherungsträger waren die Vereinigten Staaten. Als durch ein Spargesetz des Jahres 1933 Ansprüche aufgrund dieses Systems aufgehoben wurden, erklärte der Supreme Court diesen Vorgang in *Lynch v. United States* [131] als entschädigungslose Enteignung für verfassungswidrig. In der von *Brandeis* begründeten einstimmigen Entscheidung wird unter Bezugnahme auf die Teller-Entscheidung zwischen eigentumsfähigen und anderen Ansprüchen an

[129] 257 US 329.
[130] *United States v. Teller*, 107 US 64. Bestätigt in *Frisbie v. United States*, 157 US 160, 166; *United States v. Cook*, 257 US 523, 527.
[131] 292 US 571 (1934).

die öffentliche Hand abgegrenzt. Pensionen, Ausgleichsbewilligungen und Privilegien, die Geschenke seien und nicht auf einer Einigung zweier Parteien beruhten, begründeten kein erworbenes Recht (vested right). Im Gegensatz dazu seien die Kriegsrisiko-Policen Verträge mit dem Staat und als solche Eigentum und erworbenes Recht. Die Bedingungen der Police hätten zwar durch spätere Gesetzgebung geändert werden können. Der Kongreß habe indessen keine Befugnis gehabt, den Betrag der vereinbarten Leistungen herabzusetzen. – Entscheidend ist nach dieser Begründung der vertragliche Charakter der Ansprüche; die Entgeltlichkeit tritt demgegenüber im Hinblick auf die starke Subventionierung zurück.

In der Sache *Flemming v. Nestor* [132] ging es um den nachträglichen Entzug von Sozialversicherungsansprüchen. Der Kläger war ein Bulgare, der seit 1913 in den USA gelebt hatte. Er und seine Arbeitgeber hatten von 1936 bis 1955 aufgrund gesetzlicher Beitragspflicht Einzahlungen in einen Alterssicherungs-Fonds des Bundes geleistet. Seit November 1955 bezog der Kläger ein monatliches Ruhegeld. Im Juli 1956 wurde er des Landes verwiesen und deportiert, weil er von 1933 bis 1939 der Kommunistischen Partei angehört hatte. Aufgrund eines 1954 erlassenen Gesetzes wurden ihm und seiner in den Vereinigten Staaten lebenden Frau deswegen die Ansprüche gegen den Alterssicherungs-Fonds entzogen. In der Frage, ob dies verfassungsrechtlich zulässig sei, spaltete sich der Gerichtshof. Richter *Harlan* schrieb für die Mehrheit von fünf Richtern, das Recht auf Ruhegeld sei nicht vertraglich und könne nicht einer Leibrente gleichgesetzt werden. Es nütze wenig, Anstrengungen zur begrifflichen Abgrenzung von „verdienten Rechten" (earned rights) und „Freigebigkeiten" (gratuities) im Sinne der Lynch-Entscheidung zu unternehmen. Es würde dem System der sozialen Sicherung die erforderliche Flexibilität und Kühnheit in der Anpassung an ständig sich wandelnde Bedingungen nehmen, wenn man eine Vorstellung von „gewachsenen Eigentumsrechten" (accrued property rights) hineinschreibe. Nicht jede nachträgliche Annullierung von aufgrund des Gesetzes erwachsenen Ansprüchen sei daher eine Verletzung der Due-Process-Klausel des 5. Amend-

---

[132] 363 US 603 (1960).

ments. Der Anspruch eines unter das Gesetz fallenden Arbeitnehmers sei allerdings hinreichend substantiell, um den Schutz vor willkürlicher Beeinträchtigung zu genießen, den die Due-Process-Klausel gewähre. Willkür sei indessen nicht festzustellen, da die den Anspruch nachträglich entziehende Regelung in erster Linie an die Landesverweisung (nicht an die Parteimitgliedschaft) anknüpfe. Ein Deportierter könne sein Geld nicht mehr in den Vereinigten Staaten ausgeben, und ein Zweck der sozialen Sicherung sei es auch, die Wirtschaft durch die Erhaltung der sozialen Kaufkraft zu fördern. – Nicht recht klar wird bei dieser der Keynesschen Nationalökonomik nachempfundenen Begründung, ob Harlan den entzogenen Anspruch unter dem Gesichtspunkt der Willkür-Kontrolle nicht doch als Property im Sinne des 5. Amendments ansah. – In seinem vehementen Dissent stellte Richter *Black* demgegenüber darauf ab, daß der Pensions-Fonds durch Leistungen der Versicherten und ihrer Arbeitgeber finanziert wurde. Es seien daher entsprechend der Lynch-Entscheidung Eigentumsrechte im Sinne des 5. Amendments entstanden, die den Betroffenen durch das spätere Gesetz entgegen der Verfassung entschädigungslos entzogen worden seien [133]. Die Verkennung dieses Verfassungsverstoßes durch das Gericht sei nur aus der gegenwärtigen Stimmung gegen ehemalige Mitglieder der Kommunistischen Partei zu verstehen.

VI. Grenzen des Eigentums im Common Law

Die Entscheidungen des Supreme Court zum verfassungsrechtlichen Schutz der Eigentümerfreiheit beziehen ihre Argumentation weitgehend aus dem Gedankengut des Laissez-Faire. Ihr Studium kann den Eindruck vermitteln, die zivilrechtlichen Befugnisse der Eigentümer gegenüber Dritten seien, abgesehen von den vom Supreme Court abzuwehrenden Übergriffen der Gesetzgeber, unbeschränkt gewesen. Dieser Eindruck trügt indessen. Im Zivilrecht auch des angloamerikanischen Bereichs hatte das Eigentümerbelieben Grenzen. Nach der alten Common-Law-Formel werden diese

[133] 363 US 622.

durch die "Law(s) of the Land" [134] bezeichnet, d. h. durch das überkommene Richterrecht und das Statute Law.

1. Die „Sic-utere"-Maxime

Die richterliche Begrenzung des Eigentümerbeliebens gegenüber den Interessen unmittelbar betroffener Dritter wurde von der Rechtsprechung unter die Maxime gestellt: „Sic utere tuo ut alienum non laedas." [135] Verletzen oder Schädigen wird hier freilich in einem rechtstechnischen Sinn verstanden, der immer einen rechtswidrigen Eingriff in den fremden Rechtskreis voraussetzt. Die ohne Rechtsbruch erfolgende Schädigung Dritter [136], etwa des Konkurrenten, eines der Eviction unterliegenden Besitzers, das Schröpfen des Mieters oder das Ausnützen des Arbeiters ist in der Idee des modernen Eigentums eingeschlossen; was der Markt, d. h. das Verhalten der anderen Eigentümer, zuläßt, ist grundsätzlich erlaubt. Es ist gerade der Sinn des mit dem modernen Eigentum verbundenen Beliebens, daß es zum Vorteil des Eigentümers eingesetzt wird und jeder weichen muß, der kein gesetzliches Interesse (legal interest) nachweist, mögen auch seine Lebensbedürfnisse der beabsichtigten Eigentumsnutzung entgegenstehen, von der der Eigentümer einen größeren Ertrag erwartet. Die Sic-utere-Maxime wird daher in den regelmäßig beigefügten Erläuterungen vorsichtig dahin eingeschränkt, der Gebrauch des Eigentums dürfe andere nicht unnötig schädigen [137], oder sie wird schlicht dem Verbot des Rechtsmißbrauches gleichgesetzt. Dann ist schließlich nur die Eigentumsnutzung ausgeschlossen, deren einziger Zweck nur

---

[134] Vgl. Corpus Juris Secundum, Bd. 73, Brooklyn 1951, Art. Property, S. 143, 146.

[135] Vgl. Chief Justice *Waite* in *Munn v. Illinois*, 94 US 125, sowie die zahlreichen Nachweise in Corpus Juris Sec. a. a. O. S. 194.

[136] „damnum absque injuria"; Vgl. etwa Richter *Brandeis* in *Duplex Co. v. Deering*, 254 US 485 und *Truax v. Corrigan*, 257 US 354.

[137] Corpus Juris Sec. a. a. O. (Fn. 134) S. 194.

die Schädigung anderer sein kann [138]. Jeder auch nur mögliche Vorteil des Eigentümers rechtfertigt danach auch schwere Schäden Dritter: qui iure suo utitur neminem laedit.

Die Sic-utere-Maxime ist daher nicht mit der mittelalterlichen Verantwortung des Rechtsinhabers für den Abhängigen zu verwechseln, die mit der Herausbildung des modernen Eigentums gerade abgestoßen wurde [139]. An ihre Stelle trat die Vorstellung, daß alle Bedürfnisse über den Markt zu befriedigen seien und allenfalls aushilfsweise und zur Gewährung eines Existenzminimums das politische Gemeinwesen verpflichtet sei.

2. Die Wendung gegen Monopole

Daß die Freigabe des Eigentümerbeliebens gegenüber den unmittelbar Betroffenen das Funktionieren des Marktes zur Voraussetzung hat, wird an der gleichzeitigen Wendung des Common Law gegen Monopole deutlich. Sie war zwar einerseits ein Aspekt des Kampfes der Commons und der Krone um die politische Führung, da die Krone seit dem 16. Jahrhundert verschiedentlich versuchte, anstelle der nur unter Mitwirkung der Commons fließenden Steuerquellen Einkünfte aus gewerblichen Monopolen zu ziehen [140]. In der Argumentation gegen hoheitliche Monopole spielte indessen neben der Überschreitung der königlichen Prärogative eine wesentliche Rolle auch ihr Verstoß gegen das öffentliche Wohl. Nach der zeitgenössischen Argumentation führten sie einerseits zu einer Erhöhung der Preise und einer Minderung der Qualität, andererseits beschnitten sie den Broterwerb der an den betreffenden Gewerben Beteiligten oder Interessierten. Die gleichen Gesichtspunkte wurden auch gegen restriktive Praktiken, Zünfte und wettbewerbsbeschränkende Abreden von Kaufleuten und Gewerbetrei-

---

[138] Corpus Juris Sec. a. a. O. S. 194. Vgl. dazu auch *Wolfgang Friedmann*, Recht und sozialer Wandel, Frankfurt 1969, S. 86 f.
[139] Siehe oben S. 26.
[140] Siehe oben S. 25. Unter diesem Aspekt sah auch der die Mehrheitsmeinung begründende Richter *Miller* in den Slaughter House Cases den von Coke berichteten Case of Monopolies. 16 Wall. 65.

benden ins Feld geführt. Zwar kann und konnte nach Common
Law ein Gewerbebetrieb mit einer den Wettbewerb des bisherigen
Inhabers ausschließenden Abrede veräußert werden, generelle Abreden
zur Beschränkung des Wettbewerbs wurden und werden
indessen als combinations oder conspiracy in restraint of trade als
nichtig angesehen [141]. Die neuen Wettbewerbsgesetze haben dem
die Androhung von Geldbußen oder Strafen hinzugefügt.

3. Gemeinwohlbindung?

Mit der Entstehung von Märkten hatte das wirtschaftlich nutzbare
Eigentum seinen Wirkungsbereich über die unmittelbar Betroffenen
hinaus auf eine durch den Markt umschriebene Allgemeinheit
erweitert, die im Falle des nationalen Marktes der Nation
gleichkommt. Erst dadurch hatte das Eigentum und seine wirtschaftliche
Nutzung eine Beziehung zum Gemeinwohl gewonnen,
die allerdings im Falle einer großen Zahl voneinander unabhängiger
Rechtsträger für den einzelnen minimal ist und hinter nur
statistisch zu erfassenden sozialpsychologischen und anderen ökonomisch
wirksamen Faktoren zurücktritt [142]. Ein solcher Zustand,
der dem nationalökonomischen Modell der vollständigen Konkurrenz
entspricht, war jedoch historisch allenfalls für ganz spezifische
Eigentumsnutzungen und dann auch nur annäherungsweise und
vorübergehend vorhanden. Eine wesentliche Erscheinung in der
für die Entwicklung des modernen Eigentums und seines Verhältnisses
zur Verfassung maßgebenden englischen und amerikanischen
Geschichte war auf allen Entwicklungsstufen das Großeigentum,
in dessen Nutzung ein unmittelbarer Bezug zum Gemeinwohl
gegeben ist. Das gilt für den englischen und nordamerikanischen

---

[141] Vgl. für das englische Common Law *Heydon* a. a. O. (Fn. 114).
Zum amerikanischen Common Law das Stichwort "Monopoly" in: Corpus
Juris Sec., Bd. 58, Brooklyn 1948, insbes. S. 970.

[142] Vgl. aber die Bemerkung des Richters *Roberts* in seiner Begründung
der Entscheidung Nebbia v. New York, 291 US 502, 524 f.: "No
exercise of the private right can be imagined which will not in some
respect, however slight, affect the public..."

Großgrundbesitz, insbesondere den mit günstigem Zugang zu den Märkten verbundenen; das gilt ebenso für das Handelskapital, das im englischen Überseehandel des 17. Jahrhunderts von wenigen regiert wurde; das gilt schließlich auch für die gewerbliche Produktion, deren Grundeinheiten für wichtige Güter seit Beginn der Neuzeit erheblich über die Größe des Handwerksbetriebes hinausgingen [143].

Nach der Logik der Dinge mußte daher anstelle der mittelalterlichen Verantwortlichkeit für den Abhängigen bei der Herausbildung des modernen Eigentums ein gewisses Maß an Gemeinwohlbindung entwickelt werden. Es gibt Hinweise, daß dieser Gesichtspunkt im Common Law schon sehr frühzeitig auftauchte. So erscheint er in der oben angesprochenen Diskussion um die vertragliche Bildung von Monopolen, die als gemeinwohlwidrige Beschränkungen der Produktion und des Handels abgelehnt werden. Er erscheint auch im amerikanischen Recht, das insoweit als Zeuge für die gemeinsame Common-Law-Tradition herangezogen werden kann. So schreibt etwa *Thomas Cooley* in seinen, 1868 zuerst erschienenen ›Constitutional Limitations‹, daß bei der richterlichen Ausformung des Eigentumsrechtes eine gewisse Rücksicht auf das Allgemeinwohl und die öffentliche Politik genommen werden müsse; es sei der gleiche und unparteiische Schutz der Interessen aller anzustreben [144]. In modernen Kompilationen des amerikanischen Common Law wird ausdrücklich dem "private enterprise" vorgeschrieben, es müsse sein Eigentum in einer mit dem öffentlichen Wohl vereinbaren Weise nutzen [145]. Besonders deutlich ist die Idee der Gemeinwohlbindung in der noch zu erörternden Vorstellung des "business affected with a public interest".

Es ist allerdings festzuhalten, daß in der Gemeinwohlbindung des Eigentums die gemeinsamen Interessen der Eigentümer gemeint waren. Das "public", das vor bestimmten Eigentumsnutzungen geschützt werden sollte, war die besitzende Oberschicht unter

---

[143] Siehe oben S. 23.
[144] 8. Aufl., Boston 1927, Hrsg. Walter Carrington, Bd. 2 S. 245.
[145] Corpus Juris Secundum, Bd. 73, Brooklyn 1951 S. 194. Auch Cyclopedia of Law and Procedure, Bd. 32, New York 1909, S. 676.

Ausschluß der lohnabhängigen Bevölkerung. Für England versteht sich das bis gegen Ende des 19. Jahrhunderts von selbst, da die Lohnabhängigen eben wegen dieser Abhängigkeit nicht als vollwertige Glieder der Öffentlichkeit angesehen wurden, insbesondere von den politischen Rechten ausgeschlossen blieben [146]. Diese Begrenzung des Kreises der Gemeinwohlträger wird auch deutlich bei John Locke, der zwar das Government auf das Gemeinwohl verpflichtet und noch die alte Formel „salus publica suprema lex" verwendet, dann aber dieses Gemeinwohl auf den Schutz von Leben, Freiheit und Eigentum begrenzt [147]. Auch bei der Wendung gegen Monopole und Wettbewerbsabreden ging es dem Common Law nicht in erster Linie um eine optimale Versorgung der Bevölkerung mit den Notwendigkeiten des Lebens, sondern um den ungehinderten Erwerb und Konsum der Oberschicht. Abreden der Unternehmer zur Niedrighaltung der Löhne waren zulässig und darüber hinaus willkommener Beitrag zum Gemeinwohl der Besitzenden. Die Gründung von Gewerkschaften wurde dagegen bis 1824 als Verschwörung verfolgt. Auch die individuellen Möglichkeiten der Arbeiter wurden durch Maximal-Lohngesetze begrenzt, die auf ihre Weise das Gemeinwohl des im Parlament vereinigten Kartells der Besitzenden zum Ausdruck brachten.

VII. Entwicklung der öffentlichen Regulierungsbefugnis

Die allmähliche Ausweitung des Property-Schutzes von der rechtlichen Zuordnung körperlicher Gegenstände über Eigentümerbelieben und Vertragsfreiheit bis zur Einbeziehung der Polizeifunktion bedeutet für sich genommen nur eine Ausdehnung der Befugnis des Supreme Court, hoheitliche Akte und insbesondere die Gesetzgebung der Einzelstaaten und des Bundes auf ihre Verfassungsmäßigkeit zu prüfen. Die materielle Tragweite des Grundrechtes ist damit noch nicht präjudiziert; sie hängt vor allem davon ab, welchen Spielraum der Supreme Court der Legislative

---

[146] Siehe oben S. 56.
[147] Second Treatise §§ 123, 124, 131.

und der Exekutive in dem von ihm umschriebenen Schutzbereich läßt. Die Befugnis des Government, das Recht des Eigentums auch abweichend vom überkommenen Common Law zu regeln und das Belieben der Eigentümer einzuschränken, war im amerikanischen Bereich grundsätzlich niemals bestritten; fraglich war allerdings der Umfang und die Art der Ausübung dieser Kompetenzen. Die Beantwortung dieser Frage war im Laufe der Zeit erheblichen Wandlungen unterworfen; in der Entwicklung der Kompetenzen liegt der Kern der „constitutional revolution" des Jahres 1937.

1. Bedeutung der Bundesstaatlichkeit

Regelungen im Schutzbereich der Eigentumsgewährleistungen können infolge der Bundesstaatlichkeit der Vereinigten Staaten vom Zentralstaat und von den Gliedstaaten ausgehen. Der Zentralstaat stützt sich dabei vor allem auf seine Befugnis, den zwischenstaatlichen Handel zu ordnen und Steuern zu erheben [148]. Den Gliedstaaten verbleibt als Residuum der allgemeinen Gesetzgebungsbefugnis nach Abzug der vom Bundesstaat beanspruchten Kompetenzen die sog. Police Power [149]. Aufgrund dieser Zweiteilung ist die Entwicklung der Gesetzgebungsbefugnisse im Bereich des Eigentums auch ein spezifisch bundesstaatliches Problem. Da sich bei einer nationalen Volkswirtschaft kaum eine für die Eigentumsverwertung wesentliche Frage mit auch nur einiger Aussicht auf Erfolg regional regeln läßt, beschneidet schon ein enges Verständnis der Bundeskompetenz die politischen Möglichkeiten, ohne daß auf das Grundrecht rekurriert werden müßte. So machte es einen wesentlichen Teil der „constitutional revolution" aus, daß der Supreme Court die Nationalisierung der Volkswirtschaft und die überregionale Interdependenz fast aller wirtschaftlichen Vorgänge anerkannte und seit 1937 bei Fragen der Arbeitsgesetzgebung und

---

[148] Art. 1 Sect. 8 §§ 3 und 1 der US-Verfassung.
[149] Vgl. das 10. Amendment von 1789: "The powers not delegated to the United States by the Constitution, nor prohibited by it to the States are reserved to the States respectively, or to the people."

Wirtschaftsregulierung einen Zusammenhang mit dem "interstate commerce" fand, den er vorher verneint hatte[150].

Dieser spezifisch bundesstaatlichen Problemlage soll nicht nachgegangen werden. Im Verhältnis zum Eigentumsgrundrecht hatten Commerce Power des Bundes und Police Power der Gliedstaaten eine wesentlich gleiche Entwicklung. Maßgebend war dabei zunächst die Police Power, da die Gesetzgebung des Bundes im Bereich der Eigentumsverwertung erst gegen Ende des 19. Jahrhunderts Bedeutung gewann.

2. Police Power

Ausgangspunkt war in den ersten Jahrzehnten des 19. Jahrhunderts ein weites Verständnis der Police Power, das sie zwar Schranken im Hinblick auf die Menschenrechte unterwarf, sie im übrigen aber in der Setzung ihrer Zwecke und der Wahl ihrer Mittel frei ließ. Sie wurde als allumfassende Regierungsgewalt verstanden, die jede innere Politik und Entwicklung umfaßte[151]. Nur wenig später trat indessen ein von naturrechtlichen Vorstellungen geprägtes Verständnis der Police Power hervor, das dann vorübergehend auch die Verfassungsrechtsprechung beeinflußte. Die so verstandene Police Power war auf den Schutz der öffentlichen Sicherheit, Gesundheit und Moral begrenzt[152].

Der Supreme Court knüpfte verbal nur mit Vorsicht an diese begrenzte Auffassung der Police Power an, als er nach dem Bürgerkrieg begann, anhand des 14. Amendments die einzelstaatliche Gesetzgebung zu überprüfen. In den Slaughter House Cases erklärte er, die Police Power entziehe sich „ihrer Natur nach einer exakten Definition oder Begrenzung". Von ihr sei abhängig „die Sicherheit der sozialen Ordnung, das Leben und die Gesundheit

---

[150] Dazu *Ehmke* a. a. O. (Fn. 39) S. 115 ff., 138 ff.

[151] Vgl. Chief Justice *Taney* in *Charles River Bridge v. Warren Bridge*, 11 Pet. 420, 552 (1837) und in den *Licence Cases,* 5 How. 504, 583 (1847).

[152] In diesem Sinne *Thorpe v. Rutland & B. R. Co.*, 27 Vt. 140, 149 (1854). Vgl. dazu *Schwartz* a. a. O. (Fn. 84) Teil II S. 39 f.

des Bürgers, die Annehmlichkeit der Existenz in einem dichtbevölkerten Gemeinwesen, der Genuß privaten und geselligen Lebens und der nutzbringende Gebrauch des Eigentums" [153]. Oder er erklärte, die Police Power umfasse *wenigstens* den Schutz der öffentlichen Sicherheit, Gesundheit und Moral [154] und ließ damit einer umfassenderen Zwecksetzung Raum. Kurz nach der Jahrhundertwende wurde dieser Bestimmung das "general welfare of the people" hinzugefügt [155]; eine Formel, bei der es bis heute geblieben ist [156].

Die Aufnahme des General Welfare in die Police Power bedeutete indessen keineswegs, daß der Supreme Court auch eine gesellschaftliche Gestaltungsaufgabe des Gesetzgebers jenseits des Laissez-Faire anerkannte. Das zeigt die bereits erwähnte Entscheidung *Coppage v. Kansas* [157]. Der Supreme Court bestreitet nicht die faktische Ungleichheit der beiden im Arbeitsverhältnis gegenüberstehenden Seiten, erklärt sie jedoch zur natürlichen und notwendigen Folge von Eigentum und Freiheit. Als solche sei sie verfassungsrechtlich geschützt; ihr durch eine Begrenzung der Eigentümerrechte entgegenzuwirken, sei kein legitimes Objekt der Police Power. Die Begrenzung von Eigentümerrechten könne für sich genommen nicht als „öffentliches Wohl" bezeichnet werden. Die Einbeziehung des Public Welfare in die Police Power diente demnach zunächst nur dazu, die zahlreichen öffentlichen Maßnahmen zur Förderung von Erwerbsinteressen zu rechtfertigen, auf die auch der ökonomische Liberalismus in der politischen Praxis niemals verzichtete.

---

[153] 16 Wall. 62.
[154] *Lewton v. Steele*, 152 US 133, 136 (1894) und *Beer Co. v. Massachusetts*, 97 US 25, 33 (1878).
[155] *Manigault v. Springs*, 199 US 473, 481 (1905); *Lochner v. New York*, 198 US 45, 53 (1905).
[156] *Schwarz* a. a. O. (Fn. 84) S. 44; *Kauper*, State and Private Property in American Law, in: Staat und Privateigentum, Beiträge zum ausländischen öffentlichen Recht und Völkerrecht Heft 34, 1960, S. 176.
[157] 236 US 1 (1915); siehe oben S. 133.

3. Due Process

Die gedankliche Verbindung zwischen dem geschützten Eigentumsrecht und den Befugnissen der öffentlichen Gewalt bildet in der Fassung des 5. und 14. Amendments die alte Common-Law-Formel des Due Process of Law. Sie ist der Maßstab für alle Akte der politischen Gemeinwesen im Schutzbereich des Grundrechtes.

Die Common-Law-Entwicklung der Due-Process-Formel steht im Zusammenhang mit der Law-of-the-Land-Klausel des Kap. 39 der Magna Carta [158], die sie im Laufe der Zeit ersetzte. Das mittelalterliche Denken unterschied nicht zwischen positivem Recht und sozialethischen Normen; für seine Vorstellung war das Law of the Land die am Herkommen bewährte Gerechtigkeit schlechthin. In gleichem Maße, wie sich die Rechtsordnung positivierte, verlor die Law-of-the-Land-Formel die Kraft, grundlegende Gerechtigkeitsvorstellungen in sich aufzunehmen; die ausdrücklich auf das „Angemessene" abstellende Due-Process-Formel gewann dementsprechend an Bedeutung. Für *Sir Edward Coke* waren beide gleichbedeutend [159]. Zu Beginn des amerikanischen Verfassungsdenkens stand jedoch schon eindeutig die Due-Process-Formel im Vordergrund, wenn auch die Law-of-the-Land-Formel nicht in Vergessenheit geriet und dazu beitrug, ein über das Verfahren hinausgehendes „substantielles" Verständnis des Due Process zu begründen [160].

Es verdient festgehalten zu werden, daß bis zum Bürgerkrieg die Due-Process-Klausel des 5. Amendments als verfassungsrechtliche Verankerung der hergebrachten Common-Law-Verfahren verstanden wurde und nur gelegentliche Verbindungen mit gesellschaftspolitischen Vorstellungen einging. Das änderte sich gegen Ende des 19. Jahrhunderts, als das Vordringen des Industriekapitalismus und seine Auswüchse zu heftigen politischen Reaktionen

---

[158] Dazu siehe oben S. 16.

[159] Second Institute 2, 50.

[160] Vgl. Richter *Moody* in *Twining v. New Jersey*, 211 US 78, 100 (1908); auch *Ehmke* a. a. O. (Fn. 39) S. 270 f.; *Walton Hamilton*, The Path of Due Process of Law, in: The Constitution Reconsidered, Revised Ed., Hrsg. *B. Morris*, New York 1968, S. 167 ff.

populärer Kräfte führte, die zeitweise auch legislative Mehrheiten erreichten. Nun begann sich der Begriff des Due Process sehr rasch mit dem ideologischen Gehalt des Laissez-Faire aufzufüllen. Aus dem prozeduralen wurde der „substantive" Due Process.

War einerseits der Schutzbereich des Eigentumsgrundrechts auf das Eigentümerbelieben und die Vertragsfreiheit ausgedehnt worden und umfaßte andererseits die Police Power auch die Förderung der allgemeinen Wohlfahrt, so sah sich der Supreme Court nunmehr zur Prüfung veranlaßt, welchen Zwecken der allgemeinen Wohlfahrt ein das Eigentümerbelieben einschränkendes Gesetz förderlich sein könne und ob diese legitim seien [161] und ihre Förderung in einer vernünftigen Beziehung zur Einschränkung des Eigentümerbeliebens stehe.

Es ist verständlich, daß die Frage der legitimen Zielsetzung und der vernünftigen Relation nach der damals vorherrschenden Wirtschaftstheorie des Liberalismus beantwortet wurde. Bemerkenswert ist indessen, daß in *Lochner v. New York* [162], einer der ersten nach diesem Argumentationsmuster begründeten Entscheidungen, einer der beteiligten Richter scharf kritisierte, daß hier eine von mehreren Wirtschaftstheorien verfassungsrechtlich sanktioniert wurde. Es ging hier um ein Gesetz des Staates New York, das für Bäcker den 10-Stunden-Tag vorschrieb. Die Mehrheit des Supreme Court verwarf dieses Gesetz als unvernünftige Einmischung in die Freiheit von Betriebsinhabern und Bäckern, Arbeit zu kaufen und zu verkaufen. Mit nur wenigen Worten wies Richter *Holmes* in seinem berühmten Dissent diese Argumentation zurück. Es sei nicht Aufgabe einer Verfassung, eine bestimmte ökonomische Lehrmeinung zu sanktionieren, weder der Paternalismus noch das Laissez-Faire seien Verfassungsinhalt. Das 14. Amendment erhebe nicht Herbert Spencers ›Social Statics‹ zum Gesetz [163].

Diese Kritik des Richters Holmes trifft auch andere Entscheidungen des US-Supreme Court, in denen vor der Wandlung der

---

[161] Vgl. die bereits mehrfach erwähnte Entscheidung *Coppage v. Kansas*, 236 US 1, 18 f. Siehe oben S. 133.
[162] 198 US 45 (1905).
[163] 198 US 75.

gerichtsinternen Mehrheitsverhältnisse Gesetze wegen Verstoßes gegen die Eigentumsgarantie für verfassungswidrig erklärt wurden. Betroffen wurde von dieser Rechtsprechung vor allem die arbeitsrechtliche Gesetzgebung [164]. Es kann indessen dem Gerichtshof nicht der Vorwurf gemacht werden, durchgehend die Augen vor den Fakten des modernen Arbeitslebens verschlossen zu haben, um die liberale Wirtschaftslehre zum Verfassungsdogma zu erheben. In *Muller v. Oregon* [165] ging es um ein Gesetz, das für Frauen den 10-Stunden-Tag einführte. Der spätere Richter am Supreme Court *Louis D. Brandeis* legte in Verteidigung des Gesetzes eine Fülle soziologischen Materials vor, um die Notwendigkeit der Arbeitszeitbegrenzung für Frauen zu begründen. Dieses Vorbringen, das als Brandeis-Schriftsatz (brief) berühmt wurde und Schule machte, bewog den Supreme Court, die Einschränkung von Eigentümerbelieben und Vertragsfreiheit in diesem Zusammenhang als gerechtfertigt anzusehen, ohne seine drei Jahre ältere Entscheidung über den 10-Stunden-Tag der New Yorker Bäcker in Frage zu stellen. Aufgrund einer dem Brandeis-brief entsprechenden Argumentation, diesmal vorgetragen von dem späteren Richter *Felix Frankfurter*, wurde 1917 allgemein der 10-Stunden-Tag für Fabrikarbeit akzeptiert [166].

In der Periode nach dem Ersten Weltkrieg, die unter dem Schlagwort "Back to normalcy" stand und in der Weltwirtschaftskrise endete, fand allerdings das liberale Dogma im Supreme Court wieder eine Mehrheit. In *Adkins v. Children's Hospital* [167] wurde ein Mindestlohngesetz für Frauen für verfassungswidrig erklärt. Wie Richter *Sutherland* in der Begründung der Mehrheitsentscheidung erklärte, sei ohne hinreichenden Grund in die Vertragsfreiheit eingegriffen. Das Gesetz mißachte das jedem Arbeitsvertrag implizite moralische Prinzip, daß Arbeit und Entgelt in

---

[164] Neben *Lochner v. New York*, *Adair v. United States*, 208 US 161 (1908) und *Coppage v. Kansas*, 236 US 1 (1915).

[165] 208 US 412 (1908); vgl. auch die Entscheidung *Holden v. Hardy*, 169 US 366 (1898), die für Untertage-Bergleute die gesetzliche Limitierung der täglichen Arbeitszeit auf 8 Stunden anerkannte.

[166] *Bunting v. Oregon*, 243 US 426.

[167] 261 US 525 (1923).

einem gerechten Wertverhältnis stehen müßten. Dieses sei nur über den Markt herzustellen, da „prinzipiell kein Unterschied zwischen dem Verkauf von Arbeit und dem Verkauf von Waren besteht" [168]. Das soziologische Tatsachenmaterial, zur Stützung des Gesetzes auch diesmal von Frankfurter vorgetragen [169], fand die Mehrheit "interesting but only mildly persuasive". – Diese Entscheidung blieb gültiges Präzedens bis 1937. So galten zwar Gesetze zur Begrenzung der Arbeitszeit als Maßnahmen zum Schutz der Volksgesundheit als verfassungsmäßig, während alle Versuche, einen Mindestlohn gesetzlich zu sichern, am Widerstand des Supreme Court scheiterten. Gesetze, die in die Vertragsfreiheit eingriffen, um den Arbeiter vor unlauteren Methoden der Lohnberechnung und -zahlung zu schützen oder ihm bei Betriebsunfällen einen Ausgleich sicherten, ließ der Supreme Court indessen durchgehen [170].

4. Unternehmen im öffentlichen Interesse

Neben der Entscheidungslinie des Supreme Court, die dem Laissez-Faire Verfassungsrang verlieh, wurde jedoch nie eine ältere Rechtsprechung ganz aufgegeben, die auf den unmittelbaren Zusammenhang der wirtschaftlichen Nutzung bestimmter Sachgesamtheiten mit dem Gemeinwohl abstellte und deren Nutzung daher in verstärktem Maße öffentlicher Kontrolle unterwarf. Dieser Gesichtspunkt wurde vom Supreme Court zum ersten Mal in der Auseinandersetzung um die öffentliche Kontrolle von Lagerhäusern für Getreide für die Due-Process-Rechtsprechung nutzbar gemacht. In *Munn v. Illinois* erklärte Chefrichter *Waite* für die Mehrheit des Gerichtes: Das politische Gemeinwesen (the whole people) habe unter menschenrechtlichen Gesichtspunkten keine Befugnis, Rechte zu überwachen, die rein und ausschließlich privat

---

[168] 261 US 558.
[169] Vgl. die Zusammenfassung zu Beginn der Entscheidung 261 US 527 ff.; dazu auch die Dissente von Chef-Richter *Taft* S. 562 ff. und Richter *Holmes*, S. 567 ff.
[170] Vgl. *Ehmke* a. a. O. (Fn. 39) S. 348, 352.

sind[171]. Anders sei es nach Common Law, aus dem die von der Verfassung geschützten Rechte hergeleitet seien, bei mit einem öffentlichen Interesse behafteten Eigentum (property affected with a public interest); ein solches Eigentum gehöre nicht mehr allein dem Privatrecht an[172].

In der Folgezeit wurde fester Bestandteil der Due-Process-Rechtsprechung des US-Supreme Court, daß es eine in besonderer Weise mit dem Gemeinwohl in Verbindung stehende Eigentumsnutzung gebe, die weitgehend der öffentlichen Regulierung unterworfen sei. Dazu gehörten in erster Linie die Träger des öffentlichen Verkehrs – Eisenbahnen, Straßenbahnen, Droschken usw. – und der öffentlichen Versorgung – Wasser, Gas, Elektrizität. Aber auch in diesem Bereich der Public Utilities war der Umfang der staatlichen Regulierungsbefugnis umstritten.

Es ist dem Supreme Court nicht gelungen, eine überzeugende Abgrenzung zwischen dem Unternehmen im öffentlichen Interesse und einer strikt privaten geschäftlichen Tätigkeit zu finden. Eine Rolle spielten bei dieser Unterscheidung die monopolistische Stellung, die gesamtwirtschaftliche Bedeutung oder die Darbietung einer öffentlichen Dienstleistung[173].

In *Nebbia v. New York*[174] wurde schließlich die Vorstellung aufgegeben, daß durch die Kennzeichnung einer gewerblichen Betätigung als "business affected with a public interest" ein Kriterium für die verfassungsrechtliche Zulässigkeit wirtschaftsregulierender Gesetze gegeben sei[175]. In dieser Entscheidung erklärte Richter *Roberts* für die Mehrheit, es sei keine Ausübung privater Rechte denkbar, die nicht wenigstens minimal die Öffentlichkeit berühre[176]. Es gebe keine abgeschlossene Klasse oder Kategorie des Unternehmens im öffentlichen Interesse; diese Bezeichnung bedeute nicht mehr, als daß eine gewerbliche Tätigkeit aus hinrei-

---

[171] 94 US 124. Siehe oben S. 127.
[172] "It ceases to be iuris privati only." 94 US 126.
[173] Vgl. *Ehmke* a. a. O. (Fn. 39) S. 369 ff.
[174] 291 US 502 (1934).
[175] Vgl. zu diesem Vorgang insb. *Schwarz*, a. a. O. (Fn. 84) Nr. 288.
[176] 291 US 524 f.

chendem Grund öffentlicher Kontrolle unterworfen werde [177]. Die zu beurteilende Reglementierung des Milchmarktes sei gerechtfertigt, um den Landwirten ein gewisses Mindesteinkommen und den Konsumenten gesunde Milch zu sichern.

5. Due Process nach 1937

Im Jahre 1937 wurde die Laissez-Faire-Ideologie endgültig als Verfassungsmaßstab auch für Arbeitsgesetzgebung aufgegeben. Maßgeblich war, daß *Roberts* die Stellung wechselte; die bisherige 5:4-Mehrheit im Supreme Court gegen den New Deal wurde nunmehr zur Minderheit [178].

In der ersten, Ende März 1937 getroffenen Entscheidung der neuen Mehrheit wurde ein Mindestlohngesetz für Frauen für verfassungsmäßig erklärt [179]. Unter ausdrücklicher Aufgabe der Adkins-Entscheidung [180] wird hier betont, die von der Verfassung geschützte Freiheit sei die Freiheit in einer gesellschaftlichen Organisation und im Rahmen des Due Process der Regulierung durch das Gesetz unterworfen. Due Process sei aber jede Regelung, die bestimmt sei, den Interessen des Gemeinwesens zu dienen und in einem vernünftigen Verhältnis zu diesem Zweck stehe. Das Gericht stellt dann auf die schlechtere Verhandlungsposition des Arbeitnehmers und die daraus resultierenden sozialen Folgen ab, die ein Einschreiten der Police Power rechtfertigten. – Die in der Minderheit verbliebenen Richter wiederholen demgegenüber ihre Argumentation aus den vor 1937 gefällten Entscheidungen.

---

[177] Damit bestätigte er den Dissent des Richters *Field* in *Munn v. Illinois* (siehe oben S. 128), allerdings ohne dessen Intentionen zu teilen.
[178] Vgl. dazu *Manfred Weiss*, Die Theorie der richterlichen Entscheidungstätigkeit in den Vereinigten Staaten von Amerika, Frankfurt 1971, S. 83 ff.
[179] *West Coast Hotel Co. v. Parish*, 300 US 379.
[180] 261 US 525; siehe oben S. 153.

In der wenig später ergangenen Entscheidung *National Labor Relations Board v. Jones and Laughlin Steel Co.*[181] ging es um die Verfassungsmäßigkeit des National Labor Relations Act von 1935. Die nationale Arbeitsbehörde hatte bei dem beklagten Stahlkonzern eine Diskriminierung von Gewerkschaftsmitgliedern festgestellt und ihn aufgrund des Bundesgesetzes zur Wiedereinstellung von zehn entlassenen Arbeitern, Nachzahlung der Löhne und Unterlassung weiterer Diskriminierungen aufgefordert. Das Hauptgewicht der von Chefrichter *Hughes* begründeten Mehrheitsmeinung liegt bei der Frage der Bundeszuständigkeit. Es mußte dargestellt werden, inwieweit die gesetzliche Regulierung industrieller Arbeitsbeziehungen mit dem Interstate Commerce zu tun habe, da der Bund sich allein auf die Commerce Power stützen konnte[182]. Im Hinblick auf das 5. Amendment stellt der Supreme Court nunmehr dem im Eigentum verfassungsrechtlich verankerten Recht, ein Unternehmen frei von willkürlichen Beschränkungen führen zu können, das korrelative Recht der Arbeiter gegenüber, sich zur Beseitigung von Beschwerden und zur Förderung von Kollektivverträgen zu organisieren[183]. Nur mit Hilfe ihrer Organisationen könnten sich Arbeiter eine gleiche Verhandlungsbasis verschaffen. Ihr Recht, sich zu organisieren und zur Verfolgung gesetzmäßiger Zwecke Vertreter zu wählen, sei ebenso klar, wie das Recht des Unternehmers, sein Unternehmen zu organisieren und Vorgesetzte und Bevollmächtigte zu bestellen. Es sei eine legitime Aufgabe des Gesetzgebers, das Koalitionsrecht der Arbeiter vor ungerechten Eingriffen zu schützen. – Die vier dissentierenden Richter beriefen sich demgegenüber auf die Argumentation der Entscheidungen Adair v. United States und Coppage v. Kansas, wonach gesellschaftliche Ungleichheit eine notwendige Folge des Privateigentums sei und ihr Ausgleich für sich

---

[181] 301 US 1 (April 1937).

[182] Vgl. zu dieser Frage *Ehmke* a. a. O. (Fn. 39) S. 143.

[183] 301 US 43 "Employees have their correlative right to organize for the purpose of securing the redress of grievances and to promote agreements with employers relating to rates of pay and conditions of work."

genommen nicht die Einschränkung von Eigentumsrechten legitimiere [184].

Dieser Dissent war indessen der Abgesang einer Argumentationsweise, die seither in der Rechtsprechung des Supreme Court nicht mehr aufgetaucht ist. Knapp vier Jahre später, in *United States v. Darby* [185], erklärte der Supreme Court ohne Dissent die im Fair Labor Standard Act von 1938 enthaltenen bundeseinheitlichen Bestimmungen über Mindestlöhne und Maximalarbeitszeit für verfassungsmäßig. Ein Verstoß gegen das 5. Amendment sei insofern nicht länger "open to question". Kurz darauf erklärte der Supreme Court noch einmal ausdrücklich, Adair v. United States u. Coppage v. Kansas für überholt; diese Entscheidungen seien "sapped of their authority" [186].

Es liegt eine gewisse Ironie darin, daß sich später die Gewerkschaften vor dem Supreme Court auf das Laissez-Faire-Verständnis der Due-Process-Formel beriefen, um Gesetze zu Fall zu bringen, die nunmehr den Unternehmern verboten, Nicht-Mitglieder der Gewerkschaften zu diskriminieren oder mit Gewerkschaften die ausschließliche Einstellung Organisierter (Closed shop) zu vereinbaren. Mit spürbarem Behagen erläutert der Supreme Court noch einmal [187], das Due-Process-Verständnis der Allgeyer-Lochner-Adair-Coppage-Entscheidungslinie sei überwunden. Ebensowenig wie es gegen den Due Process verstoße, das Eigentümerbelieben des Unternehmers durch das Verbot der Benachteiligung von Gewerkschaftsmitgliedern einzuschränken, werde der Due Process durch das Verbot verletzt, zugunsten von Gewerkschaftsmitgliedern andere Arbeitnehmer zu benachteiligen. Der Kongreß und die einzelstaatlichen Legislativen seien frei, Gesetze gegen von ihnen für schädlich gehaltene Verhältnisse in Geschäftswelt und Industrie zu erlassen; die Due-Process-Formel werde nicht mehr

---

[184] 301 US 101 ff.

[185] 312 US 100 (1941).

[186] *Phelps Dodge Corp. v. National Labor Rel. Board,* 313 US 177, 187 (1941).

[187] *Lincoln Fed. Labor Union v. Northwestern Iron & Metal Co.,* 335 US 525, 533 ff. (1949).

als Zwangsjacke der Gesetzgebung ausgelegt. Richter *Frankfurter* nahm in seiner Concurring Opinion Gelegenheit, das überwundene Due-Process-Verständnis dahin zu charakterisieren, es habe Adam Smith beherzigt, als ob er seine Thesen auf dem Sinai empfangen habe. Gegenüber dem Argument aus der Koalitionsfreiheit bemerkt er, Gewerkschaften seien ebensowenig wie industrielle oder finanzielle Machtzusammenballungen der öffentlichen Kontrolle entzogen [188].

6. Haus- und Grundeigentum

Seine größte Durchschlagskraft entfaltete der Due Process auf dem Gebiet der Wirtschaftsregulierung. Daneben hatte er allerdings auch erhebliche Bedeutung für die Regulierung der Bodennutzung.

Bautätigkeit und andere Bodennutzungen einschränkende Vorschriften wurden bis in die jüngste Vergangenheit in erster Linie zum Schutz der öffentlichen Gesundheit, Sicherheit und Moral akzeptiert [189]. Fraglich war, ob die Bodennutzung von den öffentlichen Gemeinwesen auch unter ästhetischen Gesichtspunkten reguliert werden dürfe. Dazu erklärte der Supreme Court in einer die Beseitigung von Slums betreffenden Entscheidung aus dem Jahre 1954 [190], der den Einsatz der Police Power legitimierende Begriff des Public Welfare sei "broad and inclusive". Die darin einbegriffenen Werte seien sowohl geistig als physisch, ästhetisch als monetär. Die Gesetzgebung sei zu der Entscheidung befugt, daß das Gemeinwesen sowohl schön als gesund, weiträumig ebenso wie sauber, harmonisch ebenso wie unter sorgfältigem polizeilichem Schutz sein solle.

Gegenüber dieser weiten gesetzgeberischen Befugnis, die einen vorgegebenen Bereich des Eigentümerbeliebens nicht anerkennt, bedeutet der Due Process nur noch die Möglichkeit, die Gerichte

---

[188] 335 US 543 ff.
[189] Aufgrund der Entscheidung *Thomas Cusack Co. v. Chicago*, 242 US 526 (1917); vgl. dazu *Schwartz* a. a. O. (Fn. 84) S. 221 ff.
[190] *Berman v. Parker*, 348 US 26, 33 (1954).

gegen gesetzgeberische Willkür oder Korruption anzurufen [191]. Von der Verfassung des Bundes her sind daher die Gesetzgeber in ihrer sozialpolitischen Zielsetzung keiner Einschränkung mehr unterworfen. Ein engeres Verständnis macht sich allerdings in der Verfassungsrechtsprechung einiger Gliedstaaten bemerkbar, wo noch um die Zulässigkeit ästhetischer Zielsetzungen diskutiert wird [192]. Hierbei handelt es sich jedoch, nach allem für den transatlantischen Beobachter Erkennbaren, um letzte Gefechte.

VIII. *Regulierung und Enteignung*

Die Enteignung unterscheidet sich nach amerikanischem Verfassungsrecht von der Regulierung im Tatbestand dadurch, daß sie eine „Wegnahme" (taking) von Eigentum voraussetzt, dem als Rechtsfolge die Entschädigungspflicht entspricht [193]. Die Abgrenzung von Regulierung und Enteignung hat eben wegen dieser unterschiedlichen Rechtsfolge schon früh die amerikanische Rechtsprechung beschäftigt. Die Enteignung wurde zur absoluten Grenze des eigentumsregulierenden Gesetzgebers.

1. Preisregulierung und Konfiskation

Diese Argumentation tauchte zuerst im Zusammenhang mit der Preisregulierung auf. In den *Mississippi-Railroad-Commission*-Fällen [194] – es ging um ein Gesetz, das einer staatlichen Kommission die Regulierung von Eisenbahntarifen übertrug – erklärte Chefrichter *Waite* im Jahre 1886, die Befugnis zu regulieren sei

[191] Vgl. *Schwartz* a. a. O. (Fn. 84) Nr. 277 S. 60 ff.
[192] Vgl. *Schwartz* Nr. 317 S. 228 f.
[193] Im Anschluß an die Due-Process-Klausel heißt es im 5. Amendment: "nor shall private property be taken for public use, without just compensation."
[194] *Stone v. Farmers Loan & Trust Co.*, 116 US 307; *Stone v. Illinois C. R. Co.* 116 US 347; *Stone v. New Orleans & N. E. R. Co.* 116 US 352.

nicht die Befugnis zu zerstören. Unter dem Vorwand, Fahrpreise oder Frachten zu regeln, dürfe der Staat nicht von einer Eisenbahngesellschaft kostenlose Beförderung von Personen oder Gütern fordern; noch könne er tun, was rechtlich auf die Inanspruchnahme von Privateigentum für den öffentlichen Gebrauch ohne gerechte Entschädigung oder ohne Due Process of Law hinauslaufe [195]. Nach dieser Rechtsprechung durfte der Staat zwar Tarife regulieren; er lief jedoch dabei Gefahr, daß seine Regulierung vor den Gerichten als entschädigungslose Enteignung oder Konfiskation angegriffen wurde [196]. Unter der Due-Process-Klausel wurde darüber hinaus gefordert, die Tarife müßten einen gerechten Ertrag auf das investierte Kapital ermöglichen [197]. Der Enteignungsgesichtspunkt wurde so zu einer äußeren Begrenzung der subtileren Due-Process-Probe.

Für die Gerichte begann damit, wie *Ehmke* schreibt, die Zeit der Buchprüfung und der angewandten Betriebswirtschaftslehre [198]. Es gelang ihnen allerdings nicht, einen Maßstab für den gerechten Ertrag zu finden, bis schließlich der Supreme Court anerkannte, auch die Tarifregulierung könne, wie andere Ausübungen der Police Power, den Wert des betroffenen Eigentums schmälern [199]. Die Abgrenzung zur Enteignung blieb dabei allerdings offen [200].

2. Öffentliche Indienstnahme von Grundstücken

Auch bei Grundstücken emanzipierte sich der verfassungsrechtliche Enteignungstatbestand von dem Ausgangsmodell der zwangsweisen und rechtsförmlichen Übertragung von Volleigentum.

---

[195] 116 US 307, 331.
[196] Vgl. *Dow v. Beidelmann*, 125 US 680, 690 f.
[197] *Smyth v. Ames*, 169 US 466 (1898).
[198] Wirtschaft und Verfassung S. 303 Fn. 435.
[199] *Federal Power Commission v. Hope Natural Gas Co.*, 320 US 591, 601 (1944).
[200] Zur weiteren Entwicklung der Maßstäbe für die Preisregulierung *Ehmke* a. a. O. (Fn. 39) S. 303 ff., 418 ff.; *Schwartz* a. a. O. (Fn. 84) Nr. 289, insb. S. 110 f.

Den Beginn dieser Entwicklung bezeichnet eine Entscheidung aus dem Jahre 1922 [201]; die Eigentümer eines als Erholungsgebiet ausgebauten Küstenstreifens hatten auf Entschädigung geklagt, weil auf einem angrenzenden Gelände eine Küstenschutzbatterie angelegt worden war, deren Schußfeld über das Erholungsgebiet hinwegging und dieses durch gelegentliche Probeschüsse beeinträchtigt wurde. Die Mehrheit des Supreme Court hielt es in dieser nur der Rechtsfrage gewidmeten Entscheidung nicht für ausgeschlossen, daß faktisch eine Dienstbarkeit begründet worden sei und damit ein "taking" i. S. des 5. Amendments vorlag. Als Voraussetzung wurde allerdings festgehalten, daß die beteiligten Beamten und Offiziere zur Begründung der Dienstbarkeit befugt waren. In seinem ausführlichen Dissent betonte *Brandeis* den alten Common-Law-Grundsatz, wonach das politische Gemeinwesen weder für unerlaubte Handlungen noch für eine Überschreitung der Befugnisse seitens seiner Beamten oder Bevollmächtigten hafte.

Der Ansatz der Mehrheitsmeinung wurde weiter entwickelt. In *United States v. Causby* [202] wurde aus der Verfassung ein Entschädigungsanspruch für den Besitzer einer Hühnerfarm hergeleitet, der seinen Betrieb wegen des Lärms der auf einem nahen Militärflugplatz landenden und startenden Flugzeuge einstellen mußte und dessen Haus aus dem gleichen Grund fast unbewohnbar war. Nach Ansicht des Gerichtes waren das nicht lediglich Schäden als Folge hoheitlicher Maßnahmen, sondern eine hoheitliche Indienstnahme des zum Eigentum gehörenden Luftraumes über dem Grundstück. Zwar reiche das Grundeigentum nicht mehr ad coelum, seit der Luftraum durch die Luftverkehrsgesetzgebung dem Verkehr geöffnet wurde. Beeinträchtigungen durch Flugverkehr in der für den Überlandflug vorgeschriebenen Flughöhe seien daher hinzunehmen. Das häufige und niedrige Überfliegen eines Grundstücks könne aber, wie hier, einen direkten und unmittelbaren Eingriff in die Grundstücksnutzung darstellen und damit aufgrund der Verfassung entschädigungspflichtig sein. Dem stehe

---

[201] *Portsmouth Harbor Land & Hotel Co. v. United States*, 260 US 327.
[202] 328 US 256 (1946).

nicht entgegen, daß auch die den Kläger beeinträchtigenden Flüge sich im Rahmen der nationalen Luftfahrtvorschriften, nämlich der besonderen Regeln für den Start- und Landeanflug, gehalten hätten. Denn diese Vorschriften richteten sich nur an den Flugzeugführer, umschrieben aber nicht die untere Grenze des dem Luftverkehr gewidmeten Raumes. Wären auch sie als Einschränkung des Grundeigentums zu verstehen, so hätte die Frage der Verfassungsmäßigkeit gestellt werden müssen [203]. In seinem Dissent vermerkte Richter *Black* die Künstlichkeit der Unterscheidung zwischen Überlandflug und dem Starten und Landen auf einem Flughafen vom Standpunkt des Luftverkehrsrechtes und plädierte dafür, einer gesetzlichen Regelung von Entschädigungsansprüchen nicht durch die unmittelbare Anwendung der Verfassung vorzugreifen und damit die politische Lösung zu präjudizieren.

Die Mehrheitsmeinung wurde indessen bestätigt in *Griggs v. County of Allegheny* [204]. Die auf Entschädigung verklagte Gemeinde hatte mit Unterstützung der Vereinigten Staaten einen Verkehrsflughafen angelegt. Die untere Grenze der Einflugschneise lag nur wenige Meter über dem Dach des dem Kläger gehörenden Hauses. Der durch den starken Flugverkehr verursachte Lärm machte das Haus fast unbewohnbar und hatte bereits zu Gesundheitsschäden der Bewohner geführt. Das Gericht erkannte auf Entschädigung, weil hier, wie im Causby-Fall, ein Wegerecht für startende und landende Flugzeuge im notwendig zum Grundeigentum gehörenden Luftraum „genommen" worden sei. – Der Dissent der Richter *Black* und *Frankfurter* betraf ausdrücklich nicht mehr das ob der Entschädigung; sie meinten allerdings, die Vereinigten Staaten, nicht die Gemeinde, seien zur Entschädigung verpflichtet, weil die Anlage des Flugplatzes der bundesstaatlichen Genehmigung unterlag und er für den kontinentalen Verkehr bestimmt war.

Im Zusammenhang mit Flußregulierungen hatte der Supreme Court wiederholt über die Entschädigung unter Enteignungsgesichtspunkten wegen der Beeinträchtigung anliegender Ländereien zu

---

[203] 328 US 263.
[204] 369 US 84 (1962).

entscheiden. Ländereien unterhalb der Hochwassermarke sind nach seiner Rechtsprechung mit einer Dienstbarkeit zugunsten der Schiffahrt belastet, so daß ihre dauernde Überflutung bei einer Anhebung des Wasserspiegels nicht entschädigt werden muß [205]. Die Überflutung von Land oberhalb der bisherigen Hochwassermarke sowie eine dadurch hervorgerufene Abspülung weiteren Landes sind hingegen entschädigungspflichtig [206]. In der bereits erwähnten, insoweit nicht unproblematischen Entscheidung United States v. Kansas City Life Ins. Co. wird dem die Zerstörung des landwirtschaftlichen Wertes von an einem Nebenarm des regulierten Flußlaufes gelegenen Ländereien durch Erhöhung des Grundwasserspiegels gleichgestellt [207].

3. Zerstörung sonstiger Rechte

Enteignungsfähig sind nicht nur das volle Eigentumsrecht an einer Sache, sondern auch Ausschnitte davon. Das ist anerkannt für das Mietrecht [208] und seit *Armstrong v. United States* [209] auch für das Pfandrecht. Ein Zulieferer hatte sein Pfandrecht an einem Schiffsbauwerk dadurch verloren, daß den Vereinigten Staaten als Auftraggeber das Eigentum an dem Bauwerk von der in Zahlungsschwierigkeiten geratenen Werft übertragen wurde. Wie der Supreme Court ausführt, stand nach einer Regel des amerikanischen Rechtes die souveräne Immunität des Staates der Geltendmachung des bis dahin bestehenden Pfandrechtes entgegen. Eine Mehrheit von fünf Richtern sah die „Zerstörung" des Pfandrechtes infolge der – aufgrund vertraglicher Rechte erfolgten – Übernahme des

---

[205] *United States v. Kansas City Life Ins. Co.*, 339 US 799 (1950) mit zahlreichen Nachweisen. In der Argumentation finden sich Parallelen mit der bundesrepublikanischen Rechtsprechung zur Situationsgebundenheit. Siehe unten S. 303.

[206] *United States v. Dickinson*, 331 US 745 (1947).

[207] Vgl. dazu den Dissent der vier Richter *Douglas, Black, Reed* und *Minton*, 339 US 812.

[208] *United States v. General Motors Co.*, 323 US 373 (1945).

[209] *Armstrong v. United States*, 364 US 40 (1960).

Schiffsbauwerkers als entschädigungspflichtige Enteignung an, unabhängig davon, ob die Regierung bei der Übernahme das Pfandrecht überhaupt bedacht hatte und zum Erlöschen bringen wollte. Als ergänzendes Argument wird der Zweck des 5. Amendments dahin interpretiert, die Regierung daran zu hindern, einigen Personen allein öffentliche Lasten aufzuerlegen, die fairer- und gerechterweise von der gesamten Öffentlichkeit getragen werden sollten.

4. Abgrenzung

Nach der Rechtsprechung des Supreme Court liegt das Wesen der Enteignung mehr in dem Verlust des früheren Eigentümers als im Erwerb eines Rechtes seitens des Gemeinwesens. Eingriffe unterhalb des Titel- oder Besitzerwerbs sind daher als Enteignung angesehen worden, wenn ihre Wirkung so weitgehend war, daß der Eigentümer alle oder die meisten Interessen an dem Gegenstand verlor [210]. In diese Regel wird auch von der neueren Rechtsprechung ausdrücklich die gesetzliche Regulierung einbegriffen, „falls sie den Eigentümer wie eine Wegnahme belastet" [211]. Wesentlicher Gesichtspunkt ist daneben die Gleichheit vor den öffentlichen Lasten [212].

5. Mißbilligtes Eigentum

Von der Entschädigungspflicht unter Enteignungsgesichtspunkten gibt es eine wichtige Ausnahme: Falls die hoheitliche Maßnahme bezweckt, eine bestimmte Eigentumsnutzung oder das Eigentumsrecht an bestimmten Gegenständen unter übergeordneten Gesichtspunkten des Gemeinwohls überhaupt zu unterbinden, wird die Anwendung der Entschädigungsklausel in der neueren Rechtsprechung ausnahmslos abgelehnt.

---

[210] *United States v. General Motors Co.*, 323 US 373, 378.
[211] *Goldblatt v. Town of Hempstead*, 369 US 590 (1962).
[212] *Armstrong v. United States,* siehe Fn. 209.

Ein Beispiel von historischer Dimension, das allerdings insoweit keinen Niederschlag in der Rechtsprechung gefunden hat, ist die Sklavenbefreiung. Der US-Supreme Court hatte noch 1857 in der berüchtigten *Dred-Scott*-Entscheidung [213] das Eigentum an Sklaven wie jedes andere Eigentum unter den Schutz der Verfassung gestellt. Nachdem im Bürgerkrieg ausgefochten worden war, daß es ein Eigentum an Menschen nicht geben darf, wurde ausdrücklich mit dem 13. Amendment das Sklavereiverbot in die Verfassung aufgenommen. In Sektion 4 des 14. Amendments wurde ergänzend den Staaten untersagt, Entschädigung für die Emanzipation von Sklaven zu leisten.

Prohibitionsgesetze, die die Herstellung, den Vertrieb und sogar den privaten Besitz von Alkoholika entschädigungslos verboten, wurden vom Supreme Court als mit dem 14. Amendment vereinbar erklärt. Richter *Harlan* führte dazu für das Gericht in der noch heute gültigen Leitentscheidung *Mugler v. Kansas* [214] aus: Derartige Verbote hätten nichts mit dem Enteignungsrecht zu tun. Das Eigentumsrecht schütze nur einen gesetzmäßigen Gebrauch. Das Gemeinwesen könne nicht mit einer Entschädigungspflicht belastet werden, wenn es Eigentümern verbiete, ihr Eigentum zum Schaden der Allgemeinheit zu verwenden. Die Zerstörung von Eigentum, das eine "public nuisance" darstelle, sei nicht mit der Wegnahme von Eigentum für den öffentlichen Gebrauch zu verwechseln. Diese und spätere Entscheidungen [215] stellen auf die Police Power im engeren Sinne als Befugnis zum Schutz der öffentlichen Gesundheit, Moral und Sicherheit ab. Dem entspricht die Kennzeichnung der konfiszierten Alkoholika als "public nuisance".

In der Entscheidung *Pennsylvania Coal v. Mahon* [216] erklärte der Supreme Court, auch bei sonst zulässigem Einsatz der Police Power bestehe eine Grenze hinsichtlich der dadurch hervorgeru-

---

[213] *Scott v. Sandford*, 19 How. 393.
[214] 123 US 623 (1887).
[215] *Samuels v. McCurdy*, 267 US 188 (1925). Vgl. auch *Schwartz* a. a. O. (Fn. 84) S. 62 ff., 68 ff. u. 88.
[216] 260 US 393 (1922).

fenen Wertminderung. Es ging um ein Gesetz des Staates Pennsylvania, das den Kohleabbau verbot, sofern er Gebäude an der Erdoberfläche gefährdete, auch wenn das Bergbauunternehmen ausdrücklich das Recht erworben hatte, den Bergbau unter Zerstörung der Oberflächenstruktur zu betreiben. Richter *Holmes* erklärte für das Gericht: Bis zu einem gewissen Maß stehe der Eigentumswert unter dem Vorbehalt der Police Power. Wenn die Wertminderung diese Grenze überschreite, müsse aber in den meisten, wenn nicht in allen Fällen die mit einer Entschädigung verbundene Enteignungsgewalt eingesetzt werden. Das Gesetz sei verfassungswidrig, soweit es den Kohleabbau unter Straßen oder Ortschaften betreffe, wo das Abbaurecht ausdrücklich eingeräumt wurde. – Richter *Brandeis* trat dieser Argumentation in seinem Dissent nachdrücklich entgegen: Er stellte ab auf die Gefährdung der öffentlichen Wohlfahrt durch den verbotenen Kohleabbau. Die Ausübung der betroffenen Rechte würde eine public nuisance bedeuten. Der Grad ihrer Wertminderung könne nicht maßgeblich sein, weil er zu relativ sei. Die verfassungsrechtliche Einordnung könne nicht davon abhängig sein, ob die Regelung nur einen winzigen Teil eines noch abzubauenden Kohleflözes oder aber den Rest eines bereits abgeräumten Flözes und damit den vollen Wert des diesbezüglichen Abbaurechtes betreffe. Später wurde der Wertverlust nicht mehr zur Abgrenzung von Regulierung und Enteignung herangezogen [217].

Im Fortschreiten seiner Rechtsprechung löste sich der Supreme Court von dem alten Common-Law-Gesichtspunkt der "public nuisance". In *Miller v. Schoene* [218] stand die Verfassungsmäßigkeit eines Gesetzes des Staates Virginia in Frage. Nach diesem Gesetz sollten alle Rotzedern, die nicht mehr als zwei Meilen von Apfelplantagen entfernt standen, gefällt werden, weil sie als Zwischenwirt eines Apfelschädlings erkannt worden waren. Der Eigentümer eines Besitzes mit zahlreichen Rotzedern sah darin eine entschädigungslose Enteignung. Der Supreme Court wies das zurück.

---

[217] Vgl. dazu *Joseph L. Sax*, Takings and the Police Power, Yale Law Journal, vol. 74, 36, 37 (1964).
[218] 276 US 272 (1928).

Es komme nicht darauf an, ob die zu fällenden Rotzedern als Nutzholz oder zur Verschönerung gepflanzt worden seien. Unerheblich sei ferner, daß die Zedern selbst durch den Schädling in keiner Weise beeinträchtigt würden. Entscheidend sei, daß der Staat zwischen zwei Arten von Eigentum habe wählen müssen; durch seine Entscheidung für den Schutz der Apfelplantagen, die er für volkswirtschaftlich wichtiger halte, habe er die Grenzen der Police Power nicht überschritten. Es komme daher nicht darauf an, ob die Zedern eine public nuisance im traditionellen Sinne seien.

In *United States ex Relation T.V.A. v. Powelson* [219] wurde dann als allgemeines Prinzip hervorgehoben, daß in Ausübung der Police Power Werte zerstört oder vermindert werden können, ohne daß der Verlust entschädigt werden muß. In *Goldblatt v. Town of Hampstead* [220] bezeichnete es der Supreme Court zwar wiederum als eine offene Frage, wieweit die Eigentumsregulierung den Wert des betroffenen Eigentums vermindern dürfe, bevor sie zur Enteignung werde. Die streitige Town Ordinance, die den weiteren Betrieb einer Kiesgrube unterband, hielt er indessen für eine verfassungsmäßige Ausübung der Police Power, da ihr Zusammenhang mit Sicherheitsgesichtspunkten hinreichend dargelegt sei.

IX. Eigentum und Steuern

Auch vor 1937 war der Supreme Court bei der verfassungsrechtlichen Prüfung von Steuergesetzen im Hinblick auf Auswirkungen auf die Eigentumsordnung äußerst zurückhaltend. Weder dem gesetzgeberischen Zweck noch dem Ausmaß der Steuer waren und sind Grenzen gesetzt.

Neben- oder Hauptzweck eines auf die Steuerkompetenz gestützten Gesetzes kann nach durchgehender Rechtsprechung des Supreme Court die Einwirkung auf gesellschaftliche und ökono-

---

[219] 319 US 266, 284 (1948).
[220] 369 US 590, 594 (1962). Dazu *Sax* a. a. O. (Fn. 217) S. 42 f.

mische Prozesse sein [221]. Der Intensität dieser Einwirkung sind keine Grenzen gesetzt; sie kann so weit gehen, eine bestimmte wirtschaftliche Aktivität völlig zu unterbinden und Vermögenswerte zu zerstören. Nach *Marshalls* berühmtem Ausspruch, der Gültigkeit behalten hat, liegt in der Steuergewalt auch die "power to distroy" [222].

Zur Illustration mag hier die Entscheidung *Magnano Co. v. Hamilton* [223] dienen, die im Jahre 1934 erging, als die Kontrolle der auf Commerce Clause oder Police Power gestützten Wirtschaftsregulierung unter den Vorzeichen des Wirtschaftsliberalismus hoch im Kurs stand. Es ging um ein Gesetz des Staates Washington, das allen Butter-Substituten eine Verkaufssteuer von 15 Cent per pound auferlegte und zusätzlich vom Verkäufer ein recht umständliches Verfahren der Steuererklärung und Abrechnung verlangte. Die klagende Firma hatte seit Jahren in diesem Staat eine bestimmte Margarine vertrieben und machte geltend, sie sei durch die Einführung der Steuer zur Aufgabe ihres Geschäftes gezwungen worden. Das war indessen nach dem Urteil des Supreme Court unter dem in den Vordergrund gestellten Due-Process-Gesichtspunkt unerheblich. Nur wenn ein Gesetz so willkürlich sei, daß es nicht mehr Ausübung der Steuergewalt sei, sondern in Wesen und Wirkung als Ausübung einer anderen und verbotenen Gewalt, etwa als Konfiskation erscheine, sei der Due Process verletzt. Parallel mit der Steuererhebung verfolgte Zwecke und Absichten seien unerheblich. Auch die Einschränkung oder Zerstörung besonderer Betätigungen oder Unternehmungen durch eine Steuer sei nicht verfassungswidrig, es sei denn, die Form der Steuer sei lediglich eine Verschleierung, um eine nicht vorhandene Kompetenz zu usurpieren. Das letzte könne hier nicht festgestellt werden. Der Supreme Court vermeidet es allerdings, näher auf den

---

[221] Vgl. dazu und zum folgenden *Ehmke* a. a. O. (Fn. 39) S. 161 ff. und *Schwartz* a. a. O. (Fn. 84) Teil I Nr. 53–55 und Teil II Nr. 342 S. 307 ff.

[222] In der bundesstaatlichen Kompetenzfragen gewidmeten Entscheidung *McCulloch v. Maryland*, 4 Wheat. 316 (1819).

[223] 292 US 40.

Zweck der Steuer einzugehen, obwohl das hier nahegelegen hätte, da die Kläger vortrugen, die Steuer diene allein dem Vorteil von Produzenten und Verteilern von Milchprodukten, nicht aber der Einnahmeerzielung, weil sie den besteuerten Verkaufsvorgang unterbinde.

In *United States v. Kahriger* [224] erklärte der Supreme Court, ein Steuergesetz sei nicht deshalb unwirksam, weil es die besteuerte Tätigkeit entmutige oder von ihr abschrecke und nur minimale Einkünfte erbringe. Es ging hier um ein Gesetz gegen private Wettbüros. Es sei axiomatisch, führt der Supreme Court aus, daß der Kongreß eine ausgedehnte Steuerbefugnis habe, die mit vernichtender Wirkung auf Unternehmungen falle, die er als unnötig oder schädlich für die öffentliche Wohlfahrt ansehe.

Der Supreme Court war eher bereit, eine Steuer wegen Verletzung des Gleichbehandlungsgebotes aufzuheben, auf das nach dem 14. Amendment die Einzelstaaten (nicht aber der Bund) verpflichtet sind. Bezeichnend dafür ist die Entscheidung *Stewart Dry Goods Co. v. Lewis* [225], in der eine progressive Verkaufssteuer als mit dem Gleichheitssatz unvereinbar erklärt wurde [226], der Gerichtshof aber gleichzeitig betonte, daß es dafür nicht auf die Höhe der Steuer ankomme. Derjenige täusche sich, der annehme, dieses Gericht könne einer Steuer entgegentreten, wenn es einmal zur Ansicht gelange, die Steuerlast sei unerträglich bedrückend geworden.

Eine früher wichtige Schranke der Steuergewalt, daß die von der Steuer eingebrachten Mittel für einen öffentlichen Zweck bestimmt sein müßten [227], hat ihre Bedeutung verloren, da parallel mit der Entwicklung der Police Power stetig neue Aufgaben als öffentlich anerkannt wurden [228]. So hat das Gericht schon vor 1937 Steuererhebungen zugelassen, deren Zweck es war, einen städtischen Kohlenhof zu unterhalten [229] oder gemeinnützige Ein-

---

[224] 345 US 22 (1953).
[225] 294 US 550 (1935).
[226] Gegen den Dissent von *Cardozo, Brandeis* und *Stone*.
[227] *Loan Association v. Topeka,* 20 Wall. 655 (1875).
[228] Vgl. *Schwartz* a. a. O. (Fn. 84) Teil I 1. Bd. Nr. 55 S. 160 ff.
[229] *Jones v. Portland,* 245 US 217 (1917).

richtungen in Gestalt von Getreidelagerhäusern, Wohnsiedlungen usw. zu schaffen [230].

X. Förmliche Enteignung

Das Recht der förmlichen Enteignung war und ist im amerikanischen Verfassungsrecht nicht annähernd so umstritten, wie Eigentumsregulierung und Steuererhebung. Das müßte an sich überraschen, wenn man die Rechtfertigung des Eigentums vorwiegend in der Beziehung des Eigentümers zu einer konkreten Sache sieht, denn in diese Beziehung wird durch die Enteignung viel radikaler eingebrochen als durch eine Nutzungsregulierung oder Steuererhebung. Freilich stand dieser personale Aspekt des Eigentums in den Vereinigten Staaten nie im Vordergrund. Für das marktwirtschaftliche Denken, unter dem Nordamerika von vornherein angetreten war, ist Eigentum vor allem durch seinen Ertragswert und seine Veräußerlichkeit gekennzeichnet. Unter dem Wertaspekt ist die Enteignung als eine Art Zwangskauf vergleichsweise irrelevant; das Problem liegt dann nur in der Höhe der Entschädigung.

Die Enteignungsgewalt [231] hat nach amerikanischem Verfassungsrecht der Gesetzgeber. Sie kann aber an staatliche und kommunale Behörden in mehr oder weniger weitgefaßten gesetzlichen Ermächtigungen delegiert werden. In gewissem Umfang ist auch die Übertragung des Enteignungsrechtes an Organisationen des Privatrechtes zulässig, sobald sie öffentlichen Zwecken dienen [232].

Die gerichtliche Kontrolle einer durch Gesetz oder auf gesetzlicher Grundlage durchgeführten Enteignung steht materiellrechtlich unter zwei Aspekten: Die Enteignung muß einem öffentlichen Zweck dienen (1) und mit einer gerechten Entschädigung verbunden sein (2).

(1) Die Enteignungsklausel des 5. Amendments, die entsprechend auf das 14. Amendment angewendet wird, stellt auf die Wegnahme

[230] *Green v. Frazier*, 253 US 233 (1920).
[231] Power of eminent domain oder condemnation of property.
[232] Vgl. *Paul G. Kauper*, State and Private Property in American Law, in: Staat und Privateigentum, Köln 1960, S. 178 ff.

von Eigentum "for public use" ab. Bis zum Ende des 19. Jahrhunderts war zweifelhaft, ob danach die Enteignung nur für den öffentlichen Gebrauch (use by the public) zulässig sei. Seit langem ist indessen entschieden, daß jeder öffentliche Zweck die Enteignung rechtfertigen kann. Unter diesem Vorzeichen hat sich die Enteignungsbefugnis als Hilfsmittel der Police Power mit dieser zusammen entwickelt [233]. Für jede Maßnahme im Interesse der öffentlichen Wohlfahrt kann als Hilfsmittel die Enteignungsgewalt herangezogen werden. Das gilt auch zugunsten kultureller und ästhetischer Zwecke, ohne daß in irgendeiner Weise eine Präferenz zugunsten bestehenden Eigentums bestände [234].

In einem Dissent aus dem Jahre 1837 hatte Richter *Story* eine Schranke der Enteignungsgewalt dahin formuliert, sie dürfe nicht dazu eingesetzt werden, um A sein Eigentum zu nehmen und es B zu übertragen [235]. Diese Ansicht ist durch die spätere Entwicklung widerlegt worden. Schon seit langer Zeit ist die Enteignung zugunsten juristischer Personen des Privatrechtes anerkannt, sofern sie öffentliche Dienstleistungen darbieten [236]. Enteignungen zugunsten des Bergbaues, der Holzindustrie oder für die Bewässerung privater Grundstücke wurden ebenfalls anerkannt [237]. Im Rahmen der Sanierung von Slums können enteignete Grundstücke an Bauwillige übertragen werden, die bereit sind, sie entsprechend dem Sanierungsplan zu nutzen [238]. Schließlich ist auch die Enteignung zugunsten von Unternehmungen im Rahmen einer Industrieansiedlung zugelassen worden [239].

Im Ergebnis läuft diese Entwicklung darauf hinaus, daß eine Enteignung durchgeführt werden darf, um den Gegenstand des Rechtes einer Nutzung zuzuführen, die nach dem Urteil der zuständigen politischen Instanzen für das Gemeinwesen wertvoller ist als die bisherige Nutzung. Wer dann neuer Rechtsträger wird,

---

[233] *Schwartz* a. a. O. (Fn. 84) Nr. 323 S. 243 f.; *Kauper* S. 179.
[234] *Berman v. Parker*, 348 US 26, 33 (1954).
[235] *Charles River Bridge v. Warren Bridge,* 11 Pet. 420, 642.
[236] *Schwartz* S. 252, 237 f.
[237] *Schwartz* S. 252.
[238] *Berman v. Parker*, siehe Fn. 234.
[239] *Schwartz* S. 253 f.

eine juristische Person des öffentlichen oder des privaten Rechts, ist nach Ansicht des Supreme Court eine Frage der Zweckmäßigkeit, die von den politischen Instanzen zu entscheiden ist [240]. Von Richter Storys Regel bleibt nur soviel übrig, daß das Enteignungsrecht nicht dazu mißbraucht werden darf, dem A das Eigentum zu nehmen, um B zu bereichern.

(2) Der Enteignete hat nach amerikanischer Rechtsprechung Anspruch auf Entschädigung in Geld. Ihm soll ein volles Äquivalent für das Eigentum gezahlt werden; pekuniär soll er stehen, als wenn die Enteignung nicht stattgefunden hätte. Als Äquivalent gilt der faire Marktwert, der dadurch umschrieben ist, was ein williger Käufer einem willigen Verkäufer zahlen würde [241]. Es kommt daher nach amerikanischem Recht nicht auf den besonderen wirtschaftlichen Wert des Eigentums für den Enteigneten [242] und erst recht nicht auf den Affektationswert an.

Daß der Supreme Court nicht auf den Marktwert schlechthin, sondern auf den „fairen" Marktwert abstellt, erwies sich u. a. als wichtig, als die Regierung während des 2. Weltkrieges knapp gewordene Güter requirierte. In *United States v. Commodities Trading Co.*[243] ging es um Handelsware, die die Regierung im Jahre 1944 bei einer Firma requiriert hatte, die nicht bereit war, zum gesetzlichen Höchstpreis zu verkaufen. Nach Aufhebung der Preiskontrolle im Jahre 1946 erzielte dieselbe Ware den zehnfachen Preis. Der Supreme Court hielt dennoch den gesetzlichen Höchstpreis zur Zeit der Inanspruchnahme für die gerechte Entschädigung. Die Entschädigung potentieller, durch die Preiskontrolle verhinderter Profite sei ebensowenig erforderlich, wie die Berücksichtigung des ohne die Requisition vorhandenen Rechtes, die Ware bis zur Beendigung der Preiskontrolle zurückzuhalten [244].

---

[240] *Berman v. Parker*, 348 US 26, 33 f.
[241] *United States v. Miller*, 317 US 369, 373 f. (1943). Vgl. *Schwartz* a. a. O. (Fn. 84) Nr. 320 S. 257; *Kauper* a. a. O. (Fn. 154) S. 189.
[242] *United States v. Miller*, siehe Fn. 241.
[243] 339 US 121 (1950).
[244] Anders zum Teil der dissentierende Richter *Jackson*, 339 US 139 ff.

XI. Eigentum im Industriesystem

1. Entwicklung der Legalstruktur

Eigentumsrechte, so schreibt *Schwartz* [245], seien nicht mehr das, was sie noch zur Jahrhundertwende waren. Aus der „ausschließlichen und despotischen Herrschaft" (sole and despotic dominion), von der Blackstone gesprochen habe, sei infolge der modernen Gesetzgebung ein abnehmendes Besitzrecht (diminishing fee) geworden [246]. Diese Bemerkung bezieht sich auf die Arbeits- und Wirtschaftsgesetzgebung der Vereinigten Staaten und einzelner Gliedstaaten sowie die Regulierung der Bodennutzung durch Bauzonengesetzgebung und Bauvorschriften. Gedacht ist auch an die verfassungsrechtliche Sanktionierung dieser Regulierungsgesetzgebung durch den Supreme Court, der seit 1937 kein Gesetz mehr wegen einer Kollision mit der Eigentumsklausel für verfassungswidrig erklärt hat. Ergänzend könnte man auf die Bürgerrechtsgesetzgebung hinweisen, die seit Beginn der 60er Jahre zunehmend die Diskriminierung Farbiger im privatwirtschaftlichen Bereich verbietet und damit das Belieben von Restaurantbesitzern, Wohnungsvermietern, Verkehrsunternehmern, die mit ihren Eigentumsrechten verbundene Ausschließungsbefugnis nur gegenüber Farbigen zur Geltung zu bringen, einschränkt [247].

Dem europäischen Beobachter will allerdings scheinen, daß diese legalen Einschränkungen der Eigentümerbefugnisse im ganzen nicht so einschneidend sind, wie Schwartz es darstellt. Die Leitung des Produktionsprozesses liegt rechtlich nach wie vor beim Produktionsmitteleigentum oder demjenigen, der es ausübt: Er bestimmt, was produziert und wie produziert wird, er entscheidet trotz moderner Arbeitsgesetzgebung und gewerkschaftlicher Organisation, wen er für welche Funktion und gegen welches Entgelt beschäftigt; Preisgestaltung und Verwendung des Gewinns liegen

---

[245] A. a. O. (Fn. 84) S. 229 f.
[246] Ebenda unter Berufung auf *Cross*, The Diminishing Fee, 20 Law and Contemporary Problems 517 (1955).
[247] Vgl. dazu *Jost Delbrück*, Die Rassenfrage als Problem des Völkerrechts und nationaler Rechtsordnungen, Frankfurt 1971, S. 194 ff.

allein in seiner Zuständigkeit. Auch die Rechte des Grundeigentums sind durch die regulierende Gesetzgebung nur oberflächlich berührt; bestehende Strukturen werden grundsätzlich nicht angegriffen, nur bei der Bautätigkeit müssen gewisse Rücksichten genommen werden, die in erster Linie im gegenseitigen Interesse der Grundeigentümer und erst mittelbar von weiteren öffentlichen Interessen bestimmt sind. Gegenüber Nicht-Eigentümern sind, abgesehen von kurzen Perioden der Mieterschutzgesetzgebung und des offenbar nur fragmentarisch durchgesetzten Verbotes der Diskriminierung von Farbigen, die Befugnisse des bürgerlichen Eigentums voll erhalten.

Daß der Supreme Court 1937 den Weg für eine Umgestaltung der Eigentumsrechte von Verfassungs wegen öffnete, darf nicht schon für die Tatsache der Umgestaltung genommen werden. Gesetzgebung und Politik haben die vom Supreme Court geöffneten verfassungsrechtlichen Räume nicht ausgeschöpft. Nach Beendigung der Kriegswirtschaft des 2. Weltkrieges trat eher eine Rückentwicklung gegenüber dem New Deal ein.

Wichtiger als die Entwicklung der Legalstruktur der Eigentumsrechte sind daher Wandlungen, die sich in ihrer gesellschaftlichen Zuordnung und Organisation abzeichnen. Es sind dies Vorgänge, die in allen westlichen Industriestaaten mehr oder weniger zu verzeichnen sind. Sie wurden jedoch von amerikanischen Sozialwissenschaftlern in bezug auf die Vereinigten Staaten zuerst und im Bewußtsein der damit verbundenen institutionellen Implikationen herausgestellt. Wie John Locke seinen Entwurf der bürgerlichen Verfassung mit Vorliebe anhand von Beispielen aus dem nordamerikanischen Kontinent belegte, scheint sich auch heute die Entwicklung des bürgerlichen Verfassungsstaates am deutlichsten dort abzuzeichnen, wo er, zuerst begründet, sich ohne Kompromisse mit älteren Strukturen und entgegengesetzten Denkweisen entwickeln konnte.

2. Konzentration und „Enteignung" der Produktionsmittel

Im entscheidenden Bereich des Produktionsmitteleigentums wird in den Vereinigten Staaten seit längerer Zeit ein bisher ungebrochener Prozeß der Umgestaltung beobachtet. Bahnbrechend war hier die 1932 erschienene Studie von *Berle* und *Means* ›The Modern Corporation and Private Property‹ [248].

Anhand einer Fülle empirischen Materials beschrieben die Autoren den Siegeszug der industriellen Großkonzerne, d. h. die zunehmende Konzentration der Verfügungsgewalt über die ausschlaggebenden industriellen Produktionsmittel in wenigen Händen. Diese Entwicklung dauerte, wie es die Autoren vorausgesagt hatten, nach Erscheinen ihrer Studie ungebrochen an: Verfügten die 100 größten Konzerne 1929 über 44 % der industriellen Nettoanlagevermögen, so waren es 1962 bereits 58 % [249]. Auch in Handel und Dienstleistungen gewinnen die Konzerne nach den Feststellungen der Autoren zunehmend an Boden. Kettenläden und -Restaurants sind ein wichtiger Aspekt der amerikanischen Szene.

Entsprechendes gilt für das Grundstückswesen. Hier springt das dem Amerikaner offenbar selbstverständliche, den europäischen Beobachter aber immerhin erstaunende Phänomen der "Company-Town" ins Auge, d. h. einer Stadt, deren gesamte Grundstücke, Häuser, Straßen und Plätze „Privat"-Eigentum einer Grundstücksgesellschaft sind. Deren Angestellten kann selbst die Polizeifunktion übertragen sein [250]. Auch die Benutzung der Straßen und Plätze steht unter der Weisung der von den Eigentümern Beauftragten; in *Marsh v. Alabama* mußten diese vom Supreme Court darauf hingewiesen werden, daß sie dabei die Religionsfreiheit zu respektieren hätten [251].

Auch in der Landwirtschaft begann nach der bereits 1932 von Berle und Means getroffenen Feststellung das korporative System Fuß zu fassen.

Die zweite wesentliche Beobachtung der Autoren war, daß Akteure dieses Konzentrationsprozesses vorwiegend die großen Publikumsaktiengesellschaften sind, bei denen sich die ökonomische Macht in verschiedenen Abstufungen vom Eigentum getrennt hat.

---

[248] Hier zitiert nach der revidierten Ausgabe 1967. Vgl. auch *Adolf A. Berle*, Power without Property, New York 1959.
[249] Aus dem Vorwort von *Means* zur Neuausgabe 1967 S. XXIX f.
[250] Vgl. *Marsh v. Alabama*, 326 US 501. Dort auch S. 508 Fn. 5 zur Häufigkeit der Company-Town.
[251] Siehe oben S. 159.

Nominell wird das Eigentum an den von der Gesellschaft zusammengefaßten Produktionsmitteln der Gesamtheit der Aktionäre zugerechnet. Für den typischen Aktionär ist sein Papier indessen nur unter dem Gesichtspunkt der Dividende, möglicher Wertsteigerungen und der Liquidität von Interesse. Einen Einfluß auf die Geschäftsführung kann und will er nicht ausüben. Sein Eigentum ist *passiv* geworden; die damit verbundenen Herrschaftsrechte sind an das Management übergegangen. Geblieben ist dem Aktionär die Erwartung, am Gewinn beteiligt zu werden; aber auch die Frage, ob ein Gewinn ausgewiesen und wie er verteilt wird, unterliegt weitgehend der Direktionsentscheidung. Bestehen keine größeren Aktienpakete, so sei das Management von den Aktionären praktisch unabhängig, mit Hilfe des Stellvertreterstimmrechtes oder geringer eigener Aktienbestände könne es in den Hauptversammlungen jeden gewünschten Beschluß einschließlich der Selbstperpetuierung herbeiführen [252].

In anderen Konstellationen ist nach der Analyse von Berle und Means die Trennung von Eigentum und Entscheidungsbefugnissen weniger deutlich, tendenziell aber dennoch vorhanden. So sei die Masse des Aktieneigentums von der Einwirkung ausgeschlossen, wenn mittels einer Minderheitsbeteiligung eine Aktiengesellschaft kontrolliert werde [253]. Bei Mehrheitspaketen sei jedenfalls für die Minderheit die Bestimmungsbefugnis vom Eigentum getrennt worden [254].

Auch die Tendenz der zunehmenden Trennung von Eigentum und wirtschaftlicher Lenkungsgewalt fanden die Autoren bei der Neuauflage bestätigt. Während 1929 nur 88 der 200 größten industriellen Unternehmen als vom Management kontrolliert angesehen wurden [255], seien es 1963 bereits 169 oder 84,5 % gewesen. 1929

---

[252] a. a. O. S. 78 ff.
[253] Dazu S. 75 ff.
[254] Vgl. S. 5 f.
[255] Vgl. die Tabelle auf S. 106, wonach diese Gruppe immerhin über 58 % der Anlagevermögen verfügte. Zusammen mit der Beherrschung aufgrund juristischer Hilfskonstruktionen wurde diese Gruppe auf 80 % geschätzt.

wurden noch 22 Unternehmen dieser Gruppe als in privater Hand oder mittels einer Minderheitsbeteiligung beherrscht angesehen; 1963 waren es nurmehr fünf Unternehmen [256].

Ebenso wie das Konzernsystem zentripedale Kräfte entfalte und und dazu tendiere, immer mehr ökonomische Macht in Händen weniger Managements zu konzentrieren, entfalte das benefizielle Aktieneigentum zentrifugale Tendenzen, die auf eine immer weitere Streuung hinwirkten [257]. Bei der Neuauflage war die Zahl der Aktionäre wiederum erheblich gewachsen [258]. In der Kritik ist allerdings nicht zu Unrecht herausgestellt worden, daß die Zunahme der absoluten Zahl der Aktionäre angesichts der Tatsache, daß es sich meistens um Minimalbesitz handelt, für sich genommen nichts besage. Nach der Feststellung *Lampmanns* verfügten im Jahre 1953 1,6 % der Bevölkerung über 82 % aller Aktien und 89 % der Schuldverschreibungen von Aktiengesellschaften [259].

In einem Schlußkapitel betonten Berle und Means die Unvereinbarkeit der von ihnen analysierten Realität der Großunternehmen (corporate system) mit der traditionellen, von Adam Smith national-ökonomisch untermauerten Logik des bürgerlichen Eigentums. Voraussetzung und Rechtfertigung der im bürgerlichen Eigentum eingeschlossenen Befugnis, es ohne Rücksicht auf fremde Interessen in der gewinnbringendsten Weise einzusetzen, sei ein vollständiger Wettbewerb, der den Egoismus jedes Eigentümers durch den Egoismus seiner Konkurrenten in Schranken halte. Der Wettbewerb zwischen wenigen Großunternehmen erfülle diese Bedingungen nicht, gleichgültig, ob jedes eine eigene Marktpolitik betreibe oder sie sich offen oder stillschweigend abstimmten [260].

---

[256] *Means* im Vorwort zur revidierten Auflage S. XXX.

[257] S. 9 f.

[258] S. 357.

[259] Art. National Wealth: Distribution. In: International Encyclopedia of the Social Sciences, Bd. 11, 1968, S. 62. Dazu auch *Ralph Miliband*, Der Staat in der kapitalistischen Gesellschaft, Frankfurt 1972 (orig. Englisch 1969) S. 40: *Gabriel Kolko*, Besitz und Macht. Sozialstruktur und Einkommensverteilung in den USA, 2. Aufl. Frankfurt 1969 (orig. Amerikanisch 1962).

[260] S. 303 ff.

Als Folge müsse eine Verpflichtung der Großunternehmen auf das Gemeinwohl anerkannt und durchgesetzt werden, wenn nicht ihrerseits die Großunternehmen sich die staatliche Organisation unterwerfen und nach ihren Zwecken beeinflussen sollen [261]. In seinem Vorwort zur Neuauflage betonte Berle noch einmal die Notwendigkeit, die Gemeinwohlbindung der Großunternehmen durchzusetzen: Großunternehmen könnten sich nicht auf den Standpunkt stellen, daß ihre Anlagen, Geräte und Organisation nur ihnen gehören und sie mit ihrem Eigentum nach Belieben verfahren dürften. Großunternehmen seien im Wesen politische Bildungen und in informeller Weise Gehilfe (adjunct) des Staates [262].

3. Großunternehmen und Staat

Teilweise auf der Untersuchung von Berle und Means fußend, hat *John K. Galbraith* in seinem Buch ›The New Industrial State‹ [263] den Versuch unternommen, die gewandelten Beziehungen von Wirtschaft und Staat darzustellen. Auch für ihn steht im Mittelpunkt des gegenwärtigen Wirtschaftslebens das Großunternehmen. Allein Großunternehmen könnten den gegenwärtigen Anforderungen der Technologie und ihrer Entwicklung gerecht werden. Maßgeblich dafür seien ihre Möglichkeiten, die Kooperation zahlreicher Spezialisten zu organisieren, Produkte über Jahre zu planen und zu entwickeln und schließlich dafür eine Nachfrage sicherzustellen.

Mit der Entwicklung zum hochtechnisierten Großunternehmen habe sich auch die gesellschaftliche Machtstruktur verändert. Bis

---

[261] S. 311 ff.

[262] S. XXVI. Er behauptet nicht, daß sie sich faktisch so verhalten. Vgl. zur Kritik *Miliband* a. a. O. (Fn. 259) S. 47 ff.

[263] Erschienen 1967; hier wird die deutsche Ausgabe München/Zürich 1968 verwendet. Galbraith hat seine Analyse des Industriesystems noch einmal in seinem 1973 erschienenen Buch ›Economics and the Public Purpose‹ (dtsch.: Wirtschaft für Staat und Gesellschaft) zusammengefaßt, um eine Analyse des „Marktsystems" und therapeutische Vorschläge einschließlich der „Emanzipation des Staates" erweitert.

vor 200 Jahren sei gesellschaftliche Macht unlösbar mit dem Grundbesitz verbunden gewesen, weil fruchtbares Land der ausschlaggebende Produktionsfaktor war. Mit der Inbesitznahme neuer Kontinente und der technischen Entwicklung habe im Laufe des 19. Jahrhunderts das Kapital die Schlüsselstellung errungen, um sie schließlich im Zeichen tendenzieller Überproduktion und zunehmender Komplexität technisch-ökonomischer Vorgänge an den nunmehr entscheidenden Produktionsfaktor abzugeben, den technisch-ökonomischen Sachverstand [264]. Der Machtschwund der Aktionäre und das Zurücktreten des klassischen Unternehmers sei dadurch bedingt, daß Entscheidungen in einem modernen Großbetrieb nur in Kooperation zahlreicher Spezialisten zu finden seien.

Gleichzeitig hat sich nach Galbraiths Analyse ein neues Kooperationsverhältnis zum Staat herausgebildet. Das Industriesystem – unter dieser Bezeichnung faßt Galbraith den die hochtechnisierten Großunternehmen umfassenden Teil der Wirtschaft zusammen – sei untrennbar mit dem Staat verbunden: Staatliche Bildungseinrichtungen sorgen für die erforderliche Qualifizierung der Arbeitskräfte; staatliche Universitäten und Forschungseinrichtungen beteiligten sich an der Entwicklung und Finanzierung der technischen Neuerungen; gleichzeitig sei der Staat wichtiger Abnehmer für hochentwickelte Technologie und regele darüber hinaus die Gesamtnachfrage nach den Erfordernissen des Industriesystems. Die gegenseitige Abhängigkeit von Industriesystem und Staat führe, wie Galbraith insbesondere für den Verteidigungssektor darstellt, zu einer intensiven Zusammenarbeit, die zunehmend die Grenzen verwische [265]. Erst die Zusammenarbeit ermögliche das für beide Seiten unumgängliche Maß an Planung. Der ausgereifte Betrieb werde so Bestandteil eines mit dem Staat assoziierten größeren Verwaltungskomplexes [266].

Für diesen, in die öffentliche Bedeutung hineingewachsenen Teil der Wirtschaft sei nicht mehr das Privateigentum Grundlage und

---

[264] Dazu S. 61 ff.
[265] Insbesondere S. 344 ff.
[266] S. 433 f.

Legitimation des Führungsanspruchs. Die Leitung sei vielmehr an die Technostruktur übergegangen, deren Autorität aus anderen Quellen gespeist werde. Die durch das Aktienrecht mehr vorgetäuschte als aufrechterhaltene Rückbindung an Aktionäre und Hauptversammlung bezeichnet Galbraith als Anomalie. Faktisch sei der Aktionär funktionslos in bezug auf das Unternehmen. Seine Erwartung, an Gewinn und Wertsteigerung zu partizipieren, vergleicht Galbraith mit feudalen Privilegien [267].

4. Das Neue Eigentum

Im Zusammenhang mit den erweiterten Aufgaben des Staates im Industriesystem steht die von *Charles A. Reich* herausgestellte Beobachtung, daß staatlicherseits gewährte Begünstigungen (government largesses) immer größere Bedeutung gegenüber traditionellen Eigentumsrechten gewinnen [268]. Reich versteht darunter alle von staatlicher Seite gewährten Einkommen, Einkommenserwartungen und sonstigen Vermögensrechte. Dazu gehörten:
- Sozialleistungen,
- Einkommen im öffentlichen Dienst. 1963 bezogen nach Reichs Angaben mehr als 9 Mio. Beschäftigte ihr Einkommen unmittelbar von den Gemeinwesen. Rechne man dieser Zahl die 3–4 Mio. in der Verteidigungsindustrie Beschäftigten hinzu, ergebe sich, daß zwischen 15 und 20 % aller abhängig Beschäftigten ihre Einkommen vom Staat beziehen,
- Berufserlaubnisse in den staatlich regulierten Berufen vom Arzt bis zum Bergführer,
- Gewerberechtliche Erlaubnisse von der Taxilizenz zur Erlaubnis, eine Rundfunkstation zu betreiben,
- Regierungsaufträge vornehmlich im Verteidigungsbereich,
- Subventionen,
- Gebrauch öffentlicher Resourcen, darunter Verkehrswege, Bodenschätze usw.,

[267] S. 432 ff.
[268] The New Property, in: The Yale Law Journal, Bd. 73, 733–787 (1964).

– öffentliche Dienstleistungen: Versorgung und Abwässerbeseitigung, Versicherungen, Postbeförderung usw.

Die zunehmende Abhängigkeit weiter Kreise von derartigen Begünstigungen ist nach Reichs Ansicht gleichbedeutend mit dem Wachsen behördlicher Macht [269]. Der zuständigen Behörde sei meist ein weitgehendes Ermessen eingeräumt, das ihr die Entscheidung überlasse, ob, wann und unter welchen Bedingungen sie die erbetene Begünstigung gewähre oder zurücknehme. Dem davon Abhängigen bleibe daher oft keine andere Wahl, als sich den Bedingungen der Behörde zu unterwerfen, es sei denn, er ist stark genug, der Behörde seinerseits seine Bedingungen aufzuzwingen. Reich stellt heraus, daß diese verstärkte Einschaltung des Staates oft gerade von mächtigen gesellschaftlichen Organisationen veranlaßt sei und in deren Interesse wirke.

Wie Reich an zahlreichen gerichtlichen Entscheidungen zeigt, werden die persönliche Unabhängigkeit und die Ausübung der in der Bill of Rights niedergelegten Rechte durch diese zunehmende Angewiesenheit auf behördliche Akte gefährdet. Den Ausweg sieht er in einer rechtlichen Ausgestaltung, die aus der Begünstigung ein gesichertes Recht mache: das Neue Eigentum. Er wendet sich insbesondere gegen eine Tendenz in der amerikanischen Rechtsprechung, den Erwerb und Bestand hoheitlicher Begünstigungen einem vordergründig verstandenen öffentlichen Interesse unterzuordnen, zu dessen Inhalt jedes an sich legitime politische Ziel werden könne. Gerade die dadurch geschaffene Abhängigkeit der Begünstigten von wechselnden politischen Gesichtspunkten gefährde grundlegende öffentliche Interessen.

5. Menschenrecht und industrielle Macht

Verfassungspolitisch steht Reichs Argumentation in der Tradition der Antifederalists, die zur Ratifizierung der US-Verfassung nur um den Preis der Aufnahme einer Bill of Rights bereit waren.

---

[269] S. 746 ff. *Reich* spricht von government's power (staatlicher Macht). Aus dem Zusammenhang wird indessen deutlich, daß er die Macht der ausführenden Administration meint.

Auch ihnen ging es darum, Lebensgrundlage und politische Rechte der Masse der Bevölkerung rechtlich vor dem Zugriff der Herrschenden abzusichern, wobei allerdings der Schwerpunkt bei den politischen Rechten lag. Reich zielt nicht so sehr gegen eine direkte Beeinträchtigung politischer Rechte, als daß er sie gegen den indirekten Zugriff über die Beeinträchtigung der Existenzgrundlage schützen will. Auch wer von einem öffentlichen Altersruhegeld oder einer hoheitlichen Berufslizenz abhängig ist, soll sich einer mißliebigen politischen Richtung anschließen können, ohne um seine Existenzgrundlage fürchten zu müssen. Prämisse ist die in der Geschichte der Vereinigten Staaten erhärtete Erkenntnis, daß auch bei allgemeinem Wahlrecht und begrenzter Dauer des Mandates in Anbetracht der gesellschaftlichen Ungleichheit ein Interessengegensatz zwischen den Inhabern der öffentlichen Gewalt und der Masse der Wähler bestehen kann, der freilich nur ausnahmsweise den Massen bewußt wird. Jedenfalls die Möglichkeit, von der Basis her politische Alternativen zu entwickeln oder auch einfach nur die Ablehnung des Bestehenden zu bekunden, soll rechtlich offengehalten werden.

Verfassungsrechtlich hat freilich diese Denkweise in jüngster Zeit eine Niederlage erlitten, als der Supreme Court sich weigerte, einem Arbeiter den Schutz des 5. Amendment zu gewähren, dem man wegen einer früheren Mitgliedschaft bei der kommunistischen Partei und der daran geknüpften Ausweisung das in fast zwanzig Jahren erdiente Altersruhegeld entzogen hatte [270].

Nicht in diesen Zusammenhang gehören die Entscheidungen des Supreme Court zur Entschädigung bei unbeabsichtigter hoheitlicher Beeinträchtigung von Eigentumsrechten [271]. Es geht bei diesen Entscheidungen um den Schutz von Vermögenswerten im traditionellen Sinn, die nach Reichs Feststellungen für die Masse der Bevölkerung ohnehin am Rande stehen und an Bedeutung verlieren. Entschädigung für das hoheitliche „Nehmen" eines "air easement" bei der Anlage eines Flugplatzes kann nach dieser Rechtsprechung immer nur der Eigentümer eines in der Einflug-

---

[270] *Flemming v. Nestor*, 363 US 603 (1960), siehe oben S. 141.
[271] Siehe oben S. 162.

schneise liegenden Grundstückes verlangen, nicht aber ein Mieter oder sonstiger Bewohner, dem der Fluglärm das Leben vergällt. Da diese Rechtsprechung auf die betroffene Eigentumsposition abstellt, schützt sie nur den Eigentümer. Eben deshalb wirkt sie nur begrenzt im Sinne eines gerechten Ausgleichs, und ihre verfassungsrechtliche Anbindung erweist sich eher als ein Nachteil, da sie der gesetzlichen Regelung unter Berücksichtigung *aller* von derartigen Einwirkungen betroffener Bevölkerungsschichten vorgreift.

Es bleibt die Frage, welchen Dienst die Eigentumsklauseln nach ihrem gegenwärtigen Verständnis leisten können, falls einmal der latente Gegensatz zwischen den politischen Rechten der Mehrheit und der gesellschaftlichen Macht der wenigen aufbrechen sollte. In den Putney-Debatten war die Ausdehnung des Wahlrechtes von Cromwell und Ireton als unvereinbar mit der vorhandenen Eigentumsverteilung abgelehnt worden. Auch für James Harrington war es Voraussetzung einer gleichgewichtigen Verfassung, daß die politischen Rechte der Eigentumsverteilung entsprachen. Die Väter der amerikanischen Verfassung hatten statt dessen ihr Vertrauen in die „läuternde" Wirkung des Repräsentationsvorganges, in die Gewaltenteilung und den Gedanken der limitierenden Verfassung gesetzt. Ihr Vertrauen in die Bändigung des allgemeinen Wahlrechts erwies sich bisher als begründet. Hier könnten sich indessen infolge der von Berle und Means beschriebenen „Enteignung" immer weiterer Bevölkerungsschichten die Bedingungen verschoben haben. Eine Rolle könnte dabei auch der zunehmende Anteil des „passiven" Eigentums spielen, da der Verlust der Direktionsbefugnisse notwendig auch die verbleibenden benefiziellen Rechte schwächen muß.

Nach Galbraiths These ist freilich die ökonomische Macht nicht einfach von den Anteilseignern auf das Management übergegangen – dieser Vorgang könnte auch als Auswechseln oder Reduzieren des Personals bei Fortbestehen der Funktion interpretiert werden –, die ökonomische Macht hat sich vielmehr durch das Aufkommen der Technostruktur in gewissem Maße aufgelöst und neutralisiert, indem sie nämlich „auf die Gemeinschaft von Leuten mit verschiedenartigem technischem Wissen, mit Erfahrung oder anderen Talenten" überging, die sich „von der Leitung moderner

Industrieunternehmen bis fast hinab zu den Arbeitern" erstrecke. Darin könnte jedenfalls im Ansatz die Überwindung jener um das Eigentum an Produktionsmitteln zentrierten gesellschaftlichen Spannung liegen. So jedenfalls wurde Galbraith überwiegend verstanden. Tritt die Eigengesetzlichkeit des Industriesystems in dieser Weise in den Vordergrund, reduziert sich die Eigentumsfrage auf das Problem der Verteilungsgerechtigkeit. Auch dann hat sie grundlegende Bedeutung, da auch in den USA, nachdem der amerikanische Traum verflog, die Lebenschancen für den Vermögenden auf einem anderen Niveau beginnen, als für die Masse der Bevölkerung. Ungeachtet der Überflußgesellschaft sind nach wie vor für weite Kreise Lebensnotwendigkeiten, wie familiengerechter Wohnraum oder angemessene medizinische Versorgung, unerschwinglich. Aber die von der Ideologie des freiheitlichen Rechtsstaates und abstraktem Grundrechtsdenken ausgeklammerte grundlegende Bedeutung der Eigentumsfrage für das politische System wäre entfallen, wenn Eigentum nicht mehr auch außerhalb des Konsumbereiches Bedeutung hat, nicht mehr mit gesellschaftlicher und politischer Macht verbunden ist.

Nicht die gesellschaftliche Ungleichheit gegenüber dem demokratischen Anspruch, sondern die politische Demokratie wäre dann gegenüber der inneren Logik des Industriesystems und seiner Legitimation durch Sachverstand zu rechtfertigen. Das ist indessen in Galbraiths Darstellung nur *eine* Entwicklungslinie und keineswegs der gegenwärtige Stand der Dinge. Galbraith übersieht nicht, daß es auch innerhalb der Großindustrie einen erheblichen, unmittelbar von Eigentümerinteressen beherrschten Sektor gibt. Er übersieht auch nicht jenen sehr vitalen Bereich der Wirtschaft außerhalb des Industriesystems, in dem der Unternehmerbetrieb nach wie vor dominiert. Auch wenn seine Einschätzung der Entwicklungsrichtung zutrifft, ist daher die Eigentumsfrage noch nicht auf die Verteilung von Konsumchancen reduziert. Im übrigen sind aber gegenüber seiner These von der Machtübernahme der Technostruktur Vorbehalte zu machen, die hier nur angedeutet werden können. Sie beruhen zum Teil auf der Annahme einer relativen Knappheit des technisch-ökonomischen Sachverstandes im Verhältnis zum reichlich vorhandenen Kapital, die empirisch nicht belegt ist und im Gegenteil durch das große und in Zusammenarbeit von Industriesystem und Staat steigerungsfähige Angebot akademischen und technischen Nachwuchses widerlegt wird. Auch bedeutet die zunehmende Komplexität industrieller Entscheidungen nicht notwendig Machtgewinn des Sachverstandes; dessen Aufgabe kann sich in der Erarbeitung von Entscheidungsvorschlägen, der Abschätzung ihrer Folgen und der Durchführung beschränken, während die Zielvorgabe und Auswahl der Alternativen unter anderen Vorzeichen stehen und von anderer Seite erfolgen, die allerdings gelernt hat, sich des Sachverstandes zu bedienen [272].

Für den seit der Entstehung des bürgerlichen Eigentums latenten Gegensatz zwischen politischer Gleichheit und gesellschaftlicher Macht der wenigen ist die 1937 vom Supreme Court vollzogene Wandlung bei der Anwendung des 5. und 14. Amendment ohne Bedeutung. Sie betrifft nur den Umfang der gesetzgeberischen Regulierungsbefugnis. Daß seither kein Regulierungsgesetz vom Supreme Court für verfassungswidrig erklärt wurde, besagt für sich genommen wenig, da die Gesetzgebung mit Ausnahme der unter anderen Vorzeichen stehenden Gesetzgebung des 2. Weltkrieges auf diesem Gebiet seither eher zurückhaltend war. Die Schwenkung des Supreme Court in der Beurteilung der New-Deal-Gesetzgebung ist bei weitem überbewertet, wenn sie in der Doktrin als „verfassungsrechtliche Revolution" bezeichnet wird. Umgestürzt wurde allenfalls der Glaube einiger Verfassungsrechtler an die normative Determination der Verfassungsrechtsprechung.

Von der verfassungsrechtlichen Absegnung des New Deal blieb die im letzten Drittel des vorigen Jahrhunderts vollzogene Aufnahme gesellschaftlicher Machtpositionen in den Schutzbereich des 5. und 14. Amendments unberührt. Nach wie vor ist ein Unter-

---

[272] Insbesondere zur These der Managerherrschaft vgl. *Paul A. Baran/Paul M. Sweezy*, Monopolkapital. Ein Essay über die amerikanische Wirtschafts- und Gesellschaftsordnung, orig. amerikanisch 1966, deutsch Frankfurt 1967, S. 23 ff.; *Miliband* a. a. O. (Fn. 259) S. 37 ff.; *Nicos Poulantzas*, Das Problem des kapitalistischen Staates, in: Kritische Justiz 1971 S. 201 ff. und die Stellungnahme von *Ralph Miliband* ebenda S. 210 ff.; auch *Peter Römer*, Funktions- oder Formwandel des Eigentums?, in: Demokratie und Recht, 1973, S. 59 ff. Siehe auch unten S. 345.

nehmen verfassungsrechtlich in erster Linie Eigentum und damit prinzipiell der Herrschaft und dem Vorteil derjenigen zugeordnet, die aufgrund welcher Rechtskonstruktion auch immer das Kapital kontrollieren. Nicht die Selbstverwirklichung der arbeitenden Menschen und nicht das gesellschaftliche Interesse am Arbeitsprodukt und seiner umweltfreundlichen Herstellung sind maßgeblich; das Verfassungsrecht sieht vorwiegend Eigentumsrechte mit dem gleichen Anspruch auf Schutz wie Eigentum an der Familienwohnung oder auf dem Leib getragener Kleidung. So bestimmt im Grunde noch immer die im England des 17. Jahrhunderts zum Durchbruch gekommene Logik der Eigentumsmarktgesellschaft die verfassungsrechtliche Sicht, ungeachtet der Abkehr vom wirtschaftspolitischen Laissez-Faire: Das Arbeitsverhältnis ist ein Austauschverhältnis wie andere auch, mit der Konsequenz, daß Arbeitsleistung und Produkt dem zur freien Verfügung gehören, der dafür zahlt.

Insofern mit den Eigentumsklauseln gesellschaftliche Machtpositionen geschützt sind, zeigt sich eine deutliche Parallele zur Regelung der Feudalbeziehungen in der Magna Carta. Dort wurden dem königlichen Zugriff auf die Mächtigen der Feudalzeit Schranken gezogen und damit der Versuch unternommen, ihre Beziehungen mit der Krone zu stabilisieren. Ganz analog dienten die Property-Klauseln in ihrem bisherigen Verständnis in erster Linie dem Schutz der unter den Vorzeichen der Marktgesellschaft Mächtigen vor dem Zugriff der neuen Träger der öffentlichen Gewalt. Ihre abstrakte Fassung und die dadurch ermöglichte Rhetorik des Einbeziehens verleiht ihnen freilich ungleich größere soziale Tragfähigkeit.

Das Gleichsetzen von privaten Gebrauchsgegenständen und Produktionseinheiten immer gigantischeren Ausmaßes unter dem Gesichtspunkt des Eigentumsschutzes verliert allerdings seit der Untersuchung von Berle und Means zunehmend an Glaubwürdigkeit. Das könnte verfassungsrechtlich unter einem Gesichtspunkt zur Auswirkung kommen, der sich nach der bisherigen Rechtsprechung des Supreme Court geradezu aufdrängt. Denn während einerseits der Supreme Court wirtschaftliche Macht dem persönlichen Eigentum gleichstellte und damit in den Schutzbereich der

Bill of Rights einbezog, hat eine andere Linie seiner Rechtsprechung immer an dem Common-Law-Grundsatz festgehalten, daß bestimmte Unternehmen eine besondere Beziehung zum Allgemeinwohl haben und daher jedenfalls hinsichtlich ihrer Regulierung durch das Gemeinwesen nicht einfach dem privaten Eigentum gleichzustellen seien. Es ist die Entscheidungslinie, die mit Munn v. Illinois begann und in Nebbia v. New York ihren vorläufigen Abschluß fand [273]. Als "business affected with a public interest" wurden zwar traditionell bestimmte Dienstleistungsgewerbe angesehen und der besonderen Regulierung unterworfen. Es liegt aber auf der Hand, daß jedes Unternehmen, sowie es eine bestimmte absolute Größe überschreitet oder einen nennenswerten Anteil eines bestimmten Marktes erreicht, in unmittelbare Beziehung zum Gemeinwohl tritt. Das wurde schon von Richter Field in seinem Dissent zur Munn-Entscheidung bemerkt und klingt bei Nebbia in der Begründung des Mehrheitsvotums an. In diesen Entscheidungen ging es zwar nur um ein Mehr oder Weniger der Regulierung. Das hindert indessen nicht, daß auch in der judiziellen Wertung eines Tages die Quantität in die Qualität umschlägt und bei derart qualifizierten Unternehmen die öffentlichen Interessen vor den privaten Vorteil gestellt werden. Eine Rolle könnte dabei die Erkenntnis spielen, daß ohnehin und in zunehmendem Maße private Gewinne aufgrund öffentlicher Leistungen entstehen, indem von der Öffentlichkeit nicht nur die erforderliche Infrastruktur bereitgestellt wird, sondern diese zunehmend die Gesamtnachfrage sichert und darüber hinaus in manchen Branchen zum wichtigsten Nachfrager überhaupt geworden ist. Galbraith spricht in diesem Zusammenhang von der gegenseitigen Abhängigkeit von Industriesystem und Staat und der Notwendigkeit ihres Zusammenwirkens.

Werden Produktionseinheiten, die schon faktisch öffentlich sind, auch rechtlich unter öffentliche Kontrolle gestellt, muß in irgendeiner Form über Ansprüche der Anteilseigner entschieden werden, denen nach gegenwärtigem Zivilrecht das Unternehmen als Vermögenswert zugerechnet wird. Freilich haben diese nach der Argu-

---

[273] Siehe oben S. 154.

mentation des Supreme Court in Munn v. Illinois schon durch die Zweckbestimmung des Unternehmens der Öffentlichkeit ein rechtliches Interesse daran eingeräumt. Es bleibt indessen die Frage, inwieweit daneben ihr privates Interesse unter verfassungsrechtlichen Gesichtspunkten Berücksichtigung heischt. Hier könnte einerseits, soweit es sich um passives, nur auf Teilnahme an Gewinn und Wertsteigerung gerichtetes Eigentum handelt, dessen unverdienter, privilegierender Charakter eine Rolle spielen. Es ist hierbei zu beachten, daß die Kennzeichnung als Privileg (Galbraith) in erster Linie mit dem Verlust der gesellschaftlichen Funktion und daher nur zum Teil mit der Bevorzugung weniger zusammenhängt. Ihr kann daher durch den Hinweis auf die zunehmende Verbreitung von Kleinbesitz nicht begegnet werden, zumal dessen Notgroschenfunktion ihn von allen parasitären Erscheinungen deutlich abgrenzt. Die Aktienform ist für diesen Kleinbesitz belanglos.

Soweit das Großeigentum selbst Direktionsbefugnisse wahrnimmt, könnte ein anderer Rechtsgedanke aus der Verfassungsrechtsprechung des Supreme Court Bedeutung gewinnen: Die Bedingtheit des Verfassungsschutzes durch Gemeinwohlverträglichkeit [274]. Setzt sich politisch die Ansicht durch, daß die private Beherrschung von Großeigentum Produktionsprozesse und Investitionen, Wohnungsbau und andere Fragen des nationalen Interesses einschließlich der Außenpolitik vom privaten Vorteil einer zahlenmäßig kleinen Gruppe der Bevölkerung abhängig macht und daher zugunsten einer gewandelten Verhältnissen besser gerecht werdenden Regelung abzulösen ist, so würde das nach den in der Rechtsprechung des Supreme Court bereits angewandten Grundsätzen die Aufhebung der als schädlich angesehenen Eigentumsformen rechtfertigen. Die Beurteilung der ökonomischen und sozialen Zweckmäßigkeit wäre dabei Sache der politischen Instanzen.

Dieser Vorgang ließe sich auch als Rückbesinnung auf den menschenrechtlichen Ursprung der Verfassungsgarantien darstellen, wie sie bereits von den Richtern Black und Douglas mit eindringlichen Worten gefordert wurde [275]. Denn nach der theoretischen Begrün-

---

[274] Siehe oben S. 165.
[275] Siehe oben S. 131.

dung der Menschenrechte sollte nicht gesellschaftliche Macht, sondern der persönliche Lebensbereich vor unangemessenem hoheitlichen Zugriff geschützt werden. Und vor der Property steht in der textlichen Anordnung die Liberty. In der Rechtsprechung des Supreme Court nach 1937 zum Due Process und in einigen Entscheidungen zur Grundrechtsbindung bei der Ausübung von Eigentumsrechten ist die Gefährdung der Freiheit der vom Großeigentum Abhängigen deutlich genug zum Ausdruck gekommen.

Schließlich sei an die durchgehende Respektierung der Steuergewalt durch den Supreme Court erinnert [276]. Das Recht zu besteuern umfaßt danach auch das Recht zu zerstören. Der Supreme Court bezeichnete es als Axiom, daß die Steuergewalt des Kongresses mit vernichtender Wirkung auf Unternehmen falle, die er als unnötig oder schädlich für die öffentliche Wohlfahrt ansehe. In diesem Respekt vor dem Gesetzgeber zeigt sich, wie stark die demokratische Tradition in der amerikanischen Verfassungsrechtsprechung ist, selbst wenn die Begünstigung von Besitzinteressen vorübergehend in den Vordergrund trat.

---

[276] Siehe oben S. 168.

Fünftes Kapitel

VOM LANDESHERRLICHEN ABSOLUTISMUS ZUR WEIMARER REPUBLIK

I. Vollendung der Marktgesellschaft im 19. Jahrhundert

1. Entwicklungsrückstand

In England hatte sich das bürgerliche Eigentum mit seinen Konnexinstituten schon im 17. Jahrhundert durchgesetzt und von der Ausübung öffentlicher Gewalt jedenfalls institutionell getrennt. Die Verfassung der Vereinigten Staaten war bereits wie selbstverständlich von der Sonderung der Eigentumsverhältnisse und der öffentlichen Ordnung ausgegangen. Frühere Versuche der englischen Krone, auf nordamerikanischem Boden feudale Strukturen zu errichten, hatten sich bald als anachronistisch und undurchführbar erwiesen.

In Deutschland dauerte die Entwicklung zum bürgerlichen Eigentum und einer deutlich davon getrennten Staatsordnung demgegenüber bis zum Ende des 19. Jahrhunderts an. Das bedeutet gegenüber dem angloamerikanischen Bereich eine Phasenverschiebung von mehr als 200 Jahren, die angesichts der ständigen Kontakte und der materiell gleichen, wenn nicht günstigeren Ausgangslage im Mittelalter erstaunlich ist. Als maßgebliche Faktoren für diese Verspätung mögen das Stagnieren des deutschen Bürgertums seit dem 16. Jahrhundert, der Dreißigjährige Krieg und in seiner Folge die Besiegelung der Kleinstaaterei genannt werden, ohne daß damit eine Erklärung versucht werden soll. Die Zersplitterung Deutschlands in zahlreiche Territorien stand dem Entstehen eines nationalen Marktes entgegen und verhinderte die Erholung und weitere Entwicklung des Bürgertums. Das von der Gnade des jeweiligen Serenissimus abhängige Bürgertum des beginnenden 19. Jahrhunderts erreichte nicht entfernt den Glanz und die Bedeutung hansischer Kaufleute oder einzelner Kaufmannsfamilien, wie der Fugger und der Welser, im 16. Jahrhundert [1].

2. Bodenordnung

Der überwiegende Teil der Bevölkerung lebte zu Beginn des 19. Jahrhunderts von der Landwirtschaft, die allerdings durch gewerblichen Nebenerwerb ergänzt sein konnte. Bauern und Gutsbesitzer fanden Absatz für ihre Produkte in nahegelegenen Städten; bei verkehrsgünstiger Lage in der Nähe von Wasserläufen wurde auch für den Export produziert. Daneben stand indessen nach wie vor die Selbstversorgung engster Gemeinschaften. Schon das fast völlige Fehlen fester Straßen setzte der Produktion und dem Absatz agrarischer Massengüter in vielen Gegenden enge Grenzen [2].

Rechtlich war die Bodennutzung westlich der Elbe durch die *Grundherrschaft* gekennzeichnet, der in Ost-Elbien die *Gutsherrschaft* entsprach. Die Grundherrschaft zu Beginn des 19. Jahrhunderts unterschied sich jedoch deutlich von der an das Lehnsverhältnis anknüpfenden mittelalterlichen Grundherrschaft. Deren wichtigste Elemente, Schutzgewährung seitens des Grundherrn und die Gefolgschaftspflicht des Grundsassen, waren durch die Entwicklung der Landeshoheit entfallen. Die öffentlichen Funktionen der Verteidigung und Sicherheit hatte der Landesherr an sich gezogen, ihm schuldeten Grundsasse und Grundherr Untertanengehorsam. Geblieben war von der Grundherrschaft, was dem Grundherrn

---

[1] Vgl. hierzu und zum folgenden *Friedrich Lütge*, Deutsche Sozial- und Wirtschaftsgeschichte, 3. Aufl. Berlin 1966, sowie *Hans Mottek*, Wirtschaftsgeschichte Deutschlands, Bd. 1, Berlin 1972, Bd. 2, Berlin 1973.

[2] Vgl. zu den Verkehrswegen des beginnenden 19. Jahrhunderts *Lütge* a. a. O. S. 426 f.; auch *Koselleck* in *Fischer* Weltgeschichte, Bd. 26, Frankfurt/M. 1966, S. 234 f., dort insbesondere zu den durch Mißernten hervorgerufenen Hungersnöten 1816/17 und 1846/47, deren schwerwiegende Folgen auch darauf beruhten, daß die in einzelnen Gebieten erzielten Überschüsse mangels hinreichender Transportmöglichkeiten die Mangelgebiete nicht erreichten.

Einkünfte versprach oder sonst nützlich erschien. Das war einmal die Verpflichtung der Grundsassen zu Dienstleistungen an den Grundherren, insbesondere Ackerbau-Fronen für den grundherrlichen Eigenbetrieb, aber auch Bau- und Jagdfronen. Daneben standen Natural- und Geldabgaben, mit denen teilweise auch überflüssig gewordene Frondienste, etwa die Instandhaltung einer nicht mehr existierenden Burg, abgelöst worden waren [3]. Das Recht des Grundsassen an dem von ihm bewirtschafteten Boden war meist eigentumsähnlich verfestigt. Dabei spielte eine gewisse Rolle das landesherrliche Interesse an einem nicht völlig von den Grundherren abhängigen Bauernstand, der ja den wesentlichen Teil der für Hofhaltung, Armee und Beamtenschaft benötigten Steuern aufbringen sollte. Die Rechte des Grundsassen waren in der Regel gegen Zahlung einer Gebühr vererblich; sie konnten auch veräußert werden. Die Besitzwechselgebühren (Laudemien) waren allerdings wie andere Leistungen der Grundsassen seit den Bauernkriegen der Höhe nach fixiert. Als Vorteil erwies sich dabei für die Grundsassen im Südwesten, daß Grund- und Gerichtsherrschaft oft auseinanderfielen, so daß der Grundherr nicht ohne weiteres auch die Mittel der niederen Gerichtsbarkeit gegen seine Bauern einsetzen konnte.

War bei Grund- und Gerichtsherrschaft die Pflichtigkeit an den Besitz gebunden, so bezog sich die seltenere *Leibherrschaft* auf die Person des Betroffenen. Er hatte unabhängig von einem Besitz gewisse Abgaben an seinen Leibherrn zu leisten und war darüber hinaus an seinen Wohnort gebunden. Nur gegen Zahlung einer Ablösung konnte er sich von diesen Bindungen befreien. Die Leibherrschaft ist nicht zu verwechseln mit der Leibeigenschaft des frühen Mittelalters, die völlige persönliche Abhängigkeit bedeutete.

Im Gegensatz zur Grundherrschaft Westelbiens, bei der das eigenbewirtschaftete Herrenland nur geringen Umfang hatte oder ganz fehlen konnte, wurde die östlich der Elbe vorherrschende *Gutsherrschaft* durch die herrschaftliche Selbstbewirtschaftung großer Grundflächen gekennzeichnet. Sie war die Rechtsform des vor-

---

[3] Vgl. hierzu und zum folgenden *Mottek* a. a. O. (Fn. 1) S. 319 ff. Zur mittelalterlichen Grundherrschaft s. o. S. 3.

kapitalistischen landwirtschaftlichen Großbetriebes. Im Osten erlaubten das dichte Netz schiffbarer Flüsse und der geringe Eigenbedarf des nur spärlich besiedelten Landes schon früh, Getreide für den Export zu produzieren. Die unmittelbare Produktion für diesen wachsenden Markt versprach hier für den Adel bessere Ergebnisse als die Teilhabe mittels grundherrlicher Rechte, denen die Tendenz innewohnte, unabhängig von der Entwicklung der landwirtschaftlichen Erlöse auf einem bestimmten Stand einzufrieren. Mit legalen und illegalen Methoden war es hier dem Adel im Laufe der Jahrhunderte gelungen, die Eigenwirtschaft der Landbevölkerung zurückzudrängen und umfangreiche Ländereien, die manchmal mehrere Dörfer umfaßten, zu Rittergütern zusammenzufassen. In Preußen versuchten zwar die Landesherren, aus militärischen und finanziellen Gründen dem „Bauernlegen" entgegenzusteuern; doch hatten ihre Versuche des gesetzlichen Bauernschutzes angesichts der lokalen Macht der Gutsherren nur geringe Wirkung. Als verhängnisvoll erwies sich, daß hier durchgehend die Gerichtsherrschaft mit der Gutsherrschaft verbunden war, so daß der Gutsherr gegen bäuerlichen Widerstand zusätzlich die niedere Gerichtsbarkeit einsetzen konnte.

Mit denselben Mitteln wurde in den ostelbischen Gebieten die Fronarbeit ständig gesteigert, so daß zu Beginn des 19. Jahrhunderts die ungemessene Fron vorherrschte. Naturalabgaben blieben daneben bestehen. Diese Verpflichtungen verbanden sich mit der Bindung an den Gutsbezirk. In dem Maße, in dem sie sich nicht mehr an den Besitzer einer bestimmten Bauernstelle richteten, sondern unmittelbar die Person des Gutsansässigen und dessen Nachkommenschaft betrafen, entwickelte sich aus ihnen die sog. *zweite Leibeigenschaft* der ostelbischen Gebiete. In Pommern und Mecklenburg wurden Teile der Landbevölkerung ausdrücklich als Leibeigene bezeichnet. In Mecklenburg scheint der Leibeigene sogar unabhängig vom begünstigten Besitz verkäuflich gewesen zu sein [4].

In Preußen waren die Rechte der Gutsherrschaft nicht ganz so weitgehend. Statt von der im 18. Jahrhundert bereits anrüchigen Leibeigenschaft sprach man hier von Erb- oder Gutsuntertänigkeit.

---

[4] Nachweise bei *Mottek* a. a. O. Bd. 1, S. 351 Fn. 579.

Deren Bedingungen sind im preußischen Allgemeinen Landrecht von 1794 recht plastisch dargestellt, wobei allerdings zu beachten ist, daß dieses als Werk der Aufklärung gepriesene Gesetzbuch nur subsidiär galt und ihm daher die teilweise erheblich schärferen Provinzialgesetze vorgingen. Die Gutsuntertänigkeit wird in diesem Gesetzbuch ausdrücklich von der Leibeigenschaft abgegrenzt [5]. Gutsuntertanen können danach „von der Herrschaft, ohne das Gut, zu welchem sie gehören, nicht verkauft, vertauscht" usw. werden [6]. Sie dürfen aber „das Gut, zu welchem sie geschlagen sind, ohne Bewilligung der Grundherrschaft nicht verlassen" [7], nur mit Erlaubnis ihrer Herrschaft heiraten [8] und sind zu – in der Regel ungemessenen – Diensten für die Landwirtschaft ihres Gutsherren verpflichtet [9]. Bau- und Frondienste können hinzutreten [10]. Zur Durchsetzung dieser Rechte kann die Herrschaft gegen angesessene Wirte Gefängnis oder Strafarbeit anordnen [11], gegen alle anderen hat sie das Recht der körperlichen Züchtigung [12]. Neben den Dienstpflichten bleiben Zinsen und Naturalabgaben der Untertanen selbstverständlich erhalten [13].

[5] Vgl. Teil II 7. Titel dieses Gesetzbuches, der „Vom Bauernstande" handelt. Dort insbes. den 4. Abschnitt, § 147 ff.: „Von den persönlichen Pflichten und Rechten der Unterthanen".

[6] § 151 a. a. O.

[7] § 150 a. a. O.

[8] § 161 ff.

[9] Dazu der 6. Abschnitt des 7. Titels, §§ 308 ff. „Von den Diensten der Unterthanen".

[10] §§ 369 ff., 396 ff. a. a. O.

[11] § 232 a. a. O.: „Auch angesessene Wirthe, und deren Weiber, kann die Herrschaft durch Gefängnisstrafe oder Strafarbeit zu ihrer Pflicht anhalten, wenn dieselben, bei Leistung unstreitiger Dienste, sich der Widersetzlichkeit, beharrlichen Faulheit, vorsätzlichen Vernachlässigung, oder eines anderen dergleichen Vergehens schuldig machen."

[12] § 227 a. a. O.: „Faules, unordentliches und widerspenstiges Gesinde kann die Herrschaft durch mäßige Züchtigungen zu seiner Pflicht anhalten; auch dieses Recht ihren Pächtern und Wirthschaftsbeamten übertragen."

[13] Vgl. den 7. Abschnitt des 7. Titels §§ 472 ff.: „Von den Zinsen und Abgaben der Unterthanen."

Deutlicher noch ist die Schlesische Dorf-Polizei-Ordnung von 1804 [14]. Im Anschluß an die Pflichten der Landbevölkerung gegen Landesherrn und Staat [15] wird hier die allgemeine Pflicht gegen die Grundherrschaft schlicht mit „Treue und Gehorsam" umschrieben [16]; auch wenn der Grundsasse meint, die Herrschaft überschreite ihre Befugnisse, ist er zunächst zum Gehorsam verpflichtet, kann aber, und das ist angesichts der Herrschaft der Grundherren über die niedere Gerichtsbarkeit ein blanker Zynismus, den Rechtsweg beschreiten [17].

Neben den feudalen Elementen und weitgehend von ihnen verdrängt waren in der Bodenordnung zu Beginn des 19. Jahrhunderts noch gebietsweise ältere Strukturen erkennnbar, die auf frühere genossenschaftliche Flurverfassungen zurückwiesen. So gab es den *Flurzwang,* d. h. die oft schon durch eine Gemengelage der Grundstücke erzwungene Verpflichtung zu zeitlich abgestimmter und in der Fruchtfolge übereinstimmender Bebauung. Die *Brache* entsprach nicht nur dem altüberkommenen Rhythmus der Dreifelderwirtschaft, sondern war auch Rechtspflicht, um den Dorfgenossen die Ausübung von Weiderechten zu ermöglichen. Schließlich hatten gerade für die ärmeren Dorfbewohner die gemeinsamen Nutzungsrechte an Weiden und Waldstücken im Gemeindeeigentum – im Norden Gemeinheit, im Süden Almende genannt – erhebliche Bedeutung.

Doch unter dem Mantel der alten Bodenordnung begannen sich Elemente der neuen Marktbeziehungen vorzubereiten. Neben Fronpflichtigen wurden auf den Gütern Ostelbiens zunehmend Tagelöhner und Gesinde herangezogen. Die Lohnarbeit war für den Gutsbesitzer vorteilhafter, als unwillig geleistete Fron. Auch vor der staatlichen Ablösungsgesetzgebung suchten daher einzelne Gutsherren die ihnen zustehenden Frone in Geldleistungen oder Naturalleistungen umzuwandeln. Trotz allen adelsstolzen Beste-

---

[14] Hrsg. und erläutert von *Gerhard Wacke,* Würzburg 1971.
[15] Dazu gehörte nach dem I. Abschnitt Militärdienst, Hilfe beim Aufgreifen von Deserteuren, Hand- und Spanndienste für öffentliche Bauten und militärische Zwecke, sowie die Abgabe von Vorräten.
[16] II. Abschnitt § 1.
[17] II. Abschnitt § 2.

hens auf ihren Privilegien waren es auch gerade die Gutsherren des Ostens, die als erste die Bannrechte der Städte durchbrachen und selbst den Absatz ihrer Produkte, insbesondere den einträglichen Getreidehandel, in die Hand nahmen [18]. Und ungeachtet des Bestehens auf den feudalen Bindungen der Landbevölkerung gab es einen schwunghaften Güterhandel [19]; der Bauer schuldete „Treue und Gehorsam" eben nicht einem Lehnsherrn, dem er sich persönlich verbunden hatte, sondern der jeweiligen Gutsherrschaft oder ihrem Verwalter. Die „personale Beziehung" zwischen Gutsherrn und Untertan, deren Bestehen Lütge auch noch für das beginnende bürgerliche Zeitalter annimmt [20], war von der Legalordnung bereits aufgegeben.

In Frankreich war die Beseitigung der auf der Bodennutzung lastenden feudalen Privilegien eine der wichtigsten Leistungen der Großen Revolution. Schon der Beschluß der Nationalversammlung vom 4. August 1789 dekretierte die Beseitigung des Feudalregimes, hob aber nur einen Teil der feudalen Rechte auf, während andere lediglich für ablösbar gegen Entschädigung erklärt wurden. Das hätte, wie man bald erkannte, die Perpetuierung dieses Teils der feudalen Rechte bedeutet, da eine Ablösung die finanziellen Möglichkeiten der Bauern überstieg. Diese gaben sich jedoch mit der Scheinlösung nicht zufrieden, und die Entwicklung ging bald über das Dekret vom 4. August 1789 hinaus, um schließlich mit dem Dekret vom 17. Juli 1793 in der entschädigungslosen Aufhebung aller auf feudaler Grundlage beruhender Rechte ihre Vollendung zu finden. Davon unberührt und sorgfältig unterschieden blieben allerdings alle aus den Geschäften der modernen Geldwirtschaft herrührenden Lasten. Die Unterscheidung der aus unterschiedlichen, aber ineinander übergehenden Gesellschaftsordnungen hervorgegangenen Rechte beschäftigte noch weit in das 19. Jahrhun-

---

[18] Vgl. *Mottek* a. a. O. (Fn. 1) Bd. 1 S. 337 f. Vgl. zur kaufmännischen Einstellung des preußischen Adels auch *Reinhart Koselleck*, Preußen zwischen Reform und Revolution, 1791–1848, Stuttgart 1967, S. 85 f.
[19] Vgl. *Gerhard Wacke*, a. a. O. (Fn. 14) S. 26.
[20] A. a. O. (Fn. 1) S. 433 f.

dert hinein die Gerichte [21]. Wichtig war, daß die verbreitete Halbpacht als nicht-feudal angesehen wurde und daher erhalten blieb.

In Deutschland kam das französische Vorbild unmittelbar nur in den 1792 von den Armeen der Französischen Revolution besetzten linksrheinischen Gebieten zur Anwendung. In anderen Territorien, vor allem in Preußen, wirkte es nur mittelbar, indem es den Widerstand der ländlichen Bevölkerung gegen die feudale Ausbeutung verstärkte und gleichzeitig den Grundherren zeigte, daß auch ohne feudale Rechte mit Hilfe des bürgerlichen Eigentums und des Arbeitsvertrages Güter zu bewirtschaften waren, und zwar mit besserem Ertrag als die Forcierung der nur widerwillig erfüllten feudalen Verpflichtungen ermöglichte. Freilich hatte die Entwicklung zum bürgerlichen Grundeigentum unter den völlig anderen politischen Bedingungen in Preußen und den anderen deutschen Territorien andere Ergebnisse als in Frankreich: Der Widerstand der Landbevölkerung, der in Frankreich die gesetzliche Aufhebung der Feudalrechte zur Folge hatte, wurde in Preußen militärisch unterdrückt [22]. Der Übergang zum bürgerlichen Eigentum wurde daher hier von den Feudalherren selbst gesteuert; die Umgestaltung beschränkte sich auf die Transponierung der überlebten Rechte der alten Herrenschicht in die Formen des bürgerlichen Zeitalters; die gesellschaftlichen Schranken blieben erhalten. Während in Frankreich mit der Entwicklung des bürgerlichen Grundeigentums eine Schicht kleiner und mittlerer Grundbesitzer entstand [23], schlüpfte in Preußen der ehemalige Grundherr in das modernisierte Gewand des Großgrundbesitzers. Neben einer

[21] Vgl. zur französischen Entwicklung die eindringliche Darstellung von *Philippe Sagnac*, La legislation civile de la Révolution Française, Paris 1898, Neudruck Glashütten 1971; auch *Peter Kroll*, Die Eigentumsordnung des französischen Feudalismus und ihre Zerschlagung durch die große Revolution, Diss. iur. Bonn 1964; ferner *Justus Wilhelm Hedemann*, Die Fortschritte des Zivilrechts im 19. Jahrhundert, Teil II/1, Berlin 1930, S. 27 ff.
[22] Vgl. zu den schlesischen Bauernrevolten seit 1780 *Gerhard Wacke* a. a. O. (Fn. 14); auch *Koselleck* a. a. O. (Fn. 18) S. 136.
[23] Vgl. die Angaben bei *Koselleck* in *Fischer* Weltgeschichte Bd. 26 S. 239.

Schicht bäuerlicher Besitzer, der es gelang, den Bodenverlust durch Intensivierung des Anbaus und Kultivierung neuer Anbauflächen auszugleichen, entstand so ein ländliches Proletariat [24]. Die Masse der früheren Grundsassen blieb als Tagelöhner und Gesinde von ihren früheren Grundherren abhängig [25].

Wesentlich für die Entwicklung war das Entschädigungsprinzip. Die feudalen Rechte wurden, soweit sie auf einen ökonomischen Wert gebracht werden konnten, nicht aufgehoben, sondern gegen Entschädigung abgelöst. Da eine Geldentschädigung in der Regel nicht aufgebracht werden konnte, war in Land zu entschädigen. Um sich von der Fronarbeit loszukaufen, mußten die Bauern die Hälfte oder ein Drittel des von ihnen bewirtschafteten Landes an den Gutsherrn übertragen; die Folge war die Perpetuierung ihrer Abhängigkeit, nunmehr allerdings unter den Vorzeichen der Marktgesellschaft und des bürgerlichen Rechts. Eine „Bauernbefreiung" war dieser Vorgang vor allem insofern, als die Bauern von einem wesentlichen Teil des von ihnen bewirtschafteten Landes befreit wurden. Die Herstellung der Freizügigkeit und die Aufhebung der Frondienste tritt demgegenüber aus der Perspektive der Betroffenen zurück.

Am Beginn der preußischen Reformgesetzgebung steht das Edikt vom 9. Oktober 1807 (GS S. 170), das die persönliche Gutsuntertänigkeit aufhob und die Veräußerung des Bodens erleichterte. Damit erloschen entschädigungslos die mit der Untertänigkeit verbundenen Rechte, wie Gesindezwangsdienst, Abzugs- und Heiratsgelder. Unberührt blieben allerdings nach dem Verständnis der Verfasser dieses Ediktes die drückenden Pflichten, wie Frondienste, Abzugsgelder usw., die auf dem bäuerlichen Boden hafteten oder

---

[24] *Koselleck* in *Fischer* Weltgeschichte Bd. 26 S. 250. *Gunter Ipsen* betont demgegenüber die Zunahme der ländlichen Bevölkerung und die Vergrößerung der Anbaufläche als Folge der Neuordnung des Bodenrechtes, in: Moderne deutsche Verfassungsgeschichte (1815–1918), Hrsg. E. W. Böckenförde, Köln 1972, S. 356 ff., 362.

[25] Nach Angabe von *August Meitzen*, Der Boden und die landwirtschaftlichen Verhältnisse des Preußischen Staates, 8 Bde., Berlin 1868 bis 1908, Bd. 4 S. 330 ff., waren 1869 in den ostelbischen Provinzen 43 Mio. Morgen in der Hand von Bauern, 40 Mio. Morgen Gutsland.

als Folge der Patrimonialgerichtsbarkeit verstanden wurden. Gelegentlich wurde allerdings die Aufhebung der Gutsuntertänigkeit von den betroffenen Landleuten anders ausgelegt. Das wird deutlich im Interpretationsedikt vom 8. April 1809. Hier werden die angeblich aus der Untertänigkeit Entlassenen mit aller Schärfe an die Erfüllung ihrer drückendsten Pflichten erinnert. Abschließend heißt es in diesem Edikt:

Seine Königliche Majestät wollen dem zufolge auch zuversichtlich gewärtigen, daß keine Dorfgemeinde sich es jemals noch, unbesonnener Weise, beikommen lassen wird, dem Gutsherrn die Ableistung der auf den robothpflichtigen Rustikalstellen haftenden Dienstleistungen aller Art, insbesondere der Hand- und Spanndienste, desgleichen auch die Entrichtung der schuldigen Geld-, Getreide- und Naturalzinsen, wie sie auch immer benannt seyn mögen, ungehorsamlich zu verweigern.

Seine Königliche Majestät ermahnen sämmtliche Dorfgemeinden zur unweigerlichen, pünktlichen Erfüllung und Leistung aller ihnen, vermöge des Besitzes robothpflichtiger Grundstücke, obliegenden Verbindlichkeiten, Dienste, Lasten und Abgaben, auf das ernstlichste und befehlen denselben, insbesondere aber auch dem Landgesinde nachdrücklichst, die ihnen obliegenden Dienste, treu, fleißig und unverdrossen zu verrichten, und niemals die Ehrerbietung und den Gehorsam, welche jeder Untergebene seinem Vorgesetzten, noch auch die Folgsamkeit und Treue, welche jeder Dienstbote seiner Dienstherrschaft zu bezeigen schuldig ist, aus den Augen zu setzen, wenn sie sich anders Seiner Majestät Gnade und fortgesetzten Fürsorge für das Beste der Landbewohner, wahrhaft würdig machen wollen.

Diejenigen, welche sich nichts desto weniger beikommen lassen sollten, den Gutsherren die Ableistungen der schuldigen Dienste zu versagen, und der von Seiner Majestät Oberlandesgerichten und Regierungen ihnen dieserhalb zugehenden Weisungen und Belehrungen ungeachtet, die öffentliche Ruhe, Sicherheit und Ordnung, frecher Weise zu stören, sollen als Unruhestifter und unwürdige Bürger des Staats, nach der ganzen Strenge des Gesetzes bestraft werden.

Besser kann nicht zum Ausdruck gebracht werden, was in Preußen unter Bauernbefreiung verstanden wurde.

Die Ablösung der Frondienste wurde zuerst im Hardenbergschen Regulierungsedikt vom 14. September 1811 (GS S. 281) in Aussicht genommen. Sie sollte mit dem gleichzeitigen Erstarken des bäuerlichen Besitzrechtes zu vollem **Eigentum** verbunden werden.

Als Entschädigung war, wie bereits erwähnt, die Übertragung von ein Drittel und bei schlechterem Besitzrecht der Hälfte des bäuerlichen Bodens an den Gutsherrn vorgesehen. Durch die Deklaration zu diesem Edikt vom 29. Mai 1816 (GS S. 154) wurde der Ablösungsanspruch auf Bauern mit besserem Besitzrecht eingeschränkt. Diese Bedingungen und das umständliche bürokratische Verfahren dämpften den bäuerlichen Wunsch nach Ablösung; wenn es überhaupt zu Ablösungen kam, so vorwiegend auf gutsherrliche Initiative. Für den Gutsherrn waren die Aussicht auf Vergrößerung des Gutslandes und der zunehmende Widerstand bei der Inspruchnahme der abzulösenden Rechte gewichtige Motive. Als in den 40er Jahren das Lohnniveau sank, drängten die Gutsbesitzer allgemein auf die Ablösung der verbliebenen Frondienste [26].

Mit Gesetzen vom 2. März 1850 (GS S. 77 u. 112) wurden weitere gutsherrliche Rechte aufgehoben und das Ablösungsrecht auf nicht-spannfähige Bauern erweitert. Im übrigen wurde jetzt die Ablösung in Geld durch die Einrichtung von Rentenbanken ermöglicht. Die Ablösung konnte nun allerdings den Verpflichteten auch aufgezwungen werden. Lassalle charakterisierte das als den Versuch des Feudalismus, sich noch in letzter Stunde mit einem Griff in die Taschen des Volkes in bürgerlichen Besitz zu verwandeln [27]. Durch Gesetz vom 16. März 1857 (GS S. 235) wurde dann ein Schlußtermin für die behördlich durchzuführenden Ablösungen bestimmt.

Parallel mit der Ablösung der Feudallasten ging die Beseitigung von Verfügungsbeschränkungen und die Teilung des Gemeindelandes. Bereits das Edikt vom 9. Oktober 1807 (GS S. 170) hatte die ständische Bindung des Bodens aufgehoben. Gleichzeitig mit dem Ablösungsedikt vom 14. September 1811 erging das Edikt „zur Beförderung der Landescultur" (GS S. 300) mit der Anordnung,

daß jeder Grundbesitzer ohne Ausnahme befugt sein soll, über seine Grundstücke in sofern frei zu verfügen, als nicht Rechte, welche Dritten darauf zustehen, ... dadurch verletzt werden.

[26] *Koselleck* a. a. O. (Fn. 18) S. 492.
[27] *Ferdinand Lasalle*, Theorie der erworbenen Rechte, Berlin 1861; hier zitiert nach der von *L. Bucher* herausgegebenen 2. Aufl. Leipzig 1880, S. 202. Dort auch weiter zur Kritik dieses Gesetzes.

Anschließend wird der Nutzen dieser neuen Freiheit in enger Anlehnung an Adam Smithsche Gedankengänge im einzelnen dargelegt. Es folgen Bestimmungen zur Einschränkung von Hütungs- und Weiderechten der Dorfgemeinschaft. Sie wiesen schon auf die Gemeinheitsteilungsordnung vom 7. Juni 1821 (GS S. 53). Danach konnte jeder Beteiligte die Aufhebung und Teilung gemeinsamer Rechte an Grundstücken beantragen und damit das für die Teilung vorgesehene behördliche Verfahren in Gang setzen. Parallel dazu gab es eine besondere Gesetzgebung zur Zusammenlegung der in Gemengelage verstreuten Grundstücke (Separation, heute Flurbereinigung). Damit wurden die faktischen Voraussetzungen für die Bewirtschaftung nach dem Gutdünken des Eigentümers geschaffen.

3. Gewerbereform

Neben der Agrargesetzgebung fand vor allem in der Gewerbereform die Entwicklung zur Marktgesellschaft ihren rechtlichen Niederschlag. Die alte Gesellschaft hatte das individuelle Erwerbsstreben durch eine Fülle von Vorschriften kanalisiert und eingeengt.

Dazu gehörte vor allem das ausschließliche Recht der Zunftmeister, ein Handwerk in einer bestimmten Stadt und der zugehörigen Bannmeile zu betreiben. Die Aufnahme in die Zünfte wurde restriktiv gehandhabt, so daß oft nur Söhne oder Schwiegersöhne von Meistern damit rechnen konnten, selbständig zu werden [28]. Neben dem Recht der Zünfte bestanden vor allem auf dem Lande zahlreiche andere ausschließliche Gewerberechte, die sich auf Brauereien, Mühlen, Schmieden usw. bezogen und dem Inhaber das ausschließliche Recht gaben, einen Betrieb dieser Art an diesem Ort zu betreiben. Dazu konnte die Verpflichtung der Anwohner treten, ihren Lebensbedarf nur bei dem mit Zwangsrechten ausgestatteten Betrieb zu beziehen. Vielfach waren derartige Zwangs- und Bannrechte mit der Guts- oder Grundherrschaft verbunden.

[28] Vgl. zur Entwicklung der Zunftordnung *Egon Tuchtfeld*, Gewerbefreiheit als wirtschaftspolitisches Problem, Berlin 1955, S. 30 ff.

Das Recht der Zünfte war allerdings bereits durch die Gründung von Manufakturen und Fabriken aufgrund besonderer landesherrlicher Konzessionen durchbrochen worden. Darüber hinaus hatte es auch schon vor Beginn des 19. Jahrhunderts Versuche gegeben, ihre Ausschließlichkeitsansprüche gesetzlich zurückzudrängen [29]. Gleichwohl war es ein Akt preußischen Radikalismus, der in scharfem Kontrast zur schonenden Behandlung gutsherrlicher Rechte steht, als durch das Hardenbergsche Gewerbesteueredikt vom 2. November 1810 (GS S. 263) alle Vorrechte der Zünfte mit einem Schlag aufgehoben wurden. Voraussetzung für die Ausübung eines Handwerkes sollte grundsätzlich nur noch das Lösen eines Gewerbescheines sein, wenn nicht aus Sicherheitsgründen eine behördliche Überprüfung erforderlich schien. Wie das Edikt vom 7. September 1811 (GS S. 263) näher erläutert, blieben die Zünfte als Privatvereine bestehen, verloren aber alle Ausschließlichkeitsrechte. Auch ohne besondere Vorbildung konnte jeder eines oder mehrere Handwerke aufnehmen, war in deren Ausübung an keinerlei Vorschriften der Zünfte gebunden und konnte sich niederlassen, wo er wollte.

Die Folge war, daß zunächst die Zahl der selbständigen Handwerker stark zunahm. Viele waren bald vom Zwischenhandel abhängig und ihr Verdienst war so kläglich, daß ihre Selbständigkeit nur eine Zwischenstufe des Überganges zum Fabrikarbeiter darstellte [30].

Weiterhin ist bemerkenswert, wie man im Zuge der Preußischen Reformen mit sonstigen ausschließlichen Gewerberechten verfuhr. Der diesbezügliche § 17 des Gewerbesteueredikts vom 28. Oktober 1810 ordnete die Unwirksamkeit derartiger Rechte an, forderte

---

[29] So der Reichsschluß von 1731; auch der den Handwerkern und Zünften gewidmete Abschnitt des preußischen ALR von 1794 war ein Versuch, die Zünfte unter behördliche Aufsicht zu bringen (2. Teil, 8. Titel, 3. Abschnitt). Vgl. näher zur preußischen Entwicklung *Koselleck* a. a. O. (Fn. 18) S. 118 f.

[30] *Lütge* a. a. O. (Fn. 1) S. 450. Zu den Folgen der Gewerbefreiheit und zur Weigerung der preußischen Bürokratie, dem bedrohten Handwerk wenigstens die Anpassung zu ermöglichen, *Koselleck* a. a. O. (Fn. 18) S. 590 ff. Daselbst S. 605 zum Anwachsen der Handwerkerzahl.

jedoch die Regierungen auf, für eine billige Entschädigung der bisher Berechtigten zu sorgen.

Mit einem Edikt vom gleichen Tage (GS S. 95) wurde für Stadt und Land der Mühlenzwang sowie der Brau- und Branntweinzwang aufgehoben, ohne daß im Regelfall eine Entschädigung vorgesehen war, „da die Theorie und die Erfahrung beweisen, daß die Aufhebung der Zwangs- und Bannrechte in der Regel keineswegs die Einnahmen der früher Berechtigten mindert, sondern bei der gewöhnlich vermehrten Consumtion erhöht ..." (§ 2). Dagegen blieben nach Nr. 52 des Gesetzes vom 7. September 1811 (GS S. 263) das Brau- und Brennrecht auf dem Land seinen bisherigen Inhabern vorbehalten, zu denen allerdings nach Nr. 59 alle übrigen Großgrundbesitzer hinzutraten. In diesem Gesetz findet sich gleichzeitig eine ausführliche Regelung für die Entschädigung der aufgehobenen Gewerbeberechtigungen.

In den übrigen deutschen Territorien ging die Aufhebung der entwicklungshemmenden Elemente der alten Rechtsordnung erheblich langsamer voran als in Preußen und in den von Frankreich besetzten linksrheinischen Gebieten. So mußte bei jeder Ausdehnung des preußischen Einflußbereiches von neuem das Problem der ausschließlichen Gewerberechte geregelt werden [31].

4. Entstehen von Binnenmärkten

Wichtiger noch als die Entwicklung der inneren Rechtsordnung war indessen die Entstehung einheitlicher Wirtschaftsgebiete im 19. Jahrhundert.

Faktische Voraussetzung dafür war die seit Beginn des 19. Jahrhunderts einsetzende Entwicklung der Verkehrswege, d. h. der Ausbau des Straßennetzes, der Binnenschiffahrtswege und später der Eisen-

---

[31] Vgl. §§ 7 ff. der Gewerbeordnung für den Norddeutschen Bund vom 21. 6. 1869, BGBl. S. 247. Dazu der Kommentar von *R. Höinghaus*, 4. Aufl., Berlin 1869, zur Aufhebung oder Ablösung der ausschließlichen Gewerbeberechtigungen in den einzelnen Territorien S. 7 ff., auch die Anm. zu § 7. Diese Vorschriften wurden unverändert in die Gewerbeordnung für das Deutsche Reich übernommen.

bahnen. Der Eisenbahnbau machte vor allem in den 40er Jahren in Deutschland größere Fortschritte als in Frankreich und England.

Die durch den Ausbau der Verkehrswege und neue Verkehrsmittel ermöglichte Entwicklung des Verkehrs wurde durch die alte Rechtsordnung in Gestalt zahlreicher Zölle, Wegegebühren und Beförderungsmonopole schwer behindert. Der erste Schritt war daher die Beseitigung der Binnenzölle und Wegegebühren, die in den größeren deutschen Territorien und Preußen in den Jahren zwischen 1806 und 1821 durchgeführt wurde [32]. Die zwischenstaatliche Liberalisierung begann bei den Wasserwegen. Die Schlußakte des Wiener Kongresses sah die Schiffahrtsfreiheit für alle internationalen Flüsse vor. Dieses Programm wurde jedoch zunächst nur für Rhein und Elbe durch besondere Verträge verwirklicht. Die gesamte Entwicklung wurde dann durch die Zollvereinspolitik aufgenommen und zusammengefaßt, deren Krönung das Inkrafttreten des Deutschen Zollvereins am 1. Januar 1834 war. Jetzt waren die faktischen und rechtlichen Voraussetzungen für die Entwicklung der bürgerlichen Gesellschaft geschaffen.

5. Bürgerliches Eigentum als Rechtsinstitut

Parallel dazu entwickelte sich in der Rechtswissenschaft die Vorstellung vom bürgerlichen Eigentum als eines nach Belieben des Inhabers zu seinem Vorteil einzusetzenden Rechtes. Der gemeinrechtlichen Pandektenrechtsdoktrin gelang es, in den Quellen des römischen Rechts das bürgerliche Eigentum nachzuweisen und ihm damit eine zeitüberdauernde historische Würde zu verleihen. Das war allerdings nur bei selektiver Verwendung der Quellen und gründlicher Verkennung der ganz anderen gesellschaftlichen Zusammenhänge zur Zeit der Entstehung der klassischen Rechtsquellen möglich [33].

---

[32] Vgl. *Mottek* a. a. O. (Fn. 1) Bd. 2 S. 57.
[33] Dazu *Justus Wilhelm Hedemann*, Die Fortschritte des Zivilrechts im 19. Jahrhundert, Teil II/1, Berlin 1930 S. 119 Fn. 41, S. 127; vor allem *Franz Wieacker*, Wandlungen der Eigentumsverfassung, Hamburg 1935, S. 17 f.

Definierte *Savigny* Eigentum als „die unbeschränkte und ausschließliche Herrschaft einer Person über eine Sache"[34], so liegt darin die Freiheit zu beliebigem Gebrauch eingeschlossen. Naturrecht und historische Schule, die sich sonst erbittert befehdeten, brachten hier in gleicher Weise ihre Abhängigkeit von der gesellschaftlichen Entwicklung zum Ausdruck.

Die juristische Begriffsbildung hatte allerdings von vornherein verschleiernden Charakter, insofern sie von einer Herrschaft über Sachen sprach. Solange Robinson auf seiner Insel isoliert ist, bleibt es gleichgültig, an welchen Dingen er sich Eigentum zurechnet. Entscheidend sind allein seine physischen und intellektuellen Fähigkeiten, sich die Dinge nutzbar zu machen. Die Frage nach dem Eigentum gewinnt erst durch sozialen Kontakt Bedeutung, wenn es darum geht, andere vom Zugang auszuschließen oder sie nur zu den Bedingungen des Eigentümers zuzulassen. Rechtsbeziehungen sind, das ist heute in der allgemeinen Rechtslehre unumstritten, nur zwischen Menschen möglich; auch das Eigentumsrecht ist daher an Menschen und ihr Verhalten gerichtet[35].

Gegen die extrem individualistische Eigentumslehre des Naturrechts und der Pandektentheorie, die sich schließlich in § 903 des Bürgerlichen Gesetzbuches niederschlug[36], wurden allerdings auch von zeitgenössischen Juristen Bedenken angemeldet[37]. Diese Stel-

---

[34] System des heutigen römischen Rechts, 1. Bd., Berlin 1840, S. 367. Ähnlich *Windscheid*, Lehrbuch des Pandektenrechts, 9. Aufl., bearbeitet von *Kipp*, Frankfurt 1906, 1. Bd., § 167. Weitere Nachweise bei *Hans Hattenhauer*, Zur Neudefinition des Eigentumsbegriffs im Bodenrecht, Stadtbauwelt 1967, 1225.

[35] Vgl. zur Kritik der im Zivilrecht tradierten Sachherrschaftsvorstellung *Morris R. Cohen*, Law and the Social Order, New York 1933, S. 45 ff., vgl. auch *Hans Heinrich Rupp*, Grundfragen der heutigen Verwaltungsrechtlehre, Tübingen 1965, S. 166 f.

[36] „Der Eigentümer einer Sache kann, soweit nicht das Gesetz oder Rechte Dritter entgegenstehen, mit der Sache nach Belieben verfahren und andere von jeder Einwirkung ausschließen."

[37] So *Rudolf von Jhering*, Der Zweck im Recht, 1. Bd., 3. Aufl. 1893, S. 519, 523 f.; *Otto Gierke*, Der Entwurf eines bürgerlichen Gesetzbuches und das deutsche Recht, 1889, S. 103, 323; *Anton Menger*, Das

lungnahmen zeigen, daß gegen Ende des Jahrhunderts die Gefahr gesehen wurde, die im extrem individualistischen Standpunkt auch für die bürgerliche Gesellschaft selbst verborgen war.

II. Erworbene Rechte

1. Erworbenes Recht und moderner Staat

Die Entwicklung zum bürgerlichen Eigentum war, wie das preußische Beispiel zeigt, in mehrfacher Weise von der gleichzeitigen Entfaltung staatlicher Funktionen abhängig: Der absolutistische Staat übernahm die Verantwortlichkeiten und Schutzpflichten, die ursprünglich mit der Grundherrschaft verbunden waren, schuf den äußeren Rahmen und die Infrastruktur für die Entwicklung der Marktgesellschaft und beseitigte schließlich im Wege der Gesetzgebung Teile der älteren Rechtsordnung, die der neuen Entwicklung hemmend entgegenstanden. Auch ohne gesetzgeberische Aktivität waren zwar die Rechtsinstitute der Vergangenheit einem Erosionsprozeß unterworfen; durch die Gesetzgebung wurde jedoch dieser Vorgang wesentlich beschleunigt und erleichtert.

Es war nicht damit getan, die Rechtsinstitute der bürgerlichen Gesellschaft neben die alten zu stellen und gleichsam zum Gebrauch anzubieten; die Gesetzgebung mußte vielmehr, wollte sie aktiven Anteil an der Entwicklung nehmen, unmittelbar auf konkrete Rechtsbeziehungen und Rechtsstellungen zugreifen, die ausschlaggebende Bedeutung für den gesellschaftlichen Status und die Lebensführung der Betroffenen hatten.

Es verwundert daher nicht, daß das Verhältnis dieser Rechte zu Gesetzgebung und hoheitlichem Einzelakt zu einem der Hauptthemen in der juristischen Diskussion des 18. und 19. Jahrhunderts wurde. Sie wurde unter dem Stichwort der „erworbenen" oder – das Ergebnis vorwegnehmend – „wohl"erworbenen Rechte (franz.

bürgerliche Recht und die besitzlosen Volksklassen, 1890; von Einfluß auch in Deutschland *Léon Duguit*, Les transformations générales du droit privé depuis le Code civil, 1912.

droits acquis, lat. iura quaesita) geführt. Diese Etikettierung barg den doppelten Vorteil, unterschwellig an den mittelalterlichen Vorrang des „guten alten Rechts" zu erinnern und gleichzeitig durch ihre Unbestimmtheit die Einbeziehung der ersten Konzentrationen bürgerlichen Eigentums zu ermöglichen. In der Abstraktion des erworbenen Rechtes ist der Kompromiß des heraufziehenden bürgerlichen Zeitalters mit dem absinkenden Feudalismus vorgezeichnet.

2. Rückwirkung

In Verbindung mit der Frage, inwieweit Gesetze auf bestehende Rechtspositionen zugreifen dürfen, wurde vielfach die Frage ihrer Rückwirkung diskutiert [38], ein Thema, das auch heute noch nicht abgeschlossen ist [39]. Soweit als Rückwirkung das gesetzgeberische Eingreifen in vermögensrechtliche Beziehungen diskutiert wird, die in der Vergangenheit begründet wurden und für die Zukunft einer neuen Regelung unterworfen werden [40], besteht Identität mit der Frage nach der Gesetzgebungsresistenz erworbener Rechte. Bei dieser geht es, wie insbesondere der Zusammenhang mit der Entschädigungsdiskussion zeigen wird, in erster Linie um den Vermögenswert der in das bürgerliche Zeitalter hineinragenden alten Rechte. Daß die alten Rechte unter dem marktwirtschaftlichen Aspekt des Vermögenswertes und der Entschädigung diskutiert wurden, zeigt ihre Überlebtheit an.

[38] Die Verbindung beider Fragen wurde insbesondere betont von *Carl Friedrich v. Savigny*, System des heutigen Römischen Rechts, 8. Bd., Berlin 1849, S. 368 und *Ferdinand Lassalle* in seiner Theorie der erworbenen Rechte a. a. O. (Fn. 27).

[39] Vgl. *Hans Walter Scheerbarth*, Die Anwendung von Gesetzen auf früher entstandene Sachverhalte (sog. Rückwirkung von Gesetzen), Berlin 1961, S. 37 ff.; *Manfred Gegerle*, Die Verfassungsproblematik belastender Rückwirkungsgesetze, Diss. München 1960; *Gunter Kisker*, Die Rückwirkung von Gesetzen, Tübingen 1963, S. 30 ff.; *Christoph Zimmerli*, Das Verbot rückwirkender Verwaltungsgesetze, Basel 1967, S. 81 ff.

[40] Die sog. „unechte" Rückwirkung. Vgl. den Beschluß des BVerfG zum gesetzlichen Verbot des vereinbarten Gerichtsstandes für schon abgeschlossene Abzahlungsgeschäfte BVerfGE 31, 222.

Insoweit es bei der Rückwirkungsdiskussion um das gesetzgeberische Einwirken auf in der Vergangenheit begründete Vermögensrechte geht, ergibt sie keine, von allgemeinen Problemen der erworbenen Rechte abweichenden Gesichtspunkte. Das zeigt sich noch heute bei der Behandlung der sog. unechten Rückwirkung durch das Bundesverfassungsgericht, die ebensogut unter dem Gesichtspunkt der Eigentumsgarantie erfolgen kann. Außerhalb dieser Untersuchung liegt hingegen die Problematik rückwirkender Straf- oder Steuergesetze. Bei dieser Frage geht es im Kern nicht um das gesetzgeberische Anknüpfen an vergangene Ereignisse und Handlungen, sondern um den Sollensgehalt gewisser Gesetze, der nur dann durchgehalten werden kann, wenn in der Handlungssituation der Sollenssatz bereits Anwendung beanspruchte. Voraussetzung ist die Trennung von Ethik und Recht und damit der moderne Gesetzgebungsstaat. Nur insofern besteht eine Berührung mit der Lehre von den erworbenen Rechten.

3. Erworbenes Recht und Eigentum

Die Diskussion um das erworbene Recht zeigt manche Parallele zu der im angelsächsischen Bereich bereits seit dem 17. Jahrhundert geführten Auseinandersetzung um das Verhältnis des Eigentums zur öffentlichen Gewalt. Beide Fragestellungen setzen die Anerkennung einer gesonderten öffentlichen Gewalt und insbesondere der Gesetzgebung voraus. Sie sind erst nach Überwindung des mittelalterlichen Denkens, dem Rechtsbewahrung als vornehmste Herrscheraufgabe erschien, möglich. Der Unterschied bei der Fragestellung liegt darin, daß es beim erworbenen Recht um die Erhaltung oder Überführung feudaler Privilegien ging, die sich der gesellschaftlichen Entwicklung in den Weg stellten und im angelsächsischen Bereich bereits seit langem überwunden waren, während sich der Eigentumsschutz durchaus mit der Idee staatsbürgerlicher Gleichheit verbinden konnte und das geschützte Rechtsinstitut den Bedürfnissen der wirtschaftlichen Entwicklung entgegenkam.

Der Zusammenhang der terminologischen Differenz, hier Eigentum, dort erworbenes Recht, mit der gesellschaftlichen Entwicklung zeigt sich besonders deutlich in Frankreich. Waren vor 1789, als sich der Absolutismus um eine Modernisierung des Landes bemühte, die droits acquis zu beachten, so sprachen die Revolutionsverfassungen nach Aufhebung der feudalen Rechte nur mehr nach angloamerikanischem Vorbild vom Eigentum. Während der Restauration kamen dann die droits acquis wieder zu Ehren. Entsprechend fand die Eigentumsgarantie der preußischen Verfassung vom 31. 1. 1850 zunächst kaum Beachtung. Erst nach Überwindung der Restbestände des Feudalismus und Einführung des allgemeinen Wahlrechts erlosch in Deutschland die Diskussion um das erworbene Recht. Als die Gesetzgebung nach 1918 Ansätze zu einer Veränderung des bürgerlichen Status quo machte, gewann umgehend die Eigentumsgewährleistung in Gestalt des Art. 153 der Weimarer Verfassung eine bisher ungeahnte juristische Bedeutung.

4. Zeitgenössische Umschreibungen

Ein nie gelöstes Problem der Lehre vom erworbenen Recht bestand darin, eine Umschreibung zu finden, die nicht das anerkannte Gesetzgebungsrecht des Souveräns gegenstandslos machte [41]. Denn in irgendeiner Weise greift jeder nicht nur deklaratorische Gesetzgebungsakt in vorhandene Rechtsbeziehungen ein, und der Schutz aller in einem gegebenen Zeitpunkt vorhandenen Rechte hätte dem eben errungenen Gesetzgebungsrecht der Landesherren kaum eine Anwendung offengelassen. Freilich war die Frage einer tragfähigen Umschreibung mehr theoretischer Natur, da für praktische Zwecke alle Zeitgenossen wußten, daß es um die feudalen Privilegien und ihre Ablösung nur gegen Entschädigung ging.

In Anlehnung an Lockes Thesen zur vorrechtlichen Natur des Eigentums [42] lag es nahe, bei der Abgrenzung des erworbenen

---

[41] Vgl. die Literaturübersichten bei *C. Christiansen*, Über erworbene Rechte, Kiel 1856; *H. Goeppert/E. Eck*, ›Gesetze haben keine rückwirkende Kraft‹, in: *Iherings* Jahrbuch Bd. 22 NF. Bd. 10, Jena 1884, S. 1 ff., 78 ff.; *Friedrich Affolter*, Das intertemporale Recht, Bd. I 1. Teil, Jena 1902, §§ 70 ff.

[42] Vgl. den Hinweis bei *Johann Stephan Pütter*, Beyträge zum teutschen Staats- und Fürstenrecht, Göttingen 1777, S. 362.

Rechts auf den Erwerbsvorgang abzustellen. Freilich war es aussichtslos und wäre eher als Herabsetzung empfunden worden, die Unantastbarkeit feudaler Privilegien im Hinblick auf die darauf verwendete Arbeit zu begründen, wie es Locke für das bürgerliche Eigentum unternommen hatte. Auch das Abstellen auf einen vertraglichen Erwerb, wie es andere naturrechtliche Lehren vorzeichneten, mußte gefährlich erscheinen.

Man begnügte sich daher mit der Besonderung eines Rechts zugunsten einer bestimmten Person und versuchte so das erworbene Recht von natürlichen oder gesetzlichen Rechten abzugrenzen. Der spezielle Rechtstitel [43], auf dem das erworbene im Gegensatz zum gesetzlichen oder natürlichen Recht beruhen sollte, mußte kein Rechtsgeschäft sein, es kam jede sonstige rechtsbegründende Tatsache in Betracht [44]. Damit war indessen die Unterscheidung zwischen erworbenen und nur gesetzlichen Rechten wieder aufgehoben, weil auch jedes gesetzliche Recht das Eintreten bestimmter Tatsachen, und sei es nur die Vollendung der Geburt, voraussetzt. Statt vom erworbenen Recht konnte man daher, wie Georg Meyer herausstellte, auch vom bestehenden oder überhaupt vom subjektiven Recht sprechen und nach seinem Bestand bei Veränderungen der objektiven Rechtsordnung fragen [45]. Mit dieser Einsicht war der Diskussion um das erworbene Recht die Grundlage entzogen.

5. Verhältnis zur Gesetzgebung

Wichtiger als die dogmatischen Probleme der Lehre vom erworbenen Recht war ihre Stellungnahme zu der im 18. und 19. Jahr-

---

[43] Auf diesen stellt man seit *Burkhard Wilhelm Pfeiffer* ab. Practische Ausführungen aus allen Theilen der Rechtswissenschaft, Bd. 1, 1825, S. 247.
[44] So *C. F. von Gerber*, Grundzüge des deutschen Staatsrechts, 3. Aufl. 1880, S. 39; auch noch *Edwin von Braunmühl*, Der Begriff der wohlerworbenen Rechte, 1932, S. 18 f.
[45] Der Staat und die erworbenen Rechte, Leipzig 1895, S. 13 f.; ähnlich auch schon *C. Christiansen*, Über erworbene Rechte, Kiel 1856, S. 52; auch *Georg Jellinek*, System der subjektiven öffentlichen Rechte, Freiburg i. Br. 1892, S. 320.

hundert anstehenden Ablösung der Feudalordnung, soweit dafür Gesetzgebungsakte erforderlich waren.

In der wissenschaftlichen Literatur wurde die „Unantastbarkeit" der erworbenen Rechte, soweit erkennbar, nur von *Carl Ludwig von Haller* behauptet [46]. Haller begründete das aus seiner patrimonialen Staatsauffassung, wonach der Fürst aufgrund eigener Rechte herrscht, die sich ihrer Natur nach nicht von Eigentumsrechten unterscheiden. Der Fürst müsse sich daher wie alle anderen in seiner eigenen Rechtssphäre halten; eine Gesetzgebung ist damit, da Haller das Repräsentativprinzip ablehnt, praktisch ausgeschlossen. Hallers Lehre war für die deutschen Territorialstaaten des 19. Jahrhunderts ebenso anachronistisch, wie es 200 Jahre früher die Patrimoniallehre Sir Robert Filmers für das revolutionäre England gewesen war [47].

Die Mehrzahl der Schriftsteller, die sich zum erworbenen Recht äußern, erkennen demgegenüber an, daß es im Wege der Gesetzgebung abgeändert oder aufgehoben werden kann, fordern allerdings die Entschädigung der Berechtigten. Es zeigt dies deutlich die Schwäche der Feudalordnung, die zwar nicht kampflos weichen mochte, aber doch bereit war, sich ihre Privilegien abkaufen zu lassen und sich damit Eintritt in die bürgerliche Welt zu verschaffen.

So plädiert *Savigny* [48] gegenüber der These von der Unantastbarkeit erworbener Rechte für die Entwicklungsfähigkeit der Rechtsordnung. Man könne „unmöglich irgend einem einzelnen Zeitalter die Macht einräumen, durch sein eigentümliches Rechtsbewußtsein alle künftigen Zeiten zu bannen und zu beherrschen". *Stahl* [49] sieht die Grenze der Geltung erworbener Rechte in dem, „was die Idee des Gemeinzustandes und der Rechtsordnung oder die naturgemäße Fortbildung derselben mit unabweisbarer Notwendigkeit fordert oder ausschließt". Als Beispiel nennt er das die

---

[46] Restauration der Staatswissenschaften, Bd. 2, 2. Aufl. Winterthur 1820, S. 372 ff. Zu *Haller* auch oben S. 6.
[47] S. o. S. 67.
[48] System des heutigen Römischen Rechts, Bd. 8 S. 534.
[49] Die Philosophie des Rechts, 2. Bd. 1. Abt. 5. Aufl., Tübingen 1878, S. 339.

Persönlichkeit des anderen aufhebende Recht des Sklavenhändlers. Stahl und Savigny halten allerdings Entschädigung in jedem Fall für erforderlich. Stahl wollte darüber hinaus von der Notwendigkeit den bloßen Nutzen oder das, was der jeweilige Zeitgeist als öffentlichen Nutzen ansehe, unterschieden wissen. Die Gesetzgebung zur Ablösung der Feudalordnung fiel für ihn unter die letzte Kategorie. Als Ausfluß liberalen Doktrinarismus habe sie zu Unrecht in erworbene Rechte eingegriffen.

Das staatsrechtliche Schrifttum kam zu anderen Ergebnissen, indem es sich eng an die positivrechtliche Entwicklung anschloß. Die anstößigsten Relikte der Feudalordnung waren vielfach ohne Entschädigung aufgehoben worden. Dazu konnten mit aus der Sache nicht begründeten Abweichungen gehören etwa die Leibeigenschaft oder die Gutsuntertänigkeit und daran anknüpfende Ansprüche auf Abzugsgelder usw., aber auch die dem landesherrlichen Anspruch entgegenstehende Patrimonialgerichtsbarkeit, einschließlich der damit verbundenen Exemptionen und Verwaltungsrechte, vor allem aber die ausschließlichen Rechte der Zünfte und Gewerbezwangsrechte. Schon der am hessischen Oberappellationsgericht tätige *Pfeiffer*[50] führte dazu aus, von einem Anspruch auf Entschädigung könne nur dort die Rede sein, wo das aufgehobene Recht an und für sich vom Staat anerkannt werde, nicht aber bei „den im Staate reprobierten Rechten". Als Beispiele nennt er Sklaverei, Leibeigenschaft, Patrimonialgerichtsbarkeit[51], Befreiungen von Steuer oder Militärdienst. Anspruch auf Entschädigung bestehe daher nur, wo der Staat Rechte, die er an und für sich anerkenne und schütze, um eines höheren Zweckes willen entziehe. Dem folgt *Zachariä*[52] unter ausdrücklicher Berufung auf Pfeiffer; gleichzeitig betont er allerdings die Entschädigungspflicht bei der Aufhebung von Fronden, Zinsen und Zehnten und damit die Nichtanwendbarkeit dieses Prinzips bei einigen wichtigen Rechten.

---

[50] A. a. O. (Fn. 43) S. 248 f.
[51] Vgl. dazu die beiden von *Pfeiffer* berichteten Urteile des hessischen Oberappellationsgerichtes, a. a. O. S. 257 ff., S. 260 ff.
[52] Deutsches Staats- und Bundesrecht, 2. Teil, 3. Aufl., Göttingen 1867 S. 117.

Nach Ansicht von *Zoepfl* [53] kann bei der Aufhebung ganzer „Klassen bisher bestandener Gerechtsame" die Entschädigung ausgeschlossen werden. *Gerber* [54] sieht nur eine entschädigungslose Aufhebung solcher erworbener Rechte, „welche noch jetzt ein nach allgemeinem Maßstabe anerkennenswertes Interesse befriedigen", als Mißbrauch des Gesetzgebungsrechtes an.

Georg Meyer betonte in seiner die juristische Diskussion um das erworbene Recht abschließenden Schrift ›Der Staat und die erworbenen Rechte‹ (Leipzig 1895) die Entwicklungsfähigkeit der Rechtsordnung. „Die größten Fortschritte, welche sich im politischen, wirtschaftlichen, sozialen Leben der Völker vollzogen haben, wären unmöglich gewesen, wenn die bestehenden Rechte eine absolute Schranke für die Staatsgewalt gebildet hätten" (S. 15). In der Entschädigungsfrage stellt er jedoch allein auf ein meßbares, vermögensrechtliches Interesse der Beteiligten ab (S. 36 ff.). Damit geht er in gewissem Maße hinter die bisherigen Anschauungen zurück, wenngleich er als staatsrechtlicher Positivist wiederholt betont, daß die Gesetzgebung sich über Entschädigungsansprüche hinwegsetzen könne.

Auf eine generellere rechtstheoretische Ebene wurde das Problem von *Ferdinand Lassalle* gehoben [55]. Sein Ausgangspunkt ist der Satz, das Individuum könne „sich und anderen nur insoweit und auf so lange Rechte sichern, insoweit und so lange die jederzeit bestehenden Gesetze diesen Rechtsinhalt als einen erlaubten ansehen" [56]. Voraussetzung seiner Deduktion sind neuzeitlicher Individualismus und Willensfreiheit, deren gesellschaftliche Bedingtheit er jedoch ständig voraussetzt. Grundlage und Existenzbedingung jedes einzelnen Rechts sei die allgemeine Rechtsordnung; daher könne und müsse das einzelne Recht von einem allgemeinen Wandel erfaßt werden. Das Individuum schwinge sich selbst zum Gesetzgeber auf, wolle es einen nach dem gegenwärtigen Gesetz

[53] Grundsätze des gemeinen deutschen Staatsrechts, 2. Teil, 5. Aufl., Leipzig 1863 S. 509.
[54] A. a. O. (Fn. 44) S. 40.
[55] Theorie der erworbenen Rechte, Berlin 1861, zitiert nach der von *L. Bucher* hrsg. 2. Aufl. Leipzig 1880.
[56] A. a. O. S. 163 ff.

erworbenen Rechtsinhalt über die Dauer dieses Gesetzes hinaus in die Zeit einer anderen, diesen Rechtsinhalt anschließenden Gesetzgebung perpetuieren. „Es läßt sich also vom Individuum kein Pflock in den Rechtsboden schlagen und sich mittels desselben für selbstherrlich für alle Zeiten und gegen alle künftigen zwingenden oder prohibitiven Gesetze erklären." [57] Auf Entschädigung bestehe kein Anspruch, wenn die Grenze erreicht sei, bis zu der das Recht gelten sollte oder konnte (S. 189). Es gebe hier nichts zu entschädigen, denn es sei „dem Einzelnen nichts genommen worden, was, wie bei der Expropriation, noch ferner als ein rechtmäßiges Eigentum anerkannt würde". Etwas Widerrechtliches könne nicht entschädigt werden. Wer in diesen Fällen Entschädigung verlange, spreche den betreffenden Individuen das Recht zu, „dem öffentlichen Geist einen Tribut für seine Fortentwicklung aufzuerlegen". Lassalle bezog diese Thesen zum einen auf die Überreste der feudalen Rechtsordnung und verurteilte daher die Ablösung überlebter Feudalrechte auf Kosten der Verpflichteten, wie sie u. a. das preußische Gesetz vom 31. Januar 1850 vorsah, als einen Raub der Gutsbesitzer an den ärmsten Klassen (S. 201). Zum anderen bezog er seine Theorie auch – und diese Anwendbarkeit macht ihre Brisanz aus – auf das eben erst zur vollen Entfaltung gelangte Rechtsinstitut des Privateigentums. Wenn ein Gesetz das Eigentum an bestimmten Objekten aufhebe, so fielen diese unabhängig von ihrem Erwerbsgrund aus dem Eigentum der Individuen heraus. In einer Anmerkung stellt Lassalle ausdrücklich die Frage nach der Rechtfertigung des Produktionsmitteleigentums, das für die Masse der Bevölkerung anstelle der feudalen eine neue Abhängigkeit von fremdem Willen bedeute [58].

---

[57] A. a. O. S. 166. *Lassalle* will diesen Grundsatz nicht angewendet wissen für Gesetze, die ein Abweichen nach Privatwillkür gestatten oder lediglich Erwerb und Ausübung von Rechten neu regeln. Vgl. die abweichende Abgrenzung von *Savigny* nach Gesetzen, die sich auf den Erwerb der Rechte beziehen und Gesetzen, die das Dasein der Rechte betreffen. System des heutigen Römischen Rechts Bd. 8 S. 373 ff.

[58] Fn. 2 zu S. 217, hier S. 222. Nach *Lassalles* Ansicht besteht „der kulturhistorische Gang aller Rechtsgeschichte eben darin, immer mehr

Hier liegt der wesentliche Unterschied zu der wenig später erschienenen Entwährungslehre *Lorenz (von) Steins,* die den ganzen 7. Band seiner ›Verwaltungslehre‹ beansprucht [59]. Stein steht ganz auf dem Boden der liberalen Lehre und sieht als Aufgabe der Gesetzgebung nur die Herstellung staatsbürgerlicher Freiheit und Gleichheit [60]; die ökonomischen Beziehungen sind dem Markt überlassen, der seiner Theorie nach nur auswechselbare Austauschverhältnisse und keine Abhängigkeiten kennt. So unterscheidet Stein zwischen dem Inhalt eines überlebten Rechtes und dem Wert, den es für den Berechtigten besitzt. Stehe der Inhalt eines überkommenen Rechtes der staatsbürgerlichen Freiheit des Verpflichteten entgegen, so dürfe es aufgehoben werden. Mehr zu tun, d. h. dem Berechtigten auch den Wert des Rechtes zu entziehen, wäre indessen durch den Zweck der Maßnahmen nicht gerechtfertigt und würde die personale Selbständigkeit des Rechtsinhabers übermäßig beeinträchtigen (S. 76). Daran schließt sich die Forderung nach Entschädigung. Stein stellt insoweit die älteren Rechte völlig dem bürgerlichen Eigentum gleich und unterstellt ihnen einen (Markt-)Wert, den sie erst durch das Heraufkommen der bürgerlichen Welt gewannen, der aber nicht ihrem ursprünglichen Sinn entsprach. Er übersieht bei seiner Deduktion, daß dieser (Markt-)Wert nur besteht, solange diese Rechte von der Rechtsordnung ihrem Inhalt nach akzeptiert werden und durchsetzbar sind. Stein ist zu dieser Deduktion nur bereit, wenn er die entschädigungslose Aufhebung der mit dem alten Grundbesitz verbundenen Rechte auf Verwaltung, Gericht und Polizei billigt, weil diese „ihrem Wesen nach" keinen wirtschaftlichen Wert hät-

---

die Eigentumssphäre des Privatindividuums zu beschränken, immer mehr Objekte außerhalb des Privateigentums zu setzen."

[59] 7. Teil: Die Entwährung, Stuttgart 1868.

[60] *Stein* sieht allerdings die bürgerliche Gesellschaft nicht als Endpunkt der Geschichte, wohl aber seiner Verwaltungslehre: „Die Zukunft gehört dem Prinzip des Staatsbürgertums; aber auch dieses Prinzip ist nicht der Abschluß der Geschichte, denn es ist mit seinem tödlichen Feind, der Idee der sozialen Bewegung, zugleich groß geworden. Wir aber müssen hier bei jenem stehen bleiben." A. a. O. S. 218.

ten⁶¹. Vor ihrer Vereinnahmung durch die Landesherren hatten diese Rechte für die bisherigen Träger durchaus einen wirtschaftlichen Wert, und zwar nicht nur im Hinblick auf die damit verbundenen Abgabenansprüche⁶². Dieser Wert wurde ihnen erst dadurch „unwesentlich", daß die mit ihnen verbundenen Funktionen vom Staat übernommen und so der Erwerbssphäre entzogen wurden.

Seine letzte Bearbeitung fand das Thema der erworbenen Rechte von nationalökonomischer Seite, und zwar durch *Adolph Wagner* in seiner Grundlegung der politischen Ökonomie⁶³. Ebenso wie vor ihm bereits Lassalle, Stein und ein großer Teil der juristischen Literatur unterschied er mit aller Deutlichkeit zwischen Einzelfallenteignung und einer allgemeinen Aufhebung überlebter, die weitere sozialökonomische Entwicklung hindernder Rechte. Bei der Einzelfallenteignung (Wagner: Zwangsabtretung) sei ein Rechtsanspruch auf Entschädigung unter nationalökonomischen Gesichtspunkten anzuerkennen (S. 561). Da nicht das Recht an sich und seine Handhabung im Individualinteresse getroffen werden solle, sondern nur dessen besonderes Substrat im öffentlichen Interesse einer anderen Verwendung zugeführt werde, gebühre dem betroffenen Rechtsinhaber für das ihm auferlegte Sonderopfer ein Ausgleich. Wagner betont die Verbindung zum Grundsatz der gleichmäßigen Besteuerung. Die Frage nach einer Entschädigung bei der Aufhebung „einer ganzen Gattung von Rechten" habe Lassalle richtig entschieden, nur vernachlässige er neben dem Rechtsmoment

---

⁶¹ A. a. O. S. 80. An anderer Stelle möchte er die aus der Leibeigenschaft fließenden Lasten von der Entschädigung ausnehmen, weil aus einem Gewaltverhältnis niemals ein Recht entstehen könne. Er sieht aber selbst, daß diese genetische Betrachtung angesichts der durch das Heraufkommen der bürgerlichen Gesellschaft bewirkten Verwischung der Konturen nur schwer durchzuführen war. A. a. O. S. 221 ff.

⁶² Vgl. die Entscheidungen des Hessischen Oberappellationshofes zur Aufhebung der Patrimonialgerichtsbarkeit, in denen bei Anerkennung des wirtschaftlichen Wertes dieser Rechte eine Entschädigung versagt wurde. *Pfeiffer* a. a. O. (Fn. 43) S. 258, 260.

⁶³ 2. Teil, Volkswirtschaft und Recht, besonders Vermögensrecht, 3. Aufl. Leipzig 1894, S. 527 ff.

das Billigkeitsmoment, das auch im Gesamtinteresse bei der Aufhebung überlebter Rechte zu beachten sei (S. 560). Nur bei onerosem (entgeltlichem) Erwerb sei „im Prinzip" eine Entschädigung zu gewähren (S. 562). Aus dem Zusammenhang ergibt sich, daß Wagner hier den entgeltlichen Erwerb unmittelbar vom Hoheitsträger (nicht von Privaten) meint, da er anschließend die Aufhebung von Grundsteuerbefreiungen in Preußen erörtert. Wurden solche Rechte vom Hoheitsträger entgeltlich gewährt, so waren sie damit in der Tat als Tauschwert der bürgerlichen Rechtsordnung anerkannt und ihre entschädigungslose Aufhebung wäre ein Widerspruch zur ursprünglichen Veräußerung. Im übrigen kann nach Wagners Ansicht bei der generellen Aufhebung von Rechten nach Billigkeit entschädigt werden.

Mit Adolph Wagner reißt die systematische Erörterung der Lehre vom erworbenen Recht ab. Ihr Anlaß, die Überführung älterer Rechte in die bürgerliche Rechtsordnung, war entfallen. Auch für die deutsche Verfassungsdiskussion stellte sich jetzt ausschließlich die im angloamerikanischen Bereich seit langem diskutierte Frage nach dem Verhältnis des bürgerlichen Eigentums zur öffentlichen Ordnung. Im Jahre 1932 widmete G. *Bückling* der Lehre vom erworbenen Recht eine historisierende Betrachtung[64], deren Untertitel „Ein Beitrag zur Geschichte des 19. Jahrhunderts" zeigt, daß der Gegenstand für die Dogmatik des geltenden Rechtes überwunden war. In Untersuchungen über die zeitliche und territoriale Geltung von Rechtsnormen[65] und bei der Behandlung der verfassungsrechtlichen Eigentumsgewährleistung taucht zwar das erworbene Recht als Diskussionstopos gelegentlich wieder auf. Im Gegensatz zum 19. Jahrhundert ist dann allerdings in der Regel vom „wohl"erworbenen Recht die Rede; schon das zeigt die

---

[64] Das wohlerworbene Recht in seinen Beziehungen zu den Gedanken des Rechts und der Macht, Breslau 1932.

[65] *Friedrich Affolter*, Das intertemporale Recht, Bd. 1, 1. Teil, Leipzig 1902, *Edwin von Braunmühl*, Der Begriff des wohlerworbenen Rechtes unter besonderer Berücksichtigung der Bestimmungen des Art. 4 des Deutsch-Polnischen Abkommens über Oberschlesien vom 15. Mai 1922, o. O. 1932; vgl. ferner die oben (Fn. 39) genannten Schriften zur Rückwirkung von Gesetzen.

mehr emotionale Funktion des Arguments. Der historische Zusammenhang und die Ambivalenz der bürgerlichen Rechtswissenschaft des 19. Jahrhunderts gegenüber dem erworbenen Recht sind vergessen.

Eine Ausnahme ist *Otto Kirchheimers* 1930 erschienene Schrift ›Grenzen der Enteignung‹. Er bezeichnet das Problem der erworbenen Rechte deutlich als ein Problem des Übergangs von einer Sozialordnung in die andere. Für ihn fallen unter diesen Begriff Rechte, „deren Entstehungstatbestand in einer überholten Sozialordnung begründet liegt" (S. 15). Der Sache nach stellt allerdings Kirchheimer nicht so sehr auf den Entstehungsvorgang als auf den anachronistisch gewordenen Rechtsinhalt ab.

6. Erworbenes Recht und Enteignung

Im Zusammenhang der Lehre von den erworbenen Rechten, aber in deutlicher Abgrenzung, wird in den Schriften des 18. und 19. Jahrhunderts die Enteignung erörtert. Das Schicksal erworbener Rechte bei einer gesetzgeberischen Umgestaltung der überkommenen Rechtsordnung ist ein Problem der Neuzeit und wurde erst mit dem Übergang zur bürgerlichen Rechtsordnung aktuell. Sehr viel älter ist die Enteignung einzelner Rechtsobjekte, um sie einer vom Träger der Enteignungsgewalt bestimmten Nutzung zuzuführen. Seit der römischen Kaiserzeit ist die Wegnahme von Grundstücken oder Grundstücksteilen für den Bau von Straßen, Kanälen, Wasserleitungen, Festungen und anderen Bauten, später für landesherrliche Schlösser eine bekannte Erscheinung; ferner auch die Beschlagnahme von Getreidevorräten bei Hungersnot [66].

Als Grundlage der Enteignung wurde das *dominium eminens* des Landesherren angesehen. Diese Bezeichnung erinnerte an den mittelalterlichen Zusammenhang von dominium und imperium. Gerechtfertigt wurde das Enteignungsrecht des Landesherrn als

---

[66] Vgl. die vor allem der Entwicklung des Enteignungsrechtes gewidmete Darstellung von *Georg Meyer*, Das Recht der Expropriation, Leipzig 1868; auch *Hedemann*, a. a. O. (Fn. 33) S. 225 ff.

Geltendmachung eines lehnsrechtlichen Obereigentums. Freilich war mit dieser Erklärung nur wenig gewonnen; insbesondere blieb der Entschädigungsanspruch bei Annahme eines Obereigentums ohne innere Rechtfertigung. Seit Hugo Grotius ist daher in den alten Begriff des dominium eminens sehr deutlich die neue Vorstellung von der Landeshoheit hineingelegt worden.

In der zweiten Hälfte des 18. Jahrhunderts begann sich der Begriff des dominium eminens aus der Staatspraxis zurückzuziehen; die Landeshoheit trat in den Vordergrund und bedurfte keiner quasi-privatrechtlichen Begründung mehr. Das dominium eminens wurde zum Kathederbegriff [67], dessen Bedeutung sich zunehmend verdunkelte und schließlich mit dem ius eminens, dem Staatsnotrecht, identifiziert wurde [68].

Das dominium eminens durfte nach Ansicht der Juristen nur aus Gründen des Gemeinwohls und gegen Entschädigung ausgeübt werden. Im einzelnen war vieles streitig; etwa ob man eine Notwendigkeit fordern müsse oder der Nutzen für das Gemeinwohl hinreiche. Über die wesentlichen Grundlagen des Enteignungsrechtes bestand jedoch schon lange vor dem modernen Gesetzes- und Verfassungsstaat Einigkeit. Damit ist nicht gesagt, daß diese Grundsätze durchgehend angewendet wurden. Tocqueville rechnete die willkürliche Handhabung der Enteignung und insbesondere die Unsicherheit der Entschädigung zu den Maßnahmen, durch die das Ancien Régime „die revolutionäre Erziehung des Volkes vollendete" [69]. Die Untertanen deutscher Territorien waren insofern kaum besser gestellt [70]; die theoretische Möglichkeit, gegen landesfürstliche Willkür die Reichsgerichte anzurufen, bot keine reale Abhilfe [71], trug aber vielleicht dazu bei, das Denken vom

---

[67] *Lorenz Stein* a. a. O. (Fn. 59) S. 202.

[68] So etwa durch *Zachariä*, Deutsches Staats- und Bundesrecht, 2. Teil, 3. Aufl., Göttingen 1867, § 152 S. 121 ff.

[69] L'Ancien Regime et la Révolution III 6.

[70] Vgl. *Hedemann* a. a. O. (Fn. 33), S. 228 f.

[71] Dazu *Hans Uwe Erichsen*, Verfassungs- und verwaltungsgeschichtliche Grundlagen der Lehre vom fehlerhaften belastenden Verwaltungsakt, Frankfurt a. M. 1971, S. 105 ff.

politischen Handeln auf die ungefährlichere Bahn des staatsrechtlichen Disputes zu leiten.

Die Literatur des 18. und 19. Jahrhunderts unterschied die Enteignung sehr deutlich von einer gesetzlichen Neuordnung erworbener Rechte. Das zeigt sich insbesondere bei der Behandlung der Entschädigungsfrage; im Enteignungsfall wird die Entschädigung als unabdingbar angesehen, während beim gesetzlichen Eingriff in erworbene Rechte unter den oben geschilderten Voraussetzungen die Entschädigung nach überwiegender Ansicht entfallen konnte. Das Merkmal der Enteignung wird regelmäßig in der besonderen Belastung durch Einzelakt gesehen; die Entschädigung entspringt dann aus dem Grundsatz der Lastengleichheit [72]. Stahl unterscheidet, und darin stimmt Lassalle mit ihm überein, die „Aufhebung (Abolition) der Rechte, welche einer ganzen Art von Rechten die Anerkennung und Wirksamkeit im Staate nimmt", von der Enteignung, „welche nur das einzelne Objekt eines fortwährend anerkannten Rechtes, nämlich des Eigentums, einem Einzelnen abnötigt" [73]. Für Lorenz Stein [74] ist ohnehin die Aufhebung überkommener Rechte ein einmaliger Vorgang, der den Übergang zur staatsbürgerlichen Ordnung besiegelt. Die Enteignung sei hingegen ein Institut der staatsbürgerlichen Ordnung, in dem sich deren Prinzip, der freie individuelle Erwerb, bestätige. Diesem Prinzip diene das Eigentum, aber auch die Enteignung, wenn im besonderen Fall das Einzeleigentum zum Hindernis für den Erwerb aller anderen werde. Es gehe daher bei der Enteignung nicht um staatliche, sondern um gesellschaftliche Interessen. Das, nicht die ungleiche Belastung, unterscheide die Enteignung von der Steuer, denn diese müsse der Pflichtige im eigenen Interesse aufbringen, damit der Staat ihm die Umweltbedingungen seiner eigenen Entwicklung herstelle.

---

[72] In diesem Sinn besonders deutlich *Pfeiffer,* Practische Ausführungen a. a. O. (Fn. 43) S. 242 ff.
[73] Philosophie des Rechts Bd. 2, 1. Abt. S. 343.
[74] Verwaltungslehre Teil 7 S. 292 ff.

III. Bürgerliches Eigentum und politische Emanzipation

1. Bürgerliche Gesellschaft, Industrialisierung und soziale Bewegung

Bei abstrakter Betrachtung könnte man die Durchsetzung der bürgerlichen Rechtsordnung in Preußen-Deutschland und ihre Differenzierung von der öffentlichen Ordnung als einen Nachvollzug der früheren englischen Entwicklung bezeichnen. Es geht insofern um eine gesamteuropäische Erscheinung, die hier früher, dort später, zuerst aber in England auftrat und nicht ohne Rückschläge war: Der ökonomische und der politische Bereich entwickeln sich zu gesonderten Systemen mit ihren charakteristischen Instituten des privaten und öffentlichen Rechts. Anstelle der feudalen Einheit von Rechten am Boden und Herrschaft über die darauf lebenden Menschen tritt einerseits das bürgerliche Eigentum, das den Anspruch auf unmittelbare Herrschaft, gleichzeitig aber auch die Verantwortung für Abhängige verliert, während auf der anderen Seite eine öffentliche Verwaltung entsteht und diejenigen Aufgaben übernimmt, die jeweils von den Inhabern der Regierungsgewalt als öffentliches Interesse bezeichnet werden.

Die gesellschaftlichen und politischen Bedingungen dieses Differenzierungsprozesses waren allerdings im Preußen-Deutschland des 19. Jahrhunderts höchst unterschiedlich von der in England im 17. Jahrhundert vorherrschenden Situation. Der Nachholvorgang bezeichnet nur einen Aspekt der Realitäten, daneben stehen parallel laufende und eigenständige Entwicklungslinien. Die englische Entwicklung war einerseits beispielhaft, das zeigt sich u. a. an dem besonderen Interesse, das englische Institutionen, politische Philosophie und Ökonomik im Deutschland des 19. Jahrhunderts fanden, andererseits war Politikern und Staatswissenschaftlern bei allem Interesse an der Nutzanwendung englischer Erfahrungen bewußt, daß sich die Entwicklung nicht nachvollziehen ließ und auch einzelne Institutionen bei der Übernahme durch den neuen Zusammenhang ihren Sinn veränderten [75].

---

[75] Vgl. zur Rezeption der englischen Entwicklung in der Staatsrechtslehre insbes. *Rudolf Gneist*, Englische Verfassungsgeschichte, Berlin 1882;

Im gesellschaftlichen Bereich lag ein wesentlicher Unterschied darin, daß in Preußen-Deutschland die Marktwirtschaft gleichzeitig mit der Industrialisierung entstand. In England hatte sich bereits im 16. Jahrhundert eine – vorindustrielle – Marktwirtschaft ohne Binnenzölle entwickelt, die kaum mehr rechtliche Schranken der Erwerbstätigkeit kannte und infolge der Erreichbarkeit der wichtigsten Handelsplätze auf dem Wasserwege über hervorragende Verkehrsverbindungen verfügte. In Deutschland hingegen entfaltete sich der Binnenmarkt erst mit und zum Teil durch die Industrialisierung [76]; Tor- und Brückenzölle fielen erst mit oder nach der Inbetriebnahme von Eisenbahnlinien. Die Zollvereinspolitik war auch deshalb eine Notwendigkeit, weil die bestehenden Zollgebiete nicht in der Lage waren, die mit der Industrialisierung verbundene Massenproduktion aufzunehmen. Die vorindustrielle Marktwirtschaft Englands hatte zwar auch die Zusammenballung ökonomischer Macht gekannt; das war jedoch eher eine Ausnahmeerscheinung und nicht notwendig mit der vorindustriellen Produktionsweise verbunden. Das absolute bürgerliche Eigentum auch an Produktionsmitteln konnte daher jedenfalls der Theorie nach mit der Freiheit auch der Lohnabhängigen vereinbar sein, soweit diese die Möglichkeit hatten, zu einem anderen Unternehmer auszuweichen oder sich mit relativ geringen Ersparnissen selbständig zu machen. Dem Industriesystem, wie es in Deutschland entstand, war demgegenüber von vornherein aus technischen und ökonomischen Gründen die Tendenz zur Konzentration immanent. Unter dieser Konstellation bedeutete die Entwicklung des bürgerlichen Eigentums und seine Freisetzung von der Verantwortlichkeit für Abhängige nicht mehr Freiheit für den bewußten Teil der Bevölkerung, sondern im Gegenteil für bisher

---

auch *Julius Hatschek*, Englische Verfassungsgeschichte bis zum Regierungsantritt der Königin Victoria, München usw. 1913. Besonders bei den Bemühungen um die kommunale Selbstverwaltung berief man sich immer wieder auf das englische Vorbild.

[76] Zum Vorgang der Industrialisierung vgl. *Mottek* a. a. O. (Fn. 1) Bd. II, S. 65 ff.

gesicherte Schichten die Gefahr des Abstiegs und für die wachsende Zahl der Besitzlosen Abhängigkeit. Die Verbindung von Eigentum und Freiheit, die durch John Locke ihren klassischen Ausdruck gefunden hatte, war bereits von der technischen Entwicklung überholt, als in Deutschland ihre ökonomisch-institutionellen Voraussetzungen einzutreten schienen. Das bürgerliche Eigentum hatte sein gutes Gewissen verloren [77], bevor es in Deutschland zum zentralen Rechtsinstitut der bürgerlichen Ordnung wurde. Nirgend in der Literatur des deutschen Bürgertums werden Eigentum und unbeschränkter Erwerb in einer der englischen Literatur des 17. Jahrhunderts vergleichbaren Weise herausgestellt und gepriesen. Die bürgerliche Gesellschaft ist in Deutschland, nach den Worten Lorenz (von) Steins, zugleich mit ihrem tödlichen Feind, der sozialen Bewegung, groß geworden [78].

2. Politische Ausgangslage

Neben der neuen sozialen Situation traf das im 19. Jahrhundert aufsteigende deutsche Bürgertum auf politische Strukturen, die sich sehr wesentlich von den Gegebenheiten unterschieden, mit denen sich die besitzende Schicht z. Z. der englischen Revolution auseinanderzusetzen hatte. Die nach dem Reichsdeputationshauptschluß (1803) fortbestehende Kleinstaaterei mit 39 souveränen Bundesfürsten und Städten behinderte nicht nur die ökonomische Entfaltung des Bürgertums, sondern war auch infolge der daran anknüpfenden lokalen Loyalitäten und Abhängigkeiten gegenüber den politischen Forderungen der neuen Gesellschaft ein Beharrungsfaktor ersten Ranges. Konnte sich in Frankreich und England die bürgerliche Revolution auf ein Machtzentrum konzentrieren, so war sie in Deutschland zu einer Zersplitterung gezwungen, die

---

[77] Vgl. *Robespierres* berühmte Rede vor dem Konvent vom 24. 4. 1793 über das Eigentum.
[78] Verwaltungslehre 7. Teil S. 218. Vgl. die Beiträge von *Wolfgang Köllmann* und *Karl Erich Born* in: Moderne deutsche Verfassungsgeschichte (1815–1918), Hrsg. E. W. Böckenförde, Köln 1972.

angesichts der Spontaneität und Stimmungsgebundenheit von Massenaktionen deren Erfolgschancen reduzierte [79].

Voraussetzung für das Umschlagen wirtschaftlichen Aufstiegs in politische Aktion war in Deutschland wie anderwärts das Entstehen politisch handlungsfähiger Gruppen im Bürgertum. Hier war Frankreich in doppelter Weise auslösend: positiv durch das Beispiel einer vollzogenen bürgerlichen Revolution, die gerade auch während der Angliederung deutscher Gebiete dem deutschen Bürgertum vor Augen führte, welche Entfaltungsmöglichkeiten zu gewinnen waren; negativ durch die wachsenden Ansprüche Napoleons an die angegliederten deutschen Gebiete, die schließlich einer Ausplünderung nahekamen und eine nationale Bewegung auslösten. Die Befreiungskriege, die freilich weder bürgerliche Freiheit noch nationale Einheit brachten, stärkten gleichwohl bürgerliches Selbstbewußtsein. In ihrer Folge steigerte sich die bürgerliche Agitation; das wiederum veranlaßte verschärfte Abwehrmaßnahmen [80], mit denen sich die Regierungen eindeutig einer reaktionären Politik verschrieben. Das gilt insbesondere für Preußen, das in seiner Reformzeit vor der napoleonischen Niederlage die Entwicklung des Bürgertums gefördert hatte.

Die neuen landständischen Vertretungen der deutschen Mittelstaaten [81] und in gewissem Maße auch die preußischen Provinziallandtage [82] gaben dem Bürgertum einen Vorgeschmack parlamentarischer Möglichkeiten. Auch die in Preußens Reformzeit dekretierte Wiederbelebung städtischer Selbstverwaltung [83] veranlaßte das Bürgertum, das sich zunächst wegen der mit der Selbstver-

---

[79] Vgl. *Jacques Droz*, Les révolutions allemandes de 1848, Paris 1957, S. 628 f. m. Nachw.

[80] Karlsbader Beschlüsse vom August 1819, abgedruckt bei *Ernst Rudolf Huber*, Dokumente zur Deutschen Verfassungsgeschichte, Bd. 1, Stuttgart usw. 1961 S. 90 f.; weitere Beschlüsse der Bundesversammlung ebenda S. 119 ff.

[81] Vgl. dazu *Hartwig Brandt*, Landständisches Denken im deutschen Vormärz, Neuwied usw. 1968.

[82] Vgl. dazu die Gesetze vom August 1823, GS S. 129 ff. und *Huber*, Dokumente a. a. O. (Fn. 80) S. 165 ff.

[83] *Steinsche* Städteordnung vom 19. 11. 1808, GS 1806–1810 S. 324.

waltung verbundenen Lasten sträubte, erste politische Erfahrungen zu sammeln und Kontakte zu knüpfen, die zur Voraussetzung politischen Wirkens jenseits der kommunalen Grenzen wurden.

Dies alles waren indessen nur erste Ansätze, verglichen mit den in Lokalverwaltung und Parlament gesammelten politischen Erfahrungen und der Durchschlagskraft der besitzenden Schicht zur Zeit der englischen Revolution. Im Parlament stand ihr ein nationales Aktionszentrum zur Verfügung, das zwar gegenüber der Krone einige Schwächen aufwies, die jedoch dadurch aufgewogen wurden, daß die Krone ihrerseits wegen der Steuerbewilligung auf das Parlament angewiesen war. Der Unterschied zeigt sich am deutlichsten im Vergleich mit der preußischen Situation. Als hier der Aufstieg des Bürgertums begann, saß der landesherrliche Absolutismus seit geraumer Zeit im Sattel. Die Gesetzgebung stand ihm allein von Gottes Gnaden zu. Im Wege der Steuererhebung und aus den Domänen verfügte er nach Belieben über die Staatseinkünfte und damit auch über Heer und Beamtenschaft. Auch in England bestanden zwar absolutistische Tendenzen, die sich um ein großzügiges Verständnis der königlichen Prärogative rankten; von der bürgerlichen Opposition konnte aber ohne weiteres noch die mittelalterliche Auffassung vom einartigen Recht mobilisiert werden, wie sie in Cokes Interpretation der Magna Carta zum Ausdruck kam: König und Untertan hatten qualitativ gleichartige Rechte, so daß jede Änderung und insbesondere die Begründung einer Abgabenpflicht nur mit Zustimmung der Betroffenen oder ihrer Repräsentanten möglich waren [84]. Hinzu kam, daß sich die Dynastien in Deutschland auf einen Adel stützen konnten, der bei aller Angleichung des Rechtsstatus [85] und der wirtschaftlichen Basis [86] ein deutlich vom Bürgertum abgegrenztes Selbstverständ-

---

[84] S. o. S. 41.

[85] Vgl. etwa das preußische Edikt vom 9. 10. 1807, GS S. 170, das dem Adel die bürgerlichen Berufe eröffnete. Es blieben aber insbes. in der Fideikommißgesetzgebung und im Recht der mediatisierten Standesherren zahlreiche Privilegien erhalten.

[86] Einerseits wurden gerade im Vormärz zahlreiche Rittergüter mit den dazugehörigen Rechten von Bürgerlichen erworben; andererseits beteiligten sich gewisse Teile des Adels, so etwa die schlesischen Magnaten,

nis behielt, während in England bereits im 17. Jahrhundert die Zugehörigkeit zu Besitzbürgertum oder Adel in erster Linie mit der Größe des Besitzes in Zusammenhang stand. Der Adelstitel vererbte sich dort ohnehin nur an die ältesten Söhne.

3. Gesellschaftliche Prägung der vormärzlichen Verfassungsbewegung

Mit der Entwicklung zur Marktgesellschaft wuchs die Abhängigkeit aller Landesbewohner von politischen Entscheidungen. Eine für ihren eigenen Bedarf produzierende und ihren Bedarf selbst deckende ländliche Gemeinschaft kann sich darauf beschränken, für ihren Schutz nach außen Steuern zu zahlen, ohne sonstige Ansprüche an die Träger politischer Gewalt zu richten. Daran ändert an sich der Anschluß an Verkehrsverbindungen nichts, solange die traditionellen Wirtschaftsvorstellungen erhalten bleiben. Sowie aber die Möglichkeiten der Erwerbssteigerung durch Spezialisierung und Marktproduktion wahrgenommen werden, entsteht die Abhängigkeit von Rahmenbedingungen, teils in Gestalt der vorhandenen Marktgegebenheiten, zum anderen Teil aber in Gestalt politischer Entscheidungen, die in Rechtsnormen, Zollsätzen, Subventionen usw. zum Ausdruck kommen. Die wachsende Abhängigkeit von politisch gesetzten Rahmenbedingungen war im vormärzlichen Deutschland um so bewußter, weil hier nicht die Rechtsordnung der marktwirtschaftlichen Entwicklung gefolgt war, sondern umgekehrt Gewerbefreiheit und die Neuordnung der dörflich-bäuerlichen Verhältnisse von der monarchisch-bürokratischen Obrigkeit im Wege des gesetzgeberischen Fiat angeordnet worden waren. Es gab wohl kaum einen Handwerker oder Bauern im vormärzlichen Preußen, dem nicht eindringlich bewußt war, in

am Aufstieg der Industrie. Auch soweit der Adel weiterhin auf dem Lande seine wirtschaftliche Grundlage fand, war es nunmehr das bürgerliche Bodeneigentum, anstelle der feudalen Rechte, auf das er sich stützte. Die mit dem Besitzbürgertum übereinstimmende wirtschaftliche Grundlage hinderte indessen nicht, an der besonderen Standesideologie festzuhalten.

welchem Maße seine Existenz von der Gesetzgebung beeinflußt worden war und weiterhin beeinflußt wurde. Wahrscheinlich sind darauf die übertriebenen Erwartungen zurückzuführen, die gerade die Mittel- und Unterschichten an die Volksrepräsentation knüpften [87]. Von der Gesetzgebung erwartete man alles und unterschätzte die technisch-sozialen Bedingungen der wirtschaftlichen Entwicklung.

Insofern ließe sich Tocquevilles Wort von der Vollendung des ancien régime durch die Revolution auf Preußen übertragen: Auch hier knüpfte die Revolution an das, was die Bürokratie des aufgeklärten Absolutismus seit Friedrich II. bis zum Ende der Reformzeit geschaffen und die nach den Freiheitskriegen einsetzende Restauration nicht hatte zurücknehmen können. Die preußische Monarchie war in einer Zwangslage: Das Besteuerungsrecht, von dem wiederum die militärische Machtentfaltung abhing, war nur soviel wert, als die Masse der Untertanen zahlen konnte; die bei den direkten Steuern im Falle der Zahlungsunfähigkeit eintretende Steuerexekution war zwar nicht gerade selten und auch nicht zimperlich, mußte aber die Ausnahme bleiben, wenn die Steuer einen Ertrag bringen sollte [88]. Weit stärker war der Ertrag der indirekten Steuern davon abhängig, daß überhaupt gekauft und verkauft wurde. Der Versuch, die Einkünfte des Salzregals durch einen Konsumzwang zu sichern, war bald fehlgeschlagen. Die absolutistische Machtentfaltung stand daher in direktem Zusammenhang mit der Prosperität der Untertanen. Diese war aber nachhaltig nur zu fördern, indem man bürgerlichem Erwerbstreben den Weg freigab und damit langfristig dem ancien régime die gesellschaftlichen Grundlagen entzog.

Anders als in der englischen Revolution lag die Führung der politischen Bewegungen des Vormärz nicht beim Großbürgertum. Fabrikanten, aber auch Großhändler und Finanziers hatten zwar

---

[87] Zur Intensität dieser Hoffnungen vgl. *Gerhard Schilfert*, Sieg und Niederlage des demokratischen Wahlrechts in der deutschen Revolution 1848/49, Berlin 1952, S. 33 ff.

[88] Vgl. zu den preußischen Steuerproblemen noch *Heinrich von Treitschke*, Politik, hrsg. v. *Max Cornicelius,* 2. Aufl., Leipzig 1900, Bd. 2 S. 464 f.

wesentliche Vorteile von der Überwindung der ökonomischen Zersplitterung zu erwarten, doch setzten sie dafür lieber auf den Zollverein als auf nationale Forderungen, die nur zu leicht das traditionelle dynastische Denken über Bord warfen und nicht nur für ängstliche Gemüter im Geruch des Jakobinismus standen. Auf der Suche nach politischem Einfluß konnte manchem der unmittelbare Kontakt mit den Monarchen und ihren Bürokratien erfolgversprechender erscheinen, als der Umweg über Repräsentativverfassungen. Bei diesen war ein kleinbürgerlicher Trend zu erwarten, nachdem das plutokratische Wahlrecht durch die französische Entwicklung seit der Juli-Revolution desavouiert war und auch ein Grundbesitzerwahlrecht durch die Wahlrechtsreform in England überholt war und kaum das Großbürgertum begünstigt hätte. Der informelle Zugang zur politischen Entscheidung brachte zwar für das Großbürgertum manche Demütigung und manchen Rückschlag mit sich, die jedoch angesichts der heraufziehenden sozialen Frage in Kauf genommen wurden. Bei aller Faszination durch das englische Vorbild hat das deutsche Großbürgertum den Griff nach der staatlichen Macht nicht mehr gewagt. Die vorsichtigen Bemühungen des rheinischen Großbürgertums um ein günstigeres Wahlrecht und eine gesamtstaatliche Vertretung [89] können schwerlich mit der entschiedenen Haltung des englischen Großbürgertums im 17. Jahrhundert auf eine Stufe gestellt werden.

Mit der wirtschaftlichen Macht des Großbürgertums mußten Monarchen und Bürokraten ohnehin rechnen, wenn sie dieser Macht auch nicht unbedingt freundlich gesonnen waren und ihr Anwachsen eher zu behindern suchten. Über Geldanlage, Kredit und Investitionen konnte man nicht wie über Rekruten befehlen. Hier erwies sich gerade die staatliche Zersplitterung als Nachteil, da sie das Ausweichen und das Überspielen staatlicher Maßnahmen erleichterte. Zudem waren die meisten deutschen Staaten jedenfalls für Teile ihres Gebietes ökonomisch Entwicklungsländer und daher im besonderen Maße auf das Wohlwollen der Bourgeoisie angewiesen. Besonders kommt das in der Staatsverschuldung zum

---

[89] Vgl. dazu *Heinz Boberach*, Wahlrechtsfragen im Vormärz, Düsseldorf 1959, S. 110 ff.

Ausdruck. An freies Geldkapital konnte man im Hinblick auf seine Beweglichkeit nur sehr begrenzt im Wege der Steuererhebung herankommen. Wollte man es für staatliche Zwecke einsetzen, mußte man Anleihen aufnehmen [90], d. h. mit der Bourgeoisie paktieren. In den Börsenkursen der Staatspapiere [91], aber auch der ersten Aktien, kam die Ansicht der internationalen Bourgeoisie über die staatliche Wirtschaftspolitik deutlicher und wirkungsvoller zum Ausdruck, als es mit Hilfe irgendeiner denkbaren Repräsentativverfassung hätte geschehen können.

Im dritten preußischen Verfassungsversprechen wurde allerdings ein ausdrücklicher Zusammenhang zwischen Staatsschuld und Repräsentativverfassung hergestellt. In der Staatsschuldenverordnung vom 17. 1. 1820 (GS S. 9) heißt es (unter II.): „Sollte der Staat künftighin zu seiner Erhaltung oder zur Förderung des allgemeinen Besten in die Notwendigkeit kommen, zur Aufnahme eines neuen Darlehens zu schreiten, so kann solches nur mit Zuziehung und unter Mitgarantie der künftigen reichsständischen Versammlung geschehen." Dieser Zusammenhang ist jedoch akzidentiell; es überkreuzten sich hier verschiedene Fäden Hardenbergscher Politik [92]. Das kapitalgebende Großbürgertum hatte jedenfalls von einer ständischen Vertretung, in der agrarisch-feudale Interessen überwogen hätten, wenig zu erwarten. Bei den

---

[90] Vgl. dazu *Leopold Krug*, Geschichte der Preußischen Staatsschulden, hrsg. v. *Julius Bergius*, Breslau 1861, insbes. in der Vorrede S. XLVI über den Einfluß der „großen Geldmärkte auf die politischen Verhältnisse und Operationen einzelner Staaten". Siehe auch die Verbeugungen vor den Staatsgläubigern im Edikt vom 27. 10. 1810, GS S. 25 und in der Verordnung vom 17. 1. 1820 GS S. 9.

[91] *Leopold Krug* a. a. O. S. XLV führt die Kurse der Staatspapiere auf das gemeinschaftliche Urteil der „Wohlhabenden und darum in der Regel auch ... gebildeten Familien des ganzen Landes" zurück. Vgl. auch die diesbez. Bemerkungen *Friedrich Ancillons*, in: Die Vermittlung der Extreme in den Meinungen, Berlin 1828 Teil 1 S. 127 ff. Daß andererseits der Besitz von Staatsanleihen an die Geschicke des Staates binde, hebt *Treitschke* a. a. O. (Fn. 88) S. 480 f., hervor. Er erklärt die Staatsschuld geradezu als Grundlage des Patriotismus.

[92] Vgl. dazu *Reinhart Koselleck*, Preußen zwischen Reform und Revolution, 1791–1848, Stuttgart 1967, S. 326 ff.

vorangehenden Verfassungsversprechen fehlte dieser besondere Zusammenhang mit der Staatsschuld: das erste Verfassungsversprechen vom 27. 10. 1810 (GS S. 25, 31), in dem noch von nationaler Repräsentation (nicht von Ständen) die Rede war, stand unter dem Eindruck napoleonischer Erschütterungen und der Einführung neuer Steuern, die die Masse der Untertanen trafen. Im zweiten, abstrakten Verfassungsversprechen vom 22. 5. 1815, das eine Volksrepräsentation in Aussicht stellte, ist die Nachwirkung der Freiheitskriege spürbar.

Das Vertrauen der Finanzleute in preußische Anleihen war kaum von demokratischen Rücksichten getrübt. Entscheidend war, wie sie die Stabilität beurteilten; dabei konnten allerdings auch unerfüllte Verfassungsforderungen eine Rolle spielen, sobald sie die notwendige Intensität erreichten. Bezeichnend für dieses Kalkül und den wenig tiefgehenden Charakter des preußischen Verfassungskonfliktes der Jahre 1862–1866 ist, daß nach einem Brief Bismarcks aus dem Jahre 1865 [93] der Regierung Anleihen von Finanzleuten geradezu aufgedrängt wurden, ungeachtet der fortdauernden Budgetverweigerung des Abgeordnetenhauses.

---

[93] An *Karl Friedrich von Savigny*, damals Gesandter beim Bundestag. Vgl. *Theodore S. Hamerow*, The Social Foundations of German Unification 1858–1871. Ideas and Institutions. Princeton 1969. Anders *Friedrich Engels* in der 1865 geschriebenen Abhandlung, Die preußische Militärfrage und die deutsche Arbeiterpartei, in: *Marx/Engels/Lenin/Stalin*, Zur Deutschen Geschichte, Berlin 1954, Bd. II 1. Halbbd. S. 824: „Hierin liegt die Stärke der Bourgeoisie: daß die Regierung, wenn sie in Geldnot kommt – und das muß sie früher oder später sicher –, genötigt ist, selbst sich an die Bourgeoisie zu wenden, und diesmal nicht an die politische Repräsentation der Bourgeoisie, die am Ende weiß, daß sie zum Bezahlen da ist, sondern an die hohe Finanz, die an der Regierung ein gutes Geschäft machen will, die die Kreditfähigkeit einer Regierung an demselben Maßstab mißt wie die jedes Privatmannes und der es total gleichgültig ist, ob der preußische Staat viel oder wenig Soldaten braucht. Diese Herren diskontieren nur Wechsel mit drei Unterschriften, und wenn neben der Regierung nur das Herrenhaus, ohne das Abgeordnetenhaus, darauf unterschrieben hat, oder ein Abgeordnetenhaus von Strohmännern, so sehen sie das für Wechselreiterei an und danken für das Geschäft."

Der politische Druck auf das monarchisch-bürokratische Regime ging im Vormärz vom mittleren und kleinen Bürgertum, der Landbevölkerung und der wachsenden Arbeiterklasse aus [94]. Infolge der Gewerbefreiheit waren zahlreiche Angehörige des mittleren und kleinen Bürgertums vom gesellschaftlichen Abstieg bedroht. Sie hatten ein vitales Interesse, an einer Gesetzgebung mitzuwirken, die daran ging, in Handwerks- und Berufsordnungen die Grenzen der Gewerbe- und Berufsfreiheit abzustecken. Diese Schicht trug mit der Landbevölkerung den Hauptteil der Steuerlast und war in ganz anderer Weise als das Großbürgertum der polizeilichen und militärischen Schikane ausgesetzt.

Auf dem Land herrschte keineswegs eine patriarchalische Idylle, wie sie von der Propaganda der Gutsbesitzer dargestellt wurde. Teils stand die Aufhebung der feudalen Lasten noch aus; wo man bereits die Auflösung der feudalen Bindungen begonnen hatte, war sie fast ausschließlich zugunsten der Gutsbesitzer ausgefallen, und es war leicht zu erkennen, daß dafür keine Naturnotwendigkeit, sondern der Zugang des grundbesitzenden Adels zu Gesetzgebung und Verwaltung verantwortlich war. Fast überall standen die Bauern noch unter dem Druck der Patrimonialgerichtsbarkeit und der Gutspolizei; das verhaßte feudale Jagdrecht bedrohte ihre Ernten. Die Landbevölkerung hatte in zahlreichen lokalen Unruhen ihrem Unmut Luft gemacht. An der politischen Entwicklung im Gefolge der Märzrevolution nahm sie lebhaften Anteil [95]. Resignierende Abwendung verbreitete sich allerdings, als die preußische und die deutsche Nationalversammlung entgegen dem Beispiel der französischen Nationalversammlung sich abstrakten Verfassungsfragen zuwandten, statt zunächst einmal die Reste der Feudalordnung abzuschaffen und damit die auf dem Lande lebende Mehrheit der Nation an sich zu binden.

Den städtischen Arbeitern war die Rolle zugefallen, in Massenaktionen den politischen Forderungen auch der anderen Schichten

---

[94] Dazu *Schilfert* a. a. O. (Fn. 87) S. 22 ff.; *Franz Mehring,* Geschichte der deutschen Sozialdemokratie, 1. Teil, 2. Buch; *Mottek* a. a. O. (Fn. 1) S. 11 ff.

[95] Vgl. die von *Schilfert* a. a. O. (Fn. 87) S. 390 ff. wiedergegebenen Dokumente.

handfesten Nachdruck zu verschaffen. Anfänge einer eigenen Organisation und politische Forderungen folgten bald [96]. Im Vordergrunde standen Forderungen nach Abschaffung der polizeilichen Unterdrückung, Arbeitsschutzgesetzgebung und staatlicher Förderung. Die sozialrevolutionäre Lehre des Kommunistischen Manifestes trat demgegenüber noch völlig zurück. Die bürgerliche Ordnung kämpfte in Deutschland noch gegen die Fesseln des Feudalismus und konnte daher noch nicht selbst zum Ziel des politischen Angriffs werden.

4. Eigentum als Voraussetzung politischer Rechte

Standen hinter der Forderung nach politischer Mitwirkung recht unterschiedliche Interessen, so bestand unter denen, die diese Forderung erhoben, auch keineswegs Einigkeit darüber, wer zur Mitwirkung berufen war. Wurden politische Rechte für das Volk gefordert, so dachten dabei nur wenige an alle Schichten der Bevölkerung.

Es ist allerdings bemerkenswert, daß die Frage nach der sozialen Begrenzung der Aktivbürgerrechte nicht mehr mit der gleichen Unbefangenheit diskutiert wurde wie in der englischen Revolution. Hatte Ireton bei der Putney-Debatte den Wunsch der Leveller nach Ausdehnung des Wahlrechtes unter Berufung auf eine damit verbundene Gefährdung des Eigentums zurückgewiesen [97], so wurden jetzt andere Gesichtspunkte in den Vordergrund gestellt, deren Verschleierungscharakter aus heutiger Sicht offenbar ist. Daß nur der Begüterte Vollbürger sein könne, war selbst für die Besitzenden nicht mehr selbstverständlich.

a) Vormärz

Im Vormärz waren politische Rechte durchgehend an den Besitz gebunden.

[96] Vgl. dazu *Mehring* a. a. O. (Fn. 94) S. 429 ff.; *Ernst Rudolf Huber*, Deutsche Verfassungsgeschichte seit 1789, Bd. 2, Stuttgart 1960, S. 690 ff.
[97] S. o. S. 35.

Das gilt einmal für die landständischen Repräsentationen der süddeutschen Staaten, und zwar für beide Kammern. In der ersten Kammer saßen die adligen Inhaber der großen Latifundien[98], ergänzt durch einige ad personam ernannte bürgerliche Großkapitalisten, kirchliche Würdenträger und sonstige hochgestellte Persönlichkeiten, während in der zweiten Kammer der kleinadelige, bürgerliche und bäuerliche Besitz vertreten war. Nach ihrer Zusammensetzung entsprachen diese Körperschaften somit in etwa dem englischen Parlament vor den Reformen des 19. Jahrhunderts. Nicht mehr der Dualismus von Adel und Bürgertum, sondern die Größe des Besitzes war für die Gliederung der Kammern ausschlaggebend. Das ständische Denken wirkte zwar noch fort – u. a. in der Bezeichnung dieser Körperschaften –, seine ökonomischen und gesellschaftlichen Grundlagen gehörten jedoch bereits der Vergangenheit an. Bei der Wahl der Abgeordneten zur zweiten Kammer wurde teilweise auf die Steuerzahlung abgestellt. Auch darin lag in Anbetracht der damaligen Steuersysteme eine Anknüpfung an den Besitz[99].

Noch deutlicher war das ursprüngliche ständische Element durch neuzeitliches Besitzdenken bei den preußischen Provinzialständen überlagert. Im allgemeinen Gesetz über die Errichtung der Provinzialstände vom 5. 6. 1823 (GS S. 129) heißt es, Grundeigentum sei Bedingung der Standschaft. Standschaft ist hier nur mehr eine andere Vokabel für das Recht auf Anhörung in politischen Dingen. Es wird zwar noch der Versuch gemacht, innerhalb der

---

[98] Diese waren, da es nennenswerten bürgerlichen Großgrundbesitz in den süddeutschen Ländern nicht gab, identisch mit den Häuptern der ehemals reichsständischen Häuser und sonstigen adeligen Gutsbesitzern. Der Sitz in der Kammer war an den Bestand des Grundbesitzes gebunden, dessen Minimalwert in der Badischen Verfassung sogar ausdrücklich festgelegt war. Vgl. VI § 1–3 der Verfassungsurkunde für das Königreich Bayern vom 26. 5. 1818; §§ 27, 28 der Verfassungsurkunde für das Großherzogtum Baden vom 22. 8. 1818; §§ 130–132 der Verfassungsurkunde für das Königreich Württemberg vom 25. 9. 1819; alle bei *Huber*, Dokumente Bd. 1 (s. Fn. 80) S. 141 ff.

[99] Vgl. dazu *Huber*, Verfassungsgeschichte a. a. O. (Fn. 96) Bd. 1 S. 344 ff.

Ständeversammlungen einzelne Stände zu unterscheiden [100]. Die historische Fragwürdigkeit dieses Versuchs ergibt sich indes schon daraus, daß dort, wo keine besondere Gruppe für den Hochadel gebildet wurde, auch die bürgerlichen Besitzer eines Rittergutes zum ersten Stand gerechnet wurden [101]. Freilich schloß das einseitige Abstellen auf Grundbesitz Fabrikanten und andere gutgestellte Angehörige des Bürgertums von der Wahlberechtigung aus und erregte so in diesen immer wichtigeren Schichten des Bürgertums erheblichen Unwillen [102].

Schließlich setzte auch nach der preußischen Städteordnung vom 19. 11. 1808 (GS S. 324) die Beteiligung an der Wahl der Stadtverordneten städtischen Grundbesitz oder ein Mindesteinkommen voraus (§ 74).

Die Rechtfertigung der vormärzlichen Beschränkung politischer Rechte auf die Besitzenden versuchte u. a. *Carl v. Rotteck* in dem von ihm zusammen mit Welcker herausgegebenen Staatslexikon [103]. Er geht davon aus, daß es Aufgabe des Wahlrechts sei, dem verständigeren und zuverlässigeren Teil des Volkes ein Übergewicht zu sichern. Es könnten daher auch ganze Klassen ohne Rücksicht auf einzelne Tüchtige ausgeschlossen werden, wenn nur das Wahl-

---

[100] Gesetze über die Provinzialstände für Brandenburg, Preußen und Pommern vom 1. 7. 1823, GS S. 130 ff. und Gesetze vom 27. 3. 1824 über die Provinzialstände für Schlesien (GS S. 62), Sachsen (GS S. 70), Rheinprovinz (GS S. 101) und Posen (GS S. 141).

[101] Vgl. § 7 des Gesetzes für Brandenburg. Entsprechende Bestimmung in allen anderen Gesetzen.

[102] *Heinz Boberach*, Wahlrechtsfragen im Vormärz, Düsseldorf 1959, S. 39 ff.

[103] Bd. 1, Altona 1845, Art. Abgeordnete; Bd. 3, Altona 1846, Art. Census. Vgl. dazu *Rudolf Smend*, Maßstäbe des parlamentarischen Wahlrechts in der deutschen Staatstheorie des 19. Jahrhundert. In: Staatsrechtliche Abhandlungen, Berlin 1955. *Smend* meint, nach *Rottecks* Verständnis sei die Funktion der Volksvertretung vor allem gewesen, die monarchische Regierung durch sachverständigen Rat zu ergänzen. Damit unterschätzt er allerdings die konstitutionellen Ansprüche. Das ergibt sich schon daraus, daß *Rotteck* hier und an anderer Stelle auf den Gesamtwillen abstellt. Vgl. auch den Art. Constitution.

kollegium so zahlreich bleibe, daß es die „Gesamtheit der Bürger in Natur und Wahrheit vorstelle". Rotteck lehnt es ausdrücklich ab, den Staat mit einer Aktiengesellschaft zu vergleichen und aus diesem Grund nur den Besitzenden ein Mitwirkungsrecht einzuräumen [104]. Der Staat erfasse mit Rechten und Pflichten nicht nur, wie die Aktiengesellschaft, das Vermögen, sondern die ganze Persönlichkeit, und insofern sei jeder gleich zu achten, da jeder nur einen Kopf zu verlieren habe. Der Zensus wird daher negativ, aus den von einer Herrschaft der Vermögenslosen ausgehenden Gefahren begründet. Ihre „Scheelsucht" werde sie nach den Vermögen der Reichen greifen lassen. Das werde indes keineswegs ihren eigenen Zustand verbessern, weil die vom Staat ausgehende Bekräftigung des Eigentums- und Erbrechtes Vorbedingung für ein gewisses Maß an allgemeinem Wohlstand sei. Die Armen seien auch durch Überredung oder Bestechung leicht als Werkzeug zu politisch nachteiligen Zwecken zu mißbrauchen. Das allgemeine Wahlrecht könne daher auch die Interessen der Geldaristokratie fördern. Zwar ließen sich auch Reiche bestechen, aber ihre Bestechung kostete zuviel, als daß aus einem Privatvermögen die nötige Zahl von Stimmen gekauft werden könne [105]. Die Sorge der Bestechlichkeit gelte allerdings nur den völlig Vermögenslosen, nicht den kleinen und mittleren Besitzern. Insgesamt sei ein Wahlrecht mit niedrigem Zensus zu wünschen, bei dem die Mittelklasse die Oberhand behalte, „weil in dieser der Regel nach Tüchtigkeit und Zuverlässigkeit am meisten anzutreffen sind, während in den höheren Klassen uns allzuoft nur gesteigerter Egoismus und Anmaßung, in den untersten aber Roheit und Unwissenheit, dort also Unlauterkeit, hier Irrtum und Schwäche begegnen, Eigenschaften hier und dort, welche wenig tauglich machen zu Organen eines vernünftigen Gesamtwillens".

[104] Art. Census Bd. 3 S. 147 f.
[105] Art. Census Bd. 3 S. 155.

b) Die Wahlrechtsfrage in der Märzrevolution

Die Ereignisse der Märzrevolution hielten sich nicht an diese Überlegungen.

Im Frankfurter Vorparlament, obwohl es noch überwiegend aus Mitgliedern der landständischen Kammern zusammengesetzt war, wurde über ein Zensuswahlrecht nicht einmal mehr debattiert. Der Präsident der Versammlung, Mittermaier, Professor an der juristischen Fakultät in Heidelberg, eröffnete die Diskussion über das Wahlrecht mit der programmatischen Erklärung, es gehe darum, eine Versammlung zu wählen, in der sich der Volkswille aussprechen könne; es müsse daher das ausgedehnteste Wahlrecht ohne Rücksicht auf einen Zensus eingeführt werden [106]. Dieser Ansicht wurde damals auch von den anwesenden Vertretern des Großbürgertums nicht widersprochen. In der vorherrschenden Märzstimmung wollte niemand „den Fluch auf sich nehmen, unpopulär zu sein oder gar zu wagen, gegen den Strom der öffentlichen Meinung zu schwimmen" [107]. Statt dessen sprach sich das liberale Großbürgertum entschieden für die indirekte Wahl aus. Über diese Frage wurde eingehend diskutiert, ihre Entscheidung aber schließlich den Staaten überlassen, die die Wahlen durchführen sollten.

In der offiziellen Ausgabe der Beschlüsse des Vorparlamentes tauchte jedoch dann als Begrenzung des allgemeinen Wahlrechts der Begriff der Selbständigkeit auf, ohne daß über den Inhalt dieser Einschränkung diskutiert worden war. Möglicherweise beruhte diese Klausel nicht auf einem Beschluß des Vorparlamentes und gelangte fälschlicherweise in das Protokoll [108].

---

[106] *Gerhard Schilfert,* Sieg und Niederlage des demokratischen Wahlrechts in der deutschen Revolution 1848/49, Berlin 1952, S. 95 ff.; auch *Bernhard Vogel, Dieter Nohlen, Rainer-Olaf Schultze,* Wahlen in Deutschland, Berlin 1971, S. 76 ff.

[107] *Schilfert* a. a. O. S. 98. Differenzierter jedoch neuerdings *T. S. Hamerow,* Die Wahlen zum Frankfurter Parlament, in: Moderne deutsche Verfassungsgeschichte (1815–1918), Hrsg. E. W. Böckenförde, Köln 1972.

[108] Vgl. *Schilfert* a. a. O. S. 97 f.; *Georg Meyer,* Das parlamentarische Wahlrecht, Berlin 1901, S. 178 Fn. 1.

Entsprechend unterschiedlich fielen die Wahlvorschriften der Staaten aus. Frankfurt schloß nur unter Vormundschaft stehende Personen aus, Preußen Empfänger von Armenunterstützung, Hannover und Württemberg alle Arbeiter und Dienstboten, die „in Kost und Lohn von Dienst- und Arbeitsherren stehen", und schließlich Österreich alle Tagelöhner, Dienstboten und Handwerksgesellen [109]. Bezeichnend ist, daß der Hamburger Rat zunächst mit Bekanntmachung vom 12. April nur die Inhaber eines Bürgerbriefes als wahlberechtigt anerkannte, dann aber mit Bekanntmachung vom 16. April die Wahlberechtigung auf alle volljährigen Staatsangehörigen ausdehnte. 17 610 Einwohner gaben in Hamburg ihre Stimme ab; zur Enttäuschung der Demokraten wurden allerdings drei von der Kaufmannschaft protegierte Kandidaten gewählt [110].

Wie es im einzelnen zu erklären ist, daß die in einer revolutionären Stimmung gewählte Frankfurter Nationalversammlung schon ihrer Zusammensetzung nach [111], aber auch in ihrer Politik diese Stimmung keineswegs zum Ausdruck brachte, ist in der historischen Forschung offen [112]. Insbesondere fehlen Feststellungen darüber, welche Rolle die unterschiedliche Regelung des aktiven Wahlrechtes neben der indirekten Wahl und der faktisch-administrativen Benachteiligung der unteren Volksschichten gespielt hat.

Daß aber eine Begrenzung des aktiven Wahlrechts in engem Zusammenhang mit Zusammensetzung und Politik der Wahlkör-

---

[109] Vgl. im einzelnen *Georg Meyer* a. a. O. S. 179 mit Wiedergabe der einschlägigen Vorschriften; vgl. auch *Vogel* u. a. a. a. O. (Fn. 106) S. 78.

[110] Vgl. zu den Wahlen in Hamburg den Bericht der Wahlrechtskommission, Sammlung der Verordnungen S. 300; *Dirk Bavendamm*, Von der Revolution zur Reform. Die Verfassungspolitik des Hamburgischen Senats 1849/50, Berlin 1969 S. 26; auch *Jacques Droz* a. a. O. (Fn. 79) S. 267 f.

[111] Sie war mehr ein Parlament der Beamten als der Professoren. Arbeiter und Bauern fehlten fast völlig. Vgl. die Tabelle über die soziale Herkunft der Abgeordneten bei *Schilfert* a. a. O. (Fn. 106) S. 402 f.

[112] Vgl. jetzt aber *Hamerow* a. a. O. (Fn. 107). Ansätze zur Wahlanalyse auch bei Schilfert a. a. O. S. 108 ff.

perschaft stand, war den Zeitgenossen spätestens seit den preußischen Wahlen vom 21. und 28. Januar 1849 erkennbar, die aufgrund der oktroyierten Verfassung und der interimistischen Wahlgesetze vom 6. Dezember 1848 [113] erfolgten. Die unter einem scharfen Zensus gewählte erste Kammer setzte sich ausschließlich aus Konservativen und Liberalen zusammen, während in der nach allgemeinem Wahlrecht gewählten zweiten Kammer trotz aller Behinderungen und der nun voll einsetzenden reaktionären Demagogie immerhin neben einem von Bismarck die Opposition die Mehrheit hatte [114]. In der Wahlrechtsdebatte der Deutschen Nationalversammlung wies der Abgeordnete Vogt ausdrücklich auf die unterschiedliche Besetzung der preußischen Kammer hin, um die Wirkung eines begrenzten Wahlrechts zu demonstrieren [115].

Im Verfassungsausschuß der Nationalversammlung wurde in der Wahlrechtsfrage keine Übereinstimmung erzielt. Die Mehrheit schlug ein Wahlrecht der Selbständigen vor, das Dienstboten, Handwerksgehilfen, Fabrikarbeiter, Tagelöhner und Empfänger von Armenunterstützungen ausschließen sollte [116]. Nach der Berechnung des Nationalökonomen Hildebrand wäre davon etwa die Hälfte der erwachsenen männlichen Bevölkerung betroffen worden [117]. In der von Waitz für die Ausschußmehrheit gegebenen Begründung wurde in vorsichtigen Worten darauf abgestellt,

---

[113] GS S. 395 und 399. Durch Ministerialerlaß wurde der Begriff der Selbständigkeit dahin ausgelegt, daß nur Entmündigte und Strafgefangene ausgeschlossen wurden. Ministerialblatt für die gesamte innere Verwaltung 1848 S. 361, 362; gleichzeitig wurden die Behörden zu einer massiven Wahlbeeinflussung gegen die demokratische Linke aufgefordert. Als Grenze der Wahlbeeinflussung sollte nur offene Gesetzwidrigkeit und Korruption gelten. MinBl. 1848 S. 363, 1849 S. 2. Vgl. dazu auch *Jacques Droz* a. a. O. (Fn. 79) S. 471 f.

[114] Zur Zusammensetzung der Kammern *Ernst Rudolf Huber*, Deutsche Verfassungsgeschichte seit 1789, Bd. 3 Stuttgart 1963, S. 36 ff. Auch *Jacques Droz* a. a. O. (Fn. 79) S. 471 ff.

[115] Stenografische Berichte Bd. 7 S. 5255.

[116] Vgl. den Entwurf des Wahlgesetzes mit dem Votum der Minderheit in Stenografische Berichte Bd. 7 S. 5218 ff.

[117] Vgl. seine Rede vor der Nationalversammlung. Stenografische Berichte Bd. 7 S. 5287.

daß die ökonomische Abhängigkeit der auszuschließenden Bevölkerungsschichten auch ihre freie politische Entscheidung hindere. Gleichzeitig wurde behauptet, den Massen mangele es an politischem Verständnis; sie ließen sich daher nur zu oft willenlos leiten und folgten launenhaft dem einen oder anderen Führer [118].

Mit diesen Erwägungen stand in auffälligem Widerspruch, daß die Arbeiterschaft, als ein Teil der vom Ausschluß Bedrohten, in zahlreichen Versammlungen, durch Flugblätter, Presseerklärungen und Petitionen gegen die Verweigerung des Wahlrechts protestierte [119]. Diese Protestbewegung, die in die bürgerliche Öffentlichkeit vordrang und der sich Teile des Bürgertums anschlossen, demonstrierte, daß die wachsende Schicht der Lohnabhängigen ein eigenes politisches Bewußtsein zu entwickeln begann.

Im Plenum der Nationalversammlung nahm die Wahlrechtsdebatte zwischen dem 15. Februar und dem 2. März 1849 breitesten Raum ein. In erster Linie ging es um die politischen Rechte der Besitzlosen, nicht um die technische Ausgestaltung des Wahlverfahrens. Durch das von der Ausschußmehrheit vorgeschlagene Selbständigen-Wahlrecht war zwar nur die wachsende Gruppe der Lohnabhängigen betroffen. Durch Zusatzanträge, die die Wahlberechtigung an Besitz, Einkommen oder Steuerleistung knüpfen wollten, war jedoch auch bald das Wahlrecht anderer von der ökonomischen Entwicklung benachteiligter Bevölkerungsgruppen in Frage gestellt. Dazu gehörten die mit der Gewerbefreiheit verarmten Handwerksmeister ebenso, wie die zahlreichen Heimarbeiter, Kleinhändler und weite Schichten der bäuerlichen Bevölkerung. Für diese Kreise ging es allerdings nicht nur um die Frage der Wahlberechtigung. Wesentlich war für sie ebenfalls, ob geheim oder öffentlich, direkt oder indirekt gewählt wurde, weil inzwischen deutlich geworden war, daß öffentliche und indirekte Wahlen die Einflußmöglichkeiten der Begüterten in den Wahlbezirken vervielfachten.

---

[118] Stenografische Berichte Bd. 7 S. 5222 ff.
[119] Vgl. dazu *Schilfert* a. a. O. (Fn. 106) S. 187 ff.; auch *Jacques Droz* a. a. O. (Fn. 79) S. 457.

Die Diskussion in der Nationalversammlung war von einer Apotheose des Eigentums weit entfernt. Man hatte zwar bei den Grundrechten das Eigentum für unverletzlich erklärt (Art. IX § 164 der RV). Das sollte jedoch in erster Linie eine Handhabe gegen Übergriffe der Bürokratie schaffen. Keinesfalls lag darin die Absicht, das Eigentum zur Grundlage der Verfassung zu machen. Der volkswirtschaftliche Ausschuß hatte den Schutz des Eigentums sogar ausdrücklich auf seinen gesetzmäßigen Gebrauch begrenzen wollen [120].

Die Befürworter einer Einschränkung des Wahlrechts stellten daher nicht die Eigentumsfrage, sondern Hilfsargumente in den Vordergrund. Sie beriefen sich, wie schon die Mehrheit des Verfassungsausschusses, auf die ökonomische Abhängigkeit und den Mangel an Bildung der auszuschließenden Volksschichten und beschworen die Gefahr, ein Wählerreservoir für die feudale Reaktion zu schaffen. Die Brüchigkeit dieser Argumentation wurde von Abgeordneten der Linken mit großem rhetorischen Einsatz dargetan. Hervorzuheben sind die Reden von Vogt [121], der die seit den Märzereignissen von Fabrikarbeitern und Handwerkern wiederholt bewiesene Unabhängigkeit, gerade auch bei Wahlen, der Servilität der Beamtenschaft und der meisten Universitätsprofessoren gegenüberstellte. Der Advokat Simon [122] aus Trier ironisierte die Vorstellung eines vorgegebenen, nur den Gebildeten erkennbaren Gemeinwohls; er verwies auf die existenzielle Gleichheit aller gegenüber den grundlegenden Fragen der Politik. In seinen Ausführungen wird deutlich, daß sich unter den gesellschaftlichen Bedingungen des beginnenden Industriezeitalters nicht mehr glaubwürdig behaupten ließ, die Lohnabhängigkeit sei zugleich auch als Entscheidung gegen die Freiheit zu verstehen.

Im Laufe der Debatte gab der Abgeordnete Bassermann den eigentlichen Beweggrund der Bestrebungen zur Begrenzung des Wahlrechtes preis, als er von dem Irrtum der Auszuschließenden

---

[120] Stenografische Berichte Bd. 1 S. 691.
[121] Stenografische Berichte Bd. 7 S. 5256. *Karl Vogt* (1817–1895) war Professor der Zoologie in Gießen.
[122] Stenografische Berichte Bd. 7 S. 5313.

sprach, mit Hilfe des allgemeinen Wahlrechts könnten sie „alle ihre Gelüste befriedigen, alle ihre Probleme lösen"[123]. Er versäumte auch nicht, auf die Wendung der sozialistischen Lehren gegen Eigentum und Erbrecht hinzuweisen.

In der damaligen Situation bestand allerdings für das deutsche Bürgertum nur die Alternative, seine Probleme mit Hilfe der Besitzlosen zu lösen oder aber sich an die alte Oberschicht anzulehnen. Anders als bei der englischen Revolution gab es keine geschlossene, Adel und Bürgertum umfassende Schicht der Besitzenden. Das Bürgertum sah sich im Februar 1849 einer erstarkenden feudalen Reaktion gegenüber, als es in der Frankfurter Wahlrechtsdebatte erwog, die Ansprüche der Besitzlosen zurückzuweisen. In dieser Situation hätte sich die Nationalversammlung durch eine Beschränkung des Wahlrechts des letzten Rückhaltes beraubt. Die bürgerlichen Abgeordneten dieses Parlaments mußten daher im Endergebnis, wie es in spannungsgeladenen namentlichen Abstimmungen gefunden wurde, das allgemeine, gleiche, direkte und geheime Wahlrecht beschließen[124], wenn sie ihrer eigenen politischen Wirksamkeit eine Chance geben wollten. Das Abstimmungsergebnis, bei dem auch die Koalition der Linken mit den Großdeutschen eine Rolle spielte[125], ist daher kaum als ein Akt der Großmut seitens der mit wenigen Ausnahmen dem Bürgertum angehörenden Abgeordneten zu werten.

Allerdings hatte die Debatte gezeigt, daß auch vom bürgerlichen Standpunkt eine Anknüpfung politischer Rechte an den Besitz keine innere Rechtfertigung hatte. Daß mit dem Besitz auch bei gleichem Wahlrecht erhöhte politische Einflußchancen verbunden sind, brachte Simon der Versammlung in Erinnerung[126].

---

[123] Stenografische Berichte Bd. 7 S. 5251.
[124] Ausgeschlossen blieben allerdings die Empfänger von Armenunterstützung. Vgl. den Text des Wahlgesetzes Stenografische Berichte Bd. 8/9, S. 5792 f.; auch bei *Huber,* Dokumente Bd. 1 a. a. O. (Fn. 80) S. 324 und *Schilfert* a. a. O. (Fn. 106) S. 358.
[125] So *Schilfert* a. a. O.
[126] Stenografische Berichte S. 5315. Er hätte sich insoweit auf *Madison* berufen können, vgl. den 10. und 54. Brief des Federalist, s. o. S. 104.

Weiter als bis zum allgemeinen Wahlrecht mochte freilich die Nationalversammlung den Massen nicht entgegenkommen. Auch nach der preußischen Ablehnung der Reichsverfassung und dem Austritt einer großen Zahl von Abgeordneten versuchte die nunmehr von der Linken gestellte Mehrheit der verbleibenden Mitglieder, weiterhin mit den bestehenden Obrigkeiten zu paktieren. Die Reichsverfassungskampagne wurde ohne Unterstützung der Nationalversammlung gefochten; es ist erstaunlich, daß dennoch mit großem Einsatz und erheblichen Verlusten unter der Losung einer Verfassung gekämpft wurde, die von den meisten ihrer Väter bereits aufgegeben war [127].

c) Das preußische Dreiklassenwahlrecht

Mit dem Scheitern der Nationalversammlung war für die nunmehr wieder selbstbewußten monarchischen Regierungen das Signal gegeben, die politischen Rechte der unbemittelten Volksschichten erneut zu beschneiden. Die Entwicklung seit der Märzrevolution hatte deutlich gezeigt, daß die Furcht des Bürgertums vor der Sozialrevolution groß genug war, um einen Kompromiß mit Adel und Monarchie nahezulegen. Die eigentliche Gefahr für die alte Herrenschicht lag jedenfalls nicht beim Bürgertum. Daß Besitz und Einkommen geeignet waren, die „richtige" politische Einsicht zu vermitteln, konnte, wie bereits bemerkt, an den preußischen Kammerwahlen vom 21. und 28. Januar 1849 wie an einem sozialen Experiment abgelesen werden [128].

In den deutschen Staaten wurden daher erneut Besitz und Einkommen zum Maßstab politischer Rechte. Beispielgebend war wie-

---

[127] Dazu neuestens *Christoph Klessmann*, Zur Sozialgeschichte der Reichsverfassungskampagne von 1849, Historische Zeitschrift Bd. 218 (1974) S. 283 ff.

[128] S. o. S. 239. Vgl. auch *Jacques Droz*, L'Origine de la loi des trois classes en Prusse. Réaction et suffrage universel en France et en Allemagne (1848–1910), Paris 1963, auszugsweise abgedruckt in: Moderne deutsche Verfassungsgeschichte (1815–1918), Hrsg. E. W. Böckenförde, Köln 1972.

derum Preußen [129], das mit der Einführung des Dreiklassenwahlrechts die revolutionäre Entwicklung abschloß [130]. Dieses Wahlrecht, das mit geringfügigen Änderungen bis zum Ende des Ersten Weltkrieges Bestand hatte, machte das Abgeordnetenhaus zu einem Organ der Besitzenden, ohne doch die Besitzlosen gänzlich auszuschließen. Ihre staatsbürgerliche Stellung wurde formal anerkannt, gleichzeitig aber durch die Rechenexempel des Dreiklassenwahlrechts der inhaltlichen Bedeutung beraubt. Die Besitzlosen konnten zwar wählen, die Abgeordneten wurden jedoch durch die besonders berücksichtigten Stimmen der Besitzenden bestimmt.

Das Wahlgesetz teilte die Wähler nach der Steuerleistung bezirksweise in drei Abteilungen, die jede eine gleiche Anzahl von Wahlmännern zu wählen hatten. In die erste Abteilung wurden die größten Steuerzahler des Bezirkes aufgenommen, und zwar so viele, daß sie zusammen 1/3 der direkten Steuern aufbrachten. Oft war das nur ein reicher Fabrikant oder Grundbesitzer, der somit die Wahlmänner der ersten Abteilung ernennen konnte. In der zweiten Abteilung wählten die in den Steuerlisten Folgenden, deren addierte Steuerleistung das zweite Drittel erreichte. In die dritte Abteilung war die große Masse der kleinen Steuerzahler, einschließlich der Nichtbesteuerten verwiesen.

Bei den Wahlen vom 17. Juli 1849, den ersten nach dieser Regelung, machten 17,3 % der Urwähler die beiden ersten Abteilungen aus. Die von ihnen bestimmten Wahlmänner konnten gemeinsam die in der dritten Abteilung wählende Masse der Bevölkerung (82,7 %) von jedem Einfluß auf die Bestimmungen der Abgeordneten ausschalten. Ergänzt wurde dieses System durch die Öffentlichkeit der Wahl, die für Urwähler und Wahlmänner galt. Für beide war daher die Stimmabgabe in höchstem Maße behördlicher Beeinflussung und ökonomischem Druck ausgesetzt. Charakteristisch für diese Wahlordnung ist der Kasernenhofstil des Regle-

---

[129] Vgl. zu den nachrevolutionären Wahlrechtsbeschränkungen in Preußen und in anderen deutschen Staaten die Darstellung bei *Georg Meyer* a. a. O. (Fn. 108) S. 195 und die Übersicht bei *Vogel* u. a. a. a. O. (Fn. 106) S. 87 f.

[130] Verordnung vom 30. 5. 1849, GS S. 205.

ments [131], nach dessen Bestimmungen sich die Wähler bei dem Wahlvorsteher „melden", „aufgerufen" und anschließend „zum Abtreten veranlaßt" werden.

Völlig ausgeschlossen von der Wahl wurden lediglich die Empfänger von Armenunterstützung. Die Regierung hatte sich im Wahlgesetz zwar vorbehalten, auch Unselbständige auszuschließen, hatte aber bewußt darauf verzichtet, diesen Vorbehalt näher zu umschreiben, um abzuwarten, ob nicht die anderen Bestimmungen des Wahlgesetzes hinreichten, die Wahl demokratisch gesonnener Abgeordneter auszuschließen [132]. Diese Erwartung bestätigte sich alsbald; dennoch wurde die Selbständigkeits-Klausel gleichsam als Drohung beibehalten.

Nachdem in der Frankfurter Nationalversammlung die Argumente für ein bürgerliches Wahlrecht sich selbst vom bürgerlichen Standpunkt aus als nicht tragfähig erwiesen hatten, begründete die preußische Regierung die ungleiche und öffentliche Wahl mit blanken Zynismen. So hieß es in ihrem Bericht an den Monarchen, es könne nur dadurch die Gleichberechtigung aller Staatsbürger verwirklicht werden, daß man dem Übergewicht der Kopfzahl steuere und dem Fleiß, dem Besitz und der Intelligenz durch besondere Vorschriften eine gerechte Vertretung verschaffe. Die geheime Abstimmung stehe „im Widerspruch mit der in allen übrigen Zweigen des Staatslebens laut und mit Recht geforderten Öffentlichkeit, sie verhüllt den so bedeutungsvollen Wahlakt mit einem Schleier, unter welchem alle die Bestrebungen, welche das Licht zu scheuen haben, sich verbergen können, wogegen die öffentliche Stimmgebung den Erfolg hat, daß man die abgegebenen Wahlstimmen als Resultat selbständiger Überzeugung werten kann".

Mit dem Dreiklassenwahlrecht war der sich zuspitzende Gegensatz zwischen Lohnabhängigen und Bürgertum aus der parlamentarischen Politik eliminiert, nicht aber der ältere, durch die soziale

---

[131] Abgedruckt bei *Schilfert* a. a. O. (Fn. 106) S. 370.
[132] Vgl. den Bericht des Ministeriums Brandenburg-Manteuffel an Friedrich Wilhelm IV. vom 1. 7. 1849, abgedruckt bei *Schilfert* a. a. O. (Fn. 106) S. 375.

Frage überlagerte Gegensatz zwischen der Monarchie, die sich auf die alte Oberschicht, Militär und Bürokratie stützte, und der mit Handel und Industrie aufsteigenden Schicht des Bürgertums. In den 50er Jahren setzte sich in Deutschland die Entwicklung zur industriellen Marktgesellschaft mit beschleunigtem Tempo fort [133]. Unter dem preußischen Dreiklassenwahlrecht hatte das mit einer gewissen Automatik zur Folge, daß sich die Gewichte im Abgeordnetenhaus zugunsten des Bürgertums verschoben. In einer wachsenden Zahl von Wahlbezirken dominierten kraft ihrer gestiegenen Steuerleistung Fabrikanten und Kaufleute die erste und zweite Abteilung und verdrängten so den ehemals feudalen Großgrundbesitz. Das starke regionale Gefälle zwischen den westlichen und östlichen Provinzen und die behördliche Wahlkreisgeometrie wirkten dieser Entwicklung zwar entgegen. Diese Faktoren konnten indessen nicht verhindern, daß bei den Wahlen des Jahres 1858 eine liberale Mehrheit anstelle der bis dahin vorhandenen konservativen Mehrheit ins Abgeordnetenhaus einzog [134].

Damit war der latente Konflikt zwischen monarchischer Regierung und Besitzbürgertum noch einmal manifest geworden. Den besitzenden Schichten genügte nicht der Anteil an der staatlichen Macht, den ihnen die Verfassung von 1850 gewährt hatte; ihre führende Stellung in der modernen Erwerbsgesellschaft drängte sie vielmehr dahin, auch nach der Leitung des staatlichen Machtapparates zu greifen. Das zeigte sich, als auf dem Höhepunkt des preußischen Verfassungskonfliktes das Abgeordnetenhaus versuchte, die Ministerverantwortlichkeit zu realisieren [135]. Formal glich die Konstellation dem Machtkampf des englischen Unter-

---

[133] Vgl. *Hans Mottek*, Wirtschaftsgeschichte Deutschlands, Bd. 2, Berlin 1973, S. 137 f.

[134] Vgl. dazu *Vogel* u. a. a. a. O. (Fn. 106) S. 90 f. und Tabelle A 5 S. 287.

[135] Es beschloß am 27. 4. 1863 das Gesetz über die Ministerverantwortlichkeit; in der Adresse vom 22. 5. 1863 forderte es die Abberufung des Ministeriums. Vgl. *Huber*, Deutsche Verfassungsgeschichte, Bd. 3 S. 312 ff., 317 f.; *Rainer Wahl*, Der preußische Verfassungskonflikt und das konstitutionelle System des Kaiserreichs, in: Moderne deutsche Verfassungsgeschichte (1815–1918), Hrsg. *E. W. Böckenförde*, Köln 1972.

hauses mit Karl I., der in den Bürgerkrieg einmündete [136]. Der Unterschied war freilich, daß die preußische Krone über ein stehendes Heer verfügte, das sich bereits als innenpolitisches Machtinstrument bewährt hatte, während Karl I. gerade auf die parlamentarische Zustimmung angewiesen war, um ein Heer aufstellen zu können. In dieser Situation besagte die finanzielle Verweigerung des Abgeordnetenhauses wenig; da Wilhelm I. über alle staatlichen Machtmittel verfügte, konnte er auch ohne Zustimmung der Abgeordneten Steuern erheben und Ausgaben leisten.

Daß sich die Abgeordneten in dieser Situation auf die parlamentarisch-juristische Fehde beschränkten, verleiht dem preußischen Verfassungskonflikt dem ihm eigenen Charakter des Verbalen, nicht Ernst-Gemeinten [137]. So konnte Bismarck gegen Dänemark und Österreich Krieg führen und sich zum Vorkämpfer der deutschen Einheit entwickeln, während in Preußen der Verfassungskonflikt andauerte. Als er schließlich durch das Indemnitätsgesetz beendet wurde, war zwar formal das Budgetrecht des Abgeordnetenhauses wiederhergestellt, gleichzeitig aber klargestellt, daß in Preußen das letzte Wort in politischen Fragen nicht beim Bürgertum lag. Den Vorrang im Verfassungskompromiß hatte – anders als in England im Jahre 1688 – nach wie vor die Krone.

5. Allgemeines Wahlrecht und Kaiserreich

Die Macht der Dynastien und der hinter ihnen stehenden Kreise des Adels, der Generalität und der hohen Bürokratie blieb auch nach der Reichsgründung erhalten. In der Reichsverfassung vom 16. 4. 1871 kam sie u. a. darin zum Ausdruck, daß der Kaiser den Reichskanzler (Art. 15) und die Reichsbeamten (Art. 18) ernannte, Inhaber des militärischen Oberbefehls war und die Befehlshaber der von den Bundesstaaten zu stellenden Kontingente bestimmte

---

[136] S. o. S. 49.
[137] Vgl. dazu *Franz Mehring*, Geschichte der deutschen Sozialdemokratie 2. Buch Kap. 9; s. a. *Ferdinand Lassalles* Vortrag ›Über Verfassungswesen‹ vom 16. 4. 1862, Neuabdruck Darmstadt 1958.

(Art. 64). Der Reichstag war im wesentlichen auf die Gesetzgebung beschränkt, bei deren Ausübung er der gleichberechtigten Mitwirkung des von den monarchischen Landesregierungen beschickten Bundesrates [138] und des Kaisers bedurfte.

Vor diesem Hintergrund ist es zu sehen, daß für die Reichstagswahl, wie schon vorher im Norddeutschen Bund, von vornherein das allgemeine, gleiche und geheime Wahlrecht galt. Es war nicht, wie das zum Vorbild genommene Wahlgesetz der Paulskirchenversammlung, durch eine Volksbewegung erkämpft worden; es war vielmehr von Bismarck vorgeschlagen und gegen den Widerstand der bürgerlichen Parteien durchgesetzt worden [139]. Daß sich konservativ-monarchistisch gestimmte Kreise in den 60er Jahren mit einem Wahlrecht anfreundeten, dessen Radikalität im Jahre 1849 noch eine Begründung für die Ablehnung der Paulskirchenverfassung geliefert hatte, deutete auf eine Entwicklung hin, die mit dem preußischen Verfassungskonflikt und Bismarcks gegen Österreich gerichteter kleindeutschen Demagogie nur unzureichend erklärt ist. Es war nicht mehr der Gegensatz zwischen Marktgesellschaft und Feudalismus, der die politische Szene bestimmt; die Gegensätze innerhalb der Marktgesellschaft hatten sich weiterentwickelt und waren neben den älteren Konflikt getreten, um ihn später abzulösen. Es war allerdings nicht die Arbeiterschaft, auf deren Unterstützung die mit dem demokratischen Wahlrecht liebäugelnden konservativen Kreise hoffen konnten. Denn die Interessen der Arbeiterschaft waren von der weiteren Entfaltung des Industriekapitalismus abhängig und konnten daher schwerlich mit den Restbeständen des Feudalismus versöhnt werden. Insofern führen die Gespräche, die Bismarck 1863/64 mit Lassalle hatte, auf

---

[138] Vgl. zur Bedeutung des Bundesrates *Huber*, Deutsche Verfassungsgeschichte, Bd. 3 S. 849 ff.
[139] Vgl. dazu *Walter Gagel*, Die Wahlrechtsfrage in der Geschichte der deutschen liberalen Parteien 1848–1918, Düsseldorf 1958. Auch *Theodore S. Hamerow*, The Origins of Mass Politics in Germany 1866 bis 1867, in: Deutschland in der Weltpolitik des 19. und 20. Jahrhunderts. *Fritz Fischer* zum 65. Geburtstag. Hrsg. *Immanuel Geiss* und *Bernd J. Wendt*, Düsseldorf 1973.

eine falsche Fährte. Die konservative Wahlrechtsoffensive zielte vielmehr auf jene Schichten des unteren und mittleren Bürgertums, deren bürgerliche Existenz durch die Entwicklung des Konkurrenzkapitalismus bedroht war. Sie zielte auch auf die bäuerlichen Massen, denen die Märzrevolution nicht geholfen hatte und die aus der Abhängigkeit von Gutsherren, die ursprünglich auch mit Pflichten verbunden war, in die Abhängigkeit von Kreditgebern geraten waren, deren Ansprüche von patriarchalischen Rücksichten noch nicht einmal ihrer Ideologie nach getrübt waren. Daß man bei der Demokratisierung des Wahlrechts kaum auf die Arbeiterschaft rechnete, erhellt auch daraus, daß man ihre Organisationen zu behindern und unterdrücken suchte, und zwar nicht erst seit dem Sozialistengesetz vom 21. 10. 1878 [140]. Die während des Kaiserreichs unveränderte Wahlkreiseinteilung begünstigte ohnehin die ländlichen Regionen im Vergleich zu den Industriegebieten. Mit dem Anwachsen der Industriestädte wuchs ständig die Diskrepanz zwischen dem formal gleichen Wahlrecht und dem Erfolgswert der Stimmabgabe zu Lasten der Arbeiterschaft [141], ohne daß von konservativer Seite jemals darin ein Nachteil gesehen wurde.

IV. Die Eigentumsgewährleistung zwischen 1871 und 1918

Die strukturelle Wandlung von der feudalen zur bürgerlichen Rechtsordnung war im wesentlichen vor der Reichsgründung geleistet worden. Das Kaiserreich vollendete diese Entwicklung durch Rechtsvereinheitlichung und Kodifikation. Durch einen Binnenmarkt erheblichen Umfanges schuf es die Bedingungen für die weitere Entwicklung des Bürgertums.

Das Problem der aus älteren Epochen in das bürgerliche Zeitalter hineinragenden Individualrechte war bis auf unbedeutende

---

[140] Vgl. dazu *Ernst Rudolf Huber,* Deutsche Verfassungsgeschichte Bd. 4, Stuttgart usw. 1969, S. 104 f.
[141] Vgl. die Zahlenangaben bei *Vogel* u. a. a. a. O. (Fn. 106) S. 99 f., wonach es 1907 ländliche Wahlkreise mit unter 20 000 Wahlberechtigten gab, denen städtische Wahlkreise mit bis zu 10facher Wählerzahl gegenüberstanden.

Restbestände erledigt. In den staatsrechtlichen Kompendien des Kaiserreichs wurde daher die Frage der erworbenen Rechte nicht einmal mehr erwähnt [142].

Bemerkenswert ist allerdings, daß auf die Frage nach dem Verhältnis der öffentlichen Gewalt zu den Vermögenswerten der bürgerlichen Rechtsordnung im staatsrechtlichen Schrifttum eine völlig untergeordnete Rolle spielte. Wo sie behandelt wurde, erhielt die öffentliche Gewalt eindeutig den Vorrang.

Durch das Fehlen von Grundrechten und damit auch einer Eigentumsgewährleistung in der Reichsverfassung vom 16. 4. 1871 ist das nur vordergründig erklärt. Denn einzelstaatliche Verfassungen enthielten Eigentumsgewährleistungen [143], ohne daß diese eine verfassungsjuristische Bedeutung gewonnen hätten, die auch nur in etwa die Entwicklung nach dem Zusammenbruch des Kaiserreichs voraussahnen ließ. Die Verfassungsjuristen des Kaiserreiches wären keineswegs durch das Fehlen einer ausdrücklichen Eigentumsgewährleistung in der Reichsverfassung daran gehindert worden, den Verfassungsrang des bürgerlichen Eigentums durch konstruktive Interpretation vorhandener Verfassungssätze oder schlicht aus naturrechtlichen Vorstellungen zu gewinnen, wenn sie das für opportun gehalten hätten. Stahl hatte ihnen das noch in der 1878 erschienenen letzten Auflage seiner Rechtsphilosophie vorgemacht [144], und dabei das Kunststück fertiggebracht, die naturrechtlichen Vorstellungen über das bürgerliche Eigentum hinaus auf alle erworbenen Rechte zu erstrecken. Das Staatsrecht des Kaiserreichs hatte sich indes nicht ohne Grund dem Positivismus verschrieben [145]: Von der politischen Gewalt in ihrer Kombination

---

[142] Vgl. insbes. *Paul Laband*, Das Staatsrecht des Deutschen Reiches, 4 Bde, 5. Aufl. zwischen 1877 und 1914 und *Georg Meyer*, Lehrbuch des deutschen Staatsrechts, zuletzt in 7. Aufl. bearb. von *Gerhard Anschütz*, München usw. 1919.

[143] Um nur die wichtigsten zu nennen: Preußische Verfassung Art. 9; Bayerische Verfassung Titel IV § 8; Badische Verfassung §§ 13, 14.

[144] *Friedrich Julius Stahl*, Die Philosophie des Rechts, 5. Aufl. Tübingen 1878, 2. Bd. 1. Abt.

[145] Vgl. dazu *Peter von Oertzen*, Die soziale Funktion des staatsrechtlichen Positivismus, Diss. Göttingen 1953, Buchausgabe Frankfurt 1974.

aus Reichstag, dynastisch bestimmtem Reichsrat und kaiserlicher Exekutive waren ernstliche Zugriffe auf die Interessen des Bürgertums nicht zu befürchten; um so bedenklicher wäre eine naturrechtliche Aufweichung gegenüber den Ansprüchen der Arbeiterschaft gewesen. Sie hätte gar die Legitimität des Sozialistengesetzes in Frage stellen können. Dem Bürgertum mochten zwar gewisse Beschränkungen, die der Verwertung des Eigentums auferlegt wurden, lästig sein. Es sei hier an die Sozialversicherungsgesetze erinnert, die den Unternehmen Beitragspflichten auferlegten; Novellen zur Gewerbeordnung regelten die Frauen- und Kinderarbeit sowie die Art der Entlohnung und begannen die Arbeitszeit zu begrenzen [146]; gleichzeitig setzte die Regulierung der Bodennutzung durch Fluchtliniengesetzgebung, Denkmalschutz und Höferecht ein [147]. Der US Supreme Court rügte während der gleichen Periode weit geringfügigere Abweichungen vom liberalen Credo als Verletzungen der Eigentumsgewährleistung [148]. Das alles ließ die verfassungsrechtliche Diskussion des Kaiserreiches unberührt. Das deutsche Bürgertum war infolge seiner prekären Stellung zwischen Feudalismus und Sozialismus zu weit bescheidenerem Auftreten gezwungen. Zudem war die gesetzliche Aufhebung der aus der vorkommerziellen Rechtsordnung überkommenen Rechte allerjüngste Vergangenheit oder stand in Restbereichen teilweise noch bevor, so daß eine Diskussion von Grenzen der öffentlichen Gewalt gegenüber vermögenswerten Rechten der bürgerlichen Entwicklung auch hinderlich sein konnte [149].

Charakteristisch ist die knappe Stellungnahme in der noch 1919 erschienenen 7. Auflage des Staatsrechtslehrbuches von Georg Meyer in der Bearbeitung von Gerhard Anschütz. Im 4. Buch ›Rechtsverhältnisse der Untertanen‹ ist der kurze § 222 der „Unverletzlichkeit des Vermögens" gewidmet. Dort wird herausgestellt, daß die hoheitliche Entziehung einzelner Vermögensgegen-

---

[146] Vgl. dazu *Ernst Rudolf Huber*, Deutsche Verfassungsgeschichte Bd. 4, Stuttgart usw. 1969, S. 1191 ff.

[147] Vgl. dazu *Justus Wilhelm Hedemann*, Die Fortschritte des Zivilrechts im 19. Jahrhundert, Teil II/1, Berlin 1930, S. 128 ff.

[148] S. o. S. 151.

[149] Vgl. *Otto Kirchheimer*, Grenzen der Enteignung, 1930, S. 22.

stände und Berechtigungen durch Verwaltungsakt eine Entschädigungspflicht zur Folge habe. Dem werden gesetzgeberische Eingriffe in bestehende Rechte gegenübergestellt und ausdrücklich von der Entschädigungspflicht ausgenommen. Die Entschädigung könne in diesen Fällen nicht als Grundsatz des geltenden Rechts, sondern nur als eine „keineswegs immer erfüllbare und zu erfüllende Forderung der Gesetzgebungspolitik" angesehen werden. Nach dem Zusammenhang dieser Ausführungen beansprucht sie Geltung auch für das Verfassungsrecht der Einzelstaaten, die eine besondere Eigentumsgewährleistung kannten. In diesem Sinne wurde auch einhellig Art. 9 der preußischen Verfassung verstanden [150].

V. Weimarer Republik

1. Die neue politische Konstellation

Anschütz' posthume Darstellung des alten Verfassungsrechts war der Abgesang verfassungsjuristischer Zurückhaltung in Fragen der Eigentumsordnung. Die Weimarer Republik war nur wenige Jahre alt, als Art. 153 ihrer Verfassung [151], der die liberale Eigentumsgewährleistung unter vielfachen Brechungen und Einschrän-

---

[150] Vgl. *E. Schwartz*, Die Verfassungsurkunde für den Preußischen Staat, Halle 1896 S. 69; *Adolf Arndt*, Die Verfassungsurkunde für den Preußischen Staat, 6. Aufl. Berlin 1907, S. 106; *Ludwig von Roenne*, Das Staatsrecht der Preußischen Monarchie, 5. Aufl. hrsg. von *Zorn*, Leipzig 1906, Bd. 2 S. 218; *Gerhard Anschütz*, Die Verfassungsurkunde für den Preußischen Staat, Berlin 1912, Bd. 1 S. 172 ff.; *Erich Neuhaus*, Die Unverletzlichkeit des Eigentums, Breslau 1909, S. 49 ff.

[151] Das Eigentum wird von der Verfassung gewährleistet. Sein Inhalt und seine Schranken ergeben sich aus den Gesetzen.
Eine Enteignung kann nur zum Wohle der Allgemeinheit und auf gesetzlicher Grundlage vorgenommen werden. Sie erfolgt gegen angemessene Entschädigung, soweit nicht ein Reichsgesetz etwas anderes bestimmt. Wegen der Höhe der Entschädigung ist im Streitfalle der Rechtsweg bei den ordentlichen Gerichten offenzuhalten, soweit Reichsgesetze nichts anderes bestimmen. Enteignung durch das Reich gegenüber Län-

kungen aufnahm, sich zum verfassungsjuristischen Angelpunkt des gesellschaftlichen Status quo entwickelte. Jetzt ging es nur mehr in zweiter Linie darum, das Eigentum als Grundlage bürgerlicher Existenz gegenüber dem Einzelzugriff der Exekutive zu schützen. Die Frage der Enteignung war ein vorwiegend rechtstechnisches Problem, nachdem die Unberechenbarkeit des Absolutismus rationaleren Verwaltungsformen gewichen war. Mit dem Fall der Monarchien und dem Erstarken der sozialistischen Bewegung schien jetzt jedoch der Weg für eine Gesetzgebung offen, die nicht mehr, wie die Sozialgesetzgebung des Kaiserreichs, lediglich Folgen der auf Privateigentum basierten Ordnung milderte, sondern die rechtlichen Grundlagen dieser Ordnung selbst und der mit ihr aufgestiegenen Schicht in Frage stellte. Erst jetzt stellte sich in Deutschland die in England Mitte des 17. Jahrhunderts debattierte Frage, was bei gleicher politischer Berechtigung aller mit den Eigentumsrechten der wenigen werden solle [152]. Da ein Eigentümerwahlrecht nicht mehr in Frage kam, wurden jetzt in Deutschland die US-amerikanischen Erfahrungen mit einer auch die Gesetzgebung limitierenden Verfassung Gegenstand der juristischen Erörterung [153]; das im 19. Jahrhundert vorherrschende Interesse für die englische Verfassung trat demgegenüber zurück.

Die politische Zusammensetzung der Gesetzgebungskörperschaften hatte sich nach dem Zusammenbruch des Kaiserreichs entschieden geändert; im übrigen ging nun die Gesetzgebung ohne monarchische Absegnung vonstatten. Im Gegensatz zu diesen einschneidenden Änderungen im legislativen Bereich war die Judikative vom Sturz des Kaiserreichs im wesentlichen unberührt geblieben. Insbesondere beim Reichsgericht hatte es kaum personelle Veränderungen gegeben, und es rekrutierte sich weiterhin

---

dern, Gemeinden und gemeinnützigen Verbänden kann nur gegen Entschädigung erfolgen.

Eigentum verpflichtet. Sein Gebrauch soll zugleich Dienst sein für das Gemeine Beste.

[152] S. o. S. 35.
[153] Vgl. etwa die Hinweise bei *Carl Schmitt*, Das Reichsgericht als Hüter der Verfassung (1929), in: Verfassungsrechtliche Aufsätze, Berlin 1958, S. 79 ff.

nach den im kaiserlichen Deutschland geprägten Grundsätzen. So lag es nahe, mit der limitierenden Verfassung auch die Judicial Review zu übernehmen und so das Reichsgericht zum Zensor des Gesetzgebers zu erheben. Das konnte freilich nicht direkt und nur kraft eigener Autorität geschehen. Die Kontrolle des Gesetzgebers wurde vielmehr an die Verfassung angebunden; das in die Republik übernommene Reichsgericht unternahm es allerdings, die oftmals dunklen und mehrdeutigen Erklärungen der Verfassung auch gegenüber denjenigen authentisch zu interpretieren, die an ihrem Zustandekommen mitgewirkt hatten.

2. Normative Vorgabe

Die normativen Vorbedingungen für die Anknüpfung einer judiziellen Status-quo-Politik an Art. 153 der Weimarer Verfassung waren nicht gerade günstig. Im Gegensatz zu Art. 9 der preußischen Verfassung war die Bestimmung von Inhalt und Schranken des Eigentums ausdrücklich der Gesetzgebung überwiesen; durch die Gemeinwohlklausel des Abs. 3 war gesetzgeberischen Eingriffen in die private Nutzung eine besondere Legitimation verliehen, und schließlich war für den Enteignungsfall vorgesehen, daß durch Reichsgesetz eine Entschädigung ausgeschlossen werden konnte. Gerade die letzte Regelung zeigt, wie weit die Weimarer Verfassung von klassisch-liberalen Vorstellungen einer vom politischen System gelösten Privatrechtssphäre abgewichen war. Das bestätigten zahlreiche weitere Verfassungsbestimmungen, die hier nur kurz erwähnt werden sollen: Art. 154 garantierte das Erbrecht, behielt aber ausdrücklich einen gesetzlich zu bestimmenden Teil des Erbgutes dem Staate vor; das Bodeneigentum wurde durch Art. 155 in verstärktem Maße unter den Vorbehalt öffentlicher Interessen gestellt; Art. 156 enthielt eine ausdrückliche Sozialisierungsermächtigung [154].

Das alles hinderte Rechtsprechung und Rechtslehre angesichts der veränderten politischen Szene nicht, in konzertierter Aktion

---

[154] Vgl. auch Art. 151, 157, 162–165.

dem Art. 153 WV Schranken für das politische Handeln zu entnehmen, die dem rigiden Art. 9 der preußischen Verfassung von 1850 niemals angesonnen wurden.

3. Richterliche Distanzierung vom Gesetz

Eine gewisse Distanzierung der Richterschaft vom Gesetzespositivismus hatte sich schon in den letzten Vorkriegsjahren des Kaiserreiches abgezeichnet. Anlaß war die wachsende Bedeutung des Reichstages und die Entwicklung seines linken Flügels. In der Deutschen Richterzeitung, dem Standesorgan der Richter, finden sich aus dieser Zeit bereits Stellungnahmen gegen die parlamentarische Gesetzgebung und Forderungen nach größerer richterlicher Unabhängigkeit vom parlamentarisch verabschiedeten Gesetz [155]. In dieser Zeit blieb es jedoch bei theoretischen Erwägungen; der autoritäre Staatsapparat war unerschüttert und die anzuwendenden Gesetze befanden sich durchaus damit im Einklang.

Nach dem Zusammenbruch des Kaiserreiches trat in der Haltung der Richterschaft eine entschiedene Wende ein. *Kübler* zitiert eine Fülle von Stellungnahmen aus den seit 1919 erschienenen Jahrgängen der Richterzeitung, in denen dem Gesetz das Recht gegenübergestellt und die richterliche Emanzipation vom Gesetz gefordert wird [156]. Diese programmatischen Äußerungen sollten in Gestalt des richterlichen Prüfungsrechtes alsbald auch Rechtsprechungspraxis werden [157].

Die Entwicklung des richterlichen Prüfungsrechtes ging einher mit der judiziellen Ausgestaltung der Eigentumsgewährleistung: In den einschlägigen Entscheidungen des Reichsgerichts ist der entscheidende Maßstab der Gesetzeskontrolle durchgehend die

---

[155] Vgl. dazu *Friedrich Karl Kübler,* Der deutsche Richter und das demokratische Gesetz, in: Archiv für die civilistische Praxis 162 (1963), 104, 110 f., mit zahlreichen Nachweisen.
[156] A. a. O. S. 112 ff.
[157] Zur richterlichen Sabotierung des Republikschutzgesetzes vgl. *Kübler* a. a. O. S. 118 ff.

Eigentumsgewährleistung[158] in einer ständig sich erweiternden Auslegung.

4. Erste Entscheidungen des Reichsgerichts

Diese Tendenz begann sich erstmals in einem Urteil des 6. Senats vom 28. 4. 1921 (RGZ 102, 161) abzuzeichnen. Es ging um die Anfänge der Wohnraumbewirtschaftung nach dem 1. Weltkrieg. Das Hanseatische Oberlandesgericht hatte die Zwangszuweisung von Wohnraum als Enteignung bezeichnet. Die vom Eingewiesenen zu zahlende Miete sei kein genügender Ersatz für die Schäden und Unzuträglichkeiten, die dem Wohnungseigentümer durch die erzwungene Einquartierung und durch die lästige Beschränkung auf die verbliebenen Räume erwüchsen. Diese These wurde vom Reichsgericht in dieser und auch in späteren Entscheidungen[159] ohne nähere Erörterung bestätigt, ohne daß sich aus dem Begründungszusammenhang eine Notwendigkeit dafür ergab. Denn am Ende der Entscheidung stellte das Reichsgericht fest, daß die Bewirtschaftungsmaßnahme durch Reichsrecht gedeckt war, gegenüber Reichsrecht könne aufgrund des Art. 153 Abs. 2 Satz 2 WV die mangelhafte Entschädigungsregelung nicht eingewendet werden. Gleichzeitig mit dem neuen Enteignungsbegriff wurde mit dieser Entscheidung die Prüfung von Gesetzen auf ihre materielle Verfassungsmäßigkeit eingeführt, und zwar durch einfache Behauptung einer nicht vorhandenen Rechtsprechungstradition. Unter Anführung einiger – nicht einschlägiger – Entscheidungen aus früherer Zeit heißt es schlicht, das Reichsgericht habe in ständiger Rechtsprechung die Gerichte für befugt erklärt, die formelle wie die materielle Rechtmäßigkeit von Gesetzen und Verordnungen nachzuprüfen.

---

[158] Das bemerkte schon *Franz Neumann*, Der Funktionswandel des Gesetzes im Recht der bürgerlichen Gesellschaft, in: Demokratischer und autoritärer Staat, Hrsg. *Herbert Marcuse*, Frankfurt 1967 S. 61.
[159] RGZ 105, 251; 111, 224; 112, 189.

Die zeitgenössische Literatur bezeichnete diese Behauptung mit Recht als judizielles „Märchen"[160]. Die Rechtsprechung hatte es bis dahin mit Selbstverständlichkeit abgelehnt, Gesetze auf ihre materielle Verfassungsmäßigkeit zu überprüfen, und auch die Überprüfung des Gesetzgebungsverfahrens war abgelehnt worden, wenn einmal die kaiserliche Ausfertigung vorlag[161].

Seine nächste Anwendung fand der Art. 153 WV vor dem 7. Senat des Reichsgerichts im Falle der Lippeschen Rente[162]. Durch einen Vergleich aus dem Jahre 1762 war einer Nebenlinie des erbherrlichen Hauses eine immerwährende Rente aus dem Dominialvermögen zugesprochen worden, die durch ein Lippesches Landesgesetz vom 29. 9. 1920 für erloschen erklärt wurde. Nach Ansicht des Reichsgerichts war diese aus den Feudalverhältnissen entsprungene Rente ein wohlerworbenes Privatrecht. Es verurteilte das Land Lippe als nachrevolutionären Träger des früheren Dominialvermögens zur weiteren Zahlung. Das entgegenstehende Landesgesetz habe eine entschädigungslose Enteignung ausgesprochen und sei daher wegen Verstoßes gegen Art. 153 WV nichtig. – Im 19. Jahrhundert hatte die bürgerliche Rechtswissenschaft durchaus zwischen feudalen und bürgerlichen Rechten zu unterscheiden gewußt. Daß das Reichsgericht in dieser Entscheidung eine feudale Rechtsvereinbarung mit Hilfe der bürgerlichen Eigentumsgewährleistung über das Gesetz stellte, ohne überhaupt die Qualität des fraglichen Rechtes zu erörtern, ist symptomatisch für seine starre Fixierung auf den vorrepublikanischen Status quo.

---

[160] So *Walter Jellinek*, Juristische Wochenschrift 1925 S. 454; ders. VVDStRL Heft 2 (1925) S. 38 f.; vgl. dazu auch *Thoma*, AöR Bd. 43 (1922) S. 267 ff.; *Bühler*, Deutsche Juristenzeitung 1921 S. 580 ff. Zum früheren Recht *Meyer-Anschütz* a. a. O. (Fn. 142) § 173 S. 736 ff. und *Friedrich Schack*, Die Prüfung der Rechtmäßigkeit von Gesetz und Verordnung, Berlin 1918.

[161] RGZ 48, 195; 77, 229; RG, Juristische Wochenschrift 1916 S. 596; PrOVGE Bd. 63, 169.

[162] Urteil vom 18. 11. 1921, RGZ 103, 200.

5. Der Beitrag Martin Wolffs

In seiner 1923 erschienenen knappen Abhandlung ›Reichsverfassung und Eigentum‹ [163] generalisierte Martin Wolff den Ansatz des Reichsgerichts, und begründete ihn offen mit dem Hinweis auf die neue politische Situation.

Von der Gewährleistung konkreter subjektiver Rechte unterschied er die Sicherung des Privateigentums als Rechtsinstitut. Art. 153 betone, „gegenüber linksradikalen Ideen, daß an den körperlichen Sachgütern ein Privatrecht möglich bleiben soll, das den Namen Eigentum verdient, bei dem also Beschränkungen des Herrschaftsbeliebens Ausnahmen sind" [164]. Diese Forderung richtete Wolff ausdrücklich auch an den Reichsgesetzgeber. Darin lag die eigentliche Bedeutung des damals noch neuen Gedankens der Institutsgarantie, weil ja der Reichsgesetzgeber die Sicherung subjektiver Rechte durch den Ausschluß einer Enteignungsentschädigung durchbrechen konnte.

Die Befugnis des Gesetzgebers gem. Art. 153 Abs. 1 S. 2 WV, Inhalt und Schranken des Eigentums zu bestimmen, blieb ohne Bedeutung für dieses außerhalb der Verfassung geprägte Verständnis der Eigentumsgewährleistung. Die Regelungsbefugnis des Gesetzgebers wird so zu einer eng umgrenzten Befugnis, innerhalb des privatrechtlichen Systems in Konflikt geratene Eigentümerinteressen neu abzustimmen oder auch sozialen Konflikten mit Nicht-Eigentümern nach Möglichkeit vorzubeugen, soweit dadurch grundlegende Eigentümerinteressen nicht berührt werden. In diesem Sinne wird die von Art. 153 Abs. 3 postulierte Sozialpflichtigkeit des Eigentums verstanden (S. 10 ff.). Unberücksichtigt bleiben die übrigen Artikel des Abschnittes ›Das Wirtschaftsleben‹, die einschneidende Umgestaltungen der Eigentumsverhältnisse ermöglichten oder vorschrieben.

---

[163] Zuerst erschienen in der Festgabe für *Kahl*, Tübingen 1923; hier zitiert nach einem Sonderdruck o. J. o. O. Ihm folgend alsbald *Heinrich Triepel*, Goldbilanzverordnung und Vorzugsaktien, Berlin 1924, S. 15 ff.

[164] Die Formel vom Privatrecht, das den Namen Eigentum verdient, wurde später vom Bundesverfassungsgericht aufgenommen. BVerfGE 24, 367, 389.

Gegenstand der grundrechtlichen Sicherung war für Martin Wolff nicht nur das Sacheigentum an körperlichen Gegenständen, sondern jedes private Vermögensrecht. Mit Selbstverständlichkeit rechnete er Unternehmen dem privaten Vermögensbereich zu (S. 3, 23), der durch die Eigentumsgewährleistung gerade auch gegenüber der Gesetzgebung geschützt sei (S. 21). Private Vermögensrechte könnten zwar enteignet werden, jedoch unter Vorbehalt der gerichtlichen Entscheidung über die Gemeinwohldienlichkeit der Enteignung. Über die Art dieses von der Legislative auf die Judikative übergegangenen Gemeinwohlurteils ließ Wolff keinen Zweifel: Es sei zwar zulässig, im Rahmen der Wohnraumbewirtschaftung Rechte des Hauseigentümers auf den Zwangsmieter gegen angemessene Entschädigung zu übertragen; verfassungswidrig seien jedoch „Vermögensvernichtungen aus Haß oder Neid, auch wenn ihnen angeblich ein gemeinnütziges Vorhaben (etwa die wirtschaftliche Macht des bisherigen Hochadels zu zerstören? die Trümmer einer zusammengebrochenen Lebensordnung wegzuräumen?) zugrunde liegt".

Wolff betonte, daß auch der Reichsgesetzgeber der richterlichen Gemeinwohldefinition unterworfen sei, wenn er auch von der Entschädigung dispensieren könne (S. 14). Eingestreute Bemerkungen machen jedoch deutlich, daß Wolff die unmittelbare Nutzanwendung seiner Verfassungsexegese in der richterlichen Paralysierung von Landesgesetzgebern sah, die er als „linksradikal" (S. 18) oder „konfiskationslüstern" (S. 21) beschreibt.

6. Weitere Entscheidungen des Reichsgerichts

Aufgrund der Abhandlung Martin Wolffs entwickelte das neue Verständnis der Eigentumsgewährleistung sehr rasch das Selbstbewußtsein einer „herrschenden Ansicht". Alsbald schlossen sich weitere Entscheidungen des Reichsgerichts an, die nunmehr dem Art. 153 WV, der in den ersten Entscheidungen noch mit einer gewissen Schüchternheit herangezogen worden war, auch breitere Erörterungen widmeten.

Im Urteil des 5. Senats vom 13. 12. 1924 (RGZ 109, 310) zur anhaltischen Kohlenrente ging es um ein Landesgesetz vom 27. 3.

1920, das die Rente, die nach vorkonstitutionellem Bergrecht den Eigentümern von Bergwerksgrundstücken aus der Förderung zu zahlen war, auf einen Höchstbetrag beschränkte und die Bergwerke verpflichtete, den überschießenden Teil an das Land abzuführen. Da die Rente nach dem Verkaufserlös pro Fördereinheit berechnet wurde, war sie mit den Kohlepreisen erheblich gestiegen. Das Reichsgericht prüft diesen Vorgang unter dem Gesichtspunkt der Enteignung (S. 319 ff.), ohne auch nur die Frage zu stellen, ob vielleicht eine gesetzliche Neubestimmung des Eigentumsinhalts gem. Art. 153 Abs. 1 S. 2 WV vorliegen könne. Die Kohlenrente unterliege als Forderungsrecht der Eigentumsgewährleistung. In ihrer Kürzung sieht das Gericht eine Enteignung, die mangels angemessener Entschädigung verfassungswidrig sei (S. 321 f.). Daß es kaum sinnvoll sein kann, nach einer angemessenen Entschädigung für die Verkürzung einer Geldforderung zu fragen, wird übergangen.

In der Entscheidung des 6. Senats vom 18. 6. 1925 (RGZ 111, 123) ging es wie schon in RGZ 103, 200 um die Auseinandersetzung mit den ehemals regierenden Fürstenhäusern. Der Reichsminister des Innern und die Regierung des Landes Bayern hatten das Reichsgericht im Normenkontrollverfahren nach Art. 13 Abs. 2 WV angerufen, um die Unvereinbarkeit der durch Landesgesetz vom 31. 7. 1919 verfügten Einziehung des Familienvermögens des ehemals regierenden Herzoghauses von Sachsen-Gotha mit der Reichsverfassung feststellen zu lassen. Das Reichsgericht entsprach diesem Antrag, da das Gesetz seiner Ansicht nach nicht mit Art. 153 WV zu vereinbaren war. Unter Berufung auf Martin Wolff führt es aus, als Enteignungsmaßnahme im Sinne dieser Verfassungsnorm komme auch ein Gesetz in Betracht. Die umfangreichen Besitzungen der herzoglichen Familie, aus denen die Kosten der Hofhaltung bestritten worden waren, legten freilich die Frage nahe, ob es sich hier um „Privat"eigentum i. S. des Art. 153 WV handelte. Der Herzog hatte jedoch, wie die meisten landesherrlichen Familien[165], noch zu Zeiten seiner Regierung dafür gesorgt, seinen der feudalen Ordnung entstammenden Besitz den bürger-

---

[165] Vgl. dazu *Meyer-Anschütz* a. a. O. (Fn. 142) § 94 S. 319 ff.

lichen Verhältnissen anzupassen. Durch einen „Vergleich" aus dem Jahre 1905 war das ehemalige Dominialvermögen zwischen dem Land und dem herzoglichen Haus geteilt worden. Der bei der herzoglichen Familie verbleibende Teil war ausdrücklich zu deren Privateigentum erklärt worden. Mit dieser Rechtsförmlichkeit gibt sich das Reichsgericht zufrieden; auf Erwerbsgrund und Funktion dieser Vermögenswerte zurückzugehen, lehnt es ausdrücklich ab[166]. Damit war der Verstoß gegen die Reichsverfassung festgestellt, da das Land zwar ursprünglich dem Herzog eine Entschädigung angeboten hatte, als dieser jedoch ablehnte, in der gesetzlichen Regelung von einer Entschädigung absah.

Die finanziellen Auswirkungen dieses höchstrichterlichen Beschlusses waren für das Land Thüringen untragbar[167]. Da im Reichstag eine Mehrheit für eine Regelung in der Sache selbst nicht zu finden war[168], wurde durch Reichsgesetz vom 13. 2. 1926 (RGBl. S. 101) doch wenigstens bestimmt, daß auf Antrag einer Partei alle Rechtsstreitigkeiten zwischen den Ländern und Mitgliedern der ehemals regierenden Fürstenhäuser auszusetzen waren. Der von den Reichstagsfraktionen der Linken initiierte Volksentscheid vom 20. 6. 1926 brachte zwar eine überwältigende Mehrheit für die entschädigungslose Enteignung der ehemals regierenden Fürstenhäuser[169], scheiterte indessen an der mit 39 % der Stimm-

---

[166] Kritisch dazu *Koellreuther*, Deutsche Juristenzeitung 1926 S. 114. Die Koalition des ehemals feudalen Besitzes mit dem bürgerlichen Eigentum kommt deutlich zum Ausdruck im Schreiben des Präsidenten des Reichsbürgerrates *von Loebell* vom 19. 5. 1926 an den Reichspräsidenten, in dem die Fürstenenteignungen als Angriff auf die Rechtsgrundlagen des Bürgertums bezeichnet werden. Abgedruckt bei *Ernst Rudolf Huber*, Dokumente zur deutschen Verfassungsgeschichte Bd. 3, Stuttgart usw. 1966, S. 385.

[167] Dazu und zum folgenden *Otto Koellreuther* in: Handbuch des Deutschen Staatsrechts 1. Bd., Tübingen 1930 S. 140. Auch *Mende*, AöR NF Bd. 10 (1926), S. 247 ff., 255 f.

[168] Über die Entwicklung im Reichstag vgl. den Bericht von *Kahl*, Deutsche Juristenzeitung 1926 S. 1056.

[169] 14 447 981 Ja-Stimmen gegen 585 027 Nein-Stimmen. Vgl. *Huber*, Dokumente Bd. 3 (S. o. Fn. 166) S. 189.

berechtigten zu niedrigen Abstimmungsbeteiligung. Die Länder waren nunmehr auf vertragliche Auseinandersetzung mit den Fürstenhäusern verwiesen; die Bemühungen in dieser Richtung zogen sich bis in die 30er Jahre hin [170].

7. Der Aufwertungsstreit

Während Art. 153 WV zu einem Instrument gegen den unmittelbaren politischen Zugriff auf die bestehende Eigentumsordnung entwickelt wurde, bewirkte gleichzeitig die Inflation eine Vermögensumschichtung größten Ausmaßes. Die Geldentwertung traf insbesondere den bürgerlichen Mittelstand, der sein Vermögen in Geldtiteln angelegt hatte.

Soweit die Ursachen dieser Entwicklung politisch gesetzt waren, reichten sie von der Kreditfinanzierung des 1. Weltkrieges bis zur hemmungslosen Benutzung der Notenpresse zur Finanzierung des Ruhrkampfes [171]. Sie waren weder so eindeutig zu lokalisieren noch auf judiziellem Wege aus der Welt zu schaffen wie ein Enteignungsgesetz. Die Ursachen der Inflation lagen außerhalb des verfassungsjuristischen Horizontes und damit auch außerhalb der Überlegungen zu Art. 153 WV.

Um so intensiver hatte sich die Rechtspraxis mit den Folgen der Inflation für bestehende Rechtsverhältnisse auseinanderzusetzen [172]. Bei von beiden Seiten noch zu erfüllenden gegenseitigen Verträgen gab das Reichsgericht schon relativ frühzeitig ein Recht auf Anpassung des Entgeltes an die veränderte Situation. Länger dauerte die Entwicklung bei einseitigen Geldforderungen aus vorinflationärer Zeit. Erst im Urteil vom 28. 11. 1923 (RGZ 107, 78), auf dem Höhepunkt der Inflation, als nach Einführung der Renten-

---

[170] Speziell zur Entwicklung in Thüringen *Knauth* in: Jahrbuch des öffentlichen Rechts Bd. 16 (1928) S. 11 ff.
[171] Vgl. die Rede des Abgeordneten *Scheidemann* in der 408. Sitzung des Reichstages am 10. 3. 1924, Verhandlungen Bd. 361 S. 12703 B.
[172] Vgl. dazu die ausführliche Darstellung von *Wilhelm Weber* in *J. von Staudingers* Kommentar zum BGB, II. Bd., § 242, 11. Aufl. Berlin 1961, S. 1255 ff.

mark eine neue Währung erreichbar schien, erklärte der 5. Senat des Reichsgerichts, daß eine für Goldmark eingeräumte Hypothek nicht mit Papiermark getilgt werden könne.

Der in dieser Entscheidung gewährte Aufwertungsanspruch wurde vom Richterverein beim Reichsgericht in seiner ungewöhnlichen Erklärung vom 15. 1. 1924 [173] mit Verfassungsrang ausgestattet. Als Anlaß beruft sich die Erklärung auf Zeitungsnachrichten, denen zufolge die Reichsregierung erwäge, die Aufwertung von Altforderungen gesetzlich zu verbieten. Der Richterverein drohte, die Rechtsprechung werde einem solchen Gesetz nicht folgen, weil es unsittlich sei, gegenüber den Inhabern von Staatspapieren als nicht-allgemeine Besteuerung wirke und es überdies als verfassungswidrige Enteignung anzusehen sei.

Diese Erklärung wendete sich unmittelbar an die erste Regierung Marx, die allein von den bürgerlichen Parteien, unter Ausschluß der SPD getragen wurde. Wenn der Richterverein die für ein Aufwertungsverbot wirkenden „Einflüsse eigensüchtiger Art" betonte, so dachte er offenbar an den Einfluß von Wirtschaftsinteressen auf die damalige Reichsregierung, die von der Inflation begünstigt wurden [174]. Damit deutete sich eine Funktion der Eigentumsgewährleistung an, die sich deutlich von den bisherigen Anwendungsfällen unterscheidet. Bei der Wohnraumbewirtschaftung, der Kürzung der anhaltischen Kohlenrente und den Fürstenenteignungen war es darum gegangen, mittels der Eigentumsgewährleistung den durch das politische System vermittelten Zugriff auf bestehende Eigentumsrechte zu verhindern. Demgegenüber berief sich der Richterverein auf die Eigentumsgewährleistung gegenüber dem Versuch des Großeigentums, die Inflationsgewinne auf Kosten des Kleineigentums im Wege der Gesetzgebung zu sichern.

[173] Juristische Wochenschrift 1924 S. 90; *Huber*, Dokumente (S. o. Fn. 166) S. 383.

[174] Im Hinblick auf die bürgerliche Zusammensetzung der Reichsregierung können Überlegungen zum Aufwertungsverbot, soweit sie von der Reichsregierung ausgingen, kaum als „klassenkämpferisch" interpretiert werden. So aber *Hans Hattenhauer*, Zwischen Hierarchie und Demokratie, Karlsruhe 1971, Rdnr 553. Vgl. auch Verhandlungen des Reichstags, 408. Sitzung, Bd. 361, S. 12699 D, 12702 D.

In der 3. Steuernotverordnung vom 14. 2. 1924 (RGBl. I S. 74) wurde die Aufwertung von Hypotheken und anderen privaten Forderungen auf 15 % des Goldmarkwertes festgesetzt; die Aufwertung öffentlicher Anleihen blieb zukünftiger Regelung vorbehalten. Das Reichsgericht nahm alsbald Gelegenheit, über die Verfassungsmäßigkeit dieser Regelung zu entscheiden. Im Urteil des 5. Senats vom 1. 3. 1924 (RGZ 107, 370, 375) heißt es dazu: Es könne dahinstehen, ob die Regelung der Hypothekenaufwertung überhaupt eine Enteignung sei oder nicht vielmehr die gesetzliche Klärung eines streitig gewordenen Rechtsverhältnisses darstelle. Jedenfalls sei die Notverordnung „zum Wohl der Allgemeinheit" ergangen, da sie nach der von der Reichsregierung gegebenen Begründung der Erhaltung und Gesundung der deutschen Volkswirtschaft diene. Es könne nicht darauf ankommen, inwieweit dieses Ergebnis tatsächlich erreicht werde. Auch als Enteignungsmaßnahme genüge daher die Verordnung den Anforderungen des Art. 153. Unmaßgeblich sei, ob die Abfindung der Hypothekengläubiger als angemessene Entschädigung anzusehen sei, da die Notverordnung als Reichsgesetz nach Art. 153 Abs. 2 Satz 3 WV von der Regel der angemessenen Entschädigung abweichen könne.

Diese Entscheidung steht im auffallenden Gegensatz zu den starken Worten, die der Richterverein in seiner Erklärung vom 15. Januar 1924 gebraucht hatte. Am Ende dieser Erklärung war ausdrücklich auch eine nur teilweise Aufwertung mit dem richterlichen Verdikt bedroht worden. – Ob die Reichsrichter ihre Ansicht geändert hatten, vielleicht auch unter dem Eindruck der Reichstagsdebatte über die Aufwertungsfrage [175], oder ob im 5. Senat von vornherein eine andere Konstellation als beim Richterverein vorhanden war, ist unbekannt [176].

---

[175] 26. 2.–10. 3. 1924. Vgl. insbes. die Reden des Reichsjustizministers *Dr. Emminger*, Verhandlungen des Reichstages Bd. 361 S. 12503 ff., des Reichsfinanzministers *Dr. Luther* S. 12572; *Dr. Düringer* S. 12698 ff. und des Abgeordneten *Scheidemann* S. 12704.

[176] Der Abgeordnete *Dr. Düringer* deutete in der Reichstagsdebatte Meinungsverschiedenheiten innerhalb des Reichsgerichtes an, a. a. O. S. 12698 C.

Mit dem Aufwertungsgesetz vom 16. 7. 1925 (RGBl. I S. 117) wurde die Hypothekenaufwertung auf 25 % erhöht, während der Aufwertungssatz von Industrieobligationen bei 15 % blieb. Das Gesetz über die Ablösung öffentlicher Anleihen vom gleichen Tage (RGBl. I S. 137) speiste gar die Gläubiger von Staatspapieren mit 2,5 % ab. Auch diese Regelung wurde von der Rechtsprechung akzeptiert. In seinem Urteil vom 4. 11. 1925 (RGZ 111, 320) wies der 5. Zivilsenat des RG in ausführlicher Erörterung das Enteignungsargument zurück [177]. Im Hinblick auf die Unsicherheit der betroffenen Rechtsverhältnisse sei das Aufwertungsgesetz keine Enteignung wohlbegründeter Rechte, sondern eine Festsetzung und Begrenzung des Rechtsinhaltes i. S. des Art. 153 Abs. 1 Satz 2 WV. Hilfsweise wird wiederum ausgeführt, das Aufwertungsgesetz sei auch verfassungsmäßig, wenn es eine Enteignung bewirke, weil es „zum Wohle der Allgemeinheit" ergangen sei. – Es folgt dann der bemerkenswerte Zusatz, der Einwand sei unzutreffend, „daß die Zulassung einer Enteignung im Interesse der Wirtschaft in Fällen der vorliegenden Art zu einer Aufhebung jeder verfassungsmäßigen Gewähr für das Eigentum führe" (S. 326). Art. 153 Abs. 2 WV garantiere, daß die Enteignung nur zum Wohl der Allgemeinheit und aufgrund förmlichen Gesetzes erfolge. Für die Verfassung mache es allerdings keinen Unterschied, auf welchem Gebiet das Wohl der Allgemeinheit gefördert werde. Das könne daher auch auf dem Gebiet der allgemeinen Wirtschaft geschehen. – Der Gebrauch des Ausdruckes „Wirtschaft" in dieser Argumentation ist doppeldeutig: Begünstigt durch die Begrenzung der Aufwertung von Industrieobligationen waren die industriellen Großunternehmen, gerechtfertigt wird diese Begünstigung durch das Interesse aller an der Wiederbelebung der Volkswirtschaft.

---

[177] Vgl. dazu die ablehnende Stellungnahme des Reichsgerichtsrates *A. Zeiler*, Der Verfassungsschutz des Eigentums und das Aufwertungsgesetz, Berlin o. J.

8. Bodennutzung

Der juristische Ausbau der Weimarer Eigentumsgewährleistung wurde vollendet durch die Rechtsprechung des Reichsgerichts zu den öffentlich-rechtlichen Beschränkungen der Bodennutzung.

Die erste Entscheidung in diesem Zusammenhang betraf den seit Ende des 19. Jahrhunderts verstärkt in das Interesse der Öffentlichkeit gerückten Denkmalschutz [178]. Aufgrund des Hamburger Denkmalgesetzes vom 6. 12. 1920 war ein Grundstück, das an den Cuxhavener Galgenberg grenzte, in die Denkmalliste eingetragen worden. Der Eigentümer mußte daraufhin seiner Absicht entsagen, aus dem Grundstück Sand und Kies abzubauen. In seinem Urteil vom 11. 3. 1927 (RGZ 116, 268) qualifizierte der 6. Senat des Reichsgerichts die Eintragung in die Denkmalliste als Enteignung. Das Denkmalgesetz bestimme nicht Inhalt und Schranken des Eigentums i. S. des Art. 153 Abs. 1 Satz 2 WV, weil es nicht alle Hamburger Grundeigentümer gleichmäßig erfasse. Es entziehe bestimmten Grundeigentümern das Recht, gem. § 903 BGB mit ihren Grundstücken nach Belieben zu verfahren. Damit sei eine Enteignung i. S. des Art. 153 Abs. 2 gegeben. Dem Hinweis auf Art. 150 WV, der die Denkmals- und Landschaftspflege dem Staat besonders auferlegte, begegnete das Gericht mit der Erwägung, daß die Denkmalpflege nicht auf Kosten Dritter ausgeübt werden dürfe. Als Enteignungsentschädigung billigte es dem Kläger die Differenz zwischen dem Grundstückswert bei unbeschränktem Eigentum und nach Eintragung in die Denkmalliste zu. – Unberücksichtigt bleiben in dieser Entscheidung die Sozialpflichtigkeit des Eigentums nach Art. 153 Abs. 3 WV und die besonderen Schranken des Grundeigentums gem. Art. 155 WV [179]. In auffäl-

---

[178] Zur Entwicklung des Denkmalschutzes vgl. *Hedemann* a. a. O. (Fn. 147) S. 263 ff.

[179] Vgl. zur Kritik *Otto Kirchheimer,* Die Grenzen der Enteignung, Berlin usw. 1930, S. 56 ff.; ferner *Albert Hensel,* Art. 150 der Weimarer Verfassung und seine Auswirkungen im preußischen Recht, AöR NF Bd. 14 (1928) S. 320, 415 ff. Auch *Paul Krückmann,* Enteignung, Einziehung, Kontrahierungszwang, Änderung der Rechtseinrichtung, Rückwirkung und die Rechtsprechung des Reichsgerichts, Berlin 1930, S. 25 f.,

ligem Gegensatz zu diesen Verfassungsbestimmungen erklärte das Reichsgericht in dieser Entscheidung das im Sinne der Gewinnmaximierung verstandene Belieben des Eigentümers zum Verfassungsprinzip. Vergleichsmaßstab für die Feststellung der ungleichen Belastung wurde so die privatökonomische Nutzbarkeit des Grundstücks, unter Ausschluß aller anderen in der Weimarer Verfassung verankerten Wertvorstellungen. Leitbild ist der ungehemmt gewinnmaximierende Eigentümer, nicht der gemäß seiner sozialen Verantwortung handelnde. Unberücksichtigt bleibt der Nichteigentümer, der gar nicht in die Verlegenheit kommt, ein Kiesvorkommen gegen die Interessen der Allgemeinheit auszubeuten.

Bestätigt und fortgeführt wurde dieses Verständnis der Eigentumsgewährleistung in den beiden Fluchtlinienurteilen des 3. Senats. Im Urteil vom 28. 1. 1930 (RGZ 128, 18) erklärte er, schon die Ausweisung eines Grundstücks im Fluchtlinienplan als Freifläche sei Teilenteignung. Grundsätzlich habe der Eigentümer die Befugnis, nach Belieben zu bauen; diese Befugnis werde ihm durch die Fluchtlinie entzogen, während gleichzeitig zugunsten der Gemeinde ein Servitut der Unbebaubarkeit entstehe, für das sie nach Art. 153 Abs. 2 WV den Eigentümer entschädigen müsse. Das preußische Fluchtliniengesetz vom 2. 7. 1875 (GS S. 561), das in dem zu entscheidenden Fall angewendet worden war, sah eine Entschädigung jedoch erst bei Abtretung der als Freifläche ausgewiesenen Grundstücke an die Gemeinde vor. Die Gemeinde hatte es in der Hand, wann sie den Eigentumsübergang und damit die Entschädigungspflicht herbeiführen wollte, während der Grundeigentümer bereits durch die Fluchtlinie gebunden war. Diese Entschädigungsregelung genügte nach Ansicht des Gerichts nicht den Anforderungen der Reichsverfassung. Eine Entschädigung, deren Zahlungszeit vom freien Ermessen des Enteignenden abhänge, sei keine angemessene Entschädigung. Für den Eigentümer entstehe daher unmittelbar durch Festsetzung der Fluchtlinie ein Entschädigungsanspruch ge-

der darauf hinweist, daß nach dem preußischen Verunstaltungsgesetz vom 15. 7. 1907 ganz entsprechende Beschränkungen wie nach dem Hamburger Denkmalsgesetz angeordnet werden konnten, ohne daß jemand vor Inkrafttreten der Weimarer Reichsverfassung von Enteignung gesprochen habe.

gen die Gemeinde. Nach dem Urteil vom 3. 3. 1931 (RGZ 132, 69) ist dieser Grundsatz sogar dann anzuwenden, wenn das Grundstück bereits vollständig bebaut ist und durch die neue Fluchtlinie lediglich ein weiterer Ausbau verhindert wird.

Die Absicht der Reichsverfassung, die Wertsteigerung des Bodens, die ohne eine Arbeits- oder Kapitalaufwendung seitens des Eigentümers entsteht, für die Gesamtheit nutzbar zu machen (Art. 155 Abs. 3 Satz 2), wurde mit diesen Entscheidungen in ihr Gegenteil verkehrt. Die Gemeinden sahen sich in Anwendung des Fluchtliniengesetzes von 1875 plötzlich Entschädigungsforderungen gegenüber, die weit über das bisherige Maß hinausgingen [180]. Fluchtlinienfestsetzungen, die niemand beanstandet hatte, solange sie von Gemeindevertretungen beschlossen wurden, die aufgrund des Zensuswahlrechts gewählt worden waren, galten nunmehr als Enteignung. Es waren keineswegs nur Städtebauenthusiasten, die diese neue Rechtsprechung des Reichsgerichts wegen ihrer katastrophalen Folgen für die Gemeinden rügten [181]. Durch die Notverordnung des Reichspräsidenten vom 5. 6. 1931 wurden die vom Reichsgericht geschaffenen Entschädigungsansprüche eingeschränkt [182].

9. Gewerbebetrieb

Auch der „eingerichtete und ausgeübte Gewerbebetrieb" wurde vom Reichsgericht in den Schutz der Eigentumsgewährleistung auf-

---

[180] In seinem Urteil vom 11. 5. 1906, RGZ 63, 298 hatte das Reichsgericht bei einer nicht offengelegten Freiflächenausweisung einen Entschädigungsanspruch aus § 75 der Einleitung zum preußischen ALR gewährt. Nach Offenlegung trat an dessen Stelle die Entschädigungsregelung des § 13 Fluchtliniengesetz mit ausschließender Wirkung. Vgl. RGZ 139, 285, 288 f. Insofern unzutreffend *Rolf Stödter,* Öffentlich-rechtliche Entschädigung, Hamburg 1933, S. 132 f. Gegenüber Eingriffen der Gesetzgebung war ein Anspruch aus § 75 Einleitung ALR nicht anerkannt worden.

[181] Vgl. zur Rezeption dieser Entscheidung *Stödter* a. a. O. (Fn. 180) S. 132 f.

[182] 6. Teil Kap. III, RGBl. I S. 279.

genommen, allerdings ohne daß daraus wesentliche Konsequenzen für die Gesetzgebung folgten. Anders als in der US-amerikanischen Verfassungsrechtsprechung behielt der Gesetzgeber uneingeschränkt die Befugnis zur Gewerberegulierung (Art. 151 Abs. 3 WV). Auch Gesetze, die die Einstellung vorhandener Betriebe erzwangen, wurden daher nicht als Enteignung angesehen, sofern sie dem Allgemeinheitskriterium des Reichsgerichts genügten [183].

10. Einschätzung in der staatsrechtlichen Literatur

Von allen Grundrechtsverbürgungen der Weimarer Verfassung gewann Art. 153 im Laufe der geschilderten Entwicklung bei weitem die größte judizielle Bedeutung [184]. Die richterliche Prüfung von Gesetzen auf ihre materielle Vereinbarkeit mit der Verfassung wurde in das deutsche Recht eingeführt, als durch die Demokratisierung der Gesetzgebung die Eigentumsrechte einer Minderheit gefährdet schienen. Dieser enge genetische Zusammenhang der richterlichen Gesetzeskontrolle mit der Eigentumsgewährleistung entspricht der US-amerikanischen Entwicklung, die freilich ein Jahrhundert früher einsetzte.

Trotz der relativ großen Zahl von Entscheidungen hat indessen die Rechtsprechung zu Art. 153 WV nie ihren mehr zufälligen und dem politischen Tageskampf verhafteten Charakter verloren. Wo der US Supreme Court gesellschaftspolitische Grundpositionen diskutierte, blieb die Argumentation des Reichsgerichts merkwürdig hausbacken und formelhaft. Die Dezision stand im Vordergrund.

---

[183] Vgl. die beiden Entscheidungen des 7. Senats vom 27. 5. 1930, RGZ 129, 146 und vom 10. 1. 1933, RGZ 139, 177 (Gefrierfleischfall).
[184] Neben Art. 129, der Garantie der wohlerworbenen Beamtenrechte. Vgl. *Albert Hensel*, Grundrechte und Rechtsprechung, in: Die Reichsgerichtspraxis im deutschen Rechtsleben, Festgabe zum 50jährigen Bestehen des Reichsgerichts, Bd. 1, Berlin und Leipzig 1929, S. 1, 5.

Nach anfänglichem Zögern [185] folgte die juristische Literatur überwiegend dem Reichsgericht [186], ohne sie in theoretischer Hinsicht wesentlich zu vertiefen. Die Ausweitung der Eigentumsgewährleistung auf neue Tatbestände und insbesondere ihre Wendung gegen die Gesetzgebung wurde mit deutlichem Hinweis auf die veränderte politische Situation übernommen; man diskutierte lediglich über die begriffliche Erfassung, insbesondere über die Abgrenzung zwischen Eigentumsbeschränkung und Enteignung. Der angeblich formalistischen Einzelaktslehre des Reichsgerichts trat Walter Jellinek mit seiner „Schutzwürdigkeitslehre" entgegen, die vor allem auf Intensität und Tragweite des Eingriffs abstellte [187].

Eine Maximalposition vertrat *Paul Krückmann* [188], der die Tendenz der reichsgerichtlichen Rechtsprechung billigte, ihr jedoch durch schärfere Begrifflichkeit eine noch durchgreifendere Wirkung verschaffen wollte. Er wandte sich gegen die Dichotomie Eigentumsbindung : Enteignung, deren Achillesferse in der Befugnis des Reichsgesetzgebers lag, sich von der Enteignungsentschädigung freizuzeichnen. Die nicht durch die Absicht auf bessere Nutzung einer Sache gekennzeichneten Eingriffe in bestehende Rechte unterschied er vielmehr als Einziehung von der Enteignung. Da Art. 153

[185] Gegen die Auslegung des Reichsgerichts zunächst *Gerhard Anschütz* in der ersten Auflage seines Kommentars zur Reichsverfassung; *Wilhelm Hofacker,* Grundrechte und Grundpflichten der Deutschen, 1926, S. 34 ff.; *Arnold Köttgen,* Grundprobleme des Wasserrechts, 1925, S. 83 ff.

[186] Vor allem *Gerhard Anschütz* in den späteren Auflagen seines Kommentars; *Friedrich Giese,* Die Verfassung des Deutschen Reichs vom 11. August 1919, 8. Aufl., Berlin 1931.

[187] Gutachten zum 36. Deutschen Juristentag, Verhandlungen I 2, Berlin 1930, S. 292, 304 ff.; ders. Verwaltungsrecht, 3. Aufl., Berlin 1931 S. 413; ihm folgend *Stödter* a. a. O. (Fn. 180) S. 208, der die Intensität und Tragweite des Eingriffs durch einen Vergleich mit der „normalen Belastung" feststellen will und damit auf das Gleichheitskriterium rückbezieht.

[188] *Paul Krückmann,* Enteignung, Einbeziehung, Kontrahierungszwang, Änderung der Rechtseinrichtung, Rückwirkung und die Rechtsprechung des Reichsgerichts, Berlin 1930.

Abs. 1 WV das Eigentum gewährleiste und eine Einziehung von der Verfassung nicht besonders zugelassen sei, könne diese nur durch Verfassungsänderung erfolgen (S. 75).

Selbständige Positionen, freilich von entgegengesetzten Ausgangspunkten kommend, nahmen gegenüber der Rechtsprechung des Reichsgerichts *Carl Schmitt* [189] und *Otto Kirchheimer* [190] ein. Carl Schmitt bemängelte in erster Linie, es fehle der reichsgerichtlichen Rechtsprechung an Konsistenz und Abgrenzbarkeit. Er hielt es für einen Fehler, daß das Reichsgericht mit dieser Rechtsprechung eine eminent politische Rolle übernahm. Es sei Sache des Gesetzgebers, zwischen den widersprechenden Möglichkeiten zu entscheiden, die der zweite Hauptteil der Weimarer Verfassung bereithalte. Die Übernahme dieser Funktion durch die Gerichte gefährde ihre Unabhängigkeit.

Otto Kirchheimer legte demgegenüber schonungslos die politischen Grundlagen dieses neuen Verständnisses der Eigentumsgewährleistung bloß. Die Eigentumsdefinition Otto Mayers, die unter Enteignung die Entziehung von Grundeigentum zugunsten eines öffentlichen Unternehmens verstand und im übrigen der Gesetzgebung im Eigentumsbereich freie Hand ließ, sei solange als befriedigend angesehen worden, als die Gesetzgebung in den Händen des Bürgertums lag und zudem die Aufhebung der überkommenen Feudalrechte teilweise noch anstand. Es seien die veränderten parlamentarischen Verhältnisse der Nachkriegszeit, die das Reichsgericht dazu bewogen hätten, entgegen der Intention der Verfassung in Art. 153 WV eine Garantie des gesellschaftlichen Status quo hineinzulesen. Sein Plädoyer für eine restriktivere Auffassung blieb freilich während der restlichen Geltungszeit der Weimarer Verfassung ungehört.

---

[189] Die Auflösung des Enteignungsbegriffs, in Juristische Wochenschrift 1929 S. 495 ff.
[190] Grenzen der Enteignung, Berlin usw. 1930; ders. Reichsgericht und Enteignung in: Die Justiz Bd. V (1930) S. 553 ff.

VI. Nachspiel: Der Nationalsozialismus

Mit dem Übergang zur nationalsozialistischen Diktatur wandelte sich die Auffassung der Juristenwelt vom Verhältnis des bürgerlichen Eigentums zur öffentlichen Gewalt schlagartig. Hatte bis zum Jahre 1933 das Bestreben im Vordergrund gestanden, die im Eigentumsrecht steckenden wirtschaftlichen Chancen ungeschmälert und gegebenenfalls auch auf Kosten der Allgemeinheit dem Eigentümer zu sichern, wurden nun Eigentümer und Nicht-Eigentümer zu Volksgenossen und der Gebrauch des Eigentums zum Dienst am Volkswohl [191]. An dessen inhaltlicher Bestimmung durch die Reichsleitung bestand kein Zweifel. Ein Interessengegensatz zwischen privater Eigentumsnutzung und politischem System konnte fortan nicht mehr möglich sein.

Reale Grundlage dieses wiedererstandenen Einverständnisses war die Entmachtung der Lohnabhängigen im politischen Bereich durch Einparteiensystem und Führerprinzip und ihre mit dem Verbot der Gewerkschaften und der Fixierung der Löhne auf dem Stand der Depression verbundene ökonomische Knechtung. In diesem Staat gab es Friktionen zwischen den Interessen des mittelständischen und des großen Besitzes; der fundamentale Gegensatz zwischen Besitzenden und Lohnabhängigen war indessen zugunsten der ersteren entschieden [192]. Der Anlaß für die in der Weimarer

---

[191] Vgl. *Franz Wieacker* und *Werner Weber*, Eigentum und Enteignung, Hamburg 1935; *Franz Wieacker*, Wandlungen der Eigentumsverfassung, Hamburg 1935; ders., Die Enteignung, *Werner Weber*, Das Problem der öffentlich-rechtlichen Entschädigung, in: Deutsches Verwaltungsrecht, Hrsg. *Hans Frank* o. O., o. J.; *Theodor Maunz*, Verwaltung, Hamburg 1937, S. 292 ff.; *Hans Kutscher*, Die Enteignung. Ein Beitrag zur Lehre von der Enteignung und vom Eigentum, Stuttgart usw. 1938; *Ernst Rudolf Huber*, Verfassungsrecht des Großdeutschen Reiches, Hamburg 1937/1939 S. 371 ff.

[192] Vgl. zur Wirtschaftspolitik des Dritten Reiches und zum schließlichen Obsiegen des "Big Business" über Mittelstandsinteressen, *Arthur Schweitzer*, Big Business in the Third Reich, Indiana University Press, Bloomington 1964, dort insbes. S. 517 zur Gemeinschaftsideologie.

Republik vollzogene Entfaltung der Eigentumsgewährleistung war damit entfallen.

Der Gesetzesbefehl des Führers genoß eine juristische Autorität, die das parlamentarische Gesetz der Weimarer Zeit nie gehabt hatte. Jetzt konnte wieder an den Gesetzespositivismus des Kaiserreiches angeknüpft werden [193]. Selbst offenbare Inkonsequenzen des neuen Gesetzgebers bei der Regelung von Eigentumsverhältnissen wurden verständnisvoll hingenommen [194].

In der Verordnung des Reichspräsidenten zum Schutz von Volk und Staat vom 28. 2. 1933 (RGBl. I S. 83) wurde neben anderen Verfassungsbestimmungen Art. 153 WV außer Kraft gesetzt, wie es im Vorspruch dieser Verordnung heißt „zur Abwehr kommunistischer staatsgefährdender Gewaltakte". Der 4. Senat des Reichsgerichts [195] nahm indessen ohne jede Einschränkung an, daß diese früher so wichtige Verfassungsnorm durch die Notverordnung allgemein und „bis auf weiteres" außer Kraft gesetzt sei. Er verweigerte daher einer Genossenschaftsmolkerei, die durch eine Anordnung des lokalen Milchwirtschaftsverbandes zur Betriebseinstellung gezwungen worden war, die beantragte Entschädigung. *Werner Weber* rügte dieses Verständnis der Notverordnung als verfehlte Wortinterpretation. Nach seiner Ansicht hätte sich das Reichsgericht mit der grundlegenden Umgestaltung der Verfassung auseinandersetzen sollen, mit der die Anerkennung von Grundrechten prinzipiell nicht mehr zu vereinbaren sei. Von einer nur vorläufigen Suspension könne daher nicht die Rede sein [196].

---

[193] So begrüßte der Vorstand des Deutschen Richterbundes in der Deutschen Juristenzeitung vom 1. 4. 1933, S. 452, die Machtübernahme und erklärte, der Deutsche Richterbund bringe der neuen Regierung volles Vertrauen entgegen.
[194] Vgl. *Werner Weber,* in: Deutsches Verwaltungsrecht, Hrsg. *Hans Frank,* o. O. o. J.
[195] Urteil vom 22. 10. 1934, RGZ 154, 369; anders noch der 7. Senat, Urteil vom 1. 12. 1933, Reichs- und Preußisches Verwaltungsblatt 1934 S. 168.
[196] In: *Weber/Wieacker* a. a. O. (Fn. 191) S. 9 Fn. 2; ders. Deutsche Juristenzeitung 1935 S. 659 ff.

Dem entsprach die Stellungnahme der Hochschullehrer im Bund Nationalsozialistischer Deutscher Juristen, vor denen Werner Weber und Franz Wieacker am 15. und 16. 6. 1935 programmatische Referate zur neuen Eigentumsordnung gehalten hatten. Es heißt dort, die in Zusammenhang mit Art. 153 WV entwickelten Vorstellungen seien „mit der gegenwärtigen Rechtslage unvereinbar". Wenn allerdings infolge der neuen Wirtschaftsordnung ein „Volksgenosse" seine bisherige berufliche oder vermögensrechtliche Stellung verliere, sei aus Billigkeitsgründen ein Ausgleich zu gewähren. Die Hochschullehrer nahmen indessen von dieser Forderung die Fälle aus, in denen ein „Unrechtszustand" beseitigt werde, „der im Einzelfall dem völkischen Rechtsempfinden" widerspreche [197]. Gemeint waren die vom Nationalsozialismus durchgeführten und noch durchzuführenden Konfiskationen größten Stils aus „rassischen" und politischen Gründen [198].

Als juristische Sanktion eines pflichtwidrigen Verhaltens des Eigentümers wurde von der nationalsozialistischen Eigentumslehre die Verwirkung in den Vordergrund gestellt [199]. Als Paradebeispiel wurde auf das Reichserbhofgesetz verwiesen, das indessen nur Ansätze einer Verwirkungsregelung enthielt. – Nicht die Entwicklung einer den Bedürfnissen der Industriegesellschaft entsprechenden Eigentumslehre, sondern die Apologie der bestehenden Herrschaftsordnung war das Ziel dieser juristischen Bemühungen.

---

[197] Vgl. die zu Beginn der Schrift von *Weber/Wieacker* (Fn. 191) abgedruckten Leitsätze.
[198] Vgl. zur Rechtsstellung der Juden *Ernst Rudolf Huber*, Verfassungsrecht des Großdeutschen Reiches, 2. Aufl. Hamburg 1937/1939, S. 181 ff.
[199] Dazu *Huber* a. a. O. (Fn. 198) S. 388.

Sechstes Kapitel

EIGENTUM UNTER DEM GRUNDGESETZ DER BUNDESREPUBLIK DEUTSCHLAND

I. Nachkriegssituation und Grundgesetz

Nach dem Zusammenbruch des Nationalsozialismus schien neben der Neugestaltung des politischen Systems auch die Umformung der überkommenen Eigentumsordnung anzustehen. Vor den Zerstörungen des Krieges, der Vertreibung und Depossedierung von Millionen sowie der Demontage verbliebener Industrieanlagen hatte das bürgerliche Eigentumsverständnis seine Selbstverständlichkeit verloren. Falls ein Wiederaufbau der zerstörten Städte, Versorgungs- und Verkehrsanlagen und der Industrie eines Tages möglich werden sollte, konnte er nur aufgrund gemeinschaftlicher Anstrengung gelingen, und es erschien unvorstellbar, daß die neu zu schaffenden Werte wiederum nur einer besitzenden Minderheit zufallen sollten. Die Forderung nach Gleichheit der Güterverteilung war angesichts des Mangels evident; wer sich mehr verschaffte als den ihm zustehenden Anteil, verstieß gegen die Rechtsordnung. Sicherlich waren auch Nachwirkungen der Gemeinschaftsideologie des Nationalsozialismus wirksam. Die Lehre von der unbegrenzten bürgerlichen Appropriation wurde unter den gegebenen Umständen zur Schiebermoral.

Hinzu kam, daß in den Augen aller politischen Kreise, einschließlich der bürgerlichen Mitte, die nach der Stunde Null begannen, die ersten Vorstellungen für eine Neuordnung zu formulieren, die bisherige Eigentumsordnung politisch diskreditiert war. Staat und Wirtschaft hatten im Nationalsozialismus eng zusammengearbeitet, und gerade den durch das Eigentum vermittelten Machtstrukturen in Wirtschaft und Grundbesitz wurde eine Begünstigung des Nationalsozialismus zugerechnet. Die Interdependenz von Eigentumsordnung und politischem System war evident geworden.

Der Wille zu einer politischen Neugestaltung der Eigentumsverhältnisse kam in den ersten programmatischen Erklärungen der politischen Parteien zum Ausdruck [1]. Die auf dem Parteitag in Hannover vom 9.–11. Mai 1946 beschlossenen Forderungen und Ziele der Sozialdemokratischen Partei [2] waren in ihren wesentlichen Abschnitten ein Programm des wirtschaftlichen Wiederaufbaus unter gemeinwirtschaftlichen Vorzeichen. Es heißt dort u. a.: Die Periode zwischen den Weltkriegen werde durch den Versuch kapitalistischer und reaktionärer Kräfte gekennzeichnet, den sozialistischen Konsequenzen der Demokratie zu entgehen. Der Nationalsozialismus habe diese innergesellschaftliche Auseinandersetzung gewaltsam unterdrückt und nach außen gedrängt. Der Zweite Weltkrieg sei unvermeidliche Folge gewesen. – In der CDU/CSU der Gründungsjahre gab es in gesellschaftspolitischen Fragen recht gegensätzliche Strömungen [3]. Aber auch in diesen Parteien überwog die Ansicht, daß mit dem Wiederaufbau nicht einfach die Restauration der alten Eigentumsverhältnisse einhergehen dürfe. Das kommt deutlich im Ahlener Wirtschaftsprogramm vom Februar 1947 zum Ausdruck [4]. Es beginnt mit einer Verurteilung des „kapitalistischen Wirtschaftssystems" und fordert eine „Neuordnung (der Wirtschaft) von Grund auf". Ziel sei eine „gemeinwirtschaftliche Ordnung", „die dem Recht und der Würde des Menschen entspricht, dem geistigen und materiellen Aufbau unseres Volkes dient und den inneren und äußeren Frieden sichert". Es wird die Vergesellschaftung von Bergbau und eisenschaffender Großindustrie und im übrigen die Kontrolle und Entflechtung von wirtschaftlicher Macht gefordert.

---

[1] Vgl. zur Nachkriegsentwicklung der deutschen Parteien *Heino Kaack*, Geschichte und Struktur des deutschen Parteiensystems, Opladen 1971, S. 155 ff.

[2] *Ossip K. Flechtheim*, Dokumente zur parteipolitischen Entwicklung in Deutschland seit 1945, 3. Bd. Berlin 1963, S. 17 ff. Vgl. auch *Kaack* a. a. O. (Fn. 1) S. 163 ff.

[3] Vgl. *Kaack* a. a. O. S. 172.

[4] Abgedruckt bei *Flechtheim* a. a. O. (Fn. 2) Bd. 2 S. 53 ff.; vgl. auch *Kaack* a. a. O. S. 172 ff.

Der weitgehende politische Konsens über eine Neugestaltung der Eigentumsordnung in der Wirtschaft ist auch in den Landesverfassungen der Jahre 1946/47 belegt, die sämtlich die Überführung von Unternehmungen oder ganzen Wirtschaftszweigen in Gemeineigentum ermöglichen oder zwingend vorschreiben [5]. Am weitesten ging insoweit die Hessische Verfassung, nach deren Art. 41 bestimmte Unternehmen mit Inkrafttreten der Verfassung in Gemeineigentum überführt wurden. Den bisherigen Eigentümern war bis zum Inkrafttreten der Ausführungsgesetze nur mehr die Stellung von Treuhändern zugewiesen [6]. Dieser Text war in der verfassungsberatenden Landesversammlung mit den Stimmen der CDU-Abgeordneten beschlossen worden. Die amerikanische Mili-

---

[5] Württemberg-Badische Verfassung vom 28. 11. 1946 Art. 28; Bayerische Verfassung vom 2. 12. 1946 Art. 160; Hessische Verfassung vom 11. 12. 1946 Art. 38–42; Rheinland-Pfälzische Verfassung vom 18. 5. 1947 Art. 61; Verfassung des Landes Württemberg-Hohenzollern vom 20. 5. 1947 Art. 98; Badische Verfassung vom 22. 5. 1947 Art. 45; Bremer Verfassung vom 21. 10. 1947 Art. 42. Sämtlich abgedruckt bei *R. W. Füßlein*, Deutsche Verfassungen, Berlin usw. 1951.

[6] Wegen der späteren Überlagerung durch Art. 15 GG war die sofortige Wirkung des Art. 41 Hess. Verf. in der Folgezeit ein wesentlicher Streitpunkt. Unter der selbstbewußten Überschrift „Rechtsstaatlicher Verfassungsvollzug" plädierte etwa *Carl Schmitt* in seinem Gutachten vom März 1952 gegen die unmittelbare Wirkung. Ihm folgte die Mehrzahl der befragten Staatsrechtlehrer. Anders entschied der Hess. Verfassungsgerichtshof im Urteil vom 6. 6. 1952, Verwaltungsrechtsprechung Bd. 5 S. 13 ff. Vgl. den von *Georg A. Zinn* und *Erwin Stein* hrsg. Kommentar zur Hess. Verf., Bad Homburg 1954 Art. 41 Anm. 3; *Dürig*, DÖV 1954, 129; *Ipsen* in Festschrift für *Hermann Jahrreiß*, Köln usw. 1964 S. 115 ff. Die nach dem Urteil des Hess. Verfassungsgerichtshofs noch anstehenden Fragen wurden durch das Abschlußgesetz zu Art. 41 vom 6. 7. 1954, GVBl. S. 126, geregelt. Nach § 1 dieses Gesetzes war hinreichend auch, wenn die Mehrheit der Gesellschafteranteile an das Land oder eine andere Person des öffentlichen Rechts überging. Bei der Durchführung beschritt die Regierung den Weg gütlicher Vereinbarung. So *Zinn/Stein*, 2. Aufl. Hamburg 1963 Teil B S. 33. Vgl. auch die Angaben bei *(Rupp) v. Brünneck*, DÖV 1954 S. 722 und Jahrbuch des öffentlichen Rechts NF Bd. 3 (1954) S. 244 ff.

tärregierung unterwarf ihn indessen einer gesonderten Volksabstimmung, die bei einer Beteiligung von 73,2 % der Wahlberechtigten eine Mehrheit von 72 % Ja-Stimmen bei 13,4 % ungültigen Stimmen für den Sozialisierungsartikel brachte [7]. Ungeachtet dieses eindeutigen Ergebnisses der Volksabstimmung untersagte die amerikanische Militärregierung alle Durchführungsmaßnahmen bis zum Inkrafttreten des Grundgesetzes [8]. Unter den Vorzeichen des sich verschärfenden Gegensatzes mit der Sowjet-Union legte die amerikanische Militärregierung zunehmend Wert auf eine privatwirtschaftlich orientierte Entwicklung in den westlichen Besatzungszonen. Die englische Politik tendierte demgegenüber zu einer Unterstützung der Sozialisierungsbestrebungen, wie es der von der regierenden Labour-Party in Großbritannien verfolgten Politik entsprach. Sie wurde jedoch auch in der britischen Besatzungszone von der amerikanischen Politik überspielt, die unter dem wirksamen Schlagwort stand, in diesen Fragen dürfe die Politik einer zukünftigen gesamtdeutschen Regierung nicht präjudiziert werden.

Nur aufgrund ihrer umstrittenen unmittelbaren Wirkung fanden die Sozialisierungsbestimmungen der Hessischen Verfassung ein gewisses Maß an Realisierung. Erfaßt wurden schließlich nur Großbetriebe, die ihre Betriebsstätte und den juristischen Sitz in Hessen hatten. Auch in anderen Ländern gab es Ansätze zur Durchführung der in den Verfassungen enthaltenen Sozialisierungsaufträge; sie wurden jedoch sämtlich von den betreffenden Militärregierungen suspendiert und kamen nicht mehr zur Durchführung [9].

[7] *Zinn/Stein* 1. Aufl. S. 62.
[8] Vgl. die Angaben in dem zu den Sozialisierungsbestimmungen erstatteten Gutachten von *Carl Heyland*, Darmstadt 1951, S. 46 f.
[9] Vgl. zum Scheitern der Sozialisierung *Hans-Hermann Hartwich*, Sozialstaatspostulat und gesellschaftlicher status quo, Köln usw. 1970, S. 76 ff.; *Ortlieb* und *Stavenhagen,* Art. Sozialisierung II 1 in: Handwörterbuch der Sozialwissenschaften Bd. 9, Göttingen 1956. Zu den Sozialisierungsüberlegungen innerhalb der SPD nach Inkrafttreten des Grundgesetzes *Helmut Köser,* in: Aus Politik und Zeitgeschichte 14/1974 S. 7 ff.

Die von der amerikanischen Militärregierung in den drei westlichen Besatzungszonen im wesentlichen durchgesetzte Politik der Nicht-Präjudizierung erwies sich im Ergebnis als äußerst wirksame Präjudizierung. Nachdem einmal der Nullpunkt überwunden war und die wirtschaftliche Wiederbelebung in privatwirtschaftlichen Bahnen begonnen hatte, mußte die Attraktivität gesellschaftspolischer Alternativen verblassen. Bald konnte die vom Marshall-Plan geförderte Prosperität des „goldenen Westens" der durch Demontagen und Reparationen gekennzeichneten Stagnation des Ostens gegenübergestellt werden. Die Währungsreform und anschließende Gesetzgebungen des Wirtschaftsrates schufen den institutionellen Rahmen für die privatwirtschaftliche Gestaltung des Wiederaufbaus, während die Sozialisierungsgesetzgebung der Länder blockiert blieb.

Gleichzeitig entwickelten sich die gesellschaftspolitischen Konzeptionen der Parteien auseinander. Während die SPD an ihrem Konzept des demokratischen Sozialismus festhielt, das eine Neuordnung der Eigentumsverhältnisse einschloß, setzten sich in der CDU die Kräfte um Konrad Adenauer durch, die einer gesellschaftlichen Neuordnung ablehnend gegenüberstanden. Wirtschaftspolitische Leitlinie wurde die Restauration einer auf Privateigentum an Produktionsmitteln basierenden Wirtschaft, deren autonome Entwicklung allerdings durch die staatliche Festlegung von Rahmenbedingungen in ihren sozialen Auswirkungen korrigiert werden sollte [10]. In den ›Düsseldorfer Leitsätzen‹ der CDU, unter denen sie zur ersten Bundestagswahl antrat, steht die wirtschaftspolitische Programmatik bereits völlig unter dem Leitbild der „Sozialen Marktwirtschaft". Die ursprünglichen Ansätze zu einem Konsens der beiden großen Parteien in der gesellschaftspolitischen Zielsetzung waren Vergangenheit.

Der neu aufgebrochene gesellschaftspolitische Gegensatz trat jedoch zurück hinter dem Anliegen beider Parteien, die Nachkriegssituation im politischen Bereich durch einen Zusammenschluß der Länder in einem neuen Bundesstaat zu überwinden. Dazu waren die Ministerpräsidenten der in den drei westlichen Besatzungs-

---

[10] Vgl. *Hartwich* a. a. O. (Fn. 9) S. 54 ff.

zonen liegenden Länder von den westlichen Besatzungsmächten in den am 1. 7. 1948 übergebenen Frankfurter Dokumenten aufgefordert worden. Es war von vornherein deutlich, daß die Verfassung dieses neuen Staatswesens nur dann von den Alliierten und von der deutschen Bevölkerung akzeptiert würde, wenn sie die Unterstützung der beiden, etwa gleich starken großen Parteien hatte.

Die neue Verfassung konnte daher nur den Charakter eines Kompromisses haben, der die Entscheidung zwischen den sich gegenüberstehenden gesellschaftspolitischen Alternativen ausklammerte und dem neu zu gründenden Gemeinwesen überließ. Die Festschreibung eines der konkurrierenden Gesellschaftsmodelle von Verfassungs wegen hätte der anderen Seite die Zustimmung unmöglich gemacht. Eine Zwischenlösung zu finden und verfassungsrechtlich zu verankern, war angesichts der Komplexität der kontroversen Probleme und ihrer langfristigen Perspektiven unmöglich. Die Entscheidung zwischen den konkurrierenden gesellschaftspolitischen Modellen mußte daher den politischen Gremien des zu gründenden Gemeinwesens übertragen werden. So wurde es eine Bedingung für das Zustandekommen des Grundgesetzes, daß die Vorstellungen der beiden großen Parteien unter seiner Geltung realisiert werden konnten.

Unter diesem Vorzeichen entstand das Grundgesetz, wie *Hans Hermann Hartwich* in seinem Buch über das Sozialstaatspostulat anhand der zeitgeschichtlichen Quellen belegt hat [11]. Die Übereinstimmung der beiden großen Parteien war die Grundlage für die Arbeit des Parlamentarischen Rates; auch ihr Fortgang wurde immer wieder durch direkte Absprachen außerhalb der offiziellen Verhandlungen bestimmt. Darin liegt der Grund für das seltsam Blutleere der Verhandlungen, in die nur die Vertreter der kleinen

---

[11] S. Fn. 9. Zu den wirtschaftspolitischen Gruppierungen in CDU und SPD, sowie zum grundlegenden Konsens hinsichtlich der Überordnung der zu konstituierenden staatlichen Macht auch *Martin Kriele*, Wirtschaftsfreiheit und Grundgesetz, in: Zeitschrift für Rechtspolitik 1974 S. 105, 107.

Parteien etwas Farbe brachten, während ansonsten über technische und sprachliche Einzelheiten diskutiert wurde.

Wollte man die Entscheidung über die gesellschaftliche und ökonomische Ordnung dem zu konstituierenden Gemeinwesen offenhalten, so mußte diese Absicht insbesondere bei der Formulierung der Gesetzgebungskompetenzen des Bundes zum Ausdruck kommen. Für das entschlossene Festhalten der beiden großen Parteien an ihrem grundlegenden Kompromiß ist es bezeichnend, daß um die Kompetenzzuteilung nur unter föderalistischen Gesichtspunkten gerungen wurde, insbesondere nachdem die Alliierten zugunsten der Ländergesetzgebung interveniert hatten [12], während die gesellschaftspolitisch relevanten Kompetenzen ohne grundsätzliche Meinungsverschiedenheiten in das Grundgesetz aufgenommen wurden [13]. Bei den Kompetenzzuweisungen begnügte man sich nicht mit einer generellen Umschreibung relevanter Rechts- und Sachgebiete, die als bürgerliches Recht (Art. 74 Nr. 1), Recht der Wirtschaft (Art. 74 Nr. 11), Arbeitsrecht (Art. 74 Nr. 12), Währungs-, Geld- und Münzwesen (Art. 73 Nr. 4), gewerblicher Rechtsschutz, Urheber- und Verlagsrecht (Art. 73 Nr. 9) der Gesetzgebung des Bundes zugewiesen wurden. Der gesellschaftspolitische Tiefgang der Bundeskompetenzen wurde vielmehr ausdrücklich durch besondere Bestimmungen hervorgehoben. So ist der Bund insbesondere befugt, im Wege der Gesetzgebung Grund und Boden, Naturschätze und Produktionsmittel in Gemeineigentum oder andere Formen der Gemeinwirtschaft zu überführen (Art. 74 Nr. 15) oder den Mißbrauch wirtschaftlicher Machtstellung zu verhindern (Art. 74 Nr. 16). Diese Bestimmungen können nur als eine Betonung gesellschaftspolitischer Gestaltungsbefugnis verstanden werden, da der Sache nach die betreffenden Kompetenzen auch dem schon vorher genannten „Recht der Wirtschaft" zugerechnet werden könnten. Entsprechend wird bei der arbeitsrechtlichen Kompetenz hervorgehoben: „einschließlich der Betriebsverfassung"; neben Grundstücksverkehr und Bodenrecht (Art. 74 Nr. 18) wird

[12] Vgl. Jahrbuch des öffentlichen Rechts NF Bd. 1, 1951, S. 496 ff.
[13] Vgl. dazu *Hartwich* a. a. O. (Fn. 9) S. 40 ff. und die Angaben im Jahrbuch des öffentlichen Rechts zu Art. 74 GG.

die Bodenverteilung (Art. 75 Nr. 4) als besonderer Bereich bundesgesetzlicher Gestaltung genannt.

Entsprechend wurde bei den Steuerkompetenzen um ihre Verteilung zwischen Bund und Ländern, nicht aber um ihren gesellschaftspolitischen Tiefgang gerungen [14]. So erhielt der Bund in Art. 105 GG die konkurrierende Gesetzgebung über die Steuern von Einkommen, Vermögen, Erbschaften und Schenkungen, deren gesellschaftspolitische Relevanz gerade angesichts der in der Nachkriegszeit verschärften Tarifprogression [15] auf der Hand lag.

Diese weitreichenden Kompetenzen wurden dem Bundesgesetzgeber freilich unter ausdrücklicher Bindung an die Grundrechte gewährt [16]. Das sollte ihnen jedoch nach dem Verständnis der Verfassungsväter, soviel davon bekannt ist [17], nichts von ihrem gesellschaftspolitischen Tiefgang nehmen. Im Gegenteil: im Hinblick auf den Mißerfolg der Weimarer Demokratie konnte die starke Betonung der Grundrechte geradezu als Aufruf an die politische Gewalt verstanden werden, durch eine Neugestaltung der gesellschaftlichen Verhältnisse die realen Voraussetzungen einer freiheitlichen Ordnung zu schaffen. Die durch einen hohen Grad von Konzernbildung und Kartellierung gekennzeichnete Machtstruktur der deutschen Wirtschaft stand gerade in den Augen der amerikanischen Besatzungsmacht der freiheitlichen Entwicklung hinderlich im Wege. Aus liberal-demokratischer Sicht resultierte daraus die Forderung nach Entflechtung und Marktkontrolle [18], während die sozialdemokratische Alternative eine Neugestaltung der ökonomischen Beziehungen durch Mitbestimmung und Sozialisierung

---

[14] Jahrbuch des öffentlichen Rechts NF Bd. 1 S. 749.
[15] Vgl. die Kontrollratsgesetze Nr. 12, 13, 17 vom 11.–28. 2. 1946, Amtsblatt des Kontrollrates Nr. 4.
[16] Art. 1 Abs. 3 GG: „Die nachfolgenden Grundrechte binden Gesetzgebung, vollziehende Gewalt und Rechtsprechung als unmittelbar geltendes Recht."
[17] Vgl. Jahrbuch des öffentlichen Rechts NF Bd. 1 S. 43.
[18] Gem. Art. 74 Nr. 16 GG hat der Bund die Kompetenz, „die Verhütung des Mißbrauchs wirtschaftlicher Machtstellung" gesetzlich zu regeln.

in den Vordergrund stellte [19]. Die Bindung an Freiheitsrechte mußte so keineswegs, wie sie später oft interpretiert wurde, eine Bindung an den gesellschaftlichen Status quo bedeuten. Ausgeschlossen werden sollten allerdings Eingriffe in die gesellschaftlichen Verhältnisse, die nur unter Aussetzung der Grundfreiheiten zu realisieren wären.

Auch mit der Eigentumsgewährleistung des Art. 14 GG [20] wurde nach der Intention der Verfassungsväter keine Status-quo-Festschreibung verbunden. Wenngleich sich bei der Beratung dieses Grundrechts deutliche Gegensätze zwischen den Parteien ergaben [21], wurde auch hier schließlich Übereinstimmung erzielt, ohne daß diese Übereinstimmung von einer der großen Parteien als Verzicht auf ihre gesellschaftspolitische Programmatik verstanden worden wäre. Es stand zwar nach dem Inhalt der Verhandlungen den Beteiligten vor Augen, daß mit der Gewährleistung des Eigentums ein weiter Bereich vermögenswerter Rechte, zu denen insbesondere auch Rechte an Unternehmen gehören konnten, in den Schutzbereich des Grundrechts einbezogen würde. Ein Antrag Carlo Schmids, den Schutzbereich enger zu fassen und auf das „der persönlichen Lebenshaltung oder der eigenen Arbeit dienende Eigentum" zu begrenzen [22], setzte sich nicht durch. Inhalt und Schranken des so gewährleisteten Eigentums sollten jedoch nach Art. 14 Abs. 1 Satz 2 durch die Gesetze bestimmt werden. Dabei konnten in der politischen Situation des Jahres 1949 unter den Vorzeichen

---

[19] Art. 74 Nr. 12, 15.
[20] Das Eigentum und das Erbrecht werden gewährleistet. Inhalt und Schranken werden durch die Gesetze bestimmt.
Eigentum verpflichtet. Sein Gebrauch soll zugleich dem Wohle der Allgemeinheit dienen.
Eine Enteignung ist nur zum Wohle der Allgemeinheit zulässig. Sie darf nur durch Gesetz oder aufgrund eines Gesetzes erfolgen, das Art und Ausmaß der Entschädigung regelt. Die Entschädigung ist unter gerechter Abwägung der Interessen der Allgemeinheit und der Beteiligten zu bestimmen. Wegen der Höhe der Entschädigung steht im Streitfalle der Rechtsweg vor den ordentlichen Gerichten offen.
[21] Jahrbuch des öffentlichen Rechts NF Bd. 1 S. 145 ff.
[22] Jahrbuch des öffentlichen Rechts NF Bd. 1 S. 145 f.

eines demokratischen Neubeginns nicht die zahlreichen noch geltenden Gesetze des Kaiserreiches, auch nicht die Gesetze der NS-Zeit gemeint sein. Die in der Weimarer Zeit und unter dem Besatzungsregime ergangenen Gesetze waren zu heterogen, um den Charakter eines verfassungsrechtlichen Leitbildes zu erlangen. Hauptzweck des Verfassungswerkes war es, wenigstens für einen Teilbereich Deutschlands die Autonomie gerade auch im innenpolitischen Bereich zurückzugewinnen. Die Bestimmung von Inhalt und Schranken des Eigentums war in dieser Situation nichts Abgeschlossenes, der Vergangenheit Verbundenes. Mit dieser Verfassungsnorm wurde vielmehr die legislative Zukunft angesprochen, der man die weitreichenden Kompetenzen der Art. 73–75 GG zuwies, gerade weil man Neugestaltungen für erforderlich hielt.

Die Sozialisierungskompetenz wurde durch die besondere Regelung des Art. 15 GG [23] vom Geltungsanspruch der Eigentumsgewährleistung ausgenommen. Bei den Verfassungsberatungen wurde betont, daß durch diese Verfassungsnorm ein Konflikt der Sozialisierungskompetenz mit der Eigentumsgewährleistung ausgeschlossen werden sollte [24]. Eine Rückbindung erfolgte nur in der Entschädigungsfrage durch die Verweisungsklausel des Art. 15 Satz 2 GG.

Die Entschädigungsfrage bei Enteignung und Sozialisierung fand insofern gegenüber der Weimarer Verfassung eine striktere Regelung, als ein gesetzlicher Ausschluß der Entschädigung nicht vorgesehen wurde. Dafür wählte man jedoch in bewußter Abkehr von der in der Weimarer Verfassung vorgeschriebenen „angemessenen" Entschädigung, die allgemein mit dem Verkehrswert gleichgesetzt worden war, die Formel von der gerechten Abwägung der Interessen der Allgemeinheit und der Beteiligten. Das bedeutete für die Teilnehmer der Verfassungsberatungen, daß je nach dem Charakter des Eingriffs der Verkehrswert bei der Entschädigungs-

---

[23] Grund und Boden, Naturschätze und Produktionsmittel können zum Zwecke der Vergesellschaftung durch ein Gesetz, das Art und Ausmaß der Entschädigung regelt, in Gemeineigentum oder in andere Formen der Gemeinwirtschaft überführt werden. Für die Entschädigung gilt Art. 14 Abs. 3 Satz 3 und 4 entsprechend.

[24] Vgl. die Bemerkungen der Abgeordneten *Schmid* und *Greve*, Jahrbuch des öffentlichen Rechts NF Bd. 1 S. 156.

festsetzung nur einer der zu berücksichtigenden Gesichtspunkte war [25].

Trotz dieser Relativierungen mußte Kennern der Weimarer Entwicklung die Gefahr vor Augen sein, daß die Eigentumsgewährleistung wiederum zum Angelpunkt einer verfassungsjuristischen Strategie des gesellschaftlichen Status quo werden könnte. Die judizielle Entwicklung der Eigentumsgewährleistung der Weimarer Verfassung war freilich aus der besonderen Situation zu verstehen, in der eine dem Kaiserreich verhaftete Justiz mit der republikanischen Verfassung konfrontiert wurde. Aber auch zur Zeit der Beratungen über das Grundgesetz hatte sich die personelle Zusammensetzung der Justiz nicht grundlegend geändert. Die darin liegende Gefahr für eine offene Interpretation des Grundgesetzes wurde während der Beratungen gesehen [26]. Die Schaffung eines besonderen Verfassungsgerichtes, dem die letztgültige Auslegung der Verfassung übertragen wurde und dessen personelle Besetzung die Gesetzgebungsorgane des Bundes kontrollierten, schien freilich die Gefahr bewußter richterlicher Obstruktion zu vermindern.

Schließlich schien die Aufnahme der Sozialstaatlichkeit unter die Verfassungsgrundsätze des Art. 20 GG eine Interpretation der Grundrechte zu verbieten, die dem politischen Gemeinwesen die Gestaltung der gesellschaftlichen Verhältnisse entziehen könnte. In der Zusammenschau von Kompetenzordnung, Grundrechten und Sozialstaatsgrundsatz kam der Verfassungskonsens der beiden großen Parteien zum Ausdruck, der die Entscheidung zwischen den konkurrierenden gesellschaftspolitischen Modellen bewußt den Organen des zu konstituierenden Gemeinwesens überließ.

---

[25] So der Abgeordnete *v. Mangoldt*, Jahrbuch des öffentlichen Rechts Bd. 1 S. 151. Vgl. auch das Plädoyer des Abgeordneten *Seebohm* in der 9. Plenarsitzung für die Rückkehr zur „angemessenen" Entschädigung. Stenografische Berichte S. 178.

[26] Vgl. die vom SPD-Abgeordneten *Dr. Menzel* in der 3. Lesung des Grundgesetzes gegenüber den richterlichen Befugnissen geäußerten Bedenken. Stenografische Berichte des Parlamentarischen Rates S. 204.

II. Rahmenbedingungen der judiziellen Entwicklung unter dem Grundgesetz

Seit dem Inkrafttreten des Bonner Grundgesetzes stand die Bundesrepublik unter einer politischen und ökonomischen Konstellation, in der die gesellschaftspolitische Tragweite der Eigentumsgewährleistung und ihr intendierter Zusammenhang mit der Sozialstaatsklausel und den Kompetenznormen des Grundgesetzes keinem ernsthaften Test unterworfen wurde. Ökonomisch war diese Konstellation durch Vollbeschäftigung und ein wirtschaftliches Wachstum gekennzeichnet, das auch den Lohnabhängigen wesentliche Verbesserungen brachte. Die politische Szene wurde bis zum Jahre 1966 von einer Koalition bürgerlicher Parteien beherrscht, zu deren Hauptanliegen gehörte, das Privateigentum und seine Nutzung zur Grundlage des gesellschaftlichen Lebens zu machen. Auf dieser Linie liegen der Abbau der Steuerprogression, verbunden mit einer Fülle von Maßnahmen zur Begünstigung der Vermögensbildung, der Abbau der Wohnraumbewirtschaftung und die Privatisierung öffentlicher Unternehmen [27]. Maßnahmen der Sozialisierung und Bodenreform traten nach der Verkündung des Grundgesetzes völlig in den Hintergrund [28]. Die Einführung der paritätischen Mitbestimmung im Montanbereich durch Gesetz vom 21. 5. 1951 [29] ist nur scheinbar eine Ausnahme von der allgemeinen

---

[27] Vgl. die weiteren Angaben bei *Hartwich* a. a. O. (Fn. 9) S. 188 ff.

[28] Zur Sozialisierung s. o. S. 276. Zur Durchführung der Bodenreform vgl. insbes. *Wilhelm Abel*, Agrarpolitik, 2. Aufl. Göttingen 1958, S. 206 ff. Das Bundesverwaltungsgericht hat die Bodenreform in mehreren Entscheidungen für mit Art. 14 GG vereinbar erklärt: BVerwGE 1, 140; 2, 224; Vorlagebeschluß vom 3. 5. 1956, DVBl. 1956, S. 514. Vgl. auch *Werner Weber*, DÖV 1953, 353; Verfassungsgerichtshof Rheinland-Pfalz, 22. 3. 1954, Amtliche Sammlung der Entscheidungen Bd. 3 S. 227. Dazu auch *Ernst Rudolf Huber*, Wirtschaftsverwaltungsrecht, 2. Aufl. Bd. 2, Tübingen 1954 S. 71 ff.

[29] Dazu *Gunther Schwerdtfeger*, Unternehmerische Mitbestimmung der Arbeitnehmer und Grundgesetz, Frankfurt 1972, S. 19 ff., 146 ff.; *Ernst Rudolf Huber*, Grundgesetz und wirtschaftliche Mitbestimmung, Stuttgart usw. 1970, S. 130 ff.

Entwicklung; sie trat an die Stelle besatzungsrechtlicher Beschränkungen und wurde von allen Beteiligten als Bedingung für die Entlassung der Unternehmen der Montanindustrie aus der Besatzungskontrolle akzeptiert.

Vergegenwärtigt man sich, unter welchen Bedingungen die Eigentumsklausel der Weimarer Verfassung ihre überragende judizielle Bedeutung gewann, so hätte dem unter den bisherigen Bedingungen der Bundesrepublik eher eine untergeordnete Rolle entsprochen. Ein unmittelbarer Anlaß, den gesellschaftlichen Status quo mit Hilfe der Eigentumsgewährleistung gegen politische Angriffe zu verteidigen, war jedenfalls bis zum Ende der 60er Jahre nicht gegeben.

Gleichwohl ist die Eigentumsgewährleistung in der juristischen Praxis der Bundesrepublik zu einem der wichtigsten Grundrechte überhaupt geworden. Das gilt für alle Zweige der Rechtsprechung, insbesondere aber für die ordentliche Gerichtsbarkeit. Der Bundesgerichtshof nahm seine Zuständigkeit in der Entschädigungsfrage gemäß Art. 14 Abs. 3 Satz 4 GG zum Anlaß, auch den Inhalt der Eigentumsgewährleistung in einer umfassenden Weise zu interpretieren. Die Tendenz des Bundesgerichtshofs, in Fällen, die bisher nach Aufopferungs- oder Amtshaftungsgrundsätzen entschieden wurden, Entschädigungen unmittelbar aus Art. 14 GG zu gewähren, hat über ihre rechtstechnische Bedeutung hinaus wesentlich zum affirmativen Verständnis dieser Grundrechtsnorm beigetragen. Art. 14 GG ist das einzige Grundrecht, bei dessen Auslegung und Entfaltung die ordentliche Gerichtsbarkeit und zum Teil auch die Verwaltungsgerichtsbarkeit dem Bundesverfassungsgericht zuvorgekommen ist und ständig zuvorkommt. Andere Grundrechte, insbesondere die Meinungs- und Pressefreiheit, hat das Bundesverfassungsgericht immer wieder aufgrund von Verfassungsbeschwerden gegen den Widerstand anderer Zweige der Gerichtsbarkeit durchsetzen müssen; bei der Auslegung und Anwendung der Eigentumsgewährleistung hat es demgegenüber eher gebremst, wenngleich es bisher noch nie über einschlägige Entscheidungen anderer Gerichte direkt zu befinden hatte. Der Weg der Verfassungsbeschwerde ist insofern eine Einbahnstraße: Wenn das Argument aus Art. 14 GG im normalen Rechtsmittelverfahren

Erfolg hat, entfällt der Anlaß für eine Verfassungsbeschwerde. Die unter Umständen für die betroffenen politischen Körperschaften bestehenden verfahrensrechtlichen Möglichkeiten, gegen einschlägige Entscheidungen eines oberen Bundesgerichtes das Bundesverfassungsgericht anzurufen, sind bisher nicht genutzt worden. Thomas Dehler, auf dessen Antrag der Hauptausschuß des Parlamentarischen Rates erst in der vierten Lesung für die Höhe der Entschädigung den ordentlichen Rechtsweg verankert hatte [30], rühmte sich später im Bundestag nicht zu Unrecht, mit dieser verfahrensrechtlichen Regelung die spätere inhaltliche Entwicklung der Eigentumsgewährleistung wesentlich beeinflußt zu haben [31].

Wurde die Eigentumsgewährleistung in der Bundesrepublik nicht im Konflikt mit einer eher affirmativen Gesetzgebung ausgebaut, so muß der Anlaß ihrer judiziellen Entwicklung darin gesehen werden, daß in allen gesellschaftspolitisch relevanten Stadien der politischen Entwicklung Alternativen vertreten wurden, die anstelle des Eigentums und der Eigentümerrechte andere Gesichtspunkte in den Vordergrund stellten. Das gilt ebenso beim Lastenausgleich wie in der Steuerpolitik, im Bau- und Grundstücksrecht wie in der Frage der Mitbestimmung. Träger dieser Alternativvorstellungen waren nicht politische Splittergruppen, sondern vor allem die SPD und die Gewerkschaften. Auch das Godesberger Programm der SPD vom November 1959 [32] hält in seinem Abschnitt über die Wirtschaftsordnung an der Möglichkeit grundlegender Umgestaltungen fest.

Es spricht vieles dafür, daß zahlreiche durch die Fallentscheidung nicht unmittelbar geforderte judizielle Deutungen der Eigentumsgewährleistung auf diese nicht realisierten politischen Vorstellungen abzielen. Wurde die Eigentumsgewährleistung der Weimarer Zeit ausgebaut, um akute Einbrüche des Gesetzgebers in den gesellschaftlichen Status quo abzuwehren, so kann ihre judizielle

---

[30] Art. 14 Abs. 3 Satz 4 GG wurde im Hauptausschuß in der endgültigen Fassung am 5. 5. 1949 mit 12 gegen 7 Stimmen angenommen. Stenografische Berichte S. 747.

[31] Deutscher Bundestag 3. Wahlperiode 118. Sitzung vom 22. 6. 1960, Stenografische Berichte S. 6859.

[32] Abgedruckt bei *Flechtheim* a. a. O. (Fn. 2) Bd. 3 S. 209–226.

Entwicklung unter dem Grundgesetz eher als Prophylaxe gegenüber innenpolitischen Alternativen, aber auch gegenüber der äußeren Alternative in Gestalt der deutschen Nachbarrepublik verstanden werden. Es ist hier gleichsam eine juristische Maginot-Linie geschaffen worden, die allerdings ihre Haltbarkeit im Konfliktfall noch nicht bewiesen hat.

III. Naturrecht und Weimarer Vorbild

Inhaltlich knüpfte die Rechtsprechung zur Eigentumsgewährleistung an die Rechtsprechung des Reichsgerichts zu Art. 153 der Weimarer Verfassung an und begann, diese weiter auszubauen. Neu war allerdings, daß diesem Verständnis der Eigentumsgewährleistung, das sich in der Rechtsprechung des Reichsgerichts nüchtern positivistisch gegeben hatte, nunmehr naturrechtliche Erwägungen nachgeschoben wurden, und zwar in einer Weise, die weit über das übliche Maß an sozialphilosophischen obiter dicta in der höchstrichterlichen Rechtsprechung hinausgeht. Die Verbreitung naturrechtlicher Argumentation in der bundesrepublikanischen Rechtsprechung der Nachkriegszeit war einerseits durch die Aufarbeitung von Problemen bedingt, die aus der nationalsozialistischen Zeit herrührten [33]. Gerade im Bereich des Eigentumsrechts ging jedoch die naturrechtliche Argumentation bei weitem über das durch die Auseinandersetzung mit dem Nationalsozialismus bedingte Maß hinaus. Hier wurde nicht eine Vergangenheit beurteilt oder bewältigt, sondern zu politischen Fragen der Gegenwart Stellung bezogen.

Ihren Auftakt hatte diese Tendenz schon vor Inkrafttreten des Grundgesetzes, als der Badische Staatsgerichtshof in seinem Urteil vom 15. 1. 1949 [34] die Beschlagnahme eines dem Eigentümer verlorengegangenen Lastkraftwagens zwar als unangreifbar bezeichnete, weil sie aufgrund von Besatzungsrecht erfolgt war, der

---

[33] Vgl. dazu *Michael Kirn*, Verfassungsumsturz oder Rechtskontinuität, Berlin 1972, S. 52 ff.

[34] Verwaltungsrechtsprechung Bd. 1 S. 373, 375.

Staatsgerichtshof es indessen „als seine Pflicht" erachtete, auf die naturrechtliche Geltung des Eigentumsgrundrechtes hinzuweisen: Es sei „in den allgemeinen überstaatlichen Rechtsgrundsätzen, dem Rechtsgefühl und Rechtsgewissen aller Kulturvölker begründet". Nach einem wenig später ergangenen Urteil des Staatsgerichtshofs blieb das Recht des Privateigentums „auch in der Zeit, als es keine geschriebene Verfassung gab, als ungeschriebenes, überstaatliches Grundrecht bestehen"[35].

Diese Vorstellung fand Aufnahme im Beschluß des Großen Senats des Bundesgerichtshofs vom 10. 6. 1952[36], der seither grundlegend für die Entschädigungsrechtsprechung der Zivilgerichte blieb. Der Bundesgerichtshof hatte hoheitliche Maßnahmen zu beurteilen, die teilweise vor Inkrafttreten des Grundgesetzes durchgeführt worden waren, so daß eine unmittelbare Berufung auf Art. 14 GG ausfiel. Der Große Senat zögerte nicht, der Eigentumsgewährleistung „übergesetzliche ... von staatlicher Rechtsetzung unabhängige Geltung" zuzuschreiben und gleichzeitig den Inhalt dieses Naturrechts mit dem des später in Kraft getretenen Art. 14 GG zu identifizieren (S. 275). Zur Begründung dieser Thesen griff das Gericht indessen nicht auf explizite Naturrechtslehren zurück, denen auch kaum die vom Gericht eingeführten spezifischen Postulate zu entnehmen gewesen wären. Der Bundesgerichtshof begnügte sich vielmehr mit einer Bezugnahme auf Art. 1 Abs. 2 GG[37]. Das dieser Argumentationsweise zugrundeliegende richterliche Bedürfnis, sich von vorangegangenen und gegenwärtigen politischen Strömungen abzugrenzen und als Bannerträger des bürgerlichen Rechtsstaates hervorzutreten, wird besonders deutlich, wenn der Bundesgerichtshof in diesem Zusammenhang ohne innere Not-

---

[35] Urteil vom 31. 8. 1949, Verwaltungsrechtsprechung Bd. 2 S. 129, 132.

[36] BGHZ 6, 270. Vgl. auch vorher schon andeutungsweise BGHZ 1, 363, 368, (I, 6. 4. 1951).

[37] „Das Deutsche Volk bekennt sich darum zu unverletzlichen und unveräußerlichen Menschenrechten als Grundlage jeder menschlichen Gemeinschaft, des Friedens und der Gerechtigkeit in der Welt."

wendigkeit post festum die Ansicht des Reichsgerichtes [38] widerlegt, Art. 153 der Weimarer Verfassung sei durch die Verordnung des Reichspräsidenten zum Schutz von Volk und Staat vom 18. 2. 1933 außer Kraft gesetzt worden. Gleichzeitig wird das neue richterliche Selbstverständnis durch die Frage bestätigt, ob denn Art. 153 der Weimarer Verfassung den Entschädigungsausschluß durch Reichsgesetz überhaupt zulassen konnte [39].

IV. Die Eigentumsgewährleistung als Grundnorm der bürgerlichen Marktgesellschaft in der Rechtsprechung des Bundesgerichtshofs

1. Die Grundsatzentscheidung BGHZ 6, 270

Die Bedeutung der Grundsatzentscheidung des Großen Senats beim Bundesgrichtshof vom 10. 6. 1952 liegt indessen nicht in der posthumen Auseinandersetzung mit der Eigentumsrechtsprechung des Dritten Reiches und Maßnahmen der Nachkriegszeit vor Inkrafttreten des Grundsatzes. Sie beruht vielmehr darauf, daß das Gericht in diesem Beschluß seine affirmative Deutung der Eigentumsgewährleistung des Grundgesetzes in programmatischer Weise entwickelt. Diesem Verständnis schlossen sich auch andere Zweige der Rechtsprechung und der überwiegende Teil der juristischen Literatur an.

a) Einschätzung der historischen Situation

Es muß immerhin überraschen, daß der Bundesgerichtshof am Beginn seiner Auseinandersetzung mit Art. 14 GG mit keinem

---

[38] RGZ 145, 378, dazu o. S. 273. Das Bundesverfassungsgericht wies mit Beschluß vom 24. 4. 1953, BVerfGE 2, 237, 248 ff. die These zurück, daß Art. 153 WV Verfassungsrang bis zum Inkrafttreten des Grundgesetzes gehabt habe.

[39] Das Bundesverfassungsgericht sah sich durch diese Fragestellung veranlaßt, ausdrücklich die Behauptung abzulehnen, daß jede entschädigungslose Enteignung durch übergesetzliches Recht verboten sei. BVerfGE 2, 237, 253 f.

Wort auf die Entstehungsgeschichte des immerhin erst drei Jahre alten Grundgesetzes eingeht; der genetische Zusammenhang zwischen Eigentumsgewährleistung, Sozialstaatsklausel und Kompetenznormen bleibt unerwähnt. Das Gericht schließt sich vielmehr uneingeschränkt und ausdrücklich der in offener Konfrontation mit der Gesetzgebung der Weimarer Zeit entstandenen Rechtsprechung des Reichsgerichtes an, nicht ohne zu bemerken, daß Art. 14 GG „den Schutz gegenüber dem Gesetzgeber noch stärker betont als Art. 153 WV"[40]. Die plötzliche inhaltliche Ausweitung der Eigentumsgewährleistung in der Weimarer Zeit wird freilich unter völlig anderen Akzenten gesehen, als sie die vorliegende Untersuchung ergaben. Die Wendung der Eigentumsgewährleistung gegen die Gesetzgebung wird gleichsam als Naturnotwendigkeit gesehen, ohne Bezug auf die konkreten politischen Zusammenhänge. Den „beruhigten Zeiten des späteren 19. und des beginnenden 20. Jahrhunderts", in denen sich der Staat im allgemeinen damit begnügt habe, „in einzelnen Ausnahmefällen bei klarer öffentlicher Notwendigkeit einzelnes Grundeigentum" in Anspruch zu nehmen, stellt das Gericht das spätere 20. Jahrhundert als eine Zeit der „sozialen Katastrophen" gegenüber (S. 277). Möglicherweise denkt es dabei an die zweimalige Geldentwertung und die Weltwirtschaftskrise. Offen bleibt allerdings, inwiefern eine erweiterte Auslegung der Eigentumsgewährleistung derartigen Kata-

---

[40] BGHZ 6, 278. Demgegenüber entnahm der 1. Senat des Bundesverfassungsgerichts im Beschluß vom 21. 7. 1955, BVerfGE 4, 219, 235, dem Übergang von der angemessenen Entschädigung des Art. 153 WV zur Abwägungsklausel des Art. 14 Abs. 3 Satz 3 GG eine Öffnung der Eigentumsgewährleistung für den Sozialstaatsgedanken und eine stärkere Berücksichtigung der Interessen der Allgemeinheit. Vgl. auch schon die Bemerkung in BVerfGE 2, 380, 400. Im Hamburger Deichurteil vom 18. 12. 1968, BVerfGE 24, 367, 400, betonte er allerdings, der Eigentumsgarantie des Art. 14 GG komme insoweit eine „andere und umfassendere Bedeutung" gegenüber der entsprechenden Gewährleistung der Weimarer Verfassung zu, als sie vor allem den Bestand des Eigentums in der Hand des Eigentümers schütze und den nach der Weimarer Verfassung allein möglichen Entschädigungsanspruch damit in die zweite Linie verweise.

strophen hätte wehren können. Infolge des „immer stärkeren Hervortretens des modernen Verwaltungsstaates" sei es im 20. Jahrhundert zu „massenhaften entschädigungslosen Enteignungen" gekommen, „die in ihrem Bereich Rechtlosigkeit, Unfreiheit und völlige Auslöschung des menschlichen Eigenwertes zur Folge hatten". Wiederum läßt das Gericht offen, an welche konkreten Maßnahmen es denkt. Sollten hier Enteignungen in der sowjetischen Besatzungszone und in der späteren DDR gemeint gewesen sein, so war es sicherlich kühn, deren Folgen dem „modernen Verwaltungsstaat" schlechthin zuzurechnen, dessen Maßnahmen für die Masse der lohnabhängigen Bevölkerung überhaupt erst ein menschenwürdiges Leben ermöglichten, nicht etwa „Rechtlosigkeit, Unfreiheit und völlige Auslöschung des menschlichen Eigenwertes" zur Folge hatten. Wenn das Gericht hier von „sozialen Katastrophen" spricht, meint es offenbar Katastrophen des Bürgertums als einer besitzenden Minderheit.

Im Kaiserreich habe sich der Enteignungsschutz vorwiegend gegen die Verwaltung gerichtet. „Ihn in besonderer Weise gegen die enteignende Gesetzgebung auszubauen, bestand damals kein hinreichender Anlaß" (S. 281). Das Gericht hätte präziser sagen können, daß für das Bürgertum und bürgerliche Gerichte kein Anlaß zum Ausbau des Enteignungsschutzes gegen die Gesetzgebung bestand. Der Adel, der den Rest seiner feudalen Rechte durch die Gesetzgebung verlor, hätte Anlaß sehen können, ebenso die politischen und gewerkschaftlichen Organisationen der Arbeiterschaft, deren Vermögen bei den politischen Verfolgungen in diesen angeblich so ruhigen Zeiten nicht geschont wurden [41]. Warum noch zu Beginn der zweiten Hälfte des vorigen Jahrhunderts mit aller Intensität über die erworbenen Rechte und ihr Verhältnis

---

[41] Zur Ablösung der aus der alten Rechtsordnung überkommenen Rechte s. o. S. 198. Zur Verfolgung sozialdemokratischer und gewerkschaftlicher Bestrebungen *Ernst Rudolf Huber*, Deutsche Verfassungsgeschichte Bd. 4, Stuttgart usw. 1969, S. 91 ff., 1144 ff. Vgl. auch das gegen die polnische Minderheit gerichtete preußische Enteignungsgesetz vom 20. 3. 1908 (GS S. 29), dazu *Huber* S. 504 ff.

zur Gesetzgebung diskutiert wurde [42], liegt außerhalb der historischen Perspektive des Gerichtes. Erst der heutige Staat greife „in sehr starkem Maß sowohl durch die Gesetzgebung wie durch die Verwaltung enteignend nach allen vermögenswerten Rechten seiner Bürger". Dem könne mit der klassischen Enteignungslehre nicht begegnet werden (S. 281 f.). An dieser Stelle wird die Frontstellung dieses Verständnisses der Eigentumsgewährleistung gegen die Gesetzgebung deutlich, wenngleich verschwiegen wird, daß sie gerade mit der Demokratisierung der Gesetzgebung nach dem Ende des Kaiserreiches zusammenhängt.

b) Eigentum und Freiheit

Neben die historische Perspektive stellt der Bundesgerichtshof zur Begründung seiner Auslegung einen quasi-naturrechtlichen Satz, der seither in der westdeutschen Rechtsprechung und Literatur nahezu sprichwörtlich wurde: „Der in den Staat eingegliederte Einzelne bedarf, um unter seinesgleichen als Person, das heißt frei und selbstverantwortlich leben zu können und um nicht zum bloßen Objekt einer übermächtigen Staatsgewalt zu werden, also um seiner Freiheit und Würde willen einer rechtlich streng gesicherten Sphäre des Eigentums" (S. 276). Es soll nicht den Dunkelheiten dieser komplexen Aussage im einzelnen nachgegangen werden; hier geht es nur um den Zusammenhang, den das Gericht zwischen Eigentum, Freiheit und Menschenwürde herstellt, wobei es das Eigentum zur Voraussetzung erhebt. Das entspricht nicht der anglo-amerikanischen Tradition des liberalen Naturrechts, die Freiheit und Eigentum gleichberechtigt nebeneinanderstellte. Freiheit wurde in dieser Tradition nie als selbstgenügsames Walten in einer von den Vorschriften des bürgerlichen Rechts umhegten Sachgüter-Welt verstanden; Freiheit im Sinne des anglo-amerikanischen Naturrechts hat vielmehr seit der englischen Revolution, als die Liberty anstelle der Liberties trat, einen aktiven Sinn, der sowohl den bürgerlichen Erwerb also vor allem den Anspruch auf poli-

---

[42] S. o. S. 211.

tische Selbstbestimmung umfaßt[43]. Die bürgerliche Idylle einer obrigkeitlich geschützten Sachgüter-Welt als Voraussetzung der Freiheit zu sehen, entspricht eher quietistischen Traditionen des deutschen Bürgertums. Auf den Begriff gebracht sind diese Vorstellungen im Eigentums-Abschnitt der Hegelschen Rechtsphilosophie, wo sich in § 45 die Sätze finden: „Die Seite aber, daß Ich als freier Wille mir im Besitze gegenständlich und hiermit auch erst wirklicher Wille bin, macht das Wahrhafte und Rechtliche darin, die Bestimmung des *Eigentums* aus. Eigentum zu haben, erscheint in Rücksicht auf das Bedürfnis, in dem dieses zum ersten gemacht wird, als Mittel; die wahrhafte Stellung aber ist, daß vom Standpunkte der Freiheit aus das Eigentum als das erste *Dasein* derselben, wesentlicher Zweck für sich ist."

Die weitgreifende These des Bundesgerichtshofes vom Eigentum als Voraussetzung der Freiheit steht in auffälligem Gegensatz zu den Gegebenheiten des Lebensbereiches, der den Anlaß dieser Entscheidung hergab. Es ging um den Ausgleich vergleichsweise geringfügiger Nachteile, die durch Rechtsfehler der Behörden bei der staatlichen Wohnraumbewirtschaftung entstanden waren. Ausgelöst wurde dieser programmatische Beschluß durch die Vorlage des Dritten Senats, der sich mangels eines Verschuldens der Behörden gehindert sah, aus Amtshaftungsgesichtspunkten den beantragten Schadensersatz für Mietausfälle bzw. zusätzliche Aufwendungen zu gewähren. Im Bereich der Wohnraumbewirtschaftung war vom bürgerlichen Eigentum außer der Veräußerungsbefugnis kaum noch etwas vorhanden. Mit der Erfassung durch das Wohnungsamt waren die betroffenen Räume der Verfügung des Eigentümers entzogen. Ein Mieter wurde behördlich zugewiesen und war nach

---

[43] Daß gerade auch der zweite Aspekt auch bei prinzipiell gleichen Rechten mit dem Eigentum in Verbindung steht, war allerdings schon den Federalists geläufig. S. o. S. 104. Bei *John Locke* war der Zusammenhang zwischen liberty und property entsprechend der damaligen Verfassungslage komplexer. Eigentum war für ihn die Grundlage des Gesellschaftsvertrages und damit typischerweise auch der politischen Mitwirkung. Frei waren für ihn aber auch die Nichtbegüterten, und zwar nicht nur als Besitzer ihrer Arbeitskraft. Das Sacheigentum zur Voraussetzung der Freiheit zu erheben, lag ihm fern.

der damaligen Mieterschutzgesetzgebung gegen Kündigungen weitgehend geschützt. Der Mietzins war preisrechtlich gebunden und lag angeblich kaum über den für die Substanzerhaltung erforderlichen Aufwendungen [44]. Wenn behördlich erfaßter Wohnraum einen Veräußerungs- oder Belastungswert hatte, der die kurzfristigen Mieterwartungen überstieg, so stand dahinter die Spekulation auf eine zukünftige Wiederherstellung der bürgerlichen Eigentumsrechte. Diese Spekulation konnte aber gewiß nicht gemeint sein, wenn vom Eigentum als gegenständlichem Bereich der Freiheit die Rede war.

Ein gegenständlicher Bereich der Freiheit wurde eher durch die Rechte des Mieters umschrieben, die damals durch Wohnraumbewirtschaftung, Mieterschutz und Preisrecht vergleichsweise gesichert waren, und die das entscheidende Recht zum Gebrauch, zwar nicht nach Belieben, aber nach Zweckbestimmung der Sache zum Gegenstand hatten. Insoweit der Bundesgerichtshof die Rechte des Mieters, um deren behördliche Verletzung es im dritten dem Beschluß zugrundeliegenden Fall ging, in die Sicherung der Eigentumsgewährleistung einbezog, hätte seine Entscheidung zukunftweisende Bedeutung haben können. Diese Einbeziehung stand freilich unter dem Aspekt des vermögenswerten Rechtes im traditionellen bürgerlich-rechtlichen Sinn (S. 278, 291 f.) und geschah keineswegs mit der Absicht, die damaligen Sicherungen des Mieterrechtes „um der Freiheit und Würde willen" verfassungsrechtlich festzuschreiben.

c) Rezeption der liberalen Marktlehre

Die Fragestellung des Bundesgerichtshofs ist vielmehr umgekehrt, ob nicht die Wohnraumbewirtschaftung generell die Rechte

---

[44] Vgl. dazu *Carl August Bettermann*, Grundfragen des Preisrechts für Mieten und Pachten, Tübingen 1952, S. 78: Durch den bis 1950 allgemein geltenden Preisstop sei der Althausbesitz ruiniert worden. Nach *Kurt Kleinrahm/Franz Wallraf*, Miet- und Wohnungsrecht nebst Mietpreisrecht, Düsseldorf usw. 1949, S. 118, ermöglichte indessen das damals geltende Preisrecht neben der Deckung der laufenden Kosten und der Substanzerhaltung auch eine „angemessene" Kapitalverzinsung.

der Eigentümer verletzte (S. 286 ff.). Ausgangspunkt ist „die freie Bestimmungsbefugnis der Wohnungseigentümer". Damit wird das Eigentümerbelieben des § 903 BGB, wie es sich mit der Eigentumsmarktgesellschaft im 19. Jahrhundert durchsetzte, zum Maßstab erhoben, vor dem sich jede andere gesetzliche Regelung zu rechtfertigen hat. Hier, wo sich das Gericht positivistisch gibt, ist die eigentliche Einbruchstelle des Naturrechts, und zwar in seinem bürgerlich-liberalen, von der Marktlehre Adam Smiths geprägten Verständnis. Hier geschieht das, was Justice Holmes in seinem berühmten Dissent zu Lochner v. New York kritisiert hatte [45]: eine bestimmte ökonomische Lehre wird zur Grundlage der Verfassungsauslegung.

Der Bundesgerichtshof versäumt zwar nicht, die Wohnraumbewirtschaftung als unter den gegebenen Umständen notwendigen und angemessenen „Eingriff" zu rechtfertigen [46]. Das geschieht jedoch ausdrücklich unter dem Aspekt des Notrechtes, dessen vorübergehende Dauer impliziert wird. Infolge der Wohnungsverknappung sei das „wirtschaftliche Gleichgewicht der Kräfte, das entsprechend den Vorstellungen des bürgerlichen Gesetzbuches bei ausreichendem Angebot zwischen Vermieter und Mieter nach den Grundsätzen des freien Angebotes und der freien Nachfrage bestanden hatte, in einem so starken Maße erschüttert worden, daß hierbei starke Sicherungen zugunsten des Mieters notwendig wurden". In dieser Situation sei es gerechtfertigt, dem Wohnungseigentümer „für die Betätigung seiner wirtschaftlichen Freiheit" gegenüber der Masse der Nicht-Eigentümer, die ungeachtet ihrer Zahl als die „wirtschaftlich und sozial Schwächeren" bezeichnet werden, Grenzen aufzuerlegen. In einer merkwürdigen Wendung von der liberalen Marktlehre und dem Eigentümerbelieben des Bürgerlichen Gesetzbuches zur katholischen Naturrechtslehre werden dann diese Grenzen als dem Eigentum ohnehin schon „innewohnende Beschränkung", als „dieser Rechtsstellung immanent" bezeichnet,

---

[45] S. o. S. 152.
[46] Das Reichsgericht hatte entsprechende Maßnahmen als entschädigungslose Enteignung bezeichnet, was allerdings ohne Folgen war, solange sie auf Reichsrecht beruhten, weil der Reichsgesetzgeber ohne Entschädigung enteignen durfte. S. o. S. 256.

wenn anders „man nicht den verpflichtenden Charakter im Inhalt dieser Rechtsstellung überhaupt leugnen wolle"[47].

Die Bezugnahme auf die katholische Naturrechtslehre und den Art. 14 Abs. 2 GG bleibt indessen ornamental; entscheidend ist das Abstellen auf die liberale Marktlehre als verfassungsrechtlichen Maßstab. Nun war natürlich die gesellschaftlich-ökonomische Situation in der Bundesrepublik der 50er Jahre eine völlig andere als in den Vereinigten Staaten der 20er Jahre, als dort der US-Supreme Court die Gesetzgebung mit Hilfe der Eigentumsgewährleistung auf das liberale Credo festlegte. Angesichts der Fülle regulierender Gesetzgebung und ihrer evidenten Notwendigkeit im Nachkriegsdeutschland wäre es völlig irreal gewesen, jede Abweichung von der reinen Lehre des Liberalismus als Verfassungsverstoß zu brandmarken. Der Bundesgerichtshof beschränkt sich daher darauf, die liberale Marktlehre zum Prinzip zu erheben, das allerdings nur umständebedingt und im Grunde vorübergehend[48] Ausnahmen zuläßt. Der Weg zu einer restaurativen Eigentumspolitik war damit verfassungsrechtlich vorgezeichnet. Das wirtschaftspolitische Programm *einer* der bei der Verfassunggebung beteiligten Parteien erhielt nachträglich Verfassungsrang.

d) Gesetzliche Bestimmung des Eigentumsinhaltes

Eine mit dem prinzipiellen Vorrang des Eigentümerbeliebens nicht vereinbare gesetzliche Regelung im Bereich der Vermögensrechte überschreitet nach diesem Beschluß des Bundesgerichtshofs „die verfassungsmäßigen oder übergesetzlichen Grenzen der Bindung" und ist daher nichtig (S. 279). Sie werde deswegen noch nicht zur Enteignung, die zur Entschädigung verpflichtet. Damit führt der Große Senat den Begriff der verfassungswidrigen Eigentumsbindung ein, der allerdings wenig Bedeutung für die spätere

---

[47] Der Bundesgerichtshof bezieht sich in dieser Entscheidung nur bestätigend auf Art. 14 Abs. 2 Satz 1 GG (S. 288).

[48] Der Kiesgrubenbeschluß des 3. Senats vom 25. 1. 1973, BGHZ 60, 126, 135 erkennt neuerdings die Möglichkeit einer Dynamisierung der Eigentumsbindung bei sich verändernden sozialen Bedingungen an.

Rechtsprechung der Zivilgerichte gewann, weil sie bei nachkonstitutionellen Gesetzen, die sie als verfassungswidrig beurteilen, gemäß Art. 100 GG zur Vorlage an das Bundesverfassungsgericht verpflichtet sind.

Indem der Bundesgerichtshof die Vorstellung einer verfassungswidrigen Eigentumsbindung auf seinen vorverfassungsrechtlichen Eigentumsbegriff bezieht, entkleidet er die Befugnis des Gesetzgebers, den Inhalt des Eigentums gem. Art. 14 Abs. 1 Satz 2 GG zu bestimmen, ihres politischen Charakters. Nicht mehr Rechtsetzung, sondern Rechtsklärung, Positivierung im Grunde schon vorhandener Normen steht dem Gesetzgeber im Bereich der Vermögensrechte zu. Der Rechtsbewahrstaat des Mittelalters scheint dem Gesetzgebungsstaat der Neuzeit eine richterliche Lektion zu erteilen, die freilich weder mittelalterlicher noch moderner Rechtsbildung gerecht wird und zudem im Widerspruch zu grundlegenden Prinzipien der modernen Verfassung steht. Die liberale Marktlehre, die zu Beginn ihrer Wirksamkeit die Aufhebung der überkommenen Schranken bürgerlichen Erwerbs forderte und damit in den meisten Ländern Motor und Rechtfertigung der ersten großen Gesetzgebungen wurde, kehrt sich mit ihrer Kanonisierung gegen den modernen Gesetzgeber, der ihr einst den Raum praktischer Entfaltung erst schaffen mußte.

e) *Erweiterter Enteignungsbegriff und Sonderopferlehre*

Darüber hinaus übernimmt der Bundesgerichtshof den vom Reichsgericht unter Mitwirkung Martin Wolffs im Kampf um den gesellschaftlichen Status quo entwickelten erweiterten Enteignungsbegriff. Er wird allerdings in diesem Beschluß gewissermaßen in die zweite Linie verwiesen, da das Gericht schon bei der gesetzlichen Gestaltung des Eigentumsrechts seine gesellschaftspolitischen Vorstellungen berücksichtigt wissen will. Der erweiterte Enteignungsbegriff, der nicht mehr den hoheitlichen Entzug eines Rechtes und seine Übertragung auf einen anderen Rechtsträger fordert, hat im Beschluß des Großen Senats subsidiäre Funktion: Er ermöglicht dem Richter, eine gesetzliche Regelung im Bereich vermögenswerter Rechte, anstatt sie für nichtig zu erklären, als enteignende oder enteignungsgleiche Maßnahme zu qualifizieren und auf Entschädigung zu erkennen. Damit ist auf der Rechtsfolgenseite eine größere Flexibilität erreicht. Die Unvereinbarkeit dieser Konstruktion mit der sogenannten Junktim-Klausel des Art. 14 Abs. 3 Satz 2 GG erschien offenbar als das geringere Problem [49].

Mit dieser Konstruktion war vor allem für den Fall vorgesorgt, daß das Bundesverfassungsgericht der Bindung des Eigentumsbegriffs an die neoliberale Marktlehre nicht folgen würde. Bei nachkonstitutionellen Gesetzen konnte der Bundesgerichtshof so die Vorlage an das Bundesverfassungsgericht gemäß Art. 100 GG vermeiden. Dementsprechend taucht die Frage einer unzulässigen Eigentumsbindung in der späteren Rechtsprechung des Bundesgerichtshofs nur noch am Rande auf; im Zentrum steht der Enteignungsbegriff und die Entschädigungsfrage [50].

Als Kriterium der Enteignung bezeichnet der Große Senat die ungleiche Belastung durch einen staatlichen Eingriff in das Eigentum, die gleichzeitig gegen den Gleichheitssatz verstoße (S. 279 ff.).

[49] Vgl. die deutliche Kritik der BGH-Rechtsprechung im Junktim-Beschluß des Bundesverfassungsgerichts vom 21. 7. 1955, BVerfGE 4, 219, 228 ff. In neueren Gesetzen wird diesem Problem durch eine Generalklausel vorgebeugt, wonach Entschädigung zu leisten ist, falls sich eine Maßnahme nach diesem Gesetz als Enteignung darstellt. So etwa § 19 Abs. 3 des Wasserhaushaltsgesetzes vom 27. 7. 1957. Dazu BGHZ 60, 126, 136 f.

[50] Zu einem offenen Konflikt zwischen dem Bundesgerichtshof und dem Bundesverfassungsgericht ist es bisher bei der Auslegung der Eigentumsgewährleistung nicht gekommen; die sachlichen Differenzen blieben ungeklärt. Die Frage der Eigentumsgewährleistung wurde aber am Rande mit in die Kontroverse beider Gerichte um das Fortgelten der Beamtenrechte einbezogen. Vgl. den Beschluß des Großen Senates vom 20. 5. 1954, BGHZ 13, 265, 316, 319. Zum Verlauf dieser Auseinandersetzung *Michael Kirn,* Verfassungsumsturz oder Rechtskontinuität, Berlin 1972. Vgl. auch den Streit um das Recht der oberen Gerichtshöfe zur Stellungnahme bei Vorlagen gem. Art. 100: Beschluß des Bundesverfassungsgerichts vom 30. 11. 1955, Stellungnahme der Präsidenten der fünf oberen Bundesgerichtshöfe und Vermerk des Bundesverfassungsrichters *Wessel,* Juristenzeitung 1956, S. 88 ff.

Die Wahl dieses formalen Kriteriums wurde vielfach bemängelt, weil es nur allzuleicht vor den gefährlichsten Angriffen auf Eigentumsrechte versage, nämlich sofern diese vom Gesetzgeber ausgehen [51]. Der Gesetzgeber habe es auch bei weitreichenden Eingriffen in Eigentumsrechte in der Hand, auf Gattungsmerkmale der betroffenen Rechte abzustellen und sich damit gegenüber einer personenbezogenen Gleichheitsprüfung abzusichern. Diese Kritik verkennt indessen die Wirkungsweise der vom Bundesgerichtshof herausgestellten Sonderopfer- oder Einzelakt-Theorie (S. 284). Nur gegenüber Einzelakten der Verwaltung wird das Gleichheitskriterium in einer auf die Person des Betroffenen bezogenen Weise verwendet; in diesen Fällen indiziert schon die Gesetzeswidrigkeit, daß ein einzelner Rechtsträger im Vergleich zu den nichtbetroffenen Trägern gleicher Rechte ungleich getroffen wurde und begründet seinen Entschädigungsanspruch [52]. Leisner hat mit Recht herausgestellt, daß bei gesetzgeberischen Eingriffen in Eigentumsrechte die Gleichheitsprüfung im Sinne des Bundesgerichtshofs auch in einem Qualitätsvergleich der betroffenen Eigentumsrechte mit anderen Eigentumsrechten bestehen könne [53]. Maßstab dieses Qualitätsvergleichs ist nicht die konkrete Entwicklung einzelner Eigentumsrechte, sondern das vorverfassungsrechtliche Leitbild des Eigentümerbeliebens. Denn jede Vorschrift, die das Eigentümerbelieben jenseits dessen einschränkt, was der Bundesgerichtshof jeweils als sozial notwendig anzuerkennen bereit ist, belastet den betroffenen Kreis von Eigentümern gegenüber dem angeblich Vorgegebenen mit einem Sonderopfer. Auch hier zeigt sich, daß die vom Großen Senat herausgestellte Unterscheidung zwischen verfassungswidriger Sozialbindung und entschädigungspflichtiger Enteignung nur nominell ist; angesichts der Offenheit des Gleichheitssatzes hat es das Gericht in der Hand, auch bei der Anwendung nachkonstitutioneller Gesetz ohne gesetzliche Grundlage auf Ent-

---

[51] Vgl. *Otto Kimminich*, Bonner Kommentar, Zweitbearbeitung 1964, Art. 14 Rdnr 47 ff.; auch die eingehende Kritik von *Walter Leisner*, Sozialbindung des Eigentums, Berlin 1972, S. 132 ff.

[52] BGHZ 32, 208.

[53] A. a. O. (Fn. 51) S. 134. So auch schon *Peter Saladin,* Grundrechte im Wandel, Bern 1970, S. 184 ff. Vgl. auch BGHZ 23, 30, 32.

schädigung zu erkennen, anstatt diese Gesetze als unzulässige Bestimmung des Eigentumsinhalts dem Bundesverfassungsgericht vorzulegen [54].

f) Enteignungsgleicher Eingriff

Der erweiterte Enteignungsbegriff dient im Beschluß des Bundesgerichtshofs schließlich als gedankliche Zwischenstation, um einen Ausgleichsanspruch auch für rechtswidrige ungleiche Belastungen durch hoheitliche Maßnahmen aus der Eigentumsgewährleistung zu begründen. Insoweit hätte sich der Bundesgerichtshof auf das Vorbild des US Supreme Court berufen können [55]. Die rechtlichen Situationen, in denen diese Rechtsbildungen jenseits und diesseits des Atlantiks geboren wurden, waren allerdings nicht identisch. Der US Supreme Court war, soweit erkennbar, zum Rückgriff auf die Eigentumsgewährleistung gezwungen, wenn er

---

[54] Im Kiesgrubenurteil vom 25. 1. 1973, BGHZ 60, 126, 132 stellte der 3. Senat darauf ab, wie schwer „die von der Natur der Sache her gegebene Möglichkeit der Benutzung und der wirtschaftlichen Ausnutzung" des konkreten Eigentumsobjektes beeinträchtigt war. Vgl. auch das Stuttgarter Bausperrenurteil des 5. Senats vom 26. 11. 1954, BGHZ 15, 268, 284 f.: „Werden Grundstückseigentümer durch sie (d. h. überörtliche Planungen) betroffen, dann werden von ihnen im Interesse der Allgemeinheit Sonderopfer gefordert, die durch die Inhaltsbegrenzung und soziale Bindung des Eigentums gerade nicht gedeckt sind." Diese Entscheidung erwähnte allerdings die Vorlagepflicht bei nachkonstitutionellem Recht. Ohne derartigen Hinweis bereits der Bausperrenbeschluß des 3. Senats vom 25. 6. 1959, BGHZ 30, 338. Im Bergschadenurteil des 3. Senats vom 16. 2. 1970, BGHZ 53, 226, 242 f. wird mit aller Deutlichkeit die unzulässige Inhaltsbestimmung, soweit sie durch Hoheitsakt durchgesetzt wird, der Enteignung gleichgestellt. Daß die Entschädigungspflicht auch eine unzulässige Eigentumsbindung durch den Gesetzgeber sanktioniert, ergibt sich auch, wenn auf S. 244 der Gesetzgebungsbefugnis nach Art. 14 Abs. 1 Satz 2 GG die weiteren Befugnisse des Reichsgesetzgebers nach Art. 153 WV gegenübergestellt werden. Der Reichsgesetzgeber habe Inhalt und Schranken des Eigentums allgemein regeln können, „ohne dabei durch eine Entschädigungspflicht behindert zu sein".

[55] S. o. S. 161.

überhaupt einen Ausgleichsanspruch gewähren wollte. Der Bundesgerichtshof hätte demgegenüber durch Anwendung des traditionellen Aufopferungsanspruchs [56] den Rückgriff auf die Verfassung und manches rechtslogische Problem ganz vermeiden können, wenn er schon nicht das Verschuldenskriterium der Amtshaftung als abschließende Regelung der Eigentümer- und Mieteransprüche bei Fehlern der Wohnraumbewirtschaftung ansehen wollte.

Daß er dies nicht tat, sondern dem Art. 14 Abs. 3 GG unmittelbar einen Entschädigungsanspruch entnahm und dabei derart weitreichende Ausführungen zur Eigentumsgewährleistung machte, läßt keine andere Deutung zu, als daß die judizielle Absicht jenseits der Lösung der anstehenden konkreten Rechtsprobleme lag.

2. Situationsgebundenheit als Korrektiv

Die in BGHZ 6, 270 niedergelegten Grundentscheidungen des Großen Senats wurden seither in der Zivilrechtsprechung nicht wieder in Frage gestellt. Durch sein Abstellen auf die „Situationsgebundenheit" des Grundeigentums hat jedoch der für Entschädigungsfragen zuständige Dritte Senat die inhaltliche Bindung des Eigentumsbegriffs an die liberale Marktlehre in gewissem Maße gelockert.

Grundlegend für diese vorsichtige Korrektur war das sogenannte Grünflächen-Urteil vom 20. 12. 1956, BGHZ 23, 30. Ein im Ruhrgebiet gelegenes, bisher landwirtschaftlich genutztes Grundstück war in ein Grünflächen-Verzeichnis aufgenommen worden. Daran scheiterte sein Verkauf als Bauland. Die Entschädigungsklage wurde vom BGH abgewiesen, weil eine Beschränkung des Eigentums im Rahmen der Sozialpflichtigkeit, jedoch keine Enteignung vorliege. Das Gericht konstatiert eine Interessenkollision zwischen dem an der intensiveren Nutzung interessierten Eigen-

---

[56] Das hatte *Hans Peter Ipsen* auf der Staatsrechtslehrertagung im Oktober 1951 vorgeschlagen, VVDStRL Heft 10 S. 93 f. Das gewohnheitsrechtliche Fortgelten des Aufopferungsanspruches hob der Große Senat ausdrücklich hervor, BGHZ 6, 275 f.

tümer und den Belangen der umwohnenden, in einem dicht besiedelten Gebiet lebenden Bevölkerung, zu deren Gesundheit und Erholung die Grünfläche beitragen sollte. Wenn die Bebauung dieses Grundstückes hoheitlich verhindert werde, beeinträchtige das nicht etwa eine vorhandene Rechtsposition. Grundeigentum sei vielmehr in einer derartigen Situation „seiner Natur nach" auf die mit den Interessen der übrigen Bevölkerung zu vereinbarenden Nutzungen beschränkt [57]. – Bei diesen Erwägungen geht es nicht um eine vorübergehende Störung des Marktes, mit der in BGHZ 6, 270 die Wohnraumbewirtschaftung gerechtfertigt wurde; durch die Anerkennung eines prinzipiellen Gegensatzes zwischen dem Einzelinteresse des Eigentümers am maximalen Ertrag seines Grundstücks und den Gesamtinteressen an einer sinnvollen Raumordnung ist vielmehr die Marktlehre und mit ihr das Eigentümerbelieben generell in Frage gestellt. Nicht mehr der als Baulandnachfrage auftretende Markt schafft selbsttätig das gesamtwirtschaftliche Optimum, sondern die gesamtgesellschaftlichen Interessen müssen durch gezieltes Handeln der politischen Gemeinwesen gegenüber dem Eigentum durchgesetzt werden. Anstelle des Eigentümerbeliebens wird die Nutzung nach Maßgabe der öffentlichen Planung zum Eigentumsinhalt, der durch einen Bestandsschutz für schon realisierte Nutzungen ergänzt wird. Allerdings macht der Bundesgerichtshof aus der bewußten hoheitlichen Entscheidung für eine bestimmte Flächennutzung unter Anlehnung an naturrechtliche Wendungen, die schon der Große Senat gebraucht hatte, eine dem Eigentum immanente Bindung. Eine besondere „Situationsgebundenheit" der betroffenen Grundstücke wird behauptet, um

---

[57] „Grundeigentum in der beschriebenen besonderen Situation ist – nicht erst kraft seiner positiv-rechtlichen Regelung, sondern ‚seiner Natur nach' verbunden (‚belastet') mit einer begrenzten *Pflichtigkeit* (im Rechtssinne), die sich nach näherer Bestimmung des Gesetzes zu einer Pflicht (im Rechtssinne) verdichten kann ... Die Eigentümerfunktion (Dispositionsfreiheit) hinsichtlich eines solchen Grundstücks wird – weil sie gar nicht soweit reicht! – nicht eigentlich beeinträchtigt und verkürzt, wenn dem Eigentümer für die Zukunft *eine* bisher noch nicht verwirklichte Verwendungsart, die unvereinbar ist mit jener Situationsgebundenheit, untersagt wird ..."

die Schlechterstellung gegenüber anderen Grundeigentümern zu rechtfertigen. Wodurch allerdings das betroffene Grundstück von anderen, die zu Bauland wurden, unterschieden war, wird nicht erörtert. Was eigentlich die Situationsgebundenheit ausmacht, blieb offen und mußte offenbleiben, weil die besondere Beschaffenheit unbebauter Grundstücke nur ausnahmsweise ausschlaggebend für die Flächenplanung ist. Technisch ist heute so gut wie jedes Grundstück bebaubar. Die Planausweisungen haben daher nur ausnahmsweise etwas mit der Grundstücksqualität zu tun, dafür um so mehr aber, jedenfalls von der normativen Ordnung des § 1 Bundesbaugesetz her, mit den Zielen der Raumordnung und Landesplanung [58].

Das zugrundeliegende Problem, die Gleichheit zwischen den Eigentümern von ursprünglich gleichwertigen Grundstücken wiederherzustellen, wenn ein Teil dieser Grundstücke im Zuge öffentlicher Planungen Baulandqualität erhält, die anderen Grundstücken versagt bleibt, ist judiziell unlösbar. Nur durch Abschöpfung von Planungsgewinnen oder einen sonstigen Planwertausgleich kann zwar nicht dem Rechtsinhalt, aber der Vermögenslage nach ein Ausgleich zwischen den Eigentümern hergestellt werden. Solange das nicht geschieht, ist der Eigentümer von Grundstücken, die nicht in das Baugebiet aufgenommen werden, gegenüber anderen Eigentümern ungleich behandelt. Gleich behandelt ist er allerdings im Verhältnis zu allen Nicht-Eigentümern, die ebenfalls an der Wertsteigerung nicht teilnehmen, diese vielmehr durch ihre Angewiesenheit auf Wohnraum und Gemeinbedarfsflächen finanzieren; die Gleichheitsrelation zu diesem Kreis herzustellen, lag dem Bundesgerichtshof allerdings fern.

Das Fehlen einer sachlichen Rechtfertigung der Schlechterstellung gegenüber anderen Eigentümern wird besonders deutlich, wenn das Gericht am Ende der Entscheidung an die Einsicht des betrof-

---

[58] Dazu *Ernst-Wolfgang Böckenförde*, Eigentum, Sozialbindung des Eigentums, Enteignung, in: Gerechtigkeit in der Industriegesellschaft. Materialien zum rechtspolitischen Kongreß der SPD am 5., 6. und 7. Mai 1972 in Braunschweig, S. 29 ff. Zur Kritik der Lehre von der situationsgebundenen Sozialpflichtigkeit bei Grundstücken auch schon *Saladin* a. a. O. (Fn. 53) S. 191 f.

fenen Eigentümers appelliert, er habe doch vernünftigerweise selbst gar nicht anders wollen können, als sein Grundstück landwirtschaftlich zu nutzen. Diese subjektive Wendung, deren ethischer Appell angesichts der realen Verhältnisse am Bodenmarkt kaum gerechtfertigt erscheint, wird noch deutlicher in späteren Entscheidungen des Dritten Senats: So hält er dem Entschädigungsbegehren eines Landwirtes, dem aus Naturschutzgründen das Abholzen einer auf seinem Acker stehenden Baumgruppe untersagt wurde, entgegen, „der vernünftige und einsichtige Eigentümer" würde das Abholzen der Baumgruppe „von sich aus mit Rücksicht auf die gegebene besondere Situation nicht ins Auge fassen"[59]. Die Vernunft, auf die das Gericht hier anspielt, ist jedenfalls nicht die Vernunft des gewinnmaximierenden Landwirts; so wird auch in dieser Entscheidung ausdrücklich anstelle des homo oeconomicus der Marktlehre der „vernünftig wirtschaftlich denkende Mensch" postuliert. Zwei Jahre später erkennt der Senat auf Entschädigung, als die Ausdehnung eines Gipsbruches verboten wurde, weil er einen keltischen Ringwall gefährdete[60]. Dieses Altertumsdenkmal würde offenbar der „vernünftig wirtschaftlich denkende Mensch" des Bundesgerichtshofs ohne behördliches Verbot zerstören.

Ebenso würde er nach dem späteren Urteil des Dritten Senats, das die Argumentation des Grünflächen-Urteils für eine andere Grundstücksnutzung wieder zurücknimmt, auf einem bisher landwirtschaftlich genutzten Grundstück eine Kiesgrube anlegen, obwohl das die Wasserversorgung einer nahe gelegenen Stadt gefährdete, die auf Grundwasser aus diesem Gebiet angewiesen war[61]. Die Nutzung als Kiesgrube war „von der Natur der Sache her gegeben", „sie bot sich aus den Gegebenheiten der örtlichen Lage und der Beschaffenheit der Grundstücke bei vernünftiger und wirt-

---

[59] Buchendom-Fall, 25. 3. 1957, *Lindenmaier-Möhring*, Nachschlagewerk des Bundesgerichtshofs, Art. 14 GG Nr. 60.

[60] 16. 3. 1959, *Lindenmaier-Möhring*, Art. 14 GG Cb Nr. 5.

[61] Kiesgrubenurteil vom 25. 1. 1973, BGHZ 60, 126. Zur Kritik dieses Urteils auch *Salzwedel*, *Zeitler* und *Czychowski* in: Zeitschrift für Wasserrecht 1973 S. 131, 166, 168. Es wurde bestätigt durch Urteil vom 15. 11. 1973, DVBl. 1974 S. 232 (III ZR 113/71).

Die Eigentumsgewährleistung als Grundnorm

schaftlicher Betrachtungsweise für den Eigentümer an" (S. 133). Die Vernunft und die Natur der Sache sind hier nicht mehr wie im Buchendom-Fall Grenzen der privatwirtschaftlichen Rationalität; die hier angesprochene Vernunft ist wieder uneingeschränkt die des gewinnmaximierenden Privateigentümers, der Kiesvorkommen ausbeutet, auch wenn dadurch die Wasserversorgung einer Stadt gefährdet wird. Es bedeutet eine deutliche Rückkehr zum vorverfassungsmäßigen Eigentumsverständnis des Großen Senats, daß in dieser Entscheidung das Anlegen der Kiesgrube zu den „natürlichen" Eigentümerbefugnissen gerechnet wird, obwohl nach dem Wasserhaushaltsgesetz vom 27. 7. 1957 das Aufdecken von Grundwasser ohne besondere Erlaubnis verboten ist [62]. Nicht die Gesetzgebung bestimmt danach den Inhalt des Eigentums, wie es Art. 14 Abs. 1 Satz 2 GG vorgesehen hatte; ihre Stelle wird durch ein aus der Tiefe richterlichen Rechtsgefühls geschöpftes Leitbild eingenommen, dessen historische Bedingtheit nicht gesehen wird.

Mit Hilfe eines nicht überzeugenden Hinweises auf die Entschädigungsgeneralklausel des § 19 Abs. 3 Wasserhaushaltsgesetz sucht allerdings das Gericht den offenen Konflikt mit dem Bundesgesetzgeber und insbesondere die Vorlage an das Bundesverfassungsgericht gemäß Art. 100 zu vermeiden (S. 135 ff.).

Bei seinen Ausführungen über die Höhe der zu gewährenden Entschädigung (S. 143 f.) nimmt dann das Gericht die Vorstellung von der „naturgegebenen", auch auf Kosten der Allgemeinheit zu realisierenden Nutzung als Bestandteil des Verfassungseigentums teilweise wieder zurück. In einer kühnen gedanklichen Volte fordert es nämlich, entschädigungsmindernd diejenigen fiktiven Aufwendungen zu berücksichtigen, die bei Anlage der Kiesgrube zur Erfüllung fiktiver grundwasserschützender Auflagen der Behörde erforderlich gewesen wären. Diese Anrechnung finde allerdings wiederum eine Grenze bei ca. 75 % des Reinertrages, so daß dem Eigentümer zwar nicht der volle Wert der unerwünschten Nutzung, aber jedenfalls 25 % dieses Wertes verbleiben. Die Allgemeinheit muß danach den Eigentümern unerwünschte Nutzungen zwar abkaufen, sie darf nicht einfach verbieten; sie braucht in-

---

[62] Vgl. dazu die in Fn. 61 zitierten Ausführungen.

dessen nicht den vollen Wert, sondern nur ein Viertel dessen zu vergüten, was auf unerwünschte Weise verdient worden wäre. Damit verliert freilich die Entschädigungsforderung auch ihre immanente Logik; die Restentschädigung wird zur Zuwendung der Allgemeinheit an den Grundeigentümer, damit er doch gütigst die Trinkwasserversorgung verschone.

Bei all ihrer inneren Problematik ist es jedoch als Verdienst der Rechtsprechung zur Situationsgebundenheit anzusehen, daß sie die Abstraktion des vom Großen Senat in BGHZ 6, 270 an die neoliberale Lehre gebundenen Eigentumsbegriffs aufgerissen hat. Anstelle eines vorgegebenen Eigentümerbeliebens fanden mit ihrer Hilfe differenzierende Überlegungen zur Funktion von Eigentumsrechten Berücksichtigung. Im Grünflächen-Urteil klingt zaghaft die Möglichkeit an, das Wesen des Eigentumsrechtes nach der gesellschaftlichen Funktion des jeweiligen Eigentumsobjektes zu bestimmen [63].

V. Agnostizismus des Bundesverfassungsgerichts

In der Rechtsprechung des Bundesverfassungsgerichts zur Eigentumsgewährleistung, die fast ausschließlich von dem für Verfassungsbeschwerden zuständigen Ersten Senat bestritten wurde, hat es keine dem programmatischen Charakter von BGHZ 6, 270 vergleichbare Entscheidungen gegeben. Das Verfassungsgericht hat es vermieden, nach dem Vorbild des Bundesgerichtshofs die Eigentumsgewährleistung zum normativen Angelpunkt der Verfassung zu erheben.

In einigen der über hundert Entscheidungen, in denen die Eigentumsgewährleistung bis Anfang des Jahres 1974 – oft nur mit einem Satz – berücksichtigt wurde, finden sich indessen Bemerkungen, die bei isolierter Betrachtung dazu verleiten könnten, auch das Bundesverfassungsgericht auf ein außerhalb der Verfassung

---

[63] Nach diesem Urteil (BGHZ 23, 32) ist der Wesenskern des Eigentums „entsprechend den verschiedenen Eigentumsfunktionen nach der Art des jeweiligen Eigentums" abzugrenzen.

geprägtes Leitbild der Eigentumsordnung festzulegen. So wenn es formulierte, das Grundgesetz schütze das Eigentum als Rechtsinstitut, „so wie es das bürgerliche Recht und die gesellschaftlichen Anschauungen geformt haben"[64]. Oder wenn es heißt, das Grundgesetz habe „eine grundlegende Wertentscheidung (...) zugunsten des Privateigentums im herkömmlichen Sinne" getroffen[65]. In einer anderen Entscheidung wurde dem Gesetzgeber verwehrt, „an die Stelle des Privateigentums etwas (zu) setzen (...), was den Namen ‚Eigentum' nicht mehr verdient"[66].

Es ist indessen zu berücksichtigen, daß diese Bemerkungen nicht die Entscheidungen tragen, aus denen sie entnommen sind; die Berufung auf die Eigentumsgewährleistung war in diesen Fällen ohne Erfolg. Der Hinweis auf das bürgerliche Recht und die gesellschaftlichen Anschauungen in der ersten dieser Entscheidungen (Schornsteinfeger-Urteil) diente in erster Linie der Abgrenzung gegenüber öffentlichen, von der Gewährleistung ausgeschlossenen Rechten; sie kann daher nicht als eine Festschreibung des Verfassungseigentums auf außerverfassungsrechtliche Leitbilder verstanden werden. Die neuere Rechtsprechung hat nicht an ihr festgehalten[67].

Überdies ist der Gesamtzusammenhang der Rechtsprechung des Verfassungsgerichtes zur Eigentumsgewährleistung zu berücksichtigen. In keinem Fall wurde bisher eine gesetzliche Änderung der Rechtsordnung vom Bundesverfassungsgericht unter Berufung auf die tradierte Eigentumsordnung für verfassungswidrig erklärt. Überhaupt hatte die Berufung auf die Eigentumsgewährleistung vor dem Bundesverfassungsgericht bisher nur in zwei Sachberei-

---

[64] BVerfGE 1, 264, 278 (Schornsteinfegerurteil). Diese Entscheidung erging am 30. 4. 1952, kurz vor dem Grundsatzbeschluß des Bundesgerichtshofs.

[65] BVerfGE 14, 263, 278.

[66] BVerfGE 24, 367, 389 (Hamburger Deichurteil). Diese Formulierung entspricht fast wörtlich einer Prägung *Martin Wolffs*. S. o. S. 258. Sie wurde auch von *Werner Weber* verwendet, Eigentum und Enteignung, in: Die Grundrechte Bd. 2, Berlin 1954 S. 357.

[67] Vgl. dazu den Bericht von *Wolf* auf dem 49. Deutschen Juristentag, Verhandlungen Bd. II Teil L, München 1972, S. 70 ff.

chen von untergeordneter Bedeutung Erfolg: Zwei Vorschriften des neuen Urheberrechtsgesetzes von 1965 wurden für nichtig erklärt [68], und die Anwendung des Grundstücksverkehrsgesetzes wurde auf den Schutz agrarpolitischer Interessen beschränkt [69]. Ausschlaggebend war in diesen Entscheidungen nicht eine überkommene Eigentumsvorstellung, sondern die Bewertung und Abwägung der von den streitigen Gesetzesvorschriften betroffenen konkreten gesellschaftlichen Interessen. Inwieweit dabei der Eigentumsgewährleistung überhaupt eine spezifische Funktion zukam, die nicht ebensogut durch andere verfassungsrechtliche Gesichtspunkte, etwa eine Abwägung des Sozialstaatspostulates mit der Gewährleistung der allgemeinen Handlungsfreiheit (Art. 2 Abs. 1 GG), hätte ersetzt werden können, wird noch zu erörtern sein. Der Gesetzgeber ist jedenfalls nach der Rechtsprechung des Bundesverfassungsgerichts generell weder gehindert, unter die Eigentumsgewährleistung fallende Rechtsinstitute umzugestalten [70], noch ist die gesetzliche Einschränkung oder Minderung vorhandener Rechtspositionen nur gegen Entschädigung gestattet [71]. Ob sich die Bedingungen derartiger Maßnahmen generalisieren lassen, kann nur aufgrund einer vergleichenden Einzelanalyse der Entscheidun-

[68] BVerfGE 31, 229 und 31, 275.
[69] BVerfGE 21, 73 und 21, 306.
[70] BVerfGE 11, 294 (rheinland-pfälzisches Aufbaugesetz); 21, 73, 77 f., 83 (Grundstücksverkehrsgesetz); 24, 367, 389 (Hamburger Deichordnungsgesetz); 25, 112, 117 f. (niedersächsisches Deichgesetz); 31, 229, 240 (Urheberrechtsgesetz): „Da es keinen vorgegebenen und absoluten Begriff des Eigentums gibt und Inhalt und Funktionen des Eigentums der Anpassung an die gesellschaftlichen und wirtschaftlichen Verhältnisse fähig und bedürftig sind, hat die Verfassung dem Gesetzgeber die Aufgabe übertragen, den Inhalt und die Schranken des Eigentums zu bestimmen (Art. 14 Abs. 1 Satz 2 GG)."; 34, 139, 144 (Erschließungsbeiträge).
[71] BVerfGE 10, 221, 228 (Aufhebung von Wohnrechten der Kleingartenpächter); 31, 275, 284 (Urheberrechtsgesetz): „Die konkreten, dem einzelnen Eigentümer zugeordneten und durch die Verfassung garantierten Rechte unterliegen nach Maßgabe des Art. 14 Abs. 1 Satz 2 GG – im Rahmen der noch zu erörternden Grenzen – der Disposition des Gesetzgebers." Vgl. auch die abweichende Meinung der Richterin *Rupp-von Brünneck* zum Beschluß vom 20. 10. 1971, BVerfGE 32, 129, 142 f.

gen festgestellt werden. Vorwegzunehmen ist allerdings, daß das Bundesverfassungsgericht die Kürzung oder Einschränkung von Eigentümerrechten niemals wie der Große Senat des Bundesgerichtshofs an Notsituationen gebunden hat.

Die Befugnisse des Gesetzgebers sind auch nicht darauf beschränkt, bei Wandlungen der gesellschaftlichen und wirtschaftlichen Verhältnisse die Legalordnung gleichsam nachvollziehend anzupassen [72]. So heißt es im Investitionshilfe-Urteil [73] in deutlicher Anlehnung an den politischen Kompromiß des Parlamentarischen Rates [74], wenn auch ohne ausdrückliche Bezugnahme auf seine Verhandlungen: „Die gegenwärtige Wirtschafts- und Sozialordnung ist zwar eine nach dem Grundgesetz mögliche Ordnung, keineswegs aber die allein mögliche. Sie beruht auf einer vom Willen des Gesetzgebers getragenen wirtschafts- und sozialpolitischen Entscheidung, die durch eine andere Entscheidung ersetzt oder durchbrochen werden kann." Die in diesem Urteil herausgestellte „wirtschaftspolitische Neutralität" des Grundgesetzes ist in späteren Entscheidungen bestätigt worden; im Verlaufe der Rechtsprechung des Bundesverfassungsgerichts wurde die sozialpolitische Gestaltungsfreiheit des Gesetzgebers gleichwertig neben seine wirtschaftspolitischen Befugnisse gestellt [75].

Freilich betont das Gericht die Verpflichtung des Gesetzgebers, bei einer Umgestaltung der Wirtschafts- und Sozialordnung die Grundrechte zu beachten [76]. Damit errichtet es allerdings keine starren Schranken, wie sich bei näherem Zusehen ergibt. Im Investitionshilfe-Urteil (BVerfGE 4, 7, 18) wird der Grundsatz der

[72] Vgl. die in Fn. 70 wiedergegebene Formulierung in BVerfGE 31, 229, 240.
[73] BVerfGE 4, 7, 18 (20. 7. 1954).
[74] Dazu s. o. S. 280.
[75] BVerfGE 7, 377, 400 (Apothekenurteil: das Grundgesetz wirtschaftspolitisch neutral); 12, 354, 363 (Privatisierung des Volkswagenwerks: Befugnis des Gesetzgebers zur Entscheidung kontroverser Fragen der Wirtschafts- und Sozialpolitik); 14, 263, 275 (Feldmühleurteil: Zurückhaltung des Grundgesetzes in Fragen der Wirtschaftsverfassung); 21, 73, 78 (Grundstücksverkehrsgesetz: Agrarpolitische Gestaltungsfreiheit).
[76] BVerfGE 4, 7, 17 f.; 7, 377, 400.

wirtschaftspolitischen Neutralität eingeführt, um zu begründen, daß das Gleichbehandlungsgebot (Art. 3 GG) durch eine hoheitliche Begünstigung der Grundstoffindustrie gegenüber der verarbeitenden Industrie nicht verletzt wird. In ähnlicher Weise argumentieren spätere Entscheidungen aus der wirtschaftspolitischen Neutralität gegenüber der Berufung auf die Grundrechte der Art. 12, 14, 15 GG. Hat der Gesetzgeber bei wirtschafts- oder gesellschaftspolitischen Maßnahmen die Grundrechte zu beachten, so ist demnach andererseits und im Gegenzuge bei der Auslegung der Grundrechte die wirtschafts- und gesellschaftspolitische Neutralität des Grundgesetzes und die Gestaltungsbefugnis des Gesetzgebers zu berücksichtigen. Der normative Rückhalt dafür findet sich in den Kompetenzbestimmungen und in der Sozialstaatsklausel [77].

Ob die gesetzgeberische Gestaltungsbefugnis im Bereich der Eigentumsgewährleistung an irgendeiner Stelle auf unverschiebbare Schranken stößt, mußte in der bisherigen Rechtsprechung des Gerichts schon deshalb offenbleiben, weil in der Entwicklung der Bundesrepublik die traditionelle Eigentumsordnung lediglich neuen Bedürfnissen angepaßt wurde, prinzipielle Umgestaltungen, die zur Nachprüfung des Gerichtes hätten gestellt werden können, jedoch ausblieben. Prophylaktische Entscheidungen nach dem Vorbild des Bundesgerichtshofes im Hinblick auf die anhaltende Diskussion über alternative Gestaltungen der Wirtschafts- und Sozialpolitik hat das Bundesverfassungsgericht vermieden. Als es in zwei Fällen mit umgestaltenden Maßnahmen konfrontiert wurde, die aus der Nachkriegszeit in die Geltungszeit des Grundgesetzes hineinragten, ist es Sachentscheidungen ausgewichen [78].

---

[77] Entsprechend schon *Hans Peter Ipsen*, Enteignung und Sozialisierung, VVDStRL 10 S. 74 (1952). Nach dem Beschluß vom 8. 11. 1972, BVerfGE 34, 139, 144 bestimmen „Kompetenz und Grundrecht ... die Grenzen für die bodenrechtliche Gesetzgebung des Bundes." Zur legitimierenden Bedeutung des Art. 14 Abs. 2 GG als spezieller Ausprägung der Sozialstaatsklausel BVerfGE 21, 73, 83 und 25, 112, 117.

[78] In BVerfGE 3, 1 (12. 5. 1953) wies es Verfassungsbeschwerden gegen das hessische Bodenreformgesetz als unzulässig zurück. Vgl. dazu die vehemente Kritik von *Hans Peter Ipsen*, DVBl. 1953, 617. In der

Die Rechtsprechung des Bundesverfassungsgerichts zur Eigentumsgewährleistung ist bisher in einer gleichbleibend restaurativ geprägten gesellschaftspolitischen Ambiance gewachsen; die Nagelprobe durch einen Periodenwechsel, wie er in den Vereinigten Staaten durch den New Deal gegeben war und in dessen Folge der Supreme Court zum Rückzug aus der gesellschaftspolitischen Auseinandersetzung gezwungen wurde [79], steht noch aus. Sollte im politischen Bereich der Bundesrepublik Ende der 60er Jahre ein vergleichbarer Periodenwechsel eingetreten sein – darüber wird man erst im Nachhinein Genaueres sagen können –, so ist er jedenfalls bisher nicht bis in die verfassungsgerichtliche Auseinandersetzung durchgeschlagen. Prognosen über das Entscheidungsverhalten des Bundesverfassungsgerichts in einer künftigen Konfliktsituation können daher schon aus diesem Grund nur mit äußerster Vorsicht versucht werden. In den bisherigen Entscheidungen des Gerichts ist jedenfalls nicht vorgezeichnet, daß die Eigentumsgewährleistung noch einmal entsprechend ihrer Funktion in der Weimarer Zeit zum juristischen Angelpunkt des gesellschaftlichen Status quo gegenüber der Gesetzgebung aufgewertet wird. Äußerungen des Gerichts, die als verfassungsjuristische Affirmation der bisherigen Gesellschaftspolitik gedeutet werden könnten, stehen andere gegenüber, die eine derartige Identifikation ausdrücklich ablehnen.

VI. Gegenstand der grundrechtlichen Gewährleistung

1. Geltungsbereich und Gewährleistungsintensität

Die Tragweite der Eigentumsgewährleistung für die Rechtsordnung der Bundesrepublik wird durch das Verständnis des Subjektes und des Prädikates geprägt, aus denen sie in grammatischer

Rheinstahlentscheidung (BVerfGE 25, 371, 407) stellte das Gericht lediglich fest, daß Eigentumsrechte der Aktionäre durch ein Gesetz, das lediglich die Fortgeltung der qualifizierten Mitbestimmung anordne, nicht verletzt sein könne; ob die qualifizierte Mitbestimmung als solche mit dem Grundgesetz in Einklang stehe, ließ das Gericht offen.

[79] S. o. S. 156.

Sicht zusammengesetzt ist; sowohl der Eigentumsbegriff als die Bedeutung des „Gewährleistens" bedürfen der Konkretisierung. In der am jeweils erwünschten Ergebnis orientierten juristischen Auseinandersetzung stand und steht zwar das Verständnis beider Satzteile in engstem Zusammenhang; dem wurde dadurch Rechnung getragen, daß zunächst die wichtigsten Grundpositionen im gegenwärtigen Verständnis der Eigentumsgewährleistung, nämlich die des Bundesgerichtshofs und des Bundesverfassungsgerichts, im Zusammenhang umrissen wurden. Für eine nähere Analyse ist es indessen erforderlich, nunmehr die Elemente dieses Verfassungsrechtssatzes gesondert zu betrachten.

Wenn im folgenden zunächst einmal der gegenständliche Anwendungsbereich der Gewährleistung in das Blickfeld gerückt wird, ist allerdings im Vorgriff vor einem nicht seltenen Mißverständnis zu warnen: Gewährleisten bedeutet nicht notwendig den jeweiligen Bestand festschreiben, so daß eine Minderung jeweils nur gegen Entschädigung zulässig ist. Der verfassungsrechtliche Eigentumsbegriff umschreibt zunächst nur den Anwendungsbereich der Gewährleistung; ihre materielle Tragweite ist dadurch nicht präjudiziert.

Historisch war zwar die von der Rechtsprechung der Bundesrepublik übernommene Ausdehnung des Anwendungsbereiches der Eigentumsgewährleistung durch das Reichsgericht mit einer Erweiterung und Intensivierung der daraus hergeleiteten Rechtsfolgen verbunden; das ist jedoch aus der besonderen Situation zu erklären, in der das Reichsgericht judizierte, und bedeutet nicht, daß in einer anderen Konstellation im Verständnis der Rechtsfolgenseite der Eigentumsgewährleistung nicht relativ selbständige Entwicklungen möglich sind. Das amerikanische Beispiel deutet darauf hin [80]. Außerhalb der politischen Konfliktsituation, in der das Reichsgericht den Art. 153 WV auslegte, kann gerade die Ausdehnung des Schutzbereiches der Gewährleistung auf längere Sicht mit einer Relativierung der Gewährleistungsintensität korrelieren [81].

---

[80] S. o. S. 147.
[81] Nach Ansicht von *Carl Schmitt* gefährdet die Ausdehnung der Eigentumsgewährleistung auf alle Vermögensrechte ihre spezifische Widerstandskraft. So in der Nachschrift zu seiner 1929 erschienenen Ab-

Um der realen Bedeutung der Eigentumsgewährleistung für das Verfassungsrecht in der Bundesrepublik näherzukommen, ist es erforderlich, die Abstraktion des Eigentumsbegriffes zu durchbrechen und die Anwendung der Gewährleistung in bezug auf bestimmte Arten von Eigentumsobjekten zu überprüfen [82]. Bezugspunkt der Typenbildung ist die personale Funktion der Eigentumsobjekte zwischen Sachherrschaft, Daseinsvorsorge, sozialem Prestige und gesellschaftlicher Macht. Das entspricht der von der Verfassung postulierten [83] und vom Bundesverfassungsgericht durchgehend betonten menschenrechtlichen Ausprägung der Grundrechte und insbesondere der Eigentumsgewährleistung.

2. Persönliches Eigentum

Für das juristische Verständnis der Eigentumsgewährleistung steht nach wie vor das Sacheigentum an Gegenständen des persönlichen Gebrauchs und Verbrauchs sinngebend im Vordergrund. Wenn es die äußere Sphäre personaler Freiheit gibt, von der Hegel sprach [84], dann liegt sie nicht in beliebigen Objekten des Eigentumsrechtes, sondern beim persönlichen Eigentum, unabhängig von seinem produktiven oder konsumtiven Zweck. Diesem Bereich entnimmt das Bundesverfassungsgericht seine Anschauung, wenn es das Eigentum „in seiner personenhaften Bezogenheit" sieht oder als einen „Freiheitsraum für die eigenverantwortliche Betätigung"

---

handlung ›Die Auflösung des Enteignungsbegriffes‹, in: Verfassungsrechtliche Aufsätze, Berlin 1958, S. 128.

[82] Für ein differenzierendes Verständnis der Eigentumsgewährleistung haben sich ausgesprochen: *Peter Saladin*, Grundrechte im Wandel, Bern 1970, S. 391 ff.; *Peter Badura*, Eigentum im Verfassungsrecht der Gegenwart, Verhandlungen des 49. Deutschen Juristentages, Düsseldorf 1972, Bd. II T S. 11. Dagegen *Werner Weber*, Das Eigentum und seine Garantie in der Krise, in: Festschrift für *Karl Michaelis*, Göttingen 1972, S. 319.

[83] Art. 1 GG. Nach Art. 19 Abs. 3 GG gelten Grundrechte nur dann für juristische Personen, wenn sie ihrem Wesen nach auf diese anwendbar sind.

[84] § 41 der Rechtsphilosophie. Vgl. auch oben S. 295.

bezeichnet [85]. Ebenfalls auf diesen Bereich der ausschließlichen Mensch-Objekt-Beziehung ist es zugeschnitten, wenn das Eigentumsrecht juristisch nach wie vor als *Sachherrschaft* qualifiziert wird [86].

In diesem Zusammenhang kommt es nicht darauf an, daß es ein Recht, das sich auf die Beziehungen zwischen Eigentümer und Sache beschränkt, nicht geben kann, weil Rechte nur zwischen Menschen möglich sind, so daß Eigentum als Recht nur insoweit Bedeutung hat, als *andere* den Zugang zur Sache begehren [87]. Denn gleichwohl kann die herausragende Funktion des Eigentumsrechtes der Schutz einer Mensch-Objekt-Beziehung sein, wenn es nur untypischerweise gegenüber Dritten als Verbot der Einmischung relevant wird. Diese Mensch-Objekt-Beziehung soll in Anlehnung an die traditionelle Terminologie als Sachherrschaft bezeichnet werden.

Die Sachherrschaftshypothese beschränkt sich indessen auf einen Teil der Eigentumsrechte. Denn mit Sicherheit ist sie unzureichend, wenn der Gegenstand des Eigentums sich in der unmittelbaren Verfügung Dritter befindet, und das Eigentum dem Eigentümer nur dazu dient, diese Nutzung zu kontrollieren, wie es etwa bei der Wohnraumvermietung und generell bei Eigentum an fremdgenutzten Produktionsmitteln eintritt. Sachherrschaft wird in diesen Fällen nicht vom Eigentümer, sondern von anderen ausgeübt, denen sie allerdings nur in dem Maße zum „gegenständlichen Bereich der Freiheit" werden kann, als sie sich von der Fremdbestimmung seitens des Eigentümers löst. Jenseits der Gegenstände des persönlichen Gebrauchs hat das Sacheigentum nicht jene „personenhafte Bezogenheit", die als menschenrechtlicher Bezug der Eigentumsgewährleistung in der Rechtsprechung erscheint. Schon deshalb muß die verfassungsrechtliche Analyse auch für das Sacheigentum

---

[85] Hamburger Deichurteil, BVerfGE 24, 367, 400.

[86] So einmütig die Lehrbücher des Sachenrechts und die Kommentare zum Bürgerlichen Gesetzbuch.

[87] Dazu instruktiv *Morris R. Cohen*, Law and the Social Order, New York 1933, S. 45 ff. Vgl. auch *Hans Heinrich Rupp*, Grundfragen der heutigen Verwaltungsrechtslehre, Tübingen 1965, S. 166 f. Auch oben S. 206.

die majestätische Abstraktheit des bürgerlichen Eigentumsbegriffes aufbrechen [88].

Mit der Ausgrenzung von Eigentumsrechten, die den persönlichen Bereich überschreiten, ist freilich noch nicht gesagt, ob und inwieweit das persönliche Eigentum wirklich den von der Rechtsprechung postulierten Bezug zur Persönlichkeitsentfaltung hat. Es ist Vorsicht vor einer Intuition geboten, die nur allzu leicht nach dem Vorbild des Naturrechts eine ländliche oder handwerkliche Idylle zum Ausgangspunkt ihrer Überlegungen macht. Der Gebrauchsgegenstand der modernen Konsumgesellschaft wird nicht durch die mit ihm vermischte Arbeit jemandem zu eigen, wie es noch die Ausgangshypothese der Lockeschen Eigentumsrechtfertigung war. Allerdings ließ auch John Locke diese Rechtfertigung des Eigentums nur für den Naturzustand gelten, von dem er scharf den Erwerb und die Rechtfertigung des Eigentums nach Einführung des Geldes in der vorindustriellen Marktgesellschaft seiner Zeit abgrenzte [89]. Im Vergleich zur Entstehungszeit der bürgerlichen Eigentumslehre sind die Gebrauchsgegenstände des Industriezeitalters durch Gleichartigkeit, Massenhaftigkeit und Kurzlebigkeit gekennzeichnet; Eigenschaften, die eine persönliche Identifikation erschweren. Gerade bei den wichtigsten Gebrauchsgegenständen tritt eine hohe Technizität hinzu, die nur wenige bedienende Handgriffe gestattet; jede Funktionsstörung muß vom Fachmann behoben werden, dem oft sogar die regelmäßige Wartung vorbehalten ist. Das rechtlich Eigene ist gleichzeitig oft das grundlegend Fremde, das bis zu seiner vom Produzenten vorprogrammierten Funktionseinstellung fremd bleibt, um schließlich als Abfall beseitigt zu werden. Emotionen ruft dieser Vorgang nur dann hervor, wenn das Gerät seine Funktionen zu früh und unerwartet einstellt, weil dann Aufwendungen für einen neuen Gegenstand erforderlich werden. Nicht ohne Erfolg wird daher heute von der Wirtschaft die Miete derartiger Gegenstände als dem Eigentum

---

[88] So schon *Adolph Wagner*, Grundlegung der politischen Ökonomie, 2. Teil, Volkswirtschaft und Recht, besonders Vermögensrecht, 3. Aufl. Leipzig 1894, S. 200 ff.

[89] Second Treatise § 27. S. o. S. 78.

funktionsgleich propagiert. Die Entscheidung zwischen Kauf und Miete ist in erster Linie durch finanzielle Erwägungen bestimmt.

Neben die Gebrauchsfunktion moderner Konsumgegenstände tritt ihre Funktion als *Statussymbol* [90]. Dem kommt die Standardisierung entgegen; da der Kaufpreis des Gegenstandes allgemein bekannt ist, läßt er unschwer auf Einkommen und Marktwert des Inhabers schließen. Diese Prestige-Funktion scheint in den Vereinigten Staaten stärker hervorzutreten als in einigen europäischen Ländern, wo es bis vor kurzem in der „besseren Gesellschaft" noch als unfein galt, über Preise und Einkommen zu reden. Die berufliche Stellung und der möglichst durch Brief und Siegel bescheinigte Bildungsstand hatten oder haben noch in diesen Ländern eine durchaus äquivalente Status-Funktion. Das bedeutet aber, daß die Prestige-Funktion der Konsumgegenstände bis zu einem gewissen Grade schichtspezifisch ist und am stärksten für die Unterschicht wirksam wird. Was jemand erreicht hat, wird daran gemessen, was er sich angeschafft hat. Der Erwerb und Besitz gewisser Gegenstände wird zur sozialen Notwendigkeit. Nicht zu Unrecht spricht man geradezu von Konsumzwang, der sich insbesondere im Vorgriff auf das zukünftige Einkommen in Gestalt von Abzahlungskäufen ausprägt. Dieser Vorgriff ist bereits so typisch, daß nicht die laufende Lebenshaltung, sondern die anstehenden Ratenzahlungen zum wesentlichen Problem bei Krankheit, Arbeitslosigkeit, Kurzarbeit und Streik werden. Der Zwang zum ostentativen Konsum ist eine der Ursachen für die zunehmende Erwerbstätigkeit der Frauen, die ihrerseits Fehlentwicklungen schon bei Kleinkindern, Belastungen der Familie und später der Allgemeinheit zur Folge haben. Unter den sozialen Mechanismen der entwickelten Industriegesellschaft kann Eigentum entgegen der verbreiteten Annahme geradezu zum Hindernis personaler Freiheit werden.

Freilich sind diese Mechanismen nicht unabdingbar. Sie stehen zwar mit der am individuellen Erwerb orientierten Marktgesellschaft in Zusammenhang; können aber durch entsprechende recht-

---

[90] Vgl. dazu *Emil Küng,* Eigentum und Eigentumspolitik, Zürich/Tübingen 1964, S. 38 ff.; *Arnold Gehlen* in: Eigentum und Eigentümer in unserer Gesellschaftsordnung, Köln usw. 1960, S. 171.

liche und politische Vorkehrungen in gewissem Maße zurückgedrängt werden [91]. Das persönliche Eigentum ist im übrigen kein Produkt der am Privaterwerb orientierten Marktgesellschaft. Rechtsgeschichte und Rechtsethnologie lehren, daß auch auf primitiven Stufen der gesellschaftlichen Entwicklung das Eigentum an den Gegenständen des persönlichen Gebrauchs anerkannt wird [92]. Das Eigentumsrecht des Feudalismus unterscheidet sich vom bürgerlichen Eigentum nicht im Hinblick auf Gebrauchsgegenstände, sondern durch die besondere Zuordnung des Bodens, der in der Agrargesellschaft das wichtigste Produktionsmittel war. Andererseits haben Staaten, die sich als sozialistisch bezeichnen, das *Privateigentum* an Produktionsmitteln eingeschränkt oder abgeschafft, während sie das persönliche Eigentum verfassungsrechtlich gewährleisten [93].

[91] Vgl. etwa das Gesetz über Abzahlungsgeschäfte in der Fassung vom 15. 5. 1974, BGBl. I S. 1169.

[92] Vgl. *Wolfgang Friedmann*, Recht und sozialer Wandel, Frankfurt 1966, S. 78 ff.; die ›Zeitschrift für vergleichende Rechtswissenschaft‹ hat sich besonders dieses Themas angenommen. Bd. 63 (1961): *Antony N. Allot*, Modern Changes in African Land Tenure, S. 45 ff.; *Ernst W. Müller*, Moderne Wandlungen im afrikanischen Bodenrecht, S. 58 ff.; *Wolfgang Bauer*, Die Frühgeschichte des Eigentums in China, S. 117 ff.; *Irene Hillgers-Hesse*, Das Eigentumsrecht bei den Toba-Batak in Nord-Sumatra, S. 185 ff.; Bd. 64 (1962): *Duncan Berett*, The Development of the Concept of Property in India, S. 15 ff.; *Heinz Kelm*, Die Eigentumsrechte auf Samoa, S. 131 ff.; Bd. 65 (1965): *Irm Lang*, Die Eigentumsrechte der Tupinambá, S. 29 ff.; *Waldemar Stöhr*, Das Eigentum bei den Indianern Zentral-Kaliforniens, S. 92 ff.; 130 ff.; Bd. 68 (1966) *Geo T. Mary*, Die Eigentumsrechte der Kaffitscho in Äthiopien, S. 216 ff., Bd. 69 (1967) S. 34 ff., 43 ff.; *Antony N. Allot*, The Ashanti Law of Property, Bd. 68 S. 129 ff., 152 f.; *Raymond Verdier*, Droit parental et foncier Africain face au developpement, Bd. 71 (1970) S. 119 ff.

[93] Vgl. Art. 11 der Verfassung der DDR vom 8. 4. 1968: (1) Das persönliche Eigentum der Bürger und das Erbrecht sind gewährleistet. Das persönliche Eigentum dient der Befriedigung der materiellen und kulturellen Bedürfnisse der Bürger. (2) Die Rechte von Urhebern und Erfindern genießen den Schutz des sozialistischen Staates. (3) Der Gebrauch des Eigentums sowie von Urheber- und Erfinderrechten darf den Inter-

Daß infolge gesellschaftlicher Mechanismen anstelle der Sachherrschaft des Menschen die Herrschaft der Sachen über den Menschen treten kann, mag der Kritik jener Mechanismen dienen, besagt aber nichts für die Rechtfertigung des persönlichen Eigentums. Die historische und kulturelle Ubiquität des persönlichen Eigentums deutet vielmehr darauf hin, daß seine Zuordnung Grundbedürfnissen menschlichen Verhaltens entspricht. Dabei geht es weniger um die Bedingtheit menschlicher Subsistenz durch Kleidung und Gerätschaften. Denn auch Gegenstände, die keine unmittelbar nutzbringende Funktion haben, werden in allen Kulturen vom persönlichen Eigentum erfaßt, und bei Nutzgegenständen sind es gerade Eigenschaften jenseits ihrer Nützlichkeit, die sie wesentlich zu eigenem machen. Daß die persönliche Zuordnung von Gegenständen nicht nur eine Frage physischen Überlebens ist, deutet auch eine Beobachtung an, die man bei Strafgefangenen oder Insassen von Heilanstalten gemacht hat: Ein wichtiges Mittel, um sie gefügig zu machen, ist es, sie aller persönlichen Gegenstände zu berauben [94]. Bei Kleinkindern hat man festgestellt, daß die Vorenthaltung persönlichen Besitzes zu Entwicklungsstörungen führen kann [95].

---

essen der Gesellschaft nicht zuwiderlaufen. Vgl. *Ludwig Raiser*, Das Eigentum als Rechtsbegriff in den Rechten West- und Osteuropas. RabelsZ 26 (1961) S. 230 ff.; *Radomir Lukic*, Notions de la propriété dans l'europe socialiste et dans les états capitalistes, RabelsZ 26 (1961) S. 238 ff.; *Erich-Hans Kaden*, Der Eigentumsbegriff in rechtsvergleichender Betrachtung. Zeitschrift für Rechtsvergleichung Bd. 2 (1961) S. 193 ff.; *Otto Wilhelm Jakobs*, Das Eigentum als Rechtsinstitut im deutschen und sowjetischen Recht, RabelsZ 29 (1965) S. 694 ff.; *Dieter Pfaff*, Das sozialistische Eigentum in der Sowjetunion, Köln 1965; zur Theorie des sowjetischen Zivilrechts: *Norbert Reich*, Sozialismus und Zivilrecht, Frankfurt 1972.

[94] Vgl. *Thomas L. Schaffer*, Men and Things: The Liberal Bias Against Property, American Bar Association Journal 1971 S. 124 Fn. 10. Es sei auch an *Solschenizyns* Darstellung der Verhaftung eines Diplomaten in seinem Roman ›Der erste Kreis der Hölle‹ erinnert.

[95] *Christa Meves*, Manipulierte Maßlosigkeit, 8. Aufl. Freiburg 1972 S. 39 ff.

Diese bescheidenen Feststellungen sind freilich weit davon entfernt, das persönliche Eigentum hegelianisch als äußere Sphäre der Freiheit zu charakterisieren. Abgesehen von der ideologischen Überhöhung des Eigentums zu Beginn des bürgerlichen Zeitalters ist offenbar auch faktisch eine Reduktion seiner personalen und gesellschaftlichen Bedeutung eingetreten. Denn während vor der Industrialisierung die Arbeitsgeräte typischerweise zu den wichtigsten Gegenständen persönlichen Eigentums gehörten, werden diese gegenwärtig der Masse der Erwerbstätigen nur zur Benutzung zugewiesen. Organisatorische Zuständigkeit und Zuweisung ersetzen persönliches Eigentum [96], wobei die organisatorische Zuweisung offenbar bei entsprechender Ausgestaltung die Selbstdarstellung der Person ebenso ermöglicht wie das bürgerliche Eigentum.

Diese funktionale Äquivalenz läßt erkennen, daß das bürgerliche Recht in bezug auf die Gegenstände des persönlichen Gebrauchs einen überschüssigen Regelungsgehalt aufweist. Für die personale Funktion kommt es nur darauf an, die persönliche Zuordnung des Gegenstandes zu begründen und das Innehaben und seinen bestimmungsmäßigen Gebrauch vor Übergriffen Dritter zu schützen. Von einem Verfahren nach Belieben des Inhabers, wie es in den Rechtsordnungen das bürgerliche Eigentum kennzeichnet, kann nicht die Rede sein, sofern man Belieben mit Willkür gleichsetzt. Denn eine funktionswidrige Nutzung hätte die Zerstörung des Gegenstandes und damit die Aufhebung des Persönlichkeitsbezuges zur Folge. Ein derartiges Verfahren gilt als neurotisch und ist keineswegs Vorbild des von den bürgerlichen Gesetzbüchern postulierten Eigentümerbeliebens [97]. Auch daran zeigt sich, daß sich dieses nicht auf das persönliche Eigentum bezieht. Sein Anwendungsbereich ist das mit wirtschaftlicher Macht verbundene Eigentum; hier haben Abwehrfunktion *und* Verwendungsbelieben Bedeutung, da nur beides zusammen dem Inhaber die Entschei-

---

[96] Vgl. *Niklas Luhmann*, Rechtssystem und Rechtsdogmatik, Stuttgart usw. 1974, S. 75 f.
[97] Gegen die Bestimmung des Eigentumsinhalts aus der Befugnis zum Zerstören auch *Hans Hattenhauer*, Zur Neudefinition des Eigentumsbegriffs im Bodenrecht, Stadtbauwelt 1967 S. 1227.

dung freihält, wen er unter welchen Bedingungen zur unmittelbaren Nutzung zuläßt. Diese Freisetzung des mit wirtschaftlicher Macht verbundenen Eigentums von der Verantwortung für Abhängige kennzeichnet den Übergang vom Feudalismus zur bürgerlichen Marktgesellschaft [98]; seine Rechtfertigung ist die Adam Smithsche Marktlehre, nicht die Entfaltung der menschlichen Persönlichkeit. Rechtlich konkretisiert sich das Eigentümerbelieben in Konnexinstituten des Eigentums [99], wie Miet- und Arbeitsvertrag, die überwiegend mit der Übertragung der Sachherrschaft an Nichteigentümer verbunden sind. Dem sachenrechtlichen Eigentümerbelieben entspricht die schuldrechtliche Vertragsfreiheit.

All das hat mit dem persönlichen Eigentum und seiner Rechtfertigung nichts zu tun. Es ist daher irreführend, wenn verfassungsrechtliche Auseinandersetzungen um gesetzliche Begrenzungen des Eigentümerbeliebens mit Argumenten aus der Welt des persönlichen Eigentums geführt werden. Es geht dabei offenbar um einen Solidarisierungseffekt: Da jeder persönliches Eigentum hat, kann er auf diese Weise angesprochen werden, auch wenn Rechte ganz anderer Funktion in Frage stehen. Reale Unterschiede und Gegensätze werden durch die Abstraktion des bürgerlichen Eigentums überdeckt.

Die aktuelle Bedeutung der Eigentumsgewährleistung des Grundgesetzes für das persönliche Eigentum ist gering; zur überragenden Rolle des persönlichen Eigentums in der verfassungsjuristischen Diskussion ist sie umgekehrt proportional. Auch auf der verfassungsrechtlichen Ebene zeigt sich, daß das Eigentümerbelieben des § 903 BGB für das persönliche Eigentum keine Bedeutung hat. Gesetzliche Begrenzungen des Gebrauchs, wie etwa das Verbot zu schnellen Autofahrens oder des Radiohörens bei geöffnetem Fenster, werden als Schranken der allgemeinen Handlungsfreiheit, nicht aber als Zurückdrängung von Eigentumsrechten behandelt, obwohl sie von der Person des Eigentümers her gesehen durch die Funktion des Gegenstandes gedeckt sind. Daß diese Verbote un-

---

[98] S. o. S. 25, 144, 201.

[99] Vgl. dazu *Karl Renner,* Die Rechtsinstitute des Privatrechts und ihre soziale Funktion, Tübingen 1929, insbes. S. 175 ff.

abhängig von der Eigentümerstellung gelten, kann die Nichtanwendung der Eigentumsgewährleistung nicht hinreichend erklären, da entsprechende Regelungen im Bereich wirtschaftlich genutzten Eigentums, die ebenfalls auf den Gegenstand und nicht auf den Eigentümer abstellen, als Zugriff auf das Eigentumsgrundrecht verstanden werden. Es sei auf die zahlreichen Fälle verwiesen, in denen die gesetzliche Beschränkung der Bodennutzung die Gerichte unter dem Gesichtspunkt der Eigentumsgewährleistung beschäftigt hat. Entgegen der allgemeinen Behauptung ist es nicht in erster Linie die schlichte Sachherrschaft, die in der Rechtspraxis durch die Eigentumsgewährleistung gesichert wird; im Vordergrund steht vielmehr die wirtschaftliche Verwertung des Eigentums gegenüber Dritten.

Bei den Gegenständen des persönlichen Eigentums ist danach die Eigentumsgewährleistung nur durch einen unmittelbaren hoheitlichen Zugriff berührt. Neben die zivilrechtlichen Abwehransprüche tritt eine öffentlich-rechtliche Dimension, die sich im wesentlichen in den Vorschriften über die Voraussetzungen und Rechtsfolgen der Enteignung konkretisiert. Freilich ist die vorübergehende oder dauernde Entziehung von Gegenständen des persönlichen Gebrauchs oder Verbrauchs im Wege der Enteignung ein durchaus exzeptioneller Vorgang, weil diese Gegenstände für den hoheitlichen Bedarf in der Regel sehr viel einfacher auf dem Markt erworben werden. Die hoheitliche Entziehung von Gebrauchsgegenständen beschränkt sich daher auf Notsituationen, wenn entweder die Marktfunktion allgemein aussetzt [100] oder ein plötzlich auftretendes hoheitliches Bedürfnis die Vorsorge auf dem Markt nicht gestattet [101]. Dieser Konkretisierung der von Art. 14 Abs. 3 Satz 1 GG vorausgesetzten Gemeinwohlbezogenheit der Enteignung entspricht das im alten Recht vorherrschende Verständnis des ius eminens als Staatsnotrecht, das erst dann zurück-

---

[100] Diese Voraussetzung ist in § 3 des Bundesleistungsgesetzes i. d. F. vom 27. 9. 1961, BGBl. I S. 1769, umschrieben.
[101] So im Falle des polizeilichen Notstandes; vgl. etwa § 10 des Hamburger Gesetzes zum Schutz der öffentlichen Sicherheit und Ordnung vom 14. 3. 1966, GVBl. S. 77.

trat, als mit Straßen-, Kanal- und schließlich Eisenbahnbau die Enteignung zu einem planmäßigen Mittel der Verwaltung wurde[102].

Darüber hinaus kann der hoheitliche Zugriff auf Gegenstände des persönlichen Eigentums in der Rechtsordnung der Bundesrepublik unter anderen Vorzeichen Bedeutung gewinnen: Wenn der Besitz der betreffenden Sache generell verboten oder nur bestimmten Personen erlaubt ist oder wenn der Inhaber sie zu strafbaren Handlungen gebraucht hat. Zur ersten Gruppe gehört die Tötung tollwutverdächtiger Tiere aufgrund des Seuchengesetzes; für die zweite mag die Einziehung eines für einen Raubüberfall benutzten Kraftfahrzeuges nach § 40 ff. StGB als Beispiel dienen. Im ersten Fall ist der Gegenstand selbst mit einem Makel behaftet; im zweiten Fall ist er an sich neutral, wurde aber in einer verbotenen Weise verwendet. Die Zulässigkeit derartiger Maßnahmen, die in Verwaltungs- und Strafgesetzen vorgesehen sind, hat gelegentlich unter dem Blickwinkel des Art. 14 GG die Rechtsprechung beschäftigt[103]. In diesen Zusammenhang gehört die einzige Entscheidung des Bundesverfassungsgerichts zum persönlichen Eigentum, in der das Gericht seuchenpolizeiliche Vorschriften als verfassungsmäßige Bestimmung von Inhalt und Schranken des Eigentums behandelte, welche die entschädigungslose Tötung tollwutverdächtiger Tiere vorsahen[104].

3. Die Wohnung

Unter den kulturellen und klimatischen Bedingungen Westeuropas ist die ausreichende und gesicherte Behausung ein wesentlicher Faktor physischer und psychischer Entwicklung und Stabilität. Die Häufung von Fehlentwicklungen bei beengten Wohnverhältnissen ist bekannt. Man geht heute davon aus, daß ein gewisses Minimum an Wohnfläche jedem Familienangehörigen zur

---

[102] S. o. S. 220.
[103] Vgl. dazu insbes. *Albin Eser,* Die strafrechtlichen Sanktionen gegen das Eigentum, Tübingen 1969.
[104] BVerfGE 20, 351, 356 (17. 11. 1966).

Verfügung stehen muß, um eine normale Entwicklung zu ermöglichen.

Die moderne Verhaltensforschung neigt dazu, an das territoriale Verhalten bestimmter Säugetiere anzuknüpfen und so das Bedürfnis nach einem persönlichen Refugium generisch zu erklären. Leyhausen formulierte aufgrund seiner Beobachtungen den Erfahrungssatz, „je größer die Siedlungsdichte, um so stärker das Bedürfnis nach Abgrenzung" [105]. Der Territoriumsanspruch muß freilich nicht vom Individuum oder Paar, er kann ebensogut von größeren Gruppen ausgehen. Bei Naturvölkern scheint sogar das enge Zusammenleben größerer Gruppen ohne jede räumliche Isolierung in der gemeinsamen Behausung die Regel zu sein [106], ohne daß äußere Notwendigkeiten dafür maßgeblich sind.

Enges Zusammenleben bedeutet indessen verstärkten sozialen Druck; die Bandbreite individueller Lebensentfaltung wächst mit der Möglichkeit räumlicher Absonderung. Die höhere kulturelle Entwicklung fordert daher Möglichkeiten des Sich-Zurückziehens [107], die bei enger werdendem Raum nur durch verstärkte Abgrenzung geschaffen werden können. Wenn daher das Eigentum und das ihm gewidmete Grundrecht Leistungen für die indvduelle Persönlichkeitsentfaltung vollbringen sollten, so müßte sich das nicht nur beim persönlichen Eigentum, sondern vor allem bei der menschlichen Wohnung bewähren, die hier in einem Haus und Garten umfassenden Sinn verstanden wird [108]. Die Wohnung erst ermöglicht den Erwerb und die individuelle Kombination persönlichen Eigentums, das über das am Körper zu tragende hinaus-

---

[105] *Paul Leyhausen*, Vergleichendes über die Territorialität bei Tieren und den Raumanspruch des Menschen, Homo 5, 116, 124 (1954), wieder abgedruckt in: *Konrad Lorenz/Paul Leyhausen,* Antriebe tierischen und menschlichen Verhaltens, 4. Aufl. München 1973. Vgl. auch *Konrad Lorenz,* Die acht Todsünden der zivilisierten Menschheit, München 1973, S. 19 ff.

[106] Vgl. *Alan F. Westin,* Privacy and Freedom, New York 1967, S. 11 ff.

[107] So *Westin* a. a. O. S. 21 f.

[108] So auch nach allgemeiner Ansicht der Wohnungsbegriff des Art. 13 GG, vgl. *Dagtoglou* in der Zweitbearbeitung des Bonner Kommentars zum Grundgesetz, Art. 13 Rdnr 20, 21.

geht; die äußeren Lebensbedingungen, generische und kulturelle Faktoren machen ihre individuelle Zuordnung zu einer der wesentlichen Fragen der Rechtsordnung.

Das zivilrechtliche Sacheigentum leistet diese Zuordnung indessen nur für eine Minderheit der Bevölkerung, obwohl die Zahl derer, die in der Bundesrepublik eine eigene Wohnung oder ein eigenes Haus bewohnen, größer ist, als vielfach vermutet wird [109]. Das Eigenheim prägt weithin die Vorstellungen vom Eigentum; und in der Tat deckt sich hier die zivilrechtliche Ausgestaltung des Eigentumsrechtes weitgehend mit den individuellen Bedürfnissen. Das Eigentum sichert dem Inhaber die Dauerhaftigkeit der Behausung und ihre Ausgestaltung und Nutzung nach eigenen Wünschen, begrenzt im wesentlichen nur durch das Nachbarrecht. So ist das Eigenheim ganz deutlich Muster für zahlreiche Regelungen des bürgerlichen Eigentums. Bedeutungslos ist allerdings auch hier wie beim persönlichen Eigentum das Eigentümerbelieben; eine nicht funktionsgerechte Nutzung liegt so weit außerhalb des sozial Typischen, daß sie für den normativen Gehalt des Eigentums schlechthin bedeutungslos ist. Der reale Sinn des Eigentümerbeliebens ist auch bei Wohnraum die überlegene Rechtsmacht, die es dem Eigentümer gibt, wenn er die unmittelbare Nutzung Dritten überläßt.

Aber auch beim selbstbewohnten Eigenheim beanspruchen nicht nur die Bedürfnisse des Inhabers Beachtung; bei wachsender Bevölkerungsdichte werden sie zunehmend mit den Lebensbedürfnissen der übrigen Bevölkerung konfrontiert. Die Privatisierung eines Teils der Erdoberfläche zugunsten Weniger wird problematisch, wenn sie den sozialen Lebensbereich der Vielen ernsthaft beschneidet. Diese Problematik kann teilweise durch die Entwicklung des Enteignungsrechtes aufgefangen werden, auf die noch einzugehen sein wird. Nicht abgedeckt wird jedoch dadurch das mit dem Wohnraumeigentum verbundene Verteilungsproblem: Da das Eigentumsrecht von der realen Lage des Inhabers unabhängig ist,

---

[109] Vgl. die statistischen Angaben im Anhang von *Ernst Pappermanns* Kommentierung des Art. 13 GG, in: Grundgesetz. Kommentar, Bd. 1, Hrsg. *Ingo von Münch*, Frankfurt 1974.

weist es demjenigen, dessen Bedürfnissen eine Etagenwohnung am besten entsprechen würde, ein Haus mit Garten zu, das typischerweise der Familie mit Kleinkindern, auf deren Bedürfnisse es zugeschnitten ist, unerschwinglich ist. Der Zerfall der Großfamilie läßt auch die von der familiären Entwicklung unabhängige Dauer des Eigentumsrechtes problematisch erscheinen. Die in der modernen Gesellschaft erforderliche regionale Mobilität wird durch Eigentum an Wohnungen und Eigenheimen behindert, da der Veräußerungsvorgang kostspielig und kompliziert und darüber hinaus mit einer Vermögensentscheidung verbunden ist. War das Eigentum in einer stationären Gesellschaft, die über genügend Raum verfügte, das adäquate Modell, um der mehrere Generationen umfassenden Familie ihren unmittelbaren Lebensbereich zuzuweisen, so treten nach Auflösung der Großfamilie, zunehmender Differenzierung der Lebensweise, regionaler Mobilität und Verknappung des Raumes disfunktionale Aspekte in den Vordergrund. Den individuellen und sozialen Bedürfnissen adäquatere Formen der Wohnraumzuweisung erscheinen möglich.

Das gilt auch gerade im Hinblick auf die Vermögensfunktion der vom Eigentümer selbst bewohnten Behausung. Sie ist keineswegs eine Naturgegebenheit, und im Hinblick auf ihren spekulativen Charakter und ihre Hinderlichkeit beim Ortswechsel wirkt sie auch für die Belange des Eigentümers zunehmend disfunktional. Für die Realisierung sozialer Bedürfnisse kann sie geradezu verheerend sein [110].

Rechtlich beruht der Vermögenswert auf der Veräußerlichkeit, Belastbarkeit und Vermietbarkeit; ökonomisch auf der Knappheit und Privatisierung des verfügbaren Wohnraumes. In dieser Anlage- und Sicherungsfunktion des Hauseigentums, das nicht nur gegenwärtigen und zukünftigen Wohnbedürfnissen dient, sondern auch im Wege der teilweisen oder völligen Veräußerung zur Deckung der übrigen Lebensbedürfnisse herangezogen werden kann, liegt unter den gegenwärtigen gesellschaftlichen Verhältnissen ein wesentlicher Unterschied zum Mietrecht jeglicher Ausgestaltung;

---

[110] Vgl. *Dieterich*, Verh. des 49. Deutschen Juristentages, München 1972 Bd. 2 Teil L S. 63 ff., ebenda auch *Pfeiffer* S. 93 f.

nur ausnahmsweise kann ein Mietrecht einen Teil dieses Vermögenswertes aufnehmen, wenn es nämlich bei steigenden Mieten auf längere Zeit zu einem festen Zins vereinbart wurde. Bei einer Änderung staatlicher Wohnraumpolitik kann allerdings der Vermögenswert der Privatbehausung seine gegenwärtig die Wohnfunktion überwiegende Bedeutung verlieren.

Die Rechtsprechung des Bundesgerichtshofs geht dahin, den Vermögenswert als das Essentiale der Verfassungsgewährleistung auch des selbstgenutzten Eigentums zu sehen [111] und ihn gegen eine Minderung durch Veränderung der Rechtslage oder hoheitlichen Einzeleingriff zu sichern. Dieses vermögensorientierte Verständnis prägt sich auch darin aus, daß bei hoheitlichen Eingriffen in die Wohnsituation durch übermäßige Immissionen nicht die Beeinträchtigung der betroffenen Personen, sondern die Wertminderung des Grundstücks kompensiert wird. Der Mieter geht leer aus, während der Eigentümer für Belastungen entschädigt wird, die ihn im Falle der Vermietung nur finanziell treffen. Es zeigt sich auch hier, daß in der Praxis der Eigentumsgewährleistung Eigentum weit weniger als Sachherrschaft denn als Vermögenswert gesehen wird.

Die Wohnsituation der Mehrheit der Bevölkerung ist gegenwärtig durch das Mietrecht geprägt. Nach der ursprünglichen zivilrechtlichen Konstruktion gewährt das Mietrecht zwar ein Recht auf Innehabung der Wohnung; es ist indessen vom Eigentümer abgeleitet und daher in seiner Begründung, inhaltlichen Ausgestaltung und seinem Bestand vom Willen des Eigentümers abhängig. Die Lehre von der Vertragsfreiheit geht zwar von der Willensübereinstimmung bei Abschluß eines Vertrages aus; der typische Sachverhalt bei der „privaten" Vermietung ist jedoch die Unterwerfung des auf eine Wohnung angewiesenen Mieters unter den Willen des Eigentümers. Das kommt u. a. dadurch zum Ausdruck, daß bei mehreren Mietern der Eigentümer echte normative Befugnisse hat, von denen die Hausordnungen und -anschläge in allen größeren Mietshäusern zeugen. Die freiheitsbeschneidende Wir-

---

[111] Vgl. die vorstehend erwähnte Entscheidung BGHZ 6, 270 und ausdrücklich in Verwaltungsrechtsprechung Bd. 9 S. 407. Diese Tendenz hat die §§ 40–44 des Bundesbaugesetzes geprägt.

kung des Mietverhältnisses für den Mieter liegt aber auch darin, daß er in Gestalt des Mietzinses dem Eigentümer dauernd tributpflichtig bleibt; da der Mieter in der Regel einen nicht unerheblichen Teil seiner Arbeitskraft einsetzt, um den Mietzins zu verdienen, erhält der Eigentümer auch über seine auf die Nutzung der Wohnung bezogenen Anordnungen hinaus eine mittelbare Verfügung über die Person des Mieters. Die für Instandhaltung und Gebäudeabschreibung benötigten Teile des Mietzinses sind zwar unabhängig von der Eigentümerstellung aufzubringen; insoweit der Mietzins jedoch darüber hinausgeht, bedeutet er gesellschaftlich vermittelte Unfreiheit. Ob diese durch ein Mehr an Freiheit auf seiten des Eigentümers aufgewogen wird und welche Bedeutung bei der Beantwortung dieser Frage Grenznutzen-Vorstellungen haben können, kann auf sich beruhen, da unter dem Gleichheitsgebot der Verfassung ein Mehr an Freiheit für den Eigentümer, das auf Kosten der Freiheit des Nichteigentümers entsteht, nicht Rechtfertigung des Eigentums sein kann.

Die Rechtsentwicklung geht freilich dahin, das Mietrecht gegenüber dem Eigentum zu verselbständigen. Sowohl in seiner inhaltlichen Ausgestaltung als in seiner Dauer wird es vom Willen des Eigentümers unabhängiger; dem Eigentümer bleibt allerdings nach geltendem Recht die Entscheidung über die Begründung eines Mietverhältnisses zu dem Mietzins, den er am Markt bekommen kann, und bei andauerndem Mietverhältnis hat er das Recht auf Mieterhöhungen nach dem von den jeweiligen Neuabschlüssen bestimmten Marktwert [112]. Wichtiger noch als diese normative Entwicklung ist das Vordringen institutioneller Vermieter in Gestalt von Genossenschaften und Gesellschaften des Gemeinnützigen Wohnungsbaus. Da die Aufgabe dieser Einrichtungen die Versorgung der Bevölkerung mit angemessenem Wohnraum ist, tritt, soweit sie diese Aufgabe wirklich erfüllen, die sonst mit dem Eigentümerbelieben verbundene Unterwerfung des Mieters unter Profitstreben und Willkür des Eigentümers zurück. Schon dadurch ändert das Mietverhältnis bei gleicher Normlage seinen Charakter; wenngleich

---

[112] Nach § 3 des Gesetzes über den Kündigungsschutz für Mietverhältnisse über Wohnraum vom 25. 11. 1971, BGBl. I S. 1839.

auch bei hinreichender interner und öffentlicher Kontrolle die Legitimation der den Beauftragten dieser Unternehmen gegenüber den Mietern zustehenden Befugnisse aus dem Eigentum problematisch bleibt.

Das Verfassungsrecht steht in seinem juristischen Verständnis der Emanzipation des Mietrechtes vom Eigentum eher hemmend entgegen. Dem Schutz gerade auch der Mietwohnung ist zwar vom Grundgesetz entsprechend deutscher und angelsächsischer Verfassungstradition in Art. 13 ein eigenes Grundrecht gewidmet [113]; es schützt den Wohnbereich indessen nach allgemeinem Verständnis [114] nur in einem staatsgerichteten Sinn, indem es das Betreten der Wohnung und ihre Durchsuchung durch Beauftragte der Behörden an gewisse Voraussetzungen des Anlasses und des Verfahrens bindet. Im Verhältnis des Mieters zum Vermieter wird das Grundrecht nicht angewendet [115]; ihm unterfallen weder Besichtigungsrechte noch Räumungsansprüche, die zivilrechtlich begründet werden.

Der Konflikt zwischen Hauseigentümern und Mietern wird verfassungsrechtlich ausschließlich unter dem Gesichtspunkt des Art. 14 GG gesehen, wobei der Sozialstaatsklausel und der Sozialbindung des Eigentums (Art. 14 Abs. 2 GG) die Funktion zukommt, die

[113] (1) Die Wohnung ist unverletzlich. (2) Durchsuchungen dürfen nur durch den Richter, bei Gefahr im Verzuge auch durch die in den Gesetzen vorgesehenen anderen Organe angeordnet und nur in der dort vorgeschriebenen Form durchgeführt werden. (3) Eingriffe und Beschränkungen dürfen im übrigen nur zur Abwehr einer gemeinen Gefahr oder einer Lebensgefahr für einzelne Personen, aufgrund eines Gesetzes auch zur Verhütung dringender Gefahren für die öffentliche Sicherheit und Ordnung, insbesondere zur Behebung der Raumnot, zur Bekämpfung von Seuchengefahr oder zum Schutze gefährdeter Jugendlicher vorgenommen werden.

[114] Vgl. dazu *Dagtoglou* a. a. O. (Fn. 108) Rdnr 51.

[115] Es wird jedoch vom Bundesverfassungsgericht im Konflikt zwischen Rechten des Mieters und Vermieters als „Wertentscheidung" berücksichtigt. So BVerfGE 18, 121, 132. Vgl. zur Bedeutung der Argumentation aus „Werten" in der Rechtsprechung des Bundesverfassungsgerichts *Helmut Goerlich,* Wertordnung und Grundgesetz, Baden-Baden 1973.

jeweils für erforderlich gehaltenen Konzessionen an die Mieterseite zu rechtfertigen. Im Vordergrund der verfassungsrechtlichen Würdigung stehen die Interessen der Hauseigentümer. Auch unter dem Gesichtspunkt der Eigentumsgewährleistung ist das an sich keine Selbstverständlichkeit. Denn im Zuge der Ausweitung des Schutzbereiches der Eigentumsgewährleistung auf Vermögensrechte aller Art ist auch das Mietrecht Gegenstand der grundrechtlichen Verbürgung geworden. Im Verhältnis von Hauseigentümer und Mieter stehen zwei verschiedene Arten des Verfassungseigentums nebeneinander. Eine gesetzliche Verfestigung der Mieterrechte dürfte von daher gesehen nicht als Eingriff in das Eigentum erscheinen; sie wäre vielmehr als Neuabgrenzung zwischen zwei Eigentumsrechten unterschiedlicher Art zu behandeln. Die Rechte des Mieters müßten bei dieser Abgrenzung vom Verfassungsrecht her einen deutlichen Vorrang haben, weil sie die Grundlage der Mensch-Objekt-Beziehung sind, die das Bundesverfassungsgericht als „Sachherrschaft" oder auch als „Freiheitsraum für die eigenverantwortliche Betätigung" bezeichnet, deren Schutz der Sinn der Eigentumsgewährleistung sei [116].

Die Rechtsprechung des Bundesgerichtshofs sieht es jedoch anders und begibt sich damit in Widerspruch zu ihren Prämissen. Die Eigentumslehre der vorindustriellen Gesellschaft wird ungeprüft übernommen. Deutlich ist dies im Grundsatzbeschluß des Großen Senats vom 10. 6. 1952 [117]. Die Wohnraumbewirtschaftung wird als eine nur durch den aktuellen Notstand gerechtfertigte Einschränkung des Eigentums behandelt. Nicht die Sicherung der Wohnung für die Mehrheit der Bevölkerung, sondern die beliebige Verfügung über den Wohnraum seitens einer Minderheit von Hauseigentümern bezeichnet das Gericht als Voraussetzung der Freiheit. Gegenüber dem hoheitlichen Zugriff erscheint aber gleichzeitig auch das durch die Wohnraumbewirtschaftung gefestigte Mietrecht als Verfassungseigentum, ohne daß bei der Erörterung der Wohnraumbewirtschaftung unter dem Blickwinkel des Art. 14 die Konkurrenz zweier verschiedener Arten des Verfassungseigen-

---

[116] Hamburger Deichurteil, BVerfGE 24, 367, 389, 400.
[117] BGHZ 6, 270, s. dazu oben S. 294.

tums gesehen wird. Das vom Klassenstaat des ausgehenden 19. Jahrhunderts geprägte bürgerliche Recht bestimmt ungebrochen das juristische Verständnis des Grundgesetzes.

Das Bundesverfassungsgericht befaßte sich bisher in zwei Entscheidungen mit dem Verhältnis von Wohnrechten zur Eigentumsgewährleistung. Bei der ersten Entscheidung [118] ging es um das Wohnrecht von Kleingarten-Pächtern im Verhältnis zum Grundeigentum. Aufgrund eines Reichsgesetzes aus dem Jahre 1935 hatte die Hamburger Baubehörde durch Rechtsverordnung vom 31. 10. 1950 Höchstbeträge für das dem Verpächter für die Nutzung zu Wohnzwecken zustehende zusätzliche Entgelt festgesetzt. Der Bundesgerichtshof [119] hatte auf die Klage eines Verpächters diese Festsetzung als einen Verstoß gegen Art. 14 GG und daher als nichtig behandelt, weil sie nur ein Drittel des unter Anlehnung an Mieten im Sozialen Wohnungsbau berechneten, „volkswirtschaftlich angemessenen" Entgeltes erreiche und damit den Wesensgehalt des Eigentums antaste. Entgegen der in Grundsatzentscheidungen sonst üblichen Beteuerung der Sachherrschaftslehre wurde in diesem Urteil ohne weiteres die Grundrente zum Wesensgehalt des Eigentums; das Verfassungseigentum der Pächter blieb unberücksichtigt. In seinem die Verfassungsbeschwerde der Pächter abweisenden Beschluß entzog sich das Bundesverfassungsgericht der Auseinandersetzung mit den Thesen des Bundesgerichtshofs, indem es in recht bemühter Weise Verfahrensmängel bei Erlaß der Höchstpreisverordnung feststellte und mit diesen ihre Nichtigkeit begründete. Auf die Rüge der Pächter, der Bundesgerichtshof habe ihr Verfassungseigentum verletzt, indem er aus eigener Machtvollkommenheit das zu zahlende Entgelt heraufsetzte, ließ sich das Bundesverfassungsgericht nicht ein. Offen blieb in dieser Entscheidung, ob die Rechte der Kleingärtner aus dem Pachtvertrag als Eigentum im Sinne des Art. 14 GG anzusehen seien. Da der Gesetzgeber den Pächtern das Wohnrecht vollen Umfanges wieder nehmen könne, sei er auch nicht gehindert, die Gerichte zur Festsetzung eines angemessenen Entgeltes zu ermächtigen, wenn, wie

---

[118] BVerfGE 10, 221 (17. 11. 1959).
[119] Urteil vom 30. 1. 1957, Verwaltungsrechtsprechung Bd. 9 S. 407.

hinzuzufügen ist, eine administrative Festsetzung von Höchstbeträgen nicht zustande komme. Ein Verstoß gegen Art. 14 GG liege daher nicht vor.

Im zweiten Beschluß [120] war die Einschränkung des Mieterschutzes bei Wohnungen, an denen der Fiskus ein Belegungsrecht erwarb, nach § 32 des Mieterschutzgesetzes i. d. F. vom 15. 12. 1942 (sogenanntes Fiskus-Privileg) zu beurteilen. Das Bundesverfassungsgericht ließ auch hier nur als Hypothese gelten, daß die durch den Mieterschutz verfestigten Rechte des Mieters als Verfassungseigentum geschützt seien. Auch dann sei nämlich das Fiskus-Privileg als gesetzliche Bestimmung des Inhalts und der Schranken des Eigentums i. S. des Art. 14 Abs. 1 Satz 2 GG gerechtfertigt (S. 131 f.). Bei der Abgrenzung zwischen dem Verfassungseigentum des Mieters und des Vermieters müsse zwar entsprechend der Wertentscheidung des Art. 13 GG die Bedeutung der Mietwohnung als Mittelpunkt der menschlichen Existenz berücksichtigt werden. Das hindere aber nicht, sachlich gerechtfertigte Ausnahmen vom Mieterschutz zuzulassen, wie hier in Gestalt des Fiskus-Privilegs.

So bleibt die Einbeziehung der nicht auf bürgerlich-rechtlichem Eigentum beruhenden Wohnungsrechte in die grundrechtliche Gewährleistung seitens des Bundesverfassungsgerichts Hypothese. Das entspricht seiner allgemeinen Zurückhaltung bei der Interpretation dieses Grundrechts, die allerdings in diesem Zusammenhang eher wie Unsicherheit wirkt, weil sie nicht mit der (späteren) Erklärung in Übereinstimmung zu bringen ist, daß wesentlicher Schutzgegenstand die „Sachherrschaft" oder der „Freiheitsraum für die eigenverantwortliche Betätigung" sind [121]. Der Konflikt zwischen zwei Arten des Verfassungseigentums in der Anwendung des Art. 14 GG wird zwar gesehen, aber eben nur als Hypothese, wobei das nur hypothetisch als Verfassungseigentum bezeichnete Recht eben wegen dieser Argumentationsweise schon von vornherein die schwächere Position hat. Die prinzipielle Unkündbarkeit der Miete nach dem Wohnraumbewirtschaftungsgesetz erscheint so entsprechend der Ansicht des Bundesgerichtshofs als sozialstaatliche Schutz-

---

[120] BVerfGE 18, 121 (1. 7. 1964).
[121] BVerfGE 24, 367, 389, 400.

maßnahme zugunsten des Mieters in Zeiten des Wohnraummangels [122], anstatt aus der Eigentumsgewährleistung hergeleitet zu werden, wie es später für den ungeschmälerten Vergütungsanspruch des Urhebers geschah [123].

4. Haus- und Grundeigentum

Haus- und Grundeigentum, das nicht zu eigenen Wohnzwecken benutzt wird, ist nur im Fall des auf eigenem Grundstück arbeitenden Landwirts oder Gewerbetreibenden mit Sachherrschaft verbunden. Im übrigen bedeutet es Herrschaft über Menschen, die von der Abhängigkeit eines einzelnen Mieters bis zur Abhängigkeit einer ganzen Kommune von der Nutzung innerstädtischer Schlüsselgrundstücke gehen kann. Mit dieser Herrschaftsfunktion fällt der Anwendungsbereich des Eigentümerbeliebens zusammen, das den Übergang von der feudalen zur bürgerlichen Rechtsordnung kennzeichnet. Anders als den Grundherren der Feudalzeit tifft den bürgerlichen Eigentümer nicht Verantwortung für den Abhängigen oder die salus publica; deren Bedürfnisse sind prinzipiell über den Markt zu befriedigen. Beim selbstgenutzten Eigentum hat das Eigentümerbelieben, wie mehrfach erwähnt, keine Bedeutung, weil hier von sozialer Relevanz und damit normprägender Kraft nur die funktionsgerechte Nutzung ist. Seinen Sinn gewinnt das Belieben beim vermieteten Wohnhaus, indem es die Exmittierung der kinderreichen, aber wenig zahlungskräftigen Familie zugunsten des zahlungskräftigen Mieters unabhängig von den Wohnbedürfnissen gestattet. Was Eigentümerbelieben real bedeutet, zeigt sich bei Grundstücken in innerstädtischen Kernbereichen, wo die Stadtplanung nur allzuoft gegenüber privater Gewinnmaximierung den kürzeren zieht. Eigentümerbelieben ist das Leerstehen und Verfallen von Etagenhäusern mit dem Ziel,

---

[122] BVerfGE 18, 132, vgl. BGHZ 6, 270.
[123] BVerfGE 31, 229, 243 (7. 7. 1971): „Der Urheber hat nach dem Inhalt der Eigentumsgarantie grundsätzlich einen Anspruch darauf, daß ihm der wirtschaftliche Nutzen seiner Arbeit zugeordnet wird."

die Erlaubnis für den Abbruch und eine intensivere Nutzung zu erzwingen; Eigentümerbelieben ist die Errichtung des häßlichen, ungesunden, aber ertragreichen Gebäudes, statt eines Bauwerks, das den menschlichen Bedürfnissen der Benutzer und der Umwelt entgegenkommt und und dafür vielleicht weniger einbringt.

Nun hat auch in der Blütezeit des bürgerlichen Liberalismus niemand ernsthaft behauptet, daß auch bei der Grundstücksnutzung die Summe der privaten Egoismen von einer unsichtbaren Hand zum gesamtgesellschaftlichen Optimum gesteuert werde. Als der aufkommende Gewinnrationalismus die traditionellen Bindungen zu zerstören begann, setzte daher die öffentliche Baugesetzgebung den privaten Egoismen in Fragen der Sicherheit und Hygiene der Gebäude, bald auch ihrer Anordnung gewisse Grenzen [124]. Diese sind heute durch das moderne öffentliche Baurecht sehr viel enger gezogen [125]; gleichwohl bestimmt nach wie vor letztlich der Eigentümer über die Nutzung und Ausgestaltung auch von Gebäuden, die den täglichen Lebensraum von Zehntausenden bestimmen.

Die öffentliche Bauplanung stößt sich vor allem daran, daß der Knappheitswert des Bodens nach wie vor privaten Eigentümern zugerechnet wird. Das schlichte Innehaben von Grundstücken, auf die andere angewiesen sind, gibt Anspruch auf eine Bodenrente und Wertsteigerungen, die Einkünfte aus produktiven Leistungen bei weitem in den Schatten stellen. Im Vermögenswert, das heißt der kapitalisierten Grundrente, liegt der eigentliche Kern des heutigen Haus- und Grundeigentums. Er basiert auf der mit dem Eigentum verbundenen Herrschaft über die Lebensbedürfnisse Dritter, indem er die von diesen an den Eigentümer zu zahlenden

---

[124] Vgl. zur Entwicklung der öffentlichen Baugesetzgebung in Deutschland *Karl Heinrich Friauf*, Baurecht und Raumordnung, in: Besonderes Verwaltungsrecht, Hrsg. *Ingo von Münch*, 3. Aufl. Frankfurt 1972, S. 393 ff.

[125] Dazu *Friauf* a. a. O.; vgl. im übrigen das Gutachten von *Walter Bielenberg* und die Diskussionsbeiträge zum Thema ›Empfehlen sich weitere bodenrechtliche Vorschriften im städtebaulichen Bereich?‹, Verhandlungen des 49. Deutschen Juristentages, München 1972, Bd. I Teil B, Bd. II Teil L.

Tribute vorwegnimmt; er bleibt unberührt, wenn die mit dem Eigentum verbundenen Herrschaftsrechte durch Dritte für den Eigentümer ausgeübt werden. Auch die politischen Gemeinwesen können an dieser Herrschaft partizipieren, ohne daß der Vermögenswert angegriffen wird, solange ihre Beteiligung der Interessenabstimmung der Grundeigentümer dient, die ja gerade auch unter dem Gesichtspunkt der Gewinnmaximierung bei der Vielzahl konkurrierender Nutzungen erforderlich ist [126].

Grundstücke können zwar enteignet und dadurch einer vom enteignenden Gemeinwesen bestimmten Nutzung zugeführt werden; nach den geltenden Gesetzen behält indes der Eigentümer in Gestalt der Eigentumsentschädigung den nach der maximalen Bodenrente berechneten Verkehrswert. Für Eigentumsobjekte, die von Dritten genutzt werden, bedeutet der Enteignungsvorgang daher jedenfalls kurzfristig lediglich einen Austausch der Tributpflichtigen: anstelle der direkt Abhängigen tritt der Steuerzahler. Auch daran mag deutlich werden, wieweit das nicht zu eigenen Wohnzwecken benutzte Grundeigentum in der differenzierten, räumlich beengten Marktgesellschaft der Gegenwart zu einem funktionslosen Privileg einer verschwindenden Minderheit geworden ist, das diese in ganz ähnlicher Weise auf Kosten der Mehrheit bereichert, wie die funktionslos gewordenen Privilegien des Adels zu Beginn der bürgerlichen Epoche.

Allerdings hat das vom bürgerlichen Recht verliehene Privileg einen unschätzbaren Vorteil, der seine soziale Identifizierung erschwert: Es verzichtet auf Rang und Titel, unter der Abstraktion des Eigentums bleibt es versteckt. Unter diesen Namen faßt es ebenso das Recht an der eigenen Behausung wie das Recht an der Behausung anderer und veranlaßt so den Erwerber eines Eigenheimes, sich mit dem Eigentum eines Grundstücksspekulanten zu identifizieren, dem er möglicherweise über die Hypothekenzinsen ein Leben lang ungeachtet seines Eigentums tributpflichtig bleibt.

Grundrente und Wertzuwachs des Grundbesitzes sind aber nicht nur unverdient und damit ein Problem der Verteilungsgerechtig-

---

[126] Vgl. dazu *Hans Schulte*, Eigentum und öffentliches Interesse, Berlin 1970, insbes. S. 18 ff., S. 68 ff.

keit [127]. Sie erweisen sich gleichzeitig als schweres Hindernis einer sinnvollen Stadt- und Raumentwicklung [128]. Das bürgerliche Eigentum, verbunden mit seinen Konnexinstituten, macht den Boden zur Marktware; die ökonomische Theorie von der optimalen Allokation der Ressourcen durch den Markt ist jedoch für den Boden nicht anwendbar, da die gewinnbringendste Nutzung nur ausnahmsweise mit der gesamtgesellschaftlichen sinnvollen zusammenfällt. Der Bodenmarkt behindert und verhindert daher die optimale Bodennutzung. Wesentliche Teile der öffentlichen Haushalte müssen aufgewendet werden, um den Grundeigentümern die gewinnbringendste Nutzung zugunsten der gesellschaftlich sinnvollen Nutzung abzukaufen. Das bedeutet angesichts der Begrenztheit öffentlicher Mittel, daß nur allzuoft die sinnvolle hinter der lukrativen Nutzung zurücksteht; der Versuch der Gemeinwesen, ihren Grundeigentümern die sinnvolle Raumnutzung abzukaufen, erinnert an Münchhausens Befreiung aus dem Sumpf am eigenen Zopf. Da die Bodenspekulation immer auch eine Spekulation auf künftige Planungsmaßnahmen ist, der Verkehrswert daher einen Teil der erwarteten Planungsgewinne vorwegnimmt, kann ihr die Planung nicht zuvorkommen. Es wird umgekehrt die Planung durch die von der Spekulation geschaffenen Fakten beeinflußt. Das ist nach der gegenwärtigen Legalordnung unvermeidlich; hinzu kommt indessen der finanzielle Druck der Planungsinteressenten auf die öffentlichen Entscheidungsträger.

Das Unbehagen an der gegenwärtigen Ordnung der Bodennutzung ist verbreitet. Ebenso verbreitet wird über eine Therapie diskutiert. Im Vordergrund dieser Diskussion steht eine Verbesserung und Generalisierung der hoheitlichen Instrumente nach dem

---

[127] Nach Angabe von *Hans-Jochen Vogel*, des ehemaligen Münchener Oberbürgermeisters und späteren Bundeswohnungsbauministers, entfielen seit der Währungsreform 10 Mia. DM Bodenwertsteigerung auf 1,3 % der Bevölkerung. Bodenrecht und Stadtentwicklung, NJW 1972 S. 1544 ff.; ders. in Recht und Politik 1974 S. 4 ff.

[128] Vgl. dazu das Gutachten von *Bielenberg* sowie die Referate von *Scharnberg, Albers* und *Dieterich* auf dem 49. Deutschen Juristentag, Verhandlungen Bd. I B S. 9 und Bd. II Teil L S. 26 f., 57 ff., 63 ff. Ebenso *Hans-Jochen Vogel* a. a. O. (Fn. 127).

Vorbild des Städtebauförderungsgesetzes, ergänzt durch steuerliche Maßnahmen in Gestalt eines Planungswertausgleichs und einer Wertzuwachssteuer [129]. Es mehren sich auch die Befürworter einer Lösung, die beim Eigentumsrecht selbst ansetzt und seine Ablösung wenigstens in den städtischen Kerngebieten durch ein zeitlich befristetes Nutzungsrecht erwägt [130]. Das Kernproblem der gegenwärtigen Bodenrechtsdiskussion liegt darin, wie es zu bewerkstelligen ist, in einer Gesellschaft, deren wesentlicher Antrieb privates Gewinnstreben ist, die Bodennutzung nach Gesichtspunkten zu regulieren, die der Gewinnmotivation entgegengesetzt sind. Die Schaffung neuer öffentlicher Befugnisse nützt nichts, wenn nicht sichergestellt ist, daß nicht gerade diese Befugnisse wiederum Werkzeug des privaten Gewinnstrebens werden. Das kommunale Gerangel um Bebauungspläne sollte zu denken geben. Nicht ohne Grund wird befürchtet, daß die neuen Instrumente des Städtebauförderungsgesetzes Spekulationsmöglichkeiten bisher unbekannter Dimension eröffnen [131]. Statt die Spekulation zu treffen, können Neugestaltungen auch den Bereich des selbstgenutzten Grundbesitzes gefährden, in dem das Eigentum bisher noch eine relativ dauerhafte und gesicherte Lebensgrundlage gewährleistet.

Unter einer Verfassung, die allen Bürgern Gleichbehandlung verspricht und ihnen politische Rechte gewährt, kann es bei einer Neuordnung des Bodeneigentums und seiner Konnexinstitute nicht allein um die Interessen einer Minderheit von Grundeigentümern

---

[129] Vgl. die Übersicht von *W. Rüfner,* Bodenordnung und Eigentumsgarantie, Juristische Schulung 1973 S. 593 ff. und *Hans-Jochen Vogel,* Recht und Politik 1974 S. 6 ff. Vgl. vor allem die Darstellung des geltenden Bodenrechts und der Reformdiskussion von *Claus Ott,* Bodenrecht, in: Recht im sozialen Rechtsstaat, Kritik Bd. 5, Hrsg. Manfred Rehbinder, Opladen 1973.

[130] Vgl. die Vorschläge zur Reform der Bodenordnung, vorgelegt von der Kommission für Bodenrechtsreform beim Parteivorstand der SPD, Materialien zum Parteitag vom 28. 11.–2. 12. 1972 in Hannover; speziell auch zur befristeten Nutzungsverleihung *Sendler,* Zum Wandel der Auffassung vom Eigentum, DÖV 1974 S. 83 ff.

[131] Vgl. *Michael Ratz,* Bodenpolitik und Bodenrecht in der BRD, Demokratie und Recht 1973 S. 5 ff., 19.

gehen. Der innerhalb der Bundesrepublik horizontal und vertikal zur Verfügung stehende Raum ist allen hier lebenden Menschen zugeordnet. Nicht die Eigentümer sind die Nation; die Eigentumsgewährleistung kann daher nicht im Sinne früherer Verfassungszustände dahin verstanden werden, daß zwar alle ohne Unterschied des Eigentums an der Wahl der Legislative teilnehmen, diese jedoch bei der Ausübung ihrer Befugnisse an die Interessen einer besitzenden Minderheit gebunden ist. Ebensowenig kann die Verfassungsordnung der Bundesrepublik bei der Gestaltung des Bodenrechts an das unter der Vorherrschaft von Besitzinteressen entstandene Bodenrecht des Bürgerlichen Gesetzbuches gebunden sein. Bei fremdgenutztem Haus- und Grundeigentum ist im übrigen der bereits mehrfach erwähnte Gesichtspunkt zu berücksichtigen, daß zwei verschiedene Arten des Verfassungseigentums aufeinandertreffen: Das Nutzungs- und Sachherrschaftsrecht des Mieters oder Pächters konkurriert mit dem in erster Linie vom wirtschaftlichen Ertrag bestimmten Recht des Eigentümers. Es ist keineswegs ausgemacht, daß das bürgerlich-rechtliche Eigentum in dieser Konkurrenzsituation einen institutionellen Vorrang genießt, wenn man die Aufgabe der Eigentumsgewährleistung vor allem darin sieht, die individuelle Zuordnung von Sachen zu gewährleisten.

In der Rechtsprechung des Bundesverfassungsgerichts zum Grundeigentum wird nominell die Sachherrschaft gegenüber dem Vermögenswert als erstrangiges Schutzgut des Art. 14 GG in den Vordergrund gestellt [132]. Ungeachtet der Entwicklung des Bodeneigentums zum reinen Vermögenswert, der gerade auf der entgeltlichen Sachherrschaft Dritter basiert, wird Haus- und Grundeigentum als „eine Form der Sachherrschaft" charakterisiert. Daneben wird aber der Eigentumsgewährleistung gerade auch in bezug auf Grundeigentum die Aufgabe zugeschrieben, „dem Träger des Grundrechts einen Freiheitsraum im vermögensrechtlichen Bereich sicherzustellen". Beide Gesichtspunkte, die Sicherung der Sachherrschaft und der vermögensrechtlichen Freiheit, bedürfen der

---

[132] Besonders deutlich im Hamburger Deichurteil, BVerfGE 24, 367, 389, 400.

Überprüfung an den sozialen Gegebenheiten, soll nicht der Verdacht entstehen, daß stillschweigend die Freiheit nur der Besitzenden gemeint ist. Die Spaltung von Sachherrschaft und Eigentum in der modernen Verkehrswirtschaft, die Sachherren und Eigentümer gerade auch unter dem Art.-14-Aspekt einander konfrontiert, harrt der Berücksichtigung. Erst vor diesem Hintergrund würde die vom Bundesverfassungsgericht in dieser Entscheidung an anderer Stelle hervorgehobene Ablehnung einer Eigentumswertgarantie (S. 400) sozialen Gehalt gewinnen. Gleichzeitig aber könnte die in diesem Zusammenhang gegebene Zusage erfüllt werden, „das durch Art. 14 Abs. 1 S. 1 GG gewährleistete Eigentum in seiner personenhaften Bezogenheit", als „Freiheitsraum für die eigenverantwortliche Betätigung" zu sehen.

In seiner ersten, dem Grundeigentum gewidmeten Entscheidung [133] stellte das Bundesverfassungsgericht heraus, der Boden sei „unvermehrbar und unentbehrlich"; er sei daher nicht „ohne weiteres" mit anderen Vermögensgütern gleichzustellen und dürfe von der Rechtsordnung nicht „wie eine mobile Ware" behandelt werden. Die zur Prüfung gestellte Veräußerungsbeschränkung für land- und forstwirtschaftlich genutzte Grundstücke durch das Grundstücksverkehrsgesetz vom 28. 7. 1961 (BGBl. I S. 1091) sei daher prinzipiell als Inhaltsbestimmung des Eigentums gerechtfertigt. In einer späteren Entscheidung zum Grundstücksverkehrsgesetz (BVerfGE 26, 215, 222) heißt es dann allerdings gerade auch in bezug auf das Grundeigentum, „die Freiheit des Eigentümers, sein Eigentum veräußern zu dürfen", gehöre zum Grundbestand der Normen, die das Eigentum im Sinne des Art. 14 GG umschreiben. Die Veräußerungsbefugnis sei „ein elementarer Bestandteil der Handlungsfreiheit im Bereich der Eigentumsordnung". Ein Veräußerungsverbot gehöre somit „zu den schwersten Eingriffen in den Freiheitsbereich des Bürgers" und sei nur durch schwerwiegende öffentliche Interessen zu rechtfertigen. Hier wird innerhalb weniger Zeilen der Entscheidungsbegründung die „Freiheit des Eigentümers" zum „Freiheitsbereich der Bürger" schlechthin;

---

[133] Vom 12. 1. 1967, BVerfGE 21, 82 f., zum Grundstücksverkehrsgesetz.

der Akzent liegt nicht bei den Problemen einer sinnvollen Bodenordnung, sondern bei den Interessen einer Minderheit von Bodeneigentümern. Ihr Anspruch, Wertsteigerungen, die letztlich von der Mehrheit der Nichteigentümer getragen werden, durch Veräußerung zu realisieren, hat grundsätzlich den Vorrang. Freiheit ist wie in vordemokratischen Verfassungen wesentlich Freiheit der Eigentümer. Nicht der Gesetzgeber bestimmt den Inhalt des Eigentums; dieser liegt grundsätzlich fest und der Gesetzgeber kann allenfalls Korrekturen anbringen.

Diese und entsprechende Bemerkungen in BVerfGE 21, 73, 86 können allerdings kaum als grundsätzliche Stellungnahmen des Gerichtes gewertet werden. Das Bundesverfassungsgericht hat bisher in keinem Fall eine vom bürgerlich-rechtlichen Belieben abweichende Bestimmung der Befugnisse der Grundeigentümer für verfassungswidrig erklärt [134]. In den vorerwähnten Entscheidungen zum Grundstücksverkehrsgesetz hat es die konkrete Anwendung von Veräußerungsverboten gerügt, weil nach seiner Ansicht agrarpolitische Interessen nicht berührt waren. Trotz der teilweise recht weitgehenden Bemerkungen in der Begründung dieser Entscheidungen kann daher von einer Festschreibung des Grundeigentums auf den vorkonstitutionellen Stand keine Rede sein.

Das deichrechtliche Bauverbot nach dem Niedersächsischen Deichgesetz vom 1. 3. 1963 (GVBl. S. 81) rechtfertigte das Bundesverfassungsgericht als zulässige Bestimmung des Eigentumsinhalts aus der Zweckbestimmung der Deiche zum Hochwasserschutz, obwohl durch dieses Gesetz das Grundeigentum in dem zu entscheidenden Fall auf ein (wertloses) Grasnutzungsrecht reduziert wurde (BVerfGE 25, 112, 119). Da es „Aufgabe der Deiche" sei, „von der Allgemeinheit Wassergefahren abzuwenden", müßten „die öffentlichen Interessen Vorrang vor den Belangen des Einzelnen

---

[134] Entscheidungen ergingen zum Verbot der Anlage neuer Weinberge: BVerfGE 8, 71 und 21, 155; zu den Veräußerungsbeschränkungen bei land- und forstwirtschaftlichen Grundstücken: BVerfGE 21, 73, 87, 92, 94, 99, sowie 26, 215; zur planungsrechtlichen Bausperre: BVerfGE 11, 294; zur Auferlegung von Erschließungsbeiträgen: BVerfGE 34, 139; zum Hamburger Deichgesetz: BVerfGE 24, 367; zum niedersächsischen Deichgesetz: BVerfGE 25, 112.

haben". Auch in dieser Entscheidung erscheint als Prinzip das bürgerlich-rechtliche Volleigentum, dessen Einschränkung mit Hilfe des im liberalen Rechtsstaat im Vordergrund stehenden Gesichtspunktes der Gefahrenabwehr gerechtfertigt wird. Diese Argumentation ist indessen erweiterungsfähig. Der soziale Rechtsstaat des Grundgesetzes hat sich von der Gefahrenabwehr emanzipiert [135]. Für ihn ist die angemessene Versorgung der Bevölkerung mit Wohnungen und öffentlichem Lebensraum eine ebenso legitime Aufgabe, wie die Gefahrenabwehr im traditionellen Sinn. Unter dem Blickwinkel des in Art. 14 Abs. 2 GG enthaltenen Verfassungsauftrags, auf dessen Zusammenhang mit dem Sozialstaatsprinzip das Gericht in dieser Entscheidung hinweist (S. 117), ist es Aufgabe von Wohnungen, das Wohnbedürfnis zu befriedigen, ebenso wie es generell die Aufgabe von Grundstücken ist, der planungsgemäßen Nutzung zu dienen. Ob damit auch dem Eigentümer gedient wird, ist akzidentiell; seine Belange, die bei fremdgenutztem Eigentum durch den Vermögenswert umschrieben sind, treten unter diesem Blickwinkel hinter der objektiven Funktion des Gegenstandes zurück.

Auch in seinen Entscheidungen zum Grundstücksverkehrsgesetz stellte das Bundesverfassungsgericht die soziale Funktion des Bodens unter Betonung des Art. 14 Abs. 2 GG in den Vordergrund (BVerfGE 21, 83) und gab den Belangen der Eigentümer nur insoweit statt, als ihre Realisierung nach verfassungsrichterlicher Einschätzung mit der sozialen Funktion des Gegenstandes nicht kollidierte. In der Entscheidung zum Niedersächsischen Deichgesetz zeigt sich, wenn auch für einen engen Bereich, daß die soziale Funktion das Interesse des Eigentümers praktisch ausschließen kann, ohne daß die Gewährleistung des Eigentums entgegensteht [136]. Das Problem der Enteignung wurde allerdings vom Bundesverfassungsgericht in dieser Entscheidung umgangen, indem es dem alten Deichrecht Beschränkungen entnahm, die von der Neu-

---

[135] Vgl. dazu *Hans Peter Bull*, Die Staatsaufgaben nach dem Grundgesetz, Frankfurt 1973.
[136] Vgl. auch *Wolf*, Verh. des 49. Deutschen Juristentages, München 1972, Bd. II Teil L S. 72.

regelung nicht wesentlich übertroffen wurden (BVerfGE 25, 112, 121). Gleichwohl könnte diese Entscheidung Präzedenzcharakter gewinnen, wenn im Zuge einer Bodenrechtsreform die soziale Funktion des Bodens und seiner Bebauung gegenüber den finanziellen Interessen der Grundeigentümer stärker als bisher in den Vordergrund gestellt werden sollte. Auf die Frage der Enteignung als Grenze bodenrechtlicher Neuordnung wird im übrigen an anderer Stelle zurückzukommen sein [137].

5. Produktionsmittel und Unternehmen

a) Zur Entwicklung des Eigentums an Produktionsmitteln

Das bürgerliche Eigentum und seine Konnexinstitute sind der normative Niederschlag der Marktgesellschaft, wie oben am Beispiel der englischen und deutschen Entwicklung gezeigt wurde. Auch das Verständnis und die Funktion des persönlichen Eigentums haben sich im Laufe der Zeit geändert. Normprägend wurde jedoch die neue Art des Wirtschaftens; in der Verfügung über die Produktionsmittel in Landwirtschaft und Gewerbe wurden die für das neue Eigentum kennzeichnenden Befugnisse des Eigentümerbeliebens und des Ausschlusses der Nichteigentümer herausgebildet. Im ländlichen Bereich wird dieser Vorgang am sinnfälligsten durch das Beispiel der Einhegungen (enclosures) [138], die Ackerland in Schafweide verwandelten und einem Teil der ländlichen Bevölkerung die Lebensgrundlage entzogen: Nicht mehr die Ernährung einer zahlreichen Bevölkerung, sondern der maximale Gewinn der Verfügungsberechtigten war das Wirtschaftsziel. Im gewerblichen Bereich entspricht dem der Zerfall der Zunftbindungen und die Aufhebung von Bann- und Realgewerbeberechtigungen; anstelle der Gemeinschaft der Gewerbetreibenden oder des Staates bestimmte nun jeder für sich Gegenstand, Methode und Ausmaß der Produktion, soweit er über die erforderlichen Produktionsmittel verfügte.

[137] S. u. S. 411.
[138] S. o. S. 27.

Darüber hinaus bestimmte er kraft seines Produktionsmitteleigentums, wen er zu welchen Bedingungen als Hilfskraft heranzog. Der Grundherr früherer Epochen mußte in irgendeiner Weise für seine Grundsassen sorgen. Als er zum Gutsherrn und Großgrundbesitzer wurde, entfiel diese Verantwortung; es stand nunmehr in seinem vom ökonomischen Kalkül bestimmten Belieben, wen er beschäftigen wollte; alle übrigen durfte er ausschließen. Entsprechend verdrängte im gewerblichen Bereich die Lohnarbeit die traditionellen Arbeitsverhältnisse genossenschaftlicher oder patriarchalischer Prägung.

Nach der arbeitsrechtlichen Lehre folgt aus dem Arbeitsvertrag das Direktionsrecht des Arbeitgebers. Damit sind jedoch die innerbetrieblichen Weisungsbefugnisse des Eigentümers der Produktionsmittel und seiner Beauftragten nur unzureichend erklärt. Grundlage des vertraglichen Direktionsrechts ist die einseitige Verfügung über Produktionsmittel [139]; Vereinbarungen über eine Zusammenarbeit, bei der alle Beteiligten über Produktionsmittel verfügen oder bei der es auf gegenständliche Produktionsmittel nicht ankommt, werden nicht als Arbeitsvertrag, sondern typischerweise in den Rechtsformen der Genossenschaft oder Gesellschaft geschlossen. Die innerbetriebliche Herrschaft des Produktionsmitteleigentümers geht im übrigen über die durch den Arbeitsprozeß bedingte Weisungsbefugnis hinaus. Nach der ursprünglichen Rechtslage unterlag der Arbeiter unabhängig vom Bestehen des Arbeitsvertrages als Nichteigentümer der Ausschließungsbefugnis des Eigentums; der Produktionsmitteleigentümer bestimmte kraft seines Eigentums, wer den Betrieb betreten und wie lange er sich dort aufhalten durfte, welche Geräte er zu bedienen hatte.

Die gewerkschaftliche Organisation der Arbeiter und das von ihr erkämpfte Arbeitsrecht, Betriebs- und Unternehmensverfassung haben zwar die innerbetriebliche Herrschaft des Produktionsmitteleigentümers und seiner Beauftragten gebändigt. In gewissem Maße wurde und wird im betrieblichen Bereich die Zivilisierung staatlicher Herrschaft zur Rechtsstaatlichkeit nachvollzogen. Rechts-

---

[139] Vgl. *Morris R. Cohen*, Law and the Social Order, New York 1933 S. 45 ff.

staatlich gebändigte Herrschaft bleibt indessen Herrschaft; die Regelhaftigkeit der Herrschaftsausübung ist geradezu Vorbedingung ihrer Effizienz, wenn die Organisation einen gewissen Umfang erreicht hat [140].

Man könnte versucht sein, Mitbestimmungs- und Mitwirkungsrechte des Betriebsrats [141] mit den parlamentarischen Befugnissen des sich emanzipierenden Bürgertums in der konstitutionellen Monarchie zu vergleichen. Mit der Verfügung über Einnahmen und Ausgaben des Staates durch das parlamentarische Budgetrecht gingen die verfassungsrechtlichen Befugnisse des Bürgertums allerdings weit über den gegenwärtigen Stand der betrieblichen Rechte der Arbeitnehmer hinaus. In den sogenannten wirtschaftlichen Angelegenheiten entscheidet nach wie vor die Unternehmerseite. Dazu gehört insbesondere die Produktions- und Absatzplanung sowie die Verwendung des Gewinns; das heißt, um den verfassungsgeschichtlichen Vergleich fortzuführen, das Budgetrecht liegt nach wie vor beim Produktionsmitteleigentum. Es hat zwar den Wirtschaftsausschuß des Betriebsrates zu unterrichten; dessen Geheimhaltungspflicht unterstreicht indessen den vorkonstitutionellen Zustand in diesem Bereich. Auch das Drittel Arbeitnehmervertreter im Aufsichtsrat erinnert eher an vorkonstitutionelle Anhörungsrechte der Stände als an parlamentarische Befugnisse des emanzipierten Bürgertums.

Ganz unabhängig von dieser Rechtsentwicklung hat jedoch Galbraith die These aufgestellt, infolge der wachsenden Komplexität moderner Großunternehmen sei die früher mit dem Kapital verbundene Machtstellung auf die Technostruktur übergegangen, d. h. auf jene „Gemeinschaft von Leuten", welche die moderne Technologie und Planung beherrsche und sich „von der Leitung moderner Industrieunternehmen hinab bis fast zu den Arbeitern" erstrecke [142]. Auch diese These hat ihre verfassungshistorische Parallele: Sie er-

---

[140] Vgl. *Niklas Luhmann*, Funktionen und Folgen formaler Organisation, 1964.
[141] Gegenwärtig umschrieben durch das Betriebsverfassungsgesetz vom 15. 1. 1972, BGBl. I S. 13.
[142] Siehe ausführlich zu *Gailbraith* Thesen und ihrer Kritik oben S. 184.

innert an die Streitfrage, ob im bürokratischen Absolutismus der Monarch oder die Bürokratie geherrscht habe. Bereits Max Weber hat herausgestellt, daß die effektive Beherrschung von Großorganisationen notwendig mit der Bürokratisierung der Herrschaft verbunden ist [143]; Verrechtlichung und Bürokratisierung sind zwei Aspekte desselben Vorganges. Entscheidend bleibt indessen, wer die Ziele der Organisation bestimmt und über die Beförderung innerhalb der Organisation entscheidet. Alle bürgerlichen Revolutionen haben die bürokratischen Strukturen des Absolutismus, wenn auch nur unter teilweiser Auswechslung des Personals, beibehalten; gleichwohl war der Übergang der obersten Entscheidungsgewalt an Repräsentanten des Bürgertums ein entscheidender Schritt [144]. Es erwies sich als schweres Hemmnis bei der Realisierung der Weimarer Verfassung, daß sie das Personal der alten Bürokratie übernommen hatte; das ändert indessen nichts an der Tatsache, daß infolge des Machtwechsels die bürokratische Arbeit unter anderen Vorzeichen stand.

Die für die Eigentumsfrage relevante Veränderung im Bereich der Großunternehmen liegt nicht in der bürokratischen Technostruktur, gleichgültig ob diese mehr hierarchisch oder kollegial gegliedert ist. Sie liegt vielmehr bei der von Berle und Means [145] herausgestellten Machtübernahme durch ein aus Nichteigentümern zusammengesetztes Management, das sich praktisch durch Kooptation ergänzt und nur noch insoweit an die Eigentümerinteressen gebunden ist, als es die übliche Dividende abzweigen muß. Dem entspricht die Verflüchtigung des nominellen Eigentums unter Hunderttausenden von Aktionären, deren Interesse sich auf Dividende, Wertzuwachs und Liquidität ihrer Geldanlage beschränkt, ohne daß darüber hinaus ein Einfluß auf die Entscheidungen der Unternehmensleitung ausgeübt wird. Die deutsche Aktienrechtsreform des Jahres 1965, die unter dem Leitmotiv stand, die Aktio-

---

[143] Wirtschaft und Gesellschaft, 2. Halbbd. 9. Kap. 2. Abschnitt. Vgl. auch *Luhmann* a. a. O. (Fn. 140).
[144] Vgl. die klassische Untersuchung von *Alexis de Tocqueville*, L'ancien régime et la Révolution, 1856.
[145] S. o. S. 175.

närsrechte zu stärken, hat an dieser von technischen und ökonomischen Faktoren bestimmten Entwicklung nichts ändern können.

Auch in diesem Bereich der Wirtschaft bleibt allerdings das Produktionsmitteleigentum Grundlage der betrieblichen Herrschaft, auch wenn diejenigen, die es ausüben, juristisch nicht Eigentümer sind. Allerdings ist ihr Mandat befristet und an den Gewinnen partizipieren sie nur zu einem geringen Teil durch Gehälter und Tantiemen. Dieser objektivierte, amtsmäßige Charakter ihrer Stellung unterscheidet sich von den Unternehmensleitungen der zahlenmäßig abnehmenden Großunternehmen, bei denen ebenso wie im wichtigen Bereich des mittleren und kleinen Gewerbes Entscheidungsbefugnisse und Eigentum noch beieinanderliegen.

b) Privates Belieben und öffentliche Interessen

Rechtfertigung für das Eigentümerbelieben an Produktionsmitteln war Adam Smiths Lehre, wenn jeder nur uneingeschränkt seinen eigenen Vorteil verfolge, werde es die unsichtbare Hand des Wettbewerbs so lenken, daß sich die Summe der Egoismen zum Gemeinwohl zusammenfüge. Freilich war das ein Gemeinwohl der besitzenden Schicht, das die lohnabhängige Bevölkerung als nicht zum Gemeinwesen gehörig ausschloß. Adam Smith bemerkte selbst, daß die Arbeit als Marktware unter ständigem Veräußerungszwang stand und die Löhne daher bei stagnierender Wirtschaft zum Existenzminimum tendierten [146]. In einer Demokratie, die sich überdies unter das Versprechen der Sozialstaatlichkeit gestellt hat, sollte es ausgeschlossen sein, das Gemeinwohl in dieser Weise nach den Interessen der besitzenden Schicht zu definieren. Adam Smiths Rechtfertigung des Eigentümerbeliebens vernachlässigt überdies den Faktor ökonomischer Macht, der zwar auch in der wirtschaftlichen Realität seiner Zeit eine Rolle spielte, jedoch erst infolge der Industrialisierung [147] und der damit ver-

---

[146] Wealth of Nations Buch I Kap. VIII.
[147] Die Prägung des bürgerlichen Eigentumsdenkens im vorindustriellen Zeitalter betonte auch *Peter Badura* in seinem Schlußvortrag vor dem 49. Deutschen Juristentag, Verhandlungen Bd. II Teil T S. 7.

bundenen Bewegung zu immer größeren Produktionseinheiten entscheidendes Gewicht erhielt. Im übrigen war das Adam Smithsche Gemeinwohl wie noch das Optimierungsdenken der modernen Nationalökonomie quantitativ-ökonomisch bestimmt; ökologische Gesichtspunkte und die ästhetische Qualität des überindividuellen Lebensraumes blieben und bleiben unberücksichtigt.

In der anglo-amerikanischen Common-Law-Tradition ist es eine Selbstverständlichkeit, daß die Bedeutung bestimmter Unternehmen die Interessen des Inhabers transzendiert; sie kommt im Begriff des "business affected with a public interest" zum Ausdruck und wurde vom Supreme Court auch während seines Kampfes gegen den New Deal nicht desavouiert [148]. In der neueren staatsrechtlichen Literatur hat insbesondere *Herbert Krüger* die öffentliche Bedeutung von Großunternehmen herausgestellt [149]. Die öffentliche Bedeutung von Unternehmen ist jedoch nur zum Teil Funktion der absoluten Größe, mag diese nach den Umsätzen oder der Zahl der Beschäftigten gemessen werden. Die regionale Bedeutung kleinerer Unternehmen entzieht sie ebenso der Sphäre privaten Beliebens wie die gesamtwirtschaftliche Bedeutung des Großunternehmens. – In der deutschen Rechtsordnung kommt diese Sonderstellung gewerblichen und industriellen Eigentums unterhalb der Verfassungsebene seit langem in den Vorschriften des Gewerberechts, des Nachbarrechts und des Enteignungsrechts zum Ausdruck. Der Regelungszweck dieser Vorschriften war nie entsprechend der liberalen Lehre auf Gesichtspunkte der Gefahrenabwehr in einem sicherheitspolizeilichen Sinn beschränkt; insbesondere die nachbarrechtlichen Vorschriften bringen mit aller Deutlichkeit die Begünstigung der industriellen gegenüber anderen Arten der Bodennutzung zum Ausdruck [150]. Das Bemühen, die industrielle Ent-

---

[148] S. o. S. 154.
[149] Allgemeine Staatslehre, 2. Aufl. Stuttgart usw. 1966, S. 407 ff.; vgl. auch *Ernst Benda*, Industrielle Herrschaft und sozialer Staat, Göttingen 1966, S. 305 ff.
[150] Vgl. dazu *Hans Schulte*, Eigentum und öffentliches Interesse, Berlin 1970, insbes. S. 148 ff.

wicklung mit außerökonomischen Lebensbedürfnissen abzustimmen, hat sich erst relativ spät in der Rechtsordnung niedergeschlagen.

c) Produktionsmittel und politische Gemeinwesen

Für das Eigentum an Produktionsmitteln ist schließlich bedeutsam, daß sich die Beziehungen zwischen Wirtschaft und Staat grundlegend gewandelt haben. Die Wünsche der vorindustriellen Marktwirtschaft und der im Industrialisierungsprozeß befindlichen Wirtschaft an den Staat konnten mehr oder weniger generell vorgetragen und zwischen den unterschiedlichen wirtschaftlichen Interessen in den Parlamenten abgestimmt werden [151]. Dazu gehörte insbesondere die Umgestaltung der überkommenen Rechtsordnung, die exekutive Sicherung des Eigentums, die Bereitstellung von Verkehrswegen und die Gestaltung der Außen- und Zollpolitik. Die Wünsche der modernen Industrie an die politischen Gemeinwesen gehen weiter und sind darüber hinaus spezifischer: Sie beginnen mit der Ausbildung geeigneten Personals, der Bereitstellung wissenschaftlicher und technischer Kenntnisse und spezifizieren sich auf das einzelne Unternehmen in Fragen der Standortwahl und Infrastruktur, der Produktionsplanung und des Absatzes [152]. In eben dem Maße haben sich die Aufgaben des Staates erweitert. Über seine Verpflichtung auf das gesamtwirtschaftliche Gleichgewicht [153] hat er praktisch die Verantwortung für die Gesamtnachfrage nach den Erzeugnissen des Industriesystems übernommen; darüber hinaus hat er ein ganzes Instrumentarium regional- und strukturpolitischer Maßnahmen entwickelt.

Kennzeichnend ist die intensive Zusammenarbeit des Staates und der Wirtschaft auf allen Ebenen, weil nur dadurch eine Abstimmung der beiderseits verfolgten Absichten und Planungen möglich

---

[151] So begrenzte *John Locke* die Staatstätigkeit auf den Erlaß genereller Gesetze und ihrer Ausführung. S. o. S. 82 Fn. 96.

[152] Dazu insbes. *John Kenneth Galbraith*, The New Industrial State, 1967, Kap. 26, 27.

[153] Art. 109 Abs. 2 GG und § 1 des Gesetzes zur Förderung der Stabilität und des Wachstums der Wirtschaft vom 8. 6. 1967, BGBl. I S. 1426.

ist. Diese Zusammenarbeit kommt einem ständigen Paktieren gleich [154], bei dem die Verhandlungsmacht der einen Seite auf ihrer Verfügung über die Investitionen beruht; auf der anderen Seite kommen die Vergünstigungen und Belastungen des staatlichen Instrumentariums zur Geltung. Diese gegenseitige Balancierung unterschiedlicher Machtmittel wird gelegentlich bereits als die reale Voraussetzung bürgerlicher Freiheit im Industriesystem angesehen [155]. An die Stelle gegenseitiger Abhängigkeit und Machtbalancierung kann indessen auch einseitige Abhängigkeit der politischen Gemeinwesen treten. Geradezu typisch ist die Abhängigkeit der Kommunen von Großunternehmen, soweit diese nicht wiederum politisch rückgebunden sind. Aber auch auf gesamtstaatlicher Ebene schwinden mit der internationalen Verflechtung der Wirtschaft und der Märkte die Einflußmöglichkeiten. Den Nationalstaaten entgleitet die Herrschaft über ihre Währungen. Deutliches Zeichen ihrer Überwindung sind die multinationalen Konzerne [156], deren

[154] Vgl. *Hans Peter Ipsen*, Rechtsfragen der Wirtschaftsplanung, in: Planung II, Hrsg. *Josef H. Kaiser*, 1966, S. 63 ff. Eine gute Übersicht bietet *Josef Schlarmann*, Formen einer herrschaftslosen und kooperativen Wirtschaftspolitik, Diss. Hamburg 1972. Vgl. auch *François Bloch-Lainé*, A la recherche d'une économie concerté, Paris 1964.

[155] Vgl. etwa *Helmut Schelsky*, Mehr Demokratie oder mehr Freiheit?, in: ders., Systemüberwindung, Demokratisierung und Gewaltenteilung, 3. Aufl. München 1973, S. 55 ff. Das ist nicht das Thema der Pluralismustheorie, die sich vorwiegend mit der Struktur des politischen Systems, d. h. eines der beiden Kontrahenten befaßt. Dabei wird allerdings auch erörtert, wie sich wirtschaftliche Macht direkt, gleichsam von innen her, in politische Macht umsetzt. Vgl. *Franz Nuscheler/Winfried Stefani*, Hrsg., Pluralismus, München 1972. Auch *Hermann Adam*, Pluralismus oder Herrschaft des Kapitals, in: Aus Politik und Zeitgeschichte B 14/74 S. 26 ff. mit Nachweisen zur Theorie der pluralistischen Demokratie.

[156] Vgl. dazu *Siegfried Mielke*, Multinationale Konzerne – Internationale Kapitalstrategie ohne Grenzen, in: Aus Politik und Zeitgeschichte B 11/1974; vgl. auch den Bericht der UN Abteilung für wirtschaftliche und soziale Angelegenheiten, abgedruckt in: Die Neue Gesellschaft, Heft 11/1973 und 1/1974; auch Bulletin der Europäischen Gemeinschaften Beilage 15/73: Die multinationalen Unternehmen und die Gemeinschaft.

d) *Produktionsmittel als Gegenstand der Eigentumsgewährleistung*

Geht man mit dem Bundesverfassungsgericht vom menschenrechtlichen und freiheitsverbürgenden Charakter der Eigentumsgewährleistung aus, so müßte es bei ihrer Anwendung auf Produktionsmittel durchaus einen Unterschied machen, ob es um die Zuordnung der Werkstatt und Werkzeuge eines Handwerkers, den selbstbewirtschafteten landwirtschaftlichen Betrieb oder generell den auf die Person des Unternehmers zugeordneten Betrieb begrenzter Machtentfaltung einerseits, oder um industrielle Großunternehmen andererseits geht. Wenn sich ein Unternehmen von der Person des Eigentümer-Unternehmers zu einem selbst regulierten sozialen System emanzipiert hat, wäre aufgrund eines menschenrechtlichen Verständnisses der Eigentumsgewährleistung zu fragen, ob nicht der unmittelbare Zugang zu den Produktionsmitteln kraft innerbetrieblicher Aufgabenteilung und Zuständigkeit eher den Schutz der Eigentumsgewährleistung beanspruchen kann, als die nur noch finanzielle Rückbindung an abwesende Eigentümer. Persönlichkeitsbezug hat der Zugang zu den Produktionsmitteln, ihre Ausgestaltung und der Ablauf der Produktion nur für die Arbeit„nehmer", die entgegen diesem Sprachgebrauch ihre Arbeit geben und dabei ihre Lernfähigkeit, Intelligenz und Kraft einsetzen, während Person und Fähigkeiten der abwesenden Eigentümer beliebig bleiben. Es liegt hier ähnlich wie bei der Konkurrenz von Mieter- und Vermieterrechten unter dem Gesichtspunkt der Eigentumsgewährleistung. Die Rechtsordnung hat allerdings einen Anspruch auf Zugang des Arbeiters zu den von ihm genutzten Produktionsmitteln bisher nicht entwickelt [157]; mit Rücksicht

---

[157] Im Gegensatz dazu hat nach deutschem Beamtenrecht der Beamte einen Anspruch auf statusgemäße Verwendung.

auf organisatorische Notwendigkeiten könnte er kaum über einen Anspruch auf angemessene Arbeit hinausgehen.

Produktionsmittel haben in der bisherigen Verfassungsrechtsprechung nur insofern eine Rolle gespielt, als sie durch hoheitlichen Zugriff ihren betrieblichen Zwecken entzogen wurden. Unter *enteignungsrechtlichen* Gesichtspunkten stellt sie das Bundesverfassungsgericht anderen Eigentumsobjekten gleich [158]. Unbeachtlich ist im Falle der direkten hoheitlichen Inanspruchnahme auch die Rechtsform des bisherigen Rechtsträgers. Das Bundesverfassungsgericht hat im Investitionshilfe-Urteil [159] genereller formuliert, auf das Grundrecht des Art. 14 GG könnten sich „seinem Wesen nach" auch juristische Personen berufen. Damit ist indessen nicht gesagt, daß sie in gleicher Weise wie natürliche Personen geschützt sind; ebensowenig folgt daraus, daß die rechtliche Ordnung der Produktionsmittel unter dem Gesichtspunkt der Eigentumsgewährleistung der gleichen Beurteilung unterliegt, wie persönliches Eigentum. Das wäre mit der Betonung des „Privat"eigentums, seiner Privatnützigkeit und Verfügungsfähigkeit als Schutzgegenstand in anderen Entscheidungen des Gerichts nicht zu vereinbaren [160]. Die Einbeziehung juristischer Personen als Grundrechtsträger im Investitionshilfe-Urteil bezog sich dementsprechend auf die hoheitliche Entziehung betrieblicher Mittel, nicht auf ihre innerbetriebliche Zurechnung.

Soweit der Sinn des Art. 14 Abs. 3 GG darin liegt, die Güterzuordnung auch gegenüber dem politischen Gemeinwesen dadurch zu stabilisieren, daß ein Entzug nur zur Realisierung einer höher bewerteten Nutzung und nur gegen Entschädigung zulässig ist, umfaßt er die Zuordnung wirtschaftlich genutzter Güter unabhängig von der Rechtsform ihres Trägers. Denn die Stabilität der Produktionsgüterzuordnung ist eine Vorbedingung für die effiziente Gestaltung der Produktion, gleichgültig ob diese Zuweisung kraft Eigentums oder kraft Zuständigkeit erfolgt. Auch bei volks-

---

[158] Erft-Verbandurteil vom 29. 7. 1959, BVerfGE 10, 89, 111.
[159] BVerfGE 4, 7, 17 (20. 7. 1954).
[160] So insbes. BVerfGE 31, 229, 240; ähnlich schon BVerfGE 14, 263, 277; 24, 367, 389 f.; 26, 215, 222.

eigenen Betrieben der Ostblockstaaten wird der einseitige Entzug von Produktionsmitteln kompensiert [161]. In diesem Sinne einer für die Effizienz von Staat und Wirtschaft förderlichen Abgrenzung beider Systeme kraft Verfassungsrecht interpretiert *Luhmann* die Eigentumsgewährleistung [162]. Für dieses Verständnis steht der Enteignungsschutz im Vordergrund; andere Aspekte der Eigentumsgewährleistung und insbesondere ihr menschenrechtlicher Gehalt kommen zu kurz.

Sieht man *eine* Funktion der Eigentumsgewährleistung in der verfassungsrechtlichen Grenzsicherung der aufeinander bezogenen, aber nach unterschiedlichen Prinzipien organisierten Handlungssysteme von Staat und Wirtschaft, so muß sie allerdings alle betrieblichen Mittel unabhängig von ihrer juristischen Form umfassen. Es kann keinen Unterschied machen, ob es um die Zurechnung von Maschinen, Warenvorräten oder flüssigen Geldmitteln geht. Die Ausdehnung der Eigentumsgewährleistung auf flüssige Geldmittel, die betriebliche „Liquidität" [163], wurde jedoch vom Bundesverfassungsgericht im Investitionshilfe-Urteil mit der Begründung abgelehnt, die Eigentumsgewährleistung schütze nicht das Vermögen gegen die Auferlegung von Geldleistungspflichten (BVerfGE 4, 7, 17). Darin ist mit Recht eine Inkonsequenz gesehen worden, denn Warenform und Geldform sind austauschbar, entscheidend ist die betriebliche Zuordnung.

Sieht man die Dinge so, dann gewinnt allerdings die Art des hoheitlichen Zugriffs entscheidende Bedeutung. Die konkreten rechtlichen Grenzen der staatlichen und wirtschaftlichen Handlungssysteme ergeben sich aus der gesamten Rechtsordnung; die Verfassung stellt nur eine Durchbrechung im Einzelfall unter die Voraussetzungen des Art. 14 Abs. 3 GG und verbindet sie mit

---

[161] Vgl. *Dieter Pfaff*, Das sozialistische Eigentum in der Sowjetunion, Köln 1965, S. 62.

[162] *Niklas Luhmann*, Grundrechte als Institution, Berlin 1965, S. 108 ff.; vgl. auch ders. Rechtssystem und Rechtsdogmatik, Stuttgart usw. 1974, S. 60 ff.

[163] Das hatte *Hans Peter Ipsen* gefordert: Rechtsfragen der Investitionshilfe, AöR Bd. 78 (1952/53) S. 284 ff., 317 ff.; vgl. ders. in der Besprechung des Urteils, AöR Bd. 91 (1966) S. 92.

einer Entschädigungspflicht [164]. Einer generellen Inanspruchnahme des Wirtschaftssystems durch den Staat steht diese verfassungsrechtliche Absicherung der jeweiligen Grenzziehung vor Durchbrechungen nicht entgegen. Die typische Form der generellen Inanspruchnahme ist die Steuer, eben weil das Geld, auf das die Steuer zugreift, überall in gleicher Form vorhanden ist; es gibt aber auch andere allgemeine Normen staatlicher Inanspruchnahme der Wirtschaft. Ein Beispiel ist die Bevorratungspflicht der Mineralölimporteure, die allerdings vom Bundesverfassungsgericht nicht als Inanspruchnahme des Produktivvermögens, vielmehr als Einschränkung der unternehmerischen Berufsfreiheit behandelt wurde [165].

e) Herrschaft in Unternehmen

Neben den einzelnen im Unternehmen gebundenen Gegenständen des Anlage- und Umlaufvermögens wird auch die organisatorische Gesamtheit des Unternehmens als Gegenstand des Eigentums und damit der Eigentumsgewährleistung angesehen [166]. In

---

[164] Zum Enteignungsbegriff s. u. S. 411.

[165] BVerfGE 30, 292, 334 f. *Ipsen* gab zu bedenken, daß „die Orientierung des Art. 14 GG ausschließlich an *vergegenständlichten* substantiellen Vermögenswerten heute ihre Rechtfertigung verloren" habe. In: Die gesetzliche Bevorratungspflicht Privater, AöR Bd. 90 (1965) S. 393 ff., 430.

[166] Vgl. dazu *Gunther Schwerdtfeger*, Unternehmerische Mitbestimmung der Arbeitnehmer und Grundgesetz, Frankfurt 1972, S. 217 ff.; *Peter Pernthaler*, Qualifizierte Mitbestimmung und Verfassungsrecht, Berlin 1972, S. 67 ff.; *Ernst Rudolf Huber*, Grundgesetz und wirtschaftliche Mitbestimmung, Stuttgart usw. 1970, S. 86 ff.; *Ulrich Scheuner*, Die überbetriebliche Ertragsbeteiligung der Arbeitnehmer und die Verfassungsordnung, Stuttgart usw. 1972, S. 37 ff.; *Herbert Krüger*, Paritätische Mitbestimmung. Unternehmensverfassung. Mitbestimmung der Allgemeinheit, Düsseldorf 1973, S. 37 ff.; *Peter Badura*, Der Eigentumsschutz des eingerichteten und ausgeübten Gewerbebetriebes, in: AöR Bd. 98 (1973) S. 153 ff. Die Entschädigungsrechtsprechung des Bundesgerichtshofes kann auch hier außer Betracht bleiben, weil ihre Anknüpfung an Art. 14 GG insofern akzidentiell ist.

der gesellschaftlichen und wirtschaftlichen Realität wird das industrielle Unternehmen nicht allein durch die vorhandenen Produktionsmittel gekennzeichnet, entscheidend sind vielmehr die Zuordnung einer höchst differenzierten Arbeitsorganisation, die Verbindungen zu Lieferanten, Kreditgebern und Abnehmern sowie die Einbindung in das politische System über Verbände und direkte Kontakte mit Politik und Verwaltung. Die Gesamtheit dieser Faktoren bestimmen den Ertragswert und damit auch den Marktwert eines Unternehmens, sofern es seiner Größenordnung nach überhaupt einen Marktwert haben kann.

Die deutsche Rechtslehre behandelt das Unternehmen erst seit Beginn dieses Jahrhunderts als einheitliches Rechtsobjekt, und zwar mit der altfränkisch klingenden Bezeichnung als „eingerichteten und ausgeübten Gewerbebetrieb" [167]. Die angelsächsische Rechtslehre entwickelte entsprechende Vorstellungen bereits mehr als zweihundert Jahre früher [168]; in der Rechtspraxis, insbesondere der deutschen Handelsstädte, dürfte allerdings das Unternehmen gerade auch außerhalb des gewerblichen Bereichs schon lange vor seiner Aufnahme in den Begriffshimmel der juristischen Dogmatik in wesentlichen Fragen als Rechtseinheit behandelt worden sein. Das Recht am eingerichteten und ausgeübten Gewerbebetrieb wurde zur Begründung von Schadensersatz- und Abwehransprüchen im Deliktrecht entwickelt, und zwar zuerst zur Abwehr einer unberechtigten Inanspruchnahme gewerblicher Schutzrechte. Erst später gewann dieses judiziell entwickelte „absolute" Recht auch in der gesellschaftspolitischen Auseinandersetzung Bedeutung, indem es zur Begründung von Abwehr- und Schadensersatzansprüchen bei Streiks und Boykottmaßnahmen herangezogen wurde [169]. Auch insoweit war das anglo-amerikanische Recht vorangegangen, wäh-

---

[167] Dazu und zum folgenden: *Thomas Raiser*, Das Unternehmen als Organisation, Berlin 1969.

[168] S. o. S. 135.

[169] Vgl. *Thomas Raiser* a. a. O. (Fn. 167); *Rudolf Wiethölter*, Zur politischen Funktion des Rechts am eingerichteten und ausgeübten Gewerbebetrieb, Kritische Justiz 1970 S. 121 ff.; *Herbert Buchner*, Die Bedeutung des Rechts am eingerichteten und ausgeübten Gewerbebetrieb für den deliktsrechtlichen Unternehmensschutz, München 1971.

rend in Deutschland noch im 19. Jahrhundert der Streik als polizeirechtliches Problem behandelt wurde. Soweit zivilrechtliche Folgen in Frage standen, hatte bis zur Entwicklung des Rechts am eingerichteten und ausgeübten Gewerbebetrieb der Tatbestand der vorsätzlichen sittenwidrigen Schädigung als Grundlage gedient [170].

Die deliktsrechtliche Gleichstellung des Rechts am eingerichteten und ausgeübten Gewerbebetrieb mit dem Sacheigentum hat das Bundesverfassungsgericht in einer der ersten Entscheidungen zur Eigentumsgewährleistung, dem sogenannten Schornsteinfeger-Urteil vom 30. 4. 1952 (BVerfGE 1, 264, 277), nachvollzogen, ohne allerdings, und das wird oft übersehen, damit die rechtliche Zuordnung von Unternehmen generell zum Gegenstand der Eigentumsgewährleistung zu machen. Im übrigen hat das Gericht in späteren Entscheidungen diese Einbeziehung wieder in Frage gestellt.

Im Schornsteinfeger-Urteil ging es um die gesetzliche Festsetzung einer Altersgrenze für Bezirksschornsteinfeger, die bis dahin ihre mit Kehrzwang und Kehrmonopol ausgestatteten Bezirke auf Lebenszeit innehatten; in der Festsetzung einer Altersgrenze, mit deren Erreichen ihre Bestellung als Bezirksschornsteinfeger erlosch, sahen sie einen unzulässigen Eingriff in ihren durch Art. 14 GG geschützten Gewerbebetrieb. In der Auseinandersetzung mit dieser Argumentation stellte das Bundesverfassungsgericht „die Sach- und Rechtsgesamtheit, als die sich der Gewerbebetrieb darstellt, dem reinen Sacheigentum" gleich. Die Gleichstellung umgreift jedoch nicht das Unternehmen schlechthin; das Gericht qualifizierte sie durch Erwägungen, die nur für den auf seinen Inhaber bezogenen handwerklichen und gewerblichen Betrieb vorindustrieller Größenordnung Geltung haben. So spricht es von einem Betrieb, „den der Inhaber sich durch seine Arbeit, durch seine persönlichen Fähigkeiten und vor allem auch durch Einsatz seines Kapitals geschaffen hat". Es entspreche „den heute allgemein herrschenden gesellschaftlichen Auffassungen, das, was der Einzelne sich durch eigene Leistung und eigenen Kapitalaufwand erworben habe, im besonderen

---

[170] § 826 BGB und die vorangehenden gemeinrechtlichen Normen. Vgl. dazu *Plancks* Kommentar zum BGB, 4. Aufl. 1928 § 826 Anm. 8.

Sinne als sein Eigentum anzuerkennen". Die Betonung der eigenen Leistung und des Einsatzes persönlicher Fähigkeiten begrenzt die Tragweite dieser Entscheidung auf den Unternehmerbetrieb.

Allerdings beruht auch der Unternehmerbetrieb auf den Leistungen aller Betriebsangehörigen, ebenso werden Vorleistungen der politischen Gemeinwesen und der Gesellschaft in Anspruch genommen; die Mitarbeit des Unternehmers rechtfertigt daher kaum die Zurechnung des Unternehmens als Alleineigentum. Ebenso problematisch ist es, wenn das Bundesverfassungsgericht neben der Leistung des Inhabers den Kapitaleinsatz zum maßgeblichen Faktor für die Zurechnung als Eigentum erklärt, da die Fremdfinanzierung der Unternehmen bei weitem hinter der Eigenfinanzierung zurückgetreten ist.

Im Grunde bedeutet diese Argumentation den Versuch, an John Lockes Eigentumslehre unter den völlig veränderten Bedingungen des industriellen Zeitalters festzuhalten. An die Stelle des Bodens, der durch die Urbarmachung Eigentum wird, tritt der gewerbliche Betrieb. Kapital ist die vergegenständlichte Arbeit des besonders Fleißigen und Sparsamen. So rechtfertigen der Einsatz von Arbeit und Kapital die Zurechnung des Betriebes als Eigentum. Voraussetzung dieser Konstruktion ist allerdings ebenso wie bei Locke ein doppeltes Verständnis der Arbeit. Die eine Arbeit, nämlich die sogenannte selbständige, begründet als Emanation der Persönlichkeit Anspruch auf das Arbeitsergebnis, während die andere Arbeit, nämlich die angeblich unselbständige, als Ware behandelt wird und daher dem gehört, der sie durch Arbeitsvertrag erwirbt. Für John Locke war das noch eine Selbstverständlichkeit, aber schon in seinem System ist diese Annahme nur schwer mit der Vorstellung der fundamentalen Gleichheit aller Menschen zu vereinbaren [171]. Seit der Manufaktur-Periode hat sich im übrigen der Charakter der Arbeit gründlich gewandelt. Die Lohnarbeit hat bei weitem den Erwerb für eigene Rechnung überflügelt und umfaßt alle Bildungsschichten der Bevölkerung. Oft ist sie selbständiger, verantwortungsvoller und persönlichkeitsbezogener als die sogenannte selbständige Arbeit. Gleichzeitig hat sich die Auffas-

---

[171] S. o. S. 83.

sung vom Arbeitsvertrag in einer Weise entwickelt, die eine Gleichsetzung mit der Warenveräußerung nicht mehr gestattet. Mit der Lockeschen Lehre läßt sich daher das Eigentum an Unternehmen nicht mehr rechtfertigen. Es würde auch niemand die Behauptung wagen, daß die seit der Währungsreform und vorher durch die Arbeit der ganzen erwerbstätigen Bevölkerung geschaffenen Produktionsmittel deswegen den Unternehmenseigentümern gehörten, weil diese kraft Arbeitsvertrag die aufgewendete Arbeit der Nichteigentümer erworben hätten. Dem wäre gleichbedeutend, daß die überwiegende Mehrheit der Nation ihre wichtigsten Talente und Leistungen einer Minderheit unwiderruflich veräußert hat. Für die Begründung des Privateigentums an Unternehmen bleibt daher schließlich nur die utilitaristische Rechtfertigung [172], die indessen aus dem Verfassungsrecht in den Bereich gesellschaftlicher Zweckmäßigkeit und damit der politischen Entscheidung führt. Auch wenn wirtschaftliche Effizienz mit der Eigentumszurechnung verbunden sein sollte, der sich gerade die Großunternehmen entzogen haben, ist sie keine Verfassungsnorm, auch nicht im Sinne des Wachstumsfetischismus der traditionellen Volkswirtschaftslehre [173]; eher noch sind es unter dem Gesichtspunkt der Menschenwürde und der Sozialstaatlichkeit die Lebensbedürfnisse der lohnabhän-

---

[172] Wegen ihrer radikalen Implikationen hatte *Lockes* Begründung des Eigentums aus Arbeit in England kaum Anklang gefunden. *Hume* setzte schon wenig später an ihre Stelle die utilitaristische Rechtfertigung, die im 19. Jahrhundert durch *Jeremy Bentham* popularisiert wurde: Die Möglichkeit des Eigentumserwerbs und seine Sicherheit werden als wesentlicher Stimulus produktiver Arbeit herausgestellt. Vgl. dazu *Richard Schlatter*, Private Property. The History of an Idea, London 1951, S. 239 ff.

[173] Das gesamtwirtschaftliche Gleichgewicht des Art. 109 Abs. 2 GG wird zwar vielfach unter Hinweis auf § 1 des Stabilitätsgesetzes in diesem Sinne verstanden. Die anfängliche Euphorie mancher Juristen, damit justiziable Maßstäbe der Wirtschaftspolitik erhalten zu haben, ist indessen einer gewissen Ernüchterung gewichen. Wirtschaftliches Gleichgewicht ist jedenfalls nicht notwendig gleichbedeutend mit Wachstum. Vgl. dazu die demnächst im Nommos Verlag, Baden-Baden, erscheinende Schrift von *Gert Nicolaysen*, Die Normierung wirtschaftspolitischer Zielsetzungen und die Grenzen ihrer Justiziabilität.

gigen Bevölkerungsmehrheit, die zwar am wirtschaftlichen Wachstum partizipiert, deren Lebensbedürfnisse indessen zunehmend von den negativen Folgen des Wachstums betroffen werden, denen sie weniger als die begüterte Minderheit ausweichen kann.

In zwei späteren Entscheidungen stellte das Bundesverfassungsgericht die Einbeziehung der Unternehmen in die Eigentumsgewährleistung wieder in Frage. Im ersten Fall ging es um die Erstreckung der allgemeinen Ladenschlußregelung auf eine Bahnhofsapotheke [174]; der Beschwerdeführer hatte geltend gemacht, diese Maßnahme würde seinen Umsatz um 60 Prozent verringern, sie komme daher einer Existenzvernichtung gleich. Das Bundesverfassungsgericht lehnt es ab, sich mit dieser Behauptung auseinanderzusetzen. Es referiert lediglich, „Rechtsprechung wie Rechtslehre" nähmen an, „daß der eingerichtete und ausgeübte Gewerbebetrieb den Eigentumsschutz des Art. 14 GG genieße", um gleich anschließend dahin einzuschränken, daß nur ein Eingriff in die „Substanz" des Gewerbebetriebes als „Sach- und Rechtsgesamtheit" Art. 14 GG verletzen „könnte" [175]. Ein Substanzeingriff jedenfalls sei die Ladenschlußregelung nicht; „es würde sich", wie das Bundesverfassungsgericht im Konjunktiv fortfährt, „allen-

---

[174] BVerfGE 13, 225, 229 (29. 11. 1961).
[175] Mit Urteil vom 28. 1. 1957, BGHZ 23, 157 (Verkaufsbarackenfall), erweiterte der Bundesgerichtshof den Eigentumsschutz des Gewerbebetriebes über die „Substanz" hinaus auf geschäftliche Verbindungen, Kundenstamm, Kontakt nach außen. Allerdings lösen nach dieser Rechtsprechung nur solche Eingriffe den Entschädigungsanspruch nach Enteignungsgrundsätzen aus, die sich als „Sonderopfer" darstellen. Maßgeblich dafür ist die Verletzung eines subjektiven Rechts. Im Urteil vom 31. 1. 1966, BGHZ 45, 150 (Elbeleitdamm) betont der Bundesgerichtshof, „daß Eingriffe in bloße Erwerbsmöglichkeiten, Gewinnaussichten, Hoffnungen oder Chancen noch keine Enteignung darstellen". Wenn es dann weiter unten heißt, daß die Absperrung der Fischer von ihrem Fanggebiet durch den Dammneubau keinen „Eingriff in den Betrieb" (S. 158) darstelle, wird der Schutz all dessen, „was in seiner Gesamtheit den wirtschaftlichen Wert des konkreten Betriebes ausmacht" (S. 155) wieder zurückgenommen.

falls um eine Bestimmung von Inhalt und Grenzen des Eigentums handeln". Ob die Apotheke als Gewerbebetrieb überhaupt Verfassungseigentum war, blieb damit offen. Im zweiten vom Bundesverfassungsgericht entschiedenen Fall [176] hatte sich ein Apotheker dagegen gewandt, daß seine Betriebserlaubnis für eine schon vorhandene Apotheke nach dem Bundesapothekengesetz vom 20. 8. 1960 mit dem Erteilen der Betriebserlaubnis für eine weitere Apotheke, die er übernehmen wollte, erlosch. Gegenüber der Argumentation aus Art. 14 GG läßt das Bundesverfassungsgericht offen, ob die Betriebserlaubnis „als solche" oder vielleicht der „werbende Betrieb, also die Verbindung der Betriebserlaubnis mit den Gegenständen, die zur Führung des Betriebes notwendig sind", Eigentumsschutz genieße. Jedenfalls werde durch das Verbot, mehrere Apotheken zu betreiben, nicht das Eigentum an einer schon vorhandenen Apotheke verletzt.

Das Bundesverfassungsgericht hat zwar die argumentative Einbeziehung des Unternehmens in die Eigentumsgewährleistung durch das Schornsteinfeger-Urteil nie ausdrücklich widerrufen; neben den beiden das Apothekenwesen betreffenden Urteilen, welche die Einbeziehung in Frage stellen, gibt es jedoch andere, die schwerlich mit der Einbeziehung zu vereinbaren sind. So ist nach dem bereits erwähnten Investitionshilfe-Urteil (BVerfGE 4, 7, 17) die Liquidität eines Unternehmens nicht durch Art. 14 geschützt, und im ebenfalls erwähnten Urteil zum Mineralölbevorratungsgesetz (BVerfGE 30, 292, 334 f.) werden die mit dem Unternehmen verbundenen Gewinnerwartungen ausdrücklich in den Schutz des Art. 12 GG (Gewerbefreiheit) verwiesen. Wenn aber Gewinnerwartung und Disposition über den entstandenen Gewinn nicht zum Unternehmenseigentum gerechnet werden, bleibt von diesen nur das Bündel ohnehin nach Maßgabe des Art. 14 GG gewährleisteter Einzelrechte übrig.

Zu beachten ist schließlich, daß nach der Rechtsprechung des Bundesverfassungsgerichts Art. 14 GG nicht Eigentum schlechthin, sondern *Privat*eigentum gewährleistet; Kennzeichen sei Privatnützigkeit und grundsätzliche Verfügungsfähigkeit über das Rechts-

---

[176] BVerfGE 17, 232, 247 f. (13. 2. 1964).

objekt [177]. Unternehmen, die auf der Beschäftigungsseite oder durch ihre Produktion öffentliche Bedeutung erlangen [178], können im Hinblick auf verfassungskräftige Rechte der Beschäftigten und der Allgemeinheit nicht Privateigentum eines beliebigen Inhabers sein.

Für Großunternehmen hat im übrigen das Bundesverfassungsgericht im Feldmühle-Urteil vom 7. 8. 1962 (BVerfGE 14, 263) die Eigentümerrechte der Aktionäre hinter der volkswirtschaftlichen Bedeutung zurücktreten lassen. Es ging um die Übernahme der Feldstoff AG durch eine andere mit 79 % an ihrem Aktienkapital beteiligte und eigens zu diesem Zweck gegründete Aktiengesellschaft, die nach dem Umwandlungsgesetz in der damals geltenden Fassung den Ausschluß und die Geldabfindung der Minderheitsaktionäre herbeiführte. Auf Vorlage des Registergerichtes hatte das Bundesverfassungsgericht zu prüfen, ob die Umwandlung der Minderheitsaktien in Abfindungsansprüche mit der Eigentumsgewährleistung zu vereinbaren sei. Das Bundesverfassungsgericht spaltete die mit der Aktie verbundenen Rechte in einen mitgliedschaftlichen und einen vermögensrechtlichen Teil (S. 276). Den Schutz des Art. 14 GG genieße die Aktie als Vermögensrecht [179], dessen Wesen für den Minderheitsaktionär durch das Interesse an Rendite und Kurs bestimmt sei (S. 283). Daß der Gesetzgeber

---

[177] So BVerfGE 31, 229, 240; ähnlich schon 14, 263, 277; 24, 367, 389 f.; 26, 215, 222.

[178] S. o. S. 348. *Herbert Krüger* kritisiert das Abstellen auf „Privat"-eigentum als sprachlichen Lapsus: Paritätische Mitbestimmung. Unternehmensverfassung. Mitbestimmung der Allgemeinheit, Düsseldorf 1973, S. 38 f. Es entspricht jedoch der allgemeinen Charakterisierung des Verfassungseigentums seitens des Gerichts durch Sachherrschaft, Bedeutung für die Persönlichkeitsentfaltung und Menschenwürde.

[179] S. 277. Vgl. auch schon BVerfGE 4, 7, 26: „Im Wirtschaftsleben wird die Aktie jedoch überwiegend als bloßes Vermögensrecht angesehen." Daher verstoße die Zwangszuteilung von Aktien im Rahmen der Investitionshilfe nicht gegen die negative Vereinigungsfreiheit. Beim Urheberrecht trennte der Erste Senat das persönliche und das vermögensrechtliche Element. Nur das letztere unterliege dem Schutz des Art. 14 GG, BVerfGE 31, 229, 238 f.

anstelle dieses Rechts bei einer von mindestens ¾ des Aktienkapitals beschlossenen Umwandlung einen Abfindungsanspruch treten lasse, sei aus volkswirtschaftlichen Gründen (S. 282) gerechtfertigt und mit der Eigentumsgewährleistung zu vereinbaren.

Anders liegen die Akzente in der Entscheidung des Zweiten Senats zur lex Rheinstahl vom 7. 5. 1969 (BVerfGE 25, 371). Hier heißt es, daß der vermögensrechtliche Aspekt der Aktie nicht von ihrer Bedeutung als Mitgliedschaftsrecht getrennt werden könne (S. 407). Da das streitige Gesetz die paritätische Mitbestimmung der Arbeitnehmer nur aufrechterhalten, nicht aber neu eingeführt habe, sei „die Position der Eigentümer" nicht verschlechtert worden. Die Eigentumsgewährleistung sei nicht verletzt, unbeschadet der nicht zu entscheidenden Frage, ob die qualifizierte Mitbestimmung als solche mit Art. 14 GG in Einklang stehe. Ob das Aktieneigentum als Rechtsinstitut mit der paritätischen Mitbestimmung zu vereinbaren ist, wird hier nicht geklärt. Den vom Aktienrecht postulierten Einfluß der Aktionäre im Aufsichtsrat behandelte das Gericht allerdings als Schutzgut der Eigentumsgewährleistung.

Da der Zweite Senat dem Argument aus Art. 14 GG in der Rheinstahl-Entscheidung nicht stattgab, konnte er es mit diesen kurzen Bemerkungen bewenden lassen, ohne sich mit den abweichenden Erwägungen des Ersten Senats auseinandersetzen zu müssen. Ansatzpunkte hätten die Betonung des vermögensrechtlichen Charakters der Aktie im Feldmühle-Urteil und die Zurückhaltung des Ersten Senats hinsichtlich der Einbeziehung des Unternehmens in die Eigentumsgewährleistung in den beiden Apotheken-Urteilen sein können. Denn wenn das Unternehmen selbst nicht Eigentumsgegenstand ist, können auch aktienrechtlich postulierte Rechte auf Mitwirkung bei seiner Willensbildung nicht Eigentum sein. Wenn man die Art.-14-Frage als entscheidungserheblich angesehen hätte, wäre schließlich und vor allem zu prüfen gewesen, ob die Behandlung eines Großunternehmens und der Rechte auf Beteiligung an seiner Willensbildung mit der wiederholten und prinzipiellen Betonung des Privateigentums und der Privatnützlichkeit als Schutzobjekt des Art. 14 GG seitens des Ersten Senats zu vereinbaren ist. Denn wenn man auch den Vermögenswert der Aktie des Kleinaktionärs in ähnlicher Weise wie andere der Lebensvorsorge gewidmete Vermögensrechte als etwas – allerdings gesellschaftlich vermitteltes – Privates bezeichnen und zurechnen kann, so entzieht sich mit der Willensbildung des Großunternehmens auch ein Mitwirkungsrecht dem privaten Bereich. In den staatlichen Instanzen ist seit langem die Trennung von amtlicher Entscheidung und privatem Interesse des Entscheidungsträgers anerkannt; ihrer Sicherung dienen u. a. die strafrechtlichen Bestechungsverbote. Faktisch ist auch das Unternehmen von öffentlicher Bedeutung dem privaten Interessenkreis seiner Geldgeber entwachsen. Dieser Tatbestand harrt der Anerkennung und Sanktionierung durch die Rechtsordnung. Soweit Art. 14 GG das Privateigentum schützt, ist dieses Grundrecht jedenfalls nicht berührt.

Wenn man aber meint, daß von Managern oder Großaktionären ausgeübte industrielle Herrschaft von diesem Verfassungsartikel geschützt werde, dann sollte man es aufgeben, von einem Menschenrecht und seiner Verbindung zur Persönlichkeitsentfaltung zu sprechen. Die Funktion des Grundrechtes entspricht dann den Absicherungen feudaler Herrschaft, welche die englischen Barone in Gestalt der Magna Charta des Jahres 1215 dem englischen König abgerungen hatten [180]. Arbeiter und Angestellte wären in ähnlicher Weise Zubehör des Kapitals, wie der villanus der Magna Charta Zubehör des von ihm bearbeiteten Bodens war, wenngleich ihnen jedenfalls rechtlich, wenn auch nicht immer faktisch, die Abzugsfreiheit zusteht.

6. Die Ergebnisse geistiger Arbeit

In der Juristensprache werden als „Immaterialgüterrechte" oder auch als „geistiges Eigentum" Rechte bezeichnet, die dem Inhaber die ausschließliche oder bevorrechtigte wirtschaftliche Verwertung der Ergebnisse geistiger Arbeit sichern. Prototypen sind einerseits das Urheberrecht an Werken der Literatur, Wissenschaft und Kunst und andererseits der Patentschutz gewerblich nutzbarer Erfindungen.

---

[180] S. o. S. 19.

Die im juristischen Sprachgebrauch üblichen Sammelbezeichnungen dieser Rechte enthalten Anspielungen auf die rechtliche Zuordnung von Sachgütern, die nur allzuleicht das wesentlich Unterschiedliche überdecken [181]. Das persönliche Sacheigentum ordnet einen körperlichen Gegenstand ausschließlich einer oder mehreren Personen zu, weil er nur unter dieser Vorbedingung in sinnvoller Weise genutzt werden kann. Die Nutzung der immateriellen Produkte geistiger Arbeit ist nicht in dieser Weise räumlich-physikalisch beschränkt: Sie können von einer unbegrenzten Zahl von Personen aufgenommen werden, ohne dadurch in irgendeiner Weise ihrem Schöpfer verlorenzugehen. Nur solange dieser seine Gedanken für sich behält, unterliegen sie seiner ausschließlichen und beliebigen Verfügung in einer Weise, die man der rechtlichen Zuordnung des persönlichen Sacheigentums gleichsetzen könnte. Zum „geistigen Eigentum" im Rechtssinne werden die Produkte geistiger Arbeit indessen erst durch ihre Entäußerung. Es ist gerade ein Ziel der von der Rechtsordnung gewährten Schutzrechte, den Schöpfer zur Entäußerung seiner Gedanken zu veranlassen und sie damit dem kulturellen und technischen Fortschritt zugänglich zu machen. Anreiz sind die bei der Veräußerung zu erzielenden Entgelte; die Schutzrechte beziehen sich daher vor allem auf die marktmäßige Verwertung und nur sekundär auf die persönlichkeitsbezogene Zuordnung. Kennzeichnend für das sogenannte geistige Eigentum sind Vermarktungsmonopole, die bei urheberrechtlich geschützten Werken erst 70 Jahre nach dem Tode des Urhebers erlöschen, während der Patentschutz auf 18 Jahre befristet ist.

Für das juristische Verständnis der Eigentumsgewährleistung haben die Immaterialgüterrechte vor allem deshalb Bedeutung gewonnen, weil das Bundesverfassungsgericht in mehreren Entscheidungen die Eigentumsgewährleistung als Maßstab der gesetz-

---

[181] Vgl. hierzu und zum Folgenden *Fritz Machlup,* Art. Patentwesen I und II in: Handwörterbuch der Sozialwissenschaften, Bd. 8, Tübingen 1964, S. 231 ff.; auch *Thilo Ramm,* Einführung in das Privatrecht. Allgemeiner Teil des BGB, München o. J. G 137 ff., L S. 320 ff.; *Heinrich Hubmann,* Geistiges Eigentum, in: *Bettermann/Nipperdey/Scheuner,* Die Grundrechte, Bd. 4/1, Berlin 1960, S. 1 ff.

lichen Ausgestaltung des Urheberrechts heranzog[182] und unlängst auch eine Neuregelung des Patentrechts unter diesem Blickwinkel prüfte[183].

In der Grundsatzentscheidung vom 7. 7. 1971 (BVerfGE 31, 229) ging es um den unentgeltlichen Nachdruck von Teilen bereits veröffentlichter Werke in für den Schulgebrauch bestimmten Sammelbänden. Diese Einschränkung der dem Urheber zustehenden Verwertungsrechte hatte das Urheberrechtsgesetz des Jahres 1965 aus dem bis dahin geltenden Recht übernommen. Im Hinblick auf ihren Vermögenswert ordnet das Gericht die Verwertungsrechte des Urhebers dem Gewährleistungsbereich des Art. 14 GG zu, während die Verfügung des Urhebers über das entstehende Werk bis zur Veröffentlichung und andeutungsweise auch die nach der Veröffentlichung bestehenden Urheberpersönlichkeitsrechte in den Schutzbereich der Kunstfreiheit (Art. 5 Abs. 3 GG) verwiesen werden (S. 283 f.). Der Akzent liegt deutlich anders, als bei den Entscheidungen zum Sacheigentum: Betont dort das Bundesverfassungsgericht die Sicherung der „personenhaften Bezogenheit" des Eigentumsgegenstandes als Anliegen des Art. 14 GG, so wird hier „die wirtschaftliche Verwertung" des Werkes dem „typische(n) Schutzbereich der Eigentumsgarantie des Art. 14 GG" zugerechnet (S. 239). Der Urheber habe „nach dem Inhalt der Eigentumsgarantie grundsätzlich einen Anspruch darauf, daß ihm der wirtschaftliche Nutzen seiner Arbeit zugeordnet" werde (S. 243). Mit der Eigentumsgewährleistung sei es zwar zu vereinbaren, daß Teile eines Werkes ohne Zustimmung des Urhebers für Schulbücher verwendet werden, er müsse dafür jedoch eine angemessene Vergütung erhalten. Durch den Ausschluß dieses Vergütungsanspruchs sei das Grundrecht aus Art. 14 Abs. 1 S. 1 GG verletzt.

Diese Entscheidung ist schon allein dadurch bemerkenswert, daß sie zu den insgesamt drei Entscheidungen des Gerichtes gehört, die bis Anfang 1974 dem Argument aus Art. 14 GG stattgaben. Dar-

[182] Beschlüsse vom 7. 7. 1971, BVerfGE 31, 229, 248, 255, 270 und Beschluß vom 8. 7. 1971, BVerfGE 31, 275. Dazu *Maunz*, Das geistige Eigentum in verfassungsrechtlicher Sicht, in: Gewerblicher Rechtsschutz und Urheberrecht 1973 S. 107 ff.

[183] Beschluß vom 15. 1. 1974, BVerfGE 36, 281.

über hinaus verleiht sie Art. 14 GG einen dynamischen Aspekt, der im Gegensatz zum allgemeinen Verständnis dieser Verfassungsnorm als Sicherung des jeweiligen Status quo steht [184]. Grundlage dieser Dynamik ist wiederum der implizite Rückgriff auf Lockes Begründung des Eigentums aus der mit einer Sache vermischten Arbeit, die vom Gericht zu der Forderung abgewandelt wird, der schöpferischen Arbeit ihren Nutzen zuzuordnen. Der Bezug dieser naturrechtlichen Wendung zu der konkret zu entscheidenden Konfliktsituation ist allerdings nicht ganz leicht zu erfassen. Der auf dem Markt zu erzielende Veräußerungsgewinn konnte offenbar nicht gemeint sein, da es bei der Aufnahme urheberrechtlich geschützter Werkteile in Schulbüchern gerade um die Vergütung einer den Marktgesetzen nicht unterliegenden Nutzung ging. Der erzieherische Nutzen des Werkausschnittes kann kaum als „wirtschaftlich" bezeichnet werden; jedenfalls läßt er sich nicht in Geld quantifizieren. Der Gesetzgeber wich dieser Problematik aus, indem er durch den nach der Entscheidung des Bundesverfassungsgerichts eingefügten § 46 Abs. 4 UrhG dem Urheber eine „angemessene Vergütung" zusagte.

Im verfassungsrechtlichen Gewand der Eigentumsgewährleistung wird so die alte Frage nach dem gerechten Lohn wieder aufgeworfen. Die Marktlehre hatte diese Frage als mittelalterliches Gerümpel über Bord geworfen; bei der Frage nach der Entlohnung geistiger Arbeit taucht sie wieder auf, weil offenbar die Maßstäbe des Marktes versagen. Der Dynamik der verfassungsrichterlichen Forderung, den wirtschaftlichen Wert der Arbeit dem Arbeitenden zuzuordnen, darf im übrigen nicht überschätzt werden. Ihr spezifischer Zweck war es, den Urhebern von Musikwerken, die ausschließlich für den Schulunterricht komponiert sind, überhaupt eine Vergütung zu sichern (S. 247).

In der zweiten Entscheidung zum Urheberrechtsgesetz vom 7. 7. 1971 (BVerfGE 31, 248) lehnte es das Gericht ab, einen Vergü-

---

[184] In BVerfGE 20, 31, 34 hieß es noch bezüglich des nichteinklagbaren Ehemäklerlohnes, Art. 14 Abs. 1 GG schütze „lediglich Rechtspositionen, die einem Rechtssubjekt bereits zustehen". Ähnlich BVerfGE 30, 292, 334 (Mineralölbevorratung).

tungsanspruch des Urhebers auch für die Ausleihe seines Werkes durch öffentliche, nicht Erwerbszwecken dienende Leihbüchereien aus Art. 14 GG herzuleiten [185]. Der Gesetzgeber müsse dem Urheber „eine angemessene Verwertung" ermöglichen; dazu gehöre nicht „jede nur denkbare wirtschaftliche Verwertungsmöglichkeit". Der naturrechtliche Elan ist gegenüber der ersten Entscheidung, die im übrigen am gleichen Tage verkündet wurde, merklich zurückgenommen. Betonte das Gericht in der ersten Entscheidung den Zusammenhang der Eigentumsgewährleistung mit der persönlichen Freiheit (des Eigentümers), so wird in dieser Entscheidung den vermögensrechtlichen Interessen des Urheber-Eigentümers die Freiheit der anderen gegenübergestellt, allerdings in der Form der Eigentümerfreiheit, mit dem „gegen Entgelt erworbenen Werkstück nach Belieben verfahren zu dürfen" (S. 252). Nach einer weiteren Entscheidung von diesem Tage verletzt auch die unentgeltliche Aufnahme von Schulfunksendungen für Schulzwecke nicht das Eigentumsgrundrecht des Urhebers, dessen Inhalt hier dahin umschrieben wird, daß ihm „die vermögenswerten Befugnisse am geschützten Werk in angemessener Weise" zugeordnet werden müßten (BVerfGE 31, 270, 273).

Die halbherzige Anknüpfung an die Eigentumslehre des bürgerlichen Naturrechts ist kaum geeignet, den Entscheidungen des Bundesverfassungsgerichts vom 7. 7. 1971 eine über das Urheberrecht hinausgehende Bedeutung zu verleihen. Um so mehr hat diese Eignung die ebenfalls zum neuen Urheberrecht ergangene Entscheidung des Gerichts vom folgenden Tag, in der das Bundesverfassungsgericht es ablehnte, die Eigentumsgewährleistung als Festschreibung des vermögensrechtlichen Status quo zu verstehen [186]. Die bisherigen Bearbeiter-Urheberrechte ausübenden Künstler waren durch das Urheberrechtsgesetz vom 9. 9. 1965 in Leistungsschutzrechte umgewandelt und ihre Schutzfrist von 50 Jahren auf 25 Jahre nach dem Tode des Künstlers verkürzt worden. Das

[185] Sog. „Bibliotheksgroschen". Zum Sachproblem und der gegenwärtigen Regelung vgl. *Heinrich Hubmann*, Urheber- und Verlagsrecht, 3. Aufl., München 1974, S. 157 ff.

[186] BVerfGE 31, 275; bestätigt durch Beschluß vom 15. 1. 1974, BVerfGE 36, 281, anläßlich einer Änderung des Patentrechtes.

Gericht führte aus, daß die Eigentumsgewährleistung nicht schon wegen der Verkürzung vorhandener Rechtspositionen verletzt sei. Die Eigentumsgewährleistung bedeute nicht die „Unantastbarkeit einer Rechtsposition für alle Zeiten". Nach Maßgabe des Art. 14 Abs. 1 S. 2 GG habe der Gesetzgeber einerseits die Befugnis, neue Rechte zu begründen, andererseits dürfe er in bereits begründete Rechte eingreifen (S. 284 f.).

Vorsichtig und verklausuliert knüpft das Bundesverfassungsgericht mit diesen Formulierungen an die Ergebnisse der im vorigen Jahrhundert geführten Diskussion über das Verhältnis der erworbenen Rechte zur Gesetzgebung an [187]. Hatte damals die Gesetzgebung überlebte, der wirtschaftlichen Entwicklung hinderliche Rechte insbesondere des Adels teilweise entschädigungslos aufgehoben und dabei überwiegend die Zustimmung der bürgerlichen Rechtswissenschaft gefunden, so war nach 1918 das nunmehr „wohl" erworbene Recht mit Hilfe der Eigentumsgewährleistung zur unüberwindlichen Schranke einer Gesetzgebung aufgebaut worden, die nicht mehr vom Bürgertum bestimmt wurde [188]. Diesem der deutschen Verfassungsentwicklung spezifischen und auch unter dem Grundgesetz verbreiteten Verständnis der Eigentumsgewährleistung tritt das Bundesverfassungsgericht deutlich entgegen. Gleichzeitig betont es die Befugnis des Gesetzgebers, im Rahmen des Art. 14 Abs. 1 S. 2 GG neue Rechte zu schaffen; daß dies auch zu Lasten vorhandener Eigentumsrechte geschehen kann, ergibt sich aus dem Zusammenhang der Entscheidung.

Ausdrücklich erklärt das Gericht die Befristung des Leistungsschutzrechts mit der Eigentumsgewährleistung für vereinbar (S. 287 f.). Es verbindet damit allerdings einen Hinweis auf die unterschiedliche Funktion des „ewigen" Sacheigentums. Lediglich soweit die uneingeschränkte Anwendung der neuen Schutzfristen auf die alten Bearbeiterrechte deren Inhaber unverhältnismäßig beeinträchtigte, stellte das Gericht einen Verstoß gegen die Eigentumsgewährleistung fest.

---

[187] S. o. S. 211.
[188] S. o. S. 252.

7. Vermögenswerte öffentliche Rechte und Neues Eigentum

Wurde die Eigentumsgewährleistung in der Weimarer Zeit zu einem Bollwerk der alten Gesellschaftsordnung gegenüber einer Gesetzgebung ausgebaut, deren Beherrschung das Bürgertum verloren hatte, so entsprach dem die inhaltliche Begrenzung dieser Gewährleistung auf die vermögenswerten Rechte der Privatrechtsordnung. Nicht erfaßt wurden dadurch insbesondere die Ansprüche der Lohnabhängigen aus den öffentlichen Sozialversicherungen; geschützt war das Eigentum des Vermieters, nicht aber das in der Wohnraumbewirtschaftung hoheitlich begründete Wohnrecht des Mieters. Die Rechte der Berufsbeamten waren von der Weimarer Verfassung ohnehin durch Art. 129 WV besonders abgesichert. Für gewerberechtliche Erlaubnisse hatte man schon vor der Weimarer Zeit ein besonderes System verwaltungsrechtlicher Sicherungen aufgebaut, das eine Entziehung der Rechtsposition, von Ausnahmefällen abgesehen, nur gegen Entschädigung gestattete [189]. Diese Sicherungen waren zwar nicht verfassungsfest; dafür wurde aber der aufgrund der Erlaubnis arbeitende Gewerbebetrieb zum Substrat der Eigentumsgewährleistung [190], und es mochte demgegenüber die verfassungsrechtliche Festschreibung der öffentlich-rechtlichen Erlaubnis als solcher entbehrlich erscheinen. Wie es in einem Urteil des Preußischen Oberverwaltungsgerichts vom 18. 5. 1926 (E 81, 181, 201 f.) heißt, erschien der Schutz öffentlich-rechtlicher Berechtigungen durch die Reichsverfassung „nicht in gleicher Weise notwendig (...) wie der der Privatrechte".

Nach dem Zweiten Weltkrieg hatte sich die Situation grundlegend geändert. Das vom Reichsgericht geschützte bürgerliche Eigentum hatten viele verloren oder es war mehrfach entwertet

---

[189] Vgl. *Hans Peter Ipsen,* Widerruf gültiger Verwaltungsakte, Hamburg 1932; *Hans J. Wolff,* Verwaltungsrecht I, 8. Aufl. München 1971, § 53; ferner die Referate von *Gunter Kisker* und *Günter Püttner* auf der Staatsrechtslehrertagung 1973 zum Thema „Vertrauensschutz im Verwaltungsrecht".

[190] S. o. S. 268. Vgl. zur heutigen Rechtslage BGHZ 25, 266 (Dampfkesselüberwachungsverein); kritisch dazu *Hans Heinrich Rupp,* Privateigentum an Staatsfunktionen?, Tübingen 1963.

worden; auch denjenigen, denen es erhalten geblieben war, konnte es nach den Erfahrungen der Weimarer Zeit und der Nachkriegszeit kaum noch als Grundlage einer gesicherten Existenz erscheinen. Damit waren die Voraussetzungen der früheren Distanzierung bürgerlichen Verfassungsdenkens von staatlichen oder staatlich organisierten Leistungen entfallen. Eine „Normalisierung" der Situation im Sinne des gesellschaftlichen Status quo ante war nur von staatlichen Maßnahmen zu erhoffen. Dazu gehörten Entschädigungen für durch Krieg und Vertreibung erlittene Vermögensverluste ebenso, wie staatliche Hilfen zur Neubegründung einer selbständigen wirtschaftlichen Existenz. Ehemalige Beamte und Berufsoffiziere erwarteten die bevorzugte Übernahme in den öffentlichen Dienst oder einen pekuniären Ausgleich. Die Aufnahme in das ehemals für die Arbeiterschaft gegründete System der Sozialversicherungen wurde für immer weitere Kreise attraktiv.

Vor diesem Hintergrund ist es zu sehen, daß alsbald nach Inkrafttreten des Grundgesetzes vermögenswerte Rechte, die dem öffentlichen Recht angehören, in den Schutzbereich der Eigentumsgewährleistung aufgenommen wurden [191]. Am weitesten ging in dieser Richtung der Große Senat des Bundesgerichtshofs, der es in seinem Grundsatzbeschluß vom 10. 6. 1952 als gleichgültig für die

---

[191] Vgl. zu diesem Vorgang *Günter Dürig,* Der Staat und die vermögenswerten öffentlich-rechtlichen Berechtigungen seiner Bürger in: Festschrift für *Willibalt Apelt,* München 1958, S. 13 ff.; *Gert Nicolaysen,* Eigentumsgarantie und vermögenswerte subjektive öffentliche Rechte, in: Hamburger Festschrift für *Friedrich Schack,* Hamburg 1966, S. 107 ff.; *Christian Starck,* „Freie Berufe" und der Schutzbereich des Art. 14 GG in: Festschrift für *Franz Laufke,* Würzburg 1971, S. 285 ff.; ferner die Zusammenfassung der Rechtsprechung von *Werner Weber,* Öffentlichrechtliche Rechtsstellungen als Gegenstand der Eigentumsgarantie in der Rechtsprechung, AöR Bd. 91 (1966) S. 282 ff. Speziell zum Eigentumsschutz sozialrechtlicher Positionen: *Rohwer-Kahlmann,* DVBl. 1964 S. 7 ff.; *Walter Bogs,* Zum Bestandsschutz öffentlich-rechtlicher Positionen im Sozialversicherungsrecht, in: Wirtschaft und Recht der Versicherung. *Paul Braess* zum 66. Geburtstag, Karlsruhe 1969, S. 11 ff.; *Hans-Jürgen Papier,* Verfassungsschutz sozialrechtlicher Rentenansprüche, -anwartschaften und „-erwerbsberechtigungen", Vierteljahresschrift für Sozialrecht 1973, S. 33 ff

Anwendung der Eigentumsgewährleistung erklärte, ob ein vermögenswertes Recht dem bürgerlichen oder dem öffentlichen Recht angehöre [192].

Die Rechtsprechung des Bundesverfassungsgerichts zu dieser Frage begann zurückhaltend; in gewissem Maße hat sie diese Zurückhaltung auch beibehalten. Im Schornsteinfeger-Urteil lehnte das Gericht es ab, die lebenslängliche Verleihung eines Kehrbezirkes als Eigentum zu behandeln, weil dieser Rechtsposition die durch bürgerliches Recht und gesellschaftliche Anschauungen geprägten Merkmale des Eigentumsbegriffs fehlten (BVerfGE 1, 264, 278 f.). Im Urteil vom 1. 7. 1953 (BVerfGE 2, 380) ging es um eine Haftentschädigung, die zunächst im Verwaltungsverfahren „rechtskräftig" zugebilligt worden war, aufgrund eines später ergehenden Gesetzes indessen wieder in Frage gestellt wurde. Das Bundesverfassungsgericht lehnte es ab, den Haftentschädigungsanspruch, dem es „Fürsorge"charakter beimaß, der Eigentumsgewährleistung zuzuordnen. Entscheidender Gesichtspunkt war die Befürchtung, daß die Aufnahme derartiger Ansprüche in die Eigentumsgewährleistung die Gesetzgebung blockieren werde (S. 402). Gleichwohl erklärte es das umstrittene Gesetz für verfassungswidrig, weil es mit der rechtsstaatlich gebotenen Rechtssicherheit nicht zu vereinbaren sei. Im Beschluß des Zweiten Senats vom 7. 5. 1963 (BVerfGE 16, 94, 111 ff.) zu den vor dem 8. Mai 1945 begründeten Ruhegehaltsansprüchen der Berufssoldaten wurde dann der „rechtsstaatliche Gehalt des Grundgesetzes" herangezogen, um die Aufnahme eines „Kernbestandes" dieser Ansprüche in die Eigentumsgewährleistung zu begründen.

In seiner weiteren Rechtsprechung stellte der Erste Senat darauf ab, ob das vermögenswerte öffentliche Recht sich als Äquivalent einer eigenen Leistung darstelle oder auf einer einseitigen Gewährung seitens des Staates beruhe. Rechte und Anwartschaften aus Sozialversicherungen wurden der Eigentumsgewährleistung zuge-

---

[192] BGHZ 6, 270, 278, dazu oben S. 291. Zur weiteren Entwicklung in der Rechtsprechung des Bundesgerichtshofs: *Herbert Kröner,* Die Eigentumsgarantie in der Rechtsprechung des BGH, 2. Aufl. Köln usw. 1969, S. 31 ff.

ordnet, soweit sie auf Beitragsleistungen beruhen [193], während Lastenausgleichsansprüchen diese Sicherung versagt blieb [194].

Maßgeblich für das Einschwenken auf diese „differenzierende Lösung" war das Urteil des Bundessozialgerichts zur Doppelzulassung eines Kassenzahnarztes [195]. Das Bundessozialgericht führte aus, für Ansprüche, die der Staat selbst erst geschaffen habe, sei in der Tat kein Grund ersichtlich, sie als eigentumsähnlich anzusehen. Der wirtschaftliche Wert einer Kassenarztzulassung sei jedoch entscheidend von den zur Praxiseinrichtung aufgewandten Sachmitteln und der Leistung des Zahnarztes abhängig. Die öffentlich-rechtliche Zulassung sei daher nur ein Element einer umfasenderen Rechtsstellung, die als eigentumsähnliches Recht durch Art. 14 GG geschützt sei. Der Schutz dieser Rechtsstellung sei indessen durch ihren Zweck, die zahnärztliche Versorgung der Versicherten, bedingt (S. 45). Der Zahnarzt müsse daher Einschränkungen als Eigentumsbindung im Sinne des Art. 14 Abs. 1 S. 2 GG hinnehmen, die bis zum Entzug der Zulassung gehen könnte, soweit diese im Interesse der zahnärztlichen Versorgung der Versicherten geboten seien. Da diese Rechtfertigung in dem zu entscheidenden Fall nicht gegeben war, sei allerdings die Eigentumsgewährleistung des Art. 14 GG verletzt.

Wenn das Bundesverfassungsgericht auf den Erwerb einer öffentlich-rechtlichen Position durch eigene Leistung oder Kapitaleinsatz abstellt, so knüpft es damit wiederum an Lockes Rechtfertigung des Eigentums an, die auch seinen Entscheidungen zum Urheber- und Patentrecht zugrunde liegt [196].

Es wurde im Laufe dieser Untersuchung schon mehrfach bemerkt, wie wenig diese Gedankengänge mit den Gegebenheiten der Industriegesellschaft übereinstimmen. Dem trägt der US Supreme Court in seiner Rechtsprechung zum Verfassungsschutz öffentlich-rechtlicher Versorgungsansprüche schon seit langem Rechnung, indem er in erster Linie auf die vertragliche Grundlage der Begünstigung

[193] BVerfGE 11, 221, 226; 14, 288, 293 ff.; 22, 241, 253; 24, 220, 225; 31, 185, 189.
[194] BVerfGE 11, 64, 70; 19, 354, 370; 32, 111, 128.
[195] Vom 19. 3. 1957, BSGE 5, 40; vgl. auch BSGE 9, 127 und 15, 71.
[196] S. o. S. 366.

und nur andeutungsweise auch auf ihrem Erwerb aufgrund eigener Leistungen abstellt [197]. Die Vermögensgewinne und Verluste der entwickelten Industriegesellschaft lassen sich nicht mehr auf den gemeinsamen Nenner der persönlichen Leistung bringen; in der angelsächsischen politischen Theorie, die insoweit auch die amerikanische Rechtsprechung beeinflußt hat, ist schon seit Hume und Jeremy Bentham die utilitaristische Rechtfertigung des Eigentums anstelle der naturrechtlichen getreten [198].

Nun geht es freilich bei der Sicherung der in Frage stehenden öffentlich-rechtlichen Ansprüche nicht um die Stimulierung erwerbswirtschaftlicher Aktivität, die von der utilitaristischen Rechtfertigung in den Vordergrund gestellt wird. Es geht vielmehr um die Sicherung einer menschenwürdigen Lebensgrundlage, und für diesen Zweck haben sich die Formen des öffentlichen Rechts, die auf der gesellschaftlichen Solidarität aufbauen, besser bewährt, als die dem privaten Gewinnstreben überantworteten Vermögenswerte des bürgerlichen Rechts. Die öffentlich-rechtlichen Versorgungssysteme wurden gerade deshalb geschaffen, weil Eigentum und Vertrag als Institutionen des bürgerlichen Rechts versagten. So tritt auch bei den Ansprüchen aus den Sozialversicherungen der Gesichtspunkt des Erdienens deutlich hinter der gegenseitigen Sicherung der Beitragszahler zurück [199]. Die Rentenversicherung wird durch Zuschüsse aus allgemeinen Steuermitteln subventioniert. Die Unterscheidung des Bundesverfassungsgerichts zwischen erdienten Anwartschaften und Ansprüchen auf Sozialversicherungsleistungen und Leistungen „öffentlicher Fürsorge" im Bereich des Lastenausgleichs ist daher weitgehend fiktiv. Für die persönliche Lebensperspektive macht es ohnehin keinen Unterschied, ob sie sich auf Ansprüche der einen oder anderen Art gründet. Vollends

---

[197] S. o. S. 140.

[198] Vgl. *Richard Schlatter*, Private Property. The History of an Idea, London 1951, Kap. VIII und IX.

[199] Vgl. dazu *Wilhelm Henke* und *Wolfgang Rüfner*, Die Rechtsformen der sozialen Sicherung und das allgemeine Verwaltungsrecht, VVDStRL Heft 28 (1970) S. 149 ff., S. 187 ff.; *Hans-Jürgen Papier*, Verfassungsschutz sozialrechtlicher Rentenansprüche, -anwartschaften und „-erwerbsberechtigungen", Vierteljahresschrift für Sozialrecht 1973 S. 46 ff.

ungerechtfertigt erscheint diese Abgrenzung angesichts der Tatsache, daß man den unverdienten Vermögenszuwachs im zivilrechtlichen Bereich der Eigentumsgewährleistung zuordnet.

Es ist daher konsequent, wenn die Richterin *Rupp v. Brünneck* in einem bisher zuwenig beachteten Dissent die Einbeziehung bereits entstandener Lastenausgleichsansprüche in die Eigentumsgewährleistung forderte [200]. Die Kernsätze in der Begründung dieser abweichenden Meinung lauten (S. 142):

Wenn der Eigentumsschutz ein Stück Freiheitsschutz enthält, insofern er dem Bürger die wirtschaftlichen Voraussetzungen einer eigenverantwortlichen Lebensgestaltung sichert, so muß er sich auch auf die öffentlich-rechtlichen Berechtigungen erstrecken, auf die der Bürger in seiner wirtschaftlichen Existenz zunehmend angewiesen ist. Die im vorliegenden Fall durch die Rechtsänderung entzogenen Ansprüche unterschieden sich in ihrer wirtschaftlichen Bedeutung nicht von bürgerlich-rechtlichen Geldforderungen: Es handelte sich um konkrete, nach den gesetzlichen Vorschriften berechenbare Ansprüche, die für den Berechtigten einen Vermögenswert darstellten, zumal da er sie gemäß § 244 LAG – sogar schon vor der Schadensfeststellung – abtreten und verpfänden konnte.

Die Gefahr einer Blockierung des Gesetzgebers sei nicht gegeben, da Art. 14 GG genügend Raum für die Anpassung an zukünftige Entwicklungen lasse.

Gleichzeitig zeigt sich allerdings bei dieser verfassungsrichterlichen Äußerung und dem zugehörigen Beschluß des Ersten Senats, daß Argumentationen aus der Eigentumsgewährleistung und den Verfassungsprinzipien der Rechts- und Sozialstaatlichkeit, auf welche die Mehrheit abgestellt hatte, austauschbar werden [201]. Die Mehrheit sah keinen Anlaß, das Vertrauen der von der Gesetzesänderung betroffenen Anspruchsinhaberin zu schützen; die abweichende Meinung fand diesen Anlaß sowohl unter rechts- und sozialstaatlichen Gesichtspunkten als aus der Eigentumsgewährleistung. Die Sicht der abweichenden Meinung fand teilweise Bestätigung im Beschluß des Ersten Senats vom 15. 1. 1974, in dem die Eigentumsgewährleistung als lex specialis des rechtsstaatlichen

[200] BVerfGE 32, 129 ff.
[201] Dementsprechend leitet *Papier* a. a. O. (Fn. 199) S. 48 ff. den Bestandsschutz sozialrechtlicher Positionen aus dem Rechtsstaatsprinzip her.

Vertrauensschutzes hinsichtlich der in Art. 14 GG geschützten Rechtsgüter gekennzeichnet wurde [202].

In der amerikanischen Literatur hat Charles A. Reich gefordert, die von den politischen Gemeinwesen gewährten vermögenswerten Rechtspositionen als Neues Eigentum zu verfestigen, um ihre Inhaber vom behördlichen Ermessen unabhängig zu machen und sie dadurch in der Ausübung ihrer politischen Freiheiten zu sichern [203]. Diese Forderung richtet sich in erster Linie an die Gesetzgeber und das judizielle Gesetzesverständnis; durch die Verwendung des Eigentumsbegriffs soll ein Anknüpfen an die verfassungsrechtlichen Eigentumssicherungen veranlaßt werden. Insofern ergibt sich eine Parallele zur bundesrepublikanischen Diskussion um die Einbeziehung vermögenswerter öffentlicher Rechte in die Eigentumsgewährleistung, die allerdings bisher in engeren Bahnen verläuft, als sie von Reichs Perspektive eröffnet werden. Insoweit durch das Neue Eigentum die Lebensbedingungen des Menschen in der Industriegesellschaft verfassungsrechtlich abgesichert werden sollen, sind Fragen angesprochen, die auf allgemeinerer Ebene unter dem Stichwort der Grundrechte im Leistungsstaat [204] oder der sozialen Grundrechte diskutiert werden. In diesen Fragenkomplex gehört die rechtliche Absicherung eines Anspruchs auf Ausbildung, Arbeitsplatz und Wohnung. Insbesondere ist dadurch auch der aufenthalts- und sozialrechtliche Status der neuen Unterschicht ausländischer Arbeitnehmer angesprochen [205].

Hier zeigen sich deutlich die Grenzen dieses Ansatzes. Der Vermögenswert, auf den man abstellt, um die in Frage stehenden öffentlichen Rechte dem bürgerlichen Eigentum anzunähern, ist nur akzidentiell, er kennzeichnet nicht das Wesen dieser Rechte. Auf ihn abstellen, heißt die Grundfragen der sich entwickelnden neuen gesellschaftlichen Zusammenhänge mit den Begriffen der zu ersetzenden Strukturen zu diskutieren, ganz ähnlich wie die bür-

[202] BVerfGE 36, 281.
[203] S. o. S. 201.
[204] Vgl. dazu *Peter Häberle* und *Wolfgang Martens*, Grundrechte im Leistungsstaat, VVdStRL Heft 30 (1972).
[205] Vgl. dazu Gastarbeiter in Gesellschaft und Recht, Hrsg. von *Tugrul Ansay* und *Volkmar Gessner,* München 1974.

gerlichen Juristen der englischen Revolution die Begriffswelt des Feudalzeitalters benutzten, um der Marktgesellschaft zum Durchbruch zu verhelfen [206]. Das Neue im Gewand des Alten zu realisieren mag eine gewisse Tradition für sich haben und den Vorgang erleichtern; es kann jedoch gleichzeitig zu erheblichen Verzerrungen führen.

Bei Licht besehen, haben die in Frage stehenden öffentlichen Rechte und Anwartschaften, auch soweit ihnen Vermögenswert zugeschrieben wird, nichts mit dem bürgerlichen Eigentum zu tun. Entstehen, Bestand und Ausübung unterliegen juristischen und gesellschaftlichen Mechanismen neuer Qualität [207]. Der vom Eigentum bestimmte gesellschaftliche Bereich erweitert sich nicht, wie die Ausdehnung der Eigentumsgewährleistung auf immer neue Rechtspositionen glauben machen könnte; im Gegenteil, er verengt sich, wie es Lassalle bereits vor gut hundert Jahren herausgestellt hatte [208]. Die freiheitliche Ausgestaltung der durch das Industriezeitalter bedingten Rechtsbeziehungen kann nicht durch die Beschwörung der in vorindustrieller Zeit geprägten Eigentumsformeln gesichert werden [209]. Je deutlicher man die neuen Lebensbedingungen ins Auge faßt, desto eher wird ihre freiheitliche Gestaltung gelingen. Verfassungsrechtliche Leitprinzipien sind dabei Rechtsstaatlichkeit und Sozialstaatlichkeit ebenso wie der Schutz der Menschenwürde und die Förderung einer freien Persönlichkeitsentfaltung.

---

[206] S. o. S. 42.

[207] Vgl. BVerfGE 11, 221, 226: Die Versicherungsverhältnisse in der sozialen Krankenversicherung beruhten auf „dem Gedanken der Solidarität und des sozialen Ausgleichs"; damit sei ihre Unabänderlichkeit nicht zu vereinbaren. Vgl. auch BVerfGE 19, 202; 29, 22, 34; 31, 185, 189 f.

[208] Theorie der erworbenen Rechte, Berlin 1861, zitiert nach der von *L. Bucher* hrsg. 2. Aufl., Leipzig 1880, S. 217 Fn. 2. S. o. S. 215.

[209] Vgl. auch das Schlußreferat von *Peter Badura* auf dem 49. Deutschen Juristentag (1972), Verhandlungen Bd. II Teil T S. 7.

8. Eigentum und Vermögen

Voraussetzung und Rechtfertigung der Überantwortung des bürgerlichen Eigentums an das Belieben des Inhabers war der Markt, dessen unsichtbare Hand die Summe der Privategoismen der liberalen Theorie nach zum gesellschaftlichen Optimum zusammenfügt. Für Rechtsordnung und Verfassung relevant waren daher nur Bestand und Ausgestaltung der einzelnen vermögenswerten Rechte; ihr Tauschwert war Sache des Marktes. Mit der Durchsetzung der Gewerbefreiheit entfiel gleichzeitig die hoheitliche Verantwortung für die Entwicklung der Preise, die noch der Merkantilismus durch ein System von Taxen ausgeübt hatte; an die Stelle des gerechte Preises, um dessen Bestimmung sich die Theorie seit dem Mittelalter bemüht hatte, trat der am Markt zu erzielende Preis [210]. Das galt insbesondere für die Arbeit als Marktware; daß ihr Entgelt während der Industrialisierungsphase wegen des andauernden strukturellen Überangebots ständig beim Existenzminimum oder darunter lag, war so von niemandem zu verantworten.

War die Überantwortung des Tauschwertes an den Markt gleichbedeutend mit der Durchsetzung der bürgerlichen Eigentumsordnung, so ist die neuerdings sich abzeichnende Tendenz, den Tauschwert einzelner Eigentumsrechte oder das Vermögen als die Summe dieser Tauschwerte in die Eigentumsgewährleistung einzubeziehen [211], ein Zeichen der Dekadenz dieser Ordnung. Allerdings geht

---

[210] Vgl. *Werner Mahr*, Art. „Preis", in: Staatslexikon, 6. Aufl. Bd. 6, Freiburg 1961; *Helmut Meinhold*, Art. „Preis III", in: Handwörterbuch der Sozialwissenschaften Bd. 8, Tübingen 1964. Siehe auch zur Frage der „angemessenen" Vergütung des Urhebers oben S. 366.

[211] So *Dieter Suhr*, Das Eigentumsinstitut als Maßstab für die Grundstruktur des aktienrechtlich organisierten Eigentums, Hamburg 1966, S. 31 ff.; *Wolfgang Hoffmann(-Riem)*, Rechtsfragen der Währungsparität, München 1969, S. 55 ff.; *Karl Heinrich Friauf*, Steuergesetzgebung und Eigentumsgarantie, in: Juristische Analysen, Steuerrecht Bd. 2 1970 S. 307 f.; ders. Eigentumsgarantie, Geldentwertung und Steuerrecht, in: Steuerberater Jahrbuch 1971/72 S. 425 ff.; zustimmend *Wolfgang Martens*, Grundrechte im Leistungsstaat, VVdStRL Heft 30 (1972) S. 15 f.

es bei den in dieser Richtung zielenden Versuchen nicht etwa darum, die Tauschwerte im Sinne des alten Taxsystems auf einer bestimmten Höhe einzufrieren. Das Steigen bestimmter Tauschwerte, das insbesondere für den Bodenmarkt typisch ist, wird vielmehr auch von den Vertretern dieser Tendenz weiterhin als selbstverständliches Attribut der Eigentumsrechte angesehen. Nur die Verminderung von Tauschwerten, sei es direkt infolge hoheitlicher Maßnahmen oder sei es infolge gesellschaftlicher Entwicklungen, denen zu steuern die Gemeinwesen unterließen, falle in den Schutzbereich der Eigentumsgewährleistung. Der Staat ist unter diesem Aspekt ungeachtet seiner Demokratisierung nach wie vor eine Agentur der Eigentümer; er hat ihnen Gewinne zu ermöglichen und Verluste abzunehmen.

Die Rechtsprechung hat bisher keine Neigung gezeigt, den Vermögenswert einzelner Eigentumsrechte oder das Vermögen schlechthin in die Eigentumsgewährleistung einzubeziehen. Im Grundsatzbeschluß des Großen Senats beim Bundesgerichtshof hieß es zwar etwas pauschal, die Eigentumsgewährleistung müsse „das ganze Vermögen der Bürger decken". Diese Aussage wurde indessen gleich im anschließenden Satz dahingehend qualifiziert, daß „jedes vermögenswerte Recht" in diesen Schutz einbezogen sei (BGHZ 6, 270, 278). An der Anknüpfung der Eigentumsgewährleistung und des Entschädigungsanspruches an subjektive vermögenswerte Rechte

Differenzierend *Hans-Jürgen Papier*, Die Beeinträchtigungen der Eigentums- und Berufsfreiheit durch Steuern von Einkommen und Vermögen, Der Staat 1972, S. 483, 489 ff.; ders., Eigentumsgarantie und Geldentwertung, AöR Bd. 98 (1973) S. 528 ff. Ablehnend *Peter Selmer*, Steuerinterventionismus und Verfassungsrecht, Frankfurt 1972, S. 403 ff.; *Niklas Luhmann*, Grundrechte als Institution, Berlin 1965, S. 125, der zwar den „jeweiligen" Geldwert als Wesen des Eigentumsrechtes bezeichnet, eine staatliche Garantie des Geldwertes individueller Vermögen indessen im Hinblick auf die komplexe Kausalität staatlicher Wirtschaftspolitik ausschließt (S. 127 Fn. 50). Vgl. auch *Joseph H. Kaiser*, Mark ist nicht mehr gleich Mark, Der Schutz des Eigentums in der Inflation. In: Festschrift für *E. R. Huber*, Göttingen 1973, S. 237 ff.; *Karl August Bettermann*, Geldentwertung als Rechtsproblem, Zeitschrift für Rechtspolitik 1974 S. 13 ff.

hat das Gericht immer festgehalten. Dem Vermögensschutz kam es allerdings nahe, als es in BGHZ 23, 157, 163 (Verkaufsbarackenfall) ausführte, das Recht am eingerichteten Gewerbebetrieb umfasse als Gegenstand der Eigentumsgewährleistung alles, „was in seiner Gesamtheit den wirtschaftlichen Wert des konkreten Gewerbebetriebes ausmacht". Aber nicht jede Minderung dieses Wertes infolge hoheitlicher Maßnahmen berührt nach dieser Entscheidung die Eigentumsgewährleistung; konkret stellte das Gericht auf eine unzulässige hoheitliche Beeinträchtigung des Gemeingebrauchs durch die Genehmigung von Verkaufsbaracken vor der Gastwirtschaft des Klägers ab; nicht die Vermögenseinbuße, sondern die Rechtsverkürzung war ausschlaggebend für den Entschädigungsanspruch. Ganz deutlich wird dieser Standpunkt in BGHZ 45, 83, 87 (Knäckebrotfall); die Aufhebung des bisherigen Schutzzolles für Knäckebrot treffe nicht ein betriebliches Recht des auf Entschädigung klagenden deutschen Knäckebrotherstellers; der bisherige Schutzzoll habe ihm nur eine Chance gewährt, deren Nutzung sein Risiko gewesen sei [212].

Einen gewissen Anhalt scheint der These von der Gewährleistung des Vermögenswertes die Praxis des Bundesgerichtshofs zu geben, auch bei rechtswidrigen Eingriffen in Eigentumsrechte eine Entschädigung unmittelbar aus Art. 14 GG zu gewähren, ohne zunächst den Betroffenen auf den Verwaltungsrechtsweg zu verweisen. Auch das Abstellen des Bundesgerichtshofs auf den Verkehrs- oder Wiederbeschaffungswert bei der Ermittlung der Entschädigung [213] wird als Beleg dieser These herangezogen. Da jedoch der Bundesgerichtshof bei der Festsetzung der Entschädigung auf den jeweiligen Marktwert abstellt, der auch fallende Tendenz haben kann, ist jedenfalls die Verkehrswertentschädigung kein Beleg für eine Eigentumswertgarantie.

Das Bundesverfassungsgericht setzte sich im Hamburger Deichurteil ausführlich mit dem vermögenswertbezogenen Verständnis der Eigentumsgewährleistung auseinander und lehnte es ab. Sinn der Gewährleistung sei es, „den Bestand des Eigentums in der

[212] Entsprechend BGHZ 45, 150 (Elbeleitdamm); 48, 58 (Rheinufergaststätte); 55, 261 (Soldatengaststätte).
[213] Dazu unten S. 424.

Hand des Eigentümers zu sichern" (BVerfGE 24, 367, 400). Im übrigen stellt es in dieser Entscheidung heraus, daß die „unter gerechter Abwägung der Interessen der Allgemeinheit und der Beteiligten" zu bestimmende Entschädigung keineswegs auf den Verkehrswert hinauslaufen müsse. In einer späteren Entscheidung bemerkt das Gericht unter Bezugnahme auf seine Rechtsprechung zum Steuerrecht, Schutzobjekt der Eigentumsgewährleistung könnten zwar neben dem Sacheigentum auch andere vermögenswerte Rechte sein; sie schütze aber nicht das Vermögen als solches (BVerfGE 27, 326, 343).

Hans-Jürgen Papier hat den Versuch unternommen, aus der Eigentumsgewährleistung eine staatliche Garantie des Wertes von Geldvermögen herzuleiten, während er bei Rechten an Sachgütern eine Gewährleistung des Vermögenswertes ausschließt [214]. Geld und geldwerte Forderungen (gemeint ist offenbar Giralgeld) seien Tauschwert schlechthin; da ihnen ein Gebrauchswert fehle, müsse die Eigentumsgewährleistung, wenn sie für diese Güter überhaupt Bedeutung haben solle, als Tauschwertgarantie aufgefaßt werden. Unter diesem Aspekt hätte freilich Papier seine Deduktion nicht auf Geld und geldwerte Forderungen beschränken dürfen: Jede Handelsware ist für den Händler nur unter dem Gesichtspunkt des Tauschwertes von Interesse, und Handelsware kann alles sein, eingeschlossen Grundstücke, Wohnhäuser und Unternehmen. Papiers These müßte dann darauf hinauslaufen, dem Händler den Tauschwert zu gewährleisten; dem Nutzer indessen, insofern er Eigentümer ist, den Bestand seiner Nutzung. – Aus der Geldwertgarantie schließt Papier auf ein Abwehrrecht gegen eine inflationäre Finanz- und Wirtschaftspolitik, erkennt aber gleichzeitig die Möglichkeit einer durch gesellschaftliche Kräfte verursachten, staatlich nicht zu steuernden Geldentwertung an und fordert für diesen Fall das Abgehen vom Nominalprinzip und den Übergang zu einem valoristischen System. Eine gewisse Einschränkung dieser

---

[214] Eigentumsgarantie und Geldentwertung, AöR Bd. 98 (1973) S. 528 ff. Vgl. auch schon *Hagen Mammitzsch,* Die Eigentumsgarantie des Grundgesetzes und die Geldentwertung, Diss. München 1967; *Bernd Brixner,* Geldentwertung und die Eigentumsgewährleistung durch Art. 14 GG, Diss. Münster 1972.

Forderungen leitet er allerdings aus der Verpflichtung der politischen Gemeinwesen auf das gesamtwirtschaftliche Gleichgewicht (Art. 109 Abs. 2 GG) her.

Diese und entsprechende Deduktionen übersehen, daß die Möglichkeit der Verschiebung der Preisrelationen notwendiges Attribut der Marktwirtschaft ist. Dem Händler das Preisrisiko nehmen, ist gleichbedeutend mit seiner Verwandlung in einen Verteilungsfunktionär. Auch demjenigen, der über Geldkapital verfügt, kann nicht das Risiko abgenommen werden, daß sich der Wert dieses Kapitals im Verhältnis zu Waren verschlechtert.

Die Vorstellung einer verfassungskräftigen Gewährleistung des Geldwertes unterschätzt im übrigen die Eigengesetzlichkeit der Industriegesellschaft. Das 19. Jahrhundert war ein Jahrhundert fallender Preise, während gleichzeitig die Produktivität anstieg. Diese Relation entsprach ganz den Postulaten der klassischen Nationalökonomie. Gleichzeitig war aber dieses Jahrhundert durch das Elend der arbeitenden Bevölkerung und ständig wiederkehrende Krisen der Überproduktion und der Massenarbeitslosigkeit gekennzeichnet. Die Wende der Preisentwicklung trat in den 90er Jahren des vorigen Jahrhunderts ein. Seither leben wir in und mit der „säkularen Inflation" [215]. Wesentliche Bedingungen dieses Vorganges sind die Vermachtung des Warenangebotes, das bei gleichbleibender und rückläufiger Nachfrage eher zum Anheben der Preise tendiert, um den angestrebten Gewinn zu erreichen und Investitionen zu finanzieren, sowie die Organisation der Arbeit, deren Existenzbedingung das regelmäßige Wachsen der Nominallöhne ist und die in gewissem Maße eine Verfestigung des Beschäftigungsanspruchs erreicht hat. Voraussetzung für das Funktionieren dieses Systems ist die seit Keynes akzeptierte und in Art. 109 Satz 2 GG vom Verfassungsrecht rezipierte Globalverantwortung der politischen Gemeinwesen für die Entwicklung der Gesamtnachfrage und die Erhaltung der Vollbeschäftigung; hinzu kommt die Verantwortung für die regionale und strukturelle Entwicklung.

---

[215] *Werner Hofmann*, Die säkulare Inflation, Berlin 1962; *John Kenneth Galbraith*, Economics and the Public Purpose, 1973, deutsch: Wirtschaft für Staat und Gesellschaft, München 1974, Kap. 19.

Vieles spricht dafür, daß ein gewisses Maß an Inflation notwendig in einer Industriegesellschaft auftritt, in der riesige Interessenmonopole um die Verteilung des Nationaleinkommens kämpfen [216]. Wirtschaft und Gesellschaft einschließlich der „kleinen Sparer" haben sich längst auf diesen Tatbestand eingestellt. Der Konsumentenkredit, der in wahrhaft konjunkturtragende Dimensionen hereingewachsen ist, basiert auf dieser Erwartung. Invaliditäts- und Altersrenten sind „dynamisiert" und damit der Preisentwicklung angepaßt.

Die Euphorie des Stabilitätsgesetzes vom 8. 6. 1967 (BGBl. I S. 582), gleichzeitig ein stabiles Preisniveau, einen hohen Beschäftigungsstand und außenwirtschaftliches Gleichgewicht bei stetigem und angemessenem Wirtschaftswachstum im wesentlichen durch finanzwirtschaftliche Maßnahmen und gutes Zureden im Rahmen der konzertierten Aktion erreichen zu können, ist lange verflogen. Nach anderen Göttern der Nationalökonomie wurden auch Keynes und die Neoklassiker entthront. Systemimmanente Therapien sind nicht in Sicht; die von John Kenneth Galbraith, Ota Šik oder anderen vorgeschlagenen Alternativen dürften den Protagonisten des Eigentums als unverdaulich erscheinen.

Unter diesen Umständen entbehren Thesen von einer verfassungskräftigen Garantie irgendwelcher Vermögenswerte und insbesondere des Geldwertes nicht nur der juristischen Fundierung. Mit dem gesellschaftlichen Bezugsrahmen der Verfassung stehen sie in unversöhnlichem Widerspruch. Sie setzen entweder eine Rückkehr zu den Verhältnissen des 19. Jahrhunderts, d. h. die Zerschlagung der Konzerne, Aufhebung der Koalitionsfreiheit und des geltenden Arbeitsrechtes, oder eine durchgreifende Neustrukturierung der Wirtschaft voraus. Vorstellungen, unter dem Gesichtspunkt der Eigentumsgewährleistung judiziell in das geltende Steuerrecht einzugreifen, um etwa den steuerlichen Zugriff auf Geldeinkommen zu begrenzen, die zum Teil oder gänzlich Ausgleich oder Folge von Inflationsverlusten sind, entbehren daher

---

[216] Vgl. *Ota Šik*, Kampf der Monopole, in: Die Zeit vom 31. 5. 1974 S. 38; weniger deutlich noch ders., Der Dritte Weg, Hamburg 1972, S. 327 ff.

der Grundlage. Die Folgen ihrer Realisierung sind überdies nicht abzuschätzen. Mit einer gewissen Wahrscheinlichkeit, aber mit weniger Berechtigung würden sie ebenso wie die Dynamisierung der Renten durch Erhöhung der Kaufkraft zu einer Verschärfung der Inflation beitragen.

VII. *Eigentum als Rechtsinstitut*

Über die verfassungsrechtliche Absicherung konkreter Eigentumsrechte hinaus wird der Eigentumsgewährleistung die Funktion zugeschrieben, das Eigentum als Institut der Rechtsordnung zu sichern; neben das (subjektive) Grundrecht tritt die (objektivrechtliche) Institutsgarantie [217]. Erinnert die Diskussion an den grundrechtlichen Schutz bestehender Eigentumsrechte in manchem an die im vorigen Jahrhundert geführte Auseinandersetzung um das Verhältnis (wohl)erworbener Rechte zur Gesetzgebung, so wird mit der Institutsgarantie gleichsam auf die Gestaltung zukünftiger Rechtsbeziehungen vorgegriffen. Die Lehre vom erworbenen Recht zielte weniger auf die Perpetuierung der alten Rechtsordnung als auf ihre Ablösung gegen Entgelt; zentrales Anliegen der Lehre von der Institutsgarantie ist hingegen die Unablösbarkeit der bürgerlichen Eigentumsordnung gerade auch im wirtschaftlichen Bereich [218].

Dieses Verständnis der Institutsgarantie steht allerdings in offenem Gegensatz zur Rechtsprechung des Bundesverfassungsgerichts, das wiederholt die wirtschaftspolitische Neutralität des Grundgesetzes betont hat. Im übrigen hat *Schwerdtfeger* zutreffend darauf hingewiesen [219], daß dieses Verständnis der Institutsgarantie mit Art. 15 GG nicht zu vereinbaren ist, der ja dem Gesetzgeber gerade gestattet, Grund und Boden, Naturschätze und Produk-

---

[217] Dazu vor allem *Werner Weber*, Eigentum und Enteignung, in: Die Grundrechte Bd. 2, Berlin 1954, S. 355.

[218] Vgl. etwa *Werner Weber* a. a. O. (Fn. 217) S. 359; auch *Theodor Maunz*, in *Maunz/Dürig/Herzog*, Grundgesetz, Art. 14 Rdnr 4.

[219] Unternehmerische Mitbestimmung der Arbeitnehmer und Grundgesetz, Frankfurt 1972, S. 241.

tionsmittel in Gemeineigentum oder andere Formen der Gemeinwirtschaft zu überführen und damit jedenfalls insoweit die bürgerliche Eigentumsordnung abzulösen.

Auch das Bundesverfassungsgericht unterscheidet den Gedanken der Institutsgarantie in seinen neueren Entscheidungen ausdrücklich vom Grundrechtsschutz, allerdings ohne ihm über den Einzelfall hinaus tragfähige Konturen zu geben. Im Hamburger Deich-Urteil (BVerfGE 24, 367, 389) heißt es, die Institutsgarantie verbiete, „daß solche Sachbereiche der Privatrechtsordnung entzogen werden, die zum elementaren Bestand grundrechtlich geschützter Betätigung im vermögensrechtlichen Bereich gehören". Damit wird offenbar der Geltungsbereich der Institutsgarantie über das zivilrechtliche Sacheigentum hinaus auf andere private Vermögensrechte ausgedehnt, allerdings nur, insoweit sie zum „elementaren Bestand grundrechtlich geschützter Betätigung" gehören. Welchem Lebensbereich das Grundrecht und damit die Institutsgarantie zugeordnet werden und welches sein elementarer Bestand ist, bleibt in dieser Formulierung offen. Im unmittelbaren Zusammenhang finden sich allerdings Wendungen, die auf das persönliche Eigentum hinweisen. So, wenn das dem Grundrecht zugeordnete Eigentum mehrfach als „Privateigentum" oder auch als eine „Form der Sachherrschaft" qualifiziert wird und dem Grundrecht die Aufgabe zugewiesen wird, seinem Träger „einen Freiheitsraum im vermögensrechtlichen Raum sicherzustellen und ihm damit eine eigenverantwortliche Gestaltung des Lebens zu ermöglichen". Die institutionelle Absicherung einer bestimmten Wirtschaftsordnung kann daraus nicht entnommen werden.

In den Entscheidungen zum Urheberrechtsgesetz wurde die Institutsgarantie zum wesentlichen Kriterium der den Urhebern zuzuordnenden Verwertungsrechte [220]. Grundsätzlich müsse der Vermögenswert der schöpferischen Leistung dem Urheber gesichert werden; im Hinblick auf die Regelungsbefugnis des Art. 14 Abs. 1 S. 2 GG bedeute das aber nicht, daß jede nur denkbare Verwertungsmöglichkeit verfassungsrechtlich gesichert sei. So wird Grundlage dieser Entscheidungen letztlich eine Abwägung der Belange

---

[220] S. o. S. 365.

des Urhebers mit Gesichtspunkten des „Gemeinwohls" (BVerfGE 31, 242); das heißt eine quasi legislatorische Bewertung, deren Anknüpfung an Art. 14 GG nur akzidentielle Bedeutung hat. Eine schärfere Konturierung der Institutsgarantie ist diesen Entscheidungen nicht zu entnehmen.

Schwerdtfeger hat vorgeschlagen, das in Art. 14 gewährleistete Eigentum im Sinne eines Typus zu verstehen [221]. Damit ist schon die Behauptung normativer Konturen aufgegeben; insofern kennzeichnet dieser Ansatz die Übergangszeit, die eigentlich nicht mehr weiß, was sie in ihrer Verfassung als Eigentum gewährleistet. In der Soziologie und Staatslehre werden als Typen Sachverhalte bezeichnet, die sich inhaltlich überschneiden, gleichwohl aber durch wesentliche, „typische" Gesichtspunkte unterschieden sind [222]. Auch in der Rechtswissenschaft hat es seine Berechtigung, wenn zur Beschreibung der Rechtswirklichkeit Typen von Rechtsverhältnissen gebildet werden. Allerdings kann ein Typus nicht Tatbestandsmerkmal einer Rechtsnorm sein, weil deren Rechtsfolge entweder eintreten oder nicht eintreten soll [223]. So wird auch Schwerdtfeger schließlich zur Entscheidung gezwungen, inwieweit die rechtliche Zuordnung von Aktienrechten als Eigentum gewährleistet sei (S. 230). Damit kehrt er vom Typus zum Rechtsbegriff zurück, für dessen Inhalt er die „herrschenden gesellschaftlichen Auffassungen" maßgebend sein läßt. Das ist allerdings insofern unbefriedigend, als ungeklärt ist, wessen gesellschaftliche Auffassungen heute die Herrschaft beanspruchen können. Die Demokratisierung der politischen Gemeinwesen sollte es verbieten, in dieser Frage unbesehen auf die Ansicht der in der Gesellschaft Herrschenden zu rekurrieren.

---

[221] A. a. O. (Fn. 219) S. 227 ff.

[222] Vgl. etwa *Georg Jellinek*, Allgemeine Staatslehre, 3. Aufl. 1921, 6. Neudruck 1959, S. 34 ff.; *Max Weber*, Wirtschaft und Gesellschaft, Kap. 3: Typen der Herrschaft.

[223] Anders *Karl Larenz*, Methodenlehre der Rechtswissenschaft, Berlin usw. 1960, S. 337 ff.; vgl. zu den Grundlagen dieser Methodenlehre *Hans Hattenhauer*, Zwischen Hierarchie und Demokratie, Karlsruhe 1971, S. 245 ff.

Im vorangehenden Abschnitt wurde eine typisierende Betrachtungsweise verwendet, um Überblick über die Rechtsinstitute und Rechtslagen zu gewinnen, die in der Jurisprudenz dem Schutzbereich des Grundrechtes zugeordnet werden. Leitender Gesichtspunkt war die Nähe zum menschenrechtlichen Ursprung des Grundrechtsdenkens, der im Bereich der Eigentumsgewährleistung in der vom Bundesverfassungsgericht immer wieder betonten personalen Bedeutung der gewährleisteten Rechte zum Ausdruck kommt. Die Untersuchung hat ergeben, daß nur ein Teil der Art. 14 zugeordneten Rechtslagen unter dem Blickwinkel der personalen Bedeutung gesehen werden kann, während bei anderen die Befugnisse, die das Recht gegenüber Nicht-Eigentümern gewährt, im Vordergrund stehen. Diese Rechtslagen ermöglichen die Kontrolle des Sachherrn durch Dritte; sie dienen gerade nicht der Sicherung einer Mensch-Objekt-Beziehung. Ihre vorwiegend utilitaristische Rechtfertigung ist Gegenstand kontroverser nationalökonomischer Theorien und liegt außerhalb des Grundrechtsdenkens.

Über diesen Gegensatz kann sich die allgemein postulierte Institutsgewährleistung nicht hinwegsetzen. Versuchte man, ihn in der Abstraktion des subjektiven Rechts [224] aufzuheben, verlöre die Eigentumsgewährleistung den normativen Gehalt, der sie von anderen Grundrechten unterscheidet. Ebensowenig kann es unter rechtslogischen Gesichtspunkten befriedigen, aus Art. 14 die Gewährleistung mehrerer antinomischer Rechtsinstitute herzuleiten.

Soll die Institutsgewährleistung normative Konturen haben, so kann sie nicht die Quersumme aller dem Art. 14 zugeordneten Rechte sein. Es ist eine Entscheidung erforderlich, deren Grundlage der vom Bundesverfassungsgericht durchgehend postulierte menschenrechtliche Bezug der Eigentumsgewährleistung sein muß. Gewährleistet ist demnach die Möglichkeit der individuellen Zuordnung von Rechten, die den Zugang zu den materiellen Grundlagen des Lebens und der personalen Entfaltung sichern. Dazu

---

[224] Zu diesem Begriff in soziologischer Sicht *Niklas Luhmann* und *Jürgen Schmidt* in: Jahrbuch für Rechtssoziologie und Rechtstheorie I, Bielefeld 1970, S. 321 ff., 299 ff.

gehört nicht nur der staatliche Schutz dieser Rechte im Interesse des Rechtsträgers und ihre Durchsetzbarkeit bei Übergriffen anderer. Insoweit die Grundrechte und damit auch die Eigentumsgewährleistung auf gesellschaftliche Entfaltung angelegt sind, ist der rechtlich gesicherte Zugang zu den Grundlagen der Subsistenz und der personalen Entfaltung für die Masse der Bevölkerung gefordert. Nicht die bürgerlichen Privilegien einer Minderheit, sondern die rechtliche Absicherung der Lebensgrundlagen aller, soweit individuelle Rechtspositionen dazu beitragen können, wäre demnach Gegenstand der Institutsgewährleistung. Da das Sacheigentum des Bürgerlichen Gesetzbuches dieser Funktion in der entwickelten Industriegesellschaft immer weniger gerecht wird, wird die Schaffung eines Neuen Eigentums gefordert. Das klingt bereits bei der verfassungsrechtlichen Diskussion um die Einbeziehung von Versorgungsansprüchen in die Eigentumsgewährleistung an. Man sollte sich allerdings bei der Diskussion derartiger Konzeptionen vor der juristischen Illusion hüten, daß mit der Schaffung neuer Rechtsformen bereits die Sache selbst realisiert sei. Schließlich ist anzumerken, daß eine normative Präzisierung der Institutsgewährleistung im vorbezeichneten Sinn auch die Verlagerung und Kontraktion des grundrechtlichen Schutzbereiches zur Folge haben muß, wenn man nicht mit zwei verschiedenen Eigentumsbegriffen im Rahmen des Art. 14 arbeiten will.

VIII. Eigentum und Gesetzgebung

1. Eigentumsgewährleistung und Kompetenzordnung

Für die Gesetzgebungsbefugnisse des Bundes und der Länder muß die Ausdehnung der Eigentumsgewährleistung auf immer weitere Rechte nicht notwendig begrenzende Bedeutung haben. Für sich genommen erweitert sie nur das den Gerichten und Verfassungsjuristen zur Kritik unwillkommener Gesetzgebung zur Verfügung stehende Argumentationsfeld, das im übrigen, wie die vorangehende Untersuchung gezeigt hat, jedenfalls teilweise mit der Argumentation aus anderen Grundrechten austauschbar ist.

Die reale Tragweite der Eigentumsgewährleistung hängt von ihrer Verzahnung mit den gesetzgeberischen Kompetenzen ab.

Maßgeblich sind in diesem Bereich die Bundeskompetenzen, und zwar einmal aus verfassungsrechtlichen Gründen, weil infolge der Inanspruchnahme der umfangreichen Kompetenzkataloge der Art. 73, 74 GG nur wenige, allerdings nicht unwichtige eigentumsrelevante Regelungsmaterien den Ländern verbleiben [225]. Zum anderen sind aber die grundlegenden Fragen der Eigentumsordnung in einer überregionalen Wirtschaft nur überregional regelungsfähig. Einschlägige Kompetenznorm ist vor allem Art. 74 GG, der dem Bundesgesetzgeber u. a. die Gestaltung des bürgerlichen Rechts, des Wirtschafts- und Arbeitsrechts, des Bodenrechts und der Bodenverteilung zuweist [226].

Versteht man die Verfassung als einen Sinnzusammenhang, so muß Art. 14 Abs. 1 S. 2 GG, wonach Inhalt und Schranken des Eigentums durch die Gesetze bestimmt werden, als ein klarstellender [227] Hinweis innerhalb der Grundrechtsnormierung auf die im 7. Abschnitt des Grundgesetzes umschriebenen Gesetzgebungsbefugnisse verstanden werden.

2. „Sozialbindung" oder gesetzliche Bestimmung von Inhalt und Schranken?

Ungeachtet dieser normativen Ausgangslage sind jedoch in der Diskussion der Verfassungsjuristen über die gesetzgeberischen Befugnisse im Bereich der Eigentumsgewährleistung annähernd jene Argumentationsschemata wieder aufgetaucht, die das Due-Process-Verständnis des US Supreme Court vor 1937 kennzeichnen [228].

---

[225] Nachbarrecht, Baupolizeirecht, Bergrecht, Wegerecht, Enteignungsrecht.

[226] Ausführlich zu den Kompetenznormen und ihrer entstehungsgeschichtlichen Bedeutung oben S. 281.

[227] Ähnlich *Kimminich* in: Bonner Kommentar, Zweitbearbeitung, Art. 14 Rdnr 29; *Herman von Mangold/Friedrich Klein,* Das Bonner Grundgesetz, 2. Aufl. 1966, Art. 14 Anm. V 1 a.

[228] S. o. S. 152.

Gesellschafts- und Rechtsordnung der Bundesrepublik nach 1949 ließen es zwar nicht zu, in der Auslegung der Eigentumsklausel zum reinen liberalen Dogma zurückzukehren, wie es der US Supreme Court in Coppage v. Cansas [229] verkündet hatte. Aber Ansätze in dieser Richtung sind nicht zu verkennen. Terminologisch kommt dieses Vorverständnis dadurch zum Ausdruck, daß anstelle der Bestimmung von Inhalt und Schranken des Eigentums die „Sozialbindung" und ihre Abgrenzung zur Enteignung diskutiert werden. Begriff und Inhalt des Eigentums sind bei dieser Fragestellung dem Verfassungsrecht vorgegeben; die Befugnis des Gesetzgebers nach Art. 14 Abs. 1 S. 2 GG reduziert sich auf die Konkretisierung der durch Art. 14 Abs. 2 GG vorgezeichneten allgemeinen Verpflichtung des Eigentums, zugleich auch dem Wohl der Allgemeinheit zu dienen. Offen bleibt dann lediglich die Begrenzung des dem Eigentum nachgeordneten Gemeinwohls auf den Ausgleich von Eigentümerinteressen oder seine Ausdehnung auf Belange der Nichteigentümer. Es verdient schon an dieser Stelle hervorgehoben zu werden, daß das Bundesverfassungsgericht zwar Art. 14 Abs. 2 GG als „verbindliche Richtschnur" des Inhalt und Schranken bestimmenden Gesetzgebers bezeichnet hat [230], die Befugnis des Gesetzgebers indessen nicht auf die Konkretisierung der Sozialbindung reduziert.

Vorgezeichnet wurde diese Verengung durch den Großen Senat des Bundesgerichtshofs in BGHZ 6, 270. Nur verbal nahm dieser Beschluß zur Kenntnis, daß „Inhalt und Schranken des Eigentums in einer allgemeinverbindlichen Weise durch Gesetze bestimmt werden" können (S. 278). In den anschließenden Sätzen der Begründung ist dann nur noch von der „inhaltlichen" oder „sozialen Bindung" des Eigentums die Rede, die „naturgemäß" in „Not- und Krisenzeiten" stärker sein könne, „als in gewöhnlichen Zeiten". Das Eigentümerbelieben wird so zum Verfassungsmaßstab, und die Gesetzgebung von der gestaltenden auf eine aushelfende

---

[229] 236 US 1 (1915). Dazu oben S. 150.
[230] BVerfGE 25, 117; auch BVerfGE 21, 73, 83.

Funktion verwiesen. Diesem Vorbild folgten und folgen zahlreiche literarische Äußerungen zu Art. 14 GG [231].

Dem Vorbild des Bundesgerichtshofs folgt auch *Walter Leisner* in seiner 1972 erschienenen Monographie über die ›Sozialbindung des Eigentums‹. Geprägt wird diese Schrift von einem Vorverständnis, das die jeweils bestehende Eigentumslage zum Angelpunkt der Staatlichkeit macht und die Gesetzgebung auf den Ausgleich von Eigentümerinteressen reduziert. Ohne John Locke zu zitieren, stellt Leisner an das Ende seiner Abhandlung den Satz, wesentliche Eigenschaft und Aufgabe des Staates sei das Eigentum [232]. Demokratie und Sozialstaatlichkeit bleiben außerhalb der Betrachtung; es findet sich lediglich der nicht weiter verfolgte Hinweis, „die Grundentscheidungen der Verfassung, auch deren organisationsrechtliche Gestaltungsformen", seien „darauf zu untersuchen, was sich aus ihnen für das Eigentum und für den Eigentümer als ‚Organ der Gesellschaft und der Staatlichkeit' ergibt" (S. 295), eine Fragestellung, die der englischen Verfassung am Ausgang des 17. Jahrhunderts entsprochen hätte.

Diesem vom Bundesgerichtshof vorgezeichneten Ansatz stehen allerdings Äußerungen anderer Verfassungsjuristen gegenüber. So verstand *Hans Peter Ipsen* bei seinem Referat auf der Staatsrechtslehrertagung 1951 die Eigentumsverfassung als Ausschnitt der Sozialverfassung, deren Gestaltung dem Gesetzgeber im Hinblick auf die Sozialstaatsklausel aufgetragen sei einschließlich der „Neu- und Andersgestaltung der Eigentumsherrschaft bis hin zu seiner Neu-Verteilung" [233]. Als thematische Anregung für eine gesetzliche Neugestaltung, deren Rang als demokratische Mehrheitsentscheidung zu respektieren sei, verwies Ipsen auf Bestimmungen des

---

[231] Um nur die wichtigsten zu nennen: *Werner Weber* a. a. O. (Fn. 217) S. 347 f.; ders., in: Festschrift für *Karl Michaelis,* Göttingen 1972, S. 324: „Was sonach als Maxime der Sozialpflichtigkeit des Eigentums statuiert ist, hat der Gesetzgeber nachzuvollziehen." Entsprechend: *Rudolf Reinhardt/Ulrich Scheuner,* Verfassungsschutz des Eigentums, Tübingen 1954, S. 1 ff., 109 ff.; *Maunz* a. a. O. (Fn. 218) Rdnr 46 ff.

[232] Vorsichtigerweise allerdings in französischer Sprache: «La propriété de l'Etat c'est la propriété.» A. a. O. S. 240.

[233] VVDStRL Heft 10, Berlin 1952, S. 75.

Abschnitts „Wirtschaftsleben" der Weimarer Verfassung. Für den mit dem Grundgesetz aufgewachsenen Juristen liegt es näher, auf die thematisch parallelen, inhaltlich allerdings offeneren Kompetenznormen des Grundgesetzes hinzuweisen. Später hat *Herbert Krüger* besonders eindringlich auf die Befugnis des Gesetzgebers zur inhaltlichen Bestimmung des Eigentums hingewiesen, die zwar unter den Geboten der Sachlichkeit und Verhältnismäßigkeit stehe, nicht aber an ein außerhalb der Verfassung geprägtes Eigentumsbild gebunden sei [234].

Das Bundesverfassungsgericht hatte zur Abgrenzung des Schutzbereiches der Eigentumsgewährleistung im Schornsteinfeger-Urteil (BVerfGE 1, 264, 278) ausgeführt, das Grundgesetz schütze das Rechtsinstitut des Eigentums, „so wie es das bürgerliche Recht und die gesellschaftlichen Anschauungen geformt haben". Keinesfalls wollte es mit dieser mißverständlichen Formel die Befugnisse des Gesetzgebers an ein vorverfassungsrechtliches Eigentumsbild binden. Im Hamburger Deich-Urteil, das insoweit die Ergebnisse der bisherigen Rechtsprechung zusammenfaßt, betont das Gericht, „nur das durch die Gesetze ausgeformte Eigentum" sei Gegenstand der Gewährleistung. Ein Inhalt und Schranken des Eigentums bestimmendes Gesetz sei daher keine Grundrechtseinschränkung im Sinne des Art. 19 Abs. 1 GG (BVerfGE 24, 367, 396). In den Entscheidungen zum Urheberrecht hat das Gericht herausgestellt, daß es keinen „vorgegebenen und absoluten Begriff des Eigentums" gebe (BVerfGE 31, 229, 240).

Da es keinen vorgegebenen Eigentumsinhalt mehr anerkennt, der gesetzlich „beschränkt" werden könnte, behandelt das Bundesverfassungsgericht in seiner neueren Rechtsprechung die Befugnis des Gesetzgebers nach Art. 14 Abs. 1 Satz 2 GG konsequenter-

---

[234] Die Bestimmung des Eigentumsinhalts (Art. 14 Abs. I Satz 2 GG), in: Hamburger Festschrift für *Friedrich Schack,* Hamburg 1966, S. 71 ff.; ihm folgend *Schwerdtfeger* a. a. O. (Fn. 219), S. 232; ähnlich *Wolfgang Abendroth,* Zum Begriff des demokratischen und sozialen Rechtsstaats im Grundgesetz der BRD, in: *Herbert Sultan/Wolfgang Abendroth,* Bürokratischer Verwaltungsstaat und soziale Demokratie, Hannover 1955, S. 87 f.

weise [235] als eine Einheit, ohne zwischen der Bestimmung von Eigentumsinhalt und Schrankensetzung zu differenzieren. Das Verbot der Anlage neuer Weinberge hatte es in einer Entscheidung aus dem Jahre 1958 als „Eigentumsbeschränkung" bezeichnet (BVerfGE 8, 71, 79), während die Anbaubeschränkungen nach dem Weinwirtschaftsgesetz im Jahre 1967 als „gesetzliche Bestimmung von Inhalt und Schranken des Eigentums" charakterisiert werden (BVerfGE 21, 150, 154 f.). Ebenso werden die Veräußerungsbeschränkungen nach dem Grundstücksverkehrsgesetz in BVerfGE 26, 215, 222 bezeichnet; in früheren Entscheidungen wurden sie als Inhaltsbestimmung beurteilt [236].

3. Die Bedeutung des Art. 14 Abs. 2 GG

Wie schon erwähnt, sieht das Bundesverfassungsgericht Art. 14 Abs. 2 GG als Richtschnur für die gesetzliche Ausgestaltung vorhandener Eigentumsinteressen [237]. Beim Sacheigentum ist Ausgangspunkt der verfassungsrechtlichen Beurteilung die freie Verfügung des Eigentümers, so daß die gesetzliche Einschränkung seiner Befugnisse der Begründung bedarf. Bei dieser Gegenüberstellung genießen indes die Eigentümerinteressen keinen Vorrang,

---

[235] Entsprechend schon *Helmut Ridder*, Enteignung und Sozialisierung, VVDStRL Heft 10, Berlin 1952, S. 136; anders *Herbert Krüger* (Fn. 234) S. 72, der argumentiert, mit einer Abgrenzung sei nichts über den Inhalt des umschriebenen Raumes ausgesagt. Diese physikalische Analogie ist indessen wenig beweiskräftig für das Verhältnis normativer Sätze zueinander. Es ist lediglich eine Frage der Gesetzestechnik, ob Befugnisse des Eigentümers in negativen oder positiven Aussagen umschrieben werden. Vgl. *Hans Schulte*, Eigentum und öffentliches Interesse, Berlin 1970, S. 50 ff.

[236] BVerfGE 21, 73, 78; 21, 92, 93.

[237] BVerfGE 25, 112, 117; 21, 73, 83. *Erwin Stein* hebt darüber hinaus die Bedeutung des Art. 14 Abs. 2 GG als unmittelbar anwendbare, das bürgerliche Recht überlagernde Verfassungsrechtsnorm hervor. Zur Wandlung des Eigentumsbegriffs, in: Festschrift für *Gebhard Müller*, Tübingen 1970.

da die Verfassung sich „im Sinne eines sozialgebundenen Privateigentums" entschieden habe. Bei der Regelung des Eigentumsinhaltes seien daher „die Belange der Gemeinschaft und die Individualinteressen in ein ausgewogenes Verhältnis zu bringen. Das Wohl der Allgemeinheit ist Orientierungspunkt, aber auch Grenze für die Beschränkung des Eigentümers." (BVerfGE 25, 112, 118). Diese Gegenüberstellung von Eigentümerbefugnissen und gesetzlichen Beschränkungen unterscheidet sich deutlich von der Argumentationsweise des Bundesgerichtshofs. Während dieser das Eigentümerbelieben als Verfassungsprinzip und seine Beschränkung als Ausnahme sieht, geht es dem Bundesverfassungsgericht um einen Optimierungsauftrag, der die freie Verfügung über Gegenstände des Privateigentums nur als eine Variable zu berücksichtigen hat. Dieser Auftrag liegt zunächst einmal bei den Gesetzgebungsorganen; offen ist, inwieweit das Bundesverfassungsgericht im Nachvollzug seine eigenen Wertungen gegenüber den Wertungen der Gesetzgebungsorgane zur Geltung bringt. Räumte es in BVerfGE 8, 71, 80 dem Gesetzgeber „einen verhältnismäßig weiten Beurteilungsspielraum" ein, so deuten die neueren Entscheidungen, insbesondere zum Urheberrechtsgesetz [238] auf die Bereitschaft der Verfassungsrichter, der eigenen Wertung den Vorrang zu geben.

4. Gesetzgebung, erworbene Rechte und Vertrauensschutz

Gleichzeitig stellt allerdings das Bundesverfassungsgericht in seinen neueren Entscheidungen heraus, daß der Gesetzgeber bei der Inhaltsbestimmung des Eigentums nicht an den jeweiligen Status quo erworbener Rechte gebunden ist. So heißt es in BVerfGE 31, 275, 284 f., der Gesetzgeber stehe nicht vor der Alternative, „die nach dem bisherigen Recht begründeten subjektiven Rechte entweder zu belassen oder unter den Voraussetzungen des Art. 14 GG zu enteignen"; er könne individuelle Rechtspositionen umge-

---

[238] BVerfGE 31, 229 und 275, auch 25, 112, 120: „Die tatsächliche Situation bestimmt hiernach weitgehend den Gestaltungsbereich für eine sachgerechte gesetzgeberische Lösung."

stalten, ohne damit gegen die Eigentumsgewährleistung zu verstoßen [239]. Bemerkenswert ist, daß sich das Bundesverfassungsgericht überhaupt zu dieser Fragestellung veranlaßt sah und seine Antwort überdies in recht vorsichtige Worte faßte. Denn die Abänderbarkeit und Aufhebbarkeit vorhandener Rechte gehört zu den Grundbedingungen moderner Staatlichkeit; die Überlegenheit der Gesetzgebung gegenüber den aus früheren Rechtsordnungen überkommenen Rechten ermöglichte überhaupt erst die Entstehung des bürgerlichen Verfassungsstaates. Im Grunde knüpft das Bundesverfassungsgericht mit seinen Bemerkungen an die im vorigen Jahrhundert geführte Diskussion über die erworbenen Rechte an, deren Ergebnis Ferdinand Lassalle in dem Satz zusammengefaßt hatte:

> Es läßt sich also vom Individuum kein Pflock in den Rechtsboden schlagen und sich mittels desselben für selbstherrlich für alle Zeiten und gegen alle künftigen zwingenden oder prohibitiven Gesetze erklären [240].

Die zukunftsgerichtete Funktion der Eigentumsgewährleistung sieht das Bundesverfassungsgericht darin, „dem Bürger Rechtssicherheit hinsichtlich der durch Art. 14 Abs. 1 S. 1 GG geschützten Güter zu verschaffen und das Vertrauen auf das durch die verfassungsmäßigen Gesetze ausgeformte Eigentum zu schützen" [241]. Rechtssicherheit und Vertrauensschutz sind indessen allgemeine Prinzipien des Rechtsstaates, die für die gesamte Rechtsordnung auch jenseits der von der Eigentumsgewährleistung umfaßten Verhältnisse Geltung beanspruchen [242]. Es ist nicht einzusehen, warum

---

[239] Bestätigt durch den Beschluß vom 15. 1. 1974. Vgl. auch den Dissent der Richterin *Rupp v. Brünneck* in BVerfGE 32, 141 ff.

[240] A. a. O. S. 214. Vgl. demgegenüber zur Rechtsprechung des Schweizer Bundesgerichts *Peter Saladin*, Grundrechte im Wandel, Bern 1970, S. 167 ff., nach dessen Darstellung die Aufhebung ganzer Kategorien subjektiver Rechte als Enteignung behandelt wird.

[241] Beschluß vom 15. 1. 1974, BVerfGE 36, 281.

[242] Vgl. die Referate von *Gunter Kisker* und *Günter Püttner* auf der Staatsrechtslehrertagung 1973 über das Thema ›Vertrauensschutz im Verwaltungsrecht‹ und den Bericht über die anschließende Diskussion von *Christian Pestalozza*, AöR Bd. 99 (1974) S. 118 ff.

gerade im Eigentumsbereich der jeweilige Bestand unabhängig von Erwerbsgrund und personaler Bedeutung einen stärkeren Schutz genießen soll als in anderen Bereichen [243]. Allerdings findet sich in der Rechtsprechung des Bundesverfassungsgerichts die Bemerkung, die Wirkung der Eigentumsgewährleistung gehe insoweit „über den rechtsstaatlichen Vertrauensschutz hinaus", als der Gesetzgeber „für den Eingriff in geschützte subjektive Rechte legitimierende Gründe haben" müsse (BVerfGE 31, 275, 293). An anderer Stelle heißt es, der Eingriff sei dann zulässig, wenn er „durch Gründe des öffentlichen Interesses unter Berücksichtigung des Grundsatzes der Verhältnismäßigkeit" gerechtfertigt sei [244]. Das sind aber im Grunde auch die Kriterien, nach denen die Bestandskraft nichteigentumsfähiger Rechtspositionen unter dem Gesichtspunkt des Vertrauensschutzes beurteilt wird. Bei der konkreten Prüfung der Verhältnismäßigkeit eines Eingriffs in Eigentumsrechte stellt nämlich das Bundesverfassungsgericht auf den Erwerbsgrund des Rechtes und seine Bedeutung für den Inhaber ab; ganz entsprechend wird bei anderen Rechten die Schutzwürdigkeit des Vertrauens dem Interesse an der Neugestaltung gegenübergestellt [245].

5. Dynamische Implikationen der menschenrechtlichen Auffassung

Das Bundesverfassungsgericht hat sich zwar entschieden gegen ein Verständnis der Eigentumsgewährleistung als Festschreibung des jeweiligen vermögensrechtlichen Status quo gewandt, gleichzeitig aber die bewahrende Funktion des Grundrechtes betont. Geschützt werden jedoch Rechtssicherheit und Vertrauen des „Bürgers" [246]; damit ist angedeutet, daß das Bundesverfassungsgericht auch die zeitliche Dimension des Eigentums unter menschenrecht-

---

[243] Vgl. *Jürgen Salzwedel*, Verfassungsrechtlich geschützte Besitzstände und ihre „Überleitung" in neues Recht, Die Verwaltung 1972, S. 11 ff.
[244] BVerfGE 31, 275, 290; Beschluß vom 15. 1. 1974, BVerfGE 36, 281.
[245] Vgl. die Umschreibung dieser Kriterien durch die Richterin *Rupp v. Brünneck*, BVerfGE 32, 138.
[246] Beschluß vom 15. 1. 1974, BVerfGE 36, 281.

lichen Gesichtspunkten sieht. Aus diesem menschenrechtlichen Bezug kann sich entgegen dem allgemeinen, mehr oder weniger statischen Bestandsschutzdenken [247] ein dynamisches Element ergeben, wenn etwa bei der Nutzung von Immobilien oder Produktionsmitteln Sachnutzung und rechtliche Herrschaft auseinanderfallen. Nimmt man das Bundesverfassungsgericht beim Wort, daß die Eigentumsgewährleistung (in erster Linie) die materiellen Grundlagen der Persönlichkeitsentfaltung, nicht unverdienten Vermögenszuwachs und gesellschaftliche Machtpositionen schützt, so enthält sie geradezu eine Aufforderung, Rechte der Sachnutzer zu Lasten abwesender Nutznießer, die im Verfassungssinn nicht mehr Eigentümer sind, zu schaffen und zu verstärken. Die naturrechtliche Eigentumslehre hat ihre radikalen Implikationen keineswegs verloren; sie sind lediglich partiell in Vergessenheit geraten.

Die dynamischen Möglichkeiten der Eigentumsgewährleistung wurden in neuester Zeit von *Horst Sendler* hervorgehoben [248]. Unter Bezugnahme auf BVerfGE 31, 275, 285 betont Sendler die Möglichkeit, bestehende Rechtspositionen im Wege der Gesetzgebung geänderten gesellschaftlichen Verhältnissen anzupassen. Derartige Maßnahmen müßten sich allerdings unter dem Gesichtspunkt der Verhältnismäßigkeit im Rahmen des für die Betroffenen Zumutbaren und wirtschaftlich Vertretbaren halten. Im Anschluß an Salzwedel [249] spricht Sendler von einer „weichen Überleitung", die durch Übergangsregelungen den Betroffenen die Anpassung an die neue Rechtslage ermögliche.

6. Gesetzgebung und erweiterter Enteignungsbegriff

Die „Schwäche des Eigentums gegenüber dem Gesetzgeber" hat zahlreiche Versuche veranlaßt, der inhaltsbestimmenden Gesetz-

---

[247] Dagegen schon *Michael Kloepfer*, Grundrechte als Entstehungssicherung und Bestandsschutz, München 1970.
[248] Zum Wandel der Auffassung vom Eigentum, DÖV 1974 S. 73 ff. Auch schon DÖV 1971 S. 16 ff. *Sendler* ist Vorsitzender Richter beim Bundesverwaltungsgericht.
[249] A. a. O. (Fn. 243).

gebung Grenzen zu setzen. Dieses Bemühen steht im Vordergrund juristischer Beiträge zur Eigentumsgewährleistung. Es veranlaßte das Reichsgericht zur Ausdehnung des Enteignungsbegriffes. Aber auch heute wird die Enteignung als wesentliche Grenze der inhaltsbestimmenden Gesetzgebung verstanden. Daneben spielt die Sozialisierungsbefugnis eine gewisse Rolle. Auch sie wird nicht als eine Bestätigung gesetzgeberischer Kompetenzen, sondern als Grenze der Inhaltsbestimmung gesehen, deren Überschreitung nur gegen Entschädigung erfolgen könne.

Soweit die Ausdehnung des Enteignungsbegriffes der Rechtsprechung der Zivilgerichte dazu dient, in Fällen hoheitlicher Schadensverursachung einen Anspruch auf Ausgleich zu gewähren, ist die Anknüpfung an die Eigentumsgewährleistung ohne inhaltliche Bedeutung; die Rechtsprechung hätte ebensogut bei der traditionellen Aufopferungsentschädigung bleiben können. Bedeutung hat die Ausdehnung des Enteignungsbegriffs nur als Verkürzung der inhaltsbestimmenden Befugnis des Gesetzgebers. Wie der Bundesgerichtshof vermerkte, bestand vor 1918 „kein hinreichender Anlaß" für diese verfassungsjuristische Kompetenzbeschneidung[250]. Anlaß war mit anderen Worten die Durchsetzung des allgemeinen Wahlrechts, die Demokratisierung der Gesetzgebung.

Gleichwohl konnte auch im Eigentümerinteresse die gesetzgeberische Befugnis zur inhaltlichen Bestimmung und Abgrenzung von Eigentumsrechten nicht schlechthin bestritten werden. Mit der wirtschaftlichen Entwicklung neu entstehende Konfliktsituationen zwischen Eigentumsinteressen mußten entscheidbar bleiben; um sozialer Unrast vorzubeugen, mußten auch weiterhin Konzessionen zugunsten von Nichteigentümern im Wege der Gesetzgebung möglich sein. Die selbstgestellte Aufgabe aller juristischen „Theorien", die sich um die Abgrenzung der Inhaltsbestimmung von der Enteignung bemühen, liegt letztlich darin, eine gesetzliche Regelung, die noch im gemeinsamen Interesse der Eigentümer liegt, von einer Gesetzgebung zu unterscheiden, die diese Interessen trans-

---

[250] BGHZ 6, 270, 281; dazu oben S. 292. Die unmittelbare politische Motivation kam auch in dem grundlegenden Beitrag *Martin Wolffs* aus dem Jahre 1923 deutlich zum Ausdruck, s. o. S. 259.

zendiert. Daß die Beantwortung dieser Frage von der jeweiligen gesellschaftlichen und politischen Situation abhängig ist, bedingt die Unbestimmtheit dieser Theorien. Ob sie nun auf das Sonderopfer [251], die Schutzwürdigkeit [252] oder die Zumutbarkeit [253] abstellen: Sie alle verweisen den zur Entscheidung Berufenen auf sein politisches Gespür. Eine Ausnahme macht insofern die von Rudolf Reinhard begründete These, die Erhaltung der „Privatnützigkeit" des Eigentumsobjektes sei Kriterium der inhaltsbestimmenden Gesetzgebung gerade auch im Unternehmensbereich [254]. Die Unbrauchbarkeit und der schwache Anklang dieser These in der Fachwelt beruhen darauf, daß sie zu eindeutig ausspricht, worum es mit dem erweiterten Enteignungsbegriff geht.

Das Bundesverfassungsgericht hat bisher offengelassen, „ob der Begriff der Enteignung in demselben weiten Sinn auszulegen sei, wie dies vor 1933 durch die Rechtsprechung des Reichsgerichts zu Art. 153 Abs. 2 RV geschehen ist" [255]. Dem weiten Enteignungsbegriff schien es sich zu nähern, als es in einer späteren Entscheidung sowohl auf die Sonderopferlehre des Bundesgerichtshofs als auch auf die Zumutbarkeitstheorie des Bundesverwaltungsgerichts hinwies, um darzutun, daß die im konkreten Fall zur Prüfung gestellte Bausperre keine Enteignung darstelle (BVerfGE 11, 294, 296 f.). Im Hamburger Deichurteil betonte das Gericht, bei der Enteignung müsse es sich nicht um einen Vorgang der Güterbeschaffung handeln, sie sei vielmehr durch den Rechtsentzug gekennzeichnet. Der Gesetzgeber dürfe nicht unter „dem Etikett einer (entschädigungslosen) Inhaltsbestimmung nach Art. 14 Abs. 1 S. 2 GG eine Regelung treffen, die nach ihrem materiellen Gehalt

---

[251] So der Bundesgerichtshof, dazu oben S. 300.
[252] Begründet von *Walter Jellinek*, s. o. S. 270.
[253] BVerwGE 5, 143; seither ständige Rechtsprechung. Vgl. die Darstellung der Enteignungs„theorien" von *Kimminich* in Bonner Kommentar, Zweitbearb., Art. 14, Rdnr 46 ff.
[254] A. a. O. (Fn. 231).
[255] BVerfGE 2, 237, 261 (24. 4. 1953) mit deutlicher Wendung gegen BGHZ 6, 270 (10. 6. 1952).

eine entschädigungspflichtige Enteignung ist" (BVerfGE 24, 367, 394 f.).

Das Verhältnis der im Falle der Neuordnung des Hamburger Deichrechtes entschädigungspflichtigen Enteignung zu der nach den Entscheidungen zum Urheber- und Patentrecht [256] möglichen entschädigungslosen Entziehung von Rechten durch den Gesetzgeber bleibt somit zu klären. Der Schlüssel liegt darin, daß im Falle des Hamburger Deich-Urteils „durch Art. 14 Abs. 1 GG gewährleistetes Eigentum" (a. a. O. S. 394) entzogen wurde. Denn es ging um Grundeigentum, das im allgemeinen von der Neuordnung des Deichrechtes unberührt blieb. In den beiden neueren Entscheidungen beruhte hingegen die Verkürzung subjektiver Rechte auf einer inhaltlichen Umgestaltung der zugrundeliegenden Rechtsinstitute; der Inhalt der betreffenden Rechte war generell verkürzt worden, so daß die entfallenen Befugnisse nicht mehr zum durch Art. 14 Abs. 1 Satz 1 GG gewährleisteten Eigentum gehörten [257].

7. Emanzipierende Inhaltsbestimmung und Sozialisierung

Bei den Urteilen zum Urheber- und Patentrecht wurden lediglich vorhandene Eigentumsrechte durch inhaltsbestimmende Gesetzgebung verkürzt. Damit ist noch nicht die Frage beantwortet, ob im Wege der gesetzlichen Neubestimmung möglicher Eigentumsinhalte auch gewisse Gegenstände außer Eigentum gesetzt, emanzipiert werden können [258]. Historische Emanzipationsvorgänge sind die Aufhebung von Leibeigenschaft und Sklaverei; in der jüngsten Vergangenheit wurden weniger dramatisch, aber deshalb nicht unwichtig, die Grundstoffe für die Gewinnung der Atomenergie durch Art. 86 des Euratomvertrages für eigentumsunfähig erklärt; die deutsche Gesetzgebung nahm durch das im Jahre 1957 ergangene Wasserhaushaltsgesetz das Grundwasser aus dem pri-

---

[256] BVerfGE 31, 275, 284 f.; 36, 281.
[257] Siehe dazu ausführlicher unten S. 413.
[258] Vgl. dazu auch *Herbert Krüger*, Die Bestimmung des Eigentuminhaltes, in: Hamburger Festschrift für *Friedrich Schack*, Hamburg 1966, S. 74.

vaten Grundeigentum heraus. In der gegenwärtigen Diskussion stehen das Großunternehmen, sofern man es überhaupt als Gegenstand des Verfassungseigentums betrachtet, und der innerstädtische Haus- und Grundbesitz als mögliche Gegenstände der Emanzipation im Vordergrund [259]. Die Gesetzgebung muß dabei durchaus nicht beim Eigentumsrecht ansetzen; die Entwicklung kann auch über einen Ausbau der Konnexinstitute verlaufen.

Kein Präzedenz für die verfassungsrechtliche Würdigung derartiger Vorgänge bieten die strafrechtliche Einziehung [260] oder der Entzug NS-belasteter Versorgungsrechte [261]. Auch die Konfiskation, die das geltende Recht entgegen anderslautender Behauptungen kennt [262], hat in diesem Zusammenhang keine Bedeutung. Die Konfiskation sanktioniert ein Fehlverhalten des Rechtsinhabers; bei der Dritteinziehung und der sicherheitspolizeilichen Entziehung oder Zerstörung eines Eigentumsobjektes [263] ist maßgeblich eine von diesem ausgehende Gemeingefahr. Keines dieser Kennzeichen trifft den Emanzipationsvorgang: Weder die menschliche Existenz des bisherigen Sklaven noch das möglicherweise mustergültige Verhalten seines Eigentümers, sondern das bisher zwischen beiden bestehende Eigentumsverhältnis mißbilligte die neue Rechtsordnung.

Einen Weg der Emanzipierung gewisser Eigentumsobjekte hat die Verfassung in Art. 15 GG bereitgestellt. Er führt allerdings in

---

[259] Zur Emanzipation von Leibeigenen und Sklaven s. o. S. 166. Zum Unternehmen als Gegenstand der Eigentumsgewährleistung oben S. 354. S. 338 zum Haus- und Grundeigentum.

[260] Dazu *Albin Eser,* Die strafrechtlichen Sanktionen gegen das Eigentum, Tübingen 1969.

[261] Vgl. dazu den zusammenfassenden Beschluß des 2. Senats vom 12. 12. 1967, BVerfGE 22, 387, 422 f.

[262] Die Einziehung des Vermögens verbotener Organisationen ist im Vereinsgesetz und Parteiengesetz vorgesehen. Vgl. dazu BVerfGE 2, 1 (SRP-Urteil) und BVerfGE 5, 85 (KPD-Urteil).

[263] BVerfGE 20, 351 (tollwutverdächtiger Hund); BGHZ 45, 23 (behördliche Schließung einer Schweinemästerei im Wohngebiet); BVerwGE 38, 209, 218 (Störung der Nachtruhe durch einen Gewerbebetrieb). Vgl. *Helmut Quaritsch,* Eigentum und Polizei, DVBl. 1959 S. 455 ff.

verfassungsrechtliche Terra incognita. Mochten die Mitglieder der SPD-Fraktion, die im Parlamentarischen Rat diesen Artikel durchsetzten, mit der gemeinwirtschaftlichen Alternative relativ deutliche Vorstellungen verbunden haben, so sind diese Vorstellungen doch keineswegs Verfassungsinhalt geworden und zudem durch eine Entwicklung von 25 Jahren überholt. Herbert Krüger hat mit Recht diese Verfassungsvorschrift als Anweisung auf etwas noch zu Findendes bezeichnet [264]. Es kann kaum Aufgabe des Verfassungsjuristen sein, den Inhalt möglicher gemeinwirtschaftlicher Lösungen vorzuzeichnen, und solange kein Inhalt erkennbar wird, hat es wenig Sinn, auf freiheitliche und rechtsstaatliche Sollstrukturen hinzuweisen [265]. Im Zusammenhang dieser Untersuchung interessiert daher nur die Frage, ob Art. 15 GG den einzigen Weg einer Emanzipation der dort genannten Eigentumsobjekte bezeichnet und damit ihrer „weichen Überleitung" in neue und andere Detentionsformen im Wege steht.

Der Sozialisierungsartikel war im Jahre 1949 Grundlage für die große Alternative zu dem vom Wirtschaftsrat eingeleiteten privatwirtschaftlichen Wiederaufbau. Diese Alternative unterlag bei der ersten Bundestagswahl. Es spricht vieles für Ridders These, daß sie damit obsolet wurde [266], und zwar nicht in einem normativen Sinn der Außerkraftsetzung, sondern im Sinne der Unausführbarkeit. Zu Beginn des wirtschaftlichen Wiederaufbaus hätten sich vielleicht noch dessen Vorzeichen im Wege der Gesetzgebung ohne größere Verluste umpolen lassen; seit die privatwirtschaft-

---

[264] Sozialisierung, in: Die Grundrechte, hrsg. *Bettermann/Nipperdey/Scheuner*, Bd. III/1, Berlin 1958, S. 269. Im Sinne der Offenheit auch *Schwerdtfeger* a. a. O. (Fn. 219) S. 243 Fn. 617.

[265] Vgl. aber die Erörterungen des Sozialisierungsartikels von *Friedrich Klein*, Eigentumsbindung, Enteignung, Sozialisierung und Gemeinwirtschaft i. S. des Grundgesetzes, Tübingen 1972; *Ernst Rudolf Huber*, Grundgesetz und wirtschaftliche Mitbestimmung, Stuttgart usw. 1970 S. 121 ff.; *Peter Pernthaler*, Qualifizierte Mitbestimmung und Verfassungsrecht, Berlin 1972, S. 125 ff.; auch schon *Hans Peter Ipsen*, VVDStRL Heft 10 (1952) S. 113–116; ders., Über das Grundgesetz – nach 25 Jahren, DÖV 1974 S. 296 mit Fn. 50, 51.

[266] VVDStRL Heft 10 (1952) S. 147.

liche Alternative sich durchsetzte und zur Grundlage einer hochkomplexen und florierenden Volkswirtschaft wurde, begegnet jede grundsätzliche und plötzliche Strukturveränderung wachsenden Schwierigkeiten. Die Undurchführbarkeit der großen Alternative, die eben wegen ihrer Schroffheit auch mit Entschädigungspflichten verbunden ist, steht jedoch nicht einer inhaltsbestimmenden Gesetzgebung entgegen, die unter verhältnismäßiger Schonung von Interessen die Eigentumsverfassung fortentwickelt. Indem sie die Anpassung im Sinne der Sendlerschen „weichen Überleitung" ermöglicht, erübrigt sie Entschädigungsforderungen. Durch die Eröffnung einer gemeinwirtschaftlichen Entwicklung in Art. 15 GG schreibt die Verfassung auch keineswegs vor, daß die Gesetzgebung diesen Weg einschlagen muß. Gerade seine Unbekanntheit läßt es nicht zu, diesen Weg als Zwangsweg zu verstehen.

8. Wesensgehaltgarantie

Art. 19 Abs. 2 GG verbietet es auch und gerade dem Gesetzgeber, ein Grundrecht in seinem „Wesensgehalt" anzutasten. Wie sich diese sogenannte „Wesensgehaltgarantie" zur Eigentumsgewährleistung verhält, ist wegen ihres thematischen Zusammenhanges mit Art. 19 Abs. 1 GG nicht unproblematisch, weil ja Art. 19 Abs. 1 GG nur grundrechtsbeschränkende, nicht aber inhaltsbestimmende Gesetzgebung im Sinne des Art. 14 Abs. 1 S. 2 GG betrifft [267]. Gleichwohl ist es im Hinblick auf den allgemeinen Realisierungsanspruch der Grundrechte eine Selbstverständlichkeit, daß die Eigentumsgewährleistung nicht in ihrem Wesensgehalt angetastet werden darf [268].

---

[267] BVerfGE 24, 367, 369; 21, 92, 93. Vgl. auch *Schwerdtfeger* a. a. O. (Fn. 219) S. 235 Fn. 567.

[268] Bei der Überprüfung einer Verfügungsbeschränkung nach dem Grundstücksverkehrsgesetz hat das Bundesverfassungsgericht beiläufig bemerkt, diese lasse den Wesensgehalt des Eigentums unberührt. BVerfGE 21, 92, 93. In den übrigen zu Art. 14 GG ergangenen Entscheidungen wurde die Wesensgehaltssperre nicht erwähnt.

Gerade in bezug auf die Eigentumsgewährleistung ist allerdings der Wesensgehalt nicht abstrakt bestimmbar [269]. Was das Wesen dieses Grundrechts und seines gesellschaftlichen Geltungsanspruchs ausmacht, ist nur anhand einer Analyse dieses Grundrechts und seiner Einbindung in die Gesamtverfassung auszumachen. Das verweist auf die vorangehenden Erörterungen über die Gegenstände grundrechtlicher Gewährleistung, die Institutsgarantie und ihr Verhältnis zur Gesetzgebung. Wer es mit dem Bundesverfassungsgericht ablehnt, ein der Verfassung vorgegebenes Eigentum als Gegenstand der Gewährleistung zu akzeptieren, wird in der liberalen Eigentumslehre auch nicht den Wesensgehalt der Gewährleistung erblicken. Bei diesem Verständnis wiederholt die Wesensgehaltgarantie lediglich die Aufforderung an den Gesetzgeber, bei Regelungen im Bereich vorhandener Eigentumsrechte verhältnismäßig vorzugehen und den Eigentumsrechten einen angemessenen Bereich sozialer Entfaltung zu sichern. Gerade das kann bei einem menschenrechtlichen Verständnis der Eigentumsgewährleistung in die Forderung nach einer Umgestaltung der aktuellen Eigentumsordnung einmünden.

IX. Eigentumsgewährleistung und öffentliche Abgaben

Besonders umstritten ist gegenwärtig das Verhältnis der Eigentumsgewährleistung zur Abgabenhoheit der politischen Gemeinwesen. Seit der Wandlung der politischen Konstellation auf Bundesebene gegen Ende der 60er Jahre und der damit verbundenen Aktualisierung von Vorstellungen der Vermögensumverteilung, der steuerlichen Beeinflussung des Bodenmarktes und des Abbaus von Vergünstigungen trat diese Frage in den Vordergrund verfassungsjuristischen Interesses [270]. Solange der restaurative Cha-

---

[269] Vgl. generell zur Wesensgehaltsgarantie: *Peter Häberle*, Die Wesensgehaltsgarantie des Art. 19 Abs. 2 GG, 2. Aufl. 1972. Entsprechend *Konrad Hesse*, Grundzüge des Verfassungsrechts der Bundesrepublik Deutschland, 6. Aufl. 1973, S. 139 f.

[270] *Walter Leisner*, Verfassungsrechtliche Grenzen der Erbschaftsbesteuerung, Berlin 1970; ders., Sozialbindung des Eigentums, Berlin

rakter der Abgabenpolitik auf Bundesebene gesichert schien, war ihr Verhältnis zur Eigentumsgewährleistung nur von wenigen und meist am Rande erörtert worden [271].

Das Bundesverfassungsgericht lehnte es ursprünglich ab, die Verfassungsmäßigkeit öffentlicher Abgaben unter dem Gesichtspunkt der Eigentumsgewährleistung zu erörtern. Im Investitionshilfe-Urteil (BVerfGE 4, 7, 17) heißt es, Art. 14 GG schütze nicht „das Vermögen gegen Eingriffe durch Auferlegung von Geldleistungspflichten". Die Liquidität eines Betriebes sei zwar „eine ‚wirtschaftliche Position', aber kein selbständiges Recht" [272]. Die „Frage der Eigentumsgarantie" könne daher überhaupt nicht aufgeworfen werden; Art. 14 GG sei nicht berührt. Auch in seiner späteren Rechtsprechung hat das Gericht dem Argument aus Art. 14 gegenüber öffentlichen Abgaben nie stattgegeben; es hat indessen den Art. 14 GG als Verfassungsmaßstab anerkannt und damit die ursprüngliche These, Art. 14 GG sei durch Abgabenpflichten nicht berührt, aufgegeben. Diese Änderung des dogmatischen Standpunkts wurde allerdings zunächst nur angedeutet,

1972, S. 226 ff.; *Wolfgang Rüfner,* Die Eigentumsgarantie als Grenze der Besteuerung, DVBl. 1970 S. 881; *Karl Heinrich Friauf,* Steuergesetzgebung und Eigentumsgarantie, Juristische Analysen 1970 S. 299 ff.; ders., Eigentumsgarantie, Geldentwertung und Steuerrecht, in: Steuerberater Jahrbuch 1971/72 S. 425 ff.; *Peter Selmer,* Steuerinterventionismus und Verfassungsrecht, Frankfurt 1972, S. 295 ff.; *Hans-Jürgen Papier,* Die Beeinträchtigungen der Eigentums- und Berufsfreiheit durch Steuern vom Einkommen und Vermögen, Der Staat 1972 S. 483 ff.; ders., Eigentumsgarantie und Geldentwertung, AöR Bd. 98 (1973) S. 528 ff.; *Ernst Benda* und *Karl Kreuzer,* Verfassungsrechtliche Grenzen der Besteuerung, Deutsche Steuerzeitung Ausgabe A 1973 S. 49 ff.; *Paul Kirchhof,* Besteuerungsgewalt und Grundgesetz, Frankfurt 1973.

[271] Vgl. *Werner Weber,* Eigentum und Enteignung, in: Die Grundrechte, hrsg. *Neumann/Nipperdey/Scheuner* Bd. II Berlin 1954, S. 359 f.; *Karl Maria Hettlage,* Die Finanzverfassung im Rahmen der Staatsverfassung, VVDStRL Heft 14 (1956) S. 4 f.; *Karlernst Roth,* Die öffentlichen Ausgaben und die Eigentumsgarantie im Bonner Grundgesetz, Heidelberg 1958; *Jürgen Faehling,* Die Eigentumsgewährleistung durch Art. 14 des Grundgesetzes als Schranke der Besteuerung, Diss. Hamburg 1965.

[272] Siehe dazu schon oben S. 379.

indem das Gericht die ursprüngliche Formel von der Unberührtheit der Eigentumsgewährleistung durch öffentliche Abgaben mit dem Zusatz „grundsätzlich" qualifizierte [273]. Deutlich wurde der Wandel im Beschluß des Zweiten Senats zum Fremdrentengesetz [274]. Dort heißt es entsprechend den früheren Entscheidungen, die Auferlegung von Geldleistungspflichten lasse die Eigentumsgewährleistung „grundsätzlich" unberührt; dann folgt jedoch der wichtige Zusatz, es könne ein „Verstoß gegen Art. 14 GG allenfalls dann in Betracht kommen, wenn die Geldleistungspflichten den Pflichtigen übermäßig belasten und seine Vermögensverhältnisse grundlegend beeinträchtigen". Die Worte „allenfalls dann" enthalten zwar nach wie vor eine verfassungsrichterliche Salvationsklausel, im Grunde ist aber mit diesem Beschluß Art. 14 GG als Maßstab öffentlicher Abgaben anerkannt. Die neue Formel des Zweiten Senats wurde alsbald auch vom Ersten Senat übernommen [275] und seither vom Gericht wiederholt [276]. In folgerichtiger Weiterentwicklung dieser Rechtsprechung hat der Erste Senat im Beschluß vom 8. 11. 1972 (BVerfGE 34, 139) Erschließungsbeiträge nach §§ 127 ff. Bundesbaugesetz als den Inhalt des Grundeigentums bestimmende Normen im Sinne des Art. 14 Abs. 1 S. 2 GG bezeichnet (S. 145 f.). Gegenstand dieses Beschlusses ist zwar eine besondere Art öffentlicher Abgaben, deren Regelung durch Bundesgesetz auf der bodenrechtlichen Kompetenz nach Art. 74 Nr. 18 GG und nicht auf den allgemeinen Abgabenkompetenzen beruht. Wie das Bundesverfassungsgericht weiter ausführt, ist der Erschließungsbeitrag eine Gegenleistung für die gemeindliche Erschließung des Grundstücks. Die mit der Erschließung verbundene Wertsteigerung falle dem Grundeigentümer unberechtigt zu, wenn er nicht durch den Beitrag zu den Kosten herangezogen werde

[273] BVerfGE 6, 290, 298; 10, 89, 116.
[274] Vom 24. 7. 1962, BVerfGE 14, 221, 241.
[275] BVerfGE 19, 119, 128 f. (Kuponsteuergesetz).
[276] BVerfGE 19, 253, 267 f. (I); 23, 288, 315 (In diesem Beschluß bezeichnet der 2. Senat eine gegen Art. 14 GG verstoßende Abgabenerhebung als „Konfiskation".); 27, 111, 131 (II); 29, 402, 413 (I); 30, 250, 272 (In dieser Entscheidung hebt der 2. Senat die „Erdrosselungswirkung" als Grenze der Besteuerung hervor).

(S. 148). Ferner betont das Gericht, daß der Erschließungsbeitrag als auf dem Grundstück ruhende öffentliche Last ausgestaltet sei (S. 145).

Gleichwohl kann dieser Beschluß auch jenseits des Erschließungsbeitragsrechtes für die Einordnung anderer öffentlicher Abgaben in die Dogmatik des Art. 14 GG herangezogen werden. Das liegt auf der Hand für jene Abgaben und Steuern, die an das Innehaben von Rechten anknüpfen, die durch Art. 14 GG geschützt sind [277]. So bestimmen Grundsteuer, Baulandsteuer [278], Wertzuwachssteuer oder eine zukünftige Abschöpfung von Planungsgewinnen den Inhalt des Grundeigentums ebenso wie der Erschließungsbeitrag. Gleiches muß aber auch von Steuern gelten, die nicht an die Innehabung eines durch Art. 14 GG geschützten Rechtes, sondern an dessen Erwerb oder Veräußerung anknüpfen. Wird der Inhalt des Grundeigentums durch das Grundstücksverkehrsgesetz bestimmt, weil es die Veräußerungsfreiheit des Eigentümers einschränkt, so ist der Zugriff auf die Veräußerlichkeit in Form der Grunderwerbsteuer ebenfalls eine Inhaltsbestimmung des Grundeigentums.

Peter Selmer unterscheidet Steuern, die unmittelbar die Verwendung oder Nutzung eines durch Art. 14 Abs. 1 GG geschützten Rechts beeinflussen, von anderen Steuern, die nur auf das Vermögen als Ganzes zugreifen. Interventionistische Steuern seien, wie es den obigen, an BVerfGE 34, 139 anknüpfenden Ausführungen entspricht, am Grundrecht des Art. 14 GG zu messen, während für alle übrigen Steuern allerdings die Institutsgarantie des Eigentums einen generellen Beurteilungsmaßstab hergebe. Die in Art. 14 und 15 GG gefällte Wertentscheidung zugunsten eines „auf Privatinitiative, Privateigentum und Privatnützigkeit gegründeten freiheitlichen Gesellschaftssystems herkömmlicher westlicher Provenienz" müsse daher auch von der allgemeinen Steuergesetzgebung berücksichtigt werden und setze der steuerlichen Umverteilung

---

[277] Dazu *Peter Selmer*, Steuerinterventionismus und Verfassungsrecht, Frankfurt 1972, S. 236 ff.

[278] Insofern unklar der Bundesfinanzhof im Urteil vom 19. 4. 1968, BFHE 92, 495, 505. Dazu *Selmer* a. a. O. (Fn. 277) S. 338.

Grenzen [279]. Das Eigentumsgrundrecht werde indessen von diesen Steuern nicht berührt, da es nicht das Vermögen als solches schütze [280] und einzelne, dem Schutzbereich des Grundrechts zugehörige Rechte durch die allgemeine Steuerpflicht nicht betroffen würden (S. 302 ff.). Abgabengesetze normierten keine Ansprüche auf Übertragung konkreten Geldes und damit sachlich vergegenständlichte Vermögenswerte. Sie begründeten abstrakte Wertsummenverpflichtungen, deren Erfüllungsmodus im Belieben des Pflichtigen stehe. Sie träfen ihn überdies auch dann, wenn er weder über Bargeld, Guthaben oder veräußerbare Sachwerte verfüge. Gerade am Fall des gänzlich leistungsunfähigen Abgabenschuldners werde anschaulich, daß sich die Auferlegung von Geldleistungspflichten kaum als „Entziehung des Vollrechtes Eigentum an Geld" [281] erfassen lasse (S. 304).

Diese Argumentation entspricht dem hier entwickelten Verständnis der Eigentumsgewährleistung, insoweit eine Verquickung der Steuerkompetenzen mit dem Enteignungsgesichtspunkt abgelehnt wird. Steuererhebung und Enteignung sind in der Tat unabhängig von Höhe und Anknüpfung der Steuer qualitativ unterschiedliche Vorgänge; diese Einsicht konnte nur einer Generation von Verfassungsjuristen verlorengehen, die geradezu blindlings die Entschädigungsklausel der Enteignungsbestimmungen als Rettungsanker der bisherigen Eigentumsordnung ergriff [282]. Unbefriedigend, weil zu sehr den Rechtskonstruktionen des Abgabenrechtes verhaftet, erscheint indes Selmers Argumentation, insoweit er mangels des Zugriffs auf konkrete Eigentumsrechte die Relevanz der allgemeinen Steuergesetzgebung für das Eigentumsgrundrecht überhaupt bestreitet. Die allgemeine Steuergesetzgebung berührt nicht

---

[279] A. a. O. (Fn. 277) S. 313 ff., S. 320 f., 336 ff. Ähnlich *Hans-Jürgen Papier*, Der Staat 1972 S. 492 ff., AöR 1973 S. 556 f.

[280] Insoweit übereinstimmend mit der hier vertretenen Ansicht; s. o. S. 382.

[281] So *Karlernst Roth*, Die öffentlichen Abgaben und die Eigentumsgarantie im Bonner Grundgesetz, Heidelberg 1958, S. 68.

[282] Zur Enteignung siehe unten S. 411. *Lorenz Stein*, Verwaltungslehre Teil 7 S. 296 meinte, es sei kaum nötig, den Unterschied zwischen Enteignung und Steuern nachzuweisen. „Denn diese bestehen aus Prästatio-

nur potentiell die institutionelle Gewährleistung des Eigentums. Es ist zwar richtig, daß die Abgabenschuld nicht aus bestimmten Eigentumsrechten befriedigt werden muß. Sie bestimmt jedoch in einer zugegebenermaßen wenig präzisen, aber deshalb nicht weniger realen Weise den Inhalt der dem Abgabenschuldner überhaupt zur Verfügung stehenden vermögenswerten Rechte, indem sie ihm zwar die Wahl einräumt, wie er erfüllen will, nicht aber, ob er erfüllen will. Im Hinblick auf anstehende Steuerverbindlichkeiten werden Bankguthaben nicht in der Weise für konsumtive oder Anlagezwecke verwendet, wie es ohne Belastung durch Steuerverbindlichkeiten geschieht. Vermögensanlagen müssen aufgelöst, Sachwerte belastet oder veräußert werden, um Steuerforderungen zu erfüllen. Im Fall der Zahlungsunfähigkeit bestimmen Abgabenpflichten den Inhalt zukünftiger vermögenswerter Rechte, indem sie diese im voraus für die Übertragung an die Finanzkasse kennzeichnen und damit den Zwecken des Abgabenschuldners entziehen. Als Inhaltsbestimmung des Eigentums unterliegt die Abgabengesetzgebung den verfassungsrechtlichen Maßstäben, wie sie oben für die allgemeine Gesetzgebung herausgearbeitet wurden. Der Gesetzgeber kann auch die Steuerkompetenz zur Neu- und Umgestaltung der Eigentumsverhältnisse einsetzen; er ist nicht auf eine Aktualisierung der in Art. 14 Abs. 2 GG statuierten Sozialbindung beschränkt. Die menschenrechtliche Funktion der Eigentumsgewährleistung kann auch bei der abgabenrechtlichen Inhaltsbestimmung eine dynamisierende Wirkung entfalten, wenn das Übermaß an vermögensrechtlicher Freiheit der einen steuerlich in

nen des Einzelnen, für welche der Staat jedem Einzelnen die Bedingungen seiner eigenen Entwicklung, soweit sie eben in der Gemeinschaft liegen, herstellt, so daß jeder die von ihm gezahlten Steuern als eine allgemeine (Regie)Auslage für seine eigene Wirtschaft betrachten muß; der Staat verwaltet daher in der Tat nur die gemeinsamen Leistungen zum Besten jedes Einzelnen. Bei der Enteignung hingegen handelt es sich um die Leistung eines Einzelnen, ohne daß dabei sein eigenes Wohlergehen der letzte Zweck war, sondern das aller Anderen." *Stein* setzt allerdings mit diesen Sätzen einen Idealtypus des liberalen Staates voraus und abstrahiert von den realen Bedingungen staatlicher Herrschaft in seiner Zeit.

Anspruch genommen wird, um anderen ein Mindestmaß an vermögensrechtlicher Freiheit zu gewähren.

Auch eine grundlegende „Beeinträchtigung" der Vermögensverhältnisse durch öffentliche Abgaben muß entgegen der vom Bundesverfassungsgericht bisher allerdings nur als Hypothese verwendeten Formel nicht unverhältnismäßig sein, insofern man bereit ist, die sozialgestaltende Funktion des inhaltsbestimmenden Gesetzgebers anzuerkennen. Dem entspricht, daß das Bundesverfassungsgericht die verschärfte Besteuerung des Werkfernverkehrs aus verkehrspolitischen Gründen als gerechtfertigt und mit Berufsfreiheit und Eigentumsgewährleistung vereinbar ansah, auch wenn dadurch einzelne Unternehmen zur Aufgabe des Werkfernverkehrs und zu Betriebseinschränkungen gezwungen wurden (BVerfGE 16, 147, 187). Eine „grundlegende" Beeinträchtigung der betrieblichen Rentabilität war von einigen betroffenen Unternehmen geltend gemacht worden; das Bundesverfassungsgericht wies dieses Argument im Hinblick auf die Notwendigkeit der Lenkung der Verkehrsströme als unbeachtlich zurück. Im Beschluß vom 1. 4. 1971 zur Besteuerung von Gewinnspielautomaten erachtet das Gericht die grundlegende Beeinträchtigung der Gewerbeausübung bestimmter Automatenaufsteller durch die Vergnügungssteuer als zulässig (BVerfGE 31, 8, 29 f.). In beiden Entscheidungen wird die Verhältnismäßigkeit des steuerlichen Zugriffs an der generellen Situation der betroffenen Betriebe geprüft. Härten im Einzelfall, bei der Anwendung auf Grenzbetriebe, machen die Regelung nicht zur unverhältnismäßigen und darum verfassungswidrigen Bestimmung des Eigentumsinhalts [283].

Grenzen der steuerlichen Einwirkung auf die Eigentumsordnung können sich freilich auch aus dem Verständnis der steuerlichen Kompetenznormen ergeben. Das Bundesverfassungsgericht hat wiederholt angedeutet, daß ein Abgabengesetz, das nicht in erster Linie staatliche Einnahmen bezweckt, vielmehr den besteuerten Vorgang „erdrosselt" und daher einem Verbot nahekommt, mög-

---

[283] In diesem Sinne hinsichtlich der Berufsfreiheit noch deutlicher BVerfGE 30, 292, 315 f., 327 (Mineralölbevorratung).

licherweise nicht durch die Steuerkompetenzen gedeckt sei [284]. Es hat diese Grenze der Steuerkompetenzen allerdings nur als Hypothese erörtert. Angesichts der zurückhaltenden Steuerpolitik seit Inkrafttreten des Grundgesetzes hatte es bisher nicht über die Verfassungsmäßigkeit einer erdrosselnden Steuer zu entscheiden. Die reale Tragweite der Steuerkompetenzen ist insoweit für das bundesrepublikanische Verfassungsrecht noch offen. Der US-Supreme Court hat dieselbe Frage schon seit langem dahin entschieden, daß die Steuergewalt auch zerstörende Auswirkung haben könne [285].

Die Frage nach der Umschreibung der Steuerkompetenzen entschärft sich indessen dadurch, daß das Bundesverfassungsgericht neben den Steuern auch andere Arten öffentlicher Abgaben zuläßt, die gerade nicht die Erzielung von Einnahmen für den Staatshaushalt bezwecken müssen. So wurde die Kompetenz des Bundes zur Erhebung der Investitionshilfeabgabe und des Konjunkturzuschlags aus der allgemeinen Kompetenz des Bundes zur wirtschaftsregulierenden Gesetzgebung (Art. 74 Nr. 11 GG) hergeleitet [286]. Es besteht kein Anlaß, nicht auch andere Gesetzgebungskompetenzen zu Abgabenerhebungen außerfiskalischer Zwecksetzung heranzuziehen.

Unabhängig von der verfassungsrechtlichen Einordnung der Abgabe ist in jedem Fall die Eigentumsgewährleistung zu berücksichtigen. Damit ist allerdings nicht der gesellschaftliche Status quo der Eigentumsordnung verfassungsrechtlich festgeschrieben. Vielmehr ist auch der Abgabengesetzgeber unter Beachtung der Verhältnismäßigkeit zur Umgestaltung der jeweils vorgefundenen Eigentumsverhältnisse ermächtigt.

---

[284] Allgemein dazu BVerfGE 16, 147, 161 (Werkfernverkehr); unter dem Gesichtspunkt der Kompetenzverteilung zwischen Bund und Ländern BVerfGE 31, 16 f. Zum gegenwärtigen Stand der Diskussion um den Steuerbegriff in Rechtsprechung und Literatur *Selmer* a. a. O. (Fn. 277) S. 80 ff., 86 ff.

[285] S. o. S. 169.

[286] BVerfGE 4, 7, 13 f.; 29, 402, 408 f. Dazu *Carsten Brodersen*, Nichtfiskalische Abgaben und Finanzverfassung, in: Festschrift für *Gerhard Wacke*, Köln 1972, S. 103 ff.

X. Enteignung

1. Güterbeschaffung oder Rechtsentzug?

Von einer gesetzlichen Bestimmung des Eigentumsinhalts, die eine Umgestaltung einschließt, unterscheidet sich ihrem Wesen nach die Enteignung. Gegenüber der Bestimmung von Inhalt und Schranken des Eigentums ist sie nicht ein Mehr oder Weniger, sondern ein Aliud. Insbesondere ist die Enteignung nicht mit einer vor den Maßstäben der Verfassung fehlgeschlagenen Inhaltsbestimmung zu verwechseln.

Die übliche Fragestellung nach der Abgrenzung von „Inhaltsbindung" und Enteignung ist verfehlt. Die zur Markierung dieser Grenzlinie entwickelten „Theorien" kennzeichnen nicht den Verfassungsbegriff der Enteignung. Sie beziehen sich vielmehr auf die gesetzliche Bestimmung des Eigentumsinhalts und versuchen die Gesetzgebungsorgane bei der Ausübung dieser Funktion an den gesellschaftlichen Status quo oder gar einen Status quo ante zu binden, ohne doch ganz die Anpassungsfähigkeit der Rechtsordnung ausschließen zu wollen [287]. Die Entstehung dieser Lehren als Reaktion auf die Demokratisierung der Gesetzgebung sollte Anlaß sein, ihre Übereinstimmung mit der Verfassung zu überprüfen. Mehr als 50 Jahre nach dem Ende des Kaiserreiches mag die Bereitschaft der Verfassungsjuristen gewachsen sein, die gestaltende Funktion eines aus allgemeinen und gleichen Wahlen hervorgegangenen Gesetzgebers auch im Bereich der Eigentumsordnung zu akzeptieren [288]. Das als Reaktion auf die veränderte politische Konstellation in der Weimarer Zeit entwickelte und vom Bundesgerichtshof auf die Situation nach dem Zweiten Weltkrieg adaptierte Verständnis der Eigentumsgewährleistung ist nicht mehr zu halten. Neben der Einsicht in die Bedingtheit dieses Verfassungsverständnisses durch die nach dem Ersten und dem Zweiten Welt-

---

[287] S. o. S. 397.
[288] Das hatte *Hans Peter Ipsen* auf der Staatsrechtslehrertagung 1952 gefordert. VVDStRL Heft 10, 75.

krieg gegebenen politischen Situationen könnte dem Umdenken in dieser Frage auch nützlich sein, wenn man bereit wäre, die Ergebnisse der im vorigen Jahrhundert geführten Diskussion um das erworbene Recht, so, wie sie von Lorenz Stein, Ferdinand Lassalle, Georg Meyer und Adolph Wagner zusammengefaßt wurden [289], inhaltlich zu rezipieren, anstatt, wo man der schlichten Eigentumsgewährleistung mißtraut, auf die Zauberformel vom „wohl"-erworbenen Recht zu rekurrieren. Nützlich könnte schließlich das Beispiel des US Supreme Court sein, der im Jahre 1937 die Bindung des 14. Amendment an die liberale Wirtschaftslehre ausdrücklich aufgab und seit diesem Zeitpunkt die Legitimation und Kompetenz der Gesetzgebungsorgane zur Gestaltung der Eigentumsordnung gerade unter den Vorzeichen der demokratischen Verfassung betont hat [290].

Verwaltungsrechtlich ist die Enteignung ein Güterbeschaffungsvorgang, bei dem die Zustimmung des Betroffenen aufgrund der Enteignungsgesetze durch hoheitlichen Akt ersetzt werden kann. Am Wesen dieses Vorgangs hat sich seit der Durchsetzung der Landeshoheit nichts geändert [291]; grundsätzlich war die Enteignungsbefugnis nie umstritten, wenngleich um die Voraussetzungen ihrer Ausübung, vor allem aber um das Verfahren und die Höhe der Entschädigung zu allen Zeiten heftig gekämpft wurde und sich insofern im Laufe der Entwicklung manche Schwankungen ergaben.

Das Bundesverfassungsgericht hat allerdings, wenngleich es die von anderen Gerichten und in der juristischen Literatur vertretenen Enteignungstheorien nicht übernommen hat, für den verfassungsrechtlichen Begriff der Enteignung nicht auf den Güterbeschaffungsvorgang, sondern auf den völligen oder teilweisen Rechtsentzug abgestellt (BVerfGE 24, 367, 394). Andererseits ist indessen nach seiner Rechtsprechung auch durch gesetzliche Inhaltsbestimmung oder aufgrund einer gesetzlichen Inhaltsbestimmung ein teil-

---

[289] S. o. S. 214.
[290] S. o. S. 156.
[291] S. o. S. 219.

weiser oder völliger Entzug von Rechten möglich[292]. Der Rechtsentzug als solcher kann daher nicht Kennzeichen der Enteignung im verfassungsrechtlichen Sinne sein.

Enteignender Rechtsentzug liegt nur dann vor, wenn „durch Art. 14 Abs. 1 S. 1 GG gewährleistetes Eigentum" betroffen ist (BVerfGE 24, 367, 394). Gegenstand der Enteignung können nur solche Rechte sein, deren Bestand grundsätzlich von der Rechtsordnung anerkannt wird. Ein Anspruch auf Entschädigung ist unter dem Gesichtspunkt der Lastengleichheit nur dann gerechtfertigt[293], wenn durch den Entzug ansonsten bestehenbleibender Rechte Einzelnen ein Sonderopfer auferlegt wird. In diesem Gedanken liegt auch der zutreffende Kern der Sonderopferlehre des Bundesgerichtshofs, die allerdings die Möglichkeit eines allgemeinen Wandels der Rechtsordnung gerade nicht berücksichtigt[294].

Wie Ferdinand Lassalle aufgrund der jahrhundertealten Diskussion um die erworbenen Rechte herausstellte, kann das Individuum „sich und anderen nur insoweit und auf so lange Rechte sichern, insoweit und so lange die jederzeit bestehenden Gesetze diesen Rechtsinhalt als einen erlaubten ansehen". Ihm folgten Adolph Wagner und mit geringen Abweichungen Lorenz Stein und Georg Meyer[295]. Kein Zweifel bestand an der Abgrenzung zur Enteignung, welche nach Stahls Worten „nur das einzelne Objekt eines fortwährend anerkannten Rechtes" einem Einzelnen abnötigt. Das Bürgertum konnte den überkommenen Rechten der vergangenen Jahrhunderte keinen Ewigkeitswert beimessen; seiner eigenen Entwicklung hätte es die Voraussetzungen entzogen, wenn es durch die Anwendung von Enteignungsgrundsätzen auf erworbene Rechte sich selbst verpflichtet hätte, der Vergangenheit die Gegen-

---

[292] BVerfGE 31, 275, 284 f. (alte Bearbeiterurheberrechte), Beschluß vom 15. 1. 1974 (Rechte des Patentanmelders); BVerfGE 20, 351 (Tötung eines tollwutverdächtigen Hundes).
[293] Der US Supreme Court hat den Zusammenhang der Gleichheit vor den öffentlichen Lasten mit der Enteignungsentschädigung verschiedentlich herausgestellt und daher als Kriterium der Enteignung den Rechtsentzug bezeichnet. S. o. S. 165.
[294] S. o. S. 301.
[295] S. o. S. 214, 216.

wart und die zukünftige Entwicklung abzukaufen. Ebensowenig Anlaß besteht zu der Annahme, daß alle unter der bürgerlichen Rechtsordnung entstandenen Rechte vollen Umfangs Ewigkeitswert genießen. Unter den veränderten Bedingungen des Industriesystems gerät das bürgerliche Eigentum mit seinen menschenrechtlichen Grundlagen und den historischen Bedingungen seiner Durchsetzung in Widerspruch, wenn es die Perpetuierung aller seiner Ausprägungen verlangt. Mit der Befugnis eines demokratisch legitimierten Gesetzgebers, den Inhalt des Eigentums zu bestimmen und neu zu bestimmen, ist ein derartiges Verständnis unvereinbar. Die Zahlung einer Enteignungsentschädigung bei der Änderung der rechtlichen Zuordnung von Werten, die gesellschaftlich geschaffen wurden und daher faktisch in gesellschaftliche Nutzung übergingen, hat nichts mit dem Gesichtspunkt der Lastengleichheit zu tun; sie käme einem Geschenk an die nur noch nominellen Eigentümer gleich. Daß bei einer Umgestaltung der Rechtsordnung die von Adolph Wagner herausgestellten Billigkeitserwägungen zugunsten der bisherigen Rechtsinhaber zu berücksichtigen sind, ist unter dem vom Bundesverfassungsgericht entwickelten Grundrechtsverständnis eine Frage des verhältnismäßigen Vorgehens bei der inhaltsbestimmenden Gesetzgebung. Die Verhältnismäßigkeit ist allerdings bei einer Neugestaltung von Eigentumsrechten nicht nach dem bisherigen Zustand, sondern nach der angestrebten neuen Ordnung im Sinne einer billigen Überleitung zu beurteilen. Mit Enteignung und Entschädigung hat es nichts zu tun, wenn bei einem Wandel der Rechtsordnung allen Beteiligten eine Anpassung an den neuen Rechtszustand ermöglicht wird.

Der Verkürzung von Eigentumsrechten durch inhaltsbestimmende Gesetzgebung muß nicht ein Unwerturteil über den bisherigen Rechtszustand zugrunde liegen. Bei den Urteilen des Bundesverfassungsgerichts zur Verkürzung von Bearbeiterurheberrechten und Rechten des Patentinhabers genügte als Rechtfertigung, daß die neue Gestaltung den Interessen der Allgemeinheit besser gerecht werde. Daß es nicht auf ein Unwerturteil ankommt, zeigt sich auch, wenn im Wege der Gesetzgebung ein inhaltlich neutrales oder eindimensionales Recht, etwa eine Geldsummenforderung oder ein Rentenanspruch, gekürzt wird. In den Grenzen der Verhältnismäßigkeit hat das Bundesverfassungsgericht die Verkürzung und den Entzug derartiger Rechte als zulässige Inhaltbestimmung des Eigentums anerkannt [296]. Wird die Grenze der Verhältnismäßigkeit überschritten, liegt eine verfassungswidrige Inhaltsbestimmung, nicht eine Enteignung vor.

Offen bleibt, welche reale Bedeutung es haben kann, wenn das Bundesverfassungsgericht unter diesen Umständen den verfassungsrechtlichen Enteignungsbegriff von der hoheitlichen Güterbeschaffung getrennt hat und schon den Rechtsentzug genügen lassen will. Einen willkürlichen oder sich selbst bereichernden Gesetzgeber kontrolliert es dadurch nicht wirkungsvoller, als wenn es die gleiche Regelung als verfassungswidrige Inhaltsbestimmung beurteilt. Ohne gesetzliche Grundlage auf Entschädigung zu erkennen, ist den Gerichten ohnehin durch die Junktim-Klausel verschlossen, wenngleich diese Verfassungsnorm in ständiger Rechtsprechung vom Bundesgerichtshof durchbrochen wird [297].

2. Enteignungszweck

In der verfassungsrechtlichen Diskussion ist seit Beginn der Weimarer Zeit die Frage nach der Rechtfertigung der Enteignung und etwaigen tatbestandlichen Voraussetzungen völlig hinter den geschilderten Bemühungen um den erweiterten Enteignungsbegriff zurückgetreten. In der gerichtlichen Auseinandersetzung über konkrete Enteignungsmaßnahmen spielt die Frage nach der Zulässigkeit der Enteignung eine untergeordnete Rolle neben dem Streit um die Höhe der Entschädigung. Darin kommt einerseits zum Ausdruck, daß die Konkretisierung des Enteignungszweckes, den das Grundgesetz in die traditionelle Formel faßt, die Enteignung sei „nur zum Wohle der Allgemeinheit" zulässig (Art. 14 Abs. 3 S. 1 GG), in erster Linie Sache der Legislative und der Exekutive ist. Der einzelne Enteignungsakt beruht häufig auf einer Kette von

---

[296] BVerfGE 11, 221, 226; 19, 202; 29, 22, 34; 31, 185, 189 f. Abweichende Meinung *Rupp v. Brünneck*, BVerfGE 32, 144 ff.
[297] S. o. S. 300.

Vorentscheidungen und Zweckmäßigkeitserwägungen, die sich im gerichtlichen Verfahren allenfalls auf ihre formale Konsistenz, kaum aber inhaltlich überprüfen lassen. Die Akzentverlagerung auf die Höhe der Entschädigung ist aber gleichzeitig ein Anzeichen dafür, daß die von der Enteignung betroffenen Gegenstände in der Regel weniger unter dem Gesichtspunkt personaler Bindung denn unter dem Blickwinkel eines ökonomischen Kalküls gesehen werden, für das die großzügige Entschädigungsrechtsprechung der Zivilgerichte im Enteignungsfall ausschlaggebende Bedeutung gewinnt.

Von seinem menschenrechtlichen Verständnis der Eigentumsgewährleistung ausgehend, betonte das Bundesverfassungsgericht im Hamburger Deich-Urteil die Notwendigkeit einer Rechtfertigung von Enteignungsmaßnahmen und deren gerichtliche Überprüfbarkeit (BVerfGE 24, 367, 398 ff.). Die Eigentumsgewährleistung schütze in erster Linie den Bestand des Eigentums in der Hand des Eigentümers. Für die Zulässigkeit der Enteignung setze Art. 14 Abs. 3 S. 1 GG den Maßstab. Sie dürfe nur für ein Vorhaben eingesetzt werden, das dem Wohl der Allgemeinheit *diene*. Ob es darüber hinaus auch vom Gemeinwohl *gefordert* sein müsse, bedürfe nicht der Entscheidung, da die Errichtung und Unterhaltung von Deichen in der Hamburger Elbmarsch unzweifelhaft notwendig sei (S. 404).

Daß der Deichbau eine legitime Staatsaufgabe sei, brauchte das Gericht nicht näher zu begründen. In seinen weiteren Ausführungen prüft es daher lediglich, ob zur Erfüllung dieser an sich legitimen Aufgabe gerade das Mittel der Enteignung erforderlich war oder andere, weniger drastische Maßnahmen den vorausgesetzten Zweck ebenso gut erfüllt hätten.

Formal haben sich die den Enteignungszweck umschreibenden Gemeinwohlklauseln in der Geschichte des Enteignungsrechtes kaum geändert. Es ist lediglich ein Unterschied in Worten, ob in den betreffenden Bestimmungen vom gemeinen Besten [298], vom öffentlichen Wohl [299], vom Wohl der Allgemeinheit oder schlicht

---

[298] § 164 der Reichsverfassung vom 28. 3. 1849.
[299] Art. 9 der Preußischen Verfassung vom 31. 1. 1850.

vom öffentlichen Interesse [300] die Rede ist. Angesichts der Unbestimmtheit dieser Formeln ist es ebenso bedeutungslos, ob die Notwendigkeit des Vorhabens gefordert wird oder ob man den Nutzen für das Gemeinwohl hinreichen läßt [301]. Die Frage der Erforderlichkeit der Enteignung, so wie sie das Bundesverfassungsgericht im Hamburger Deich-Urteil prüft und wie sie auch in der Verwaltungsgerichtsbarkeit unter dem Gesichtspunkt der Verhältnismäßigkeit gestellt wird [302], ist insofern nachrangig. Sie gewinnt erst dann rechtliche Konturen, wenn ein bestimmtes Vorhaben als Gegenstand des öffentlichen Interesses und damit als Rechtfertigung für Enteignungsmaßnahmen anerkannt ist. Erst dann kann anhand der konkreten Umstände geprüft werden, ob und welche Enteignungsmaßnahmen für dieses Vorhaben erforderlich sind [303].

Das inhaltliche Verständnis dessen, was in den Enteignungsklauseln abstrakt als Enteignungszweck umschrieben wird, war indessen erheblichen Wandlungen unterworfen, die in engem Zusammenhang mit der Entwicklung des Verhältnisses von Staat und Gesellschaft und dem Niederschlag dieser Entwicklung in der Staatsaufgabenlehre [304] stehen. Die liberale Ausprägung der Staats-

---

[300] Allgemein zur Verwendung dieses Begriffs in der Rechtsordnung *Wolfgang Martens,* Öffentlich als Rechtsbegriff, Bad Homburg usw. 1969; *Peter Häberle,* Öffentliches Interesse als juristisches Problem, Bad Homburg usw. 1970; *Alfred Rinken,* Das Öffentliche als verfassungstheoretisches Problem, Berlin 1971.

[301] So schon *Max Layer,* Principien des Enteignungsrechtes, Leipzig 1902, S. 176 ff., 178; vgl. auch *Hans Schulte,* Eigentum und öffentliches Interesse, Berlin 1970, S. 87 f.

[302] BVerwGE 2, 36; 13, 75; 19, 171; 21, 191.

[303] Die von *Schulte* a. a. O. (Fn. 300) vorgeschlagene Unterscheidung zwischen mittelbarem und unmittelbarem öffentlichen Interesse führt nicht weiter. Eine Unbekannte wird nicht dadurch greifbarer, indem man ihr zwei weitere Unbekannte hinzufügt. Die rationale Ableitung des Enteignungsmittels aus dem Zweck ist erst dann möglich, wenn der Zweck als gegeben vorausgesetzt wird. Die von *Schulte* hervorgehobene Unterscheidung wurde schon von *Georg Meyer* verworfen, Das Recht der Expropriation, Leipzig 1868, S. 180.

[304] Dazu *Hans Peter Bull,* Die Staatsaufgaben nach dem Grundgesetz,

aufgabenlehre wurde u. a. von Lorenz Stein für die Bestimmung der Enteignung herangezogen. Prinzipielle Grundlage des Gemeinwohls sei die freie und ungehinderte Nutzung des Eigentums durch jeden einzelnen; nur "wo das Einzeleigentum an einem bestimmten Gute ein Hindernis der allgemeinen Entwicklung des freien Erwerbs aller Einzelnen ist", könne es durch Enteignung aufgehoben werden [305]. Konkreter begrenzte Georg Meyer den Enteignungszweck: Es dürfe nur zugunsten öffentlicher Anlagen enteignet werden, die vom Publikum benützt würden, niemals aber zugunsten von Fabrikanlagen, weil die Beförderung derartiger Unternehmen nach der zeitgenössischen Auffassung vom Verhältnis des Staates zur Volkswirtschaft nicht als Staatszweck anzusehen sei [306].

Diese Abgrenzung entspricht der in den Vereinigten Staaten im 19. Jahrhundert vertretenen Auffassung, das 5. Amendment, das die Eigentumsentziehung "for public use" zuläßt, sei einschränkend dahin zu verstehen, daß eine Enteignung nur für den öffentlichen Gebrauch (use by the public) zulässig sei [307]. Die amerikanische Enteignungslehre stand allerdings nicht vor dem Sonderproblem, das die Enteignung für den unmittelbaren Gebrauch durch die Staatsorganisation darstellte, solange die Exekutive ein Herrschaftsmittel in der Hand von Monarchen darstellte und als Herrschaftsmittel deutlich außerhalb der Interessen des bürgerlichen „Publikums" stand. Um die Enteignung für Kasernen, Exerzierplätze und Waffendepots mit einzubeziehen [308], deren Anlage gerade gegen die bürgerliche Entfaltung gezielt sein konnte, mußte die deutsche Enteignungslehre des 19. Jahrhunderts, wollte sie realistisch sein, immer wieder zu dem verblasenen Begriff des öffentlichen Interesses zurückkehren oder schlicht den Staatszweck

Frankfurt 1973. Zur Entwicklung der Enteignungszwecke *Hans Kutscher*, Die Enteignung, Stuttgart usw. 1938, S. 35 ff.

[305] Verwaltungslehre Teil 7, Stuttgart 1868, S. 293 ff.

[306] Das Recht der Expropriation, Leipzig 1868, S. 107 ff., 180.

[307] S. o. S. 172.

[308] Das Preußische ALR von 1794 gestattete ausdrücklich die Enteignung, „wenn der Staat der öffentlichen Sicherheit wegen einen Ort mit Festungswerken zu versehen nötig findet". Teil I Tit. 11 § 6.

als Rechtfertigung der Enteignung anerkennen [309]. Lorenz Stein entzog sich dieser Notwendigkeit, indem er von den politischen Realitäten absah und den Staat als Beauftragten der bürgerlichen Gesellschaft behandelte, der „jedem Einzelnen die Bedingungen seiner eigenen Entwicklung, soweit sie eben in der Gemeinschaft liegen, herstellt" [310].

Aber auch abgesehen von der prekären Situation einer liberalen Enteignungslehre gegenüber den Eigeninteressen autonomer Herrschaftsapparate war die Enteignungspraxis nie voll auf den Nenner dieser Doktrin zu bringen. Während des 19. Jahrhunderts stand zwar die Enteignung zugunsten des Straßen- und Eisenbahnbaues im Vordergrund und diente insoweit dem „freien Erwerb aller Einzelnen". Enteignet wurde jedoch auch für Anlagen der Berg- und Hüttenindustrie, neben die gegen Ende des Jahrhunderts weitere Großindustrien traten [311], die nach der liberalen Marktlehre keinesfalls als Träger öffentlicher Interessen angesehen werden konnten.

Während des Ersten Weltkrieges wurde zunehmend zugunsten „privater" Industriebetriebe enteignet, die unmittelbar oder mittelbar der Rüstung dienten. Diese Maßnahmen wurden ebenso aus dem öffentlichen Wohl gerechtfertigt, wie früher die Wegebauenteignungen. In der Weimarer Republik dauerte diese Enteignungspraxis an; Enteignungen zugunsten des Wohnungsbaus traten hinzu. Mit der erneuten Ausrichtung der Wirtschaft auf die Rüstungsproduktion im Dritten Reich nahm die Zahl der Enteignungen zu [312].

Ungeachtet der Wiederbelebung der marktwirtschaftlichen Ideologie, die auch das Großunternehmen als Privatangelegenheit betrachten möchte, wurde und wird auch in der Bundesrepublik

---

[309] *Georg Meyer* a. a. O. (Fn. 306) S. 178; auch *Layer* a. a. O. (Fn. 301) insbes. S. 221.

[310] A. a. O. (Fn. 305) S. 296.

[311] Nachweise bei *Rüdiger Stengel*, Die Grundstücksenteignung zugunsten privater Wirtschaftsunternehmen, Diss. jur. Heidelberg 1967, S. 31 f. Zur Schweizer Praxis *Peter Saladin*, Grundrechte im Wandel, Bern 1970, S. 154 ff.

[312] Vgl. die Nachweise bei *Stengel* a. a. O. (Fn. 311) S. 35 ff. und 103 ff.

ständig zugunsten industrieller Unternehmungen enteignet. Der private Erwerb des einen wird so zugunsten des angeblich ebenso privaten Erwerbes des anderen beeinträchtigt. *Martin Bullinger* hat diesen Tatbestand in seiner 1962 gehaltenen Heidelberger Antrittsvorlesung unter der erstaunten Fragestellung: Enteignung zugunsten Privater? erörtert [313]. Diese Fragestellung übersieht, daß ein Unternehmen von einer gewissen Größenordnung an entgegen der herrschenden Ideologie nicht mehr als Privatsache behandelt werden kann. Wäre es anders, so würde die Enteignung zugunsten industrieller Unternehmungen – entsprechend der im Jahre 1837 geprägten Formulierung des Richters Story [314] – dem A sein Eigentum nehmen, um B zu bereichern. Diese Kennzeichnung trifft nur deshalb nicht zu, weil zwischen A und B ein qualitativer Unterschied besteht, den die Common-Law-Tradition jenseits aller Ideologie im Begriff des "business affected with a public interest" zum Ausdruck brachte. Wer allerdings das industrielle Unternehmen als Gegenstand der Eigentumsgewährleistung dem persönlichen Eigentum gleichstellt, dürfte konsequenterweise die Enteignung zugunsten wirtschaftlicher Unternehmungen nicht zulassen. Das geschieht gleichwohl, um den Bezug zur Enteignungspraxis nicht zu verlieren, wenngleich in verschämten Formulierungen, die das Bemühen erkennen lassen, den darin liegenden Widerspruch nicht bewußt werden zu lassen [315].

[313] Abgedruckt in: Der Staat 1962 S. 449 ff. *Ernst Forsthoff*, Zur Lage des verfassungsrechtlichen Eigentumsschutzes, in: Festgabe für *Theodor Maunz*, München 1971 S. 89 ff., 99 ff., zur „transitorischen" Enteignung.

[314] S. o. S. 172.

[315] *Werner Weber* a. a. O. (Fn. 271); *Maunz*, in *Maunz/Dürig/Herzog*, Grundgesetz, Art. 14 Rdnr 109 ff.; *Kimminich*, in: Bonner Kommentar, Zweitbearbeitung, Art. 14 Rdnr 121 a; deutlich für die Enteignung zugunsten industrieller Anlagen *Ernst Rudolf Huber*, Wirtschaftsverwaltungsrecht Bd. 2, Tübingen 1954, S. 60; *Ulrich Scheuner* in: *Reinhardt/Scheuner*, Verfassungsschutz des Eigentums, Tübingen 1954, S. 85, *Andreas Hamann*, Enteignung von Grundstücken zugunsten größerer industrieller Vorhaben, Betriebsberater 1957 S. 1258 ff.; *Friedrich Schack*, Enteignung „nur zum Wohl der Allgemeinheit", Betriebsberater 1961 S. 74 ff.; *Hans Julius Wolff*, Verwaltungsrecht I, 8. Aufl. München 1971, § 62 IV a 1; mit Einschränkungen *Bullinger* a. a. O. (Fn. 313) S. 477.

Enteignungen für industrielle Zwecke erfolgen auch heute nach dem teilweise noch geltenden preußischen Enteignungsgesetz vom 11. 6. 1874. § 1 dieses Gesetzes bestimmt nach wie vor, daß Grundeigentum aus Gründen des öffentlichen Wohles entzogen oder beschränkt werden könne. Die abstrakte Gemeinwohlklausel ist sich gleichgeblieben. Gewandelt hat sich ihr Inhalt, seit die politischen Gemeinwesen die Verantwortung für die wirtschaftliche Entwicklung auch in ihren strukturellen und regionalen Aspekten übernahmen. Auf die Enteignungspraxis und ihre juristische Rechtfertigung ist diese Entwicklung voll durchgeschlagen; sie harrt der Berücksichtigung beim Verständnis der Eigentumsgewährleistung.

Neben der Enteignung aufgrund der generellen Enteignungsgesetze gewinnt heute die Enteignung unter städtebaulichen Gesichtspunkten zunehmende Bedeutung. Die §§ 85 ff. BBauG ermöglichen die Enteignung sowohl zugunsten geplanter als auch zur Erweiterung von vorhandenen Industrievorhaben, wenn diese Nutzung den Festsetzungen des Bebauungsplanes entspricht. Ebenso ist die Enteignung zugunsten planerisch ausgewiesener Wohnungsbauprojekte, Einkaufszentren usw. unangefochten zulässig. Erweitert wurde dieses zum Teil vom Verfahren her noch schwerfällige Instrumentarium durch das Städtebauförderungsgesetz vom 27. 7. 1971 [316]. Die Begünstigten derartiger Enteignungsmaßnahmen werden zunehmend Mühe haben, die Privatheit ihres so begründeten Eigentums zu behaupten.

3. Entschädigung

Die von der Weimarer Verfassung verwendete Formel von der „angemessenen" Entschädigung hat das Grundgesetz nicht wieder aufgenommen. Es fordert statt dessen, die Entschädigung „unter gerechter Abwägung der Interessen der Allgemeinheit und der Betroffenen zu bestimmen". Diese Formel wurde vom Grundsatz-

---

[316] Vgl. dazu das Gutachten von *Bielenberg* und die Diskussion auf dem 49. Deutschen Juristentag in Düsseldorf 1972, Verhandlungen Bd. I Teil B S. 77 ff., Bd. II Teil L S. 105 ff., S. 135 ff.

ausschuß des Parlamentarischen Rates anstelle der „angemessenen" Entschädigung eingeführt, weil diese von den Gerichten im Sinne des vollen Geldausgleichs verstanden worden war. Das Festhalten an der vollen Entschädigung werde aber strukturelle Änderungen der Wirtschaftsverfassung und einen Wiederaufbau der Städte jenseits der alten Anarchie unmöglich machen [317]. Im Hauptausschuß eingebrachte Anträge des Abgeordneten Dr. Seebohm, die „volle" oder „angemessene" Entschädigung zum Prinzip zu erheben, von dem nur dann abgewichen werden dürfe, wenn eine gerechte Abwägung der Interessen der Allgemeinheit und des Betroffenen dies gebiete, fand keine Mehrheit. Im Plenum des Parlamentarischen Rates wurden Anträge der DP und der FDP, zur „angemessenen" Entschädigung zurückzukehren, mit 30 gegen 26 Stimmen abgelehnt. Die endgültige Fassung der Entschädigungsformel wurde schließlich mit vier Gegenstimmen angenommen [318].

Die von Thomas Dehler erst in der 4. Sitzung des Hauptausschusses beantragte und offenbar ohne Debatte beschlossene Rechtswegklausel erwies sich indes im Ergebnis als wichtiger, als die umkämpfte Umschreibung der Entschädigungshöhe. Dehler rühmte sich später, mit dieser verfahrensrechtlichen Regelung seine Kollegen im Parlamentarischen Rat übertölpelt zu haben [319]. Da infolge der Rechtswegklausel die Entscheidung über die Höhe der Entschädigung der Zivilgerichtsbarkeit nicht entzogen werden kann, entscheidet in letzter Instanz der Bundesgerichtshof. Das bot diesem die Möglichkeit, ohne Rücksicht auf die Überlegungen des Parlamentarischen Rates auch in dieser Frage alsbald an die Tradition des Reichsgerichts anzuknüpfen. Das grundsätzlich dem Bundesverfassungsgericht zugewiesene letzte Wort in verfassungsrechtlichen Streitigkeiten hat in der Entschädigungsfrage der Bundesgerichtshof, wenngleich es verfahrensrechtlich nicht ausgeschlossen ist, daß ein mit Entschädigungsforderungen belastetes Gemein-

---

[317] So *Carlo Schmid* im Grundsatzausschuß, Jahrbuch des öffentlichen Rechts NF Bd. 1, Tübingen 1951, S. 149 f.

[318] Jahrbuch des öffentlichen Rechts a. a. O. (Fn. 317).

[319] So vor dem Deutschen Bundestag am 22. 6. 1960, Stenografische Berichte 3. Wahlperiode, 118. Sitzung S. 6859.

wesen doch einmal die Rechtsprechung des Bundesgerichtshofs durch das Bundesverfassungsgericht überprüfen läßt. Bisher ist dieser Versuch allerdings nicht unternommen worden.

In seinem Grundsatzbeschluß vom 10. 6. 1952 (BGHZ 6, 270) meinte der Große Senat des Bundesgerichtshofs es offenlassen zu können, ob die Abwägungsformel des Grundgesetzes mit der angemessenen Entschädigung der Weimarer Verfassung gleichzusetzen sei (S. 294). Im Ergebnis läuft indessen der Beschluß auf die Gleichsetzung hinaus. Die Beratungen des Parlamentarischen Rates zu dieser Frage werden vom Bundesgerichtshof nur selektiv und ohne ausdrückliche Bezugnahme berücksichtigt. Ohne daß der Name Dr. Seebohms fällt, erhebt das Gericht den schon im Hauptausschuß gescheiterten Antrag dieses Abgeordneten und späteren Bundesministers zum Verfassungsinhalt, wenn es formuliert, „daß eine Entschädigung unter dem gemeinen Wert niemals als angemessen (gemeint ist: verfassungsgemäß) betrachtet werden kann, wenn keine besonderen Gründe eine Festsetzung unter dem gemeinen Wert als erforderlich erscheinen lassen" (S. 293). Abschließend verweist das Gericht auf den Gleichheitssatz. Die Entschädigung solle „dem Betroffenen einen Ausgleich für das Opfer bieten, das ihm durch den Eingriff in seine private Rechtssphäre auferlegt wird". Ihrem Grundgedanken nach solle sie „einen materiellen Ausgleich für die auferlegte Vermögenseinbuße" darstellen (S. 295).

Mit diesen Ausführungen ging der Große Senat weit über das zur Entscheidung der ihm vorgelegten Schadensfälle Erforderliche hinaus. Es war zugleich ein folgenschwerer Mißgriff, daß er den Ausgleich von Nachteilen, die durch Verwaltungsfehler verursacht wurden, mit der Entschädigung rechtmäßiger Enteignungsmaßnahmen gleichsetzte. Mag es bei Verwaltungsfehlern angebracht sein, dem Betroffenen ein Äquivalent seiner Vermögenseinbuße zu gewähren, so muß gleiches nicht auch bei legalen Enteignungsakten gelten, die sich eben durch ihre Gesetzmäßigkeit in einer gerade für die Entschädigungsfrage relevanten Weise von illegalen Akten unterscheiden.

Auf dem Grundsatzbeschluß des Großen Senats beruht seither die Rechtsprechung des Dritten Senats zur Höhe der Enteignungsentschädigung [320], der sich die Gesetzgebung anschloß [321]. Danach bestimmt sich die Höhe der Entschädigung nach dem „gemeinen" oder Verkehrswert, d. h. dem im „gewöhnlichen Geschäftsverkehr" bei freihändiger Veräußerung zu erzielenden Preis [322]. Eingeschlossen sind alle durch öffentliche Planungen erzielten und zukünftig zu erwartenden Nutzungsintensivierungen (BGHZ 39, 198). Maßgeblich für die Ermittlung des Verkehrswertes ist bei zu niedriger oder fehlender administrativer Festsetzung der Entschädigung der Tag der letzten gerichtlichen Tatsachenverhandlung (BGHZ 44, 52). Zu Zeiten steigender Grundstückspreise liegt darin eine Prämierung des Prozeßführens, die wiederum die Behörden und die Enteignungsbegünstigten veranlaßt, relativ hohe Übernahmepreise oder Entschädigungen zu bieten; in dieser Weise beflügeln die Enteignungsverfahren zusätzlich die Phantasie des Grundstücksmarktes [323]. Daneben sind Folgekosten der Enteignung zu entschädigen, wie sie etwa durch Betriebsverlagerung entstehen können.

Die Entschädigung nach dem Verkehrswert wird bei Grundstücksenteignungen in neuerer Zeit zunehmend kritisiert [324]. Aller-

---

[320] Vgl. dazu im einzelnen *Herbert Kröner*, Die Eigentumsgarantie in der Rechtsprechung des Bundesgerichtshofes, 2. Aufl. Köln usw. 1969, S. 83 ff.

[321] Vgl. § 95 des Bundesbaugesetzes vom 23. 6. 1960, BGBl. I S. 341; einschränkend nunmehr § 23 des Städtebauförderungsgesetzes vom 27. 7. 1971, BGBl. I S. 1125.

[322] Die amerikanische Rechtsprechung bestimmt den Verkehrswert danach, was ein williger Käufer einem willigen Verkäufer zahlen würde. S. o. S. 173.

[323] Vgl. dazu *Horst Joachim*, Die enteignungs- und energierechtliche Problematik für Versorgungsleitungen, NJW 1969 S. 2175 ff.

[324] Vgl. Verfassung, Städtebau und Bodenrecht, rechtswissenschaftliches Gutachten über die Enteignungsentschädigung im Städtebau, Schriftenreihe der Gesellschaft für Wohnungs- und Siedlungswesen, Hamburg 1969; Gutachten und Referate zum 49. Deutschen Juristentag, Verhandlungen Bd. I Teil B S. 81 ff., Bd. II Teil L S. 37 ff., 154 ff. Neuestens stellt *Bielenberg* zur Erwägung, das Verkehrswertprinzip könne deshalb verfassungswidrig sein, weil es die Belange der Allgemeinheit entgegen der Vorschrift des Art. 14 Abs. 3 S. 3 GG *nicht* berücksichtigt, DVBl.

dings stellen auch die Kritiker heraus, daß enteignete Grundeigentümer pekuniär nicht schlechter als nichtenteignete gestellt werden dürften. Solange den letzteren die im Zuge von Planungen und der allgemeinen Bodenverknappung entstehenden Wertsteigerungen verbleiben, müßten diese Vermögensgewinne auch bei der Enteignungsentschädigung berücksichtigt werden. Das ist indessen verfassungsrechtlich nicht gefordert. Das Bundesverfassungsgericht hat im Hamburger Deich-Urteil (BVerfGE 24, 367, 420 ff.) die bisher erste und einzige Gelegenheit, sich zur Entschädigungsfrage zu äußern, zu einer deutlichen Kritik an der Rechtsprechung des Bundesgerichtshofs genützt. Die von Art. 14 Abs. 3 geforderte Interessenabwägung bedeute eine Abkehr vom Prinzip der vollen Entschädigung. Da die Interessen der Allgemeinheit gleichrangig zu berücksichtigen seien, könne der Marktwert nicht allein für die Höhe der Entschädigung ausschlaggebend sein.

Art. 14 Abs. 3 S. 3 GG fordert nicht einen gerechten Ausgleich zwischen Grundeigentümern. Er stellt vielmehr, wie das Bundesverfassungsgericht betont, die Interessen der Allgemeinheit zur Abwägung. Die Angehörigen der Allgemeinheit sind in ihrer Mehrheit nicht Grundeigentümer; sie partizipieren nicht an Bodenwertsteigerungen, sondern finanzieren diese durch ihre Angewiesenheit auf Wohnraum und Gemeinbedarfsflächen. Stellt man zu ihnen die Gleichheitsrelation her, so ist es nicht gerechtfertigt, im Enteignungsfall auf den Verkehrswert eines Bodenmarktes abzustellen, der den Bodeneigentümern ohne eigenes Zutun exorbitante Wertsteigerungen zufallen läßt. Ebensowenig wie Nicht-Eigentümer ein „Sonderopfer" erbringen, indem sie an diesen Wertsteigerungen nicht teilnehmen, trifft den enteigneten Grundeigentümer ein „Sonderopfer" gegenüber der Allgemeinheit, wenn ihm

1974 S. 113 ff. Vgl. auch *Wolfgang Rüfner*, Die Berücksichtigung der Interessen der Allgemeinheit bei der Bemessung der Enteignungsentschädigung, in: Festschrift für Ulrich Scheuner, Berlin 1973, S. 511 ff. *Wilhelm Opfermann* weist darauf hin, daß durch gezielte Baulandenteignung unter Entschädigung nach der bisher zulässigen Nutzung die Aufblähung der Verkehrswerte gebremst würde, Entschädigung im Bodenrecht, in: Recht im sozialen Rechtsstaat, Kritik Bd. 5, Hrsg. Manfred Rehbinder, Oplanden 1973, S. 165 ff., 189 f.

im Enteignungsfall derartige Wertsteigerungen vorenthalten bleiben. Infolge der Enteignung verliert er lediglich die Chance, unverdiente Wertsteigerungen zu realisieren und weiter an ihnen teilzunehmen. Die Verfassung ergibt keinen Anhalt dafür, daß die Allgemeinheit den Grundeigentümern nach den Gesetzen eines von diesen bestimmten Bodenmarktes tributpflichtig ist. Die Eigentumsgewährleistung kann nicht dazu dienen, Grundeigentümer nach dem Muster früherer Verfassungen aus dem allgemeinen staatsbürgerlichen Status herauszuheben. Das bedeutet es jedoch im Endergebnis, wenn Wertsteigerungen des Bodens, wie bisher, nur den Grundeigentümern zugerechnet und im Falle der Enteignung eine Gleichheitsrelation nur zwischen Grundeigentümern, nicht aber zwischen Eigentümern und Nicht-Eigentümern hergestellt wird.

NAMEN- UND SACHREGISTER

Abhängig Erwerbstätige: Gleichheit 83, 241; Politische Rechte 56, 80, 90, 233, 241, 244
Adair v. United States 132, 157
Adel: in England 13, 22, 24, 33, 37, 50, 97; in Deutschland 196, 226
Adkins v. Children's Hospital 153, 156
Agrargesetz 89
Agreement of the People 34, 53, 59
Ahlener Programm 276
Aktiengesellschaft, der Staat als ~ 236
Aktienrechte als Gegenstand der Eigentumsgewährleistung 361
Allgeyer v. Louisiana 132
Allodialbesitz 5, 12
Anhaltische Kohlenrente 269
Anschütz, Gerhard 251, 270
Appropriation, unbegrenzte 37, 62, 78
Arbeit: als Rechtfertigung des Eigentums 77, 84, 126; als Ware 126, 133, 135, 138, 152, 157, 187, 357; Recht auf ~ 351
Aufwertung 262
Ausbeutung als arcanum imperii 39, 56

Bauer, Stellung im Feudalismus 3, 17, 194
Bauernbefreiung 199
Bergschaden-Urteil 302

Berle, A. 176, 184
Bielenberg, Walter 335, 421, 424
Bill of Rights 31, 48
Bismarck, Otto v. 231, 239, 247, 248
Boden als Gegenstand des Eigentums siehe dort
Bodenreform 286, 312
Bodin, Jean 60
Bonhams Case, Dr. 46
Brandeis, Louis D. 137, 140, 153, 162, 167
Brunner, Otto 6
Bürgertum: in England 24, 50, 51; in Deutschland *191*, 251, 295
Bullinger, Martin 420
Business affected with a public interest 128, *154*, 188

Case of Monopolies 25, 144
Case of Prohibitions del Roy 44
Clayton-Act 136, 138
Coke, Sir Edward 13, 44, *45*, 48, 49, 151, 226
Common's Petition of Grievances 42
Contract-Clause 108, *118*
Cooley, Thomas 146
Coppage v. Cansas 133, 150, 157, 389
Cromwell, Oliver 35, *52*, 64, 86

Dartmouth College v. Woodward 120, 125

Declaration of Independence 94
Dehler, Thomas 288, 422
Denkmalschutz 266
dominium eminens 219
Dreiklassenwahlrecht 243
Due Process of Law 45, 106, *151*, 388

Ebel, Wilhelm 9
Ehmke, Horst 161
Eigentum: im Feudalismus 2, 17, 19; Entwicklung zum bürgerlichen ~ in England 25, 57, 70; in Deutschland 202, 205, 222; persönliches ~ 315; ~ als Statussymbol 318; ~ und Wohnung 256; Haus und Boden ~ 159, 266; ~ an Produktionsmitteln und Unternehmen 129, 134, 175, 268, *343*, 420; ~ an den Ergebnissen geistiger Arbeit 363, 414; Vermögenswerte öffentliche Rechte 138, 140, 369; Begründung aus Arbeit 77, 84, 126; ~ als ökonomisches Stimulans 95, 236, 358; ~ und Marktgesellschaft 178; ~ und Freiheit 223, 294; ~ und Persönlichkeit 294, 315; ~ als Voraussetzung politischer Rechte 33, 56, 80, 90, 103, 233; Nutzung nach Belieben 25, 144, 321, 326, 334, 347; ~ und Sachherrschaft 206, 316, 322, 328, 334, 339; Konnexinstitute 322, 400; ~ und politisches System 2, 31, 34, 60, 65, 69, 149, 250, 272; ~ und Gesetzgebung 298, 414; ~ und öffentliche Abgaben 40, 168, 353, 403; ~ und Geldwert 262, 380; ~ und Polizei 400; Konkurrenz zweiter Arten 331, 339; ~ und Vermögen 377; Neues ~ 181, 375, 387; mißbilligtes ~ 165, 400; siehe auch Enteignung, Gemeinwohl
enclosures 27, 57
Enteignung: Geschichte 219; Begriff 160, 270, 299, 353, 397, 411; Zweck 171, 415; Entschädigung 173, 421; Wohnraumbewirtschaftung als ~ 256; Verbot der Aufwertung als ~ 263; ~ und Steuer 407
Enteignungsgleicher Eingriff 161, *302*
Entschädigung: beim Übergang zur bürgerlichen Rechtsordnung 199; ~ unter dem GG 284, 288, 411; ~ im amerikanischen Verfassungsrecht 173; keine ~ bei Aufhebung der Sklaverei 166
Erdrosselungssteuer 169, 405, 409
Erft-Verbandurteil 352
Erworbene Rechte 124, *207*, 368, 393

Feldmühle-Urteil 361
Feudalismus 2, 5, 12, 14, 55, 86; in Amerika 98
Field, S. J., Justice 126, 128
Filmer, Sir Robert 61, *67*
Fluchtliniengesetzgebung 267
Frankfurter, Felix, Justice 153, 159, 163
Freiheit und Eigentum 132, 294
Freiheiten, mittelalterliche 11
Friedmann, Wolfgang, 32
Fürstenenteignung 260
Fundamental Law 40, *56*, *58*

Galbraith, John Kenneth 179, 184, 345, 381

Geistiges Eigentum s. Eigentum an den Ergebnissen geistiger Arbeit
Geldentwertung 262, 380
Gemeineigentum 77
Gemeinwohl: allgemein 49, 57, 70, 241, 259, 347, 389, 393; ~ der Besitzenden 146; ~ des Liberalismus 70, 79, 82; ~ und ästhetische Gesichtspunkte 159; ~ und Eigentum 145, 154, 179, 182, 338, 347; ~ und Enteignung 171, 416, 421
Gentry 22, 24, 51
Gewerbebetrieb s. Eigentum an Unternehmen
Gewerberechte, ausschließliche 202
Gewinnspielautomaten 409
Gleichheit: und Bedrohtheit der Existenz 64; ~ im Naturzustand 73; ~ als Postulat der Marktgesellschaft 80, 83; ~ im Verfassungsrecht 102, 241
Godesberger Programm 288
Grangerbewegung 129
Großgrundbesitz, Entstehen aus Grundherrschaft 5, 21, 198
Grotius, Hugo 69, 220
Grünflächen-Urteil 303, 308
Grundgesetze des Reiches s. Fundamental Law
Grundherrschaft 3, 21, *192*
Grundrechte: Entstehen 2, 19, 31; Ambivalenz 113, 250, 253, 263; ~ in der US-Verfassung 106, 112, 189; ~ in der Reichsverfassung von 1871 250; ~ in der Weimarer Verfassung 254; ~ unter dem Nationalsozialismus 273; ~ unter dem Grundgesetz 282; ~ Bindung der Legislative 112

Gutsherrschaft 193, 194

Hadley, A. T. 117
Haller, Carl Ludwig v. 6, 212
Hamburger Deichurteil 309, 316, 339, 384, 391, 412, 416, 425
Hamilton, A. 104, 106, 107
Harrington, James 22, 61, *86*
Hartwich, Hans-Hermann 280
Hegel, Georg W. F. 295, 315, 321
Herrschaftsverträge, mittelalterliche 10
Hill, Christopher 23, 30
Hobbes, Thomas 30, 32, 37, 61, *62*
Holmes, O. W., Justice 137, 152, 167, 297

Immaterialgüterrechte siehe unter Eigentum
Individualismus 31, 49, 214
Industriegesellschaft und bürgerliches Eigentum 174, 343
Inflation siehe Geldentwertung
Institutsgewährleistung 383
Investitionshilfe-Urteil 311, 352
Ipsen, Hans Peter 277, 303, 312, 350, 353, 354, 369, 390, 401, 411
Ireton, Henry 35

Judicial Review 47, 80, 114
Junktim-Klausel 300
ius eminens 220, 323

Kassenarzt-Urteil 372
Keller, Robert v. 11
Kenyon, J. P. 47
Kern, Fritz 7
Keynes, John M. 142, 381
Kiesgruben-Urteil 302, 306
Kirchheimer, Otto 219, 271

Kolonialstatute 97, 113
Konfiskation 400, 405
Konnexinstitute des Eigentums 322, 400
Krüger, Herbert 2, 348, 354, 361, 391, 392, 399, 401

Laissez-Faire 57, 150, 152, 156
Laslett, Peter 67, 72
Lassalle, Ferdinand 201, 214, 221, 248, 376, 394, 413
Lehnssystem 5, 12, 14
Leibeigenschaft 193, 194
Leibherrschaft 193, 195
Leisner, Walter 301, 390, 403
Levellers 34, 52, 64, 74
life, liberty and property 31, 32, 79, 84, 94, 110, 125, 134, siehe auch Eigentum und Freiheit
Lippische Rente 257
Lipson, E. 23, 25
Locke, John 30, 32, 61, 70, 72, 210, 224, 295, 317, 357
Luhmann, Niklas 321, 353

Macpherson, C. B. 21, 25, 34, 62, 65, 81
Madison, J. 103, 104, 108, 109
Magna Carta 11, 13, 14, 42, 46, 187, 226; ∼ und moderne Verfassung 18, 363
Maitland, F. W. 5
Marktgesellschaft: Entstehen in England 21; in Deutschland 191, 202, 223; vorindustrielle ∼ 61; industrielle ∼ 174, 180; ∼ als Voraussetzung des bürgerlichen Eigentums 144, 205; ∼ und Rechtfertigung des Eigentümerbeliebens 78, 178, 377; ∼ und moderner Staat 37, 55, 60, 65, 83; ∼ und politische Philosophie 60

Marshall, J. Chief Justice 119, 122, 169
McKechnie 16
Means, G. 176, 184
Menschenrechte siehe Grundrechte
Meyer, Georg 211, 214, 251, 418
Mieterschutz, Vereinigte Staaten 123
Mitbestimmung 286, 313, 362
Monopole und Common Law 25, 144
Moore, Barrington 21
Munn v. Illinois 127, 154, 188

Nationalsozialismus und Eigentum 272
Naturrecht 77, 111, 122, 289, 294, 297, 304, 317
Naturzustand bei Hobbes 62, bei Locke 76
Nebbia v. New York 155, 188
New Deal 116

Ober- und Untereigentum 3, 6, 28, 219
Öffentliches Interesse siehe Gemeinwohl
Öffentliches Recht, vermögenswertes 140, 369
Okkupationstheorie 77

Papier, Hans-Jürgen 370, 380, 407
Parlament: als Vertretung des Eigentums 33, 105, 233; ∼ und Marktgesellschaft 36, 227; Langes ∼ 51; Convention ∼ 54
Parlamentarischer Rat 280
Patente und gewerbliche Schutzrechte 25, 29, 363, 414

Paternalismus 68
Patrimonialismus 5, 61, *68*
Petition of Right 31, 42, 45, 50
Planung 180, 334, 349, 415
Pluralismus 350
Police Power 110, 137, 149
Polizeiwidriges Eigentum 400
Pound, Roscoe 47
Privileg als funktionsloses Recht 4, 181, 209
Property affected with a public interest 128, *154*, 188
Protestantismus 29
Putney-Debatten 34, 76, 101

Quaritsch, Helmut 55

Rechtfertigung des Eigentums siehe dort
Rechtsordnung im Mittelalter 7
Reich, Charles A. 181, 375
Religion: Bedeutung für englische Verfassungskämpfe 29, 37, 53; ∼ und Entwicklung der Grundrechte 31
Repräsentation: „läuternde" Wirkung 104; ∼ des Eigentums 103
Revolution, bürgerliche: Frankreich 4, 24, 197; England 24, 52; Deutschland 228
Rheinstahl-Beschluß 313, 362
Richter: Stellung der ∼ 47; Funktion 80; Prüfung von Gesetzen 256; siehe auch Judicial Review
Ridder, Helmut 401
Robespierre 85
Römisches Recht, Bedeutung der Rezeption 26, 44, 205
Roosevelt, F. D. 116
Rotteck, Carl v. 235
Rückwirkung von Gesetzen 208

Rupp v. Brünneck, Wiltraud 277, 310, 374, 395

Savigny, Carl Friedrich v. 206, 212
Schlatter, Richard 25
Schmitt, Carl 271, 277, 314
Schornsteinfeger-Urteil 309, 356, 371, 391
Schwerdtfeger, Gunther 286, 354, 383, 385, 391, 401
Selbständigkeit siehe Wahlrecht
Selden, John 30
Selmer, Peter 404, 410
Sendler, Horst 396, 402
Situationsgebundenheit 303
Slaughter House Cases 126, 149
Smith, Adam 70, 126, 135, 159, 178, 202, 297, 347
Sonderopferlehre 301, 413, 425
Soziale Grundrechte 375
Sozialisierung 254, 276, 284, 286, 397, 400
Sozialistengesetz 249
Staat, moderner: und Marktgesellschaft 37, 55, 60, 65, 83; ∼ als Überbau 86, 89; ∼ als Aktiengesellschaft 236
Staatsaufgaben 342, 417
Stabilitätsgesetz 358, 381, 382
Städtebauförderungsgesetz 424
Stahl, F. J. 212, 221, 250
Statute quia Emtores 27
Statute of Monopolies 29
Stein, Lorenz v. 216, 221, 224, 407, 418
Steuer: Bewilligung als Hebel des Parlamentarismus 40; ∼ und Eigentum 168, 403

Tauschwert 377

Tocqueville, Alexis de 1, 96, 220, 228

Urheberrecht 29, 363, 414
Utilitarismus 358

Verfassung: mittelalterliche ~ 1; Magna Carta und ~ 14, 18; ~ des bürgerlichen Rechtsstaats 61, limitierende ~ 110; ~ als Kompromiß 280
Verfassungslehre, bürgerliche 60, 76
Verfassungsvertrag 98
Vermögenswert 377
Vertragsfreiheit 9, 25, 29
Verwirkung 274, siehe auch mißbilligtes Eigentum
Vested Right 119, 137, 140, 141
Vogt, Karl 239, 241

Wagner, Adolph 217
Wahlrecht: Entwicklung in England 33, 56; ~ in den Vereinigten Staaten 103; ~ im deut- Vormärz 233; ~ in Preußen 234; ~ der Selbständigen 34, 237, 245
Weber, Werner 273, 309, 383, 404
Werkfernverkehrsbeschluß 409
Wesensgehaltgarantie 402
Wettbewerb: als Quelle des Streites 63; ~ und Klassensolidarität 65
Wieacker, Franz 274
Wohlerworbenes Recht siehe erworbenes Recht
Wohnraumbewirtschaftung 256, 295
Wolff, Martin 258, 299, 309

WOLFGANG KRÜGER-SPITTA
HORST BRONK

EINFÜHRUNG IN DAS HAUSHALTSRECHT UND DIE HAUSHALTSPOLITIK

Mit einem Geleitwort von Herbert Weichmann.
1973. XIII, 243 S., kart., Bestell-Nr. 6102

Ein allgemeinverständlicher Überblick, der die Teilgebiete und Probleme des Haushaltswesens in Beziehung zueinander setzt, fehlte bisher. Nachdem die Finanz- und Haushaltsreform abgeschlossen ist, versuchen die Verfasser diese Lücke zu schließen. Diese von Haushaltspraktikern geschriebene Einführung möchte den Blick für die Ergebnisse finanzwissenschaftlicher Forschung schärfen und durch eine zusammenhängende und übersichtliche Darstellung das Gesamtverständnis für Haushaltsrecht und Haushaltspolitik fördern.

WISSENSCHAFTLICHE BUCHGESELLSCHAFT
61 DARMSTADT · POSTFACH 1129